Katja Nolles

# Hunsrück mit Koblenz und Trier

W0284622

„... Zu solchen Gegenden ist der Hunsrücken zu rechnen, jenes zwischen Rhein, Mosel und Nahe gelegene Hochland, das an Fruchtbarkeit, Naturschönheit und historischen Denkmalen reich, sehr unverdient in dem Rufe steht, eine rauhe, unwirthbare Gegend zu sein."

*W.O. von Horn, 1861*

## Impressum

Katja Nolles
**Reise Know-How Hunsrück mit Koblenz und Trier**

erschienen im
Reise Know-How Verlag Peter Rump GmbH
Osnabrücker Str. 79
33649 Bielefeld

© Reise Know-How Verlag Peter Rump GmbH
**1. Auflage 2016**

Alle Rechte vorbehalten.

**Gestaltung**
Umschlag: Günter Pawlak, Peter Rump (Layout); Caroline Tiemann (Realisierung)
Inhalt: Günter Pawlak (Layout); Caroline Tiemann (Realisierung)
Fotonachweis: die Autorin (kn), alle anderen siehe S. 455
Titelfoto: die Autorin (Motiv: Kastellaun)
Karten: Ingenieurbüro B. Spachmüller, Thomas Buri

**Lektorat:** Caroline Tiemann

**Druck und Bindung**
MediaPrint, Paderborn

**ISBN 978-3-8317-2701-8**
Printed in Germany

**Anzeigenvertrieb:** KV Kommunalverlag GmbH & Co. KG, Alte Landstraße 23, 85521 Ottobrunn, Tel. 089 928096-0, info@kommunal-verlag.de

Dieses Buch ist erhältlich in jeder Buchhandlung Deutschlands, der Schweiz, Österreichs, Belgiens und der Niederlande. Bitte informieren Sie Ihren Buchhändler über folgende Bezugsadressen:

**Deutschland**
Prolit GmbH, Postfach 9, D-35461 Fernwald (Annerod) sowie alle Barsortimente

**Schweiz**
AVA Verlagsauslieferung AG
Postfach 27, CH-8910 Affoltern

**Österreich**
Mohr Morawa Buchvertrieb GmbH
Sulzengasse 2, A-1230 Wien

**Niederlande, Belgien**
Willems Adventure, www.willemsadventure.nl

Wer im Buchhandel trotzdem kein Glück hat, bekommt unsere Bücher auch über unseren **Büchershop im Internet: www.reise-know-how.de**

002hu kn

Wir freuen uns über Kritik, Kommentare und Verbesserungsvorschläge, gern auch per E-Mail an info@reise-know-how.de.

Alle Informationen in diesem Buch sind von der Autorin mit größter Sorgfalt gesammelt und vom Lektorat des Verlages gewissenhaft bearbeitet und überprüft worden.

Da inhaltliche und sachliche Fehler nicht ausgeschlossen werden können, erklärt der Verlag, dass alle Angaben im Sinne der Produkthaftung ohne Garantie erfolgen und dass Verlag wie Autorin keinerlei Verantwortung und Haftung für inhaltliche und sachliche Fehler übernehmen.

Die Nennung von Firmen und ihren Produkten und ihre Reihenfolge sind als Beispiel ohne Wertung gegenüber anderen anzusehen. Qualitäts- und Quantitätsangaben sind rein subjektive Einschätzungen der Autorin und dienen keinesfalls der Bewerbung von Firmen oder Produkten.

Katja Nolles

# HUNSRÜCK

## MIT KOBLENZ UND TRIER

REISE KNOW-HOW

Auf der Reise zu Hause
www.reise-know-how.de

- Ergänzungen nach Redaktionsschluss
- kostenlose Zusatzinformationen und Downloads
- das komplette Verlagsprogramm
- aktuelle Erscheinungstermine
- Newsletter abonnieren

Bequem einkaufen im Verlagsshop

Oder Freund auf Facebook werden

# Vorwort

„Mosel, Nahe, Saar und Rhein schließen rings den Hunsrück ein" – mit diesem Merkspruch lernen Hunsrücker Schulkinder die geografische Einordnung ihrer Heimat im Herzen von Rheinland-Pfalz.

Der Hunsrück zählt zu den waldreichsten Gebieten Deutschlands, immerhin fast die Hälfte der dünn besiedelten Landschaft ist Waldfläche. Touristisch erschlossen ist der Hunsrück noch nicht so richtig – dafür findet man Ruhe und Natur, romantische Dörfer und viele Möglichkeiten für Aktivurlauber. Die bewaldeten Höhenzüge Soonwald, Idarwald und Hochwald machen den besonderen Reiz der Region aus. Neben dieser urwüchsigen Landschaft prägen ausgedehnte, landwirtschaftlich genutzte Wiesen, Weiden und Felder das Bild. Zu Rhein und Mosel hin bieten tief eingeschnittene Täler mit schroffen Felsformationen und romantischen Bachläufen ein ganz besonderes Naturerlebnis.

Drei ausgedehnte Schutzgebiete gibt es im Hunsrück: den Naturpark Soonwald-Nahe, den Naturpark Saar-Hunsrück und den erst 2015 aus der Taufe gehobenen Nationalpark Hunsrück-Hochwald. Sie gehören zu den letzten Naturparadiesen Deutschlands mit einer intakten, artenreichen Tier- und Pflanzenwelt. Wildkatze, Mopsfledermaus, Schwarzstorch, wilde Orchideen und Narzissen sind hier noch zu finden.

Von Jahr zu Jahr wird das Wanderwegenetz dichter. Viele der Routen sind

▷ Das Heimatmuseum in Stromberg

prämiert, allen voran der Saar-Hunsrück-Steig, der zu Deutschlands schönsten Fernwanderwegen zählt. Der 83 Kilometer lange Soonwaldsteig ist ebenfalls ein Qualitätswanderweg. Die sogenannten Traumschleifen, Traumpfade, Seitensprünge und Vitaltouren sind Nebenwege der großen Wandersteige und als Rundwege für Tagestouren geeignet. In den Ortsbeschreibungen wird jeweils auf die schönsten Touren mit Kurzcharakteristik und allen nötigen Informationen verwiesen.

Aber nicht nur die reizvolle Landschaft mit ihrem herben Charme überzeugt, die Region hat auch Kulturschätze zu bieten. Malerische Kirchen, Fachwerkhäuser und Bauerngärten bezaubern die Besucher. Rund 60 mittelalterliche Burgen und Ruinen gibt es im Hunsrück zu entdecken. Unterwegs auf der „Hunsrück Schiefer- und Burgenstraße“ entdeckt man die imposantesten Festungen und kommt dem Schieferabbau auf die Spur. In Schaubergwerken kann man die schwere Arbeit untertage hautnah erleben. Die „Deutsche Edelsteinstraße“ in der Nahe-Region um Idar-Oberstein führt zu historischen Edelsteinschleifereien und auch heute noch produzierenden Werkstätten und Schmuckdesignern.

Dieser Reiseführer stellt die schönsten Orte und Landschaften des Hunsrücks vor und liefert eine Fülle praktischer Tipps und Empfehlungen für eine ausgedehnte Reise oder für kurze Trips. Als Tagesausflugsziele werden die sehenswerten Städte Koblenz und Trier ausführlich beschrieben. Ein besonderes Augenmerk wird stets auf Attraktionen für Kinder gelegt, ob es um Entdeckungen in der Natur, Sport- und Spielangebote, Badeplätze oder Erlebnismuseen geht.

Ich wünsche spannende und erholsame Entdeckungen im Hunsrück!

Katja Nolles

064hu kn

# Inhalt



**Der Schmetterling** ...
... kennzeichnet Tipps mit einer ökologischen Ausrichtung: Naturgenuss, der besonders nachhaltig oder umweltverträglich ist.

**Mein Tipp:** ...
... steht für spezielle Empfehlungen der Autorin: abseits der Hauptpfade, persönlicher Geschmack.

**Nicht verpassen!**

Die Highlights der Region erkennt man an der **gelben Hinterlegung.**

# Exkurse

# Karten



## Übersichtskarten



## Ortspläne



# Preiskategorien

### Gastronomie

Die Restaurants sind in folgende Preiskategorien unterteilt, wobei der Preis für ein **Hauptgericht/ Menü** gilt. Bei Hotelrestaurants wird die Kategorie des Restaurants nur angegeben, wenn sie von der des Hotels abweicht.

① bis 10 € / bis 15 €
② 10–15 € / bis 20 €
③ 15–20 € / bis 25 €
④ 20–30 € / bis 30 €
⑤ Luxusklasse

### Unterkünfte

Die Preiskategorien der beschriebenen Unterkünfte gelten jeweils für das **Doppelzimmer mit Frühstück.**

① bis 50 €
② 50–75 €
③ 75–100 €
④ 100–150 €
⑤ Luxusklasse

# Die Regionen im Überblick

## 1 Moselhunsrück | S. 14

Tief eingeschnittene Seitentäler verbinden die Hunsrückhöhen mit der Mosel. Viele sind bewaldet, manche sind sanfte Auen mit plätschernden Bächen und wieder andere winden sich klammartig durch bizarre Felslandschaften, so wie das Baybachtal (S. 31), der Grand Canyon des Hunsrücks. Wald, Wasser und Wildnis sind die Trümpfe dieser idyllischen Täler, doch das Mörsdorfer Bachtal hat eine ganz besondere Attraktion zu bieten: Die Geierlay-Hängeseilbrücke (S. 51) ist mit 360 m Länge in 100 m Höhe die längste Hängeseilbrücke Deutschlands. In Kastellaun (S. 38) thront die Ruine der Sponheimer Burg über den Fachwerkhäusern der Altstadt.

## 2 Rheinhunsrück | S. 64

Die sanft-hügelige Hunsrücklandschaft bietet fantastische Ausblicke ins Rheintal. 40 Burgen gibt es zu entdecken, Meisterwerke rheinischer Baukunst. Die größte und eindrucksvollste unter ihnen ist die Burg Rheinfels hoch über St. Goar (S. 84).

Das Weltkulturerbe Oberes Mittelrheintal ist der Inbegriff der romantischen Rheinlandschaft, eine Kulturlandschaft mit 2000-jähriger Geschichte und eines der ältesten Weinanbaugebiete Deutschlands. Von Urbar (S. 88) hat man einen spektakulären Blick auf den sagenumwobenen Loreleyfelsen, der auch heute noch Reisende aus aller Welt anlockt.

## 3 Simmerner Mulde | S. 102

Rund um die Stadt Simmern, im Herzen des Hunsrücks, liegt die Simmerner Mulde. Wiesen, Felder, Wälder und schiefergraue Dörfer bilden ein farbiges Mosaik. Kirchberg (S. 122), die Stadt auf dem Berge, ist der älteste Ort, die Kreisstadt Simmern (S. 105) der größte.

## 4 Rund um den Soonwald | S. 136

Der Soonwald ist eines der größten zusammenhängenden Waldgebiete Deutschlands. Einst ritt der Jäger von Kurpfalz durch den grünen Wald, heute sind es Wanderer, die auf dem 83 km langen Soonwaldsteig (S. 146) Stille und Einsamkeit suchen. Der Mittelgebirgszug gehört zum Naturpark Soonwald-Nahe. Der östliche, 7000 Hektar große Teil heißt Binger Wald (S. 149) und ist mit seinen bewirtschafteten Waldhütten und zahlreichen Wanderwegen ein schönes Ziel für Tagesausflüge.

## 5 Naheland u. Edelsteinstraße | S. 192

Edle Weine und Edelsteine – das sind die Schätze, mit denen das Naheland lockt. Mineralien- und Fossiliensammler kommen in Idar-Oberstein (S. 209) auf ihre Kosten. In der Edelsteinmetropole und ihrem Umland entführen Museen, Besucherstollen, Schleifereien und Schmuckwerkstätten in die Welt der funkelnden Preziosen. Am Unterlauf der Nahe gibt es ausgezeichnete Winzer, die eine Vielfalt an hervorragenden Nahe-Weine produzieren.

## 6 Idarwald und Dhrontal | S. 258

Der Reiz des Idarwaldes im Herzen des Hunsrücks sind die herrlichen Aussichten, die Abgeschiedenheit und Ruhe. Mit Wildkatzen, Quellmooren und Arnikawiesen gibt es in der Region eine ganz spezielle Fauna und Flora. Im

Südwesten des Idarwaldes liegt der Erbeskopf (S. 297), mit 816 m der höchste Berg in Rheinland-Pfalz. Das Erholungsgebiet auf seinem Gipfel sorgt mit Wintersport, Sommerrodelbahn und Waldseilgarten das ganze Jahr über für Abwechslung. In vielen der kleinen Dorfkirchen findet man die Orgeln der Sulzbacher Orgelbauerfamilie Stumm. Rund 200 Jahre, sieben Generationen lang, fertigte sie die wertvollen Instrumente. An der Hunsrückhöhenstraße liegt der Archäologiepark Belginum (S. 279). Die antike Siedlung Belginum lag an einer von Mainz nach Trier führenden römischen Fernstraße. Ein Museum zeigt, wie der römisch-keltische Alltag in dem Straßendorf aussah.

### 7 Hochwald und Saar-Ruwer-Hunsrück | S. 302

Den Reiz der Region im Südwesten des Hunsrücks macht vor allem der Nationalpark Hunsrück-Hochwald aus – Natur pur (S. 308). Er bietet Lebensraum für Fischadler, Schwarzstörche, wilde Orchideen und Narzissen. Kultur gibt es allerdings ebenfalls reichlich. Allein Hermeskeil (S. 318) hat mehrere Museen. Einmal quer durch den Hunsrück bis zum Rhein verläuft der Saar-Hunsrück-Steig (S. 409). Der 405 km lange Weitwanderweg führt von Perl an der Mosel über die Saarschleife in Mettlach nach Hermeskeil, Idar-Oberstein und bis Boppard im Mittelrheintal. Der keltische Ringwall Otzenhausen (S. 309) bietet einen überwältigenden Anblick. Er wurde vor mehr als 2000 Jahren Stein um Stein aufgeschichtet. Eine schöne Radroute folgt dem Lauf des kleinen Flüsschens Ruwer. Der 50 km lange Ruwer-Hochwald-Radweg (S. 332) verläuft ohne große Steigungen entlang der alten Trasse der Hochwaldbahn.

### 8 Trier | S. 334

Deutschlands älteste Stadt hat viele Facetten. Sie ist reich an Kultur und Kunstschätzen und es gibt eine Fülle bedeutender Sehenswürdigkeiten zu entdecken. Doch nicht nur das römische Erbe macht Trier zu einem faszinierenden Ort. *Karl Marx* kam hier zur Welt, sein Geburtshaus ist heute Museum. Die Universitätsstadt ist auch eine sehr junge Stadt mit einer lebendigen Kulturszene. Ob einkaufen oder ausgehen, in Trier gibt es für jeden Geschmack und jeden Geldbeutel etwas.

### 9 Koblenz | S. 364

Streng geografisch gesehen, ist der Zusammenfluss von Rhein und Mosel der nordöstlichste Punkt des Hunsrücks. An der spitzen Landzunge zwischen den beiden Flüssen, dem Deutschen Eck, liegt Koblenz. Die historische Garnisonsstadt hat eine hübsche Altstadt mit kleinen Gassen und schönen Plätzen. Weltbekannt ist nicht nur das Deutsche Eck, sondern auch die Festung Ehrenbreitstein. Eine moderne Kabinenseilbahn befördert Besucher von den Rheinanlagen über den Fluss hinauf zur größten Festungsanlage Deutschlands.

› Historisches Gerberhaus in der Nahe-Stadt Kirn

168hu kn

# 1 Moselhunsrück

Den landschaftlichen Reiz des Moselhunsrücks machen die sagenhaften Ausblicke bis in die Eifel und die tief eingeschnittenen Seitentäler aus, die die Hunsrückhöhen mit dem Moseltal verbinden. Wildbäche, die glucksend und plätschernd zur Mosel hinabführen, tiefe Schluchten, einsame Gehöfte und Mühlen, verlassene Schiefergruben und wilde Orchideen gibt es zu entdecken. Und manchmal lässt sich sogar ein flinker Eisvogel kurz blicken.

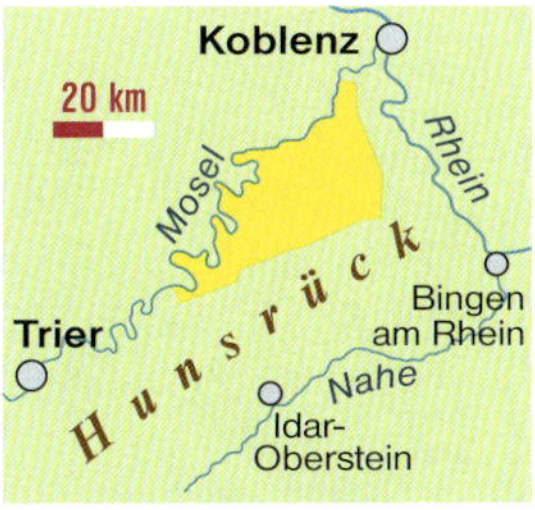


004hu kn

Die Hängeseilbrücke Geierlay bei Mörsdorf

# Moselhunsrück

©Reise Know-How 2016 HunsrKap01

# MOSEL-HUNSRÜCK

Rund um den **Strimmiger Berg** am nördlichen Rand der Hunsrückhöhen ist es besonders schön. Die Gegend ist ideal, um mit der Natur auf Tuchfühlung zu gehen, vorzugsweise auf einem der vielen Wanderwege. Obwohl es auf dem Strimmiger Berg und in den Tälern des Flaumbaches und des Mörsdorfer Baches bereits seit den 1960er Jahren ein gut ausgebautes Wanderwegenetz gibt, war die Gegend bisher noch ein Geheimtipp. Doch die 2011 eröffnete Traumschleife **Layensteig Strimmiger Berg** lockt inzwischen immer mehr Wanderer auf die anspruchsvolle Strecke.

Im nahe gelegenen **Mörsdorf** ist die **Hängeseilbrücke** eine große Attraktion. Sie überspannt das Mörsdorfer Bachtal und verbindet das Dorf mit Sosberg. Mit 360 Metern Länge in 80 Metern Höhe ist sie eine der längsten Hängeseilbrücken in Europa.

Auch das **Baybachtal,** der sogenannte Grand Canyon des Hunsrücks zwischen Kastellaun und Emmelshausen, ist bei Wanderern sehr beliebt, ebenso wie die benachbarte **Ehrbachklamm** und das wildromantische **Lützbachtal.** Sie alle sind in der Eiszeit entstanden, als kleine Nebenflüsse tiefe, teils steil abfallende Täler zur Mosel gruben. Heraus kamen bizarre Felslandschaften, schroffe, oft klammartige Einschnitte, aber auch sanfte Auen. Die drei Täler eignen sich bestens für abwechslungsreiche, zum Teil sehr anspruchsvolle Wanderungen.

## Das Moseltal

Das Moseltal selbst ist nicht Teil des Hunsrücks. Die Mosel bildet mit ihren weiten Bögen, die sich tief in die Bergtäler eingegraben haben, die westliche Grenze des Hunsrücks und schließt die Region zur Eifel hin ab. Im Moseltal liegen an beiden Uferseiten wunderschöne Orte, die von den Hunsrückhöhen gut zu erreichen sind und sich als **Ausflugsziele** lohnen. Vor allem Motorradfahrer schätzen die kurvigen Straßen hinunter ins Moseltal. Einige Ausflugstipps an die Mosel werden am Ende dieses Kapitels beschrieben.

### NICHT VERPASSEN!

- Lebendiges Mittelalter auf der **Ehrenburg** | 26
- Wandern in der **Ehrbachklamm** | 28
- **Haus der regionalen Geschichte** in Kastellaun | 41
- Fahrt mit dem Husky-Wagen im **Tier-Erlebnispark Bell** | 49
- Deutschlands längste **Hängeseilbrücke in Mörsdorf** | 51

**Diese Tipps erkennt man an der gelben Hinterlegung.**

# Emmelshausen und das Ehrbachtal

„Ganz vorne im Hunsrück" lautet das Credo von Emmelshausen. Die Stadt bildet den Mittelpunkt des **Rhein-Mosel-Dreiecks** und ist mit ihrer Lage an der Hunsrückhöhenstraße etwa 30 Kilometer südlich von Koblenz für viele Reisende die erste Station im Hunsrück.

Emmelshausen ist erstaunlich jung. Noch vor 100 Jahren gab es hier nur Wald und Wiesen. Doch mit dem Bau der Hunsrückbahn errichtete man den Bahnhof Halsenbach, um die umliegenden Dörfer an die Bahnstrecke zwischen Boppard und Simmern anzuschließen. 1908 rollte der erste Zug. Weitere Häuser wurden rund um das Bahnhofsgebäude errichtet und die Siedlung wuchs rasant. 1935 wurde Emmelshausen offiziell gegründet. Heute hat die Stadt knapp 5000 Einwohner.

Eines der ersten Häuser am Bahnhof war ein Gasthaus, das heutige Hotel Waldfrieden. Doch der Bauherr **Peter Pies** war nicht nur Gastwirt. In einem Hinterzimmer behandelte er als „Knochenflicker" Patienten, kurierte Brüche und renkte Gelenke ein. *Pies* stammte aus einer alten Knochenheilpraktikerfamilie, die auf 400 Jahre Erfahrung in der Heilkunde zurückblickt. Das noch heute gebräuchliche Wort „piesacken" geht auf den Familienamen *Pies* zurück. Eine **Bronzeskulptur** der Bildhauerin *Jutta Reis* vor dem Hotel Waldfrieden erinnert an den berühmten Heiler.

## Sehenswertes

### Zentrum am Park

Kultureller Höhepunkt der kleinen Stadt ist das Zentrum am Park – kurz **ZaP,** das seit mehr als 20 Jahren ein äußerst abwechslungsreiches und anspruchsvolles Programm bietet. Namhafte Kabarettisten wie *Gerd Dudenhöffer, Bruno Jonas* oder *Hagen Rether,* Comedians wie *Ingo Appelt, Mirja Boes* oder *Tom Gerhardt* und Musiker wie *Konstantin Wecker* geben sich hier die Klinke in die Hand. Rund 20.000 Besucher jährlich lockt das Kulturzentrum nicht nur aus der näheren Umgebung, sondern auch aus Koblenz oder Frankfurt auf die Hunsrückhöhen.

■ **Zentrum am Park,** Rhein-Mosel-Str 45, Servicezeiten/Ticketverkauf: Mo–Fr 8.30–12.30 Uhr und 13.30–18 Uhr, Sa 9–12 Uhr, www.das-zap.de.

### Agrarhistorisches Museum

Im Agrarhistorischen Museum werden das Leben und die mühselige Arbeit der Bauern früherer Zeiten gezeigt. Das Herz der Ausstellung ist ein **Bauernhaus aus dem Jahr 1660** mit Spinnstube. In Unterständen und in der neuen Scheune sind Exponate rund um **alte Handwerksberufe** ausgestellt. Etwa 3500 Ausstellungsstücke enthält die Sammlung, darunter eine komplette Dorfschmiede.

■ **Agrarhistorisches Museum,** Rhein-Mosel-Str. 9–11, www.agrar-museum.de, Ostern bis Allerheiligen Fr 16–19 Uhr, So und Fei 14–17 Uhr, Erw. 3 €, Kinder bis 6 J. frei.

# Praktische Tipps

## Informationen

■ **Tourist-Info im Zentrum am Park,** Am Kreisel, Rhein-Mosel-Str. 45, 56281 Emmelshausen, Tel. (06747) 93220, http://rhein-mosel-dreieck.de, Mo–Fr 8.30–12.30 und 13.30–18 Uhr, Sa 9–12 Uhr, So und Fei (von Karfreitag bis Allerheiligen) 9–12 Uhr. Auch Fahrradverleih, Verkauf von Wanderkarten.

## Unterkunft, Essen und Trinken

■ **Hotel-Restaurant Waldfrieden**②, Bopparder Str. 12, 56281 Emmelshausen, Tel. (06747) 244, www.hotel-waldfrieden-emmelshausen.de, EZ 46 €. Das Traditionshaus ist mit dem Bahnhofsgebäude das älteste Haus in Emmelshausen. 1908 hielten an dem ehemaligen Gasthaus noch Postkutschen. Im Restaurant werden sehr leckere, gutbürgerliche und mediterrane Gerichte serviert.

■ **Hotel-Restaurant Klinkner**③, Rhein-Mosel-Str. 71–73, 56281 Emmelshausen, Tel. (06747) 1567, www.hotel-klinkner.de. Die Hotelzimmer sind hell, modern und komfortabel ausgestattet. Das Restaurant bietet eine umfangreiche Speisekarte und ist vor allem für die Rumpsteaks bekannt, tägl. 12–14 und 18–21 Uhr, Mi Ruhetag.

■ **Webers Feriendomizil,** Schwaller Dell 24, 56281 Emmelshausen, Tel. (06747) 8528, www.fewo-emmelshausen.de. Geräumige, modern eingerichtete 5-Sterne-Ferienwohnung mit kleiner Terrasse.

■ **Restaurant Schneiders**②, Rhein-Mosel-Str. 50, 56281 Emmelshausen, Tel. (06747) 9500085, tägl. 12–14.30 und 18–23 Uhr, Sa 18–23 Uhr, Mo Ruhetag, www.schneiders-emmelshausen.de. Das Schneiders ist Restaurant, Lounge und Bar in einem. Mallorquinische Küche mit Tapas, Paella, Fritto Mallorquin oder Fisch, außerdem Rumpsteaks, Schnitzel und Salate stehen auf der Karte des Restaurants mit Bistroatmosphäre. Besitzer *Christian Schneider* bietet auch Kochkurse an (Voranmeldung erforderlich, 99 €/p.P.).

■ **Restaurant San Marco**②, Rhein-Mosel-Straße 45, 56281 Emmelshausen, Tel. (06747) 7825, http://sanmarco.laveres.de, tägl. 11.30–14.15 und 18–23 Uhr, So bis 22 Uhr, Di geschl. Das Restaurant liegt zentral im Zentrum am Park. Die Mittagsmenüs wechseln täglich, serviert wird italienische und deutsche Küche.

■ **Biergarten Emmelshausen,** Mo–Fr ab 16.30 Uhr, Sa und So ab 15 Uhr. Der Biergarten am Zentrum am Park ist im Sommer ein schönes Plätzchen zum Entspannen.

### Außerhalb

■ **Landgasthof/Pension Baunhöller-Mühle**②, Baunhöller Mühle, 56281 Emmelshausen, Tel. (06747) 8201, www.baunhoeller-muehle.de, 12–13.30 und 17.30–20 Uhr, Mi Ruhetag. Die Mühle im oberen Ehrbachtal in der Nähe von Liesenfeld wurde 1780 errichtet und später um das Restaurant, Gästezimmer und Appartements erweitert. Gutbürgerliche Küche und typische Hunsrücker Gerichte.

■ **Landgasthaus Alter Posthof**②, Hunsrückhöhenstr. 3, 56283 Halsenbach-Ehr, Tel. (06747) 6276, www.posthof-ehr.de, Mo, Di, Do–Sa ab 17.30 Uhr, So 11.30–14.30 und ab 17.30 Uhr, Mi Ruhetag. Drei Kilometer außerhalb von Emmelshausen an der B327 Richtung Koblenz. Im Restaurant des Landhotels und im großen Biergarten werden Hausmannskost und saisonale Gerichte, z.B. mit Wild oder Pfifferlingen, serviert.

■ **Landhotel Zur Katz**③, Auf der Katz 6, 56283 Halsenbach-Ehr, Tel. (06747) 6626, www.hotel-zur-katz.de, 12–14.30 und 18–21.30 Uhr, Mo Ruhetag.

⊡ Das Agrarhistorische Museum in Emmelshausen

Nahe der Hunsrückhöhenstraße wenige Kilometer in Richtung Koblenz. Mit Schwimmbad und Sauna, Arrangements wie Radfahr- oder Wanderpauschalen. Bereits seit 1874 werden Gäste bewirtet, im Restaurant wird deutsche Küche aus regionalen Produkten der Saison serviert.

■ **Café-Bistro Alter Bahnhof Pfalzfeld,** Hauptstr. 40, 56291 Pfalzfeld (6 km südlich von Emmelshausen), Tel. (06746) 1216, www.bahnhof-pfalzfeld.de. Eisenbahnromantik herrscht im denkmalgeschützten, ehemaligen Bahnhof, wo viele Relikte und Bilder an die Zeit erinnern, als hier noch die Züge der Hunsrückbahn stoppten. Der Biergarten ist im Sommer vor allem für Radler auf dem Schinderhannes-Radweg ideal. 1.5.–31.10. Di–Sa 11–24 Uhr, So und Fei 9–22 Uhr, 1.11.–30.4. Di–Fr 14–24 Uhr, Sa 10–24 Uhr, So und Fei 9–22 Uhr, Mo Ruhetag (außer Fei und Sommerferien).

**Schlafen im Schlafwagen:** Auf dem Abstellgleis des Pfalzfelder Bahnhofs stehen ausrangierte Eisenbahnwaggons, in denen man übernachten kann. Das Angebot ist zugeschnitten auf Radfahrer. Zwei Waggons sind für Gruppen, ein weiterer bietet Abteile für bis zu drei Personen, ist also auch für Paare oder Familien geeignet. Gefrühstückt wird im Speisewagen, bei Sonnenschein auch im Biergarten.

## Einkaufen

■ **Goldschmiede Kuhlemann-von der Twer,** Rhein-Mosel-Str. 33, Tel. (06747) 598748, www.kuhlemann-von-der-twer.de, Di–Fr 10–13 und 14–18 Uhr, Sa 10–13 Uhr, Mo geschl. Alle Schmuckstücke werden als Unikate im ganz eigenen Stil der beiden Goldschmiede hergestellt.

## Aktivitäten

■ **Panoramabad:** Klöppchen 21, Tel. (06747) 96003, www.emmelshausen.de, Di 6.30–8 Uhr Frühschwimmen, 14.30–21 Uhr, Mi 14.30–21 Uhr, Do 11–12.30 und 13.30–21 Uhr (Warmbadetag/ 30 °C) Fr 6.30–8 Uhr Frühschwimmen, 14.30–21

003hu kn

Uhr, Sa 14.30–18 Uhr, So 9.30–12.30 Uhr, Mo geschl. (außer in den Sommerferien). Das Schwimmbad ist frisch saniert und neu gestaltet. Im angegliederten **Café Klatsch** gibt es selbst gebackenen Kuchen (www.cafeklatsch-panorama bad.de).

## Die Hunsrückhöhenstraße

Die Hunsrückhöhenstraße zieht sich über 157 km einmal quer durch den Hunsrück. Sie folgt der B327 und der B407 und ist eine der **wichtigsten Verkehrsadern** der Region. Die Route, auch „Straße der weiten Aussicht" genannt, führt von **Koblenz** über Emmelshausen, Kastellaun, Kappel, Morbach, Thalfang, Hermeskeil, Reinsfeld und Kell am See bis nach **Saarburg.**

Seit ein paar Jahren ist die Fernstraße zwischen der Abfahrt Raversbeuren und der Einmündung der B50 nahe dem **Flughafen Frankfurt-Hahn** unterbrochen. Es wird über die B421 und die B50 weiträumig umgeleitet. Die Umgehung wurde wegen einer Startbahnverlängerung des Flughafens nötig.

Die Hunsrückhöhenstraße wurde im Sommer 1938 auf Befehl von *Hermann Göring* gebaut. Zwar gab die Propaganda der Nationalsozialisten vor, mit der Straße den Fremdenverkehr fördern zu wollen, doch tatsächlich sollte sie als Aufmarschstraße eine schnelle Verbindung zwischen der Garnisonsstadt Koblenz und der deutsch-französischen Grenze schaffen. Zehntausend Arbeiter stellten sie in nur 100 Tagen fertig.

## Feste und Veranstaltungen

- **Schinder(hannes)-MTB-Superbike:** Das Mountainbike-Rennen findet jährlich im Mai statt. Es werden vier verschiedene Strecken angeboten: Fun- und Kurzstrecke, Halbmarathon- und Marathondistanz, außerdem eine Kinderstrecke. Termine und Anmeldung unter http://schinderhannes-mtb.org.
- **Weinmarkt Rhein-Mosel-Nahe:** Auch wenn rund um Emmelshausen kein Wein angebaut wird – einen Weinmarkt gibt es trotzdem. Im Park werden alljährlich am letzten Augustwochenende Weine aus den angrenzenden Weinbaugebieten Rhein, Mosel und Nahe präsentiert. Am Samstagabend gibt es ein Feuerwerk.
- **Christkindlmarkt:** Am 1. Adventswochenende im und am Agrarhistorischen Museum.

## Öffentliche Verkehrsmittel

- **Bahn:** Von Boppard mit der Hunsrückbahn (in der Saison täglich im Stundentakt), Fahrradmitnahme möglich, www.rhenus-veniro.de.
- **Bus:** rhb Rheinhunsrückbus ab Koblenz Nr. 620 und 621, ab St. Goar Nr. 623.
- **Fahrradbus:** RegioRadler Hunsrück L250: Emmelshausen – Simmern – Bingen (nur Sa, So und Fei, 1. Mai bis 1. Nov.). RegioRadler Untermosel: Treis-Karden – Burgen – Brodenbach – Emmelshausen (1. Mai bis 1. Nov.). Reservierung der Fahrradplätze unter www.regioradler.de.

## Wandern

### „Hunsrückbahnwanderweg"

Von Emmelshausen bis nach Boppard verläuft der Hunsrückbahnwanderweg immer bergab. Die insgesamt 16 km lange Strecke ist hervorragend ausgeschildert. Thematischer Schwerpunkt sind die Aussichtspunkte auf Schluchten, Tunnel und Viadukte. Höhepunkt ist das 58 m hohe **Hubertus-Viadukt.** Es wurde 1907 erbaut und überspannt mit seinen sechs gemauerten Bögen auf einer Länge von 150 m das einsame Tal.

Der Rückweg in die Hunsrückhöhen lässt sich problemlos mit der **Hunsrückbahn** bewältigen. Eine Fahrt auf der steilsten Eisenbahnstrecke Deutschlands bietet spektakuläre Aussichten und ist ein besonderes Erlebnis. Wem die gesamte Strecke zu lang ist, der kann wahlweise auch in Ehr, Fleckertshöhe oder Buchholz starten.

■ **Hunsrückbahn:** Je nach Tarifzone kostet ein Einzelticket zwischen 1,80 € und 4,65 €. Bahn-Card, Rheinland-Pfalz-Ticket und Schönes-Wochenende-Ticket gelten auch in der Hunsrückbahn. Preisstufen und weitere Infos unter www.rhenus-veniro.de.

## Gondershausen

Im Verkehrskreisel in Gondershausen, einem Nachbarort von Emmelshausen in Richtung Mosel, steht die **Holzfigur Gondersche Besembenner.** „Besembennen" ist Hunsrücker Platt und bedeutet „Besen binden". Das Binden von Reisigbesen ist ein altes Handwerk, das heute kaum jemand noch beherrscht. Früher verdienten sich viele Gondershausener etwas Geld hinzu, indem sie im Winter in Heimarbeit Besen aus einem Bündel Birkenreisig und einem Haselnussstiel banden. Auch Rechen und Schaufelstiele wurden hergestellt. Ab 1900 war Gondershausen bis nach Münstermaifeld in der Eifel für seine Besenbinder bekannt.

### Unterkunft, Essen und Trinken

■ **Altes Pfarrhaus**②, Rhein-Mosel-Str. 82, 56283 Gondershausen, Tel. (06745) 182740, www.altes-pfarrhaus-gondershausen.de. Das alte Pfarrhaus liegt am Ortsrand zwischen Ehrbachtal und Baybachtal. Die hübschen Gästezimmer und Ferienwohnungen sind im Landhausstil eingerichtet, für Mußestunden ist der naturnahe Bauerngarten ideal.

■ **Pension und Ferienhof Grieshof**①, Grieshof 1, 56283 Beulich (bei Gondershausen), Tel. (06745) 314, www.grieshof.de. Gemütliche Ferienwohnungen und Gästezimmer sowie Angebote speziell für Familien: geführte Naturkundewanderungen, Traktor- und Planwagenfahrten, Tiere füttern, Pony- und Eselreiten, Regenwetter-Spielhaus, großer Kinderfuhrpark und Spielplatz.

■ **Landgasthaus Hotel zur Post**②, Rhein-Mosel-Str. 33, 56283 Gondershausen, Tel. (06745) 229, www.rhein-mosel.org. Zum Hotel gehören ein Biergarten, ein Pool, Kegelbahnen und ein Platz für Spielgolf (s.u.).

■ **Gaststätte Ziegenklause**②, Schorfelder Hof, 56283 Gondershausen, Tel. (06745) 241, www.schorfelderhof.de, Di–Fr ab 16 Uhr, Sa und So ab 12 Uhr. Serviert wird Flammkuchen aus dem Backesholzofen, Fladenbrot und Antipasti mit leckerem Ziegenkäse aus eigener Produktion. Übernachtung im ehemaligen Heuschober, inkl. Frühstück. Saanenziegen und Bunte Deutsche Edelziegen tummeln sich auf dem Hof und liefern die Milch für den würzigen Käse. Im **Hofladen** (Fr und Sa 11–18 Uhr) gibt es Ziegenhartkäse, eingelegten Ziegenfrischkäse, Marmeladen, Chutneys und frisches Sauerteigbrot zu kaufen. Das Angebot wechselt je nach Saison.

### Aktivitäten

■ **Spielgolf:** Hotel zur Post (s.o.), www.spielgolf.eu, ab 7 J. Spielgolf ist eine Art Minigolf auf Rasenbahnen, die richtigen Golfplätzen ähneln. Auf den 18 Bahnen gibt es Hügel, Böschungen, Felsen, Wasser- und Sandbunker wie beim „großen Golfsport". Auch die Regeln sind dem Golf entlehnt: Die Spieler versuchen, mit möglichst wenigen Schlägen den Ball in das Loch einzuputten.

■ **Wandern:** Die Traumschleife „Rabenlay" führt durch das südlich von Gondershausen gelegene Baybachtal. Die Tour beginnt an der Gunthershalle in Gondershausen (s.u.: „Das Baybachtal").

## Mermuth

Erloschene Vulkane sind in vielen Gegenden Deutschlands zu finden, vor allem in der Eifel. Im Hunsrück gibt es nur einen einzigen: In einem alten Steinbruch nahe Mermuth auf der südlichen Seite des Ehrbachtals. Um zu dem **Vulkanschlot** zu gelangen, startet man am Wanderparkplatz am Ortsausgang Richtung Daubisberger Mühle (s.u.: „Im Ehrbachtal") und folgt dem Feldweg Richtung Wald. Der Waldpfad schlängelt sich weit hinab, bis rechts eine hohe Felswand aus Basalt auftaucht. Was wie ein erodierter Felshang mit reichlich Geröll aussieht, ist tatsächlich das Innere des erloschenen Vulkankegels. Der Vulkanschlot wurde durch den Steinbruch angeschnitten, deutlich erkennt man die völlig unterschiedlichen Gesteinsarten, die nur wenige Meter auseinander liegen.

Die **Landschaft um Mermuth** ist auffallend hügelig. Doch die bewegte Morphologie ist keineswegs vulkanischen Ursprungs, sondern hängt mit der Mosel zusammen, die ursprünglich durch dieses Gebiet floss. Oder besser: die Urmosel, die sich in grauer Vorzeit mehrströmig und mäandrierend hier entlangwand. Heute ist die Mosel neun Kilometer von Mermuth entfernt. Das tiefe Kerbtal, durch das sie mittlerweile fließt, gab es damals noch nicht. In den Feldern sind noch eine Menge tertiäre Kiese zu finden, die die Moselarme zu jener Zeit anschwemmten.

### Intarsienmuseum

Sehenswert ist das kleine Intarsienmuseum von *Heinz Echtermann* und *Corinna Schmeißer*. Es zeigt **Holzeinlegearbeiten,** die weder gebeizt noch gefärbt sind. Die naturbelassenen Hölzer wirken allein durch die kunstvolle Zusammenstellung verschiedenster Tönungen und Maserungen. Von hellem Ahorn über rotes Mahagoni, von brauner Eiche bis hin zu fast schwarzem Ebenholz sind unglaublich viele natürliche Schattierungen möglich. Amarantholz schimmert sogar violett. Intarsien können Möbel, Schachspiele und vieles mehr schmücken. Zum Museum gehört ein kleiner Shop. Die Intarsienschule bietet Kurse an, in denen man die mehr als viertausend Jahre alte Technik erlernen kann.

■ **Intarsienmuseum,** Tannenweg 5, 56283 Mermuth, Tel. (06745) 1703, www.intarsien.de, tägl. 10–18 Uhr, auch feiertags.

## Morshausen

Morshausen, ein weiteres Dorf an der Straße nach Brodenbach an der Mosel, ist der **Geburtsort von Jakob Kneip.** Eine kleine Ausstellung im alten Backhaus informiert über Leben und Werk des am 24. April 1881 geborenen Heimatdichters. Eine mächtige, rund 700 Jahre alte Eiche am Ortsrand ist nach ihm benannt. Sehenswert ist ein hölzerner **Ziehbrunnen,** wie man ihn aus der ungarischen Puszta kennt. Er soll von einer ungarischen Gräfin gestiftet worden sein, die im 15. Jh. auf die Ehrenburg einheiratete.

■ **Jakob-Kneip-Museum,** Ehrenburgstr. 2a, 56283 Morshausen, Tel. (02605) 847318, So 14–16 Uhr und nach Vereinbarung.

## Essen und Trinken

■ **Gasthaus Schmitt**②, Jakob-Kneip-Straße 1, 56283 Morshausen, Tel. (02605) 4479, www.gasthausschmitt.de, Mo, Mi, Do, Fr ab 16 Uhr, Sa ab 11 Uhr, So ab 10 Uhr, Di Ruhetag. Im von den Einheimischen nach der früheren Wirtin liebevoll *Wisjes* genannten Gasthaus gibt es gutbürgerliche Küche zu einem guten Preis.

## Aktivitäten

■ **Wandern:** Die Traumschleife „Murscher Eselsche" führt von Morshausen hinab zum Baybachtal (s.u.: „Das Baybachtal").

# Im Ehrbachtal

Der Ehrbach schlängelt sich rund 17 Kilometer **von Emmelshausen bis nach Brodenbach,** wo er in die Mosel mündet. Eine bekannte Sehenswürdigkeit im Ehrbachtal ist der zur Schlucht verengte mittlere Talabschnitt, die idyllische **Ehrbachklamm** mit ihren kleinen Wasserfällen. Neben der wunderschönen Natur gibt es aber auch kulturelle Besonderhei-

Mal schroff und wild, mal idyllisch – die Ehrbachklamm hat viele Facetten

005hu kn

ten zu entdecken: Mehrere Mühlen, manche zu Gasthäusern umgebaut, und Burgen wie die Rauschenburg oder die Ehrenburg hat das Ehrbachtal zu bieten.

## Ehrenburg

Oberhalb von Brodenbach steht die Ehrenburg, gut erhalten und ein tolles **Ausflugsziel für Familien.** Erstmals erwähnt wird die Burg im Jahr 1161, erbaut wurde sie aber früher. Sehr markant ist der ungewöhnliche Doppelbergfried. Die Burg wird heute nicht nur als Hotel (s.u.) genutzt. In dem alten Gemäuer wird das Mittelalter lebendig. Geboten wird ein buntes Programm mit alter Musik, historischem Handwerk und speziellen Veranstaltungen. Das Programm „Lebendige Burg“ an den Familiensonntagen zeigt Besuchern historisches

006hu kn

Handwerk wie Töpfern, Schmieden oder Weben, es gibt Musik und Tanz, Bogen- und Katapultschießen. Sonderveranstaltungen wie das Hexenfest am 1. Mai, das Gothic Event „Castrum Nigra“ oder das Ehrenburger Menütheater finden das ganze Jahr über statt.

■ **Ehrenburg,** 56332 Brodenbach, Tel. (02605) 3077, Termine und Infos: www.ehrenburg.de. Geöffnet Frühlingsanfang bis 1. Nov. Mo–Sa ab 10 Uhr, So und Fei ab 11 Uhr. Mo–Sa und an den Familiensonntagen „Lebendige Burg“: 4,50 €, Kinder 3,50 €, Familienkarte (Eltern und 2 Kinder) 19 €, jedes weitere Kind 3 €. „Traumzeit“ und „Ehrenburger Sommer“: 7 €, Kinder 5 €.
■ **Anfahrt:** Auf der Hunsrückhöhenstraße (B327) von Koblenz kommend, Richtung Trier in Buchholz die erste Ausfahrt rechts (Kreisel) auf die K119 Richtung Brodenbach/Ehrenburg nehmen, dann knapp 7 km weiter Richtung Brodenbach bis zur Abfahrt Ehrenburg.

## Schloss Schöneck

Auch das Schloss Schöneck liegt im idyllischen Ehrbachtal. Vorgängerbau des Schlosses beim kleinen Ort Windhausen war eine Reichsministerialburg, erbaut von *Konrad von Boppard* Ende des 12. Jh. In der Eltzer Fehde 1331–36 gehörte die Burg zum Schutzbündnis gegen den Trierer Kurfürsten *Balduin von Luxemburg,* aber schon 1354 ging sie als Lehen an Kurtrier. Mitte des 17. Jh. wurde die Wehranlage zu einem barocken Schloss umgestaltet. Die meisten Um- und Neubauten erfolgten im 19. Jh. Da sich das Schloss in Privatbesitz befindet, sind Besichtigungen nur am Tag des offenen Denkmals (2. So im Sept.) möglich. Der Falkenturm ist frei zugänglich.

■ **Anfahrt:** Von der Hunsrückhöhenstraße (B327) in Boppard-Buchholz auf die K119, dann auf die K120 Richtung Windhausen abbiegen. Hinter Windhausen nach rund 800 Metern auf die Schönecker Straße abbiegen.

## Ehrbachklamm

Die Ehrbachklamm lockt mit **markanten Felspartien** und rauschenden **Wasserfällen.** Um die schroffe, rund drei Kilometer lange Klamm zu passieren, muss man trittsicher sein. Teilweise ist der Pfad äußerst schmal, manchmal sind es nur in den Fels gehauene Trittstufen, auf denen man sich mit Hilfe von Stahlseilen entlanghangelt. Am besten erkundet man die Klamm auf dem gut ausgeschilderten Rundwanderweg Traumschleife „Ehrbachklamm“ (s.u.).

■ **Anfahrt:** Auf der Hunsrückhöhenstraße (B327) in Boppard-Buchholz Richtung Oppenhausen auf die K119 abbiegen. Der K119 bis zur Abfahrt Oppenhausen folgen, dort auf die K120 bis zum Wanderparkplatz Oppenhausen an der Abzweigung nach Hübingen fahren (für Navigationsgeräte: Mittelstraße, 56154 Boppard).

## Ruine Rauschenburg

Die Rauschenburg liegt in der Ehrbachklamm nördlich von Mermuth. Sie wurde im Zuge der Eltzer Fehde 1332 von Erzbischof *Balduin von Trier* als Trutz-

⊲ Auf der Ehrenburg wird mittelalterliche Geschichte lebendig

burg gegen die feindlichen Burgherren der Umgebung errichtet. Heute ist die Rauschenburg eine Ruine, die Reste der Schildmauer, des Bergfrieds und der Burghof sind noch gut zu erkennen.

Die Rauschenburg ist **nur zu Fuß** zu erreichen. Einen schönen Blick auf die Ruine hat man von der Traumschleife „Ehrbachklamm" (s.u.). Wer die Rauschenburg aus nächster Nähe sehen möchte, erreicht sie am besten von **Mermuth** aus (Wanderparkplatz am Kiefernweg). Nach rund anderthalb Kilometern über Feld- und Waldwege führt ein Serpentinenweg zu der Ruine über dem Ehrbachtal. Da lediglich ein Schild am Wanderparkplatz die grobe Richtung vorgibt und der weitere Weg nicht ausgeschildert ist, muss man auf eine detaillierte Wanderkarte oder ein GPS-Gerät zurückgreifen.

## Unterkunft, Essen und Trinken

■ **Burghotel Ehrenburg**④, 56332 Brodenbach, Tel. (02605) 3077, www.ehrenburg.de. Im kleinen Burghotel mit fünf stilecht eingerichteten Kemenaten lässt es sich schlafen wie im Mittelalter, mit Dusche und Heizung allerdings deutlich komfortabler. Rustikaler als die Kemenaten, aber dafür vielleicht noch authentischer ist der Schlafplatz im **Ritterzelt**, inkl. Frühstück pro Person 35 € (zwischen Ostern und Oktober). Die Ritterzelte bieten Platz für 4, 6 oder 8 Personen. Modernen Komfort bietet die Sanitäranlage im Torturm, Frühstück gibt es im Rittersaal. Abendessen in der **Wächterstube:** Für 30 € wird in der historischen Wächterstube mit prasselndem Kaminfeuer ein Vier-Gang-Menü serviert. Reservierung unter Tel. (02605) 3077.

■ **Daubisberger Mühle**①, in der Ehrbachklamm, Tel. (06745) 267. Das kleine Ausflugslokal liegt direkt an der Traumschleife „Ehrbachklamm". Im Außenbereich gibt es einen Kiosk mit teilweise überdachten Sitzplätzen davor. Feste Öffnungszeiten existieren nicht, aber die Wirtin ist eigentlich immer da. Es gibt eine kleine Vesperkarte mit Strammem Max oder Kotelett, bekannt ist die Mühle aber für Forellen.

■ **Landgasthaus Tenne**②, Mittelstr. 35, 56154 Oppenhausen, Tel. (06745) 182828, www.gasthaus-tenne.de, Mo Ruhetag. In Oppenhausen, wo sich der Wanderparkplatz für den Zugang zur Ehrbachklamm befindet. Große Auswahl an gutbürgerlichen Gerichten, Rumpsteak gehört zu den Spezialitäten des Hauses. Die Weine kommen von Mosel und Rhein.

■ **Landgasthof Hierer Mühle**②, Hierer Mühle 1, 56154 Boppard/Ney, Tel. (06745) 369, www.landgasthof-hierer-muehle.de, Oktober bis einschl. Februar tägl. außer Mo und Di, ab März tägl. außer Di. Im oberen Ehrbachtal, Zufahrt über Halsenbach, Ney und Dieler. Auf der Speisekarte sind die Forellen aus eigener Zucht besonders zu empfehlen.

## Wandern

### Traumschleife „Ehrbachklamm"

Sagenhafte 93 Erlebnispunkte hat das Deutsche Wanderinstitut dem **Premiumweg** mit seinen Wasserfällen, Kletterpassagen und spektakulären Felsen verliehen. „Wanderpapst" *Manuel Andrack* bezeichnete die Ehrbachklamm sogar als „definitiv schönste, wildeste, romantischste Klamm in den deutschen Mittelgebirgen". Am besten erkundet man die Klamm auf diesem gut ausgeschilderten, 8,5 km langen Rundwanderweg.

Alternativ kann man die Traumschleife „Ehrbachklamm" mit der **Schöneck-Schleife** kombinieren. Zusammen mit der Zuwegung kommt man dann auf 15 km, für die man allerdings viel Zeit einplanen muss, denn die Anstiege sind steil und das Teilstück, das durch die eigentliche Klamm führt, wird stellenweise zur Kletterpartie. **Leitern und Holzstege** helfen über die schwierigen Passagen. Der Weg führt an den schönsten Sehenswürdigkeiten vorbei. Dazu gehören Aussichtspunkte mit wunderbaren Fernsichten, schöne Rastplätze, spektakuläre Felsen, Mühlen und die Rauschenburg.

Bei Schnee und Eis sind die Wege nicht begehbar, aber auch in der Saison sollte man vorsichtig sein, **Wanderunfälle sind keine Seltenheit.** Festes Schuhwerk und Kondition sind in der Klamm unerlässlich, vor allem aber erfordert der mittlere Schluchtabschnitt einiges an Trittsicherheit. Start der beiden Touren ist am **Wanderparkplatz in Oppenhausen.**

#### Traumpfad „Bergschluchtenpfad Ehrenburg"

Für ambitionierte Wanderer ist der Traumpfad „Bergschluchtenpfad", der auch an der **Ehrenburg** vorbeiführt, absolut zu empfehlen. Die anspruchsvolle, 18,6 km lange Route ist für sportliche Wanderer geeignet. Sie erfordert Trittsicherheit und wegen der teils sehr steilen Aufstiege auch einiges an Kondition. 879 Höhenmeter müssen überwunden und etwa 6½ Stunden eingeplant werden. Für die Mühe entschädigen wundervolle Ausblicke über die Mosel und die gesamte Region. Der Startpunkt ist **Brodenbach** (www.traumpfade.info).

# Alken

Alken gehört zu den ältesten Orten an der **Untermosel,** schon der keltische Stamm der Treverer siedelte hier. Auch der Ortsname ist vermutlich keltischen Ursprungs: *Olk* bedeutete sowohl „pflügbares Land" als auch „fruchtbarer Boden" oder – deutlich passender für den kleinen Moselort – „Weinberg". Auch Spuren aus der Römerzeit fand man, zum Beispiel Teile des Fundaments der Burg Thurant.

## Alte St. Michaelskirche

Sehenswert ist im Ort vor allem die Alte St. Michaelskirche aus dem 12. Jh. Über eine steile, von vierzehn **Kreuzwegstationen** flankierte Schiefersteintreppe erreicht man den Ehrenfriedhof mit der kleinen, ehemaligen katholischen Pfarrkirche. Die **Fresken** im Chorraum sind im 14. Jh. entstanden. Unter der Kapelle befindet sich ein **Beinhaus,** durch ein Gitter kann man einen Blick hineinwerfen.

■ **Alte St. Michaelskirche,** Von-Wiltberg-Straße, Ostern bis Ende Okt. So und Fei 14–17 Uhr, für Besuchergruppen auch nach Vereinbarung.

## Burg Thurant

Hoch über Alken thront die Burg Thurant. Sie wurde zwischen 1198 und 1206 vom rheinischen Pfalzgrafen *Heinrich* erbaut. Da er gerade von einem Kreuzzug aus dem Orient zurückgekehrt war,

007hu kn

benannte er die Wehranlage nach der Kreuzfahrerburg Toron (heute Qal'at Tibnin im Libanon).

Auffällig ist, dass die Burg gleich **zwei mächtige Bergfriede** hat. Das geht auf die ungewöhnlichen Besitzverhältnisse ab dem 13. Jh. zurück. Von 1246 bis 1248 belagerten die Erzbischöfe von Trier und Köln gemeinsam die pfalzgräfliche Burg. Nach der erfolgreichen Eroberung teilten sie die Anlage durch eine Trennmauer in der Mitte und errichteten einen zweiten Bergfried. Im 17. Jh. wurde die Doppelburg zerstört und im 19. und 20. Jh. wieder aufgebaut. Einige der Bauteile wie das Hauptgebäude, das Jagdhaus und die Kapelle wirken zwar mittelalterlich, sind aber aus der Neuzeit.

⌃ Der Innenhof der Doppelburg Thurant mit Steingarten und Skulpturen lädt zu einem Spaziergang ein

**Mein Tipp:** Sehenswert sind der **Steingarten** und der **Garten im Ehrenhof,** beide mit Skulpturen geschmückt. Auch die Burgkapelle, der Weinkeller und die erst kürzlich rekonstruierten Ställe sind zu besichtigen. Das große Holzgerüst vor den Pferdeställen diente dazu, die Ritter in ihren schweren Rüstungen mittels einer Winde auf ihr Schlachtross zu hieven. Im Kölner Turm befinden sich nicht nur Folterinstrumente, dort liegt auch ein echtes Skelett tief unten im Verlies.

- **Burg Thurant,** 56332 Alken/Mosel, www.thurant.de, 1. März bis 30. April 10–17 Uhr, 1. Mai bis 15. Nov. 10–18 Uhr, 16. Nov. bis 28. Febr. geschl., Erw. 3,50 €, Kinder (ab 7. J.) 2,50 €, Kinder bis 7 J. frei.
- **Anfahrt:** Von Koblenz kommend, auf der Hunsrückhöhenstraße (B327) auf die L207 Richtung Alken abbiegen. Nach rund 8 km Abzweigung rechts zur Burg Thurant. Von der Mosel kommend, in Alken der Beschilderung folgen.

## Praktische Tipps

### Informationen

- **Tourist-Information Sonnige Untermosel,** Moselstr. 7, 56332 Alken, Tel. (02605) 8472736, www.sonnige-untermosel.de, April bis Okt. Mo–Fr 9–17 Uhr, Sa, So und Fei 10–14 Uhr, Nov. bis März Mo–Fr 10–16 Uhr, So und Fei 10–12 Uhr.
- **Verkehrsverein Alken e.V.,** Schulstr. 1, 56332 Alken, Tel. (02605) 790, www.alken.de.

### Feste und Veranstaltungen

- **Moosemannfest:** Am dritten Fastensonntag wird in Alken das Moosemannfest gefeiert, das an ein historisches Ereignis erinnert: Als die Erzbischöfe von Köln und Trier 1246 bis 1248 die Burg Thurant belagerten, gelang es dem Junker *Emmerich von Leiningen* mit einem Trick, unbemerkt an den Belagerern vorbeizukommen. In einen Moosballen gewickelt, rollte er den Abhang zum Bach hinunter und konnte Hilfe holen. Am Festtag gibt es einen Umzug durch Alken und die Burg Thurant kann kostenlos besichtigt werden (Festprogramm unter: www.alken.de).

### Wandern

**Traumpfad „Bleidenberger Ausblicke"**
Großartige Panoramablicke ins Moseltal und bis in die Eifel bietet der Weg, der entlang des Alkener Bachs bis zur mittelalterlichen **Burg Thurant,** zum hübschen Weinort Alken und bis auf den Bleidenberg führt. Start der 12,8 km langen Strecke ist an der Kirche in **Oberfell.**

## Das Baybachtal

Von den Hunsrückhöhen führen tief eingeschnittene Bachtäler zur Mosel. In ihnen verbergen sich naturbelassene Bachläufe, meist rauschende Bäche, die sich durch enge Schluchten mit bizarr geformten Felsen zwängen und schäumende **Wasserfälle** bilden. Im Sommer können sie auch mal zu dürren Rinnsalen werden. Eines der abwechslungsreichsten Täler ist das wildromantische Baybachtal, auch **Grand Canyon des Hunsrücks** genannt. Die Quellen des Baybachs liegen südlich von Emmelshausen nahe der Hunsrückhöhenstraße. In **Burgen** mündet der Baybach in die Mosel.

Urwüchsige Natur und alte Schiefersteinbrüche mit geheimnisvollen Stollenmundlöchern machen das Baybachtal unvergleichlich schön. Einst klapperten in dem heute so stillen Tal 32 Getreide-, Öl- und Sägemühlen. In den abseits gelegenen Mühlen soll sich der berüchtigte Räuber Schinderhannes vor seinen Verfolgern versteckt haben. Auch in der **Schmausemühle** fand er angeblich Unterschlupf. Heute ist die rund 350 Jahre alte Mühle ein Gasthaus und für ihre Forellen aus eigener Zucht bekannt (s.u.). Im Baybachtal gibt es ausgezeichnete **Wanderwege,** für die man etwas Kondition und unbedingt gutes Schuhwerk mitbringen sollte.

## Unterkunft, Essen und Trinken

MEIN TIPP: **Hotel & Restaurant Schmausemühle**③, 56283 Gondershausen, Tel. (06745) 270, www.schmausemuehle.de. Elf Doppelzimmer in der Mühle und im „Hexenhäuschen" neben dem Haupthaus. Außerdem gibt es eine rund 300 m von der Mühle entfernte Blockhütte, die für 2–6 Personen geeignet ist (Preise nach Personenzahl gestaffelt). Beliebtes Ausflugsziel im Baybachtal, berühmt für die Forellen aus eigener Zucht und das hausgebackene Brot. Toll ist auch die vegetarische Variante der Hunsrücker Kartoffelklöße. Je nach Saison stehen auch Wild und andere Spezialitäten auf der Karte des gemütlichen Gasthauses. Speisekarte 12–14 und 18–21 Uhr, Vesperkarte 14.30–17.30 Uhr.

■ **Weinscheune,** Hauptstr. 13, 56291 Bickenbach, Tel. (06746) 800930, www.weinscheune-bickenbach.de, So ab 12 Uhr. Die Traumschleife „Oberes Baybachtal" führt direkt an der Weinscheune vorbei. In dem schönen Garten und der Scheune werden verschiedene Weine und leckere Gerichte – auch für Veganer – serviert.

▷ Der Baybach hat sich seinen Weg durch den Hunsrückschiefer gegraben

### Camping

Zwei Campingplätze finden sich oberhalb des Baybachtals auf der anderen (östlichen) Seite der Hunsrückhöhenstraße.

■ **Country Camping Schinderhannes,** 56291 Hausbay, Tel. (06746) 800 5440, http://countrycamping.de, ganzjährig geöffnet. Das weitläufige Wiesengelände mit Weiher liegt verkehrsgünstig und trotzdem sehr ruhig. Mit Restaurant und Kiosk.

■ **Camping-Mobilheimpark Am Mühlenteich,** 56291 Lingerhahn, Tel. (06746) 533, www.muehlenteich.de. Sehr schöner Vier-Sterne-Campingplatz mit eigenem Badeweiher und viel Natur.

## Wandern im Baybachtal: wilde Pfade und urwüchsige Natur

**Fünf Rundwanderwege** laden dazu ein, das Baybachtal zu erkunden: „Baybachklamm", „Murscher Eselsche", „Rabenlay" und „Oberes Baybachtal" sind Traumschleifen, Nebenwege des Saar-Hunsrück-Steigs. Das „Borjer Ortsbachpädche" ist ein sogenannter Seitensprung und gehört zu dem 2014 eröffneten Moselsteig. Alle Wanderwege passieren alte Mühlen, imposante Felsen und romantische Bachläufe. Zweifelhafte Weggabelungen? Fehlanzeige. Die Routen sind **hervorragend ausgeschildert,** Verlaufen ist praktisch unmöglich. Auf schwierigen Felspassagen geben Stahlseile Sicherheit. Die Traumschleife „Murscher Eselsche" wurde zu einem der schönsten Wanderwege Deutschlands gekürt.

008hu kn

**Informationen**

- www.saar-hunsrueck-steig.de/traumschleifen
- www.moselsteig.de/die-partnerwege

**Traumschleife „Baybachklamm"**

Der 10 km lange, schon fast alpin anmutende Rundweg durch das wildromantische Baybachtal ist ziemlich anspruchsvoll, doch die Anstrengung lohnt sich: Knifflige Felspassagen, die mit Stahlseilen gesichert sind, wechseln sich mit naturbelassenen Pfaden durch sanfte Auen ab. Tiefe Schluchten, Wasserfälle, schöne Aussichtspunkte und bizarre Felsen runden das Wandererlebnis ab. Bei Schnee und Eis ist die Traumschleife nicht zu begehen und auch nach heftigem Regen ist Vorsicht geboten. Unbedingt an festes Schuhwerk denken! Start ist am Wanderparkplatz **Heyweiler** (für Navigationsgeräte: 56290 Beltheim-Heyweiler, Hauptstraße). Die Schmausemühle (s.o.), berühmt für Gerichte aus fangfrischen Forellen, liegt etwa auf halber Strecke am Wegesrand. Wer lieber am Ende der Tour einkehren möchte, kann die Wanderung auch am Parkplatz der Schmausemühle beginnen.

### Traumschleife „Murscher Eselsche"

Das „Murscher Eselsche" ist einer der schönsten Wanderwege im Hunsrück. Für den merkwürdigen Namen gibt es eine Erklärung: *Mursche* ist das Hunsrücker Wort für den Ortsnamen Morshausen. *Eselsche* hieß im Volksmund ein bizarr geformter Felsen am Weg, bevor ein paar Jugendliche die an das Grautier erinnernde Form mit Munition aus dem Zweiten Weltkrieg wegsprengten. Schmale Pfade führen hinab zum Baybachtal, über den Zechenpfad zur ehemaligen Erzgrube Theresia und über teils sehr steile Felsen wieder hoch zum Ausgangspunkt. Der knapp 11 km lange Wanderweg ist anspruchsvoll und sehr abwechslungsreich. Knifflige Felspassagen sind mit Seilen gesichert. Mit den falschen Schuhen wird die Tour allerdings zur waghalsigen Kletterpartie. Start ist an der alten Schule in **Morshausen** (s.o.: Emmelshausen und das Ehrbachtal).

### Traumschleife „Rabenlay"

Der 15,5 km lange Rundweg bietet von den offenen Feldfluren aus einen sagenhaften Eifelblick, bis zur hohen Acht und zur Nürburg. Eindrucksvoll ist die schroffe Felsschlucht des Baybachs. Die Tour steht unter dem Motto der vier Elemente Feuer, Wasser, Erde und Luft. Schautafeln stellen die Verbindung zu Themen wie Windräder, Wasserräder oder Solarfelder her. Start ist an der Gunthershalle in **Gondershausen.**

### Traumschleife „Oberes Baybachtal"

Die mittelschwere Strecke, auf der 417 Höhenmeter überwunden werden müssen, bietet wundervolle Ausblicke. Sieben Mühlen liegen am Wegesrand, die Route verläuft teilweise neben dem Baybach. Start der 15,3 km langen Traumschleife ist am Wanderparkplatz **Reifenthal** (www.oberes-baybachtal.de).

### Seitensprung „Borjer Ortsbachpädche"

Der Rundweg ist ein sogenannter Seitensprung des Moselsteigs. Die 8,7 km lange Route startet auf dem Marktplatz in **Burgen** an der Mosel und folgt dem Lauf des Baybachs, dann dem Ortsbach. 300 Höhenmeter müssen überwunden werden. Belohnt wird man mit einer tollen Aussicht über den Hunsrück.

[>] Dick bemooste Steinfelsen im Baybachtal auf dem Wanderweg „Murscher Eselsche"

# Burg Waldeck

Oberhalb des Baybachs in der Mitte des Tals liegt die Burg Waldeck. Sie hatte eine bewegte Geschichte, auch noch als sie bereits eine Ruine war. Die Ganerben-Burg wurde spätestens im 13. Jh. erbaut und im 17. Jh. zerstört. Im 18. Jh. hat man in den **Ruinen** ein schlossartiges Gebäude errichtet. Aber auch das verfiel, die Ruine wurde als Steinbruch genutzt.

## Bewegte Geschichte

Die eigentlich interessante Geschichte beginnt jedoch viel später: Im April 1911

009hu kn

erwachte die Waldeck aus ihrem Dornröschenschlaf, als die noch junge Jugendbewegung des **Nerother Wandervogels** sich auf der Burgruine versammelte. Auf dem Plan standen gemeinsame Spiele, Wettkochen und vor allem Spaß. Am Lagerfeuer pflegte man das Wandervogelliedgut und sang zur Gitarre. Hehres Ziel war der Umbau des alten Gemäuers zur „Rheinischen Jugendburg". 1922 baute man in den Ruinen eine erste feste Behausung, ein Garten wurde angelegt und die Waldeck besiedelt.

Mit der Machtergreifung der Nationalsozialisten 1933 begann die **Verfolgung** der Wandervögel. Der Bund wurde offiziell aufgelöst, der Wandervogelgedanke jedoch noch lange nicht aufgegeben. Trotz der Auflösung des Bundes gelang es der Gestapo nicht, die Bewegung restlos zu zerschlagen. Eine Verhaftungswelle, Razzien und Prozesse folgten, einige Mitglieder kamen ins Konzentrationslager. Nach dem Krieg trafen sich die versprengten Wandervögel erneut auf der Waldeck und die Jugendbewegung lebte wieder auf.

### Chanson- und Folklore-Festivals

Parallel dazu entstand eine zweite Bewegung: Burg Waldeck wurde zum **Mittelpunkt einer neuen Musikkultur.** Pfingsten 1964 fand hier das erste Musikfestival statt: das Chanson Folklore International. Rund 400 Besucher kamen, darunter **Franz Josef Degenhardt** und **Reinhard Mey.** Es war das erste Open-Air-Festival in Deutschland und begründete die deutsche Liedermacherszene. Gleichzeitig war es der Beginn der deutschen Folkbewegung, die von der Protestsongbewegung in den USA beeinflusst war und sich bewusst vom seichten Schlager der Nachkriegszeit abheben wollte. Ein Jahr später kamen bereits 2000 Besucher auf das Festival im Hunsrück. *Degenhardt* trug die gesellschaftskritische Ballade von den „Schmuddelkindern" vor. 1966, beim dritten Festival, trat unter anderem **Hannes Wader** vor mittlerweile 3000 Zuschauern auf – es war sein Durchbruch.

Sämtliche Kapazitäten des Festivalgeländes wurden 1968 gesprengt, als rund 5000 Besucher zur Waldeck strömten. Allerdings machten sich die politischen Umbrüche der Zeit mehr und mehr bemerkbar. Es herrschte eine aufgeheizte, fast aggressive Stimmung. Die Musiker wurden immer wieder von Störern unterbrochen, denen die Texte nicht radikal genug waren. Auch im folgenden Jahr gab es Richtungsstreitigkeiten zwischen Musikern und Publikum. Viele Künstler wollten nicht mehr auf der Waldeck auftreten und suchten sich andere Bühnen. In ganz Deutschland hatte sich inzwischen eine Liedermacherszene entwickelt, das Waldeck-Festival verlor seine Bedeutung.

## Burg Waldeck heute

Ein gemeinnütziger Verein, die Arbeitsgemeinschaft Burg Waldeck e.V., unterhält heute die Jugend-, Freizeit- und Bildungsstätte Burg Waldeck. So treffen sich noch immer Liedermacher aus aller Welt auf der Burg und knüpfen an die legendäre Zeit der Waldeck-Festivals an. Junge Talente und bekannte Künstler bieten an Pfingsten drei Tage lang ein buntes Programm.

■ **Burg Waldeck,** Waldecker Weg, 56290 Dorweiler, www.burg-waldeck.de (Termine und Veranstaltungsprogramm).
■ **Anfahrt:** Von Koblenz kommend, Richtung Trier auf der Hunsrückhöhenstraße (B327) in der Ortsmitte von Gödenroth rechts auf die K35 Richtung Burgen abbiegen. Hinter Beltheim auf der L205 weiter bis Dorweiler, dort in die erste Straße rechts (Waldecker Weg) abbiegen. Nach etwa zwei Kilometern ist die Burg Waldeck erreicht.

# Sevenich

Sevenich, auf der südlichen Talseite oberhalb des Baybachs gelegen, gehörte zur Grafschaft Sponheim, bis der Ort 1521 an das Grafengeschlecht der *Bassenheimer* ging. 1600 errichtete das Adelsgeschlecht der *Waldbott von Bassenheim* ein Schloss in Sevenich, das aber bereits im 19. Jh. abgerissen wurde. Lediglich eine kleine Kapelle am Ortsrand steht noch. Die Turmspitze der Sevenicher Kirche ziert nicht etwa ein Hahn, sondern ein Schwan, das Wappentier der Grafen. Bemerkenswert ist auch die 1000 Jahre alte Linde vor der Kirche, unter der früher Gericht gehalten wurde.

## Feste und Veranstaltungen

■ **Chapitol:** Zum Baybachtal 1, 56290 Beltheim-Sevenich, Tel. (06762) 959123, www.chapitol.de. So klein der 130-Seelen-Ort ist, der Kulturverein von Sevenich bringt ein respektables Programm auf die Bühne des alten Dorfsaals. Auf der Kleinkunstbühne werden Kabarett, Theater und Musik geboten.

# Mannebach

Eine Reise in die Welt der Sinne verspricht das **Erlebnisfeld** am Ortsausgang des kleinen Ortes Mannebach Richtung Mosel. Das Areal ist frei zugänglich und mit verschiedenen Sinnesstationen und Spielgeräten für Kinder ausgestattet. Am Dorfweiher von Mannebach, südlich des Baybachtals nahe Beltheim gelegen, kann man wunderbar picknicken.

## Unterkunft, Essen und Trinken

**Hunsrücker Hexenhaus**②, St. Martin-Str. 7, 56290 Beltheim-Mannebach, Tel. (06762) 7510, Mi–Sa ab 14 Uhr, So und Fei ab 12 Uhr, Mo und Di geschl., www.hunsruecker-hexenhaus.de. Gegessen wird im alten Pferdestall, im Sommer auch in dem von Bruchsteinmauern umfassten, idyllischen Garten. Als Aperitif ist ein Winzersekt mit Holunderblütensirup oder Sanddornlikör sehr lecker. Es gibt Speisen für den großen Hunger, wie Lammgulasch mit Pinienkernen oder Kleinigkeiten wie gratinierten Ziegenkäse. Die Weine kommen zu einem großen Teil aus biologischem Anbau. Hausgemachtes gibt es im Hunsrücker Hexenhaus auch zum Mitnehmen. Sehr lecker ist der Kräuterlimo-Sirup, mit dem man zuhause seine eigene Limonade mixen kann. Die Produkte sind nicht nur ansprechend gestaltet, sondern haben oft liebevolle Bezeichnungen: Hinter der „Moorhexe" versteckt sich ein Lakritzlikör, der „Hexengarten" ist ein Kräuterlikör. Zum Sortiment der Manufaktur gehören Gelees, Marmeladen, Kräuteröle und verschiedene Essigsorten.
■ **Ferienwohnung Rabenhorst,** St. Martin-Str. 7, 56290 Beltheim-Mannebach, Tel. (06762) 7510, www.hunsruecker-hexenhaus.de. Sehr geschmackvoll eingerichtetes, helles Appartement im Obergeschoss des alten und wunderschön restaurierten Fachwerkhauses für bis zu vier Personen.

# Kastellaun

**Fachwerk,** wohin man schaut – die Altstadt von Kastellaun ist einfach malerisch. Und darüber thront auf einem wuchtigen Felsen, die Stadt weithin sichtbar überragend, die mittelalterliche **Burg.**

Kastellaun wird 1226 das erste Mal urkundlich erwähnt. 1301 machte Graf *Simon II. von Sponheim* die Burg zu seiner Residenz und verlieh Kastellaun vier Jahre später Stadtrechte. 1309 verlieh Kaiser *Heinrich IV.* Kastellaun das Marktrecht. Beides führte zu einem wirtschaftlichen Aufschwung. Bis Anfang des 20. Jh. fand auf dem Marktplatz der größte Viehmarkt der Region statt.

## Kastellaun

**Übernachtung**
1 BurgStadt Hotel
5 Hotel Badische Kellerey
6 Stadthaus zur Burg
9 Schlummerkiste Kastellaun
10 Hotel Altes Stadttor

**Essen und Trinken**
1 BurgStadt Restaurant
2 Kerkeressen

# Sehenswertes

## Rundgang durch die Altstadt

Einen Bummel durch die Altstadt und hoch zur Burgruine beginnt man am besten auf dem **Marktplatz.** An dessen nördlichem Rand steht als besonderer Blickpunkt ein ungewöhnlicher Pavillon. Der **Pilz,** wie er im Volksmund heißt, ist eine eigenwillige, raumgreifende Konstruktion aus Spannbeton, von dem Simmerner Architekten *Hanfried Oertel* in den 1960er Jahren als Symbol der Moderne geschaffen.

Hinter dem Pavillon führt die Marktstraße in die Altstadt. Das **Haus Maull** in der Marktstr. 4 wurde 1755 errichtet, im Keller ist noch das Fundament der Stadtmauer erhalten. Bei einer Stadtfüh-

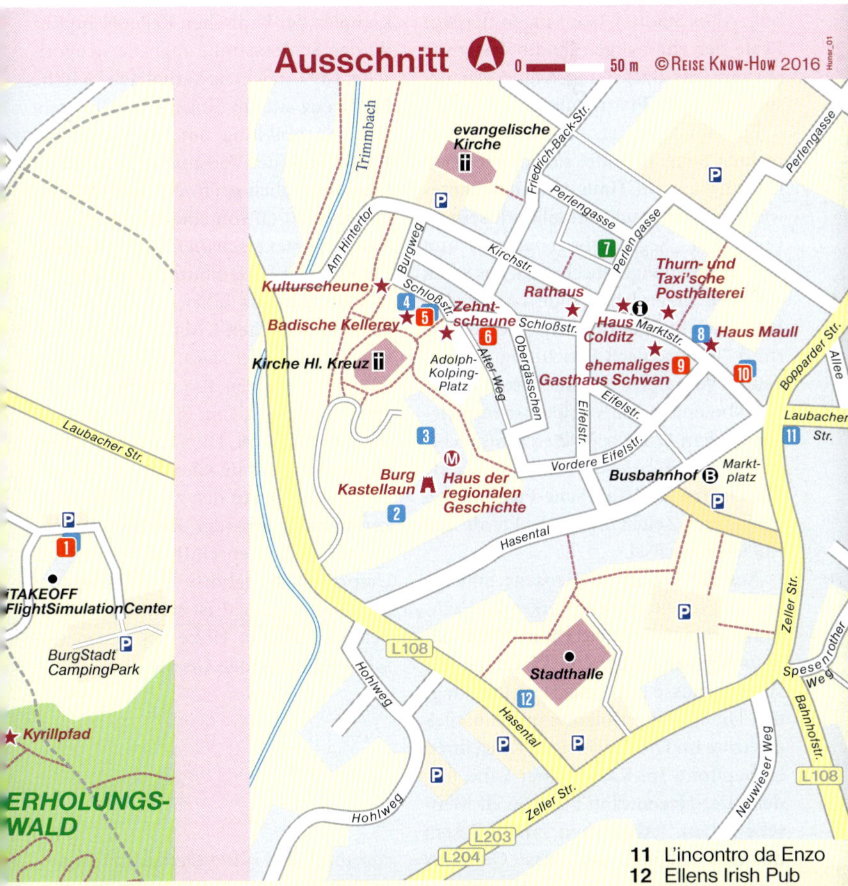


3 Taverne
4 Weinstube der Badischen Kellerey
5 Gasthaus Badische Kellerey
8 Kunst- & Kulturcafé Maull
10 Landgasthof Altes Stadttor
11 L'incontro da Enzo
12 Ellens Irish Pub

**Einkaufen**
7 Mittendrin

rung kann man das Schiefergewölbe vier Meter unter dem heutigen Straßenniveau besichtigen. Zwei Schießscharten im Mauerwerk zeigen, wie viel tiefer der Stadtgraben ursprünglich lag. Der Brunnen im Keller weist auf den Reichtum der Familie *Maull* hin, denn normalerweise holten die Kastellauner Bürger ihr Wasser an einem der öffentlichen Brunnen. Einen eigenen Brunnen im Haus zu haben, war etwas Besonderes. Aus der frei stehenden Hausecke des Landgasthofs Altes Stadttor (s.u.) ragen massige Reste der ehemaligen Stadtbefestigung hervor. Das Backsteingebäude war ursprünglich ein Pferdestall.

Ein Stück weiter, ebenfalls auf der rechten Seite, befindet sich die Tourist-Information im **Haus Colditz.** Dieses wurde 1820 erbaut und fällt mit seinem verzierten Segmentbogengiebel und dem schönen Figurenschmuck aus Stuck auf. Die Jugendstilfassade ist für den Hunsrück ungewöhnlich, sie wurde rund 70 Jahre nach Errichtung des Gebäudes vorgesetzt. Die Bauherren ließen sich von einem Haus in Odessa inspirieren. In dem 1780 errichteten Haus rechts neben der Tourist-Information sorgte die **Thurn- und Taxi'sche Posthalterei** in früheren Zeiten für frische Pferde und Kutschenwechsel.

Auf der linken Straßenseite fällt ein sehr breites, gedrungen wirkendes Fachwerkhaus auf. Es ist das **ehemalige Gasthaus Schwan,** in dem im 17. Jh. die Hexenausschüsse des Amts Kastellaun tagten. Die Hexenverfolgung im Hunsrück erreichte im Dreißigjährigen Krieg ihren Höhepunkt. Im Kastellauner Land forderte der Hexenwahn bis 1656 elf Menschenleben. Abgesehen von diesem dunklen Kapitel war das Gasthaus Schwan aber auch ein beliebter Treffpunkt, immerhin mehr als 300 Jahre lang, von 1587 bis 1922.

Vom ehemaligen Gasthaus Schwan blickt man am Rathaus vorbei geradewegs auf die **Badische Kellerey** (1670) und die **Zehntscheune** (1774), beide malerisch unterhalb der Burg gelegen. In der Zehntscheune mussten die Bauern früher ihre Steuern in Form von Naturalien abgeben.

Hinter dem schmucken Gebäudekomplex der Badischen Kellerey am Ende der Schlossstraße ragt die neugotische, 1899 errichtete **katholische Kirche Hl. Kreuz** auf. Im Eingangsbereich steht eine Nachbildung der **Madonna von Kastellaun** (der Vorraum ist von Mai bis Oktober täglich geöffnet). Das Original wurde 1450/60 von einem Mittelrheinischen Meister erschaffen und ist heute in der Kunsthalle Hamburg ausgestellt.

Vom Rathaus führt die Kirchstraße zur **evangelischen Kirche.** Sie ist das älteste Gebäude der Stadt, erbaut zwischen 1318 und 1353/54 als Grablege für den sponheimischen *Graf Simon II.* und seine Frau *Elisabeth.* Die Doppelgrabplatte ist an der Wand im Chor der Kirche angebracht. Nur auf den zweiten Blick erkennt man, dass der Kirchturm nicht mit dem Kirchenschiff verbunden ist. Ursprünglich gehörte der Turm zur Stadtbefestigung. Erst seit 1906 verbindet ein Gang in Höhe des ersten Geschosses die beiden Gebäude.

> Fachwerkidylle in der Altstadt von Kastellaun

010hu kn

## Burg Kastellaun

Hoch über Kastellaun thront auf einem mächtigen Schieferfelsen die **mittelalterliche Burgruine** aus dem 13. Jh. Sie diente ab 1301 als Residenz der *Grafen von Sponheim*. Als die Linie der *Sponheimer* 1437 erlosch, wechselte die Burg in den Besitz der *Markgrafen von Baden* und der *Grafen von Veldenz*. 1689 wurde die Burg im Zuge des Pfälzischen Erbfolgekrieges völlig zerstört. Der hoch aufragende Palas der Kastellauner Burg und die Reste des Wohnturms stammen aus dem 14./15. Jh., sie dienten als repräsentative Haupt- und Wohngebäude. Der runde Bergfried, von dem nur noch ein Stumpf übrig ist, war ursprünglich nicht nur einer der ältesten, sondern auch einer der höchsten Gebäudeteile der Burg. Die Mauern des Wohnturms sind noch in einer beeindruckenden Höhe erhalten, was auch daran liegt, dass eine der Minen, die die Franzosen bei der Sprengung der Burg verwendeten, nicht zündete. Das Sprengloch im Fundament des Turms ist noch zu erkennen.

Die Burg ist ganzjährig geöffnet. Zur Gastronomie auf der Burg s.u.: „Essen und Trinken".

**Mein Tipp:** Im Sommer finden auf der Burgbühne **kulturelle Veranstaltungen** statt (Programm unter www.unterburg-kastellaun.de).

### Haus der regionalen Geschichte

Das **Museum in der Unterburg** zeigt auf vier Etagen Wissenswertes über die Kelten und Römer im Hunsrück und die Vergangenheit von Burg und Stadt Kastellaun. Spannend ist die Abteilung zum **Thema Kalter Krieg.** Die Hunsrücker Friedensbewegung in den 1980er Jahren und die Proteste gegen die Stationierung von Atomraketen werden ebenso gewürdigt wie die heutige Nutzung der **Raketenstation Pydna** für die **Nature One,** Deutschlands größtes Techno-Festival. Damit spannt das Museum den Bogen von der Vor- und -Frühgeschichte bis in die heutige Zeit, mehrere multimediale Stationen runden die Ausstellung ab. Für Kinder gibt es ein Museumsquiz, bei richtiger Lösung winkt eine kleine Belohnung.

■ **Haus der regionalen Geschichte,** Burg Kastellaun, www.unterburg-kastellaun.de, März bis Dez. Do–So und Fei 12–17 Uhr (außer 24.–26.12. und 31.12.), Jan. und Feb. geschl., Erw. 2,50 €, Kinder ab 10 J. 1,50 €, bis 10 J. frei, Familien 5 €.

### Kyrillpfad

Der Kyrillpfad im Kastellauner Stadtwald macht die verheerenden **Folgen des Orkans Kyrill** erlebbar, der im Januar 2007 über Südwestdeutschland hinwegfegte. Der große Sturm zog eine Schneise der Verwüstung durch die Wälder. Allein im Kastellauner Forstamt fielen 2500 LKW-Ladungen bzw. 75.000 Festmeter Sturmholz an. Die Windwurffläche am südlichen Stadtrand Kastellauns, durch die der Lehrpfad führt, ist 1,5 Hektar groß. Der rund 800 m lange Sturmwurf-Erlebnispfad zeigt aber nicht nur die Zerstörungskraft eines Orkans, sondern auch, wie die Natur sich erholt und ein neuer Wald entsteht. **Holzstege, Leitern und Brücken** machen das Labyrinth aus umgefallenen, rund 60-jährigen Fichten und riesigen Wurzeltellern begehbar.

Der Kyrillpfad liegt nahe am Waldabenteuer Kastellaun (s.u.) in der Südstraße, der Eintritt ist frei. Bei Eis und Schnee ist er geschlossen.

### Spielzeugmuseum

Das Spielzeugmuseum Kunsterbunt in der alten **Dorfschule von Hasselbach,** etwa drei Kilometer südlich von Kastellaun, entführt in nostalgische Spielwelten. Puppen, Puppenküchen, Kaufmannsläden, Blechspielzeug, Eisenbahnen oder Teddys sind ausgestellt. Im Garten fährt eine LGB-Gartenbahn.

■ **Spielzeugmuseum Kunsterbunt,** Spesenrother Str.1, 56288 Hasselbach, Tel. (06762) 961616, www.spielzeugsammlung-kunsterbunt.de, So 14–17 Uhr und nach tel. Vereinbarung, Erw. 4 €, Kinder (11–16 J.) 2,50 €, Kinder bis 10 J. frei.

## Praktische Tipps

### Informationen

■ **Tourist-Information Kastellaun,** Marktstr. 16, 56288 Kastellaun, Tel. (06762) 401873 oder 401698, www.kastellaun.de, Mai bis Okt. Mo–Fr 9–17 Uhr, Sa 9.30–13 Uhr, Nov. bis April Mo–Do 9–17 Uhr, Fr 9–13 Uhr.

■ **Stadtführung:** Neben einer Nachtwächterführung werden ein stadthistorischer Rundgang, eine Erlebnisführung in der Abenddämmerung, der „Familien-Nachtzauber" und eine Rätselreise durch das Mittelalter für Kinder angeboten. Anmeldung bei der Tourist-Information, Termine, Preise und weitere Themenrundgänge unter www.kastellaun.de.

## Unterkunft

■ **Stadthaus zur Burg,** Schlossstr., 56288 Kastellaun, Tel. (06762) 960421, www.ferienwohnungen-kastellaun.de. Das ehemalige, wunderschön renovierte Kaufmannshaus liegt in der Altstadt am Fuß der Burg. Die mit allem Notwendigen ausgestatteten Wohnungen sind gemütlich, nicht zuletzt wegen des auch innen freigelegten Fachwerks. Die Ferienwohnungen sind für 2–4 Personen ausgelegt. Ab 45 € pro Nacht (für 2 Pers., jede weitere Person 5 €).

■ **Schlummerkiste Kastellaun**①-②, Marktstraße 7, 56288 Kastellaun, Tel. (06762) 409052, www.schlummerkiste-kastellaun.de. Zentral gelegene, preiswerte Zimmer und Ferienwohnungen, die liebevoll und modern eingerichtet sind. Es gibt kein Frühstück, die Vermieter verweisen auf Cafés und Bäckereien in der Nähe.

■ **BurgStadt Hotel**④, Südstr. 34, 56288 Kastellaun, Tel. (06762) 40800, www.burgstadt.de. Das Viersterne-Hotel liegt am Ortsrand und bietet viel Komfort, Wellness etc. 59 Zimmer in verschiedenen Kategorien, vom Einzelzimmer bis zur 4-Bett-Suite. Das **BurgStadt Restaurant**② mit Biergarten serviert gehobene Küche und Hunsrücker Gerichte. Mo und Sa 17–22 Uhr, Di–Fr 11.30–22 Uhr, So 11.30–21 Uhr.

■ **Landgasthof und Hotel Altes Stadttor**③, Marktstr. 4a, 56288 Kastellaun, Tel. (06762) 93130, www.altesstadttor.de. Im **Restaurant**② mit Gast-

⊡ Taverne auf der Burg Kastellaun

011hu kn

012hu kn

stube, lauschigem Innenhof und urigem Schieferkeller wird vor allem regionale Küche serviert, ab 17 Uhr, Fr–So und Fei 11.30–14.30 Uhr und ab 17 Uhr, Mo Ruhetag. Die gemütlichen Zimmer sind im modernen Landhausstil gehalten.

■ **Gasthaus und Hotel Badische Kellerey**③, Schlossstr. 19, 56288 Kastellaun, Tel. (06762) 40190, www.badische-kellerey.de. Die Badische Kellerey am Fuße der Burg wurde 1670 von dem Markgrafen zu Baden errichtet. Die Zimmer sind geschmackvoll und komfortabel. Im **Restaurant**② und im lauschigen Biergarten wird vor allem regionale Küche serviert, Mo und Mi–Sa 11.30–14 und 17.30–23 Uhr, So 11.30–14 und 17.30–22 Uhr, Di geschlossen.

In der Unterburg ist das Haus der regionalen Geschichte untergebracht

### Camping

■ **BurgStadt CampingPark,** Südstr. 34, 56288 Kastellaun, Tel. (06762) 40800, www.burgstadt.de, Parzellengebühr 10 € zzgl. 7 € p.P, Kinder (bis 11 J.) 4 €. Neben den Angeboten des Hotels (s.o.) stehen Wohnmobilgästen Mietbäder mit Dusche/WC zur Verfügung (6 €/p.T.)

## Essen und Trinken

■ **L'incontro da Enzo**①, Marktstr. 1, 56288 Kastellaun, Tel. (06762) 2698, Di–Sa 11.30–14.30 und 17.30–22 Uhr, So 11.30–14.30 und 17–22 Uhr, Mo geschl. Original italienische Küche, sehr gute Pizza und frischer Fisch.

■ **Taverne**②, Burgweg, 56288 Kastellaun, Tel. (06762) 963238, www.taverne-kastellaun.de. Im Winter Mi–Fr ab 17 Uhr, Sa/So und Fei ab 11 Uhr, im Sommer Mi–So und Fei ab 11 Uhr, Mo und Di geschl. Rustikales Restaurant auf der Burg im mittelalterlichem Ambiente, nachmittags Kaffee und Kuchen. Mit Biergarten im Burghof.

■ **Kerkeressen**④, Burgweg, 56288 Kastellaun, Tel. (06762) 963238, www.kerkeressen-kastellaun.de, im Kellergewölbe der Burg. Gespeist wird bei Kerzen- und Fackelschein mit Spektakel und Gruselfaktor. Gäste können bei Fehlverhalten durchaus in der Schandgeige, auf der Streckbank oder im Verlies landen. Nur mit Reservierung.

■ **Weinstube der Badischen Kellerey,** Hotel Badische Kellerey (s.o.), Mo und Do–Sa 14–22.30 Uhr, So 14–21 Uhr, Di und Mi Ruhetag. Die Weinstube ist in der ehemaligen Waisen-Schreiberei neben der Badischen Kellerey untergebracht. Zu den Weinen von Mosel, Mittelrhein, Nahe, aus Rheinhessen und Baden werden kleine Gerichte wie Flammkuchen serviert.

■ **Ellens Irish Pub,** Im Tivoli, Zeller Str. 24, 56288 Kastellaun, Di–So ab 19 Uhr, Mo geschl. Mit Live-Musik an den Wochenenden.

■ **Kunst- & Kulturcafé Maull,** Marktstr. 4, 56288 Kastellaun, Mi und Do 10–18 Uhr, Fr 10–21.30 Uhr (abends mit Weinstube), Sa 9.30–14 Uhr, 1. und 3. So im Monat 10–18 Uhr, Mo und Di Ruhetag. Gemütliches Café mit selbstgebackenem Brot und Kuchen, Suppen, Salaten und Smoothies, vieles auch für Veganer. Außerdem Verkauf von Kunsthandwerk und Filzkurse.

## Aktivitäten

■ **Waldabenteuer Kastellaun:** Barfußpfad, Abenteuerpark, Boule-Platz, Kletterwand und Hochseilgarten laden zum Spielen und Toben ein. Die Futterkrippe sorgt mit Gegrilltem, Getränken, Kaffee und Kuchen für das leibliche Wohl. Südstr. 26, Tel. (06762) 408810, www.waldabenteuer.de. Ende März bis Ende Okt. Mo–Fr ab 13.30 Uhr bis 2 Std. vor Dämmerung, Sa, So, Ferien tägl. ab 10 Uhr bis 2 Std. vor Dämmerung und auf Anfrage.

**Barfußpfad:** Ob Laufen über Holzhackschnitzel, Kopfsteinpflaster und Kieselsteine oder vorsichtiges Waten durch Schlamm und Wasser: 20 verschiedene Bodenbeläge auf knapp 1,3 km bieten Abwechslung für die Sinne. Erw. (ab 18 J.) 3 €, Kinder und Jugendliche 2 €, Familien 8 €.

**Kletterpark:** Auf einer Fläche von rund 2,4 ha gibt es neben dem Kinderparcours (1,20 m hoch) vier weitere Baumwipfelpfade mit verschiedenen Schwierigkeitsstufen, die bis in 12 m Höhe führen. Nach einer Einweisung durch Sicherheitstrainer können die Gäste selbstständig im Abenteuerpark unterwegs sein. 3 Stunden, Erw. 18 €, Jugendl. (12–17 J.) 15,50 €, Kinder (9–11 J.) 13 €, Kinderparcours 7 €, Familienkarte 49 € (inkl. 3 € Verzehrgutschein).

**Hochseilgarten:** Klettern unter Anleitung speziell für Gruppen nur nach Voranmeldung.

## Einkaufen

■ **Mittendrin,** Laden der Lebenshilfe Rhein-Hunsrück e.V., Perlengasse 1, 56288 Kastellaun, Tel. (06762) 409588, www.mittendrinshop.de, Mo–Fr 9.30–12 und 15–18 Uhr, Sa 9.30–12 Uhr. Die angebotenen Geschenkartikel, Holzspielwaren, Schmuck, Senf, Säfte und Öle werden von Menschen mit Behinderungen hergestellt. Seit Kurzem gehören auch die hochwertigen Kirner Grills aus der Behindertenwerkstatt der Kreuznacher Diakonie zum Sortiment.

**Mein Tipp: Kastellaun bei Nacht entdecken** – ausgerüstet mit Laterne, Horn und Hellebarde führt der Nachtwächter im historischen Gewand seine Gäste durch die dunklen Gassen der Altstadt und zur mittelalterlichen Burg und unterhält sie mit Interessantem und Kuriosem aus der Stadtgeschichte. Zum Abschluss gibt es einen Nachttrunk. Dauer 1½–2 Stunden, pro Person 7 €.

■ **Geocaching:** Die moderne Schatzsuche mit einem GPS-Gerät macht aus einer Wanderung ein spannendes Abenteuer. In Kastellaun gibt es ein spezielles Angebot für Einsteiger, die Schatzsuche führt dabei über den Kyrillpfad oder durch die Innenstadt. Flyer und GPS-Geräte zum Ausleihen gibt es in der Tourist-Information Kastellaun (pro GPS-Gerät: 10 €/Tag, 25 €/Wochenende).

■ **Minigolfanlage:** am Schulzentrum, Laubacher Straße, 56288 Kastellaun, Tel. (06762) 409446 oder (0175) 9245425, Erw. 2 €, Kinder 1 €, Jugendliche 1,50 €. Ab März, Mo–Fr ab 14 Uhr, Sa/So ab 12 Uhr, letzter Spielbeginn 17.30 Uhr, nur bei schönem Wetter.

■ **iTAKEOFF FlightSimulationCenter:** Burg-Stadt Hotel, Südstr. 34, 56288 Kastellaun, Tel. (06762) 40800, www.itakeoff.de. Einmal im Leben eine Boeing fliegen: In dem detailgetreuen Nachbau eines 737-Cockpits wählt man unter 24.000 Flugplätzen weltweit seinen Zielflughafen aus. Das Schwierigkeitsniveau wird den Vorkenntnissen angepasst. Die Atmosphäre und der Service sind fast wie an Bord einer echten Fluggesellschaft. Unter den 24 Sitzplätzen der Passagierkabine imitieren 250-Watt-Bass-Shaker das Vibrieren einer echten Maschine. Außerdem gibt es einen Cessna-172-Flugsimulator. 30-minütiger Schnupperflug Boeing 737: 59 €, Cessna 172: 39 €, eine Stunde ab 99 € (Cessna), bzw. 159 € (Boeing). Ein besonderes Event sind die Fliegerdinner in der Boeing 737, bei denen auf einem virtuellen Flug durch Europa landestypische Spezialitäten serviert werden. Termine und Preise unter www.worldofdinner.de.

Nature One – drei Nächte lang tanzen in der ehemaligen Raketenbasis bei Kastellaun

013hu no

■ **Hallenbad „Aqua fit":** Laubacher Str. 44, 56288 Kastellaun, Tel. (06762) 409260, www.hallenbad-aqua-fit.de, Di 9–12 und 14–16.30 Uhr, Mi 15–21.15 Uhr, Do 6.30–12 und 14–21.15 Uhr, Fr 15–21.15 Uhr, So 8–16 Uhr, Erw. 3 €, Kinder (4–16 J.) 1,50 €, Familien 5 €. Besondere Angebote wie Aqua-Zumba-Kurse oder Schnuppertauchkurse.

## Feste und Veranstaltungen

■ **Kulturscheune:** Die Scheune neben der Badischen Kellerey (Schlossstr. 19) wurde ca. 1750 an die Stadtmauer angebaut. Veranstaltungen, z.B. vom Kastellauner Kulturverein (KuKuK e.V.), erhalten in dem alten Gemäuer ein besonderes Flair (Programm: www.kukuk-kastellaun.de).

■ **Burgbühne:** In den Sommermonaten finden auf der Burgbühne kulturelle Veranstaltungen statt (www.unterburg-kastellaun.de).

■ **Bürgerfest:** Der Jahrmarkt in der Innenstadt Kastellauns findet immer im September statt, gleichzeitig ist verkaufsoffener Sonntag (13–18 Uhr). Zum Programm gehören ein großes Feuerwerk auf der Burg am Samstagabend, ein Flohmarkt am Sonntag, Live-Musik, Modenschauen, eine Handwerkerausstellung und viele Verkaufs- und Gastronomiestände.

■ **Pfingstkirmes:** Das Kastellauner Volksfest findet an Pfingsten rund um das Tivoli (Stadthalle) statt.

■ **Markt der Sinne:** Der kleine Markt im August auf dem Burggelände bietet Kunsthandwerk und Kulinarisches. Termin: www.stadt-kastellaun.de.

■ **Weihnachtsmarkt:** am zweiten Adventswochenende in der Altstadt. Die mit Lichterketten geschmückten Giebel der historischen Gebäude versetzen den Markt in eine besonders schöne Adventsstimmung.

■ **Wochenmarkt:** Mittwochvormittag auf dem Kastellauner Marktplatz. Saisonal finden auch größere Krammärkte statt, Termine unter www.stadt-kastellaun.de.

■ **Nature One:** Jedes Jahr im August findet in der ehemaligen Raketenbasis Pydna bei Hasselbach, wenige Kilometer südlich von Kastellaun, das Großevent Nature One statt und lockt Zehntausende in den Hunsrück. Nicht nur Hasselbach, die ganze Umgebung befindet sich dann im Ausnahmezustand. Tanzen, Feiern, Party – drei Tage und drei Nächte lang wummern bei Deutschlands größtem Technofestival die Bässe. Immer am ersten Augustwochenende versammeln sich die Raver, um zu den Beats von mehr als 300 DJs zu tanzen. Das erste Nature One Festival lockte 1995 13.000 Tänzer auf den einstigen Militärstandort in der Provinz, 2015 trafen sich 65.000 Techno-, Trance- und House-Fans. Es ist das inzwischen größte Techno-Open-Air-Festival in Deutschland. Infos unter www.nature-one.de.

## Öffentliche Verkehrsmittel

■ **Bus:** rhb Rheinhunsrückbus ab Koblenz Nr. 620. AirportShuttle (Nr. 610): Koblenz Hauptbahnhof – Emmelshausen – Kastellaun – Flughafen Hahn.

■ **Fahrradbus:** RegioRadler Hunsrück: Emmelshausen – Kastellaun – Simmern – Bingen (nur Sa, So und Fei, 1.5.–1.11.). Reservierung der Fahrradplätze unter www.regioradler.de.

## Wandern

### Traumschleife „Burgstadt"

Auf dem Burgstadt-Pfad in Kastellaun kann man sowohl Kultur als auch Natur genießen. Die 7,5 km lange Route führt ohne größere Steigung über alte Postwege, eine pfeilgerade Römerstraße, am jüdischen Friedhof vorbei zu einem wunderschönen Seerosenteich, an dem im Mai wilde Orchideen blühen. Krönung ist der Kyrillpfad am Ende der Tour (s.o.). Start ist am Parkplatz des Burg-Stadt Hotel.

015hu kn

# Bell

Bell, Nachbarort von Kastellaun, wird erstmalig 1220 erwähnt und setzt sich heute aus den Ortschaften Krastel, Hundheim, Leideneck, Völkenroth und Wohnroth zusammen.

## Beller Markt

Die Hauptattraktion des Ortes ist der Beller Markt. Der **größte Jahrmarkt der Region** lockt seit mehr als 700 Jahren Schau- und Kauflustige aus der ganzen Umgebung an. Auf dem Gelände des Beller Marktes wurde aber nicht nur gefeiert. Früher war an dieser Stelle die Hochgerichtsstätte des Amts Kastellaun. Vermutlich war das auch der Ursprung des Beller Marktes, denn die grausigen Urteilsvollstreckungen ließen viele Menschen zusammenströmen – für Händler eine gute Gelegenheit, ihre Waren an den Mann zu bringen. 1309 verlieh Kaiser *Heinrich* dem Ort das Marktrecht und der Beller Markt entwickelte sich zu einem großen Viehmarkt. Das Vieh kam nicht nur aus der näheren Umgebung, ab 1901 wurde es auch per Güterzug zum Beller Bahnhof transportiert.

Zur Eröffnung des Beller Marktes wird noch heute eine alte Tradition gepflegt: Die Kirmesjugend trägt einen mit bunten Bändern und ausgeblasenen Eiern geschmückten Wacholderstrauch in das Festzelt. Die Eier müssen noch wäh-

⌃ Holprig und überraschend schnell kann es werden auf einem von Huskys gezogenen Rollwagen im Tier-Erlebnispark Bell

rend des Festzuges, bevor das Zelt erreicht ist, durch kräftiges Schwenken abgeschüttelt werden.

### Friedenskreuze

An der Hunsrückhöhenstraße beim Bahnhof Bell stehen drei Friedenskreuze. Sie sind die letzten der ursprünglich 96 Kreuze, die zwischen 1983 und 1993 auf dem sogenannten Friedensacker aufgestellt wurden. Jedes Kreuz stand für eine der **Cruise-Missiles-Raketen,** die auf der Pydna bei Hasselbach abschussbereit und ausgerüstet mit Atomsprengköpfen stationiert waren (siehe Exkurs).

## Praktische Tipps

### Unterkunft, Essen und Trinken

- **Ferienwohnung Fünf Jahreszeiten,** Zum Brandweiher 7, 56288 Bell, Tel. (06762) 963993, www.fewo-fuenfjahreszeiten.de. Zu der modernen, hellen Vier-Sterne-Ferienwohnung für zwei bis drei Personen gehört eine Südterrasse mit Grill.
- **Gaststätte Beller Bahnhof,** Am Bahnhof 2, 56288 Bell, Tel. (06762) 7222, Di–Fr ab 16 Uhr, Sa ab 17.30 Uhr, So 11.30–14 und ab 17.30 Uhr, Mo Ruhetag. Sehr freundlicher Service und moderate Preise im ehemaligen Bahnhof. Freitag- und Samstagabend gibt es Schnitzel- und Grillteller für 10,50 €.

### Aktivitäten

- **Tier-Erlebnispark Bell:** Am Markt 1, 56288 Bell, Tel. (06762) 8035, www.tier-erlebnispark bell.de, Mi–So und Fei 10–18 Uhr, Erw. 7,50 €, Kinder und Jugendliche (3–16 J.) 5,50 €. Der private Park wurde 2015 eröffnet und ist noch in der Aufbauphase, nach und nach kommen neue Tiere hinzu. Bisher gibt es Meerschweinchen und Frettchen, Ziegen und Shetland-Ponys, im Husky-Gehege 20 Schlittenhunde. Highlight des Tierparks sind vier sibirische Tiger. Besucher können außerdem bei den Tiertrainings zusehen. Die Betreiber legen großen Wert auf artgerechte Haltung der Tiere.

  Im **Waffelcafé** und auf der Terrasse werden hausgemachte Waffeln mit Obst, Sahne oder Eis serviert, außerdem Flammkuchen. Kinder können auf dem Spielplatz direkt daneben toben oder den Streichelzoo erkunden.

  Angeschlossen an den Tier-Erlebnispark ist **Husky-Erlebnis.** Zum Angebot gehören verschiedene Touren wie geführte Husky-Wanderungen, Halbtages- oder Ganztagestouren mit dem Husky-Wagen (Oktober bis April). Preise auf Anfrage, www.husky erlebnis.de.

### Feste und Veranstaltungen

- **Beller Markt:** Der Beller Markt ist älter als 700 Jahre und lockt im Juli nach wie vor die Massen an. Eröffnet wird der riesige Jahrmarkt mit rund 400 Ständen am Dienstagabend, der eigentliche Markttag findet mittwochs statt. Verkauft werden Haushaltswaren, Messer, Schmuck, Blumen, Kleidung und Lebensmittel aller Art. Karussells, Schießstände, Wein- und Bierzelte, Imbissstände und Live-Musik sorgen für zusätzliche Unterhaltung. Ein großes Festprogramm im Zelt und ein Feuerwerk am ersten Abend runden die beliebte Traditionsveranstaltung ab. Parkplätze sind auf den Wiesen entlang der Hunsrückhöhenstraße ausgewiesen. Termin und Programm unter www.bell-hunsrueck.de.

### Öffentliche Verkehrsmittel

- **Bus:** rhb Rheinhunsrückbus ab Kastellaun Nr. 633 und 634 (nur Mo–Fr).

# Widerstand gegen den Rüstungswahnsinn – der Frieden kommt in Bewegung

„Bauplatz Hunsrück" titelte der „Stern" am 2. Dezember 1982. Und weiter: „Mit der Vorbereitung für die Stationierung neuer Atomraketen und Marschflugkörper auf deutschem Boden wurde bereits begonnen." Noch am gleichen Tag organisierte die Hunsrücker Friedensbewegung spontan eine Demonstration gegen die geplante Stationierung von **Marschflugkörpern vom Typ Cruise Missile.**

Für den Hunsrück war die Stationierung von 96 Atomraketen auf einem Gelände zwischen den Dörfern Hasselbach und Wüschheim südlich von Kastellaun geplant. Grund war der **Nato-Doppelbeschluss** von 1979. Nachdem die Sowjetunion 1976 begonnen hatte, ihre gegen Westeuropa gerichteten Raketen gegen modernere auszutauschen, fühlten sich die Europäer bedroht. Auf einer Sondersitzung des Nato-Rats wurde der Beschluss über die Stationierung atomarer Mittelstreckenwaffen in Europa gefasst. Bei Hasselbach wurden unter dem **Decknamen Pydna** atombombensichere **Bunker für die Raketen** gebaut. „B Battery" nannten die Amerikaner die US-Raketenbasis.

Die bodengestützten Cruise Missiles hatten eine Reichweite von bis zu 4000 km, konnten also in den sowjetischen Luftraum eindringen. Die Befürchtung der Rüstungsgegner im Hunsrück war, dass bei einem Gegenschlag Hasselbach zum Hauptangriffsziel werden würde. Viele Menschen hatten das Gefühl, auf einem Pulverfass zu leben.

Eine Hunsrücker Friedensgruppe gab es bereits seit 1979, doch als die geheimen Stationierungspläne 1982 durchsickerten, schlossen sich immer mehr Menschen der Friedensbewegung an. Die spontane Demonstration war erst der Anfang, der Widerstand wuchs beharrlich weiter. Demonstranten trafen sich zu Sitzblockaden, **Friedenswochen und Ostermärsche** fanden statt, Friedensstammtische wurden gegründet.

Eine **Menschenkette,** die am 20. Oktober 1984 für Frieden und Arbeit gebildet wurde, reichte von Duisburg bis nach Hasselbach. 180.000 Menschen kamen 1986 zu einer **Großdemonstration** auf dem Beller Markt, um den Abzug der Marschflugkörper zu fordern. Neben Mutlangen wurde der Hunsrück zu einem Mittelpunkt des bundesweiten Protestes gegen die Aufrüstung.

Der Widerstand gegen die Atomraketen im Hunsrück war stark christlich geprägt. Das Kreuzsymbol und Friedensgebete waren allgegenwärtig, was nicht unwichtig für die Akzeptanz durch die ländliche Bevölkerung war. Galionsfigur der lokalen Friedensbewegung war *August Dahl.* Der Beller Pfarrer organisierte **Friedens-Gottesdienste** vor dem Haupttor der Pydna. Schon bald bekam er den Spitznamen „Raketen-August" verpasst. Seine Teilnahme an einer Sitzblockade brachte ihm eine Anklage ein. Wie seine Mitstreiter wurde er wegen Nötigung zu einer Geldstrafe verurteilt. Der BGH hob das Urteil zehn Jahre später wieder auf.

Ein wichtiges Symbol des Protestes waren **96 Kreuze** auf einem Friedensacker zwischen der Pydna und der Hunsrückhöhenstraße beim Beller Bahnhof. Drei von ihnen stehen noch heute dort.

Ein anderes Symbol der Hunsrücker Friedensbewegung ist die **„Raketenkuh".** Eine Düsseldorfer Künstlergruppe malte sie vor der Großdemo 1986 auf eine Scheune am Ortsrand von Bell. Seit 2014 erstrahlt sie in frischer Farbe.

Nach der Wende wurden die Cruise Missiles 1990 abgezogen. Der Hochsicherheitstrakt der ehemaligen Raketenbasis ist noch immer gesperrt. Doch auf dem restlichen Gelände der Pydna findet jährlich die **Nature One** statt, eines der größten **Festivals für elektronische Musik** in Europa. Anfang August kommen Tausende Raver aus dem In- und Ausland in den Hunsrück, um auf dem Gelände und in den gewaltigen Bunkern zu feiern und zu tanzen (s.o.: „Kastellaun, Veranstaltungen".

**Mein Tipp:** Eine Dauerausstellung im **Haus der regionalen Geschichte** in der Unterburg in Kastellaun thematisiert die Zeit des Kalten Krieges, die Arbeit der Friedensbewegung und „Nature One" (s.o.: Kastellaun). Mehr Hintergrundwissen gibt es auf der Website der **Friedensbewegung Hunsrück:** www.fi-hunsrueck.de.

014hu kn

# Mörsdorf

Ältestes Gebäude in Mörsdorf, nordwestlich von Kastellaun in Richtung Mosel gelegen, ist der *Rhodes,* das **Rathaus** aus dem Jahr 1645, in dem auch das **Backhaus** des Dorfes untergebracht ist. Die Backöfen wurden bis 1959 benutzt, lassen sich aber immer noch anfeuern. Alle zwei Jahre werden beim Backesfest Brot und Kuchen darin gebacken.

Das **Heimatmuseum** von Mörsdorf ist ebenfalls in dem schmucken Fachwerkgebäude zu finden. Landwirtschafts- und Handwerksgeräte, Haushaltsgegenstände, Mobiliar und sogar Kircheninventar aus zwei Jahrhunderten lassen Besucher in frühere Zeiten eintauchen.

Ganz neu ist die **Ausstellung Energiegeschichten,** die mit Unterstützung des Unternehmens ABO Wind neu konzipiert wurde.

- **Heimatmuseum,** Kirchstr. 24, 56290 Mörsdorf, Tel. (06762) 1681, http://heimatmuseum-moersdorf.de, Mai bis Okt. Sa 15.30–17.30 Uhr und nach Vereinbarung, Eintritt frei.
- Samstags, sonntags und montags ist das **Museumscafé im Alten Rathaus** geöffnet. Mörsdorfer Landfrauen servieren zwischen 13.30 und 17.30 Uhr selbstgebackenen Kuchen und Kaffee.

## Hängeseilbrücke Geierlay

Die größte Attraktion des kleinen Ortes ist die 2015 fertiggestellte Hängeseilbrücke Geierlay. Die 1,20 Meter breite Brücke ist nur für Menschen ohne Höhenangst geeignet, denn sie führt nicht nur in 80 Metern Höhe zwischen Mörsdorf und Sosberg über das Bachtal, sondern kann bei Wind auch ordentlich schwanken. Doch die kleine Mutprobe lohnt sich: Mit ihren 360 Metern ist sie die **längste Hängeseilbrücke in Deutschland.**

Im **Besucherzentrum** gibt es ein Restaurant mit Biergarten, einen Souvenirverkauf und ein Infoterminal, das Gäste über touristische Ziele informiert. Die Brücke ist nur zu Fuß zu erreichen, vom Besucherzentrum sind es rund 1,5 km.

■ **Besucherzentrum Geierlay,** Kastellauner Straße 23, 56290 Mörsdorf, www.haengeseilbruecke.de, täglich 10–20 Uhr, die Gastronomie hat montags Ruhetag. Im **Restaurant** werden kleine Gerichte, regionale Küche und nachmittags Kaffee und Kuchen serviert. Ein Tagesticket für den Parkplatz neben dem Zentrum kostet 2 Euro.

### Wallfahrtskirche Mariä Himmelfahrt in Mörz

Auf dem Weg von Kastellaun nach Mörsdorf lohnt sich ein Stopp im kleinen Dorf Mörz (Abzweig von der L204 bei Buch). Ein barockes Juwel und für den Hunsrück eigentlich eher untypisch ist die dortige Wallfahrtskirche Mariä Himmelfahrt. Sie liegt idyllisch am Ortsrand, umringt von alten Kastanien. Glanzstück der 1735/1736 errichteten Kirche ist der **prunkvolle Hochaltar.** Üppig geschmückt, füllt der dreiflügelige Altar den gesamten Chor der kleinen Kirche aus. Neben der Pracht des farbig gefassten und vergoldeten Altars aus dem Jahr 1742 verschwindet das eigentliche Ziel der Pilger fast: Die kleine, spätgotische **Pietà.** Vor dem zwischen 1450 und 1470 gefertigten Gnadenbild suchen auch heute noch viele Gläubige Trost und Hilfe.

## Praktische Tipps

### Unterkunft, Essen und Trinken

■ **Historisches Zehnthaus,** Kirchstr. 17, 56290 Mörsdorf, Tel. (0211) 502001, www.zehnthaus-moersdorf.de. Das historische Zehnthaus aus dem 17. Jh. ist Teil des ehemaligen Pfarrhofes neben der katholischen Kirche. Geschmackvoll eingerichtete Ferienwohnung, außen mit Schwimmteich und Liegewiese.

■ **Treverereck**②, Fuchsgasse 2, 56290 Mörsdorf, Tel. (06762) 9637343, http://treverer-eck.de. **Dorfladen** mit regionalen Spezialitäten, außerdem sehr schön eingerichtete Gästezimmer.

■ **Speisegaststätte Zum Mühlental**②, Mühlenweg 2a, 56290 Mörz, Tel. (06762) 8627, Di–So 10–23 Uhr, Mo geschl., www.pension-zummuehlental.de. Die Gäste werden mit gutbürgerlicher Küche und Produkten aus eigener Schlachtung bewirtet. Hausgemachten Kuchen gibt es samstags und sonntags zwischen 16 und 18 Uhr.

### Aktivitäten

**Walderlebnis Hunsrück:** Waldpädagogin *Simone Wasserscheid-Hein* bietet Programme rund um die Geierlay an, Wildkräuter-, Frauen- und Naturerlebniswanderungen, Seminare und Workshops. Termine und Preise unter www.walderlebnis-hunsrueck.de, Kirchstr.36, 56290 Mörsdorf, Tel. (06762) 7332.

▷ Der prächtige Altar in der Wallfahrtskirche in Mörz

### Öffentliche Verkehrsmittel

■ **Bus:** rhb Rheinhunsrückbus ab Kastellaun Nr. 634 (nur Mo–Fr).

### Wandern

#### „Geierlay-Schleife"

Die 5,5 km lange „Geierlay-Schleife" startet am **Besucherzentrum in Mörsdorf,** verläuft teilweise über den Saar-Hunsrück-Steig und führt über die **Hängeseilbrücke.** Die Strecke lässt sich abkürzen, indem man ab dem Brückenkopf Mörsdorf einem Wiesenweg folgt und durch ein kleines Waldstück zurück zum Besucherzentrum läuft. So spart man rund zwei Kilometer.

#### „ABO Wind Energie Geschichten"

Der Rundweg „ABO Wind Energie Geschichten" ist 6,4 km lang und führt ebenfalls über die Geierlay-Brücke. Am Weg stehen Informationsschilder, die Einblick in die Technik der **Windkraftanlagen** und die Entwicklung der Energieproduktion geben. Außerdem werden archäologische Grabungen während der Bauarbeiten im Windpark vorgestellt.

## Mastershausen

Mastershausen oder Masdasch, wie die Einheimischen sagen, ist ein 1000-Seelen-Dorf, das vor allem Wanderbegeisterten viel bietet. Touristisches Aushängeschild ist der Premiumwanderweg „Masdascher Burgherrenweg", der einer der abwechslungsreichsten und schönsten der Region ist (s.u.).

Am Ortsrand liegt der **Masdascher Galgenturm.** Von dem Aussichtsturm

016hu kn

kann man bei schönem Wetter weit in die Eifel blicken. Der Turm ist römischen Limes-Wachtürmen nachempfunden, weil zahlreiche römische und keltische Funde rund um Mastershausen auf eine größere Besiedelung in der Antike schließen lassen. Im Mittelalter stand auf der Anhöhe die Richtstätte von Mastershausen. Bei Grabungen entdeckte man neben den Resten des Fundaments, auf dem der hölzerne Galgen stand, Skelette von Hingerichteten, die man hier verscharrte.

## Burgruine Balduinseck

Ganzer Stolz des kleinen Nachbarortes **Buch** ist die frisch sanierte Burgruine Balduinseck. Sie liegt an der L203 zwischen Mastershausen und Buch.

Der Trierer Erzbischof *Balduin von Luxemburg* ließ die Wehranlage zwischen 1325 und 1330 als Bollwerk gegen die feindlichen Sponheimer in Kastellaun erbauen. Balduinseck ist ein 18 m hoher, mächtiger **Wohnturm** mit vier zierlichen Ecktürmen. In seiner Form entspricht er dem aus Frankreich stammenden Burgtyp des Donjons. Diese Burgen waren nicht nur wehrhaft, man konnte in ihnen auch viel bequemer wohnen. In allen vier Geschossen sorgten Kamine für wohlige Wärme. Erzbischof *Balduin* hatte in Frankreich studiert und wahrscheinlich dort die massigen, aber komfortablen Wohntürme mit der relativ großen Grundfläche kennengelernt. Schon kurz nach der Fertigstellung unterwarfen sich die Sponheimer dem Kurfürsten und die Burg verlor ihre strategische Bedeutung. Balduinseck wurde noch einige Zeit als Amtssitz genutzt, verfiel später aber. Die Burgruine ist ganzjährig frei zugänglich.

⌵ Burg Balduinseck bei Mastershausen

# Praktische Tipps

## Unterkunft, Essen und Trinken

- **Pfälzer Stube**①, Johann-Steffen-Str. 5, 56869 Mastershausen, Tel. (06545) 1859 und 912271, www.pfaelzer-stube.de, Di–Sa 10–24 Uhr, So und Fei 10–14.30 und 17–24 Uhr, Mo Ruhetag, in den Sommermonaten So und Fei durchgehend geöffnet. Gutbürgerliche Küche. Ideal, wenn man nach einer Wanderung auf dem Masdascher Burgherrenweg oder auf einer der vielen anderen Routen rund um Mastershausen eine Rast einlegen will.
- **Ferienwohnung Altes Klösterchen,** Beller Weg 6, 56290 Buch, Tel. (06762) 7719, www.altes-kloesterchen.de. Auch wenn das denkmalgeschütz-

017hu kn

te Fachwerkhaus „Altes Klösterchen" heißt – es ist ein für den Hunsrück ganz typisches, schiefergedecktes Bauernhaus.

### Öffentliche Verkehrsmittel

- **Bus:** rhb Rheinhunsrückbus ab Kastellaun Nr. 634 (nur Mo–Fr).

### Wandern

**Traumschleife „Masdascher Burgherrenweg"**
Der Burgherrenweg gilt als einer der erlebnisreichsten Wanderwege unter den Traumschleifen entlang des Saar-Hunsrück-Steigs. Start der knapp 14 km langen Rundtour ist an der Bushaltestelle in der Ortsmitte von Mastershausen (http://burgherrenweg.mastershausen.de).

## Blankenrath

Blankenrath liegt im **Tal des Flaumbachs** und ist wie Mastershausen vor allem für Wanderer interessant. Der Ort liegt im Zentrum des „Kirchspiel Wanderweges", der sternförmig sechs Dörfer mit Blankenrath verbindet (s.u.). Ebenfalls herrlich zum Wandern ist das Flaumtal, das bis zum Kloster Maria Engelport in der Nähe von Treis-Karden an der Mosel führt.

### Unterkunft, Essen und Trinken

- **Gasthaus Josef Stein**②-③, Hunsrückstr. 18, 56865 Blankenrath, Tel. (06545) 289, Mi–Sa 17.30–23 Uhr, So 11–14 und 17.30–23 Uhr, Mo und Di geschl., www.gasthaus-stein.de. In dem liebevoll renovierten Fachwerkhaus werden seit vier Generationen Gäste mit regionalen Gerichten bewirtet. Behagliche Gästezimmer, geschmackvoll und individuell eingerichtet.
- **Lindenhof Hahn,** 56865 Blankenrath, Tel. (07119) 6771631, www.lindenhof-hahn.de. Die Preise für die Ferienwohnungen sind nach Personenzahl gestaffelt: 50 € bis 2 Personen, 60 € (3 P.), 70 € (4 P.), 90 € (5 P.), 105 € (6 P.), 120 € (7 P.), 140 € (8 P.), Kinder unter 3 Jahren frei.

Der zum Hof gehörige **Kartoffelladen** ist ab Mai Fr 15–18 Uhr geöffnet, an den Ernteterminen (Termine siehe Website) auch Sa 10–18 Uhr. In dem schnuckeligen Laden gibt es hausgemachte Marmeladen, alte Tomatensorten, Kräutersalz und mehr. Im September findet ein **Kartoffelfest** statt.
- **Schwalenhof,** 56865 Blankenrath, Tel. (06545) 1355, www.fewo-wendling.de. Ferien auf dem Bauernhof in Vier-Sterne-Qualität.

### Öffentliche Verkehrsmittel

- **Bus:** rhb Rheinhunsrückbus ab Kastellaun Nr. 634 (nur Mo–Fr).

### Wandern

**„Kirchspiel Wanderweg"**
**Blankenrath** ist Mittelpunkt des sternförmigen Wanderweges. *Kirchspiel* bedeutet Pfarrei. Die sechs Filialorte Haserich, Reidenhausen, Hesweiler, Schauren, Walhausen und Panzweiler sind durch mehrere Wanderschleifen verbunden. Der Rundweg über alle Dörfer ist 20 km lang, man kann sich aber auch für nur eine Schleife entscheiden, die kürzeste ist knapp 3 km lang.

# Strimmiger Berg

Auf dem Strimmiger Berg liegen die Ortschaften Mittelstrimmig, Altstrimmig, Liesenich und Forst. Höhepunkt unter den Wanderrouten rund um die idyllischen Dörfer ist die 2011 eröffnete Traumschleife „Layensteig Strimmiger Berg“ (s.u.).

## Mittelstrimmig

Das waldreiche Mittelstrimmig ist der größte Ort auf dem Strimmiger Berg. Der Name *Strimmig* ist vermutlich indogermanisch-keltischen Ursprungs und bedeutet so viel wie „im Hang gelegen“. Zahlreiche keltische, aber auch römische Spuren finden sich hier. Zwischen Mittelstrimmig und Liesenich liegen die spärlichen Reste eines römischen Kastells. In diesem „burgus“ waren vermutlich eine kleine militärische Einheit und ein Lebensmittellager untergebracht. In den unruhigen Zeiten des 3. und 4. Jh. n.Chr. diente die kleine Festung dem Schutz von Straße und Siedlung.

Die **Pfarrkirche St. Philippus und Jakobus** wurde zwischen 1766 und 1769 erbaut, Architekt war der Straßburger *Paul Stähling*. Das Besondere der dreischiffigen Hallenkirche sind die Gemälde der beiden Seitenaltäre. Sie stammen von dem kurtrierischen Hofmaler *Januarius Zick* (1730–97), einem bedeutenden Rokokomaler. Die 1781 gefertigten Altarbilder zeigen die Anbetung der Hirten und die Kreuzigung.

Entlang des **Flaumbaches** zwischen Mittelstrimmig und der Pulgersmühle (s.u.) klapperten ursprünglich 32 Wassermühlen. Die **Weißmühle** war 1958 einer der Drehorte des Kinofilmes „Der Schinderhannes“ mit *Curd Jürgens* und *Maria Schell.* Sie ist in Privatbesitz, das eigentliche Mühlengebäude inzwischen verfallen. 1949 bauten die Mittelstrimmiger am Ortsrand eine **Genossenschaftsmühle.** In dieser mahlten die Bauern ihr Getreide für den Eigenbedarf. In der hölzernen Schrotmühle wurde das Futtergetreide geschrotet. Das Inventar ist noch erhalten, ergänzt durch die Ausstellungstücke des **Heimatmuseums.** Neben der noch voll funktionstüchtigen Mühlenanlage sind Geräte aus der Land- und Forstwirtschaft, der Schiefergewinnung und eine komplette Schusterwerkstatt ausgestellt. Spannend sind die alten, sehr martialisch anmutenden Mausefallen.

■ **Heimatmuseum Mittelstrimmig,** Museumsstraße (Ortsausgang Richtung Liesenich), 56858 Mittelstrimmig, Tel. (06545) 1619, www.mittelstrimmig.de, Mai bis Sept. So 14.30–16.30 Uhr, Eintritt frei.

### Schock-Heiligenhäuschen

An der Straße nach Blankenrath liegt das Schock-Heiligenhäuschen. Von hier aus hat man eine wunderbare **Aussicht** auf die Vulkankegel der Eifel. Die **Kapelle** steht neben einer mittelalterlichen Richtstätte der *Grafen Winneburg-Beilstein.* Sie war die letzte Station für zum Tode Verurteilte, bevor diese auf den Galgenberg geführt wurden.

## Unterkunft, Essen und Trinken

■ **Altes Zehnthaus**①, Schulstr. 15, 56858 Mittelstrimmig, Tel. (06545) 2829646, www.altes-zehnthaus-mittelstrimmig.de. Das etwa 1590 erbaute, liebevoll restaurierte Fachwerkhaus liegt im Ort.

■ **Gasthaus zur Buche**②, Wohnplatz an der Buche 1, 56858 Mittelstrimmig, Tel. (06545) 247, www.holl-buche.de. Di–So 9.30–23 Uhr, Mo Ruhetag, Gästezimmer und Ferienwohnung. Vor allem bei Wanderern beliebtes Ausflugslokal außerhalb von Mittelstrimmig (Richtung Liesenich). Im Sommer ist die Terrasse ein lauschiges Plätzchen.

## Wandern

### Traumschleife „Layensteig Strimmiger Berg"

Ein außergewöhnlicher und anspruchsvoller Wanderweg, für den man trittsicher und schwindelfrei sein sollte. Der knapp 14 km lange Rundweg führt von **Mittelstrimmig** durch stille Täler nach Altstrimmig und Liesenich. Der Clou sind **Klettersteige,** von denen man, wenn man sie erst erklommen hat, tolle Aussichten genießen kann. Nicht ganz so Wagemutige können die Klettersteige umgehen. Drahtseile und in den Fels eingelassene Steigeisen helfen über schwierige Passagen. Infotafeln geben Einblick in die Geschichte des Strimmiger Berges, die Geologie und den **Schieferabbau** in früheren Zeiten. Die Schieferstollen standen auch Pate für die Namensgebung. *Layen* nennt man die Platten, mit denen die für den Hunsrück so typischen Schieferdächer gedeckt werden. Rekonstruierte Spalt- und Wohnhäuschen in der Höhlenschlucht bei Liesenich lassen ahnen, wie mühsam die Gewinnung und der Transport des Dachschiefers waren.

# Altstrimmig

Das hübsche **Fachwerkdorf** mit einer kleinen Kirche aus dem 18. Jh. wurde erstmals 1357 erwähnt. Ursprünglich mahlten die Altstrimmiger ihr Mehl mit Wasserkraft in den Mühlen am Flaumbach. Nach dem Zweiten Weltkrieg wurde eine elektrisch betriebene Mühle mitten im Dorf errichtet. Die **Alte Mühle** ist dank Heimatverein wieder voll funktionstüchtig.

Ein Ausflug in das landschaftlich reizvolle **Flaumbachtal** lohnt sich, eine Einkehrmöglichkeit gibt es in der **Pulgersmühle,** etwa fünf Kilometer von Altstrimmig entfernt (s.u.).

## Kloster Maria Engelport

Auch das Kloster Maria Engelport liegt im Flaumbachtal. Es wurde um das Jahr 1220 von Ritter *Emelricus von Monreal-Eltz* gestiftet. Er berief Zisterzienserinnen aus dem Kloster Kumbd bei Simmern ins Kloster Maria Engelport. 1260 setzte *Graf Philipp von Wildenburg* bei Treis das zwischenzeitlich verlassene und verwahrloste Kloster wieder instand. Diesmal zogen Dominikanerinnen dort ein und *Graf Philipps* Tochter *Beatrix* wurde erste Priorin.

Nach der Zerstörung im Dreißigjährigen Krieg wurde das Kloster 1661 wieder aufgebaut. Mit dem Anrücken französischer Truppen 1794 wurde es erneut verlassen und dem Verfall preisgegeben. 1903 erwarb der Orden der Hünfelder Oblaten das ehemalige Klostergut und errichtete ein neues Gebäude. Seit 2013 leben die Anbetungsschwestern des Königlichen Herzen Jesu in dem Kloster.

## Essen und Trinken

■ **Restaurant Pulgersmühle,** Wohnplatz Pulgersmühle 1, 56858 Altstrimmig, Tel. (02672) 913202, www.pulgermuehle.de, März bis Okt. tägl. ab 11 Uhr, Di Ruhetag. Seit mehr als 100 Jahren werden Gäste in der Pulgersmühle bewirtet, seit den 1970er Jahren auch mit Forellen aus eigener Zucht.

# Liesenich

Das kleine Dorf Liesenich ist bereits seit 1976 staatlich anerkannter Erholungsort. Wegen des Waldreichtums und des gut ausgebauten Wanderwegenetzes ist der schmucke Ort vor allem bei Touristen beliebt, die Ruhe und Erholung suchen. Ein kleiner **Dorfpark** bietet lauschige Sitzplätze, Freiluft-Schach, einen Boule-Platz, Teich und Tennisplatz. Nach anstrengender Wanderung macht die **Kneipp-Anlage** müde Beine wieder munter.

## Unterkunft, Essen und Trinken

■ **Restaurant-Pension Wellems**②, Hauptstr. 14, 56858 Liesenich, Tel. (06545) 6789, www.gasthaus-wellems.de. Schöner Garten und gemütlicher Gastraum, serviert wird gutbürgerliche Küche.

■ **Landgasthaus Moselhöhe**③, Hauptstr. 30, 56858 Liesenich, Tel. (06545) 1843, www.moselhoehe.de. Das Gasthaus ist ganz auf Motorradreisende eingerichtet, die die kurvenreichen Straßen zur Mosel schätzen. Zum Service gehören geführte Touren bis in die Eifel, Routenvorschläge, eine Schrauberecke, Trockenraum und Unterstellmöglichkeiten. Das Restaurant serviert regionale Küche und Fleisch aus eigener Hausschlachtung, dazu Wein von der Mosel. Richtig deftig wird es an den Grill- und Spanferkelabenden.

## Wandern

### „Höhlenschlucht-Wanderweg"

Der 5 km lange Rundweg ist Teil der Traumschleife „Layensteig Strimmiger Berg" (s.o.) und mit der Markierung K4 gekennzeichnet. Die Höhlen sind nicht natürlich, sondern tief in die Felsen geschlagene **Stolleneingänge** aus Zeiten des Dachschieferabbaus. Heute sind die alten Stollen Winterquartiere für Fledermäuse. Ein kurzer Abstecher zum **Aussichtspunkt Kanzel** ist absolut lohnenswert.

# Kappel

Kappel liegt am Knotenpunkt zweier wichtiger Bundesstraßen. Die Hunsrückhöhenstraße (B 327) kreuzt hier die B 421, die von der Nahe (bei Simmertal) zur Mosel (bei Zell) verläuft. Schon rund 2000 Jahre früher trafen an dieser Stelle **römische Fernstraßen** aufeinander. Archäologische Funde deuten darauf hin, dass es schon zu dieser Zeit eine Besiedlung gab. Erstmalig erwähnt wird Kappel im Jahr 1091.

**Haus Krone** ist ein Mitte des 18. Jh. errichtetes, prächtiges Fachwerkhaus. In dem ehemaligen Gasthaus ist ein **Heimatmuseum** untergebracht. Hausrat und Möbel, landwirtschaftliche Geräte und Handwerkszeug sowie ein Spinn- und Webraum geben Einblick in den ländlichen Alltag des 19. und frühen 20. Jh.

■ **Haus Krone,** Kastellauner Str. 4, 55483, Kappel, Führungen sind nach Vereinbarung möglich, Tel. (06763) 2316 oder Touristinformation Kirchberg, Tel. (06763) 910144.

# Altlay

Altlay liegt südwestlich von Kappel zwischen dem Flughafen Frankfurt-Hahn und der Mosel. Das Altlayer Bachtal war lange Zeit vom **Schieferbergbau** geprägt, daher der Name (*Layen* = Schieferplatten). Auf Wanderungen in den Wäldern rund um den Ort stößt man immer wieder auf die Reste von Erzgruben und Schieferstollen.

### Unterkunft, Essen und Trinken

■ **Historisches Gasthaus Schmidt**②, Hauptstr. 20, 56858 Altlay, Tel. (06543) 818494, www.historisches-landgasthaus-schmidt.de. Das Gasthaus ist fast 270 Jahre alt und rustikal mit viel Liebe zum Detail dekoriert. Die Gästezimmer und der Wintergarten sind romantisch mit Antiquitäten ausgestattet. Das Essen ist gut und preiswert.

■ **Bleesmühle,** 56858 Altlay, Tel. (06543) 9755, www.bleesmuehle.de. Das kleine, aber helle und schön renovierte Fachwerkhaus ist nur zehn Minuten von Altlay entfernt. Bis auf einen Fernseher ist im historischen Backhaus der Bleesmühle alles vorhanden, sogar ein Holzofen. Geeignet für bis zu vier Personen. 38 € pro Nacht (unabhängig von der Personenzahl) zzgl. Endreinigung, Strom und Heizkosten im Winter.

[>] Moselstadt Bernkastel-Kues – von den Hunsrück-Höhen erstrecken sich die Weinberge bis ins Flusstal

# Ausflüge an die Mosel

## Bernkastel-Kues

In den **Weinbergen** über Bernkastel-Kues wird einer der berühmtesten und einst auch teuersten Rieslinge der Welt angebaut. Die Weine aus der Steillage **Bernkasteler Doctor** gehören zu den besten, die der Markt zu bieten hat. Der Legende nach entstand der Name der Weinlage, als der schwer erkrankte Kurfürst *Boemund II.* während eines Aufenthaltes auf der Burg Landshut den Wein getrunken und daraufhin genesen sein soll.

Der Stadtteil Bernkastel liegt auf der Hunsrücker Seite der Mosel. Das romantische Gassengewirr mit den reich verzierten Fachwerkhäusern der Altstadt lockt Scharen von Touristen an. Prunkstück des **Marktplatzes** ist der St. Michaelsbrunnen aus der Spätrenaissance (1606). Die Figur des Stadtheiligen Michael wurde 1946 nach ihrer Zerstörung im Zweiten Weltkrieg ersetzt.

Etwas ruhiger geht es im Stadtteil Kues auf der linken Moselseite zu. Berühmtester Sohn der Stadt ist der Theologe, Philosoph und Mathematiker **Nikolaus von Kues,** bzw. *Nikolaus Cusanus.* Sein Geburtshaus kann besichtigt werden, eine Ausstellung informiert über Leben und Werk.

Oberhalb des historischen Weinortes liegt die **Burg Landshut,** errichtet im 13. Jh. und seit einem Brand 1692 Ruine. Zu Fuß gelangt man zur Burgruine vom Bernkasteler Marktplatz aus. Nach rund

www.fotolia.de © Kruwt

einer halben Stunde Anstieg hat man es geschafft – oder man fährt ganz bequem mit dem Burg-Landshut-Express.

## Traben-Trarbach

Der Weinhandel machte Traben-Trarbach zu einer reichen Stadt. Um 1900 galt der Moselort nach Bordeaux als zweitgrößter Weinumschlagplatz Europas. Doch das allein ist nicht der Grund, warum sich das Doppelstädtchen zu einem so herrlichen Jugendstil-Juwel mauserte. Im Jahr 1857 führte ein verheerender Brand in Trarbach zur Zerstörung der alten Fachwerkbauten. 1879 ereilte Traben das gleiche Schicksal, ein Brand zwang die Stadt, zahlreiche Gebäude neu zu errichten. Viele der großbürgerlichen **„Belle Epoque"-Bauwerke** wurden von dem bekannten Berliner Architekten und Stadtplaner *Prof. Bruno Möhring* geplant, darunter das Brückentor, das Hotel Bellevue, das Stadthaus Alter Bahnhof, die Großkellerei Julius Kayser & Co. und die vornehmen Villen Huesgen und Nollen.

Nicht minder interessant ist die Traben-Trarbacher **Unterwelt** mit ihren miteinander verbundenen **Weinkellern.** Große Flächen der Stadt wurden unterkellert, teilweise auch mehrstöckig. Eine ganz besondere Atmosphäre bietet die

Traben-Trarbacher Unterwelt als Veranstaltungsort des **Mosel-Wein-Nachts-Marktes.** Der unterirdische Weihnachtsmarkt findet vom 1. Advent bis Anfang Januar statt (www.mosel-wein-nachtsmarkt.de).

In Traben-Trarbach gibt es außerdem mehrere **Museen:** ein Fahrradmuseum, das Haus der Ikonen, den Alten Stadtturm mit einer Sammlung historischer Kamin-, Taken- und Ofenplatten und ein Buddha-Museum. Besonders sehenswert ist das **Mittelmosel-Museum,** untergebracht in der repräsentativen Villa Böcking (1755), in der schon *Goethe, Apollinaire* und König *Friedrich Wilhelm IV.* zu Gast waren. Es zeigt nicht nur die bis heute erhalten gebliebene, kostbare Einrichtung, sondern präsentiert auch Exponate aus der Vor- und Frühgeschichte bis ins 19. Jh.

■ **Führungen:** Die Jugendstilführung „Auf den Spuren der Belle Epoque" findet jeden ersten Sonntag im Monat um 11 Uhr statt. Führungen durch die weitläufigen Gewölbe, wahlweise mit Weinproben, sind ganzjährig möglich. Termine und Anmeldung unter www.traben-trarbach.de.

## Zell

Das sonnenverwöhnte Zell blickt auf 2000 Jahre Geschichte zurück. Es waren die Römer, die an der **engsten Moselschleife** eine erste Siedlung mit einem kleinen Hafen und Lagerhallen *(cellae)* gründeten. Weltberühmt wurde Zell durch die **Weinlage „Schwarze Katz".** Zum ersten Mal wurde die Lagebezeichnung 1863 verwendet und bis heute begegnet man ihr in dem kleinen Weinort auf Schritt und Tritt. Ob in den modernen Vinotheken, historischen Weinkellern oder gemütlichen Straußwirtschaften, überall kann man den Wein aus der berühmten Großlage kosten. Auch die Gasthäuser in den Höhenlagen des Moselhunsrücks schenken die „Zeller Schwarze Katz" aus, aber natürlich auch Weine aus anderen Lagen des nahen Moseltals.

## Beilstein

Beilstein, das „Dornröschen der Mosel", idyllisch in Weinberge und Wälder gebettet, ist einer der malerischsten Moselorte. Schmale Gassen, schiefergedeckte Fachwerkhäuser und ein beeindruckendes ehemaliges **Karmeliterkloster** machen den romantischen Charme des kleinen Weinortes aus. Cafés und Winzerschenken laden zu Pausen ein, an der Moselpromenade schmeckt Riesling-Eis mit Blick auf den Fluss besonders gut. In der barocken Klosterkirche St. Joseph steht eine „Wunderbare Schwarze Madonna", das Gnadenbild wurde während des Dreißigjährigen Krieges von spanischen Soldaten zurückgelassen.

Sehenswert ist nicht nur der **Marktplatz** mit dem historischen Zehnthaus, auch die **Ruine der Metternichburg** auf einem hohen Berggrat über Beilstein ist einen Ausflug wert. Sie wird erstmals im Jahr 1268 als Lehen der Herren *von Braunshorn* erwähnt, im 17. Jh. ging sie in den Besitz der Freiherren *von Metternich* über. Den Dreißigjährigen Krieg überstand die Burg zwar weitgehend unbeschadet, doch 1688/89 zerstörten Soldaten *Ludwigs XIV.* die Anlage während des Pfälzischen Erbfolgekrieges.

## Cochem

Fährt man von Beilstein entlang der Mosel flussaufwärts, erreicht man in rund zehn Autominuten die Stadt Cochem mit der beeindruckenden Reichsburg und den verwinkelten Gassen der Altstadt. Der von prächtigen Fachwerkhäusern umstandene Marktplatz mit dem barocken, 1739 erbauten **Rathaus** zieht Touristen aus aller Welt an. Steintreppen führen zum **Klosterberg** hinauf. In dem ehemaligen, etwa um 1630 erbauten Kapuzinerkloster ist heute das Kulturzentrum der Stadt untergebracht (www.kulturzentrum-kapuzinerkloster.de).

Die **Reichsburg,** eine spätgotische Höhenburg, ist zu Fuß über die Schlossstraße zu erreichen, in der Saison auch mit einem Shuttlebus. Pfalzgraf *Ezzo* ließ die Burg um das Jahr 1000 erbauen, zerstört wurde sie 1689 im Pfälzer Erbfolgekrieg von den Soldaten des Sonnenkönigs. Zwischen 1868 und 1877 ließ Kommerzienrat *Louis Ravené* die Burg im neugotischen Stil wieder errichten. Zum Programm der Burg gehören Führungen, Festmahle, Burgfeste und die romantische Cochemer Burgweihnacht am dritten Adventswochenende.

Die Cochemer Sesselbahn führt zu einem der schönsten Aussichtspunkte, dem **Pinnerkreuz.** Von dort aus gelangt man zu Fuß in nur 20 Min. zum **Wild- und Freizeitpark Klotten.** Attraktionen wie die Wildwasserbahn, die Achterbahn, die Puppenbühne oder die Pferdereitbahn, 50 verschiedene Wildtierarten und eine Falknerei mit Flugschau sind ein Spaß für die ganze Familie.

In der **Historischen Senfmühle** erhält man Riesling-Senf, Bärlauch-Senf oder den Historischen Senf nach einem Rezept von 1820. Der kalt gemahlene Senf hält in den salzglasierten Töpfen bis zu zwei Jahre – und das ganz ohne Kühlschrank. Die Spezialitäten sind beliebte Mitbringsel. Seit Neuestem gibt es auch mit Senf verfeinerte Brotaufstriche und Konfitüren.

■ **Historische Senfmühle,** Stadionstr. 1, 56812 Cochem-Cond, Führungen täglich um 11, 14, 15 und 16 Uhr, 2,50 €, Kinder bis 11 J. frei. Verkauf inklusive Senfprobe tägl. 10–18 Uhr.

## Calmont

Der berühmte Calmont liegt wie Cochem nicht auf der Hunsrücker, sondern auf der Eifeler Seite der Mosel. Ein Ausflug zu den **steilsten Weinbergen Europas** lohnt sich. Nicht nur Winzer haben in den letzten Jahren die Einzigartigkeit der bis zu 65 Grad steilen Lage zwischen Bremm und Ediger-Eller wiederentdeckt. Auch sportliche Wanderer schätzen den Berg, der Steilhang ist etwas für Kraxler. Leitern und Stahlseile helfen beim Erklimmen. Die schweißtreibende Tour wird mit einem sagenhaften Ausblick auf die Moselschleife mit der romantischen **Klosterruine Stuben** belohnt. Geübte **Gleitschirmflieger** kommen von weit her, um den ungewöhnlichen, sehr anspruchsvollen Flug über die Steilhänge und die atemberaubende Moselschleife zu genießen.

www.fotolia.de © sehbaer_nrw

# 2 Rhein-hunsrück

Von den Hunsrückhöhen hat man immer wieder fantastische Ausblicke ins Rheintal und weit darüber hinaus. Ein Vorzug der Rheinhöhen gegenüber den malerischen Orten am Ufer des Flusses ist die Stille. Während im Mittelrheintal der Bahnlärm die Burgenidylle erheblich stört und den Menschen ordentlich zu schaffen macht, ist es in den Rheinhöhen herrlich ruhig. Allenfalls als fernes Rauschen nimmt man den Lärm der Güterzüge wahr.

< Bacharach am Rhein

## Rheinhunsrück

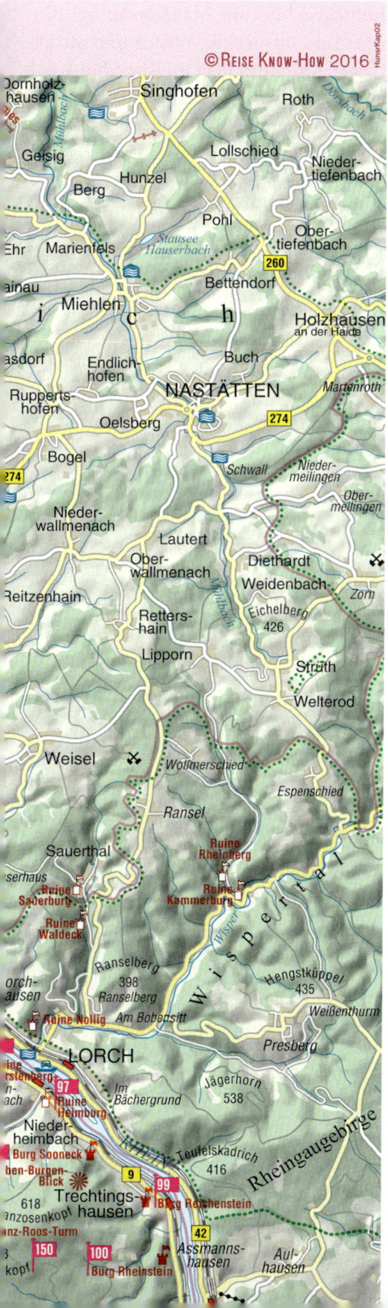


# RHEIN-HUNSRÜCK

Einer Legende nach soll das Rheingold, der berühmteste Schatz der deutschen Geschichte, im Loreleyfelsen versteckt sein, bewacht von Zwergen. Nach diesem sagenhaften Goldschatz aus dem Nibelungenlied ist die **Rheingoldstraße** benannt. Die Ferienstraße wurde bereits 1966 eröffnet und führt durch die sanft hügelige Hunsrücklandschaft oberhalb des Rheins. Die 65 km lange, gewundene Panoramastraße ist heute etwas in Vergessenheit geraten, dabei bietet sie für genussvolle Ausflugsfahrten ideale Bedingungen und ist auch bei Motorrad- und Oldtimerfahrern beliebt. Man hat fantastische Ausblicke ins Rheintal und bis weit in den Taunus. Die

**NICHT VERPASSEN!**

- Mit der Seilbahn zum **Vierseenblick** | 73
- Hoch über St. Goar: die mächtige Ruine der **Burg Rheinfels** | 85
- Blick auf die Loreley am **Aussichtspunkt Maria Ruh** | 88
- Schmuckes Fachwerkhaus als Filmkulisse: das **Günderodehaus** | 90
- Jagdschloss mit Rosengarten: **Burg Sooneck** | 98

**Diese Tipps erkennt man an der gelben Hinterlegung.**

Route startet in Rhens bei Boppard, führt ein Stück am Rhein entlang, dann in die Hunsrückhöhen und endet in Rheindiebach bei Bacharach. Damit durchquert sie fast den ganzen Rheinhunsrück von Nord nach Süd.

Doch auch für Wanderer hat der Rheinhunsrück einiges zu bieten: Der rund 200 Kilometer lange **Rheinburgenweg** verläuft über die Höhen und Seitentäler des Rheins, vom Rolandsbogen bei Remagen bis zum Mäuseturm bei Bingen. Sein anspruchsvollster und attraktivster Abschnitt liegt im Rheinhunsrück zwischen Boppard und Bacharach. Der Rheinburgenweg ist noch nicht so bekannt wie der gegenüber auf der rechten Seite verlaufende Rheinsteig, aber deshalb auch nicht so überlaufen. Kein anderer europäischer Fernwanderweg weist mehr Burgen auf (mehr Infos unter www.rheinburgenweg.com).

020hu kn

# Weltkulturerbe Oberes Mittelrheintal

Von den Hunsrückhöhen aus lohnen sich **Abstecher an den Rhein.** Das Obere Mittelrheintal ist nicht nur eine der schönsten Flusslandschaften Deutschlands, sondern auch eine Kulturlandschaft mit 2000-jähriger Geschichte. Es ist eines der **ältesten Weinanbaugebiete** Deutschlands, bis heute prägen die steilen Weinberge das Tal. Die Römer brachten Weinreben aus ihrer Heimat mit und legten die ersten Rebgärten an. Der Schieferboden erwies sich als ideal, denn tagsüber von der Sonne aufgewärmt, gibt er nachts die Wärme wieder ab. Der wärmespeichernde Schiefer sorgt aber nicht nur für optimales Klima: Seine mineralischen Bestandteile geben dem Wein den charakteristischen Geschmack.

**40 Burgen und Burgruinen** gibt es auf dem kurzen Abschnitt zwischen Koblenz und Bingen zu entdecken. Immer wieder gab es Krieg und Zerstörung im Rheintal, doch die hohe Burgendichte an dieser Stelle hat noch einen weiteren Grund: Der Rheinzoll war eine lukrative Einnahmequelle, viele der Festungsanlagen wurden ab dem 12. Jh. errichtet, um für die Ladungen der Handelsschiffe Zoll zu erheben.

Seit 2002 schmückt sich das Obere Mittelrheintal mit dem Titel **Welterbe der UNESCO.** Es ist der Inbegriff der romantischen Rheinlandschaft und viel besucht. Bereits im 19. Jh. begründeten die Engländer den Rheintourismus. Die Burgruinen, Weinsteillagen und malerischen Weinorte zogen Bildungsreisende in ihren Bann. Der berühmteste unter ihnen war der Maler *William Turner.* 1817 bereiste er das Rheintal zum ersten Mal, um sich von dessen Romantik inspirieren zu lassen. *Turner* war so begeistert, dass er zehn weitere Besuche folgen ließ. Auch deutsche Künstler spürten der Schönheit des Flusses nach und hielten ihn in zahlreichen Kunstwerken fest.

◁ Blick auf den Loreleyfelsen vom Aussichtspunkt Maria Ruh in Urbar

## Die Loreley – Romantik in R(h)einkultur

Ganz besonders faszinierte die Menschen der sagenumwobene **Loreleyfelsen** über der engsten Stelle des Rheins bei **St. Goarshausen.** Auch heute noch gehört der 132 Meter hohe Schieferfelsen zu den beliebtesten Sehenswürdigkeiten ausländischer Touristen in Deutschland. Grund dafür ist der Mythos der Loreley. Die **Legende** von der traurigen Zauberin, die auf diesem Felsen saß, ihr blondes Haar kämmte und dabei sang, ist weltberühmt. Sie betörte mit ihrer Schönheit die Rheinschiffer und lenkte sie von den gefährlichen Untiefen und Stromschnellen ab. Ihre Boote zerschellten an den tückischen Felsklippen und die Schiffer ertranken in den Fluten. Am Ende der Erzählung stürzt sie sich von dem hohen Felsen in den Rhein.

Es war *Clemens Brentano,* der 1801 die Ballade der Loreley schrieb. Weltberühmt aber wurde die Geschichte um die blonde Zauberin durch *Heinrich Heine,* der 1823 das „Lied der Loreley“ verfasste. „Ich weiß nicht, was soll es bedeu-

019hu rt

ten, dass ich so traurig bin" lautet die erste Zeile des melancholischen Volksliedes.

Nicht nur der Loreleyfelsen ist seitdem ein beliebtes Ausflugsziel. Auch der **Aussichtspunkt Maria Ruh in Urbar** zieht die Besucher an, denn linksrheinisch kommt man dem sagenumwobenen Felsen nirgendwo näher.

## Veranstaltungen am Rhein

### Rhein in Flammen

**MEIN TIPP:** Das Rheintal leuchtet, wenn zwischen Mai und September die Feuerwerksspektakel stattfinden. Vom Rheinufer, den Uferpromenaden, der illuminierten Schiffsflotte oder von den Hunsrückhöhen verfolgen jedes Jahr Tausende das farbenprächtige Schauspiel am nächtlichen Himmel.

■ **Rhein in Flammen,** Termine und Rahmenprogramm: www.rhein-in-flammen.com.

### Raderlebnistag

Bei „Tal total" steht das obere Mittelrheintal ganz im Zeichen des Fahrrads. Die rechts- und linksrheinischen Straßen zwischen Koblenz, Bingen und Rüdesheim werden auf einer Länge von 67 km für den motorisierten Verkehr gesperrt.

■ **Tal total,** am letzten Sonntag im Juni, Details unter www.taltotal.de.

### Mittelrhein Musik Festival

Burgen, Schlösser und Kirchen werden in den Sommermonaten zu romantischen Veranstaltungsorten für Konzerte des Klassikfestivals.

■ **Mittelrhein Musik Festival,** Termine unter www.mittelrhein-musik-festival.de.

⌃ Rhein in Flammen

# Boppard

Die Stadt Boppard liegt südlich von Koblenz im Mittelrheintal an der **großen Rheinschleife.** In Jahrmillionen schuf sich der Rhein ein Durchbruchstal durch das Rheinische Schiefergebirge. Bei St. Goar entstand eine canyonartige Schlucht, überragt von dem mächtigen Loreleyfelsen. Bei Boppard dagegen bildete sich eine riesige 360-Grad-Windung, der **Bopparder Hamm.** Es ist die größte Rheinschleife überhaupt.

Der Ort ist umgeben von **Weinbergen.** Das auf der Südseite der Rheinschleife gelegene Anbaugebiet nennt sich ebenfalls Bopparder Hamm. In der weltbekannten Mittelrheinlage wird überwiegend Riesling angebaut. Einen Schoppen in einer der vielen Straußenwirtschaften zu genießen, sollte man sich nicht entgehen lassen. Oder man besucht Ende April den **Mittelrheinischen Weinfrühling** und kostet den Wein gleich dort, wo er angebaut wird. Dabei kann man auch die jungen Winzer kennen lernen, die auf der fünf Kilometer langen Wanderstrecke ihre Proben anbieten (s.u.: „Feste und Veranstaltungen").

## Sehenswertes

### Römerkastell Bodobrica

Von den Kelten erhielt der Ort den Namen *Baudobriga.* Mitte des 4. Jh. errichteten die Römer eine Festungsanlage, die sie *Bodobrica* nannten. Daraus entwickelte sich im Laufe der Zeit der Name *Boppard.* Am deutlichsten wird die römische Vergangenheit in der Altstadt, dort kann man die sehr gut erhaltene Ruine des Römerkastells Bodobrica be-

Sichtbare römische Wurzeln in Boppard

021hu kn

sichtigen. Ursprünglich war die rechteckige Anlage mit den hufeisenförmigen Wehrtürmen 308×154 Meter groß und diente als militärischer Stützpunkt und Handelsplatz. Die Umfassungsmauern des Kastells waren bis zu drei Meter dick. Bis ins 12. Jh. dienten sie dem mittelalterlichen Boppard als Stadtmauer. Bei archäologischen Ausgrabungen wurden **frühchristliche Gräber** aus dem 7. Jh. freigelegt. Drei davon blieben erhalten, Glasplatten ermöglichen einen Blick ins Innere. Zusammen mit dem Kastell wurde ein Militärbad errichtet. Um 406/407 zerstörte ein Brand die Thermenanlage, die Reste wurden Mitte des 5. Jh. mit dem Vorläufer der heutigen Severus-Kirche überbaut.

Die Ruine in der Kirchengasse/Ecke Angertstraße ist frei zugänglich und als archäologischer Park Tag und Nacht geöffnet.

022hu kn

## St.-Severus-Kirche

Die spätromanische Kirche (12./13. Jh.) am Marktplatz im Zentrum von Boppard mit ihrer mächtigen Doppelturmfassade steht auf den Fundamenten der römischen Thermenanlage, die als Militärbad zum Römerkastell gehörte. Ein besonderer kulturhistorischer Schatz ist das frühchristliche **Taufbecken** aus dem 6. Jh. Die Gewölbejoche der dreischiffigen, fein gegliederten Kirche sind farbig gefasst. An der Nordwand des Langhauses befindet sich die Severuslegende als Wandmalerei. 2015 erhob Papst *Franziskus* die Bopparder Pfarrkirche zur „Basilica Minor". Die Kirche ist täglich 10–18 Uhr geöffnet.

## Kurfürstliche Burg und Museum Boppard

Der Trierer Erzbischof Kurfürst *Balduin von Luxemburg* ließ die Burg zur Festigung seiner Herrschaft am Mittelrhein ausbauen. Als Zoll- und Zwingburg diente sie der Eintreibung des Rheinzolls. Der wuchtige **Turm** jedoch ist älter. Vermutlich legte der Engländer und deutsche König *Richard von Cornwall,* ein Neffe des englischen Königs *Richard Löwenherz* und Bruder des englischen Königs *Heinrich III.,* den Grundstein zum Bau des Bergfrieds. Seit rund 100 Jahren ist das Stadtmuseum in der Kurfürstlichen Burg untergebracht.

◁ Weinfest vor der St.-Severus-Kirche

MEIN TIPP: Boppard ist Geburtsstadt des Stuhldesigners **Michael Thonet,** dessen **Wiener Kaffeehausstühle** weltberühmt sind und oft kopiert wurden. Das kürzlich sanierte Museum in der Kurfürstlichen Burg zeigt die von *Thonet* entwickelten Bugholzmöbel. 1841 stellte er seine ungewöhnlich geformten Stühle in Koblenz aus. Der österreichische Kanzler *Metternich* sah sie dort und war begeistert. Auf seine Empfehlung ging *Thonet* nach Wien – der Siegeszug seiner Sitzmöbel begann. Denn mit der Erfindung der geschwungenen und zerlegbaren Stühle schaffte er den Schritt vom Handwerk zur Massenproduktion.

Die Thonet-Sammlung steht im Mittelpunkt des Museums. Darüber hinaus beschäftigt sich die Ausstellung mit der Geschichte Boppards. Besonders sehenswert ist die **Ausmalung der ehemaligen Hauskapelle** im Turm, die aus der zweiten Hälfte des 14. Jh. stammt.

■ **Museum Boppard,** Kurfürstliche Burg, Burgplatz 2, Tel. (06742) 8015984, http://museum-boppard.de/, Di–Fr 10–17 Uhr, Sa und So 11–17 Uhr, an Feiertagen auch Mo 11–17 Uhr, Erw. 4 €, Kinder bis 6 J. frei, ermäßigt (Jugendliche, Behinderte und Rentner mit Ausweis) 1 €, Familien (zwei Erwachsene und bis zu drei Kinder) 9 €.

## Karmeliterkirche

Erbaut wurde die gotische Karmeliterkirche ab 1318 als einschiffige Kirche. Zwischen 1439 und 1444 erhielt sie ein schmaleres, aber gleich hohes Seitenschiff, was sie zu einer zweischiffigen Hallenkirche machte. Bemerkenswert in der mit Altären, Grabmälern und Skulpturen reich ausgestatteten Kirche ist die **spätgotische Ölberggruppe** an der Nordwand des Seitenschiffs. Sie besteht aus vier Sandsteinfiguren, die auf das Jahr 1437 datiert werden und ursprünglich auf dem Friedhof der Pfarrkirche standen.

In dem benachbarten ehemaligen Kloster aus dem 18. Jh. ist heute die Stadtverwaltung untergebracht. Die Karmeliterkirche (Karmeliterstraße) ist täglich 10–18 Uhr geöffnet.

## Marienberger Park

Der Landschaftspark auf dem Marienberg oberhalb von Boppard entstand 1839 aus dem Klostergarten des ehemaligen Benediktiner Nonnenklosters. Kurgäste der im gleichen Jahr gegründeten Wasserheilanstalt konnten in dem großen Park promenieren und sich die Zeit vertreiben. Das **Kloster Marienberg** selbst wurde bereits im 12. Jh. gegründet und nach einem Brand im Jahr 1738 im Barockstil neu errichtet. Seit 1981 steht der stattliche, in Privatbesitz befindliche Bau leer und verfällt zusehends. Der 3,3 Hektar große Landschaftsgarten gehört inzwischen der Stadt Boppard und ist seit 2007 öffentlich zugänglich.

## Gedeonseck und Vierseenblick

Berühmt ist Boppard vor allem für seine **spektakulären Aussichten auf das Rheintal,** die sich von den oberhalb des Ortes gelegenen Aussichtspunkten Gedeonseck und Vierseenblick bieten. Von Letzterem sind vier einzelne Abschnitte des Rheins zu sehen, da die Sicht auf den Fluss teilweise von Bergrücken verdeckt wird. Die sichtbaren Abschnitte wirken so wie vier Seen. Vom Gedeonseck kann man die ganze Schleife überblicken.

Um diese unvergessliche Aussicht genießen zu können, gibt es verschiedene Möglichkeiten. Am bequemsten geht es mit dem nostalgischen **Doppelsessellift** aus dem Jahr 1954. Gemütlich gondelt man in 20 Minuten vom Mühltal am Ortsrand von Boppard hinauf zum Gedeonseck. Rund 500 Meter weiter liegt der Vierseenblick. 914 Meter lang ist die Sesselbahn, sie überwindet rund 230 Höhenmeter. Nicht weit von der Bergstation entfernt gibt es zwei Restaurants (s.u.). Einsam ist man hier oben allerdings nicht. Die herrliche Aussicht auf die schönste Rheinschleife lockt scharenweise Ausflügler und Touristen an.

Mit dem Fahrrad oder motorisierten Fahrzeug kann man die Aussichtspunkte auch auf einer kleinen Straße, die über das Mühltal führt, erreichen. Zu Fuß gelangt man über einen **steilen Felspfad** hinauf, der unterhalb der Sesselbahn zum Gedeonseck führt. In etwa einer

halben Stunde hat man die 230 Höhenmeter überwunden. Sehr sportliche und schwindelfreie Wanderer können alternativ den Mittelrhein Klettersteig erklimmen (s.u.). Start des Wanderweges wie auch des Klettersteigs ist der Parkplatz St.-Remigius-Platz an der B 9 (nördlicher Ortsausgang von Boppard).

„Vierseenblick": Der Rhein umfließt den Bopparder Hamm

023hu kn

Einmal im Jahr findet am Vierseenblick ein **Köhlerfest** statt, bei dem das alte Handwerk der Kohlenbrennerei wieder auflebt (s.u.: „Feste und Veranstaltungen").

■ **Sesselbahn Boppard,** Mühltal 12, Tel. (06742) 2510, www.sesselbahn-boppard.de, 1.–15. April 10–17 Uhr, 16. April bis 30. Sept. 10–18 Uhr, 1.–15. Okt. 10–17.30 Uhr, 16.–31. Okt. 10–17 Uhr, Erw. 4,80 € (einfache Fahrt, 7,50 € hin und zurück), Kinder bis 14 J. 3 € (einfache Fahrt, 4,50 € hin und zurück).

### Mittelrhein Klettersteig

Der Mittelrhein Klettersteig zum Vierseenblick ist fast schon ein alpines Erlebnis, er führt Wagemutige bis auf 300 Meter hoch über den Rhein. Für die rund fünf Kilometer lange, **sehr anspruchsvolle Tour** benötigt man zwei bis drei Stunden. Man sollte auf jeden Fall schwindelfrei und trittsicher sein. Schmale Pfade wechseln sich mit **elf Kletterpassagen** ab, die an steilen Felswänden hochführen und durch Leitern, Trittbügel und viele Meter Drahtseil gesichert sind. Die spannendste Stelle ist das sogenannte **Brett** auf halber Höhe des Klettersteigs. So heißt die fast senkrecht stehende, rund 30 Meter breite und ebenso hohe Schieferplatte. Auf Trittbügeln und -stiften hangelt man sich an einem Seil die steile Wand entlang. Die Anstrengung wird mit einem wunderbaren Blick über die Weinberge des Bopparder Hamm und die Stadt belohnt.

Festes Schuhwerk ist unerlässlich, Handschuhe sind empfehlenswert. Ungeübte und Kinder benötigen außerdem eine Kletterausrüstung, die vor Ort ausgeliehen werden kann. Kinder ab neun Jahre können sich an die Felswand wa-

025hu tb

gen, für jüngere ist der Steig nicht geeignet. Die schwierigsten Passagen können über schmale Pfade umgangen werden, dann ist auch keine Kletterausrüstung nötig. Im Sommer wird es im Steig sehr heiß, deshalb unbedingt etwas zu Trinken mitnehmen.

- **Ausleihe Kletterausrüstung:** Aral Tankstelle, Koblenzerstr. 237, 56154 Boppard, Tel. (06742) 2447, gegen 20 € Kaution und 5 € Leihgebühr sowie Vorlage eines Personalausweises oder Führerscheins.
- **Führungen:** Die Tourist-Information Boppard bietet die Möglichkeit, einen Klettersteigführer zu buchen. Er hilft unerfahrenen Kletterern beim Anlegen der Ausrüstung und gibt Hilfestellung beim Erklimmen der schwierigen Passagen.

## Hunsrückbahn

In Boppard fährt die Hunsrückbahn nach **Emmelshausen** ab, die nicht nur für Eisenbahnfreunde eine Attraktion ist. Auf der nur 15 km langen Strecke überwindet die Hunsrückbahn einen Höhenunterschied von 336 m, was einem Steigungsgrad von 6 % entspricht. Damit ist sie die steilste Eisenbahnstrecke in Deutschland. Am Wochenende fährt die Hunsrückbahn im Stundentakt (s.u.: „Öffentliche Verkehrsmittel").

⌃ › Gut gesichert am Mittelrhein Klettersteig

024hu tb

# Praktische Tipps

## Informationen

■ **Tourist-Information Boppard,** Marktplatz 17 (Altes Rathaus), 56154 Boppard, Tel. (06742) 3888, www.boppard-tourismus.de, Mai bis September Mo–Fr 9–18.30 Uhr, Sa 10–14 Uhr, Okt. bis April Mo–Fr 9–17 Uhr.

## Unterkunft, Essen und Trinken

■ **Historischer Karmeliterhof**②, Rheinallee/ Ecke Karmeliterstraße, 56154 Boppard, Tel. (06742) 4848, www.karmeliterhof-boppard.de, tägl. 10–23 Uhr, Jan. bis März geschlossen. Restaurant mit deutscher Küche und viel Auswahl für Vegetarier und Veganer. Von der Terrasse hat man einen tollen Blick auf den Rhein. Nachmittags werden Kaffee, Kuchen und Torten serviert.

■ **Chocobar,** Kronengasse 20, 56154 Boppard. In der modernen Bar und auf der Terrasse auf dem Marktplatz werden Kaffee- und Kakaospezialitäten, Frühstück, Kuchen, belgische Waffeln, Schokofondues oder Smoothies serviert, im Laden Schokolade, Kaffee und Geschirr verkauft.

■ **Wirtshaus ANDERS**②, Im Mühltal 6, 56154 Boppard, Tel. (06742) 896754, www.wirtshaus-anders.de, Mo und Do 17–21.30 Uhr, Fr ab 14 Uhr, Sa und So ab 11 Uhr, Di und Mi Ruhetag. Im gemütlichen Fachwerkhaus mit Mühlrad aus dem 17. Jh. gibt es saisonale Küche, darunter auch vegetarische und vegane Gerichte. Außerdem regionale Weine, die auf der schönen Terrasse nochmal so gut schmecken.

### Außerhalb

■ **Jakobsberg Hotel- & Golfresort④**, Im Tal der Loreley, 56154 Boppard, Tel. (06742) 8080, www.jakobsberg.de. Das Vier-Sterne-Hotel liegt auf dem Jakobsberg oberhalb von Boppard in einem ehemaligen Klostergut. Von der Terrasse des zugehörigen **Restaurant Jakobsberg** hat man einen tollen Blick auf den Rhein. Regionale und internationale Küche, www.restaurant-jakobsberg.de.

■ **Restaurant Gedeonseck②**, Gedeonseck, 56154 Boppard, Tel. (06742) 2675, www.gedeonseck-boppard.de, 1. April bis 1. Nov. tägl. 10–18 Uhr, in den Wintermonaten nur bei schönem Wetter 12–16 Uhr. Beliebt bei Touristen. Für den tollen Ausblick auf die Rheinschleife muss man allerdings höhere Preise in Kauf nehmen.

## Einkaufen

**MEIN TIPP:** **Bethesda Öl- und Senfmühle,** Mainzer Str. 8, Tel. (06742) 8747300, www.stibema.de, Mo–Fr 9–15 Uhr, Besichtigungen tägl. um 10.15 Uhr und 14.15 Uhr (Mai bis Oktober) und nach Vereinbarung. Im denkmalgeschützten Klostergebäude stellen Mitarbeiter der Stiftung verschiedene Senfarten und Öle aus Hunsrücker Raps her.

■ **Vineum Boppard,** Kronengasse 16, Tel. (06742) 2678. Weine der Region, vorwiegend Riesling und Pinot, außerdem Geschenke und Souvenirs rund um das Thema Wein und Genießen sowie Weinproben für Gruppen.

■ **Weingut Walter Perll,** Ablaßgasse 11, Tel. (06742) 3671, http://weingut-walter-perll.de, Mo–

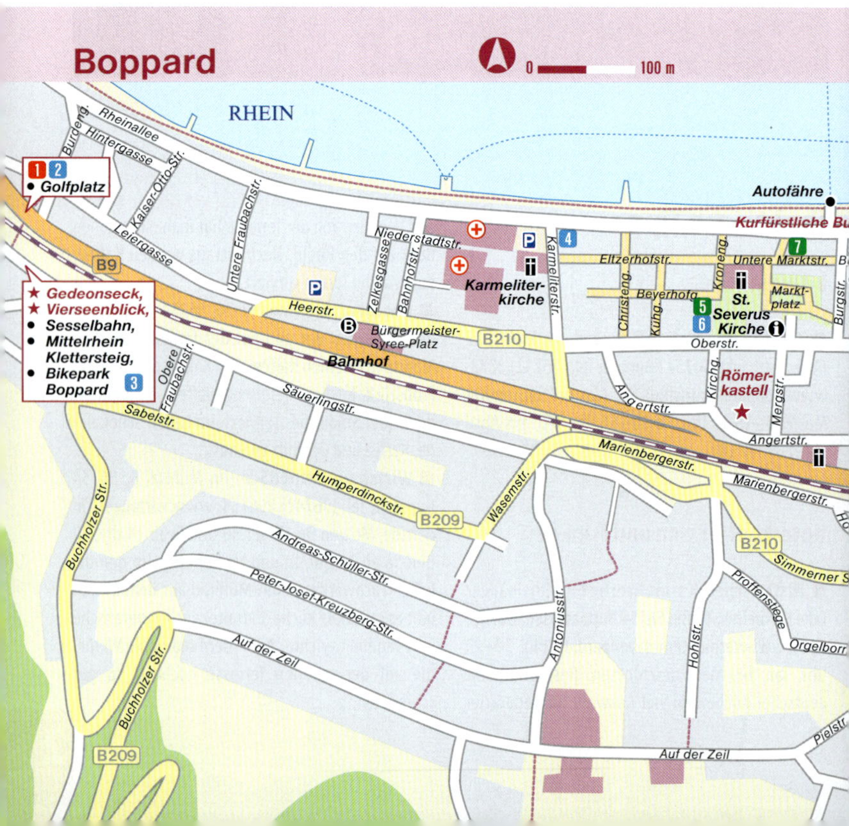

Fr 10–13 und 14–18 Uhr, Sa 9–13 Uhr, So geschl. und nach Vereinbarung, Weinproben nach Voranmeldung. Der Familienbetrieb bearbeitet sechs Hektar Rebflächen, vor allem Steillagen im sonnenverwöhnten Bopparder Hamm. Angebaut wird größtenteils Riesling, aber auch Weißburgunder, Dornfelder, Kerner, Gewürztraminer und Scheurebe.

■ **Bopparder Teehäusje,** Untere Marktstr. 8–10, Tel. (06742) 5798, www.bopparder-teehaeusje.de, Mo–Mi 10–18 Uhr, Fr und Sa 10–13 Uhr, Do und So Ruhetag. Teestube und Teeladen mit mehr als 100 Sorten Tee und italienischem Kaffee, alles für die Teezubereitung und Geschenkideen. Das 1519 erbaute Gebäude ist das älteste Fachwerkhaus in Boppard.

■ **Keramikatelier Am Balz,** Pützgasse 17, Tel. (06742) 8045656, Mi–Fr 10–17 Uhr und nach Vereinbarung. Keramikerin *Susanne Bartram* verkauft in dem kleinen Laden Objekte für drinnen und draußen und in hellen Farben gehaltenes Geschirr für den täglichen Gebrauch. Bemerkenswert sind ihre fantasievollen Keramikfische für den Garten.

## Aktivitäten

■ **Stadtwald mit Bikepark:** Der Bopparder Stadtwald bietet zahlreiche Wanderwege. Für Mountainbiker gibt es einen Bikepark, http://bikeparkboppard.de, 1. April bis 31. Oktober tägl. geöffnet, die Nutzung ist kostenlos. Zur Auswahl stehen

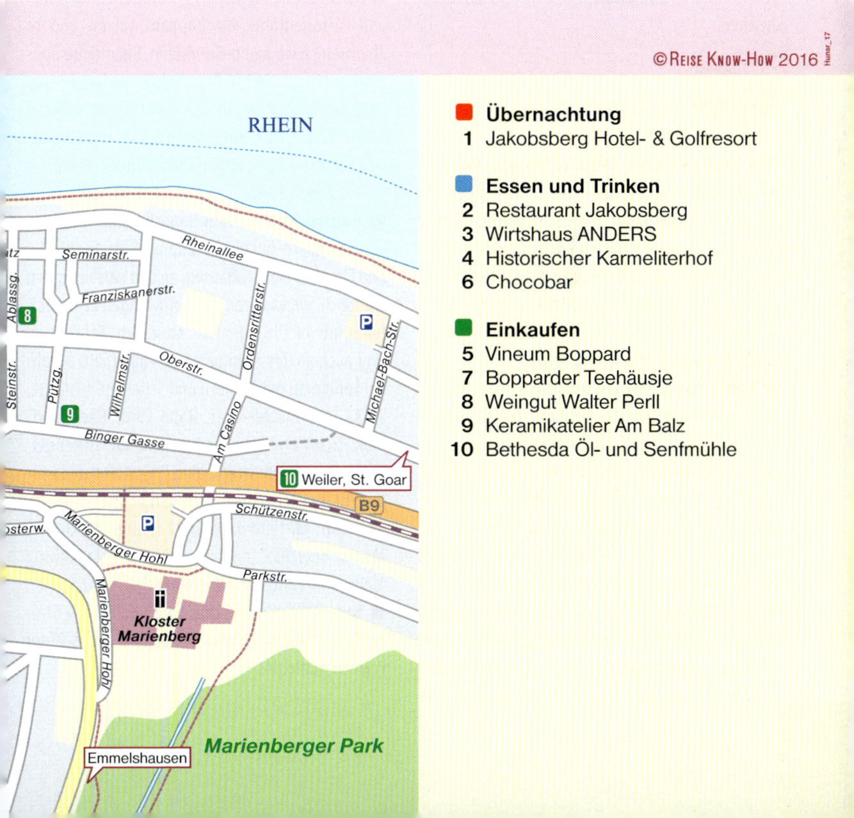

verschiedene Trails und eine Freeridestrecke. Es besteht Helmpflicht, Protektoren werden empfohlen. Um zum Startpunkt zurückzukommen, kann neben einer Straße, die Start und Ziel verbindet, auch die Sesselbahn (s.o.) genutzt werden. Für Fahrräder gibt es eine spezielle Aufhängung.

■ **Golfplatz:** am Jakobsberg Hotel- & Golfresort (s.o.). Der 18-Loch Golfplatz gehört wegen seiner Lage inmitten von Wiesen und Wäldern und mit Blick auf das Mittelrheintal zu einem der schönsten in Deutschland. Ebenfalls schön: Skulpturen zeitgenössischer Künstler sind über das Areal verteilt.

■ **Silencium Spa:** im Jakobsberg Hotel- & Golfresort (s.o.), Tel. (06742) 808481, tägl. 10–22 Uhr, Tageskarte 25 €, Abendtarif (So–Do 18–22 Uhr) 15 €. Für Übernachtungsgäste ist die Nutzung frei. Zum 1000 m² großen Wellnessbereich gehören Schwimmbad, Dampfbad, Saunen und Erlebnisduschen.

## Feste und Veranstaltungen

■ **Mittelrheinischer Weinfrühling im Bopparder Hamm:** letzter Sonntag im April ab 10.30 Uhr bis Sonnenuntergang. Tausende Weinliebhaber wandern durch die Weingärten an der großen Rheinschleife und genießen den Wein direkt da, wo er wächst. Junge Winzer und Köche verwöhnen Gäste mit Wein und regionalen Speisen. Kostenlose Pendelbusse ab Boppard und Spay.

■ **Köhlertage:** Am Pfingstwochenende schwelen Kohlemeiler auf dem Vierseenblick. Der Bopparder Köhlerverein lässt das alte Handwerk wieder aufleben und Meiler verkohlen. Ein Meiler wird mit Buchenholz, ein weiterer mit alten Weinreben aufgebaut. Mit dem Anbrand werden die Köhlertage feierlich eröffnet. Nach der Öffnung der Meiler wird die „Original Bopparder Holzkohle" verkauft.

■ **Zwiebelmarkt:** am zweiten Mittwoch und Donnerstag im September auf dem Marktplatz und der Rheinpromenade. Der Bopparder Zwiebelmarkt wird bereits seit dem späten Mittelalter abgehalten. Früher brachten Zwiebelbauern ihre Ernte auf Kähnen von einer Rheininsel nach Boppard und verkauften sie dort. Heute ist der Zwiebelmarkt eher ein bunter Jahrmarkt, bei dem die frisch geernteten Zwiebeln und kunstvoll geflochtenen Zwiebelzöpfe etwas in den Hintergrund geraten sind.

■ **Bopparder Weinfest:** An zwei aufeinanderfolgenden Wochenenden (Ende September und Anfang Oktober) präsentieren Probierstände auf dem Marktplatz die Weine aus dem Bopparder Hamm. Dazu gibt es ein Rahmenprogramm mit Musik und Feuerwerk am Samstagabend.

## Öffentliche Verkehrsmittel

■ **Autofähre:** Täglich bis 20 Uhr fährt die Auto- und Personenfähre von Boppard auf die andere Rheinseite nach Kamp-Bornhofen. Rheinfähre Boppard, Pielstr. 7, 56154 Boppard, www.faehre-boppard.de, Kinder (6–14. J.) 0,80 €, mit Fahrrad 1,50 €, Erw. 1,70 €, mit Fahrrad 2,50 €, PKW (inklusive Fahrer) 4,30 €, je Beifahrer: Kinder (6–14 J. ) 0,60 €, Erw. 1,20 €.

■ **Hunsrückbahn:** vom Hauptbahnhof Boppard über Boppard-Buchholz, Boppard-Fleckertshöhe und Ehr nach Emmelshausen, an den Wochenenden stündlich, werktags an den Vormittagen etwas seltener, ab 14 Uhr ebenfalls stündlich. Fahrkarten sind auch an den Automaten im Zug erhält, bezahlen kann man mit Münzen und Scheinen, EC-Karte, VISA- und Master-Card. Bahn-Card, Rheinland-Pfalz-Ticket und Schönes-Wochenende-Ticket gelten auch in der Hunsrückbahn. Preisstufen und weitere Infos unter www.rhenus-veniro.de.

■ **Bahn:** Mittelrheinbahn 32 (Koblenz Richtung Mainz) oder RE2 (Koblenz – Mainz – Frankfurt/Main), Infos unter www.vrminfo.de.

■ **Bus:** Rheinhunsrückbus L650: Koblenz – Stolzenfels – Rhens – Spay – Boppard, Infos unter www.vrminfo.de.

### Wandern

**Traumschleife „Marienberg"**
Die 11,8 km lange, gut ausgeschilderte Traumschleife „Marienberg" startet am **Marienberger Park** oberhalb von Boppard neben dem ehemaligen Benediktinerinnenkloster Marienberg. Trümpfe des Rundweges sind die herrlichen Ausblicke auf die Weinlage Bopparder Hamm, die Stadt Boppard mit der imposanten Kurfürstlichen Burg und die vielen Aussichtspunkte auf den Rhein.

**Traumschleife „Elfenlay"**
Die 10,4 km lange Traumschleife „Elfenlay" verläuft zwischen dem Mühl- und dem Burdental. Tolle Ausblicke auf den Bopparder Hamm und das Hubertus-Viadukt machen diesen Weg außergewöhnlich. Start ist am **St.-Remigius-Platz** in Boppard (Parkplatz der Sesselbahn).

## Weiler

Der auf der Hunsrückhöhe an der Rheingoldstraße gelegene Ort Weiler ist ein Stadtteil von Boppard. Er ging aus einem Hof hervor, der im 12. Jh. zur Hirzenacher Propstei gehörte.

### Essen und Trinken

**Mein Tipp:** **Landgasthof Eiserner Ritter**③, Zur Peterskirche 10, 56154 Boppard-Weiler, Tel. (06742) 93000, www.eiserner-ritter.de, Fr–Di 12–14.15 Uhr, Do–Di ab 18 Uhr, Mi Ruhetag. Die Zimmer des Drei-Sterne-Hauses sind modern und behaglich. Tolles Restaurant, in dem sowohl klassische als auch moderne, einfallsreiche Küche aus regionalen und saisonalen Zutaten serviert wird. Tischreservierung empfohlen.

## Fleckertshöhe

Der 1844 entstandene Luftkurort Fleckertshöhe oberhalb von Weiler ist ein beliebtes Ausflugsziel für Wanderer.

### Hochleiblick

Bei schönem Wetter nutzen Gleitschirmflieger den Aussichtspunkt Hochleiblick (an der K 117 Richtung Weiler) als Start für ihre Flüge über dem Mittelrheintal. Von hier aus hat man einen schönen **Blick auf die „Feindlichen Brüder"** auf der anderen Rheinseite. So nennt der Volksmund die **Burgen Liebenstein und Sterrenberg,** die dicht beieinander hoch über Kamp-Bornhofen liegen.

### Fünfseenblick

Neueste Attraktion ist der 27,50 Meter hohe **Aussichtsturm** Fünfseenblick unterhalb von Fleckertshöhe, ein lohnendes Ausflugsziel. Den Turm zu erklimmen ist etwas anstrengend, doch auf der vierten Ebene gibt es eine Möglichkeit zum Verschnaufen. Hat man die 126 Stufen geschafft, wird man mit einem atemberaubenden Blick über den Mittelrhein und auf den Hunsrück, in den Westerwald und den Taunus belohnt. Die Windungen des Rheins wirken von hier aus wie fünf Seen. Von dem Aussichtspunkt Hochleiblick erreicht man den Turm in wenigen Minuten (Beschilderung der Traumschleife „Fünfseenblick" folgen).

### Wandern

#### Traumschleife „Fünfseenblick"

„Fünfseenblick" heißt auch eine 10,4 km lange Traumschleife. Der Rundweg startet am Kurpark in **Bad Salzig,** einem Ortsteil von Boppard am Rheinufer, und führt durch das Weilerbachtal zu den beiden Aussichtspunkten bei Fleckertshöhe hinauf. Etwa drei bis vier Stunden sollte man einplanen, immerhin 550 Höhenmeter gilt es zu überwinden.

## Hirzenach

Der zu Boppard gehörende Ort Hirzenach liegt am **Rheinufer** und ist wegen seiner ehemaligen **Benediktinerpropstei** vor allem für Gartenliebhaber einen Ausflug wert. Der **Propsteigarten** ist ein Kleinod barocker Gartenkultur und ein schönes Beispiel für die Gartenkunst des frühen 18. Jh.

Schmale Wege unterteilen die Gartenanlage in acht Kompartimente. Gesäumt werden sie von breiten, dichten Buchsbaumhecken, die zum Teil noch aus dem frühen 18. Jh. stammen. Im ummauerten Klostergarten bauten die Benediktiner Gemüse und Obst für den täglichen Bedarf an. Die farbenprächtigen Blumen pflanzten sie für den Altarschmuck. Im Kräutergarten gedeihen neben Küchenkräutern 36 Heilkräuter. Die pflanzenheilkundigen Mönche nutzten die „nachwachsende Apotheke" zur Herstellung von Medizin.

Die Denkmalzone der Propstei besteht aus dem früheren **Propsteigebäude** von 1716, der Villa Brosius, der Pfarrkirche und der Gartenanlage. Zum ersten Mal urkundlich erwähnt wurde die Außenstelle des Benediktinerklosters Siegburg im Jahr 1109. Insgesamt 30 Pröpste kamen und gingen bis zur Säkularisation und Schließung im Jahr 1803. Ein kunsthistorisches Juwel ist der Chor der romanischen **St. Bartholomäus-Kirche.** Entstanden um 1250, ist er eines der frühesten Bauwerke französischer Gotik in Deutschland. Komplett in diesem Stil erbaut wurde auch die Trierer Liebfrauenkirche – vermutlich war in Hirzenach derselbe Baumeister am Werk.

■ **Propstei Hirzenach,** Rheinstraße, Besichtigung nur nach Anmeldung (Tel. (0160) 91052324) oder am Tag des offenen Denkmals mit Führungen durch den Propsteigarten und die Pfarrkirche Sankt Bartholomäus, immer am zweiten Sonntag im September. Führungen können auch gebucht werden: *Elke End,* Tel. (06761) 9677552, www.elke-end.de, Preise auf Anfrage.

### Wandern

#### Traumschleife „Rheingold"

Die 10,7 km lange Traumschleife „Rheingold" verläuft zwischen Hirzenach, Holzfeld und Rheinbay. Man sollte etwas mehr als vier Stunden Gehzeit einplanen, denn der Weg hat viele schöne Rastplätze mit tollen Panoramablicken auf den Rhein und die Anstiege sind recht anstrengend. Start ist am Wanderparkplatz am Padelsbach an der K115 oberhalb von **Hirzenach.**

026hu kn

# Holzfeld

Das Dorf gehört zum Stadtgebiet von Boppard und liegt reizvoll in einer hügelig zum Rhein abfallenden Landschaft. Besonders schön ist es im Frühjahr, wenn die Streuobstwiesen weiß und rosa blühen. Sehenswert ist die **evangelische Kirche** aus dem 16. Jh. mit ihrem trutzigen, mittelalterlichen Turm. Ursprünglich war die ehemalige Wehrkirche von einer hohen Mauer umgeben. Im Inneren steht ein vorgotischer Taufstein aus Basaltlava.

## Einkaufen

MEIN TIPP: **Holzfelder Ziegenhof,** Hof Taunusblick 3, 56154 Boppard-Holzfeld, www.ziegenfreund.de, Mo–Fr 9–11 und 17–18.30 Uhr, Sa 9–13 Uhr. Im Hofladen gibt es verschiedene Sorten Ziegenkäse wie Camembert, Feta, Frischkäse oder Schnittkäse. Das Geheimnis der kleinen Käserei sind die kreativen Rezepte. Der Schnittkäse „Roter Holzfelder" wird zum Beispiel in Dornfelder Rotwein gebadet. Zu dem Ziegenhof gehört das **Gartenrestaurant Geisetreff** (März–Okt., tägl. 12–14 Uhr).

Der Propsteigarten in Hirzenach

027hu kn

# St. Goar

Die nächste Stadt am Rhein südlich von Boppard ist St. Goar, überragt von der imposanten Burg Rheinfels. Gegenüber liegt die Schwesterstadt St. Goarshausen und nicht weit davon der berühmte Loreleyfelsen. Namensgeber des Ortes ist der aquitanische Priester *Goar,* der am Rhein als Missionar arbeitete. Sein Grab befindet sich in der Krypta der Stiftskirche.

Mehrere Wanderwege führen von St. Goar und dem Ortsteil Fellen durch das idyllische **Heimbachtal** und das **Gründelbachtal** auf die Hunsrückhöhen. Ein Ausflug ins Gründelbachtal lohnt sich auch wegen des Weinguts Philippsmühle und Knabs Mühlenschenke (s.u.).

Ein Kuckucksuhrengeschäft würde man am Mittelrhein kaum erwarten, noch weniger die **größte freihängende Kuckucksuhr** der Welt. Doch eben die ziert die Fassade des Cuckoo-Clock-Center, das neben den eher für den Schwarzwald typischen Wanduhren allerlei Deutschland-Souvenirs an ausländische Touristen verkauft.

## Burg Rheinfels

Burg Rheinfels hoch über St. Goar war die **mächtigste aller Rheinburgen** und die einzige, die 1692 den Truppen *Ludwigs XIV.* widerstand. 1794 wurde sie dann doch von französischen Truppen eingenommen und in der Folge teilweise gesprengt. Die Größe der Ruine ist eindrucksvoll, obwohl nur noch ein Drittel der einstigen Anlage steht.

1245 begann Graf *Diether von Katzenelnbogen* mit dem Bau der Burg. Im Laufe der Zeit wurde sie immer weiter ausgebaut. Spannend sind die **unterirdischen Gänge** der Festung. Für ihre Erkundung sollte man eine Taschenlampe dabei haben. Die Minengänge sind niedrig, gerade mal 80 Zentimeter hoch.

Ein kleines **Heimatmuseum** zeigt Stücke aus kriegerischen Zeiten wie Hellebarden, Büchsen, Stich- und Schusswaffen, aber auch Geräte alter Handwerksberufe. Der **Themenweg „Rheinfelspfad"** führt durch die Ruine und erklärt nicht nur Geschichtliches, sondern zeigt auch, dass die Burg ein kleiner Mikrokosmos ist, mit einer ganz eigenen Pflanzen- und Tierwelt.

- **Burg Rheinfels,** Schlossberg, 56329 St. Goar, Tel. (06741) 7753, www.burg-rheinfels.com, Mitte März bis Mitte Nov. 9–18 Uhr, Mitte Nov. bis Mitte März geschl., Erw. 5 €, Jugendliche 4 €, Kinder (6–14 J.) 2,50 €, Familien 10 €. Termine für offene Burgführungen unter www.st-goar.de, keine Anmeldung erforderlich.

Mittelalterfest auf Burg Rheinfels

# Praktische Tipps

## Informationen

- **Tourist-Information St. Goar,** Heerstr. 86, 56329 St. Goar, Tel. (06741) 383, www.st-goar.de, April und Okt. Mo–Fr 9–12.30 und 13.30–17 Uhr, Nov. bis März Mo–Do 9–12.30 und 13.30–17 Uhr, Fr 9–14 Uhr, Mai bis Sept. Mo–Fr 9–18 Uhr, Sa 10–13 Uhr.
- **Nachtwächterführung:** Ein „Nachtwächter" führt die Gäste freitagabends von 21 Uhr bis etwa 23 Uhr durch die Gassen der Altstadt. Termine und Anmeldung bei der Tourist-Information (Tel. (06741)383 oder per E-Mail: touristinfo@st-goar.de), 9 € pro Person, Treffpunkt ist der Marktplatz.

## Unterkunft, Essen und Trinken

### Auf der Burg

- **Schlosshotel Burg Rheinfels**④, Schloßberg 47, 56329 St. Goar, www.schloss-rheinfels.de. Das in Teile der Burg integrierte Vier-Sterne-Hotel mit Rheinterrasse gehört zu den ersten Adressen im Mittelrheintal. Die 63 Zimmer, Suiten und Appartements im Schloss und in einer Jugendstil-Villa sind individuell eingerichtet.
- **Schloss-Restaurant Auf Scharffeneck**③, Schloßberg 47, 56329 St. Goar, www.schloss-rheinfels.de, tägl. 12–14 Uhr und ab 18.30 Uhr, Tischreservierung Tel. (06741) 8020. Vom schicken Wintergarten blickt man direkt auf den Rhein. Gehobene Küche mit regionalen Spezialitäten.
- **Silcher Stuben**④, Schloßberg 47, 56329 St. Goar, www.schloss-rheinfels.de, Di–Sa ab 18.30 Uhr. In dem nach *Friedrich Silcher,* dem Komponisten des Loreleyliedes, benannten, stilvoll eingerichteten Restaurant werden zwei verschiedene Sieben-Gänge-Menüs serviert, die auf vier Gänge reduziert werden können.
- **Burgschänke Der Landgraf**②, Schloßberg 47, 56329 St. Goar, www.schloss-rheinfels.de,

Ostern bis Okt. tägl. 11–17.30 Uhr, Di–Sa 18.30–22 Uhr. Tagsüber werden in der rustikalen Bergschänke und auf der Rheinterrasse kleine Vespermahlzeiten serviert, außerdem Eis und Kuchen, abends Fleisch vom Grill.

### Im Gründelbachtal

MEIN TIPP: **Knabs Mühlenschenke**②, Gründelbach 73, 56329 St. Goar, Tel. (06741) 1698, www.muehlenschenke.de, Do–Sa ab 17 Uhr, So ab 15 Uhr, Di und Mi Ruhetag. Das schmucke Gasthaus serviert zur Winzerküche regionale Weine, die auch verkauft werden. Gasthaus und **Zimmer**② sind liebevoll eingerichtet, besonders schön sind Terrasse und Garten.

MEIN TIPP: **Weingut und Winzerschenke Philippsmühle,** Gründelbach 49, 56329 St. Goar, Tel. (06741) 1606, www.philipps-muehle.de. Die Brüder *Thomas* und *Martin Philipp* rekultivieren nach und nach brachliegende Weinberge und bauen in den Steillagen in erster Linie Riesling an. In kurzer Zeit erarbeiteten sich die jungen Winzer einen herausragenden Ruf. Die Weine kann man im Weingut und in der Vinothek (s.u.) kaufen oder im Internet bestellen. In der historischen Wassermühle, bei Sonnenschein auch im Innenhof, werden deftige Hausmannskost und eigene Weine serviert. Eine der Spezialitäten ist der klare Kräuterschnaps „Eselsritt". Ende April bis Ende Okt. Di–So ab 15 Uhr.

## Einkaufen

- **Vinothek und Weincafé,** An der Loreley 1a, 56329 St. Goar, www.philipps-muehle.de, April bis Okt. tägl. 10–18 Uhr. Die moderne Vinothek des Weinguts Philippsmühle liegt direkt am Rheinufer. Neben eigenen Weinen und Secco werden auch Weine, Spirituosen und Brände anderer Winzer, z.B. von der Jungwinzergruppe „Gipfelstürmer", angeboten. Serviert werden Wein mit Vesper oder Kaffee und Kuchen.

MEIN TIPP: **Retz Spirituosen,** Hauptstr. 31a, 56291 Birkheim (westlich von St. Goar in den Hunsrückhöhen nahe Pfalzfeld), Tel. (06746) 8936. Hochwertige Liköre, aromatische Gelees und Konfitüren aus eigener Produktion. Die Früchte stammen aus dem Hunsrück und dem Naheland. Likörprobe nach telefonischer Voranmeldung. Ein besonderes Souvenir ist die Hunsrücker Leckschmier. Der süße Brotaufstrich ist fast etwas in Vergessenheit geraten, doch mit dem Film „Die andere Heimat" von *Edgar Reitz* erlebte das dunkle und etwas zähe Pflaumenmus eine Renaissance. Die Produkte sind im Einzelhandel in den Regalen mit den Produkten der Regionalmarke Soonahe erhältlich oder online zu bestellen.

## Feste und Veranstaltungen

- **Mittelalterliches Burgfest auf der Rheinfels:** buntes Programm für die ganze Familie mit Schwertkämpfen, Markt, Handwerkern, Ritterlager, mittelalterlicher Musik, Gauklern und mehr. Viertes Wochenende im Juli, Sa 10–20 Uhr, So 11–18 Uhr, Erw. 7 €, im mittelalterlichen Kostüm 5 €, Kinder (6–14 J.) 3 €, Kinder unter 6 J. frei.
- **Rhein in Flammen:** am 3. Samstag im September organisieren die Schwesterstädte St. Goar und St. Goarshausen gemeinsam das große Feuerwerkspektakel, zu dem rund 100.000 Menschen ans Rheinufer und in die Rheinhöhen kommen.

## Öffentliche Verkehrsmittel

- **Bahn:** Mittelrheinbahn 32 (Koblenz Richtung Mainz) oder RE2 (Koblenz – Mainz – Frankfurt/Main), www.vrminfo.de.
- **Bus:** Rheinhunsrückbus L651: Boppard – St. Goar – Oberwesel – Bacharach (nur Mo–Fr), L623: St. Goar – Pfalzfeld –Niedert – Emmelshausen (nur Mo–Fr), www.rmv-bus.de.

# Werlau und das Heimbachtal

Das Höhendorf Werlau, in Hunsrücker Mundart *Werle* genannt, ist ein Stadtteil von St. Goar. Landschaftlich besonders reizvoll ist das wunderschöne Heimbachtal, auch **Werlauer Schweiz** genannt. Am schönsten ist es im März und April, dann zeigen sich Lerchensporn und Buschwindröschen in ihrer ganzen Blütenpacht. Das Tal lässt sich am besten über den **Mühlenweg** erkunden, der Panoramablicke über den Rhein zur Burg Maus bietet. Der idyllische Pfad führt von Werlau hinunter nach Fellen. Am unteren Teil des schmalen Weges stehen zwischen bizarren Felswänden die Mauerreste einer alten Mühle. Vom Aussichtspunkt **Werlauer Pilz** hat man einen schönen Blick auf St. Goar und auf das auf der anderen Rheinseite gelegene St. Goarshausen.

## Aktivitäten

■ **Reiten:** Reiterhof Helenenhof Werlau, 56329 St. Goar-Werlau, Tel. (06741) 7693, www.helenenhof-werlau.de. Reitstunden, geführte Wanderritte, Pferdeverleih und Kutschfahrten.

■ **Freibad Rheingoldbad:** 56329 St. Goar-Werlau, Tel. (06741) 7448, in der Freibadsaison tägl. 10–19 Uhr, Erw. (ab 16 J.) 3,50 €, Kinder (ab 4 J.) 1,80 €, Familienkarte 8 €, ab 17 Uhr 1,50 €. Die schöne Lage auf der Rheinhöhe macht das solarbeheizte Freibad mit den großzügigen Liegewiesen und den schattenspendenden Bäumen besonders attraktiv. Das Bad bleibt 2016 wegen Sanierungsarbeiten geschlossen und öffnet voraussichtlich 2017 wieder.

# Biebernheim

Biebernheim liegt auf der Rheinhöhe oberhalb der Burg Rheinfels. Es bietet ein dichtes Wanderwegenetz und beeindruckende Aussichten auf das Rheintal und die Loreley.

## Unterkunft

**Bioferienhof Loreley/Reiterhof Pabst,** Auf dem Flürchen, 56329 St. Goar-Biebernheim, Tel. (06741) 7021, www.bioferienhof-loreley.de. Auf dem von vielen Tieren bevölkerten Biohof außerhalb von Biebernheim stehen Ferienhäuser, eine Ferienwohnung und Wohnmobilstellplätze zur Verfügung. Zum Angebot gehören Ponyreiten, Planwagenfahrten und Urlaub mit dem eigenen Pferd.

## Essen und Trinken

■ **Landgasthof Rebstock**③, An der Bach 3, 56329 St. Goar-Biebernheim, Tel. (06741) 9800337, www.landgasthof-rebstock.com, Mo–Fr 12–14 Uhr und ab 17.30 Uhr, Di Ruhetag. Gutbürgerliche Küche sowie Wild aus der Region. Die Besitzer legen großen Wert auf die Beratung Wanderwilliger, geben viele Tipps und Routenvorschläge, bieten verschiedene Wanderarrangements und einen Shuttleservice.

# Urbar

Von dem **Aussichtspunkt Maria Ruh** im Örtchen Urbar hat man einen unvergesslichen Blick auf den sagenhaften Loreleyfelsen, der genau gegenüber liegt. Ein Denkmal erinnert an die Väter des Loreleyliedes: *Clemens Brentano,* der mit seiner Ballade „Lore Lay" die Figur der ebenso verführerischen wie Unglück bringenden Zauberin schuf, *Heinrich Heine,* der die berühmten Zeilen des Loreleyliedes dichtete, und *Friedrich Silcher,* der die Melodie komponierte.

## Unterkunft, Essen und Trinken

- **Loreleyblick Maria Ruh**③, Loreleystr. 20, 55430 Urbar, http://maria-ruh.de. Café, Restaurant, Biergarten und Picknickpark. Kleine Gerichte, Kuchen und feine Tortenkreationen, dazu Kaffee aus der hauseigenen Kaffeerösterei. Auf Wunsch werden Picknickkörbe zusammengestellt.
- **Hotel-Restaurant Beckmann's Winzerhaus Urbar**②, Rheingoldstr. 8, 55430 Urbar, Tel. (06741) 1366, www.loreleyreisen.de, Küche tägl. 11.30–14 und 17–22 Uhr, Di Ruhetag. Das Hotel bietet einen Shuttleservice und verschiedene Arrangements wie organisierte Tagesausflüge, Weinproben oder Schiffsfahrten. Gutbürgerliche und regionale Küche und natürlich Weine vom Mittelrhein.

## Einkaufen

**Bioland-Hof Kohl,** Arenberger Str. 46, 56182 Urbar, Tel. (0261) 61690, www.biolandhof-kohl.de, Mo–Fr 9–18.30 Uhr, Sa 9–14 Uhr. Zum Bio-Sortiment gehören Gemüse, Brot, Gebäck, Käse, Naturkosmetik, Säfte und Feinkost.

## Wandern

### „Spitzer Stein-Rundwanderweg"

Ein 7,5 Kilometer langer Rundwanderweg führt zum Aussichtsturm Spitzer Stein. Von hier aus blickt man bei gutem Wetter nicht nur ins Rheintal und in den Taunus, sondern auf sieben Burgen. Die Route startet an der **St. Antoniuskirche in Urbar.**

### „Loreley-Panoramaweg"

Der fünf Kilometer lange „Loreley-Panoramaweg" ist leicht zu gehen. Die Wegemarkierung könnte besser sein, dafür bietet die Route schöne Ausblicke ins Rheintal und zum Loreleyfelsen. Start ist am Aussichtspunkt **Maria Ruh.**

# Oberwesel

Ein Ausflug nach Oberwesel lohnt sich: Die „Stadt der Türme und des Weines" gehört zu den schönsten Städten am Mittelrhein und bietet einige Sehenswürdigkeiten.

## Sehenswertes

**16 Wehrtürme** prägen das mittelalterliche Stadtbild. Das Besondere: Der größte Teil der imposanten **Stadtmauer** ist begehbar, einige Türme kann man besichtigen. Im **Zehnerturm** nahe dem Bahnhof informiert eine kleine Ausstellung über die Geschichte Oberwesels und die Stadtmauer (Eintritt frei).

Bemerkenswert ist auch die **Liebfrauenkirche,** vor allem wegen des prachtvollen Goldaltars. Er ist einer der ältesten und kostbarsten Schreinaltäre Deutschlands (geöffnet 10–12 und 14–17 Uhr).

Eine „Uraufführung" ging in die Geschichte Oberwesels ein: Im Gasthaus „Zum Goldenen Pfropfenzieher" sang *Hoffmann von Fallersleben* in konspirativer Runde zum ersten Mal das „Lied der Deutschen", die heutige Nationalhymne.

Nur bei Niedrigwasser ragen die **Sieben Jungfrauen** aus dem Rhein. Die spitzen Felsen sind der Sage nach sieben versteinerte Ritterfräulein von der Schönburg. Die ebenso hartherzigen wie hochmütigen Damen wiesen ihre Freier nämlich nicht nur ab, sondern verhöhnten sie auch. Auf der Flucht vor neuen Bewerbern kenterte ihr Boot und die Jungfrauen ertranken in den Fluten des Rheins und verwandelten sich zu Stein.

Auf der begehbaren Stadtmauer in Oberwesel

028hu kn

029hu kn

## Günderodehaus

Den schönsten Blick auf die Sieben Jungfrauen hat man von der Terrasse des Günderodehauses oberhalb von Oberwesel. Das schmucke **Fachwerkhaus** von 1780 stand ursprünglich in Seibersbach im Soonwald. An dieser herrlichen Stelle am Siebenburgenblick wurde es als **Filmkulisse für „Heimat 3"** des Regisseurs *Edgar Reitz* wieder aufgebaut. Entsprechend war auch die Dichterin *Karoline von Günderode* nie in diesem Gebäude – alles reine Fiktion. Im Erdgeschoss ist ein Gasthaus (s.u.) untergebracht, im ersten Stock erwartet ein kleines **Museum** Fans der großen Familien-Saga.

## Kulturhaus Oberwesel

Das Kulturhaus in einem alten Weingut ist ein modernes, **interaktives Stadtmuseum** mit kulturellen Veranstaltungen wie Sonderausstellungen, Konzerten, Vorträgen, Kino, Kabarett und Vorstellungen für Kinder.

■ **Kulturhaus Oberwesel,** Rathausstr. 23, 55430 Oberwesel, Tel. (06744) 714726, www.kulturhaus-oberwesel.de, 1. April bis 31. Okt. Di–Fr 10–17 Uhr, Sa, So und Fei 14–17 Uhr, 1. Nov. bis 31. März Di–Fr 10–14 Uhr, Erw. 3 €, Kinder (6–14 J.) 1 €, Familien 7 €.

## Schönburg

Hoch über der Stadt ragt die Schönburg empor. Der Lyriker *Ferdinand Freiligrath* bezeichnete sie als „der Romantik schönster Zufluchtsort am Rhein". 1689 wurde sie zerstört, aber ab 1885 wiederaufgebaut. Heute sind ein Hotel und ein

⌃ Die Schönburg in Oberwesel

Kolpinghaus darin untergebracht (s.u.). Von der Aussichtsplattform des Torturms hat man einen schönen Rundumblick auf das Rheintal. Das darin befindliche **Turmmuseum** erzählt die 700-jährige Geschichte der Burg.

■ **Schönburg,** 55430 Oberwesel, Tel. (06744) 405, www.schoenburg.eu, 1. April bis 31. Okt. Di–So 10–18 Uhr, Mo geschl., Erw. 3 €, Kinder 1,50 €, Familien 7 €. Im Turmmuseum findet sich ein kleiner Museumsshop und ein **Tourist-Info-Punkt** der Stadt Oberwesel.

### Skulpturenpark

Der etwas in die Jahre gekommene Skulpturenpark ist vielmehr ein **Weg,** der von den Rheinanlagen in Oberwesel durch die Weinberge bis auf die **Rheinhöhe bei Urbar** führt. Am Wegesrand stehen Skulpturen von Bildhauern wie *Otmar Alt, Claes Hake* und *Werner Brattig.*

## Praktische Tipps

### Informationen

■ **Tourist-Information Oberwesel,** Rathausstraße 3, 55430 Oberwesel, Tel. (06744) 710624, www.oberwesel.de, April bis Okt. Mo–Do 9–13 und 14–17 Uhr, Fr 9–13 und 14–18 Uhr, Juni bis Okt. zusätzlich Sa 9–13 Uhr, Nov. bis März Mo–Do 9–13 und 14–17 Uhr, Fr 9–13 Uhr.

■ **Info-Punkt** auf der Schönburg, 1. April bis 31. Okt., Di–So 10–18 Uhr.

■ **Nachtwächterführung,** einmal im Monat von März bis Nov., 10 € pro Person, inkl. Glas Wein. Anmeldung und Kartenkauf bei der Tourist-Information, Termine unter www.oberwesel.de.

### Unterkunft, Essen und Trinken

■ **Günderodehaus**②, Rheingoldstraße (am Siebenjungfrauenblick), 55430 Oberwesel, Tel. (06744) 714011, www.guenderodefilmhaus.de, Mo–Do 11–18 Uhr, Fr und Sa 11–20 Uhr, So 11–18 Uhr, Dezember bis Februar geschlossen. Mit Film- und Gaststube und einer Rheinterrasse, von der aus man bei entsprechendem Niedrigwasser die sagenumwobenen Sieben Jungfrauen sehen kann. Serviert werden Gerichte aus der Region und selbstgebackener Kuchen.

#### Auf der Schönburg

■ **Burghotel-Restaurant Auf Schönburg**⑤, Auf Schönburg, 55430 Oberwesel, Tel. (06744) 93930, www.burghotel-schoenburg.de. Die Interieurs der Zimmer sind mit historischen Möbeln eingerichtet, viele stilecht mit Himmelbett. Das historische Ambiente setzt sich im **Restaurant**④ fort. Hier und auf der Rheinterrasse mit sagenhaftem Ausblick wird regionale und saisonale Küche serviert (Di–So 12–14 und 18.30–21 Uhr).

#### In Dellhofen

■ **Gutsausschank Im Alten Dorf**②, Auf der Kripp 3, 55430 Oberwesel-Dellhofen, Tel. (06744) 8066, www.weingut-lambrich.de, 31. Jan. bis 2. Advent Fr ab 18 Uhr, Sa ab 16 Uhr, So und Fei 11.30–14 und ab 15 Uhr, Ostern bis Ende Okt. auch Do ab 18 Uhr. Die Weine, die Mittelrheinwinzer *Goswin Lambrich* in seinem 16 Hektar großen Weingut erzeugt, sind preisgekrönt. In der Gaststätte werden herzhafte heimische Gerichte angeboten, dazu die eigenen Weine. Bei schönem Wetter kann man seinen Schoppen auf der großen Terrasse genießen.

■ **Weingut Albert Lambrich,** In der Neuwies, 55430 Oberwesel-Dellhofen, Tel. (06744) 8276, www.weingut-albert-lambrich.de. Der Gutsausschank ist Ende Jan. bis Ende Nov. geöffnet, Fr ab 18 Uhr, Sa ab 16 Uhr, So und Fei ab 15 Uhr. Die Leidenschaft für Wein liegt in der Familie: *Albert* und *Ute Lambrich* stammen beide aus Winzerfamilien mit langer Tradition. Ihre Weine räumen regelmäßig Auszeichnungen ab. In der **Weinstube**①-② mit fantastischer Aussicht auf den Rhein gibt es Winzerküche zu guten Preisen.

■ **Landhotel Zum Kronprinzen**③, Rheinhöhenstr. 45, 55430 Oberwesel-Dellhofen, Tel. (06744) 94319, www.zumkronprinzen.de, tägl. 12–14.30 und ab 18 Uhr, Mo Ruhetag. Bereits seit 1893 ist der „Kronprinz" in Familienbesitz, die Gästezimmer sind behaglich. Falls Ihnen Chefkoch *Markus Oppermann* irgendwie bekannt vorkommt: In mehr als 300 Folgen der Sendung „Kochduell" des Fernsehsenders VOX schnippelte und brutzelte er unter Zeitdruck kreative Gerichte. Damit die Gäste sich wohlfühlen, ist das Restaurant nach Feng Shui eingerichtet. In der eigenen Kochschule gibt *Oppermann* Kochkurse (s.u.).

### Bauern- und Reiterhof

MEIN TIPP: **Hof Hardthöhe,** 55430 Oberwesel, Tel. (06744) 7271, So und Fei 14–21 Uhr, www.ferienhof-hardthoehe.de. Auf dem Bauern- und Reiterhof übernachten Gäste in rustikalen Holzblockhäusern. Für Kinder ist das Mitarbeiten auf dem Hof ein großer Spaß. In den Sommermonaten bieten das **Café** und die **Gartenwirtschaft** im Innenhof hausgemachte Kuchen und Torten, Saft aus eigenen Äpfeln und Schoppenweine. Außerdem finden regelmäßig Events wie Jazz-Brunch, Kino goes Bauernhof, Themen-Büffets oder Konzerte statt. Sonntags ab 15 Uhr kostenloses Ponyreiten für Kinder. Ferienhäuser ab 108 €/Nacht, Ferienwohnungen ab 98 €/Nacht.

## Aktivitäten

■ **Oelsbergsteig:** Der 1,3 km lange Klettersteig führt durch die Steillagen des Oberweseler Weinbaus. Neben den schönen Ausblicken ins Rheintal machen knifflige Passagen, die mit Trittstiften, Steigbügeln und Leitern gesichert sind, den Oelsbergsteig so interessant. Wanderschuhe, Trittfestigkeit und Schwindelfreiheit sind Voraussetzung. Der Weg ist recht kurz, doch wegen der steilen Abschnitte braucht man trotzdem zwei bis drei Stunden.

■ **Kochkurse im „Kronprinzen":** Koch *Markus Oppermann* ist vielen Hobbyköchen ein Begriff, weil er im „Kochduell" auf VOX vor laufenden Kameras ideenreiche Menüs zauberte. In seinem eigens für Kurse eingerichteten Kochstudio bringt er den Teilnehmern die Tricks und Kniffe der Küchenprofis bei. Das kulinarische Ergebnis wird anschließend gemeinsam gegessen. 129 € pro Teilnehmer, Kinderkochen 45 €, www.zumkronprinzen.de.

## Feste und Veranstaltungen

■ **Weinhexennacht:** Statt von einer Weinkönigin wird die Weinregion Oberwesel von der „Weinhex von Wesel" repräsentiert. In der Hexennacht (30. April) entsteigt sie einem großen Weinfass auf dem historischen Marktplatz. Festprogramm unter www.oberwesel.de.

■ **Aldegundismarkt:** letzter Montag im Juli. Ungewöhnlich an dem traditionellen Krammarkt ist, dass er mitten im Oberweseler Stadtwald auf den Rheinhöhen liegt. Außer mit dem Auto ist das Festgelände auch per stündlichem Pendelbus ab Busbahnhof Oberwesel zu erreichen.

MEIN TIPP: **Spectaculum:** Das dreitägige Mittelalterfest findet alle zwei Jahre an Pfingsten statt und lockt Tausende nach Oberwesel. Das liegt an der konsequenten Umsetzung: Jedes Detail muss sitzen. Für einen möglichst authentischen Eindruck werden Straßenlaternen verhüllt, die Gassen und Plätze mit Stroh bedeckt, das Ess- und Trinkgeschirr ist aus Ton und Holz. Strom ist weitgehend tabu. Selbst auf Pommes wird verzichtet, denn auch die Kartoffel gab es damals noch nicht. Besonders schön ist die Atmosphäre nach Einbruch der Dunkelheit, wenn unzählige Fackeln, Öllampen und Kerzen das mittelalterliche Treiben sanft beleuchten (www.spectaculum-oberwesel.de).

■ **Weihnachtsmarkt:** am ersten Adventswochenende auf dem Marktplatz von Oberwesel und im Kulturhaus.

## Öffentliche Verkehrsmittel

■ **Bahn:** Mittelrheinbahn 32 (Koblenz Richtung Mainz) oder RE2 (Koblenz – Mainz – Frankfurt/Main), www.vrminfo.de.

■ **Bus:** Rheinhunsrückbus L651: Boppard – St. Goar – Oberwesel – Bacharach (nur Mo–Fr), L653: Oberwesel – Simmern (nur Mo–Fr), www.rhein-mosel-bus.de.

# Bacharach

Die **Weinstadt** Bacharach hat ihr mittelalterliches Flair bewahrt. Verwinkelte Gassen mit prachtvollen Fachwerkhäusern und gemütlichen Weinstuben machen den von Weinbergen umgebenen Ort zu **einem der schönsten am Mittelrhein.** Hoch über Bacharach thront die mächtige Burg Stahleck. Im Mittelalter erlebte das Städtchen wirtschaftliche Bedeutung als Weinumschlagplatz.

Burg Stahleck thront über Bacharach

www.fotolia.de © sehbaer_nrw

# Sehenswertes

## In der Altstadt

Das älteste Haus heißt schlicht **Altes Haus.** Das ebenso romantische wie windschiefe Fachwerkschmuckstück wurde 1568 erbaut. Ebenfalls sehenswert sind der **Posthof** und die begehbare **Stadtmauer.**

## Evangelische Kirche St. Peter

Die St.-Peter-Kirche im Ortszentrum entstand in ihrer heutigen Form 1230/1240. Für die Errichtung der dreischiffigen, romanischen Basilika gab es im engen Rheintal nicht viel Platz, weshalb das Mittelschiff mit 11 Metern Länge relativ kurz geriet und die 14 Meter hohen Wände entsprechend steil wirken. Die ehemalige Stiftskirche gilt als eines der großartigsten Bauwerke der rheinischen Spätromanik. Aber auch als eines der letzten, denn Formen der Frühgotik sind bereits zu erkennen. Dieser Übergangsstil zeigt, wie sich die französische Gotik, von Trier ausgehend (Liebfrauenkirche), allmählich auch am Rhein durchsetzte. Heute ist St. Peter evangelische Pfarrkirche und täglich von 9.30 bis 18 Uhr zu besichtigen.

## Wernerkapelle

Zwischen der Stahleck und der Kirche St. Peter steht auf einem kleinen Plateau die Ruine der Wernerkapelle. Die ehemalige Wallfahrtskirche ist das **Wahrzeichen** Bacharachs. So kunstvoll und filigran die hochgotische Wernerkapelle gestaltet ist, so tragisch ist der geschichtliche Hintergrund. In der Karwoche 1287 fand man die Leiche eines Jugendlichen. *Werner* war 16 Jahre alt, stammte aus Oberwesel und arbeitete bei einer jüdischen Familie in Bacharach. Man beschuldigte die jüdische Gemeinde eines religiös motivierten Ritualmordes. Es kam zu brutalen Judenverfolgungen, die auch auf andere Orte wie Oberwesel und Boppard übergriffen. Mindestens 40 Menschen wurden getötet.

Über dem Fundort der Leiche wurde kurz nach dem Pogrom die Wernerkapelle aus rotem Sandstein errichtet. Schnell wurde sie zu einer Pilgerstätte und der Knabe *Werner* zum Märtyrer stilisiert. Die Volksverehrung ging so weit, dass die Anhänger des Wernerkultes die Heiligsprechung des Jungen forderten. Tatsächlich folgte im 15. Jh. die offizielle Anerkennung und erst 1963 wurde sein Name wieder aus dem Heiligenverzeichnis gestrichen.

Bei der Sprengung der Burg Stahleck 1689 durch die Franzosen wurde die Kapelle durch herabfallende Trümmer stark beschädigt. Die Ruine ist frei zugänglich.

## Burg Stahleck

Auch wenn die Burg Stahleck aus dem 12. Jh. zu den ältesten Burgen am Mittelrhein zählt, ist sie größtenteils neueren Datums. Im Dreißigjährigen Krieg und im Pfälzischen Erbfolgekrieg wurde sie wie die meisten Burgen im Oberen Mittelrheintal völlig zerstört. Erst im 20. Jh. wurde die Festungsanlage rekonstruiert und 1967 der Bergfried fertiggestellt.

Heute ist die Burg Stahleck eine Jugendherberge (s.u.).

Von der Altstadt führt ein Weg an St. Peter und der Wernerkapelle vorbei hinauf zur Stahleck. Von der Anstrengung kann man sich dort bei Kaffee und Kuchen erholen. Mit dem Auto gelangt man von Bacharach-Steeg aus zur Burg. Eine Besichtigung ist nur im Burghof möglich.

### Burgruine Stahlberg

Etwas abseits in einem Seitental thront hoch über dem kleinen **Winzerort Steeg** die Burg Stahlberg. Im Gegensatz zur Stahleck führt die Stahlberg nach wie vor ein touristisches Schattendasein. Von der romantischen Ruine aus hat man einen **grandiosen Ausblick** auf Steeg und in das Breitscheider Tal. Als die Burg von 1154 bis 1164 errichtet wurde, war das schmale Seitental die wichtigste Verbindung zwischen Bacharach und dem Hunsrück.

### Insel Heyles'en Werth

Eine Besonderheit Bacharachs ist die Insel Heyles'en Werth, die mitten im Rhein liegt und auf der ein besonderer Wein reift. Seit 200 Jahren befindet sich die Insel mit dem **Weingut** in Familienbesitz. Trotzdem ist ein Besuch von Zeit zu Zeit möglich, nämlich dann, wenn Winzer *Friedrich Bastian* Weinproben oder kulturelle Veranstaltungen anbietet.

- **Weingut Friedrich Bastian,** Erbhof Zum grünen Baum, Oberstr. 63, 55422 Bacharach, Tel. (06743) 1208, www.weingut-bastian-bacharach.de.

### Burg Pfalzgrafenstein

**Mein Tipp:** Burg Pfalzgrafenstein (auch *Die Pfalz* genannt), eine ehemalige Zollfeste der Grafen von Pfalz, ragt seit 1326 trutzig mitten aus dem Rhein empor. Der preußische Feldmarschall *Blücher* ließ im Kriegswinter 1813/14 eine Pontonbrücke zu der **Inselburg** bauen und setzte mit 60.000 Soldaten über, um *Napoleon* die Stirn zu bieten.

Zu erreichen ist die Burg per **Fähre** von Kaub auf der gegenüberliegenden Rheinseite.

- **Burg Pfalzgrafenstein,** www.burg-pfalzgrafenstein.de, Nov., Jan. und Febr. Sa und So 10–17 Uhr, März Di–So 10–17 Uhr, April bis Okt. Di–So 10–18 Uhr, Dez. geschl., Erw. 3 €, Kinder und Jugendliche (6–18 J.) 2 €, Familien 6 €. Überfahrt mit der Fähre ca. alle halbe Stunde, Erw. 2,50 €, Kinder (4–12 J.) 1 €, Familien 6 €.

## Praktische Tipps

### Informationen

- **Rhein-Nahe Touristik,** Besucherzentrum Oberstr. 10, 55422 Bacharach, Tel. (06743) 919303, www.bacharach.de, April bis Okt. Mo–Fr 9–17 Uhr, Sa, So und Fei 10–15 Uhr.

### Unterkunft

- **Jugendherberge auf Burg Stahleck,** 55422 Bacharach, Tel. (06743) 1266, www.diejugendherbergen.de. Wer in dem alten Gemäuer übernachten möchte, muss frühzeitig reservieren.
- **Ferienhof Oldach,** Lindenhof, 55422 Bacharach-Henschhausen, Tel. (06743) 2657, www.ferien

hof-oldach.de. Ferien auf dem Bauernhof nicht nur für Familien, mit Reithalle und Reitplatz. Der kleine Ort Henschhausen ist ein Stadtteil von Bacharach, liegt aber auf der Hochebene mit Blick auf den Rhein.

### Essen und Trinken

- **Posthof Bacharach**②, Oberstr. 45–49, 55422 Bacharach, Tel. (06743)9471830, www.posthof-bacharach.de. Das kunstvolle Fachwerkgebäude aus dem Jahr 1593 gehört zu den ältesten der Stadt. Ob Kaiser, Zar, Prinz, Fürst oder Dichter, im Posthof waren bereits viele Prominente vergangener Zeiten zu Gast. In der Weinstube und im charmanten Biergarten mit Blick auf die Wernerkapelle und die St. Peter-Kirche werden regionale Küche und Weine serviert.

### Einkaufen

- **Terracottage,** Rheingoldstr. 6, 55422 Bacharach-Henschhausen, Tel. (06743) 919080, www.terracottage.de, 1. Mai bis 30. Okt. Di–Fr 11–18 Uhr, Sa 10–16 Uhr, So 14–18 Uhr, Mo geschl., 1. Nov. bis 30. April Di–Fr 11–13.30 und 14.30–18 Uhr, Sa 10–15 Uhr, So und Mo geschl. Schönes, Nützliches und Ausgefallenes für Haus und Garten im Stil der Toskana, Provence oder englischer und schwedischer Landhäuser, außerdem regionales Kunsthandwerk und Bücher.

### Feste und Veranstaltungen

- **Steeger Weinblütenfest:** Am zweitletzten Juniwochenende laden Winzer und Gastronomen in den kleinen Weinort Bacharach-Steeg im Steeger Tal. Samstags wird ein Feuerwerk gezündet (Infos: www.bacharach.de).

### Öffentliche Verkehrsmittel

- **Bahn:** Mittelrheinbahn 32 (Koblenz Richtung Mainz) oder RE2 (Koblenz – Mainz – Frankfurt/Main), www.vrminfo.de.
- **Bus:** Rheinhunsrückbus L651: Boppard – St. Goar – Oberwesel – Bacharach (nur Mo–Fr), L653: Oberwesel – Simmern (nur Mo-Fr), www.rhein-mosel-bus.de.

### Wandern

#### „Stahlberg-Schleife"

Der 13 km lange Rundweg verbindet die Burgen Stahleck und Stahlberg. Start ist am Malerwinkel im Bacharacher Ortskern.

## Medenscheid

Der zu Bacharach gehörende, idyllische Höhenort Medenscheid ist ein **Rosendorf,** mehr als 500 Sorten zieren die Gärten. Alle zwei Jahre feiern die Medenscheider an Fronleichnam ihre Leidenschaft für die Königin der Blumen mit einem Fest. Dann sind auch viele Privatgärten für Besichtigungen geöffnet (Termin: www.medenscheider.de).

## Manubach

Das Fachwerk- und Winzerdorf Manubach gehörte mit Bacharach, Rheindiebach und Oberdiebach zur sogenannten „Viertälergemeinde". Im ehemaligen **Pfarrhaus** (Auf der Schadenbach 2) lebte und arbeitete von 1812 bis 1835 der evangelische Pfarrer *Wilhelm Oertel* (1798–1867). Er erlangte im 19. Jh. als

Volks- und Jugendschriftsteller einigen Ruhm. Immerhin mehr als 200 Romane veröffentlichte er unter dem Synonym *W.O. von Horn*. Den Namen leitete er von seinen Initialen und seinem Geburtsort Horn in der Nähe von Kastellaun ab. Obwohl er seinerzeit einer der erfolgreichsten Volksschriftsteller war und seine Bücher in mehrere Sprachen übersetzt wurden, ist er heute nahezu in Vergessenheit geraten.

## Rheindiebach

### Ruine Fürstenberg

Die typisch rheinische Hangburg Fürstenberg wurde ab 1219 von Erzbischof *Engelbert I. von Köln* errichtet. Sie sollte den kurkölnischen Besitz rund um Bacharach schützen. Auch bei dieser Burg handelte es ich um eine Zollburg. 1689 wurde sie im Pfälzischen Erbfolgekrieg von den Franzosen zerstört. Danach fiel sie in einen langen Dornröschenschlaf. Heute ist die oberhalb von Rheindiebach gelegene Burg in Privatbesitz. Sie wird nach und nach freigelegt und von Bewuchs befreit. Für die Dauer der Restaurierungsarbeiten ist sie nicht zu besichtigen.

# Nieder- und Oberheimbach

### Ruine Heimburg (Hohneck)

Die Heimburg oberhalb von Niederheimbach, auch Burg Hohneck genannt, wurde 1290–1305 vom Mainzer Erzbischof als Trutzburg gegen die Burg Reichenstein bei Trechtingshausen errichtet. Der Pfalzgraf *Ludwig der Gestrenge*, Herzog von Bayern, war ein Erzfeind der Mainzer Erzbischöfe und Kurfürsten. Wie Burg Sooneck wurde die Heimburg

030hu kn

▷ Burg Sooneck bei Niederheimbach

allerdings bald zu einer Raubritterburg. Nach der Zerstörung durch die Armee von König *Rudolf von Habsburg* wurde sie im Jahr 1315 wieder hergestellt und erneut zu einer Raubritterburg. Ab dem 15. Jh. diente sie dem Mainzer Erzbistum als Gerichtsgebäude. 1689 sprengte die Armee des französischen Königs *Ludwig XIV.* die Burganlage. Die Anlage befindet sich in Privatbesitz, eine Besichtigung ist nicht möglich.

## Märchenweg

Entlang des **Kuhweges,** der sich durch das Dorf Niederheimbach und das Bachtal bis zur Heimburg schlängelt, stehen **Märchenfiguren** des Bildhauers *Ernst Heilmann.* Sie stammen aus dem „Märchenhain" – einem ehemaligen Märchenpark, den *Heilmann* in den 1930er Jahren anlegte. Bis in die Mitte der 1990er Jahre war der Märchenhain ein beliebtes Ausflugsziel. Eine Bürgerinitiative setzte sich für die Restaurierung der Figuren ein und verschaffte Hänsel und Gretel, dem gestiefelten Kater, Froschkönig und Rotkäppchen eine neue Heimat am Kuhweg. Start ist am Champtoceaux-Platz in der Ortsmitte von Niederheimbach.

## Burg Sooneck

Die Burg Sooneck hoch über dem Rhein bei Niederheimbach wurde im 11. Jh. errichtet. Ab dem 13. Jh. erhoben die Ritter *von Sooneck* unrechtmäßig Zoll von den Rheinschiffen, die Burg wurde zur Raubritterburg. 1282 beschloss der römisch-deutsche König *Rudolf von Habsburg,* die Burg und weitere Raubritternester wie die Reichenstein und die Heimburg zu belagern und zu zerstören. Anschließend verbot er, die Sooneck wieder zu errichten.

Im 14. Jh. wurde das Verbot aufgehoben und die Wehranlage wieder aufgebaut. Doch wie viele andere Burgen der Region wurde sie im Pfälzischen Erbfolgekrieg 1688/89 von den französischen Truppen König *Ludwigs XIV.* zerstört. König *Friedrich Wilhelm IV.* von Preußen ließ die verfallene Burg ab 1843 zum **Jagdschloss** ausbauen, kam aber nie dazu, es auch zu nutzen. Das Mobiliar stammt aus Schloss Stolzenfels bei Koblenz. Der romantische Eindruck der Burg wird von den **Rosengärten,** die sie umgeben, noch verstärkt.

■ **Burg Sooneck,** Jan. bis März Di–So und Fei 9–17 Uhr, April bis Sept. 9–18 Uhr, Okt. und Nov. 9–17 Uhr, Dez. geschl., letzter Einlass 45 Minuten vor Schließung. Besichtigung nur mit Führung, Erw. 4 €, Kinder und Jugendliche (6–18 J.) 2,50 €, Familien: ein Erw. und bis 4 Kinder 4 €, zwei Erw. und bis 4 Kinder 8 €.

## Sieben-Burgen-Blick

Der **hölzerne Aussichtsturm** liegt direkt am Rhein-Burgen-Weg oberhalb der Burg Sooneck. Der Blick wandert von hier aus zu den linksrheinischen Burgen Sooneck, Heimburg, Fürstenberg und Stahleck sowie zur Burg Nollig auf der gegenüberliegenden Rheinseite. Bei guter Sicht sind auch die Kammerburg und die Schöneck zu erkennen. Vom Sieben-Burgen-Blick bis zur Burg Sooneck sind es nur wenige Gehminuten, allerdings ist der Pfad recht steil.

## Praktische Tipps

### Unterkunft, Essen und Trinken

- **Hotel & Restaurant Weinberg-Schlösschen** ③, Hauptstr. 2, 55413 Oberheimbach, Tel. (06743) 9471840, www.weinberg-schloesschen.de. Das Hotel liegt mitten in den Weinbergen mit tollem Blick auf den Rhein. Wer sich etwas Besonderes leisten möchte, mietet das Turmzimmer. Sehr gute, kreative Küche, Kochkurse können ganzjährig gebucht werden.

### Weingut

- **Weingut Eisenbach-Korn,** Kirchstr. 23, 55413 Oberheimbach, Tel. (06743) 6081, www.eisenbach-korn.de. Bereits seit 1601 existiert das Weingut als Familienbetrieb in Oberheimbach. Zum Angebot gehören in erster Linie Rieslinge, außerdem Chardonnay, Scheurebe, Weißburgunder, Winzersekt und Secco, beim Rotwein vorwiegend Dornfelder. Die Weine sind in der modernen Vinothek erhältlich oder können online bestellt werden.

### Öffentliche Verkehrsmittel

- **Bahn und Bus:** Die Mittelrheinbahn 32 (Koblenz Richtung Mainz, www.mittelrheinbahn.de) hält am Bahnhof Niederheimbach. Von dort gelangt man mit dem Bus weiter nach Oberheimbach (Rhein-Nahe-Bus L631 Rheindiebach – Niederheimbach – Oberheimbach (nur Mo–Fr, www.orn-online.de).

# Trechtingshausen

Der Weinort Trechtingshausen hat gleich zwei Burgen: Reichenstein und Rheinstein. Beide sind gut erhalten und zu besichtigen. Vom Ort aus gelangt man zu Fuß in das idyllische Morgenbachtal und hoch bis zum **Franzosenkopf,** der bereits zum Soonwald gehört. Zahlreiche Wanderwege sind hier ausgeschildert.

### Burg Reichenstein

Im 13. Jh. flößten Raubritter auf der Burg Reichenstein den Schiffern und Kaufleuten gehörig Angst ein: Sie überfielen die Schiffe auf dem Rhein und plünderten sie aus. König *Rudolf von Habsburg* belagerte und besiegte das berüchtigte Raubritternest 1282. Die Ruine wurde 1899 von dem Industriellen *Nikolaus Kirsch-Puricelli* wieder aufgebaut und bis 1936 auch bewohnt. Die *Kirsch-Puricellis* waren leidenschaftliche Sammler, was dem Interieur der Burg zugutekam. Sie statteten die Innenräume mit **historischen Möbeln, Rüstungen** und **Jagdtrophäen** aus. In der frisch renovierten Burg ist ein **Museum** mit Waffen, Ritterrüstungen und Takenplatten untergebracht. Die Besitzer waren auch passionierte Jäger, die **Geweihsammlung** auf der Burg gehört zu den größten in Deutschland.

- **Burg Reichenstein,** Burgweg 24, 55413 Trechtingshausen, Tel. (06721) 6117, www.burg-reichenstein.com, Di–So 10–18 Uhr.

## Burg Rheinstein

Prinz *Friedrich Wilhelm von Preußen* entdeckte die Ruine Rheinstein 1823 und war begeistert. Es war die erste der Rheinburgen, die der zukünftige König von den Baumeistern *Karl Friedrich Schinkel, Johann Claudius von Lassauxl* und *Willhelm Kuhn* wieder aufbauen ließ. Prachtvoll ausgestattet und in neuem Glanz, nutzte *Friedrich Wilhelm* die Burg für Empfänge. Die Königin von England und der Zar von Russland zählten zu den illustren Gästen. 1975 kaufte der Opernsänger *Hermann Hecher* die Burg dem letzten adligen Besitzer ab, restaurierte sie und machte sie der Öffentlichkeit zugänglich. Im Sommer ist die Rosenpracht im romantischen **Burgundergarten** sehenswert.

Von der Burg Rheinstein führt der Eselspfad zum Ausflugslokal Schweizerhaus (s.u.). Prinz *Friedrich Wilhelm* ließ es 1842 bis 1844 als Gästehaus errichten.

■ **Burg Rheinstein,** 55413 Trechtingshausen, www.burg-rheinstein.de, Mitte März bis Ende Okt. tägl. 9.30–8 Uhr, 1. Nov. bis Ende März Sa und So 10–17 Uhr, Dez. bis Febr. geschl., Erw. 5 €, Kinder (5–13 J.) 3 €. Es gibt Nacht- und Kinderführungen.

018hu kn

Für Übernachtungen stehen zwei sehr schön eingerichtete, moderne **Appartements**④ zur Verfügung.

## Essen und Trinken

- **Restaurant Puricelli,** Burg Reichenstein, Burgweg 24, 55413 Trechtingshausen, Di 12–17 Uhr, Mi–So 12–22 Uhr, Mo Ruhetag. Tagsüber regionale Küche, abends moderne Küche in der Jägerstuben.
- **Restaurant Kleiner Weinprinz**②, Burg Rheinstein, 55413 Trechtingshausen, Tel. (06721) 6377, www.kleiner-weinprinz.de, Mitte März bis 1. Nov. Mi–So 11–18 Uhr, Mo und Di Ruhetag. Tafeln wie der Kronprinz: Eine Tavernenwirtschaft wie zu Zeiten des Prinzen *Friedrich Wilhelm von Preußen.*
- **Schweizerhaus**①, 55413 Trechtingshausen, Tel. (06721) 6122, auf der Terrasse der historischen Waldgaststätte sitzt man unter ausladenden Kastanien und Linden. Das Gasthaus ist ziemlich in die Jahre gekommen, doch der Blick auf den Rhein bis in das Binger Loch und den berühmten **Mäuseturm** ist fantastisch.

## Öffentliche Verkehrsmittel

- **Bahn:** Mittelrheinbahn 32 (Koblenz Richtung Mainz), www.mittelrheinbahn.de.

◁ Burg Rheinstein in Trechtingshausen

## Die Legende vom Mäuseturm

Eine düstere Sage rankt sich um den Mäuseturm, einen Wehrturm aus dem 14. Jh., der vor Bingen auf einer **Insel im Rhein** steht.

Der ebenso habgierige wie böse Erzbischof *Hatto* regierte im 10. Jh. in Mainz. Als eine fürchterliche Hungersnot ausbrach, zeigte er kein Mitleid. Seine eigenen Getreidekammern und Schatzkammern waren gut gefüllt, das Leid der Bevölkerung interessierte ihn nicht. Als hungernde Menschen zu ihm kamen und ihn um Brot baten, lehnte *Hatto* ab. Weil er einen Aufstand des verzweifelten Volkes fürchtete, ließ der Erzbischof die Menschen in eine Scheune sperren und Feuer legen. Die Todesschreie waren bis zu seinem Palast zu hören. Der boshafte *Hatto,* der mit seinen Männern gerade zu Tisch saß, lachte höhnisch und sagte: „Hört ihr, wie dort unten die Kornmäuse pfeifen?" Doch plötzlich strömten unzählige Mäuse aus der in Flammen stehenden Scheune und rannten zum Palast.

Panik breitete sich aus. *Hatto* flüchtete auf ein Schiff, das auf dem Rhein ankerte. Er ließ sich zu einem Turm auf einer Insel mitten im Fluss bringen, weil er hoffte, hier sei er vor den Mäusen sicher. Doch kaum war *Hatto* in das Innere des Turmes gelangt, kamen auch hier die Nager scharenweise aus den Ecken hervor, stürzten sich auf ihn und fraßen ihn bei lebendigem Leib auf.

So die Legende. Die Geschichtsforscher haben für die **Herkunft des Namens** Mäuseturm zwei Erklärungen. Die einen sagen, der 1516 erstmals belegte Name komme aus dem Mittelhochdeutschen. *Musen* bedeutet „lauern" und sei ein Hinweis auf die Funktion des Mäuseturms als Wehr- und Wachturm. Andere sagen, der Mäuseturm habe als Zollturm gedient, der Name käme von „Maut", althochdeutsch *muta.*

www.fotolia.de © Fotolyse

# 3 Simmerner Mulde

Wie ein Mosaik wirkt die Simmerner Mulde: Wiesen, Felder und Wälder wechseln sich in der sanft-hügeligen Landschaft ab. Dazwischen liegen zahlreiche Dörfer, aber nur wenige Städte. Die älteste Stadt ist Kirchberg, die größte ist die Kreisstadt Simmern. Zu den schönsten Dörfern zählt Neuerkirch, das neben einigen liebevoll restaurierten Fachwerkhäusern auch ein kleines, aber feines Heimatmuseum aufweisen kann.

< Rathaus und Marktplatz in Kirchberg

# SIMMERNER MULDE

Im Herzen des Hunsrücks zwischen der Mosel, dem Mittelrhein und der Nahe erstreckt sich eine flache, längliche Mulde rund um die Stadt Simmern. Die Simmerner Mulde wird im Südosten vom bewaldeten Bergrücken des Soonwalds begrenzt, im Süden und Westen von Lützelsoon und Idarwald, im Norden schließt sich die höher liegende Hunsrückhochfläche an. Durch ihre geschützte Lage ist die Hochmulde klimatisch begünstigt, weshalb die Region landwirtschaftlich stark genutzt wird. Wiesen und Wälder dominieren das Landschaftsbild. Anders als der restliche Hunsrück ist die Simmerner Mulde waldarm und auch dichter besiedelt.

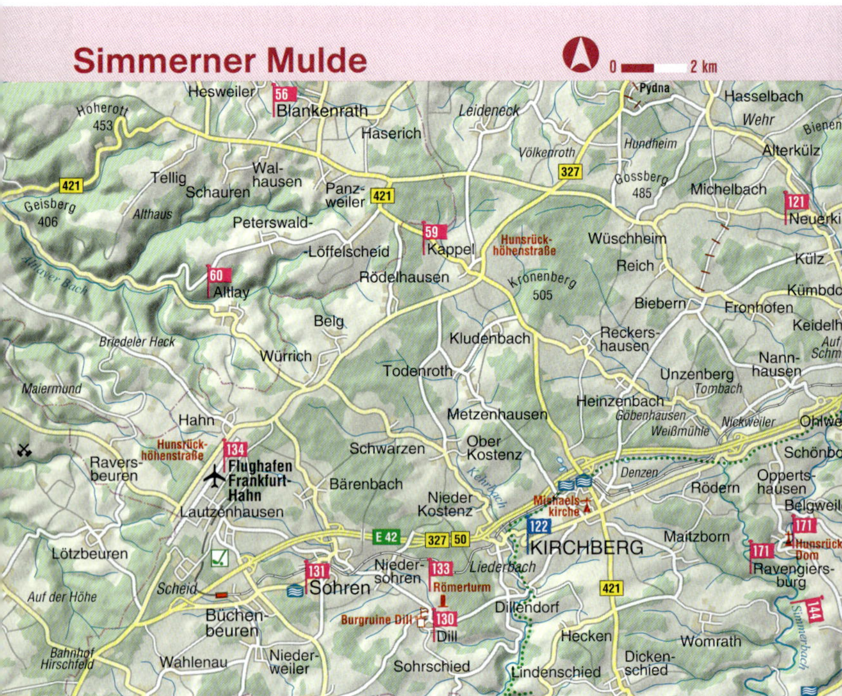

# Simmern

In der Kreisstadt Simmern leben rund 8000 Menschen. Als Mittelzentrum und **Einkaufsstadt mit Kultur- und Freizeiteinrichtungen** zieht die Stadt die Bewohner der umliegenden Dörfer an, hat aber auch für Besucher einiges zu bieten.

Im Pfälzischen Erbfolgekrieg (1689) wurde die Stadt wiederholt niedergebrannt, sodass heute nur noch wenige historisch bemerkenswerte Gebäude erhalten sind. Auch die unübersehbare Ansammlung vieler Windräder rund um die Stadt mag Touristen vielleicht zunächst abschrecken. Doch ein Abstecher in die Kreisstadt lohnt sich, denn Simmern hat, wenn auch etwas versteckt, Interessantes zu bieten.

## Stadtgeschichte

Am 13. Juli 1330 verlieh Kaiser *Ludwig der Bayer* Simmern die Stadtrechte. Zu dieser Zeit gehörten Siedlung und Burg den Raugrafen. 1359 ging Simmern an die Pfalzgrafen bei Rhein aus dem Hause Wittelsbach. 1410 begann der Ausbau als Residenzstadt für die Herzöge der Wittelsbacher Nebenlinie Pfalz-Simmern-Zweibrücken.

**NICHT VERPASSEN!**

- Natur- und Kulturgeschichte der Region im **Hunsrück-Museum** in Simmern | 106
- Das Gefängnis des berüchtigten Räubers im Simmerner **Schinderhannesturm** | 109
- Altes Handwerk und Maschinen im **Kulturhistorischen Museum Neuerkirch** | 121
- Mit Freiherr von Drais durch **Kirchberg** | 128
- **Segway-Tour** durch das Herz des Hunsrücks | 129

**Diese Tipps erkennt man an der gelben Hinterlegung.**

Die Regierungszeit von Herzog *Johann II.* (1509–57) führte zu einer **kulturellen Blüte.** Der humanistisch gebildete Herzog pflegte die Verbindung mit Wissenschaftlern und Künstlern. Er förderte die Bildhauerkunst, richtete eine Druckerei und eine Lateinschule ein und hob die Leibeigenschaft auf. Durch seine gute Beziehung zu dem Habsburger Kaiser *Karl V.* mischte er sogar in der Reichspolitik mit. Bis zum Statthalter des Kaisers brachte er es – bei Abwesenheit des Kaisers oblag ihm die Reichsverwaltung.

Den Dreißigjährigen Krieg konnte Simmern einigermaßen überstehen, doch im **Pfälzischen Erbfolgekrieg** wurde die Stadt völlig zerstört. Ein Stich von *Matthäus Merian,* der Simmern im Jahr 1648 zeigt, macht deutlich, wie stolz die Stadt vor ihrer Zerstörung aussah.

Zu der **schrecklichen Verwüstung** kam es durch eine Erbstreitigkeit mit Frankreich. *Liselotte von der Pfalz,* Schwester des letzten Kurfürsten aus dem Hause Simmern, war mit Herzog *Philipp von Orléans* verheiratet, dem Bruder des Sonnenkönigs *Ludwig XIV.* Die Verbindung sollte das politische Verhältnis zum Nachbarland Frankreich eigentlich stärken. Doch nach dem Tod von *Lieselottes* Bruder, dem Kurfürsten von der Pfalz *Karl II.,* im Jahr 1685, erhob Frankreich Anspruch auf die pfälzische Erbschaft. 1688 ließ *Ludwig XIV.* Truppen in die Pfalz einmarschieren. Die Soldateska legte Städte in Schutt und Asche, verwüstete das ganze Land. „Wie rasende Hunde“ zogen die Truppen durch das Land und zerstörten Heidelberg, verwüsteten Speyer und Worms. Am „Hunsrücker Zerstörungs- und Jammertag“, dem 17. September 1689, wurden Kirchberg, Simmern, Kastellaun und Gemünden niedergebrannt, Burgen, Schlösser und Stadtbefestigungen gesprengt. In Simmern überstanden nur wenige Häuser die Katastrophe.

Beendet wurde der Pfälzische Erbfolgekrieg durch den Frieden von Rijswijk. Die Pfalz blieb zwar wittelsbachisch, doch im 18. Jh. war Simmern nur noch Sitz des pfälzischen Oberamts, die Kurfürsten residierten in Mannheim.

## Sehenswertes

### Neues Schloss

Das Neue Schloss wurde 1708–13 anstelle des mittelalterlichen, im Pfälzischen Erbfolgekrieg 1689 gesprengten Schlosses errichtet. Den Vorgängerbau, die Burg Simmern, erbaute Herzog *Stefan von Pfalz-Simmern* (1385–1495). Dessen Sohn Herzog *Friedrich I.* baute die Wehranlage zwischen 1459 und 1480 zu einem komfortablen Schloss um.

Das heutige, sehr schlichte **klassizistische Gebäude** mit den zwei vorgezogenen Seitenflügeln diente als Verwaltungssitz eines kurpfälzischen Oberamtmanns. 1802 schenkte *Napoleon* das Schloss der Stadt. Das Hunsrück-Museum, die Stadtbücherei und die Tourist-Information sind hier untergebracht.

### Hunsrück-Museum

Das Hunsrück-Museum führt seine Besucher in die Natur- und Kulturgeschichte der Region und der Stadt Simmern ein. Ein Schwerpunkt liegt auf **volkskundlichen Exponaten,** da das

Museum ursprünglich ein Heimatmuseum war. Weitere Themen sind die Vor- und Frühgeschichte, die Herzöge von Pfalz-Simmern sowie eine Fossiliensammlung. In einer gesonderten Abteilung geht es um Film und Fernsehen: Neben verschiedenen **Schinderhannesverfilmungen** steht das Epos **„Heimat“** des Regisseurs *Edgar Reitz* im Vordergrund. Requisiten und Setfotos geben Einblick in seine Regiearbeit.

Im Dachgeschoss des Neuen Schlosses befindet sich die Sammlung des **Hunsrücker Malers Friedrich Karl Ströher** (1876–1925). In wechselnden Ausstellungen werden seine Skizzen aus der Studienzeit an der Pariser Akademie Colarossi, seine Bilder aus der Studienzeit in Berlin, die Werke aus seinem Hunsrücker Atelier und sein eindrucksvolles Spätwerk gezeigt (siehe Exkurs im Kapitel „Land und Leute“).

Im Foyer und im Großen Saal des Neuen Schlosses sind die Werke des **zeitgenössischen Malers Karl Kaul** ausgestellt. Während der Öffnungszeiten des Hunsrück-Museums können sie nach Anmeldung besichtigt werden. Weitere Informationen über den expressionistischen Künstler: www.karlkaul.de.

■ **Hunsrück-Museum,** Schlossplatz, 55469 Simmern, Tel. (06761) 7009, www.hunsrueck-museum.de, Di–Fr 10–13 und 14–17 Uhr, Sa und So 14–17 Uhr, Jan. und Febr. geschl., Erw. 2 €, Kinder ab 6 J. 1 €.

Das Neue Schloss

054hu kn

055hu kn

## Stephanskirche

Herzog *Johann I.* ließ die spätgotische Stephanskirche 1486 errichten. Bemerkenswert sind die kunsthistorisch wertvollen **Grabmäler** mit lebensgroßen Standbildern in der Annenkapelle. Die Grabkapelle der Fürsten von Simmern liegt an der Südseite der dreischiffigen Hallenkirche. Die Renaissancewerke entstanden im 16. Jh.

Auf der rechten Seite steht das älteste Grabmal. Das Epitaph wurde 1522 für Herzog *Johann I.* vermutlich von *Jakob Kerre* gefertigt. Das Grabmal von *Johanna von Nassau-Saarbrücken* ist eine sehr schöne Arbeit von *Johann von Trarbach.* Das herbe Gesicht der betenden Greisin drückt ihre Trauer als Witwe aus. An der Wand gegenüber steht das Doppelgrabmal von Herzog *Johann II.* und seiner Gemahlin Markgräfin *Beatrix von Baden.* Es ist außerordentlich fein gearbeitet und ein sehr qualitätsvolles Werk der Renaissance. Das größte Epitaph ist das Doppelgrabmal von Herzog *Reichard von Pfalz-Simmern* und seiner Gattin *Juliana von Wied.* Immerhin acht Meter ist das 1582/83 entstandene Werk hoch. Es stammt von *Johann von Trarbach,* doch einige der detailreichen Reliefs fertigte der Trierer Bildhauer *Hans Ruprecht Hoffmann.* Das Grabmal von *Emilia von Württemberg,* der zweiten Ehefrau von *Herzog Reichard,* ist ein Spätwerk von *Johann von Trarbach.*

Ebenfalls sehenswert ist die **Stumm-Orgel** aus dem Jahr 1782. Sie ist die größte im Hunsrück aus der Werkstatt der berühmten Orgelbauerfamilie.

Vor dem Hochaltar stehend, sieht man in der linken Chorwand oberhalb der Tür zur Sakristei ein Fenster. Es gehört zur **Fürstenloge,** die dem Fürsten und seiner Familie ermöglichte, dem Gottesdienst zu folgen, ohne sich unter das gemeine Volk mischen zu müssen.

Zwischen 1689 und 1842 wurde die Kirche simultan von den Protestanten und den Katholiken genutzt. Eine Mauer trennte Schiff und Chor. Der Chor diente den Katholiken als Kirche. Streitigkeiten und Provokationen, vor allem bei der gemeinsamen Nutzung des Glockenturms, waren an der Tagesordnung, bis die Protestanten 1842 den Katholiken den Chor abkauften und diese sich eine eigene Kirche errichteten.

- **Stephanskirche,** am Fruchtmarkt, geöffnet tägl. 9–17 Uhr.

Die Stephanskirche in Simmern

056hu kn

## Schinderhannesturm

Der Schinderhannesturm, Teil der mittelalterlichen Stadtmauer, ist eines der wenigen Gebäude, das der Zerstörung am Hunsrücker Jammertag 1689 entging. Die Freitreppe und das schiefergedeckte, hohe Kegeldach erhielt der ehemalige Pulverturm 1750. Er ist nach dem legendären **Räuber Johannes Bückler alias Schinderhannes** benannt, der 1799 im Turm einsaß (siehe Exkurs).

Der **Gefängnisraum** im Erdgeschoss hatte **weder Fenster noch Türen.** Lediglich über eine Luke im Fußboden des darüber liegenden Geschosses war der Raum zu erreichen. Die Gefangenen wurden an einem Seil durch das „Angstloch" fünf Meter weit hinuntergelassen. Hier mussten sie die Nacht verbringen, während sie tagsüber in den oberen Stockwerken eingeschlossen wurden. Bewacht wurden die Insassen von einem Gefängnisaufseher, der mit seiner Familie im Turm wohnte.

In napoleonischer Zeit wurde der Schinderhannesturm aber nicht nur von diesem Aufseher, sondern zusätzlich von französischem Militär bewacht. Der Turm galt daher als absolut ausbruchssicher, bis 1798 der „Schwarze Peter" durch ein Täuschungsmanöver entkommen konnte. Schon ein Jahr später türmte Schinderhannes ebenfalls. In der Nacht des 19. August 1799 gelang ihm eine **spektakuläre Flucht.** Beim Sprung in die Tiefe allerdings brach er sich ein Bein, doch trotz der großen Schmerzen

⌃ Die wertvollen Epitaphe der Renaissancezeit in der Stephanskirche sind den Herzögen von Simmern zu verdanken

gelang es ihm, sich bis Sonnschied im Hahnenbachtal durchzuschlagen.

Im Untergeschoss, dem ehemaligen Verlies, ist eine kleine **Ausstellung** untergebracht: Exponate zu Leben und Legende des berühmt-berüchtigten Räubers. Vor dem ehemaligen Gefängnisturm steht eine Skulptur der Bildhauerin *Jutta Reiss*, die *Schinderhannes* zusammen mit seinem Kumpanen, dem *Roten Fink*, 1797 beim Schweinediebstahl in Simmern zeigt.

■ **Schinderhannesturm,** Turmgasse, Di–Fr 10–13 und 14–17 Uhr, Sa und So 14–17 Uhr, Jan. und Feb. geschl., Eintritt frei.

## Bastion Römerberg

Die Bastion Römerberg war ein **Eckturm der Stadtbefestigung.** In der Decke führte eine Öffnung in das Turminnere. Dieses sogenannte Angstloch lässt vermuten, dass der Turm früher als Gefängnis genutzt wurde. Im oberen Teil war die Wachstube. Ursprünglich war der Turm 15 Meter höher. Der noch erhaltene, 2005/06 restaurierte Rest wurde mit einem begehbaren Holzboden geschlossen und zu einer **Aussichtsplattform** mit Blick auf den Simmerbach und den Wingertsbergpark umfunktioniert. Durch eine Glasscheibe im Holzboden ist das beleuchtete Innere des Turmes zu sehen.

Zur Bastion hinter der Stephanskirche gelangt man am besten vom Fruchtmarkt aus, dem kleinen Platz vor der Kirche. Rechts neben Hausnummer 2 (Galerie am Fruchtmarkt) führt eine breite Steintreppe zum Römerberg hinauf.

## Josephskirche

Die katholische Josephskirche in der Klostergasse wurde 1749–52 nach den Plänen des Barockbaumeisters *Johann Jakob Rischer* erbaut. Er zählte seinerzeit zu den bedeutendsten kurpfälzischen Architekten. Eine hohe Vorhalle mit Portal und Freitreppe verbindet die Josephskirche mit dem 1703/04 errichteten ehemaligen Karmeliterkloster.

Die Innenausstattung der Kirche ist zum großen Teil noch aus der Erbauungszeit erhalten. Eine Hunsrücker Werkstatt fertigte 1752 die Seitenaltäre. Prunkstück ist der **Hochaltar,** er wurde mehrmals verändert und war ursprünglich deutlich größer. Der Mannheimer Hofbildhauer *Paul Egell* (1691–1752) schuf den Altaraufsatz, ebenso wie das vergoldete Tabernakelrelief mit der Abendmahlszene, die stehende Christusskulptur und den rechten Engel am Hochaltar. *Egell* war ein äußerst erfolgreicher Bildhauer und Stuckateur, der überraschend früh die **Ornamentik des Frührokoko** in seine Werke einfließen ließ. Von seinem Werk ist heute leider nur noch wenig erhalten.

Die 1758 besonders schön gearbeitete **Skulptur des Guten Hirten auf der Kanzel** stammt von dem Mainzer Bildhauer *Martin Bitterich,* der auch die Madonna am Außenportal der Kirche fertigte.

*Francesco Bernardini,* ein aus Verona stammender Mannheimer Hofmaler, schuf nicht nur die meisten der Ölgemälde im Kircheninneren, sondern auch die farbenprächtigen **Deckenfresken.** Über der Orgel, die die Gebrüder *Stumm* aus Rhaunen-Sulzbach 1753 bauten, ist eine Gruppe musizierender Engel dargestellt. An der Decke des Langhauses gestaltete der italienische Freskenmaler die davidische Geschlechterfolge, von König David bis zur Verlobung von Maria und Josef und der Geburt Christi. Das Deckengemälde im Chor zeigt Marias Himmelfahrt und Krönung.

■ **Josephskirche,** Klostergasse. Die Kirche kann im Sommer während der offenen, eineinhalbstündigen Gästeführung durch Simmern besichtigt werden (Sa ab 10.30 Uhr, Erw. 4 €, Kinder 2 €, Termine unter www.simmern.de).

### Schmiedelpark

Am westlichen Stadtrand von Simmern liegt der **Erlebnispark** Schmiedel, ein weitläufiger Spielplatz mit Matschanlagen, Biotop, Mountainbike-Strecke, Tiergehege und Streichelzoo.

■ **Schmiedelpark,** Schmiedel 16, 55469 Nannhausen, Eintritt frei.

### Simmersee

Am nördlichen Stadtrand liegt der kleine, künstlich angelegte Simmersee. Ein Rundweg lädt zum Spazierengehen ein, der obere Teil ist ein geschütztes Biotop. Am See befinden sich außerdem ein kleiner Spielplatz und das Wirtshaus Domäne am See (s.u.).

Im unteren Teil des Sees findet jährlich im August das **Fischerstechen** statt. Dabei treten zwei Mannschaften, jeweils bestehend aus vier Ruderern und einem Stecher, gegeneinander an. Der Stecher steht am Bug des Bootes und versucht, mit einer langen Stange den gegnerischen Stecher aus dem Gleichgewicht zu bringen. Die Mannschaft, deren Stecher zuerst ins Wasser fällt, hat verloren, die andere kommt eine Runde weiter (Termin unter www.simmern.de).

## Praktische Tipps

### Informationen

■ **Tourist-Info im Neuen Schloss,** Schlossplatz 4–8 (rechter Flügel), Tel. (06761) 837297, www.simmern.de, Mo–Fr 10–17 Uhr, Sa, So, Fei (außer Jan., Febr., Karfreitag, Ostern, Pfingstmontag, Weihnachten und Neujahr) 14–17 Uhr.

In der Touristinformation gibt es ein **Begleitheft** zu einem Rundgang durch die Innenstadt. 30 **Schautafeln** enthalten ausführliche Informationen zu den historischen Gebäuden und anderen Sehenswürdigkeiten entlang der Entdeckungstour. Die Broschüre zum Kulturhistorischen Stadtrundweg kann man unter www.simmern.de auch herunterladen.

■ **Stadtführungen:** Die Tourist-Information bietet eine allgemeine Stadtführung (Sa ab 10.30 Uhr, Erw. 4 €, Kinder 2 €) und verschiedene Themen-Führungen und Treffen an. Beim **Maje-Owend** im Schinderhannesturm stehen Geschichten und Lieder von Heimatdichtern wie *Peter Joseph Rottmann* im Mittelpunkt, es gibt einen Begrüßungstrunk, Musik und kleine Hunsrücker Gerichte (17 € p. P.).

**MEIN TIPP:** Die **Muufel-Tour,** eine vierstündige Stadtführung durch Simmern mit Einkehr in vier Restaurants, findet ebenfalls einmal im Monat statt (32 € pro Person inkl. Essen und einem Getränk). Außerdem gibt es die **Kostümführung** „Herzöge von Simmern", die Führung **„Wege in die HEIMAT** – Auf den Spuren von Edgar Reitz im Hunsrück" und **geführte Wanderungen** durch Simmerns Naherholungsgebiete oder auf der Traumschleife „Domblick" (jeweils rund 10 km).

# Simmern

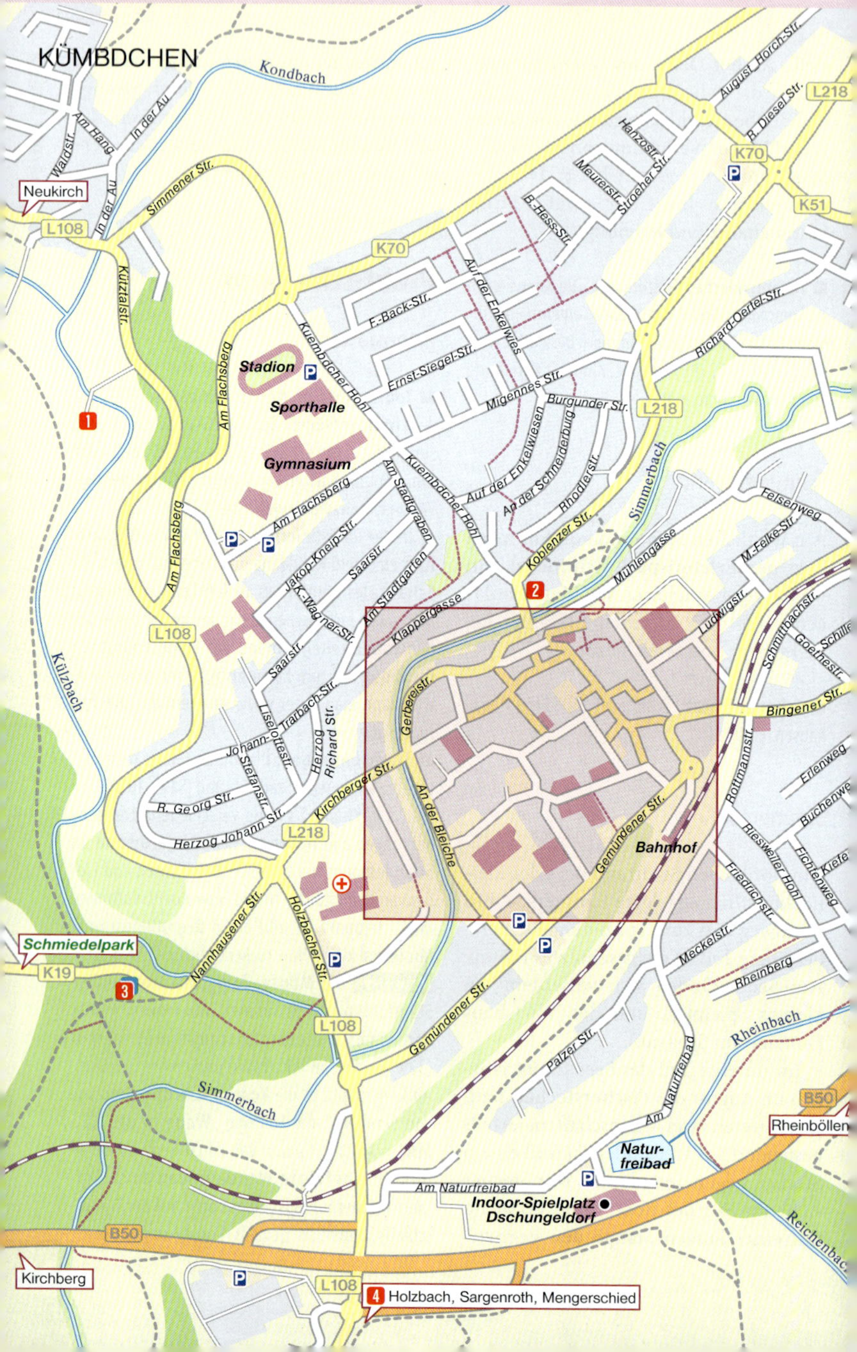
0
200 m
KÜMBDCHEN
Kondbach
Neukirch
L108
Simmener Str.
K70
L218
K51
August-Horch-Str.
R.-Diesel-Str.
Hanzostr.
Meurerstr.
Stroeher Str.
B.-Hess-Str.
Auf der Enkelwies
F.-Back-Str.
Ernst-Siegel-Str.
Kuembdcher Hohl
Stadion
Sporthalle
Gymnasium
Migennes Str.
Burgunder Str.
Richard-Oertel-Str.
Auf der Enkelwiesen
An der Schneiderburg
Rhodtestr.
Am Flachsberg
Am Stadtgraben
Koblenzer Str.
Simmerbach
Mühlengasse
Felsenweg
M.-Felke-Str.
Ludwigstr.
Schmittbachstr.
Goethestr.
Bingener Str.
Jakob-Kneip-Str.
Saarstr.
K.-Wagner-Str.
Am Stadtgarten
Klappergasse
Gerbereistr.
An der Bleiche
Gemündener Str.
Bahnhof
Rottmannstr.
Erlenweg
Buchenweg
Rriesweiler Hohl
Fichtenweg
Friedrichstr.
Meckelstr.
Rheinberg
Kützatalstr.
Külzbach
Trarbach-Str.
Johann-
Liselottestr.
Herzog
Richard Str.
Stefanstr.
R. Georg Str.
Herzog Johann Str.
Kirchberger Str.
Nannhausener Str.
Holzbacher Str.
Schmiedelpark
K19
Simmerbach
Palzer Str.
Am Naturfreibad
Rheinbach
B50
Rheinböllen
Natur-
freibad
Indoor-Spielplatz
Dschungeldorf
Reichenbach
Kirchberg
Holzbach, Sargenroth, Mengerschied
In der Au
Am Hang
Waldstr.
1
2
3
4

©Reise Know-How 2016

**Übernachtung**
1 Dilligsmühle
2 Freiraum-Apartmenthaus
3 Hotel Bergschlösschen
4 Höhenhof Geiß
5 Hotel Birkenhof
13 Soonappartements
16 Gästehaus No. 3

**Essen und Trinken**
3 Restaurant Bergschlösschen
5 Restaurant Birkenhof
6 Wirtshaus Domäne am See
7 Schwarzer Adler
8 Gigis
10 Eldorado
11 Royal
17 Die Brasserie

**Nachtleben**
15 N8Rausch

**Einkaufen**
9 Kramland
12 WERK:RAUM
14 iFein – Weine und Delikatessen

## Ausschnitt

0 100 m

©Reise Know-How 2016

■ **Naturpark Soonwald-Nahe e.V.,** Ludwigstraße 3–5, 55469 Simmern.

## Unterkunft, Essen und Trinken

### Unterkünfte in der Innenstadt

■ **Gästehaus No. 3**③, Schulstr. 3, 55469 Simmern, Tel. (06761) 965230, www.gaestehausno3.de, EZ ab 54 €. Zentral in Simmern zwischen Rathaus und Schlossplatz gelegen, bietet das Gästehaus No. 3 modern ausgestattete Zimmer und Appartements, Parkplätze direkt vor dem Haus und eine Zweiradgarage.

■ **Soonappartements**③, Oberstr. 30, 55469 Simmern, Tel. (0170) 2388827, www.soonappartements.de, ab 70 €. Die stilvollen Ferienappartements liegen zentral in der Fußgängerzone, sind sehr schick mit einem Mix aus Designer- und Vintagemöbeln eingerichtet und dekoriert mit Filmplakaten und Szenenfotos aus dem Filmepos „Heimat".

■ **Freiraum-Apartmenthaus**③, Koblenzer Straße 12, 55469 Simmern, www.freiraum-apartmenthaus.de, ab 70 €. Geschmackvoll eingerichtete Appartements für zwei Personen mitten in Simmern. Auf Wunsch auch mit Hotel-Service.

■ **Hotel-Restaurant Bergschlösschen**③, Nannhausener Str. 4, 55469 Simmern, Tel. (06761) 9000, www.hotel-bergschloesschen.de. Warme Küche Mo ab 18 Uhr, Di–So 12–14 und 18–22 Uhr, nachmittags auch Getränke, Kaffee und Eis. 22 Zimmer, EZ ab 60 €. Im **Restaurant** wird gutbürgerliche, saisonale Küche serviert. Vom großen Biergarten aus hat man eine schöne Aussicht.

### Restaurants in der Altstadt

■ **Schwarzer Adler**③, www.restaurant-schwarzeradler.de, Koblenzer Str. 3, 55469 Simmern, Tel. (06761) 901817, Fr–So ab 18 Uhr. Deutsche und mediterrane Küche in historischem Ambiente.

**MEIN TIPP:** **Gigis**②, Koblenzer Str. 3, 55469 Simmern, Tel. (06761) 901832, Di–Fr 11.45–14.30 und 17.30–23.30 Uhr, Sa 17.30–23.30 Uhr, So 11.45–14.30 und 17.30–22.30 Uhr. *L'arte della Pizza* ist das Motto bei Gigis. Die Pizza aus dem traditionellen Holzofen gibt es auch am laufenden Meter. Ein Meter reicht für 4 bis 5 Personen und kann mit verschiedenen Pizzabelägen bestellt werden.

■ **Die Brasserie**②, Schulstr. 16, 55469 Simmern, Tel. (06761) 6228, www.die-brasserie-simmern.de, Mo, Fr und Sa ab 18 Uhr, Do und So 12–14 und ab 18 Uhr, Di und Mi Ruhetag. Deutsche und internationale Küche, besonders beliebt ist der Flammkuchen.

■ **Royal**①, Marktstr. 45, 55469 Simmern, Tel. (06761) 8503479, Di–Sa 11.30–21 Uhr. Im dem kleinen asiatischen Speiselokal kann der Gast bei der Zubereitung im Wok zuschauen, außerdem gibt es schnelle Gerichte wie Hamburger, Cheeseburger oder Fish and Chips. Alles auch zum Mitnehmen.

■ **Eldorado**①, Schloßstr. 7, 55469 Simmern, Tel. (06761) 9655696, www.eldorado-simmern.com, Di–Fr 11–14 Uhr und ab 17 Uhr, Mo Ruhetag, Sa und So ab 17 Uhr. Das gemütliche Kellerlokal in der Fußgängerzone ist Steakhouse, Pizzeria und Cocktailbar in einem. Es gibt Steak, Burger und Pizza mit dünnem Boden nach italienischer und mit dickem Boden nach amerikanischer Art.

### Außerhalb

■ **Wirtshaus Domäne am See**③, Domäne 1, 55469 Simmern, Tel. (06761) 9676921, www.domaene-am-see.de, Mo und Mi–Sa ab 12 Uhr, So und Fei ab 9.30 Uhr Frühstücksbuffet, ab 12.30 Uhr warme Küche, Di Ruhetag. Im gemütlichen Ausflugslokal mit Kamin und Biergarten mit Blick auf den Simmersee werden Hunsrücker, saisonale und internationale Gerichte sowie das hauseigene Domänenbräu serviert.

■ **Hotel-Restaurant Birkenhof**④, Birkenweg 1, 55469 Klosterkumbd bei Simmern, Tel. (06761) 95400, www.hotel-birkenhof-hunsrueck.de, EZ ab 68 €. Gehobene Küche bietet der etwas außerhalb gelegene Birkenhof (etwa 8 km Richtung Norden). Im Herbst sind Wildgerichte der Renner. Das Vier-sterne-Hotel bietet Zimmer mit modernem Komfort und die Gartenwirtschaft lauschige Plätzchen unter Birken.

■ **Dilligsmühle,** 55471 Simmern-Kümbdchen, Tel. (06761) 9161045, www.dilligsmuehle.de. Der Pferdehof Dilligsmühle mit seinen Ferienwohnungen ist nicht nur Wanderreiterstation. Auch Radtouristen sind im ADFC-zertifizierten Betrieb willkommen, die Mühle liegt direkt am Schinderhannes-Radweg.

■ **Höhenhof Geiß,** 55469 Holzbach, Tel. (06761) 6290, www.hoehenhof.de. Heuhotel, Caravanstellplätze, Ferienwohnungen und -häuser bei Holzbach, 3 km südlich von Simmern. Ruhig gelegenes, großes Gelände mit schöner Aussicht und vielen Freizeitmöglichkeiten wie Kutschfahrten, Bauerngolf, Reiten oder geführtes Ponyreiten.

## Nachtleben, Kino

■ **N8Rausch,** im Kanowsky-Center, Kanowskystr. 1a-8, 55469 Simmern, www.n8rausch-simmern.de. Diskothek, Club und Lounge mit verschiedenen Motto-Veranstaltungen. Fr und Sa sowie am Vorabend eines Feiertages ab 22 Uhr.

MEIN TIPP: **Pro-Winzkino,** Marktstraße 39, Tel. (06761) 7748, www.pro-winzkino.de, in der Fußgängerzone. Ein mit zahlreichen Preisen ausgezeichnetes Programmkino, das Seinesgleichen sucht. Zu Premieren organisieren die ehrenamtlichen Kinobetreiber oft ein passendes Beiprogramm und Spezialitäten. Publikumsmagneten, auch in 3D, stehen ebenfalls auf dem Programm.

## Einkaufen

■ **iFein – Weine und Delikatessen,** Oberstr. 24, Tel. (06761) 9792602, www. ifein.de, Di und Mi 9–14 und 15–18 Uhr, Do und Fr 9–14 und 15–20 Uhr, Sa 9–14 Uhr, Mo Ruhetag. Durch das iFein weht ein Hauch von Savoir Vivre: edle Weine, Trüffelpralinen, Pesto, Senf, Essig und Öl – alles, was das Gourmetherz begehrt. Donnerstags und freitags ist offene Probe.

■ **WERK:RAUM,** Oberstr. 36, Tel. (06761) 906124, www.werkraum-simmern.de. Kleiner Laden für ausgewählte Dekotrends, individuelle Accessoires, Kleinmöbel, Designer-Objekte und Geschenkideen.

■ **Kramland,** Schlossstr. 11, Di–Sa 9.30– 13.30 Uhr, Di und Do auch 15–18 Uhr. In dem kleinen Laden kann man herrlich nach schönen Wohnaccessoires, dänischem Geschirr und witzigen Geschenkideen stöbern.

## Kunstgalerie

■ **Galerie Dagmar Rehberg,** Wilhelm-Oertel-Str. 5, 55469 Horn, www.galerie-rehberg.de. Mo, Di und So 14–17 Uhr und nach Vereinbarung. Eine Kunstgalerie von diesem Rang vermutet man in einem kleinen Dorf wie Horn kaum (der Ort liegt nahe der L218 Richtung Kastellaun). Nach 37 erfolgreichen Jahren als Galeristin in Mainz eröffnete *Dagmar Rehberg* hier ihre Galerie mit Skulpturengarten. Schwerpunkte sind zeitgenössische Malerei und Bildhauerei.

## Aktivitäten

■ **Freizeit- und Erlebnisbad Simmern:** Schulstraße 16, 55469 Simmern, Tel. (06761) 970 678, www.freizeitbad-simmern.de, Erw. 6 €, Kinder und Jugendl. 2,50 €, Kinder unter 6 J. frei. Mi Familientag mit Ermäßigung, Sauna Erw. 9 €. Di–Fr 10–21 Uhr, Sa 11–19 Uhr, So und Fei 10–18 Uhr, Mo geschl. 300 $m^2$ Wasserfläche und Drei-Meter-Sprungturm, 46 m lange Riesenrutsche, beheiztes Außenbecken, Planschbecken für die ganz Kleinen, Whirlpool und im Sommer eine Liegewiese zum Sonnen. Im Sauna- und Wellnessbereich werden außerdem Hamam- und Wellnessmassagen angeboten.

■ **Naturfreibad Simmern:** Am Freibad, 55469 Simmern, Tel. (06761) 14975, www.naturfreibad-simmern.de, tägl. 11–20 Uhr, bei schlechter Witterung bleibt das Bad geschlossen. Einzelkarten Erw. ab 15 J. 2,50 €, Kinder bis 14 J. 2 €, Kinder bis 5 J. frei. Bereits 1928 wurde dieses Freibad angelegt, damals noch als „Hindenburg Bad". Mit 20.000 m² Gesamtfläche und 6300 m² Wasserfläche zählt es zu den größten Naturfreibädern Deutschlands. Wasserspielgeräte wie Gummiboote, Flossen, Schnorchel und Ähnliches sind ausdrücklich erlaubt.

■ **Indoor-Spielplatz Dschungeldorf:** Am Naturfreibad 1, 55469 Simmern, Tel. (06761) 918390, Kinder (2–12 J.) 8,50 €, Kinder (ab 13 J.) 6,50 €, Erw. 4,20 €, Senioren (ab 60 J.) und Rollstuhlfahrer frei, Kurzzeittarif (16.30–18.30 Uhr): Kinder (2–12 J.) 5 €, Kinder (ab 13 J.) 4 €, Erw. 3 €, Mo–Fr 14–18.30 Uhr, Sa, So, Fei und Ferien 10.30–18.30 Uhr, www.dschungeldorf.de. Auch bei schlechtem Wetter haben Kinder in der 1300 m² großen Indoor-Erlebniswelt mit Kletteranlagen, Hüpfburgen, Tretfahrzeugen oder der Riesenrutsche Spaß.

■ **Bauerngolf, Barfußpfad, Labyrinth:** Höhenhof Geiß in Holzbach (s.o.), Mo–Sa 9–20 Uhr, So 12–20 Uhr, Eintritt für Tagesgäste: Bauerngolf Erw. 5,50 €, Kinder 4 €, Barfußpfad und Schilflabyrinth

057hu kn

Erw. 3 €, Kinder 2 €. Beim Bauerngolf muss auf einem 10-Lochplatz der Ball mit möglichst wenigen Schlägen eingelocht werden. Als Schläger dient ein Stock, an dem ein Holzschuh befestigt ist. Auch Kutschfahrten können gebucht werden.

- **Segway-Tour:** Seg-Mobil, Schatzgrube 24, 55490 Mengerschied, Tel. (06765) 216402, www.seg-mobil.de. Die Tour „Durch und um Simmern" führt von Simmern über Holzbach, Tiefenbach und Riesweiler zurück zum Ausgangspunkt, mit einem Abstecher zum Schinderhannesturm. Dauer ca. 60–120 Minuten, 2–6 Teilnehmer, größere Gruppen nach Absprache möglich, Preis pro Person ab 57 €.

## Feste und Veranstaltungen

- **Frühlingsfest:** Start der Marktsaison ist am zweiten Sonntag vor Ostern, Simmern feiert dann sein Frühlingsfest auf dem Marktplatz und in der Fußgängerzone. Gleichzeitig ist verkaufsoffener Sonntag.
- **Bauern- und Blumenmarkt:** Nützliches und Dekoratives für den Start in die Gartensaison bietet dieser Markt im April, außerdem regionale Frühlingsspezialitäten.
- **Vino in Vertico:** Unter diesem Motto finden am dritten Samstag im Juli Antiquitäten- und Weinliebhaber Interessantes rund um den Schinderhannesturm und entlang der Geschäftsstraßen in der Innenstadt. Der kleine Themenmarkt findet in den Abendstunden ab 17 Uhr statt und lädt zum gemütlichen Flanieren ein.
- **Schmiedel-Flohmarkt:** Seit mehr als 20 Jahren veranstaltet die Ev. Kinder-, Jugend- und Familienhilfe Schmiedel am zweiten Wochenende im September einen großen Flohmarkt. Vor allem das umfangreiche Bücherangebot lockt jedes Jahr Tausende Schnäppchenjäger zum Schmiedelpark zwischen Simmern und Nannhausen.
- **Maimarkt:** Am dritten Maiwochenende und dem darauf folgenden Montag findet eines der größten Volksfeste im Vorderhunsrück statt.
- **Kürbis, Krumbeere un Kappes:** Auf dem Erntedankmarkt im September kann man Kartoffeln, Gemüse, Obst aus der Region und herbstliche Spezialitäten kaufen. Los geht es ab 9 Uhr morgens.
- **Stadtfest:** Am ersten Sonntag im Oktober feiert Simmern mit Verkaufsständen und Aktionen in der Fußgängerzone und auf dem Schlossplatz. Außerdem sind die Läden in der Innenstadt, aber auch auf der grünen Wiese geöffnet.

Auf dem Maimarkt

# Schinderhannes – Räuber oder Volksheld?

*Johannes Bückler* alias *Schinderhannes* gilt als **berühmtester Räuber Deutschlands.** Schon zu Lebzeiten war er eine schillernde Legende. Vor 200 Jahren durchstreifte *Schinderhannes* den Hunsrück, suchte Schutz in den dichten Wäldern. Unter dem Decknamen *Johannes durch den Wald* versetzte er mit seinen Spießgesellen die Menschen in Angst und Schrecken.

Über die Frage, ob er ein kleiner Strauchdieb, ein gemeiner Mörder, „Robin Hood des Hunsrücks" oder gar ein Freiheitskämpfer gegen die französischen Besatzer war, gehen die Meinungen bis heute weit auseinander. Fakt ist: Was auch immer er war, heute ist Schinderhannes eine **Werbe-Ikone.** Mit seinem Namen schmücken sich Bier, Brot, Fruchtwein oder Rapsöl. Eine Oldtimer-Rallye und ein MTB-Marathon sind nach ihm benannt und auch für Märkte, Hotels, Restaurants, Wander- und Radwege oder Brettspiele wird der geläufige Name benutzt.

## Erfolgreiche Räuberkarriere

Geboren wurde *Johannes Bückler* um 1778/79 in Miehlen im Taunus. Sein Vater war Abdecker. Wie er erlernte *Johannes* zunächst das wenig angesehene **Handwerk des „Schinders",** das ihm auch seinen Spitznamen eintrug. Schinder, auch Abdecker, Wasengehilfe oder Wasenmeister genannt, galten als unehrlich und wurden von anderen Menschen gemieden. Weil ihre Tätigkeit, das Verwerten von Kadavern, unglaublich stank, lebten sie in der Regel abseits der Siedlungen.

Seine ersten **Straftaten** beging *Schinderhannes* schon als Halbwüchsiger. Während seiner Lehre als Abdecker klaute er seinem Lehrherrn Viehhäute und wurde angezeigt. Insgesamt werden ihm mehr als hundert Vergehen angelastet. Er überfiel Kaufleute in ihren Häusern und raubte Reisende auf offener Straße aus. Er schrieb Brandbriefe, unterschrieben mit „Johannes durch den Wald", und erpresste damit Geld. Er verkaufte „Sicherheitskarten", die freies Geleit versprachen, und stahl Vieh. Sogar Totschlag hatte er auf dem Kerbholz.

Die meisten seiner Verbrechen beging er in der Gegend **zwischen Kirn und dem Idarwald.** Ein halbes Jahr lang versteckte er sich in den **Ruinen der Schmidtburg im Hahnenbachtal.** Auch am bizarren **Kallenfelsen** über Kirn verbarg er sich, ebenso wie in **abgelegenen Mühlen.** Und immer wieder entwischte er seinen Häschern. Wenn er doch mal festgenommen wurde, gelang es ihm zu fliehen.

Aus dem **Kirner Gefängnis** verschwand er am 11. Dezember 1796 über das Rathausdach. Noch berühmter ist sein Ausbruch aus dem **Simmerner Gefängnisturm.** *Schinderhannes* saß in dem fensterlosen Gewölbe im unteren Teil des Turmes. Hinein gelangten die Gefangenen nur über das sogenannte Angstloch in der Gewölbedecke, durch das sie mit einem Seil in das dunkle Kellerverlies hinabgelassen wurden. Am 14. August 1799 schaffte es *Schinderhannes*, in den oberen Teil des Turmes zu gelangen. Er drang in die Küche ein und sprang durch das Fenster ins Freie. Doch er türmte nicht ohne Hilfe, heimlich hatte man ihm ein Messer zugespielt und ein Seil in das Gewölbe hinabgelassen. Beim Sprung in die Tiefe brach er sich ein Bein, schlug sich aber trotz heftiger Schmerzen bis zu einer Mühle bei Gehlweiler durch. Dann floh er weiter durch das Hahnenbachtal bis nach

Sonnschied, wo er blieb, bis der Knochenbruch verheilt war.

Über die Zeit in dem Simmerner Verlies, heute als **Schinderhannesturm** bekannt, berichtete er später: „Ich schaudere noch in diesem Augenblick, wenn ich mich der Härte der Gefangenschaft, welche ich da empfunden habe, erinnere. Die Nacht hindurch war ich mit Ketten beladen und in einem finsteren, feuchten, unterirdischen Gewölbe gefangen gehalten. Des Tages erlaubte man mir zu Zeiten eine gesunde Luft in einem höheren Gefängnis einzuatmen".

## Geliebt und gehasst

Zeugen beschrieben *Schinderhannes* als wortgewandt und bescheinigten ihm eine schnelle Auffassungsgabe. Das war sicher auch der Grund, warum ältere, erfahrenere, aber vor allem kaltblütigere und gewalttätigere Räuber ihn als Anführer akzeptierten. *Schinderhannes* deshalb als Räuberhauptmann zu bezeichnen, ist jedoch nicht ganz richtig. Zu seiner Zeit gab es keine festen Räuberbanden. Mal waren es nur fünf Kumpane, mal mehr als zwanzig, die gemeinsam einen Raubzug planten. Einige gingen weg, andere kamen hinzu und je nach Vorhaben konnte auch der Anführer wechseln.

*Schinderhannes* hatte auch auf Frauen eine große Wirkung. Er hatte zahlreiche Liebschaften, am längsten währte sein romantisches Verhältnis mit der **Bänkelsängerin Julchen Blasius.** Die Tochter eines Musikers schloss sich ihm 1800 an und zog drei Jahre lang als **Räuberbraut** mit ihm umher. In Männerkleidung soll sie sich sogar an Überfällen beteiligt haben. Ihren gemeinsamen Sohn brachte *Julchen* im Gefängnis zur Welt.

058hu kn

[>] Der Schinderhannesturm in Simmern, davor die Skulptur der Bildhauerin Jutta Reiss

## Tod auf dem Schafott

Am 8. Juni 1802 fand das wilde Räuberleben ein jähes Ende. *Schinderhannes* wurde verraten, festgenommen und nach Mainz gebracht. Am 24. Oktober 1803 begann der **Prozess** gegen ihn und die meisten seiner Bandenmitglieder. 20 von ihnen wurden zum Tode auf dem Schafott verurteilt. 28 erhielten Gefängnisstrafen, darunter ein gewisser *Peter Stibitz,* von dessen Namen sich das umgangssprachliche Wort *stibitzen* für *stehlen* ableitet. Zwei Frauen wurden verbannt, 20 weitere Bandenmitglieder gingen straffrei aus. Julchen Blasius wurde zu zwei Jahren Gefängnis verurteilt.

Aus dem ganzen Umkreis strömten Zehntausende Schaulustige herbei, um dem Prozess und den anschließenden Hinrichtungen auf der Guillotine beizuwohnen. Auf fünf Leiterwagen wurden *Schinderhannes* und 19 weitere Männer nach Mainz-Weisenau gekarrt. Es war der 21. November 1803, ein ungemütlicher Herbsttag. Schon Stunden zuvor strömten die Massen zur Richtstätte, um dem grausamen Spektakel beizuwohnen. Die Exekution selbst dauerte nur eine knappe halbe Stunde. *Schinderhannes* soll sehr gefasst gewesen sein, andere wurden ohnmächtig oder schrien und mussten mit Gewalt die Stufen zur Guillotine hochgeschleppt werden. Der durch das herabfallende Beil des Schafotts abgetrennte Kopf des *Schinderhannes* wurde sofort in eine Art Versuchslabor in der Nähe der Richtstätte gebracht. Hier experimentierte die „Medizinische Privatgesellschaft zu Mainz" mit den Leichen.

## Robin Hood des Hunsrücks oder nur ein Krimineller?

Bis lange nach seinem Tod hielt sich hartnäckig die Legende, die besagt, dass *Schinderhannes* in Robin-Hood-Manier seine Beute an arme Leute verteilt habe. Doch in Wahrheit war er kein „edler Rebell". Dass ihm die Bevölkerung dennoch eine gewisse Sympathie oder Anerkennung entgegenbrachte, lag vielmehr daran, dass er den **französischen Besatzern** regelrecht auf der Nase herumtanzte. Lange Zeit konnten die Gendarmen *Schinderhannes* einfach nicht dingfest machen, er entwischte ihnen immer wieder. Das brachte ihm den **Ruf eines Freiheitskämpfers** ein, der sich für die Befreiung der von den Franzosen besetzten, linksrheinischen Gebiete einsetzte. Aber man darf nicht vergessen, dass die Bevölkerung ihn mehr fürchtete als bewunderte. Der Schrecken, den er in seiner kurzen, nur sechs Jahre währenden Zeit als Räuber verbreitete, war groß.

## Die Figur in Literatur und Film

Mit dem Leben des legendären Räubers haben sich unter anderem schon **Clara Viebig** („Unter dem Freiheitsbaum", 1922) und **Carl Zuckmayer** („Schinderhannes – Schauspiel in vier Akten", 1927) literarisch auseinandergesetzt. Vor allem *Zuckmayer* stilisierte ihn zu einem edlen Räuber. 1957 verfilmte *Helmut Käutner* die Geschichte mit *Curd Jürgens* und *Maria Schell:* **„Der Schinderhannes".**

- **Martinimarkt:** In der Innenstadt bieten Stände Waren aller Art an, immer am zweiten Dienstag im November.
- **Simmerner Adventszauber:** Der Weihnachtsmarkt findet am Freitag vor dem dritten Advent statt. Wem kurz vor Heiligabend noch Geschenke fehlen, der wird hier vielleicht bei einem beschaulichen Rundgang fündig. Die Geschäfte haben bis 22 Uhr geöffnet.
- **Wochenmarkt:** Donnerstag Vormittag auf dem Schlossplatz, auch Samstag Vormittag, dann allerdings nur eine Handvoll Stände.

## Öffentliche Verkehrsmittel

■ **Bus:** Rhein-Nahe-Bus L230: Bingen – Waldalgesheim – Stromberg – Simmern. Rheinhunsrückbus L620: Koblenz – Emmelshausen – Simmern. Rheinhunsrückbus L644: Flughafen Hahn – Sohren – Kirchberg – Simmern. Rheinhunsrückbus L653: Oberwesel – Simmern (nur Mo–Fr). Stadtverkehr Simmern: L601 und L602 (nur Fr/Sa). Genauer Fahrplan unter www.rhein-mosel-bus.de.

■ **Fahrradbus:** RegioRadler Hunsrück L250: Emmelshausen – Simmern – Bingen (nur Sa, So und Fei, 1. Mai bis 1. Nov.). Reservierung der Fahrradplätze unter www.regioradler.de.

# Neuerkirch

Der kleine Ort Neuerkirch zwischen Simmern und Kastellaun zählt zu den **schönsten Fachwerkdörfern** im Vorderhunsrück. Überregional bekannt ist der Kunsthandwerker- und Bauernmarkt im Juli.

## Kulturhistorisches Museum Hunsrück

Das kleine Museum ist in einer alten Scheune untergebracht und zeigt **bäuerliche Arbeitsgeräte und Maschinen.** Alte, fast vergessene Handwerksberufe wie Stellmacher, Korbflechter und Siebmacher werden vorgestellt. Zu besonderen Anlässen, wie dem Neuerkircher Kunsthandwerker- und Bauernmarkt, werden in einer alten Röstmaschine Kaffeebohnen frisch geröstet und zum Kauf angeboten.

■ **Kulturhistorisches Museum Hunsrück,** www.neuerkirch.de, Tel. (06761) 7009, 15. April bis 15. Okt. So 14–17 Uhr und nach Vereinbarung.

## Einkaufen

**Bioladen in der Scheune,** Hauptstr., 55471 Neuerkirch, www.hunsrückerbiogemüse.de, Mo–Fr 10–19 Uhr, Sa 10–14 Uhr. Neben Biogemüse aus eigenem Anbau bietet der kleine Laden regionale Produkte wie Fruchtsäfte, Öle, fair gehandelten Kaffee und Tee, Bioweine, Korbflechtwaren und Keramik an.

■ **Antikscheune Neuerkirch,** Alterkülzer Str. 2a, 55471 Neuerkirch, Tel. (06761) 12180, www.antikscheune-neuerkirch.de, Besichtigung und Verkauf

059hu kn

Kaffeerösten im Kulturhistorischen Museum

nach telefonischer Terminabsprache. Chemiefrei restaurierte, antike Bauernmöbel.

### Feste und Veranstaltungen

**Mein Tipp:** **Kunsthandwerker- und Bauernmarkt:** Der romantische Ortskern von Neuerkirch bildet am zweiten Sonntag im Juli die ideale Kulisse für den Markt. Keramiker, Drechsler und Bürstenmacher lassen das alte Handwerk aufleben. Es gibt Schmuck, Lederwaren, Ziegenkäse, Gartendekorationen oder Honig. Besonders begehrt ist das frische Backesbrot. Im Museum wird Kaffee im traditionellen Röstverfahren geröstet und verkauft. Im Gemeindehaus gibt es frischen Landfrauenkuchen. Für den Markt wird das Dorf komplett gesperrt, Parkplätze auf den Wiesen am Ortsrand sind ausgeschildert.

### Öffentliche Verkehrsmittel

- **Bus:** Rheinhunsrückbus L631: Simmern – Neuerkirch – Kastellaun (www.vrminfo.de).

[>] Der Marktplatz von Kirchberg, im Hintergrund der Turm von St. Michael

# Kirchberg

Kirchberg wirbt für sich nicht nur als **älteste Stadt des Hunsrücks,** sondern auch als „Stadt auf dem Berge". Der Berg ist zwar eher ein Hügel, aber die charakteristische Silhouette mit den beiden Kirchtürmen und dem markanten Wasserturm ist von weither sichtbar.

## Stadtgeschichte

Kirchberg kann auf eine äußerst bewegte Geschichte zurückblicken: Die ältesten Funde zeugen von einer Besiedlung in der Neusteinzeit zwischen 4000 und 1800 v. Chr. Die **Kelten vom Volk der Treverer** ließen sich um 400 bis 100 v. Chr. nieder. Zahlreiche Hügelgräber rund um Kirchberg stammen aus dieser Epoche.

Die Siedlung trug zunächst den keltischen Namen **Dumno,** den auch der römische Dichter *Ausonius* in seinem Gedicht „Mosella" erwähnt. An diesen Namen erinnert heute noch Denzen, ein Ortsteil von Kirchberg. Römisch wurde der Ort, als die Truppen von *Gaius Julius Cäsar* im Gallischen Krieg zwischen 53 und 51 v. Chr. die Region eroberten. Dumno wurde wegen der günstigen Lage an der Fernstraße, die Trier mit Bingen verband, Handels- und Militärort. Die heute **Via Ausonia** genannte Heerstraße verlief genau über den Marktplatz von Kirchberg (siehe Exkurs). Mit dem Blick kann man ihrem Verlauf kilometerweit Richtung Simmern folgen – schnurgerade und damit ganz typisch für römische Straßen.

Die Franken beendeten im 5. Jh. die römische Herrschaft und wurden auch im Hunsrück sesshaft. Seit dem 12. Jh. war die Gegend um Kirchberg ein Teil der **Grafschaft Sponheim** und entwickelte sich zu einem wichtigen Handelsort. 1259 erhielt Kirchberg die Stadt- und Marktrechte. Darin verbürgt war das Recht zur Abhaltung eines Jahrmarktes an St. Michael. Bis heute – seit mehr als 750 Jahren – findet im Oktober der Kirchberger **Michaelismarkt** statt.

Im Mittelalter war die Stadt von einer mehr als acht Meter hohen Wehrmauer mit Wassergraben geschützt, die heute nicht mehr erhalten ist. Im 17. Jh. gab es mehrere kriegerische Auseinandersetzungen um Kirchberg. Im Pfälzischen Erbfolgekrieg zerstörten 1689 französischen Truppen die Stadt und die Befestigungsanlagen.

1708 wurde Kirchberg **badische Oberamtsstadt** und erlebte einen wirtschaftlichen Aufschwung. Neben der baulichen Entwicklung brachte die badische Zeit auch positive gesellschaftliche Veränderungen. Humanistisches Gedankengut führte 1767 zur Abschaffung der Folter, 1783 – noch vor der Französischen Revolution – wurde die Leibeigenschaft aufgehoben. Der Einmarsch der französischen Revolutionstruppen am 4. November 1794 beendete die badische Zeit.

Der Sohn des letzten badischen Oberamtmannes war **Carl Friedrich Freiherr von Drais.** Er verbrachte einen Teil seiner Kindheit in Kirchberg. 1815 gelang *von Drais* eine sensationelle Erfindung: ein **lenkbares Laufrad.** Zwar hatte das hölzerne Gefährt noch keine Pedale, trotzdem gilt es als Vorläufer des modernen Fahrrads. Auf ebenen Wegen konnte das Laufrad immerhin 15 km/h erreichen. Eine weitere Erfindung wurde nach ihm benannt: die auf Schienen fahrende **Draisine.**

060hu kn

# Sehenswertes

## Am Marktplatz

Besonderer Schmuck der Stadt, die von den Einheimischen *Kerbrich* genannt wird, ist der mittelalterliche Marktplatz. Der **Brunnen** in der Mitte bildet zusammen mit dem ihn umgebenden Pflaster die verwinkelten Gassen des historischen Ortskerns und den ehemaligen Wallgraben nach. Ein **stelenförmiger Gedenkstein** auf dem Marktplatz erinnert an die von den Nationalsozialisten ermordeten Juden (der jüdische Friedhof befindet sich an der Metzenhausener Straße).

Im **Haus Weber,** einem Gebäude aus dem 17. Jh. mit fünfseitigem Erker und besonders detailreichem Fachwerk, ist die Touristinformation untergebracht. Das Haus gehörte über Generationen einer Weberfamilie. Daneben steht das **Rathaus** mit Glockentürmchen. Das geräumige Fachwerkhaus aus dem Jahr 1746 und der moderne Anbau dahinter sind Sitz der Verbandsgemeindeverwaltung. Im gläsernen Eingangsbereich, der zwischen den beiden Fachwerkhäusern liegt, sind zwei römische, sarkophagartige Aschenkisten aus dem 2./3. Jh. ausgestellt.

Die **Schwanen-Apotheke** ist die älteste Apotheke im Hunsrück. Unter den reich geschmückten Fensterumrahmungen fallen die kunstvoll geschnitzten und farbig gefassten Konsolköpfe auf.

Das **Fachwerkhaus,** das an den Torbogen zum Kirchplatz grenzt, stammt aus der zweiten Hälfte des 17. Jh. Auf der kleinen Sandsteinbank vor dem Eckhaus soll *Napoleon* gesessen haben, im Volksmund heißt sie daher „Napoleonsbänkchen".

Auf der Südseite des Marktplatzes befindet sich die **Badische Forstverwaltung.** Ein umfassender Umbau 1904 zerstörte das barocke Erscheinungsbild. Die 1750 errichtete **Gendarmerie** (Hauptstraße 19) zeigt trotz Umbau 1978 noch eine spätbarocke Fassade. In einer Nische der linken Arkade steht eine hervorragende Statue des *hl. Johann Nepomuk.*

In der Nähe des historischen Marktplatzes, zwischen Eifel- und Schülergasse, steht ein architektonisch auffälliges Fachwerkhaus aus dem Jahr 1732, das **Heimathaus.** Zum Marktplatz hin ist das keilförmige Gebäude gerade mal

061hu kn

▷ Die Schwanen-Apotheke

1,65 m breit. Eigentlich ist das Heimatmuseum von Kirchberg hier untergebracht, doch das ungewöhnliche Fachwerkhaus muss saniert werden.

## Am Kirchplatz

Vom Marktplatz gelangt man durch einen **Torbogen** zur spätgotischen Kirche St. Michael. Der Kirchplatz ist vollständig von Häusern umgeben, darunter das **katholische Pfarrhaus,** das 1765 als Piaristenkloster erbaut wurde. Das Wappen der Markgrafen von Baden ziert den Eingang des spätbarocken Gebäudes.

Die dreischiffige Hallenkirche **St. Michael** wurde auf den Fundamenten älterer Vorgängerbauten errichtet. Bereits im 8. Jh. stand eine kleinere Kirche auf dem höchsten Punkt der Stadt. Das Kirchenschiff stammt aus dem 15. Jh., der Westturm aus dem 13. Jh. Ab 1688 wurde St. Michael als Simultankirche genutzt, erst 1965 erhielt die evangelische Pfarrgemeinde eine eigene Kirche. Man betritt St. Michael über den rückwärtigen Nordeingang, das Hauptportal ist meist verschlossen.

## Geburtshaus Nanny Lambrecht

Die Schriftstellerin *Nanny Lambrecht* (1868–1942) wurde in der Hauptstr. 67 geboren und verbrachte ihre Kindheit hier. Die emanzipierte und unangepasste Autorin beschäftigte sich in ihren engagierten Schriften vor allem mit der gesellschaftlichen Rolle der Frau und den sozialen Ungerechtigkeiten ihrer Zeit. Ihre Werke brachen Tabus. Vor allem der Hunsrückroman „Die Armsünderin“ löste 1906 in konservativen Teilen der katholischen Kirche heftige Diskussionen aus.

## Pranger

In der Glöcknergasse steht der Nachbau eines Prangers. Bis 1794 stand an dieser Stelle vor dem ehemaligen Gefängnis ein solcher Käfig, in dem Delinquenten bloßgestellt wurden. Der Affe auf dem Pranger erinnert daran, dass die Straße ursprünglich Affengasse hieß. Woher der Name stammt, geriet allerdings in Vergessenheit. Das Haus Nr. 10 gegenüber dem Pranger war – als solcher kaum noch zu erkennen – der ehemalige Gefängnisturm, in dessen Verlies die Verurteilten bei Brot und Wasser ihr Leben fristen mussten. Auf dem Platz davor wurden Prügelstrafen vollzogen. Die höchste Strafe war allerdings der Pranger, nicht selten kamen die Verurteilten darin ums Leben. So wie *Laurentius Diekircher* im Jahr 1609. Der lutherische Pfarrer aus Hottenbach weigerte sich auch nach der zweiten Reformation standhaft, calvinistische statt wie bisher lutherische Gottesdienste zu halten. Das wurde ihm als Verrat angelastet, in einer kalten Winternacht erfror der Pfarrer im Pranger.

## Wasserturm

Der 36 Meter hohe Wasserturm, erbaut 1899/1900, ist das markante **Wahrzeichen der Stadt.** Er versorgte Kirchberg hundert Jahre lang mit Trinkwasser und beherbergt heute eine Versicherung.

Kirchberg
0 100 m
Kletterhalle, Kappel
Simmern
B421
B25
Helzenbach
Sohren, Flughafen Frankfurt-Hahn
Herbert-Kühn-Str.
Am alten Sägewerk
Freiherr-von-Drais-Str.
Bahnhofstr.
Im Bohnengarten
R.-Koppke-Str.
Matthias-Tenhaeff-Str.
Bahnhof
Stadthalle
Jakob-Gohl-Str.
W.-Bongard-Str.
E.-Wollstein-Str.
Am Helzenbach
Klersbach
Am Weiher
Gartenstr.
Emil-Thomas-Str.
Kappeler Str.
Konrad-Adenauer-Str.
W.-Brandt-Str.
Schwimmbad
Kaiser-garten
Heinzenbacher Str.
Oststr.
Am Breiten Weg
K11
T.-Heuss-Str.
Schulzentrum
Stadion
Paul-Schneider-Str.
Salzbitz
Theodor-Heuss-Str.
Paul-Greiot-Str.
Pfingstweide
Schulstr.
K15
Meriansstr.
Sandkuhlstr.
In der Acht
Metzenhausener Str.
E.-Reuter-Str.
Friedens-kirche
Raiffeisenstr.
Badischer Pavillon
Am Osterrech
Simmerner Str.
Beller
Roul
Hauptstr.
Dickenschieder Str.
Koppsteiner Weg
Liebfrauenbitz
K3
Friedhof
Hindenburgstr.
Oberstr.
In den Gärten
Zum Fernblick
Gänsacker
Liederbach
K1
Gemünden

© Reise Know-How 2016
Übernachtung
1 Landhotel Karrenberg
3 Theresienhof
6 Hotel Weber
Essen und Trinken
1 Landhotel Karrenberg
2 Folsom Prison Diner
4 Eiscafé Torino
5 Bäckerei-Konditorei-Café Hottenbacher
DENZEN
Osterbahnstr.
Dumnissusstr.
Im Weizenborn
Am Heimbach
Römerbad
Simmerner Str.
Simmern
Ausschnitt
0 50 m
© Reise Know-How 2016
Am Österrech
Markgrafengasse
Rathausgasse
Inspektionsgasse
Kappeler Str.
Auf dem Gleichen
Eifelgasse
Pfarrgasse
Klostergasse
Heimathaus
Rathaus
Schwanen-Apotheke
Schülergasse
Haus Weber
Marktplatz
Hauptstr.
Kirchplatz
St. Michael
Brunnen
Gendarmerie
Badische Forstverwaltung
Kilpengasse
Fuchsbräug.
Geburtshaus Nanny Lambrecht
Glöcknergasse
Postgasse
Eckelsgasse
Auf der Mauer
Pranger
Rambo
Helenenstr.
Graf-Simon-Str.
Auf der Schied
Auf dem Graben
Wasserturm
Zum Fernblick
K7

### Friedenskirche und Badischer Pavillon

Am Ortsausgang Richtung Simmern steht die 1965 erbaute Friedenskirche. Davor bildet der barocke, achteckige Pavillon mit kleinen, ovalen Fenstern aus dem Jahr 1780 einen schönen Kontrast.

## Praktische Tipps

### Informationen

- **Tourist-Information Kirchberg,** Marktplatz 6, 55481 Kirchberg, Tel. (06763) 910144, www.kirchberg-hunsrueck.de, Mo–Mi 8.30–12 und 14–16 Uhr, Do 8.30–18 Uhr, Fr 8.30–13 Uhr.
- **Erlebnisführung:** Kirchberg erkunden mit *Freiherr von Drais* auf den Spuren der Markgrafen von Baden, das ist jeden 1. Sonntag im Monat von April bis Okt. ab 15 Uhr möglich (6 € pro Person). Start ist am Marktplatz. Stadtführer *Winfried Wagner* lässt in historischer Kostümierung die badische und französische Vergangenheit Kirchbergs wieder aufleben, besichtigt mit den Gästen den Pranger, die St. Michaelskirche und weitere Sehenswürdigkeiten. Immer dabei das Velociped (Laufrad), das *von Drais* 1817 in Mannheim erfand und „Laufmaschine" nannte. Seither gilt er als Erfinder des Fahrrads.

### Unterkunft

- **Hotel Weber**②, Hauptstr. 15, 55481 Kirchberg, Tel. (06763) 3705, www.hotel-weber-kirchberg.de. Direkt am historischen Marktplatz gelegen. Hunsrücker Schwenk- und Spießbraten und Rumpsteak gehören zu den Spezialitäten des **Restaurants.**

MEIN TIPP: **Landhotel Karrenberg**②, Straßheck 3, 55481 Kirchberg, Tel. (06763) 93080, www.landhotel-karrenberg.de. Das Landhotel Karrenberg liegt etwas außerhalb von Kirchberg idyllisch mitten im Wald, direkt an den Fernwanderwegen Ausonius-Straße, Sponheimer Weg und Keltenweg. Das **Restaurant** bietet regionale, frische Küche, tägl. ab 17 Uhr, Sa und So ab 14 Uhr Kaffee und Kuchen, Di Ruhetag. Jeden Sonntag gibt es ab 9.30 Uhr ein Brunchbuffet. Das Hotel vermietet **E-Bikes.**

- **Theresienhof,** Heinzenbacher Weg 3, 55481 Kirchberg, Tel. (06763) 3754, www.theresienhof24.de. Helle, geschmackvoll eingerichtete Vier- bis Fünf-Sterne-Ferienwohnungen auf einem kinderfreundlichen Bauernhof am Ortsrand von Kirchberg.

### Essen und Trinken

MEIN TIPP: **Folsom Prison Diner**①, Am Alten Sägewerk 1, 55481 Kirchberg, Tel. (06763) 309917, www.folsom-prison.com, Mo–Do 15.30–24 Uhr, Fr/Sa 15.30–2 Uhr, So 12.30–22 Uhr. Ob Hamburger, Wraps, Enchiladas, Burritos oder Chili, im Folsom Prison wird alles frisch zubereitet. Dazu gibt es Musik der 1950er und 1960er Jahre und gelegentlich Live-Auftritte. Sonntags American Breakfast, 14,90 €/P., Kinder (6–12 J.) 8 €, Kinder unter 6 J. gratis.

- **Bäckerei-Konditorei-Café Hottenbacher,** Hauptstr. 14, 55481 Kirchberg, Tel. (06763) 960361, Mo–Fr 6–18 Uhr, Sa 6–14 Uhr, So 8–11 und 13–18 Uhr. Die Bäckertradition der Familie *Hottenbacher* reicht bis in das Jahr 1813 zurück. Empfehlenswert sind besonders die Torten.
- **Eiscafé Torino,** Marktplatz 11, 55481 Kirchberg, Tel. (06763) 7298, www.eiscafe-torino.de, Feb. bis Okt. In der direkt am Marktplatz gelegenen Eisdiele gibt es so leckere Sorten wie Wiener Mandel oder Oreo.

### Aktivitäten

- **Kletterhalle:** Fitness- und Gesundheitspark Kirchberg, www.fitness.sc, Otto-Hahn-Str. 10,

55481 Kirchberg, Tel. (06763) 1899, Mo–Fr 8–22 Uhr, Sa, So und Fei 10–20 Uhr. Tageskarte Bouldern ohne Klettertrainer: Erw. 8 €, Schüler 7 €, Kinder bis 12 J. 4,50 €, Klettern ohne Klettertrainer: Erw. 10 €, Schüler 9 €, Kinder bis 12 J. 5,50 €, ab 18 Uhr ermäßigte Preise. Mit Klettertrainer (ab 4 Pers., 2 Std.): Kinder/Jugendl. ab 12 €, Erw. ab 14 €. In der Kletterhalle können die verschiedensten Schwierigkeitsgrade ausprobiert werden, vom vorsichtigen Klettern in geringer Absprunghöhe bis zu schwierigen Überhängen. Kinder und Einsteiger fühlen sich an den 7 m hohen Übungswänden mit dicken Bodenmatten sicher, Fortgeschrittene lockt die 23 m hohe Wand. Außerdem gibt es Fitnesskurse, Soccer, Tennis, Sauna und Wellnessangebote.

■ **Radfahren:** Dem Erfinder *Freiherr von Drais* ist der rund 14 km lange Radweg rund um Kirchberg gewidmet.

■ **Segway-Tour:** Die Tour „Kirchberger Wind" führt vom Marktplatz Kirchberg über den Radweg, der parallel zur L421 verläuft, weiter nach Dickenschied und über den Lützelsoon/Keltenweg zurück zum Ausgangspunkt. Dauer ca. 60–90 Minuten, 2–6 Teilnehmer, größere Gruppen nach Absprache möglich, Preis pro Person ab 49 €. Buchung: Seg-Mobil, Schatzgrube 24, 55490 Mengerschied, Tel. (06765) 216402, www.seg-mobil.de.

## Feste und Veranstaltungen

■ **Kirchberg live:** Unter diesem Motto organisiert die Stadt zusammen mit Vereinen ein Kulturprogramm auf dem historischen Marktplatz. Musik, Tanz, Kunstausstellungen, Freiluftkino, Theater und spezielle Angebote für Kinder werden, über das ganze Jahr verteilt, oft kostenfrei angeboten. Termine und Programm-Flyer gibt es unter www.stadtkirchberg.de.

■ **Wochenmarkt:** jeden Freitag 8–13 Uhr auf dem Marktplatz (April bis Oktober).

■ **Michaelismarkt:** großer Krammarkt am ersten Donnerstag nach Michaelis (29.9.).

■ **Christkindmarkt:** Am 2. Adventswochenende auf dem Marktplatz, in den kleinen Gassen und Scheunen. Die Stände bieten ausschließlich Adventliches an. An beiden Tagen gibt es außerdem ein weihnachtliches Rahmenprogramm.

## Öffentliche Verkehrsmittel

■ **Bus:** Rheinhunsrückbus L644: Flughafen Hahn – Kirchberg – Simmern (www.vrm.info.de).

## Wandern

### Traumschleife „Karrenberg"

Mit nur 6 km ist die Route eine der kürzesten im Wegenetz des Saar-Hunsrück-Steigs. Start ist am Landhotel Karrenberg (s.o.), das etwas außerhalb von Kirchberg Richtung Liederbach liegt.

062hu kn

# Dill

Ein Ausflugstipp ist das sechs Kilometer südwestlich von Kirchberg gelegene Dorf Dill mit seiner Burg und den hübschen **Fachwerkhäusern,** die sich idyllisch um den Burgberg gruppieren. Auffallend sind die ovalen Trempelfenster, die viele der alten Gebäude dicht unterhalb der Dachtraufe zieren. Sie dienten zur Trocknung des auf dem Speicher gelagerten Getreides.

Die **Diller Burg,** errichtet im 10. Jh., war später Stammsitz der Sponheimer Grafen. Erzbischof Kurfürst *Balduin von Luxemburg* zerstörte sie 1329. In den folgenden Jahren wurde die Burg als Donjon, also in Form eines massiven Wohnturms, wieder errichtet. Obwohl Dill 1427 Stadtrechte erhielt, erlangte der Ort neben dem größeren Kirchberg kaum wirtschaftliche oder strategische Bedeutung. 1697 wurde die Burg im Pfälzischen Erbfolgekrieg zerstört. Die Ruine ist in Privatbesitz und nicht öffentlich zugänglich.

Auf Anfrage kann man allerdings die 1701 erbaute **evangelische Kirche** besichtigen. Der Vorgängerbau der kleinen Barockkirche war die Burgkapelle. Bemerkenswert sind die Gemälde in der Emporenvertäfelung und im Chor, angefertigt von dem Kirner Künstler *Johann*

⌃ Auch das kleine Dill hat schöne Fachwerkhäuser

*Georg Engisch* (1668–1741). Die Werke sind ein besonders schönes Beispiel für den Hunsrücker Bauernbarock (siehe dazu Kapitel „Land und Leute").

# Sohren

Der Ortsname Sohren geht auf das Volk der Sarmaten zurück. Im 4. Jh. wurden Sarmaten durch die Römer von der unteren Donau in den Hunsrück zwangsumgesiedelt. Sohren wird erstmals 1286 erwähnt. Als Reichslehen gehörte es den Grafen von Sponheim, die im benachbarten Dill ihren Wohnsitz hatten.

Die katholische Pfarrkirche St. Michael entstand 1907 nach Plänen des Kölner Architekten *Eduard Endler*. Der Backsteinbau ist für den Hunsrück eher untypisch.

Knapp 3 km von Sohren entfernt liegt der kleine Ort Bärenbach, in dem der **geografische Mittelpunkt von Rheinland-Pfalz** verortet wird, gekennzeichnet durch einen Felsbrocken mit Tafel (7° 18' 37,5" östl. Länge und 49° 57' 18,5" nördl. Breite).

## Praktische Tipps

### Unterkunft, Essen und Trinken

■ **Hotel Schinderhannes**②, Schloßstr. 3, 55487 Sohren, Tel. (06543) 2018, www.hotel-schinderhannes.de. Regionale Küche, 11.30–14 Uhr (mittags wechselndes 3-Gang-Menü ab 9,80 €) und 17–21.30 Uhr. Jeden ersten Dienstag im Monat „Hunsrücker gefüllte Klöße".

MEIN TIPP: **Hotel Restaurant „Zum Felsenkeller"**②, Hauptstr. 29, 55487 Sohren, Tel. (06543) 2260, www.hotel-zum-felsenkeller.de, 12–13.30 und 17.30–22 Uhr, Do Ruhetag. Nicht nur die hervorragende Küche mit regionalen Produkten überzeugt. Das Hotel ist sehr fahrradfreundlich und bietet Radlern Informationen über die Region, sichere Verwahrung der Räder, Trockenmöglichkeiten, Leihwerkzeug, Leihfahrräder und passende Pauschalangebote.

■ **Restaurant-Pizzeria Historischer Bahnhof** ①, Bahnhofstraße 1, 55481 Sohren, www.historischer-bahnhof.de, Tel. (06543) 980153, Di–Fr 17–23 Uhr, Sa 17–24 Uhr, So 11.30–14 und 17–23 Uhr, Mo geschl. Guter „Italiener", im Sommer mit großer Terrasse, Biergarten.

■ **Bistro Altes Kino,** Hauptstr. 55, 55487 Sohren, Mo–Fr 14–1 Uhr, Sa und So ab 10 Uhr. Nettes Bistro mit dem Flair vergangener Kinotage.

### Ferienhöfe

■ **Gretenhof,** 55487 Sohren, Tel. (06543) 2648, www.gretenhof.de. Der Gretenhof liegt nicht weit außerhalb von Sohren und bietet Viersterne-Ferienwohnungen auf dem Reiterhof. Außerdem sind Unterricht auf dem eigenen Reitplatz, Ausritte oder Ponyreiten für die Kleinsten möglich. Der Badeteich ist nicht nur für Kinder eine tolle Sache.

■ **Reit- und Ferienhof „Zu den Linden",** Laufersweilerstr. 21, 55487 Sohren, Tel. (06543) 3690, www.ferienhof-schuch.de. Während die Kinder spielen oder auf dem Hof mit Hand anlegen, können die Eltern entspannen.

### Einkaufen

■ **Porzellanhaus Kaefer,** Eckstr. 1, 55487 Sohren, Mo–Fr 8.45–12.30 und 13.30–18 Uhr, Do 8.45–12.30 und 13.30–20 Uhr, Sa 8.45–14 Uhr, www.kaefers.com. Bei den auf dem Airport Hahn stationierten US-Soldaten war das Porzellanhaus äußerst beliebt. Sie kauften Mitbringsel „made in

# Die Via Ausonia – wandern auf römischen Straßen

Ausoniusweg heißt die **118 km lange Wanderroute** zwischen Bingen und Trier, die dem Verlauf einer römischen Fernstraße aus dem 1. Jh. n. Chr. folgt. Die antike Trasse verband Mainz mit der Kaiserresidenz **Augusta Treverorum,** dem heutigen **Trier,** und führt quer durch den Hunsrück. Bemerkenswert ist ihr geradliniger Verlauf. Kilometerlang führt die Via Ausonia schnurstracks geradeaus – ein typisches Merkmal römischer Straßen.

## Der Dichter Ausonius und sein Loblied auf die Mosel

Benannt ist die Via Ausonia nach dem Dichter und Gelehrten **Decimus Magnus Ausonius.** Der aus Burdigala, dem heutigen Bordeaux, stammende Gallier wurde um 365 von Kaiser *Valentinian I.* als Erzieher seines ältesten Sohnes, des Prinzen *Gratian,* nach Trier berufen. 368 n. Chr. nahm *Ausonius* am Alamannenfeldzug teil. Kaiser *Valentinian I.* schenkte ihm ein Mädchen aus Schwaben namens *Bissula.* Sie wurde *Ausonius'* Geliebte und er bedachte sie mit zahlreichen Versen.

Nachdem *Ausonius* von Bingen quer durch den Hunsrück nach Trier gereist war, verarbeitete er seine Reiseeindrücke zwischen 371 und 375 in seiner berühmten **„Mosella",** einem Lobgedicht auf die Mosel. Der Hunsrück allerdings kam dabei schlecht weg. Von einer „einsamen Reise durch waldreiches unwegsames Gelände" schrieb der Dichter, „ohne Spuren menschlichen Anbaues". Er vermisste den „durch grünes Dunkel verdrängten Himmel" und war erleichtert, als er das Moseltal erreichte: „reiner ist hier die Luft".

## Der Hunsrück als Unterwelt?

Warum hat der Hunsrück bei dem Römer einen so schlechten Eindruck hinterlassen? Eine plausible Erklärung für die ungnädige Darstellung hat der Altphilologe *Dr. Paul Dräger:* Nach seiner Interpretation gab der literaturkundige Rhetoriker *Ausonius* in seiner „Mosella" **nicht nur authentische Reiseeindrücke** wieder. Er fügte, wie zu seiner Zeit üblich, zahlreiche **literarische Anspielungen** ein. Vorbild war *Vergils* berühmtes Versepos „Aeneas". So wie Aeneas vom Acheron (Grenzfluss) durch den Tartaros (Unterwelt) ins Elysium, das Gefilde der Seeligen, wandert, so wandert *Ausonius* von der nebelverhüllten Nahe durch den einsamen, düster bewaldeten Hunsrück ins helle, strahlende Moseltal. Der Hunsrück als literarische Entsprechung der Unterwelt musste finster dargestellt werden.

Untermauert wird dies durch die Erwähnung des „trockenen Dumnissus", des heutigen **Kirchberg.** Ebenso gut hätte *Ausonius* das weiter westlich gelegene und damals viel bekanntere Belginum anführen können. Doch er entschied sich ganz bewusst für **Dumnissus.** Das gallische Wort *dumnos* bedeutet „tief", „unten" oder eben auch „Unterwelt". *Ausonius* ließ sich den versteckten Hinweis auf Dumnissus als Unterweltstadt nicht entgehen. Solche literarischen Kunstgriffe sind typisch für das gesamte dichterische Werk des *Ausonius.*

Folgt man heutzutage dem nach ihm benannten Wanderweg, sieht man im Frühsommer vor allem dies: leuchtend gelbe Rapsfelder, frisches Grün, darüber viel blauen Himmel und wunderbare, weite Ausblicke. *Ausonius* tat dem Hunsrück Unrecht: Die Natur ist die eigentliche Attraktion des Wanderweges.

## Unterwegs auf dem Ausoniusweg

**MEIN TIPP:** Einen interessanten, kleinen **Abschnitt des Ausoniusweges** kann man zwischen Liederbach und Dill erlaufen. Gleich mehrere Attraktionen liegen an der Strecke: die Ausoniushütte mit den Nachbildungen römischer Unterhaltungsspiele, der römische Wachturm und ein echtes Stück Römerstraße.

Start ist im kleinen Dorf **Liederbach** zwischen Kirchberg und Sohren. Am einfachsten erreicht man den Ort mit dem Auto von der B50 aus, Abfahrt Niederkostenz/Dillendorf, der Beschilderung Richtung Dillendorf folgend. In Liederbach folgt man der K3 Richtung Dillendorf. Kurz hinter dem Ortsausgang von Liederbach befindet sich links der Straße etwas versteckt ein kleiner Parkplatz. Ein Schild weist auf den Ausoniusweg hin. Die Wanderroute ist sehr gut beschildert. Die Wegezeichen des Hunsrückvereins zeigen ein **weißes AU auf grünem Grund.** Auch zahlreiche Holzschilder sorgen dafür, dass man nicht so leicht vom Weg abkommt.

### Rundmühle und Nüsse-Kullern

Nach rund 1,3 Kilometern erreicht man die **Ausoniushütte.** Drei bei den Römern sehr beliebte Spiele wurden neben der Schutzhütte nachgebaut: Nüsse-Kullern, Rund-Mühle und das Delta-Spiel. Die Spielanleitungen kann man auf einer Informationstafel nachlesen.

### Römerturm

Ein Stück weiter trifft man auf die Rekonstruktion eines römischen Wachturms, der so allerdings nie an dieser Stelle gestanden hat. Der rund neun Meter hohe und massiv gemauerte Turm dient als **Aussichtsturm** und wurde nach dem Vorbild der Wachstationen am Limes rekonstruiert. Diese dienten den Römern als Signal- und Wohntürme und waren gut geschützt durch Wall, Graben und Palisadenzaun. Graben und Wall sind an der Westseite des Turms angedeutet. Hinauf kommt man über zwei Holztreppen im Inneren. Von oben hat man einen fantastischen Blick über das Sohrbachtal und zum nahen **Dill** mit seiner Burgruine.

### Zeugnis römischer Straßenbaukunst

Geht man in Richtung Dill weiter, fällt die **Rekonstruktion eines Abschnittes der römischen Fernstraße** ins Auge. Sie ist allerdings schmaler als das Original, denn in der Regel waren Fernstraßen mit einer Breite von fünf bis sechs Metern angelegt, sodass zwei Fuhrwerke gleichzeitig aneinander vorbeifahren konnten. Folgt man dem Weg aus groben Quarzsteinen, stößt man hinter einer leichten Biegung auf ein **freigelegtes Stück Originalstraße** aus dem 1. Jh. n. Chr.

## Pauschaltour

- Zwischen April und Oktober kann man eine **Sieben-Tage-Pauschaltour auf dem Ausoniusweg** unternehmen. Infos und Buchungen bei der Hunsrück-Touristik, Gebäude 663, 54483 Hahn-Flughafen, Tel. (06543) 507700.

## Buchtipps

- *Decimus Magnus Ausonius:* **„Mosella".** Lateinisch-Deutsch, Hrsg., übers. und komment. v. *Paul Dräger,* ppb-Ausgabe Patmos Verlag, 2004.
- *Uwe Anhäuser:* **„Die Ausoniusstraße. Von Bingen über den Hunsrück nach Trier: Ein archäologischer Reise- und Wanderführer",** Rhein-Mosel Verlag, 2006. Der Autor beschreibt nicht nur die alte Römerstraße und den 118 km langen Weitwanderweg, der auf der alten Trasse verläuft, sondern gibt Einblick in die geschichtlichen Hintergründe. Wer auf der Ausoniusstraße wandern möchte, sollte das informative Buch allerdings durch eine detaillierte Wanderkarte ergänzen.

Germany" für die Angehörigen in Amerika. Die eindrucksvolle Weihnachtswelt mit großer Krippenausstellung nimmt ab Ende Oktober die zwei oberen Etagen komplett ein.

## Aktivitäten

- **Hallenbad Sohren-Büchenbeuren:** Schulzentrum Sohren-Büchenbeuren, Michael-Felke-Str. 19, 55487 Sohren, Tel. (06543) 3626, Erw. 2,80 €, Kinder und Jugendl. 1,60 €, Di 16–19.30 Uhr, Mi 16–21.30 Uhr, Do 16–20 Uhr, Fr 14–20 Uhr, Sa 9–18 Uhr (14–18 Uhr Familiennachmittag), So 8.30–15 Uhr.

## Feste und Veranstaltungen

- **Wochenmarkt:** alle 14 Tage freitags 7–13 Uhr auf dem Kaefer-Platz.
- **Bobbycar-Rennen:** Kleine und große Leute brausen auf Bobby-Cars durch Sohren, wenn die Hauptstraße zur Rennstrecke wird, alljährlich beim Frühlingsmarkt, Termine unter www.sohren.de.
- **Hunsrück Highland Games und Internationales Folk Festival:** Alle zwei Jahre messen sich Kämpfer in Kilts nach schottischer Art in Wettkämpfen wie Baumstammwerfen, Erd-Bungee, Steinstoßen, Bogenschießen oder Sackhochwurf. Abends findet in der Bürgerhalle die Siegerehrung der Highland Games statt, anschließend gibt es ein Konzert mit internationalen Folk- und Folkrock-Bands (www.hunsrueck-highlander.de).

## Öffentliche Verkehrsmittel

- **Bus:** Rheinhunsrückbus L620: Koblenz – Emmelshausen – Simmern. Rheinhunsrückbus L644: Simmern – Kirchberg – Flughafen Hahn (www.vrminfo.de).

# Flughafen Frankfurt-Hahn

Die ehemalige **Hahn Air Base,** zehn Kilometer westlich von Kirchberg auf der Hunsrück-Hochfläche gelegen, war in den 1980er Jahren einer der größten US-amerikanischen Luftwaffenstützpunkte Europas. Dass der Flughafen *Hahn* heißt, ist einem kuriosen Umstand zu verdanken. Streng genommen liegt das Flughafengelände auf dem Gebiet von Lautzenhausen, doch dieser Name war für die Amerikaner kaum auszusprechen. Kurzerhand taufte man den Militärflughafen nach dem nur wenige Kilometer entfernt liegenden Dorf Hahn.

Der Aufbau der Air Base begann bereits in den 1950er Jahren. In den 90ern lebten **14.000 US-Soldaten** mit ihren Familien in der Housing Area auf dem

063hu kn

Hahn und in den Orten rund um den Flugplatz. **„Der Hahn"** war eine richtige Stadt für sich: Einkaufszentrum, Kino, Krankenhaus, Kirche, Golfplatz, sogar eine eigene Energieversorgung gab es in der **Militärstadt.** Die Grundschule besuchten 1200 Kinder, 20 Geschäfte warteten auf Kunden. Auch viele Einheimische fanden Arbeitsplätze auf der Air Base. 1991 verließen die Amerikaner den Stützpunkt. Es war eines der größten Konversionsprojekte in Rheinland-Pfalz.

Inzwischen hat der Flughafen einen neuen Namen bekommen, der aber auch nicht richtig passt. „Frankfurt-Hahn" soll die Nähe zur Main-Metropole andeuten, doch Nähe ist relativ: Frankfurt liegt über 100 Kilometer entfernt. Der heute fünftgrößte Frachtflughafen Deutschlands wird als **Passagierflughafen** vor allem von der irischen Billigfluggesellschaft **Ryan Air** als Stützpunkt genutzt. Doch die Passagierzahlen sind seit Jahren rückläufig. Trotz des 24-Stunden-Flugbetriebs muss der Airport immer stärker um sein Überleben kämpfen. Während des Winterflugplans wirkt er seltsam verlassen. Das große Areal um den Flughafen gleicht einer Geisterstadt. Weite Teile der großteils braun gestrichenen Militärgebäude stehen leer.

## Essen und Trinken, Nachtleben

MEIN TIPP: **Buena Vista Hawks,** Gebäude 1411, 55483 Hahn-Flughafen, Tel. (06543) 980330, www.buena-vista-hawks.de, Mo–Sa 16–2 Uhr, So 9–1 Uhr. Restaurant und Bar mit mexikanischen und karibischen Spezialitäten und großer Cocktailauswahl. Sonntags außerdem American Breakfast unter dem Motto „all you can eat" (So 9–13 Uhr, 13,80 € p.P., Kinder 7–12 Jahre 7,80 €, bis 7 J. frei, Reservierung erforderlich).

■ **Paddockclub Hahn,** Gebäude 1003 (auf dem Gelände der Kartbahn), 55483 Flughafen Hahn, Tel. (06543) 509951, www.paddockclub-hahn.de. Live-Musik im ehemaligen Hangar für Kampfjets, von Irish Folk über Rock'n'Roll bis House.

## Aktivitäten

■ **Golf:** Golfclub Hahn e.V., Golfallee 1, 55483 Hahn-Flughafen, Tel. (06543) 9560, www.gc-hahn.de. Die 9-Lochanlage unmittelbar am Flughafen liegt, abgesehen von den startenden und landenden Flugzeugen, recht idyllisch in einer von alten Bäumen umgebenen Ebene.

## Öffentliche Verkehrsmittel

■ **Bus:** AirportShuttle L610: Koblenz – Flughafen Hahn (www.rhein-mosel-bus.de). Flibco-Shuttle: Trier – Morbach – Flughafen Hahn (www.flibco.com). Fernlinienbus: Saarbrücken – Flughafen Hahn (www.roadrunner24.net). Bohr-Shuttlebus: Frankfurt/Main – Flughafen Hahn, Mainz – Flughafen Hahn und Luxemburg – Flughafen Hahn (www.bohr.de).

◁ „Frankfurt-Hahn Airport" – trotz des Namens mitten in der Provinz

031hu kn

# 4 Rund um den Soonwald

Der Soonwald ist eines der größten zusammenhängenden Waldgebiete Deutschlands, bestehend aus Laubmischwäldern, Feuchtwäldern und sogar einigen Urwaldresten. Schon Schinderhannes und seine Kumpane streiften durch das Dickicht und trieben ihr räuberisches Unwesen. Heute ist es die scheue Wildkatze, die durch den dichten Wald und auf den großen Blockschutthalden pirscht.

< Entdeckungen in der Steckeschlääferklamm

## Rund um den Soonwald

0 2 km

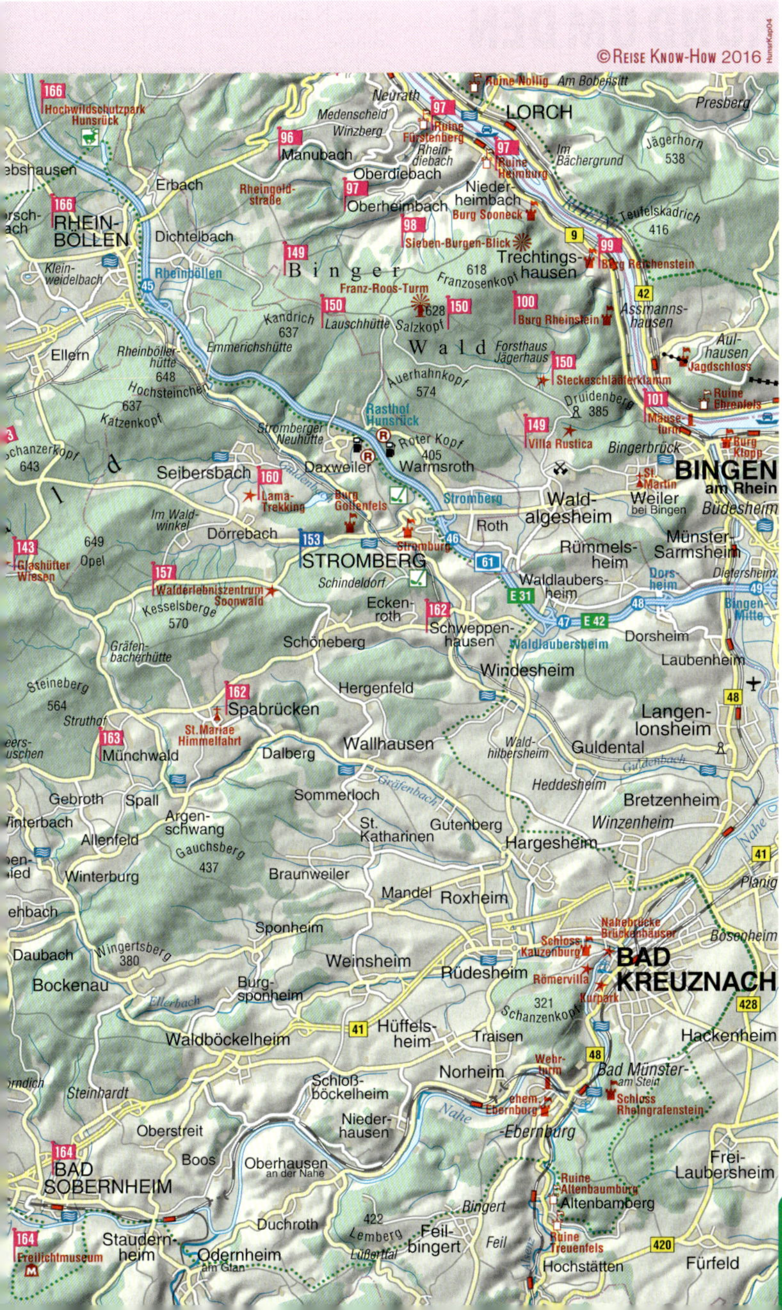


Rund um den Soonwald

4

# RUND UM DEN SOONWALD

Es gibt zwei Theorien, woher der Name „Soonwald" stammen könnte. Die einen sagen von der lateinischen Bezeichnung „silva sana" (gesunder Wald), die anderen vermuten, er leitet sich von dem althochdeutschen Wort „sone" für Schweineherde ab. Früher trieben die Bauern ihre Schweine in den Wald, vor allem im Herbst, wenn die Eicheln und Bucheckern von den Bäumen fielen. In diesen Hutewäldern weideten aber auch Rinder, Pferde, Ziegen und Schafe. So entstanden offene, lichte Waldweiden mit einzelnen, großen Eichen und Buchen. Fast wie Parkanlagen wirken diese unter Naturschutz stehenden Hutewaldrelikte.

Lange Zeit war der Soonwald herrschaftliches Jagdrevier. Doch nicht nur Adlige oder der „Jäger aus Kurpfalz" bliesen zur Jagd. In den 1950er und 1960er Jahren nahmen prominente Politiker an Diplomatenjagden der Bundesregierung teil. Die Reviere Neupfalz und Entenpfuhl waren und sind noch immer für ihren Wildreichtum bekannt.

**NICHT VERPASSEN!**

- Aussicht über den Soonwald von der **Burgruine Koppenstein** | 145
- Zu den Baumgeistern und Gnomen in die **Steckeschlääferklamm** | 150
- Luchse und Polarwölfe beobachten im **Hochwildschutzpark Rheinböllen** | 166
- Zu Fuß Richtung Himmel auf dem **Skywalk** in St. Johannisberg | 180
- Geschichte erleben im **Hahnenbachtal:** Schmidtburg, Altburg und Schieferbergwerk Herrenberg | 183–188

**Diese Tipps erkennt man an der gelben Hinterlegung.**

## Der Mittelgebirgszug Soonwald

Seit 2005 gehört der Soonwald zusammen mit dem Lützelsoon, der Simmerner Mulde und dem nördlichen Naheufer zwischen Kirn und Bad Kreuznach zum **Naturpark Soonwald-Nahe.** Damit vereint der Naturpark drei sehr unterschiedliche Landschaften: die sanft-hügeligen Hochflächen des Hunsrücks, den stillen Soonwald und einen Teil des rebenbewachsenen Nahelandes.

Angrenzend an den Soonwald liegen weitere große Waldgebiete: Im Osten bis zum Rheintal erstreckt sich der **Binger Wald,** im Westen schließt sich der **Lützelsoon** an, abgetrennt durch das malerische **Kellenbachtal.** Binger Wald und Lützelsoon werden oft dem Soonwald zugerechnet.

Die bewaldeten Kuppen auf dem östlichsten Ende des Soonwaldkamms im Binger Wald sind der **Franzosenkopf** (618 m) und der **Salzkopf** (628 m). Noch höher ist der **Kandrich** mit 637 Metern, doch der **Ellerspring** ist mit seinen 657 Metern der höchste Berg des Soonwalds. Genau hier soll *Faust* dem

Teufel seine Seele verkauft haben. Der Legende nach stammte *Johann Georg Sabellicus Fuste* von der Stromburg, auch Fustenburg genannt. Doch ob jener *Faust* aus Stromberg *Johann Wolfgang von Goethe* tatsächlich als literarisches Vorbild für seine Tragödie diente, ist mehr als umstritten.

Die Stadt **Stromberg** gilt auch als Heimat des Deutschen Michel. Sie liegt am östlichen Rand des Soonwalds und ist anerkannter Luftkurort. In der Gegend um Stromberg ist das Klima milder als auf den Hochflächen des Hunsrücks. Die Soonwaldkämme halten Wind und Regen von der Region fern – ideale Voraussetzung für den Weinbau.

**Weingüter** gibt es zum Beispiel in den nahe Stromberg gelegenen Orten Schweppenhausen und Waldlaubersheim. Einige Winzer bieten Weinproben, Kellerbesichtigungen und Weinbergrundgänge an. Erzeugt werden Silvaner, Riesling, weißer und grauer Burgunder, Sekt und verschiedene Brände. Im September und Oktober hat Federweißer Saison.

## Informationen und Veranstaltungen

■ **Trägerverein Naturpark Soonwald-Nahe e.V.,** Geschäftsstelle Simmern, Ludwigstr. 3–5, 55469 Simmern; Geschäftsstelle Bad Kreuznach, Salinenstr. 47, 55543 Bad Kreuznach, www.soonwald-nahe.de.

■ **Forstamt Soonwald,** Entenpfuhl 8, 55566 Bad Sobernheim, Ortsteil Entenpfuhl. Das Forstamt veranstaltet Kurse zu verschiedenen Themen, z.B. Wildkochkurse, Nachtwanderungen und geführte Mountainbike-Touren. Infos: www.wald-rlp.de.

**Mein Tipp:** Im Forstamt Soonwald gibt es das **Wildlädchen.** Zum Angebot gehören Wildwurstwaren und Wildbret, Steaks, Rouladen, Lenden oder Filets aus Wildfleisch. Geöffnet Mo–Do 8–16 Uhr, Fr 8–12 Uhr, 1. Mai bis 31. Dez. Mo–Fr 8–17 Uhr, Sa 10–14 Uhr und nach Vereinbarung (Tel. (06756) 1588175).

Am dritten Advent findet am Forstamt Soonwald die **Entenpfuhler Waldweihnacht** statt. Der Weihnachtsmarkt bietet Stände mit Kunsthandwerk, Leckerem aus der Region und frisch geschlagene Weihnachtsbäume. Außerdem ist es eine gute Gelegenheit, sich im Wildlädchen für die Festtage noch mit Wildspezialitäten einzudecken.

## Öffentliche Verkehrsmittel

**Mein Tipp:** **Hop-On-Hop-Off-Touren im Soonwald-Bus** von Mai bis Oktober immer am ersten Sonntag des Monats. Jede Tour hat einen eigenen, thematischen Schwerpunkt, z.B. Wildkräuter, Schinderhannes, Wein oder Wandern mit Kindern.

Der Wanderbus startet am Ortseingang Gemünden (von Mengerschied kommend, am Parkplatz Supermarkt Treff 3000) und fährt über die Wanderparkplätze Koppenstein und Alteburg, dann zur Hoxmühle im Hoxbachtal, durch das Weindorf Monzingen, zur Höhe Zollstock und zur Wüstung Eckweiler. Weiter geht es nach Entenpfuhl, Kreershäuschen, Münchwald, zur Gräfenbacher Hütte und zur Opelwiese. Dann zum Wanderparkplatz Schanzerkopf, zum Waldsee in Argenthal, nach Simmern, zum Höhenhof bei Holzbach, an die Nunkirche in Sargenroth und zurück nach Gemünden.

Das Tagesticket kostet 10 €, Kinder bis sechs Jahre fahren kostenlos. Man kann an jeder der 17 Haltestellen der Rundtour ein- und aussteigen. Der Bus fährt dreimal am Tag im Dreistundentakt, Hunde können nicht mitgenommen werden. Weitere Informationen, Programm und genaue Abfahrtszeiten unter www.soonwald.de. Buchungen bei **Scherer Reisen,** Hauptstr. 49, 55490 Gemünden, info@scherer-reisen.de, Tel. (06765) 270, Fax 960774. Die Buchungsbestätigung gilt als Busticket.

# Ausflüge in den Soonwald

## Von Argenthal

### Argenthaler Waldsee und Geoerlebnispfad

Von Argenthal am Nordrand des Soonwalds sind es rund 1,5 km bis zum Waldsee. Der kleine, naturbelassene **Badesee** liegt idyllisch in einer Lichtung. Die Liegewiesen sind gepflegt, Hunde nicht erlaubt. Das Restaurant Waldsee (s.u.) liegt direkt am Ufer.

Ursprünglich war der See eine **Tagebaugrube** und gehörte im 19. Jh. zur Rheinböllerhütte. Nach mehreren Besitzerwechseln wurde der Erzabbau 1935 eingestellt. Über die Geschichte der Erzgrube informiert ein Geoerlebnispfad. Der **5,5 km lange Weg** führt rund um die ehemalige Eisenerzgrube. Schautafeln informieren über den Erzabbau im 19. Jh. und die Geologie der Region. Start ist am Argenthaler Waldsee.

■ **Argenthaler Waldsee,** Mai bis Sept. 8–21 Uhr, Erw. 3 €, Kinder (10–15 J.) 0,50 €.

■ **Anfahrt:** Auf der B50 die Ausfahrt Argenthal nehmen. Am Ortseingang die erste Kreuzung rechts auf die Chur-Pfalz-Straße/Thiergartenstraße (L242) abbiegen, weiter Richtung Seibersbach. Der Wald-

032hu kn

see ist bereits im Ort ausgeschildert. Rechts in die Waldseestraße abbiegen und rund 1,5 km weiter bis zum Parkplatz Restaurant Waldsee.

### Camping

■ **Campingplatz Waldsee,** der einfach gehaltene Platz mit Seezugang gehört der Ortsgemeinde Argenthal und liegt mitten im Grünen. Geöffnet 1. April bis 31. Oktober, Infos: www.argenthal.de.

### Rodelbahn am Schanzerkopf

Der 643 m hohe Schanzerkopf bietet nicht nur schöne Ausblicke. Auf der markanten Soonwaldhöhe tummeln sich im Winter Schlittenfahrer aus der ganzen Umgebung. Vom Parkplatz an der Straße von Argenthal nach Dörrebach muss man noch knapp einen Kilometer laufen, bis man den Schanzerkopf erreicht hat. Doch die Mühe lohnt sich, die Rodelbahn am Nordhang ist 400 Meter lang und schön steil.

Am Fuße des Schanzerkopfs im Gräfenbachtal befindet sich ein Hutewald im **Naturschutzgebiet Glashütter Wiesen.** In solche Waldweiden trieben die Bauern früher ihr Vieh.

## Von Riesweiler

Von Riesweiler am Nordrand des Soonwalds gibt es sehr schöne Wanderwege. Einige führen zum **Simmernkopf,** der mit 653 Metern höchsten Erhebung im Rheinhunsrückkreis.

Ebenfalls ein schönes Wanderziel ist die **Eremitage Reizenborn** oder Rätzeborn, wie die Einheimischen sagen. An der Quelle (*Born* = „Brunnen") rasteten Jäger, Reisende, aber auch Pilger auf dem Jakobsweg nach Santiago de Compostela. 1718 ließ sich der erste Einsiedler am Reizenborn nieder. Als 1732 eine Wallfahrtskapelle errichtet wurde, entwickelte sich die Eremitage zu einer Wallfahrtsstätte für die nähere Umgebung. 1775 wurde eine größere Wallfahrtskirche neben der Eremitage gebaut. Ab Ende des 18. Jh. verfiel die Kirche. 1980 wurden die Reste der ehemaligen Einsiedelei rekonstruiert. Im Sommer werden Gottesdienste unter freiem Himmel abgehalten.

## Von Mengerschied

In Mengerschied lohnt ein Abstecher zum **Aussichtspunkt „Hohe Klopp".** Von der L 162 führt die Gasse „Klopp" und dann ein schmaler Pfad zu dem markanten Schieferfelsen.

Für Spaziergänge ist das idyllische **Lametbachtal** mit seinen Quarzitfelsen und Blockschutthalden ideal. Ein besonders bizarrer Felsen ist die flechtenbewachsene „Plackensteiner Kuh", die sich der Sage nach beim Mittagsläuten dreimal um sich selbst dreht.

☐ Der Höhenzug Soonwald ist großteils dicht bewaldet

# Von Gemünden

## Geologischer Lehrpfad

Eine Wanderung durch die Erdgeschichte des Hunsrücks bietet der Geologische Lehrpfad bei Gemünden im Nordwesten des Soonwalds. Der rund vier Kilometer lange Weg führt durch das **Simmerbachtal** und die Berghänge hinauf und eröffnet immer wieder sagenhafte Ausblicke.

Ob Quarz, Porphyr oder Karst – wer sich schon einmal mit Geologie beschäftigt hat, weiß: Erdgeschichte ist ein faszinierendes, aber nicht eben einfaches Gebiet. Stationen mit **Informationstafeln** und den passenden **Gesteinsbrocken** geben einen leicht verständlichen Einblick in die geologische Entwicklung des Hunsrücks und des Nahe-Berglandes. Insgesamt 23 Gesteinsgruppen werden vorgestellt.

Höhepunkt der Route ist die **Aussichtsplattform** über der ehemaligen Kaisergrube. Deutlich zu erkennen ist der terrassenförmig angelegte, alte **Schiefertagebau,** der vermutlich schon im Mittelalter angelegt wurde.

Start des Lehrpfades ist am Parkplatz an der Kreuzung B421 und L162. Ein riesiger Findling markiert den Beginn.

### „Die Jungfrau von Koppenstein"

Düstere Legenden und Räubergeschichten ranken sich um das alte Gemäuer der Burg Koppenstein. Dem **Hunsrücker Mundartdichter Peter Joseph Rottmann** ist es zu verdanken, dass die Erinnerung an eine mysteriöse Frauengestalt, das **Koppensteiner Gretchen,** bis heute fest mit der Burg verbunden ist.

*Rottmann* besuchte am 8. August 1819 die Burgruine Koppenstein und traf dort auf eine alte Frau. Er kam mit ihr ins Gespräch und ließ sich die Lebensgeschichte der Siebzigjährigen erzählen. Das Gehörte verarbeitete er in dem Gedicht: „Die Jungfrau von Koppenstein". Es erzählt, wie Gretchens Mutter, die im Sterben liegt, ihrer unehelichen Tochter endlich von ihrem Vater erzählt: Als junges Mädchen lernte sie beim Schafehüten einen jungen Mann kennen und verliebte sich. Doch er war kein Jäger, wie er vorgab, sondern ein Adliger vom Rhein, der den Sommer auf dem nahen Schloss Gemünden verbrachte. Er verführte und schwängerte das Mädchen. Vom Vater verstoßen, floh sie zur Burgruine Koppenstein und lebte dort in Abgeschiedenheit.

Auch die uneheliche Tochter, *Maria Margaretha Rosenstein,* so Gretchens voller Name, verbrachte ihr Leben auf Koppenstein. Sie lebte von den Zuwendungen der Burgbesucher und von dem, was ihre kleinen Gärten hergaben, die sie verstreut auf dem Burggelände anlegte. 1821 starb die letzte Bewohnerin der Burg, im Alter von 72 Jahren, im Schatten des trutzigen Bergfriedes, über den *Rottmann* in seinem Gedicht abschließend schreibt:

*„Der Thore guckt noch immer*
*Weit in dett Land enaus,*
*Unn nitt de ärigst Storem*
*Riecht Ebbes anem aus."*

(„Der Turm guckt noch immer
weit in das Land hinaus
und nicht der ärgste Sturm
richtet etwas an ihm aus")

033hu kn

Eine Broschüre über den Geologischen Hunsrück-Lehrpfad Gemünden hält die Touristinformation in Kirchberg bereit (s. dort).

## Burgruine Koppenstein

Am westlichen Ende des Soonwalds auf einer Berghöhe in der Nähe von **Henau** erhebt sich der 16 Meter hohe Bergfried der Burgruine Koppenstein. Auf mehreren schönen Waldwegen lässt sich die Umgebung der Koppensteiner Höhe erwandern. Für Eilige oder Familien mit kleinen Kindern empfiehlt sich der Aufstieg zur Burg direkt von den Parkplätzen an der K62 aus. Von hier bis zur Ruine sind es noch knapp 600 Meter.

Der Bergfried von Burg Koppenstein, davor das Wahrzeichen des Soonwalds – bisher wackelt es nicht

Schon bald tauchen erste **Mauerreste** auf, der tiefe Burggraben ist deutlich zu erkennen. Der **fünfeckige Bergfried** wurde als **Aussichtsturm** wiedererrichtet. Die Fernsicht auf die Hunsrückhöhen und den sanft gewölbten, dunklen Soonwaldrücken ist grandios. Bis zum Lützelsoon und zum Idarwald wandert der Blick, im Südwesten bis zum Donnersberg.

Im Bergfried konnten sich die Burgbewohner während einer Belagerung verschanzen. Der heutige Eingang ist neueren Datums. Ursprünglich gelangte man über die höher gelegene, bogenförmige Maueröffnung in den Turm, die bei Gefahr leichter zu verteidigen war.

Etwas Vorsicht ist geboten, wenn man dem schmalen, steinigen Pfad folgt, der am Fuße des Bergfrieds vorbeiführt.

Nach ein paar Metern entdeckt man zwischen den mächtigen Quarzblöcken eine geologische Kuriosität: den sogenannten **Wackelstein,** ein viel fotografiertes **Wahrzeichen des Soonwalds.** Der imposante Felsbrocken liegt auf einem wesentlich schmaleren Gipfelfelsen. Und dieser lässt bezüglich seiner Standfestigkeit ein paar Zweifel aufkommen. Doch immerhin thront er nun schon seit vielen Jahrtausenden auf dem schmalen Felsgrat und wird sicherlich auch weiterhin unverrückbar liegen bleiben.

Unterhalb der Burg Richtung Gemünden befindet sich ein Felsenmeer mit unzähligen, von Wanderern aufgeschichteten **Steinmännchen.**

### Geschichte der Burg

Seit dem 12. Jahrhundert befand sich Burg Koppenstein im Besitz der **Sponheimer Grafen.** Der Standort auf der Koppensteiner Höhe war wie gemacht für eine mittelalterliche Wehranlage, denn die schroffen, steilen Felsen boten neben den dicken Mauern zusätzliche Sicherheit. Doch schon lange vor der Erbauung der Burg Koppenstein suchten Menschen hier Schutz. Darauf weisen **Reste keltischer Ringwallanlagen** hin. Die Mauerreste rings um den Bergfried lassen die ursprüngliche Größe der Burg nur erahnen. Immerhin verfügte sie im 12. Jh. über einen Palas, Wälle, Zwinger und Stallungen.

Kaum zu glauben, dass die Burg einmal einer **Stadt** vor ihren Mauern Schutz bot. Sie erhielt 1330/31 die Stadtrechte, was den Handel zum Florieren bringen sollte. Doch die Stadt dehnte sich kaum aus. Es gab im Bereich der hoch gelegenen Burg zu wenig Wiesen und Ackerland. Auch die Wasserversorgung war schlecht.

Die Erben der 1437 ausgestorbenen Sponheimer legten weit weniger Wert auf die kostspieligen Instandsetzungen, die an der Burg vorgenommen werden mussten. Die hohen Kosten für die Erhaltung der Burg und die Wirren des Dreißigjährigen Krieges sorgten dafür, dass Stadt und Burg im 17. Jh. aufgegeben wurden.

## Wandern im Soonwald

### Soonwaldsteig

Der 83 Kilometer lange Soonwaldsteig bietet dichte Wälder und viel Ruhe. Er führt längs des gesamten Gebirgszuges von **Kirn an der Nahe** über Bundenbach und Rheinböllerhütte bis nach **Bingen am Rhein.**

Der Steig ist in sechs Etappen gut zu bewältigen. Geübte Wanderer schaffen ihn aber auch in drei Tagen. Für absolute Anfänger ist er nicht unbedingt geeignet, zwischendurch werden die naturbelassenen, schmalen Pfade und mancherorts steilen Anstiege ziemlich anspruchsvoll. Der Steig verläuft über längere Abschnitte auf den Quarzitblockschutthalden des Soonwaldkamms. Diese Geröllpassagen machen den Weg stellenweise etwas beschwerlich, Trittsicherheit und festes Schuhwerk sind unverzichtbar.

Über viele Kilometer trifft man auf kein Haus. **Unterkünfte** sollten daher besser **vorab gebucht** werden, denn vielerorts gibt es kaum Hotels oder Fremdenzimmer. Viele Vermieter, deren Unterkünfte nicht direkt am Soonwaldsteig liegen, bieten ihren Gästen Personentransfer, Gepäckbeförderung und Lunch-

034hu kn

pakete an. Alternativ können Wanderpauschalen gebucht werden.

■ **Der Soonwaldsteig in sechs Etappen:**
1. Kirn – Bundenbach (15 km)
2. Bundenbach – Simmerbachtal (13 km)
3. Simmerbachtal – Ellerspring (14 km)
4. Ellerspring –Rheinböllerhütte (15 km)
5. Rheinböllerhütte – Jägerhaus (14 km)
6. Jägerhaus – Bingen (12 km)

■ Der Trägerverein Naturpark Soonwald-Nahe e.V. hat drei **Trekkingcamps** am Soonwaldsteig eingerichtet. Die Camps sind sehr naturnah und schlicht ausgestattet. Es gibt jeweils verschiedene Zeltplätze, einen Jurtezeltplatz, eine Feuerstelle und eine Toilette. Für Verpflegung muss selbst gesorgt werden. 1. April bis 31. Okt., 10 € pro Zelt/Nacht, 15 € pro Jurte/Nacht. Infos und Buchung unter www.soonwaldsteig.de.

**Traumschleife „Soonwald"**
Auf dem Seibelsplatz in der Ortsmitte von **Mengerschied** beginnt die 9,9 km lange Soonwald-Traumschleife. Sie führt von Mengerschied über Wiesen und Felder nach Sargenroth, an der Nunkirche und dem Bismarckturm vorbei und zurück durch herrliche Laubwälder.

**Traumschleife „Schanzerkopf-Tour"**
Der 15,4 km lange, gut ausgeschilderte Wanderweg führt rund um den Schanzerkopf. Start ist am **Argenthaler Waldsee** (s.o.) oder am Parkplatz Schanzerkopf.

Wilde Maiglöckchen auf Etappe 3 des Soonwaldsteigs

# Forschung am alten Liedgut: Wer war der Jäger aus Kurpfalz?

*„Ein Jäger aus Kurpfalz,*
*Der reitet durch den grünen Wald,*
*Er schießt das Wild daher,*
*Gleich wie es ihm gefällt.*

*Juja, Juja, gar lustig ist die Jägerei*
*Allhier auf grüner Heid',*
*Allhier auf grüner Heid'."*

Heute ist es etwas in Vergessenheit geraten, doch früher kannte jedes Kind das Lied **„Ein Jäger aus Kurpfalz".** In dem Volkslied werden nicht nur die Freuden der Jagd besungen. Das vollständige sechsstrophige Lied beschreibt reichlich derb und unverblümt ein erotisches Abenteuer. Deshalb werden in modernen Liederbüchern nur noch die ersten drei Strophen abgedruckt.

Soviel ist sicher: Für die im Lied beschriebene Figur des Jägers stand ein **reales Vorbild** Pate. Doch wer war der im Lied besungene Weidmann? Diese Frage machte **Generationen von Heimatforschern** Kopfzerbrechen und ist bis heute nicht eindeutig geklärt. Als möglicher Kandidat gilt *Johann Adam Melsheimer.* Er war von 1719 bis 1757 als kurpfälzischer Förster im Soonwald unterwegs. Auch *Johann Kasimir von der Pfalz-Simmern* steht zur Debatte. Regelmäßig tauchen neue Theorien über den „Jäger aus Kurpfalz" auf, die die Diskussion unter den Heimatforschern wieder entfachen. Zurzeit gilt der pfälzisch-bayerische Kurfürst *Karl Theodor* als am wahrscheinlichsten.

Auch Kaiser *Wilhelm II.* hatte seinen Favoriten. Er hielt *Friedrich Wilhelm Utsch* aus Rheinböllen für den echten Jäger. *Utsch* war von 1763 bis 1795 Forstmeister im Soonwald. Und so steht es auch heute noch auf einem **Denkmal in Entenpfuhl.** Das puttenbekrönte Ehrenmal befindet sich in Sichtweite des Forstamts Soonwald. Das Relief in der Mitte zeigt den berittenen Erbförster. Zur Denkmalenthüllung am 13. August 1909 kam *Wilhelm II.* höchstpersönlich. Überliefert ist, dass der Kaiser und „allerhöchste Jagdherr" das Denkmal etwas klein geraten fand, er war Größeres gewohnt.

Wer nun tatsächlich hinter der Figur im Volkslied steckt, wird wahrscheinlich nie herauskommen.

### „Waldgedichtepfad"

Der vier Kilometer lange Spaziergang startet am **Forstamt Soonwald** in Entenpfuhl und führt größtenteils über asphaltierte Waldwege. Am Wegesrand sind Gedichte nachzulesen. Die Texte von *Hermann Hesse, Theodor Fontane, Heinz Erhardt* und anderen haben immer einen Bezug zu Wald und Natur.

In der Adventszeit wird der Weg durch einen Weihnachtsgedichtepfad erweitert.

# Binger Wald

Binger Wald nennt sich der 7000 Hektar große, östliche Teil des Soonwalds, der bis zur Stadt Bingen und an den Rhein heranreicht und vor allem ein herrliches **Wandergebiet** ist. Mehrere bewirtschaftete **Waldhütten mit Gastronomie** laden zu entspannten Pausen ein.

In **Waldalgesheim** führt eine Straße vom Neubaugebiet Richtung ehemalige Grube Amalienhöhe in den Binger Wald hinein zum Parkplatz „Bodmannstein". Von hier aus führen zahlreiche Wanderwege durch das Gebiet, Gaststätten wie das Forsthaus Jägerhaus sind schnell erreicht.

Das alte Winzerdorf **Weiler** bei Bingen wird im Jahr 823 in einer Urkunde *Kaiser Ludwigs des Frommen* erwähnt. Doch bereits in der Römerzeit lag der Ort an einer wichtigen Handels- und Heerstraße, die Mainz und Bingen mit Trier verband. Diese Hauptverkehrsstraße quer durch den Hunsrück ist heute nach dem römischen Dichter *Ausonius* benannt: **Via Ausonia** (siehe Exkurs im Kap. „Simmerner Mulde"). *Decius Magnus Ausonius* schrieb die erste Beschreibung des Hunsrücks. Sein 371 n. Chr. niedergeschriebenes Gedicht „Mosella" schildert seine Eindrücke während einer Reise quer durch den Hunsrück, von der Nahe bei Bingen bis zur Mosel: „Waldeinsamkeit umfing mich, Verödet sind die Fluren / Und nirgends nah und fern / Vom Menschenwerk die Spuren".

## Römische Ausgrabungsstätte

In der Nähe von Weiler werden seit 1999 die **Reste einer Villa Rustica** freigelegt und erforscht. Die Portikusvilla mit Eckrisaliten war typisch für die römischen Rheinprovinzen. Das Hauptgebäude war sehr komfortabel, mit Bodenheizung, Baderäumen und fließendem Wasser. Genutzt wurde die Villa vom Ende des 2. Jh. bis zum Anfang des 5. Jh. Auf dem ummauerten, rund 3,5 Hektar großen Areal der Villa standen noch mindestens acht Wirtschaftsgebäude. Vermutlich wurde die Villa wegen ihrer Nähe zur heute Via Ausonia genannten Heer- und Handelsstraße auch als Straßenstation genutzt, in der man Reisende bewirtete. Der hölzerne **Aussichtsturm** bietet einen guten Blick auf das Areal der Ausgrabungsstätte. Um einen kleinen Einblick in die Arbeit und das Leben auf einem römischen Gutshof zu geben, wurde ein römischer Nutzgarten angelegt.

■ **Anfahrt:** Obwohl die Villa Rustica auf der Weilerer Gemarkung liegt, ist sie besser über den Nachbarort Waldalgesheim zu erreichen (der Beschilderung Richtung Forsthäuser folgen). Vom Parkplatz „Bodmannstein" gelangt man in wenigen Minuten zu der Ausgrabungsstelle.

## Erlebnispfad Binger Wald

Unter dem Motto „Wald am Rhein erleben" informieren Stationen auf dem 5,5 km langen Erlebnispfad Binger Wald. Einer der Höhepunkte ist eine 40 m lange **Hängebrücke,** die über die vier Meter tiefe Schlucht des Kreuzbachs führt. Start ist am Parkplatz „Bodmannstein", von hier kann man den ganzen Erlebnispfad oder verschiedene Abschnitte erwandern.

## Steckeschlääferklamm

Die Steckeschlääferklamm ist eine Tour mit Unterhaltungswert und besonders für Familien zu empfehlen. Der Weg durch das Haselbachtal, der über 15 Holzstege führt, wird garantiert nicht langweilig. Baumgeister, Gnome, Wichtel, Kobolde und Tiere entlang des Weges, kleine Kunstwerke, geschnitzt in die Stämme oder Wurzeln der Bäume, sorgen für Entdeckerlaune und Spaß. Die **fantasievollen Schnitzereien** wachsen mit der Zeit wieder ein, weshalb drei Künstlerinnen zurzeit neue Masken anlegen. Jedes Jahr am 1. Mai findet ein „Klammfest" statt, der Erlös dient der Instandhaltung der Steckeschlääferklamm.

Der Name *Steckeschlääfer* kommt von den Wanderfreunden aus Weiler, die bereits 1971 die Klamm ausbauten. Denn beim Wandern schleifen *(schlääfen)* sie ihre Stöcke *(Stecke)* über den Boden. Am Wochenende wird es auf dem Weg manchmal eng, wenn Spaziergänger mit Kind und Kegel massenweise die Steckeschlääferklamm heimsuchen.

Zur Steckeschlääferklamm gelangt man über den oben beschriebenen Weg von Waldalgesheim (Parkplatz „Bodmannstein"). Von der Klamm aus erreicht man in wenigen Minuten das Forsthaus Jägerhaus (s.u.) oder man läuft ein Stück weiter bis zur Waldgaststätte Haus Waldfrieden/Gerhardshöfe, dabei auf dem Waldweg den Schildern „Gerhardshöfe" bis zum Haus Waldfrieden folgen.

## Kletterwald am Salzkopf

Vom **Franz-Roos-Turm** auf dem 628 m hohen Salzkopf lässt sich ein schöner Blick auf die Umgebung genießen. Ein rund einen Kilometer langer Wanderweg führt von der **Lauschhütte** (s.u.) bis zum Aussichtsturm auf dem Salzkopf. Die Lauschhütte gibt es bereits seit dem 18. Jh. Damals war sie Unterkunft und Aufenthaltsort für Waldarbeiter, heute ist sie ein einladendes Ausflugsziel für Familien und Wanderer. An der Lauschhütte kann man im **Kletterwald** seine Höhenangst überwinden, auf Geocaching-Tour durch die Natur pirschen, auf dem **Bogenparcours** seine Geschicklichkeit mit Pfeil und Bogen testen oder zwischen Baumwipfeln schlafen (s.u.).

## Aktivitäten

■ **Kletterpark:** Outdoorpark Lauschhütte, Tel. (0170) 3854567, www.kletterwald-lauschhuette.de, April bis Okt., außerhalb der Ferien Sa, So und Fei ab 10 Uhr, in den rheinland-pfälzischen Oster-, Sommer- und Herbstferien tägl. ab 10 Uhr. Kletterwald: für Kinder von 8 bis 12 J. nur in Begleitung eines Erwachsenen, Kinder (8–18 J.) 12 €, Erw. (alle Parcours) 15 €, Familien (2 Erw. und 2 Kinder) 52 €, jedes weitere Kind 10 €.

**Bogenparcours:** Preise inkl. Ausrüstung: Erw. 15 €, Kinder und Jugendl. (bis 15 J.) 10 €, Familien (2 Erw. und 1 Kind) 38 €, jedes weitere Kind 8 €. Preise ohne Ausrüstung: Erw. 8 €, Kinder und Jugendl. (bis 15 J.) 5 €. Der Bogenparcours verläuft rund um die Lauschhütte. Am 1,5 km langen Weg durch den Wald stehen zehn Ziele: Reh, Bär, Hase, Pendelziele, Strohsäcke und Scheiben.

**Anfahrt:** Von der A61 (Richtung Ludwigshafen) die Abfahrt Stromberg nehmen. Richtung Waldalgesheim fahren und nach rund 150 m links nach Warmsroth abbiegen. Rund zwei Kilometer hinter Warmsroth rechts abbiegen und drei weitere Kilometer der Beschilderung zur Lauschhütte folgen.

## Essen und Trinken

**Mein Tipp:** **Lauschhütte**①, 55442 Daxweiler, www.lauschhuette.de, 1. Nov. bis 31. März Do–So 11–21 Uhr, 1. März bis 31. Okt. Di–Do 11–21 Uhr, Fr–So und Fei 11–21 Uhr, Mo Ruhetag, in den rheinland-pfälzischen Oster-, Sommer- und Herbstferien tägl. ab 10 Uhr. Die Küche der 1789 erstmals erwähnten Lauschhütte ist auf Wildgerichte aus dem Soonwald spezialisiert und verarbeitet ansonsten bevorzugt regionale Produkte. Donnerstags ist Kartoffelpuffertag. Im Biergarten werden Grillgut und die „Lauschhüttenburger" im Smoker zubereitet. Direkt vor der Lauschhütte können Kinder auf dem „Boden-nicht-berühr-Parcours" ihr Balancegefühl testen.

**Schlafen in luftiger Höhe**①, unter dem Motto „Träumen zwischen Bäumen" bieten die Betreiber der Lauschhütte Abenteuerübernachtungen an. Zwischen April und Oktober kann man wählen, ob man im Trekkingzelt auf dem Boden, etwas höher in der überdachten Hängematte oder im Baumhaus übernachten möchte. In den Baumzelten finden ein bis zwei Personen Platz, Schlafsack etc. ist mitzubringen. Ab 9 Uhr gibt es Frühstück in der Lauschhütte.

■ **Gaststätte Forsthaus Jägerhaus**①, 55413 Weiler/Binger Wald, www.forsthaus-jägerhaus.de, Mo 11–18 Uhr, Di Ruhetag, Mi–Sa ab 11 Uhr, So ab 8 Uhr Frühstücksbuffet (nur nach Voranmeldung, Tel. (06721) 159241). Das gemütliche Restaurant mit Café und großer Gartenterrasse liegt ideal für Wanderer. Die Gästezimmer tragen fantasievolle Namen wie „Koboldlaube" und sind teilweise auch für kleine Wandergruppen geeignet.

Bogenparcours an der Lauschhütte

035hu kn

036hu kn

**Mein Tipp: Waldgaststätte Emmerichshütte**①, Emmerichshütte 3, 55442 Daxweiler, www.waldgaststaette-emmerichshuette.de, Tel. (06724) 12 78, Mi–Mo 11.30–22 Uhr, Di Ruhetag. Die Emmerichshütte ist ebenfalls bewirtschaftet und lädt mit gutem Essen zur Einkehr ein. Die Waldgaststätte war ursprünglich ein im 18. Jh. errichtetes Forsthaus. In der holzvertäfelten Gaststube und auf der Terrasse werden neben gutbürgerlicher Küche auch Wildgerichte serviert. Nachmittags gibt es hausgebackenen Kuchen und Torten.

## Weingut

■ **Weingut Grünewald,** Kirchstr. 15, 55413 Weiler/Bingen, Tel. (06721) 32622, www.weingut-gruenewald-weiler.de. Urige Weinstube mit deftiger Winzervesper und Weinverkauf, Fr und Sa ab 18 Uhr, So ab 17 Uhr. Weinwanderungen und -proben nach Voranmeldung. Jungwinzer *Eric Grünewald* baut auf rund 11 Hektar vor allem Riesling und Silvaner an, aber auch Weißer und Grauer Burgunder, Spätburgunder oder Dornfelder gehören zum Angebot. Die Weine erhalten regelmäßig Auszeichnungen. Über das Jahr finden im Weingut verschiedene Veranstaltungen statt.

## Wandern

### „Baumgeister-Tour"

Attraktionen der 15,7 km langen Route, die durch das Naturschutzgebiet Morgenbachtal führt, sind die Steckeschlääferklamm, die Villa Rustica und die Burg Rheinstein. Mehr als 800 Höhenmeter gilt es auf der Strecke zu überwinden. Start ist an der **Gaststätte Forsthaus Jägerhaus.**

⌃ An der Lauschhütte im Binger Wald werden diverse Aktivitäten angeboten

# Stromberg

„Im Land des deutschen Michel" nennt sich die Region rund um Stromberg. Die Stadt am südöstlichen Rand des Soonwalds liegt tief in einer Mulde und erstreckt sich über drei Täler. **Drei Burgen** thronen über dem verwinkelten Fachwerkort: Die Burg Stromberg (Stromburg) und die Ruinen Pfarrköpfchen und Gollenfels.

Rund 3200 Einwohner leben in Stromberg. Einer der berühmtesten ist Fernsehkoch *Johann Lafer,* der in der Stromburg hoch über dem Guldenbach ein Hotel und zwei Restaurants betreibt. Noch berühmter ist ein anderer, ehemaliger Bewohner dieser geschichtsträchtigen Burg. Der Reitergeneral *Hans Michael Elias von Obentraut* – genannt der **Deutsche Michel** – verbrachte Kindheit und Jugend auf der Stromburg. Er zog an der Spitze einer kurpfälzischen Kavallerie für die Evangelische Union in den Dreißigjährigen Krieg. Durch seinen Mut machte er schnell von sich reden und brachte es bis zum General. *Obentraut,* der von der gegnerischen Seite tatsächlich *Deutscher Michel* genannt wurde, ist aber nicht zu verwechseln mit der populären Figur, die als Inbegriff des kleinkarierten Spießbürgers gilt und dessen Darstellung als trotteliger Zipfelmützenträger in politischen Karikaturen auftaucht.

Der Stadtteil **Schindeldorf** liegt mitten im Stromberger Stadtwald und ist Luftkurort. Von Appartements über Ferienhäuser bis hin zu einem Viersterne-Hotel bietet Schindeldorf Unterkünfte mitten im Erholungsgebiet.

## Sehenswertes

### Stromburg

Die Anfänge der Stromburg liegen im Dunkeln, doch spätestens ab 1250 gewann die Wehranlage der Pfalzgrafen an Bedeutung. Ein tiefer Halsgraben schützte die Burg Richtung Osten. Sie diente als Sitz eines Kurpfälzer Amtmannes, der von hier aus den großen Besitz in Rheinhessen, im Naheraum und im Hunsrück verwaltete. Aus der Amtmannfamilie *Obentraut,* die 1582 von Heddesheim auf die Stromburg berufen wurde, stammt der berühmteste Sohn Strombergs: *Hans Michael Elias von Obentraut,* der *Deutsche Michel.*

Angeblich ebenfalls von der Stromburg, die auch **Fustenburg** genannt wird, stammt *Johann Georg Sabellicus Fuste,* besser bekannt unter dem Namen **Faust.** Der Sage nach soll er seine Seele dem teuflischen Mephistopheles auf dem Kandrich im Soonwald verschrieben haben. *Faust* arbeitete eine Zeit lang in Bad Kreuznach als Lateinlehrer und könnte das historische Vorbild für *Johann Wolfgang von Goethes* Tragödie „Faust" gewesen sein. Doch diese These ist recht umstritten, viele vermuten, dass der um 1480 im baden-württembergischen Knittlingen geborene *Georg Johann Faust,* ein wandernder Alchimist, Magier und Wunderheiler als Vorlage in die Weltliteratur einging. Auch er arbeitete in Bad Kreuznach als Magister.

Heute ist die Stromburg eine viel besuchte **Feinschmecker-Hochburg,** denn Sternekoch *Johann Lafer* lebt und kocht hier (s.u.). *Lafer* ist außerdem begeisterter Hubschrauberpilot. Auf Wunsch werden Gäste mit dem Hubschrauber zum Gourmet-Picknick oder zur Weinverkostung in Winzerhöfe geflogen – ein unvergessliches, aber auch recht kostspieliges Vergnügen.

## Burg Gollenfels

Im Westen, gegenüber der Stromburg, liegt die Burg Gollenfels. Ein schmaler, steiniger Weg führt von der Von-Gauvain-Straße zur Burg hoch und um sie herum. Vermutlich schon zur Römerzeit sicherte eine Befestigungsanlage den Straßenübergang über den **Guldenbach.** Im 10. oder 11. Jh. wurde an der Stelle eine Burg errichtet. Spanische Truppen zerstörten sie 1614 vollständig. Fünf Jahre später errichteten die Herren *von Hammerstein* das noch heute erhaltene, aber mittlerweile dem Verfall preisgegebene Gebäude.

*Michael Praetorius* (1571–1621) komponierte in seiner Zeit als Hauslehrer auf der Burg Gollenstein das berühmte Weihnachtslied „Es ist ein Ros' entsprungen". In der Hauskapelle der benachbarten Stromburg erklang es Weihnachten 1590 zum ersten Mal.

1793 wurde die Burg Schauplatz eines ungleichen Kampfes. Der **preußische Leutnant von Gauvain** versuchte mit nur 35 Soldaten die Burg Gollenfels gegen die zehnmal stärkere französische Revolutionstruppe zu verteidigen. Sie unterlagen in dem schweren Gefecht, fast alle Soldaten wurden getötet. Aufgrund seines Namens hielten die Franzosen *Gauvain* offensichtlich für einen Deserteur und stachen ihn bei seiner Festnahme nieder. Doch tatsächlich stammte er aus einer preußischen Offiziersfamilie mit hugenottischen Wurzeln. Er wurde auf der Gollenfels bestattet, ein **Denkmal** erinnert an ihn und seine Soldaten.

Die Burg befindet sich in Privatbesitz und ist nur von außen zu besichtigen.

## Ruine Pfarrköpfchen

Eine kleine, aber archäologisch sehr interessante Burgruine ist auf dem Pfarrköpfchen an der Straße nach Bingen zu finden. Wann die Burganlage errichtet wurde, ist unklar. Manche Forscher vermuten die Entstehung im 12. Jh., andere sehen einen frühmittelalterlichen oder gar römischen Ursprung. Unter anderem gehörte sie dem Staufer Herzog *Konrad,* einem Stiefbruder Kaiser *Barbarossas.* Ein Stück des prachtvoll gestalteten **Mosaikfußbodens,** das in der Ruine gefunden wurde, ist im Heimatmuseum Stromberg ausgestellt. Die Ruine ist frei zugänglich.

## Heimatmuseum Stromberg

Genau so stellt man sich ein Heimatmuseum vor: vollgestopft mit Altertümchen aus Omas Zeiten. Neben Hausrat, Spielzeug und Hochzeitskleidern der vergangenen Jahrhunderte sind Ausgrabungsfunde aus der Umgebung ausgestellt. Unerwartetes gibt es auch zu entdecken: zum Beispiel zwei glamouröse Abendroben von 1969, die *Wilhelmine Lübke,* der Frau des damaligen Bundespräsidenten *Heinrich Lübke,* gehörten.

■ **Heimatmuseum Stromberg,** Gerbereistr. 20, Tel. (06724) 64 47, Do und jeden 2. So im Monat 14–16 Uhr, auch Führungen.

037hu kn

# Praktische Tipps

## Informationen

■ **Tourist-Info Stromberg,** Binger Str. 3, 55442 Stromberg, Tel. (06724) 274, Mo–Fr 9–12.30 und 14–17 Uhr, Sa 9–12 Uhr, www.michelsland.de.

⌃ Im Heimatmuseum der Stadt Stromberg

## Unterkunft, Essen und Trinken

MEIN TIPP: **Michel Café**①, Römerstr. 6, 55442 Stromberg, Tel. (06724) 6027800, www.michelcafe.de, Di–So 9.30–18 Uhr, Fr und Sa 9.30–22 Uhr, Mo geschl. Das schmucke Café in Strombergs ehemaliger Zehntscheune verwöhnt seine Gäste mit hausgemachten Tortenkreationen, Eisbechern und kleinen Gerichten aus regionalen Produkten. Dekoriert mit Kunst und Krempel aus Omas Zeit, ist nicht nur der Innenraum ein wahres Schmuckstück. Auch der Außenbereich ist liebevoll gestaltet und lädt zu gemütlichen Mußestunden in der Sonne ein. Sonntags gibt es ein Frühstücksbuffet. Die Marmeladen, Liköre oder Brände aus eigener Herstellung können auch gekauft werden.

■ **Ferienwohnung Fisch,** Finkenwiesen 18, 55442 Stromberg, Tel. (06724) 96093. Modern ausgestattete Ferienwohnung mit Balkon auf der Südseite.

■ **Ferienwohnung Haus Regina,** Marktstr. 8 (Römerberg), 55442 Stromberg, Tel. (06724) 941596, www.haus-regina-stromberg.de. Ruhige Lage am Stadtrand und trotzdem zentral. Mit Garten und Terrasse, Blick auf die Stromburg.

### Auf der Stromburg

■ **Johann Lafer's Stromburg**⑤, Schloßberg 1, 55442 Stromberg, Tel. (06724) 93100, www.johannlafer.de, EZ ab 150 €. 14 Zimmer, das größte ist die Turmsuite über drei Etagen (450 € für 2 Pers.). Gäste nächtigen in eleganten Zimmern, die nach berühmten Köchen benannt sind.

■ **Le Val d'Or**⑤, Schloßberg 1, 55442 Stromberg, Tel. (06724) 93100, www.johannlafer.de, Mi–Fr ab 19 Uhr, Sa, So und Fei ab 12 Uhr. Le Val d'Or versteht sich als Jahreszeitenrestaurant. Nicht nur die Menüs sind saisonal angepasst, auch die Hintergrundmusik und die komplette Dekoration werden entsprechend ausgetauscht. Die Speisen werden möglichst aus regionalen Zutaten zubereitet.

■ **Bistro d'Or**③, Schloßberg 1, 55442 Stromberg, Tel. (06724) 93100, www.johannlafer.de, tägl. ab 12 Uhr. Gourmetküche für den etwas kleineren Geldbeutel, beliebt sind die Wiener Schnitzel. Die Bistroterrasse bietet einen schönen Blick über Stromberg und den Soonwald.

### Schindeldorf

■ **Ferien- & Erholungspark Schindeldorf,** Holunderweg 3, 55442 Stromberg, Tel. (06724) 941033, www.ferienpark-schindeldorf.de. Die Preise der Appartements sind saisonabhängig.

■ **Resort Stromberg,** Kiefernweg 33, 55442 Stromberg, Tel. (06724) 9100, www.resort-stromberg.de. Rund 80 Ferienhäuser und Appartements für zwei bis zehn Personen.

■ **Land & Golf Hotel Stromberg**④, Buchenring 6, 55442 Stromberg, Tel. (06724) 6000, www.golfhotel-stromberg.de. Ein hoteleigener 18-Loch-Golfplatz (s.u.) und umfangreiche Spa-Angebote sind die Glanzpunkte dieses angenehmen Hotels. Außerdem gehören drei Restaurants dazu:

■ **Gourmet-Restaurant Le Délice**④, Tel. (06724) 600443, Di–Sa ab 19 Uhr, So und Mo geschl. Gehobene Küche im eleganten Ambiente, Reservierung empfohlen.

■ **Garten-Restaurant**④, Tel. (06724) 600443, Mo–Fr 7–10 und 12–14 Uhr, Sa und So 7–10.30 Uhr, So auch 12.30–14 Uhr. Kleine, aber feine Karte, mit Braustüberl und Terrasse.

■ **Buffet Restaurant**④, Golflounge, Vinothek und Rosengarten, ab 18.30 Uhr.

038hu kn

Ein Hotel und zwei Restaurants betreibt Johann Lafer auf der Stromburg

### Dörrebach

■ **Taverna Meteora**②, Stromberger Str. 41, 55444 Dörrebach, Tel. (06724) 6971, Mo–Fr 12–24 Uhr, So und Fei 10–24 Uhr. In der Taverna in der Ortsmitte von Dörrebach wird griechische und deutsche Küche serviert, bei schönem Wetter ist der Biergarten auf der gegenüberliegenden Straßenseite geöffnet.

■ **Dorfladen,** Hauptstr. 3, 55444 Seibersbach, Tel. (06724) 6039081, Mo–Fr 8–12.30 und 14.30–18 Uhr, Sa 8–12.30 Uhr. Neben Lebensmitteln, Drogerieartikeln, Haushaltswaren und Zeitschriften bietet der sympathische, kleine Laden auch regionale Spezialitäten wie Wild, Honig, Wein, Konfitüren, Raps- und Leinöl, Liköre, Säfte und den wunderbaren Lehnmühlen-Käse aus Dörrebach.

## Einkaufen

**Tafelrunde, Essen & Trinken aus der Region,** Talstr. 1, 55442 Stromberg, Tel. (06724) 962041, Mo, Di, Do, Fr 9–18 Uhr, Mi 9–13 Uhr, Sa 8–13 Uhr, www.tafelrunde-soonwald.de. In dem schmucken Fachwerkhaus in der Ortsmitte gibt es ausschließlich Produkte aus der Region, zum größten Teil aus biologisch-kontrollierter Landwirtschaft.

MEIN TIPP: **Waldladen, Walderlebniszentrum Soonwald,** Neupfalz, 55442 Stromberg, Tel. (06724) 602610, Mo–Do 8–12.30 und 14–16 Uhr, Fr 8–14 Uhr, Sa 10–14 Uhr. Von Stromberg aus Richtung Dörrebach liegt das Walderlebniszentrum im Herzen des Soonwalds. Im zugehörigen Waldladen werden Wildfleisch und Wildwurstprodukte wie Schinken, Salami oder Sülze angeboten. Außerdem Literatur, Wanderkarten, Wildkochbücher und Materialien rund um das Thema Wald.

**Hofladen Lehnmühle,** 55444 Dörrebach, Tel. (06724) 3526, www.hof-lehnmuehle.de, Sa 10–14 Uhr und nach Absprache. Die Demeter-Käserei setzt auf biologisch-dynamische Landwirtschaft. Weichkäse nach Camembert- und Munster-Art, Frisch- und Schnittkäse sowie Hartkäse mit Naturrinde gehören zu den besten der Region. Auch Spitzenhotels und Gourmetrestaurants zählen zu den Kunden und servieren die handwerklich hergestellten Käsesorten. Unbedingt probieren: Die „Lehnmühler Wolke" nach Camembert-Art, ummantelt mit Schwarzkümmel.

## Aktivitäten

MEIN TIPP: **Panoramabad Stromberg:** Neupfälzer Weg, 55442 Stromberg, Tel. (06724) 6057979, in der Freibadsaison: Mo 14–20 Uhr, Di–Sa, So- und Fei 10–20 Uhr, in den Sommerferien Mo 10–20 Uhr, Erw. 3,50 €, ab 18 Uhr und Kinder 6–16 J. 2 €, Fr Familientag: Erw. 2,50 €, Kinder 1,50 €, Sauna mit Freibadbenutzung Erw. 10 €, Kinder/Jugendl. bis 16 J. 7 €. Der Name „Panoramabad" kommt nicht von ungefähr: Einen schönen Blick über Stromberg, die Burg Gollenfels, die Stromburg und das Guldenbachtal bieten nicht nur die terrassierten Liegewiesen, auch von den sechs Schwimmbecken lässt sich die tolle Aussicht genießen. Es gibt einen abgetrennten FKK-Bereich, eine 60 m lange Rutsche und einen Sprungturm. Die Wärmehalle mit den zwei Finnischen Saunen und das Wellness-Becken sind auch im Winter geöffnet.

■ **Golf-Club Stromberg-Schindeldorf:** Bucheniring 6, 55442 Stromberg, Tel. (06724) 600700, www.golfhotel-stromberg.de, Di–So 9–17 Uhr, ab 1. Mai Di–So und an Feiertagen, die auf Mo fallen, 8–18 Uhr. Das Golfbüro befindet sich im Land & Golf Hotel (s.o.). Die hoteleigene 18-Loch-Golfanlage liegt über den Dächern Strombergs mit schönem Blick auf den Soonwald.

■ **Flowtrail Stromberg,** Schindeldorf, Parkplatz P4, April 9.30–18.30 Uhr, Mai 9.30–19.30 Uhr, Juni/Juli 9.30–20 Uhr, Aug. 9.30–19 Uhr, Sept. 9.30–18 Uhr, Okt. 9.30–17 Uhr, bei Dauerregen und 3.11.–31.3. nicht befahrbar. Insgesamt 10 km Singletrail für Mountainbiker mit Abfahrten in verschiedenen Schwierigkeitsstufen bringen sowohl Tourenbikern als auch Freeridern Spaß. Es gibt einen Übungsparcours zum Herantasten. Der Wild Hog Trail führt rund 200 Höhenmeter bergab, Cracks lieben die Variante mit dem vielsagenden Namen „No Jokes Trail". Helme sind Pflicht, für einen Teil der Strecken auch Protektoren.

■ **Michels Walderlebnis:** Drei verschiedene Strecken, die unterhalb des Land- und Golfhotels in Schindeldorf starten. Auf der 1,2 km langen Trainingsstrecke gibt es Trimmgeräte, der 1,5 km lange Natur-Informationspfad vermittelt Wissenswertes über den Stadtwald Stromberg und der 1,2 km lange Philosophenpfad will mit Gedichten und Texten zum Nachdenken anregen.

■ **Ballonfahrten:** Wilbert & Sohn Luftfahrtunternehmen GmbH, Am Lindchen 16, 55442 Warmsroth, Tel. (06724) 3033, www.wilbert-ballonfahrten.de, ab 160 € p.P. Eine Ballonfahrt dauert rund eine bis anderthalb Stunden. Insgesamt sollte man vier Stunden für den Ausflug einplanen. Fahrten

über Rheinhessen, das Mittelrheintal, den Hunsrück oder den Taunus sind möglich, doch letztendlich bestimmt der Wind den Reiseverlauf. Gutscheine gibt es in der Tourist-Information Stromberg.

**Mein Tipp: Mit Lamas wandern – Hunsrück Lamas „Villa Autland":** Dieses exotische Abenteuer kann man auf dem Autishof zwischen Stromberg und Seibersbach unternehmen (siehe Exkurs nächste Seite).

## Öffentliche Verkehrsmittel

- **Bahn:** Von Mainz stündlich mit der Regionalbahn der Vlexx nach Bad Kreuznach, umsteigen in den Rhein-Nahe-Bus L240 Richtung Stromberg, Gerbereiplatz.
- **Bus:** Ab Bad Kreuznach mit dem Rhein-Nahe-Bus L240. Ab Bingen/Stadtbahnhof Richtung Simmern mit dem Rhein-Nahe-Bus L230. Ab Simmern Richtung Bingen mit dem Rhein-Nahe-Bus L230 (www.rnn.info).

# Mit Geduld und Spucke – wandern mit Lamas

In der Nähe von Stromberg warten Lamas und Alpakas auf Besucher, die einen ganz besonderen Ausflug machen möchten: eine **Lama-Trekking-Tour.** Gewandert wird rund um den **Autishof bei Seibersbach,** auf beschaulichen Feldwegen, vorbei an Wäldern und Weiden. Ob Schnuppertour, Individualtour, Halbtages- oder Ganztagestour inklusive Picknick, alle Wanderungen haben ein Ziel: **entschleunigen, abschalten, entspannen** und dabei richtig Spaß haben.

Zugegeben, eine geführte Trekking-Tour mit Lama klingt etwas exotisch. Aber es ist eine spannende Erfahrung: Gemächlich trotten die Lamas und Alpakas an der Führleine neben den Wanderern her. Das Tempo bestimmen allerdings die Tiere – für viele eine ganz neue Erfahrung. Einen Gang zurückschalten und sich stattdessen dem bedächtigen Gang der Lamas anpassen, das geht bald ganz automatisch. Allerdings erst, wenn sich die anfängliche, leichte Anspannung, die sich angesichts des großen Tieres, das man da an der Leine neben sich führt, wieder gelegt hat. Auch die Lamas beäugen die Besucher mit ihren großen, dunklen Augen zunächst kritisch mit einer Mischung aus Neugier und Distanziertheit. Doch schnell fasst man gegenseitiges Vertrauen.

Dass man auf der Hut sein muss, weil die sanftmütigen Tiere mit dem dichten, wollig-weichen Fell einen gern mal anspucken, ist ein Gerücht, das sich hartnäckig hält. In erster Linie ist das **Spucken** eine Abwehrmethode gegen Artgenossen. Um Rivalen in Schach zu halten, bei Futterneid oder Rangkämpfen wird der unangenehm riechende Speichel eingesetzt. Menschen sind selten Ziel der Spuckattacken, es sei denn, die Fluchttiere fühlen sich bedroht. Nur bei Gefahr, wenn eine Flucht nicht mehr möglich ist und sie sich in die Enge getrieben fühlen, spucken Lamas auch Menschen an.

Lamas sind Herdentiere, mindestens zwei müssen bei einer Wanderung dabei sein. Unterwegs sind sie stets auf der Hut. Bei unerwarteten oder abrupten Bewegungen reagieren sie scheu. Ab und zu bleiben die vierbeinigen Wanderführer wie angewurzelt stehen. Dann heißt es, geduldig bleiben. Ziehen an der Führleine, um sie wieder in Bewegung zu setzen, ist zwecklos. Die Lamas entscheiden selbst, wann es weitergeht.

Lamas sind zwar keine Reittiere, aber als **Lasttiere** leisten sie gute Dienste. Sie können Lasten bis zu fast einem Drittel ihres Körpergewichts tragen, vorausgesetzt, das Gewicht ist gut verteilt. Eine punktuelle Belastung wie zum Beispiel durch einen Reiter schadet ihnen. Den **Proviant für das Picknick,** verstaut in seitlichen Satteltaschen, schaffen sie aber spielend. Lamas sind genügsam und fressen nur Gräser und Moose, da sie aus kargen Gebirgsgegenden stammen. Sie sind außerdem sehr saubere Tiere, ihren Kot legen sie immer an der gleichen Stelle ab. Auch am Rundweg um den Autishof gibt es so einen Platz. Die Karawane macht halt und muss abwarten, bis ein Teil der Tiere sein Geschäft erledigt hat.

Damit die Gäste des Autishofs die faszinierenden Tiere ein bisschen besser verstehen, geben die Besitzerinnen *Julia* und *Petra Buss* zu Beginn der Tour eine kleine Einführung. Man erfährt, dass Lamas in Südamerika, genauer in den **Anden,** beheimatet sind, dass sie etwa 1,20 m groß werden und rund 130 kg wiegen können

und zur **Familie der Kamele** oder genauer Neuweltkamele gehören. Bereits 4000 v. Chr. wurden sie domestiziert. Als sogenannte Schwielensohler sind sie sehr trittsicher. Man kann die intelligenten und gelehrigen Lamas sogar – ähnlich wie Pferde, Delfine oder Hunde – zu **tiergestützten Therapien** einsetzen, so wie die ausgebildeten Therapeutinnen *Julia* und *Petra Buss* es tun.

■ **Hunsrück Lamas „Villa Autland"**, Julia J. Buss, Autishof 12, 55444 Seibersbach, Tel. (06724) 6057919, www.hunsrueck-lamas.de. Lamawandern und Lamatrekking, Schnuppertour ab 11 €.

Die Lama-Begleitung bestimmt das Tempo, weiß sich aber zu benehmen

### Wandern

**„Michels Vitaltour"**
Premiumwanderweg rund um den Stromberger Ortsteil Schindeldorf und Eckenroth. Start des knapp 14 km langen Rundwegs ist am Wanderparkplatz „Michels Walderlebnis" in Schindeldorf. Er führt über Stege durch die Stromberger Klamm und weiter zum Winzerdorf Schweppenhausen.

## Schweppenhausen

Der Weinort Schweppenhausen liegt idyllisch inmitten von rebenbewachsenen Hängen im **Guldenbachtal,** rund vier Kilometer südlich von Stromberg.

### Essen und Trinken

■ **Wein- und Sektgut Schuster,** Naheweinstr. 4, 55444 Schweppenhausen, Tel. (06724) 8233, www.weingutschuster.de, Sept./Okt. und Mai bis Juli Fr und Sa ab 18 Uhr, So ab 17 Uhr. Seit 1799 baut die Winzerfamilie Wein an. Auf Wunsch werden Weinbergsrundgänge und Kellerführungen durchgeführt. Hoffest ist immer am zweiten Septemberwochenende.

■ **Weingut und Brennerei Michael Klein,** Naheweinstr. 40, 55444 Schweppenhausen, Tel. (06724) 1563. In der gemütlichen Straußenwirtschaft im Innenhof gibt es auf den Wein abgestimmte Winzergerichte.

### Camping

■ **Camping Aumühle,** Naheweinstr. 65, 55444 Schweppenhausen, Tel. (06724) 602392, www.camping-aumuehle.de. Der idyllisch zwischen Schweppenhausen und Stromberg gelegene Campingplatz am Ufer des Guldenbachs bietet 45 Touristenplätze.

## Spabrücken

Die sehenswerte **Wallfahrtskirche Mariä Himmelfahrt** steht in der Dorfmitte von Spabrücken am südöstlichen Rand des Soonwalds. Ab dem 14. Jh. pilgerten Wallfahrer nach Spabrücken, aus der Zeit stammt das Gnadenbild der „Schwarzen Madonna vom Soon". 1680 übernahmen Franziskaner die Kirche und gründeten das Kloster. Die heutige Kirche wurde zwischen 1731 und 1736 gebaut. Gleichzeitig entstand die dreiflügelige **Klosteranlage.** Nach der französischen Revolution war die Anlage lange verwaist. Erst seit 1989 leben die Schwestern vom gemeinsamen Leben in dem Kloster. Im Kircheninneren befindet sich eine **Stumm-Orgel** von 1735.

■ **Kloster Spabrücken,** Klosterstr. 7, 55595 Spabrücken, Tel. (06706) 960104, www.kloster-spabruecken.de. Die Ordensgemeinschaft bietet eine Auszeit vom Alltag an, Preise auf Absprache.

### Unterkunft, Essen und Trinken

■ **Landgasthof & Pension „Zur Sonne"**②, Hauptstr. 26, 55595 Spabrücken, Tel. (06706) 960543, www.sonne-spabrücken.de, Mo, Di, Fr und Sa ab 18 Uhr, Fr und So ab 11 Uhr. Helle, gemütliche Zimmer. Serviert wird gutbürgerliche Küche, das Fleisch stammt von schottischen Hochlandrindern aus eigener Haltung.

# Münchwald

Münchwald ist ein Nachbardorf von Spabrücken. Früher hieß der um 1700 entstandene Ort Mönchwald, denn das Gebiet gehörte dem Kloster Eberbach im Rheingau.

MEIN TIPP: Im Soonwald gibt es eine ganze Reihe **Töpfereien,** zwei davon in dem 300-Seelen-Dorf (s.u.).

In der Nähe des Ortes liegt an der L 239 die weitläufige **Freizeitanlage Opelwiese.** Auf dem Gelände am Gräfenbach befinden sich Schutzhütten, eine Grillanlage und ein paar Spielgeräte.

## Essen und Trinken

- **Landhaus Münchheide**②, Soonwaldstr. 25, 55595 Münchwald, Tel. (06706) 1626, www.landhausmuenchheide.de, Di 17–24 Uhr, Mi–Fr 11–14 und 17–24 Uhr, Sa und So ab 11 Uhr, Mo Ruhetag. Gutbürgerliche, saisonale Küche. Im Sommer wird außerdem Gegrilltes im großen Biergarten serviert.
- **Café und Restaurant Malepartus**②, Lärchenpfad 1, Winterbach, im Ortsteil Kreershäuschen, einem Nachbarort von Münchwald, Tel. (06756) 219, www.malepartus.eu, ab 10.30 Uhr, Mo Ruhetag (außer an Feiertagen). Regionale Küche, Spießbraten und Wildgerichte, nachmittags hausgemachte Kuchen und Torten. Mittwochs gehört die Holländer Kirschtorte zu den Highlights, besonders lecker ist auch der saftige Schokoladenkuchen.

## Einkaufen

- **Töpferei auf der Heide,** Soonwaldstr. 19, 55595 Münchwald, Tel. (06706) 8474, www.toepferei-aufderheide.de, Mo–Fr 9–17 Uhr, im Sommer 9–18 Uhr, Adventssamstage 10–16 Uhr und nach Vereinbarung. *Frank* und *Ingrid Jung* stellen moderne Garten- und Gebrauchskeramik her, auf Wunsch auch Sonderanfertigungen.
- **Töpferei Struthof,** Struthof 1, 55595 Münchwald, Tel. (06706) 454, www.toepferei-struthof.eu, Mo–Fr 9–18 Uhr, Sa 9–16 Uhr, So nach Absprache. In der 1840 gegründeten und damit ältesten Töpferei im Soonwald sind Besichtigungen möglich.

### Verschwundene Dörfer

Das Dorf **Eckweiler** gibt es nicht mehr. Es wurde wie die Dörfer **Pferdsfeld** und **Rehbach** ein Opfer des Kalten Krieges. 1961 erweiterte man den nahegelegenen Fliegerhorst Pferdsfeld zu einem **Nato-Flugplatz.** Die startenden und landenden Düsenjäger des Militärflugplatzes verursachten einen fürchterlichen Lärm, der für die Anwohner nicht auszuhalten war. In den 1970er und 1980er Jahren wurden die Bewohner der drei Dörfer in ein Neubaugebiet in Bad Sobernheim umgesiedelt.

Dass der Flugplatz bereits 1997, keine 20 Jahre später, geschlossen werden würde, war zu dieser Zeit nicht vorauszusehen. Von Eckweiler ist nur eins geblieben: die einsame **„Kirche ohne Dorf".** Sie wurde 1981 unter Denkmalschutz gestellt, das rettete sie vor dem Abriss. Die Kirche ist in der Sommersaison an jedem ersten Sonntag im Monat von 14 bis 17 Uhr geöffnet. Weitere Termine und Veranstaltungen unter www.soonwald.de.

# Bad Sobernheim

Bad Sobernheim liegt an der **Nahe** südlich des Soonwalds und gehört nicht mehr zum Hunsrück, doch der Ort lohnt einen kleinen Abstecher – vor allem wegen des Freilichtmuseums, in dem es auch ein Hunsrücker Dorf gibt.

## Rheinland-Pfälzisches Freilichtmuseum

**MEIN TIPP:** Am Ortsrand von Bad Sobernheim im malerischen **Nachtigallental** liegt das Rheinland-Pfälzische Freilichtmuseum. Die Regionen Mosel-Eifel, Hunsrück-Nahe, Pfalz-Rheinhessen und Mittelrhein-Westerwald sind in vier **Museumsdörfern** vertreten. Die Häuser wurden an ihren ursprünglichen Standorten abgebaut und im Nachtigallental sorgfältig wieder aufgebaut und liebevoll eingerichtet. Zurzeit veranschaulichen 36 Gebäude, wie man in den letzten Jahrhunderten gelebt und gearbeitet hat, jedes Jahr kommen neue dazu. Ob Uhrmacherwerkstatt, Dorfschmiede, Post, Schule, Friseurladen oder Winzerhäuser, alles ist bis ins letzte Detail gestaltet.

Publikumsmagnet ist die **Metzgerei Wöllstein,** ein komplett mit handbemalten Jugendstilfliesen der Firma Villeroy & Boch eingerichteter Verkaufsraum. Sehenswert sind auch die Sammlung **historischer Spielzeuge** und der **Heilkräutergarten.** Auf den Wiesen grasen Schafe und seltene Glanrinder, zwischen den Häusern laufen Hühner, Gänse und Enten frei herum. Eine Museumsgaststätte und ein Museumsladen mit regionalen Produkten runden das Angebot ab.

■ **Rheinland-Pfälzisches Freilichtmuseum,** Nachtigallental 1, 55560 Bad Sobernheim, Tel. (06751) 855880, www.freilichtmuseum-rlp.de, tägl. außer Mo 9–18 Uhr, letzter Einlass 17 Uhr, Erwachsene 5 €, Kinder und Jugendl. (7–17 J.) 2 €. **Museumsgaststätte:** Tel. (06751) 5982, Di–So ab 9 Uhr, Mo Ruhetag. Auf der Karte stehen Spezialitäten aus der Region und verschiedene Kuchensorten.

■ **Anfahrt:** Mit dem Auto aus Koblenz kommend, auf der A61 die Ausfahrt Bad Kreuznach nehmen, auf die B41 in Richtung Idar-Oberstein/Bad Sobernheim bis zur Ausfahrt Steinhardt fahren. Dann der Beschilderung bis zum Freilichtmuseum folgen.

Da das Freilichtmuseum etwas außerhalb von Bad Sobernheim liegt, gibt es an normalen Tagen

042hu kn

Bad Sobernheim: Barfußpfad und Freilichtmuseum

Rund um den Soonwald

ausreichend kostenlose Parkplätze. An besonderen Veranstaltungstagen reichen diese allerdings nicht, dann wird ein **Pendelbus** ab Bad Sobernheim Bahnhof eingesetzt.

An Sonn- und Feiertagen fährt zwischen April und Oktober die **Buslinie 255** vom Bahnhof Bad Sobernheim zum Freilichtmuseum.

## Barfußpfad

Hose hochkrempeln heißt es auf dem Barfußpfad, dem ersten und somit **ältesten dieser Art** in Deutschland. Die erste Station ist ein langes Lehmtretbecken und das aus gutem Grund: Ab 1915 lebte *Emanuel Felke* (1856–1926) in Bad Sobernheim. Der als „Lehmpastor" berühmt gewordene Pastor und Naturheilkundler verordnete seinen Patienten eine ganzheitliche Therapie aus Licht, Luft, Wasser und Erde. Die Lehmbäder in Heilerde werden auch heute noch in den Kurhäusern Bad Sobernheims angeboten.

Auf dem 3,5 km langen Barfußpfad können die Füße etwas erleben: Ein Lehmstampfbecken, eine **Furt durch die Nahe,** Kies, Gras, Sand, Holz, verschiedene Gesteinsarten und vieles mehr. Am Schluss desWeges geht es noch einmal über die Nahe, wahlweise über eine 40 m lange **Hängebrücke** oder per Boot.

■ **Barfußpfad Bad Sobernheim,** Staudernheimer Str. 90, 55566 Bad Sobernheim, www.barfusspfad-bad-sobernheim.de, 1. Mai bis 3. Okt. 9–20 Uhr, Erw. 3,50 €, Kinder und Jugendl. (3–17 J.) 2 €. Im Winter ist der Pfad nicht nutzbar, Hunde sind nicht erlaubt. Der **Biergarten** direkt am Barfußpfad ist 9–20 Uhr geöffnet, bei schönem Wetter auch länger.

041hu kn

### Öffentliche Verkehrsmittel

- **Bahn:** Auf der Nahestrecke fahren die Züge im Stundentakt. Von Koblenz mit dem DB-Regionalexpress, ab Ingelheim weiter mit dem Vlexx-Regionalexpress. Ab Mainz mit dem Vlexx-Regionalexpress Richtung Idar-Oberstein. Von Saarbrücken mit dem Vlexx-Regionalexpress Richtung Mainz oder Frankfurt. Von Bingen mit der Mittelrheinbahn, ab Ingelheim weiter mit dem Vlexx-Regionalexpress.
- **Bus:** RegioLinie L260 Lauterecken – Meisenheim – Bad Sobernheim. L273 Kirn – Monzingen – Bad Sobernheim (nur Mo–Fr, www.rnn.info).

# Rheinböllen

Rheinböllen, das „Tor zum Hunsrück" am Nordrand des Soonwalds, erlebte im 19. Jh. einen beachtlichen wirtschaftlichen Aufschwung. Zu verdanken war das der Industriellenfamilie *Puricelli,* die eine große **Eisenhütte mit Gießerei** im Guldenbachtal südlich von Rheinböllen betrieb. Gusseiserne Öfen oder Takenplatten aus der **Rheinböllerhütte** sind heute beliebte Sammlerstücke. In vielen Dörfern stehen reich verzierte Brunnen aus der Gießerei. An die *Puricellis* erinnern heute noch das frühere Waisenhaus und die dazugehörige neugotische Kapelle, erbaut zwischen 1862 und 1888.

### Hochwildschutzpark

Einen Besuch lohnt der rund 100 Hektar große Hochwildschutzpark. Neben heimischen Tieren wie Rot- und Damwild leben auch exotische Tiere wie Erdmännchen, Kängurus und weiße Polarwölfe auf dem naturbelassenen Gelände. Es gibt Luchse, Zwergotter, Bisons, Waschbären, Braunbären, Esel, Muffelwild, Ziegen, Zebramangusten und mehr zu sehen. Die scheuen Luchse und Wölfe kann man von Hochsitzen aus beobachten, noch besser geht das während der täglichen Fütterungen. Viele Waldtiere und das Muffelwild laufen frei im

044hu kn

Wald und auf den Wiesen herum. Um 11 und 15 Uhr findet die Greifvogelschau am Parkeingang vor dem Park-Café statt. Viele Tiere dürfen gefüttert werden, Tierfutter gibt es an der Kasse und in Automaten auf dem Gelände. Neben dem Seekiosk am großen Weiher ist ein Kinderspielplatz.

■ **Hochwildschutzpark Hunsrück,** 55494 Rheinböllen, Tel. (06764) 1205, www.hochwildschutzpark.de, Mitte bis Ende März tägl. 9–19 Uhr, April bis Ende Aug. tägl. 9–20 Uhr, Sept./Okt. tägl. 9–19 Uhr, Nov. bis Mitte März Mo–Fr 10 Uhr bis Einbruch der Dunkelheit, Sa, So und Fei 9 Uhr bis Einbruch der Dunkelheit, Erw. 7,50 €, Kinder ab 4 J. 3,50 €, ab 14 J. 5 €.

■ **Anfahrt:** Von Mainz aus auf der A61 die Abfahrt Rheinböllen nehmen, auf die B50 wechseln und erneut die Abfahrt Rheinböllen nehmen. In der Ortsmitte von Rheinböllen rechts in die Straße Hinterster Graben abbiegen. Am Ende der Straße links auf die K44 abbiegen. Nach 800 m erneut links abbiegen und der Beschilderung folgen. Nach etwa einem Kilometer ist der Parkplatz erreicht.

# Praktische Tipps

## Informationen

■ **Touristinformation Rheinböllen,** Rathaus, Am Markt 1, 55494 Rheinböllen, Tel. (06764) 390, www.rheinboellen.info, Mo–Mi und Fr 8–12 Uhr, Do 8–12 und 14–18 Uhr.

## Aktivitäten

■ **Freizeitbad Rheinböllen:** Auf der Bell 25, 55494 Rheinböllen, Tel. (06764) 961180, www.freizeitbad-rheinböllen.de, Erw. 5,50 €, Kinder bis 16 J. 3,30 €, unter 5 J. frei, Mo 14–19 Uhr, Di–Do 6–8 und 14–21 Uhr, Sa 13–18 Uhr, So 9–18 Uhr. Mit fünf verschiedenen Becken ist das Freizeitbad familienfreundlich gestaltet. Die 68,50 m lange Black-Hole-Rutsche mit flirrenden Lichteffekten im abgedunkelten Teil bietet spannenden Nervenkitzel. Mit einem Höhenunterschied von 7 m geht es ziemlich rasant in die Tiefe. Außen laden bei schönem Wetter Liegeterrasse und -wiese zum Entspannen und ein Beachvolleyballfeld zum Wettkampf ein. Der Saunabereich kann auch unabhängig vom Schwimmbad genutzt werden.

043hu kn

## Einkaufen

■ **Weinlädchen im Stift,** Puricelli Stift, Bacharacher Str. 11, 55494 Rheinböllen, www.weingut-klosterebernach.de, Fr 16–18.30 Uhr. Wein, Sekt

◁ Polarwolf und △ Luchs im Hochwildschutzpark

und Fruchtwein aus dem von Franziskanern betriebenen Weingut des Klosters Ebernach in Cochem an der Mosel. Termine für Weinproben können unter Tel. (06764) 304980 vereinbart werden.

### Öffentliche Verkehrsmittel

- **Bus:** RegioLinie L230 Bingen – Waldalgesheim – Stromberg – Rheinböllen (www.rnn.info).

# Sargenroth

Der kleine Ort Sargenroth zwischen Simmern und dem Soonwald beherbergt eines der Wahrzeichen des Hunsrücks: die Nunkirche.

### Nunkirche

Eingerahmt von alten, knorrigen Linden steht die kleine, trutzige, in leuchtendem Weiß getünchte Nunkirche am Ortsrand von Sargenroth. Der Name kommt von *Nuwe Kirche* (neue Kirche), doch tatsächlich ist sie uralt, sogar **eine der ältesten Kirchen der Region.** Sie wird erstmals 1072 erwähnt und hat eine wechselvolle Geschichte hinter sich: Mal katholische Wallfahrtskirche, dann reformiert, mit der Gegenreformation wieder für ein paar Jahrzehnte katholisch, kurze Zeit simultan genutzt und heute schließlich evangelisch. Ursprünglich war sie dem *hl. Rochus* geweiht, der weitläufige Platz vor der Kirche heißt noch heute Rochusfeld.

Der in seinem Grundriss fast quadratische **Turm** ist romanisch, das barocke Langhaus wurde 1745 neu errichtet. Der wuchtige Turm birgt in seinem Inneren erstaunliche Malereien. Die Fresken im Turmuntergeschoss sind **kunsthistorische Schätze.** Die etwa in der zweiten Hälfte des 13. Jh. entstandenen Malereien zieren Gewölbe und Wände. Dargestellt ist der thronende Christus mit vier Evangelisten, die Tierköpfe tragen. Neben dem Gleichnis von den klugen und den törichten Jungfrauen ist die Szene, in der Teufel Sünder in der Hölle quälen, am beeindruckendsten. Die Malereien im Langhaus wurden während der Reformation übertüncht und erst 1896 wiederentdeckt.

Ebenfalls bemerkenswert ist die 1886 gebaute **Orgel** der berühmten Orgelbauer-Familie *Stumm.*

- **Nunkirche Sargenroth,** auf Wunsch schließt Küsterin *Slavica Gräff* die Nunkirche auf (Tel. (06761) 965341). Wer eine **Führung** möchte, kann sich an Ortsbürgermeister *Gerd Martin* wenden (Tel. (06761) 14927). Er bietet auf Anfrage Führungen für Gruppen an und kennt sich nicht nur mit der Nunkirche, sondern auch mit der Geschichte des Nunkircher Marktes und des Rochusfelds als Gerichtsstätte, mit den Filmgräbern der Heimatreihe und dem Bismarckturm aus.

### Filmschauplatz „Heimat"

Auf dem kleinen **Friedhof** vor der Nunkirche stehen Gräber aus der Hunsrücker Filmtrilogie „Heimat" von *Edgar Reitz.* Mehrere Begräbnisszenen wurden hier gefilmt. Nach Drehschluss blieben die „Ruhestätten" der Familie Simon auf dem Friedhof und locken nach wie vor Fans der Filmsaga nach Sargenroth.

## Rochusfeld

Auf dem Rochusfeld vor der Kirche wurde im Mittelalter Recht gesprochen. Das nahegelegene Kloster Ravengiersburg hielt hier unter freiem Himmel die sogenannten *Hundsgedinge* (Gerichte) ab. Bis heute findet hier auch der **Nunkircher Markt** statt – seit über 500 Jahren, damit ist er der älteste Markt im Hunsrück (s.u.).

Im Mai und Juni lockt eine botanische Besonderheit Blumenliebhaber auf das Rochusfeld. Rot und violett leuchten dann das seltene **Manns-Knabenkraut** und weitere wilde **Orchideenarten.** Das Feld steht unter Naturschutz.

## Bismarckturm

Etwa 400 m nördlich vom Rochusfeld steht seit 1902 der Bismarckturm. Er wurde, wie viele andere seiner Art, zu Ehren des ersten Reichskanzlers Fürst *Otto von Bismarck* (1815–98) erbaut – jedoch nicht als Aussichtsturm, sondern als Feuerturm. Die Deutsche Studentenschaft hatte die Idee, ein ganzes Netzwerk solcher **Feuersäulen** zu errichteten. An bestimmten Tagen sollten zu Ehren des „eisernen Kanzlers" große Feuerschalen darauf entzündet werden, was sich aber nicht durchsetzte.

Wenn man den 17,50 m hohen Turm aus Soonwaldquarzit erklommen hat, bietet sich eine **herrliche Aussicht** auf die hügeligen Hochflächen, die wie ein buntes Mosaik aus Feldern, Weiden und Wäldern wirken.

# Praktische Tipps

## Unterkunft, Essen und Trinken

■ **Waldjugendherberge Sargenroth,** Kirchweg 1, 55471 Sargenroth, Tel. (06761) 2500, sargenroth@diejugendherbergen.de, www.diejugendherbergen.de, nur mit DJH-Mitgliedskarte. Mit Hallenschwimmbad, auf dem Gelände Disc-Golf, Grill- und Spielplatz.

■ **Hotel Toepperhof**②, Kirchstr. 4, 55471 Tiefenbach, Tel. (06761) 970504, www.toepperhof.de. Die Zimmer des Nichtraucherhotels im Nachbarort Tiefenbach sind im Landhausstil eingerichtet, auf Fernseher wird in dem ausgefallenen Hotel bewusst verzichtet. Das Restaurant im wunderschön renovierten Bauernhof serviert vegetarische, auf Wunsch auch vegane Gerichte, verfeinert mit Wildkräutern. Für Nichthotelgäste ist ein Restaurantbesuch nur nach Voranmeldung möglich.

## Einkaufen

**Unser Laden,** Schulstr. 1, 55471 Sargenroth, Tel. (06761) 12766, Mo–Fr 9–11.30 und 16.30–18.30 Uhr, Sa 7.30–12 Uhr. Der älteste Nachbarschaftsladen in ganz Rheinland-Pfalz versorgt seit mehr als 20 Jahren das Dorf mit allem für den täglichen Bedarf. Es gibt frisches Brot und Brötchen, Obst, Wurst und mehr. Besonderer Wert wird auf das Angebot regionaler Produkte gelegt.

## Feste und Veranstaltungen

■ **Oster- und Frühlingsmarkt:** Einige Wochen vor dem Osterfest findet jährlich der Oster- und Frühlingsmarkt mit vielen Kunsthandwerkern statt. Organisiert wird er vom Nachbarschaftsladen „Unser Laden" im Gemeindehaus. Termine unter www.sargenroth.de.

■ **Nunkircher Markt:** Seit über 500 Jahren wird vor der Nunkirche der älteste Markt im Hunsrück abgehalten. An jedem ersten Dienstag im September findet der Krammarkt mit zahlreichen Verkaufsständen statt. Altes und neues Handwerk, Musik, Theater, Schausteller, Viehhändler, Trachtengruppen und altes Brauchtum machen den traditionsreichen Nunkircher Markt zu einem beliebten Volksfest.

■ **Tower in Concert:** Kleines Musikfestival mit Rock, Pop, Indie usw. auf dem Gelände rund um den Bismarckturm. Termin und Ticketvorbestellung: www.tower-in-concert.de.

## Öffentliche Verkehrsmittel

■ **Bus:** L643 Simmern – Gemünden (nur Mo–Fr, www.vrminfo.de).

045hu kn

# Ravengiersburg

Das Örtchen Ravengiersburg wird vom Simmerbach umflossen. Zwischen 930 und 940 n. Chr. errichtete Graf *Rabanger* auf dem den Ort überragenden Felsen eine Burg. Heute erhebt sich auf dem höchsten Punkt der sogenannte **Hunsrückdom.** Die Klosterkirche St. Christophorus mit ihrer mächtigen Doppelturmfassade entstand aus einer 1072 geweihten Burgkapelle, erbaut von Graf *Berthold* und seiner Frau *Hedwig*. Da die beiden kinderlos blieben, übergaben sie ihren Besitz Erzbischof *Siegfried von Mainz*. Im Gegenzug gründete dieser zwei Jahre später das **Augustiner-Chorherrenstift.** Im 12. Jh. begannen die Chorherren mit dem Bau der Kirche. Das Westwerk stammt aus dieser Zeit und wirkt mit den breiten Türmen sehr wehrhaft. Das romanische Kirchenschiff brannte 1440 ab, den gotischen Nachfolgebau zerstörten 1631 schwedische Truppen.

Die heutige schlichte Saalkirche (tagsüber geöffnet) stammt aus den Jahren 1718–22. Der prachtvolle Hochaltar von 1722 ist elf Meter hoch. Die barocke Orgel stand ursprünglich in Bad Kreuznach und wurde erst 1897 in den Hunsrückdom eingebaut.

Der Hunsrückdom

# Gemünden

„Perle des Hunsrücks“ nennt sich der kleine Ort am Westrand des Soonwalds, der im Dornröschenschlaf zu verharren scheint. Schwer zu glauben, dass Gemünden im ausgehenden Mittelalter ein bedeutendes Handels- und Verwaltungszentrum war. Doch die kunstvoll geschweiften Giebel und das teilweise besonders reich verzierte Fachwerk mit aufwendigen Verstrebungen und Schnitzereien verraten, dass der Ort einmal reich gewesen sein muss. Die vielen **Fachwerkhäuser** aus dem 17. und 18. Jh. und die verwinkelten Gassen haben trotz des oft ins Auge springenden Verfalls einen eigenartigen Charme. In den letzten Jahren wurden einige Häuser restauriert. Allmählich gewinnt Gemünden den Glanz alter Zeiten zurück.

## Schloss Gemünden

Hoch über dem Ort thront Schloss Gemünden auf einem mächtigen Schieferfelssporn. Die Architektur des Schlosses mit seinen vier wuchtigen Ecktürmen ist einzigartig im Hunsrück. Ursprünglich waren die Rundtürme allerdings ein gutes Stück höher und wirkten weniger gedrungen.

Dem Schloss ging ein Vorgängerbau aus dem 12./13. Jh. voraus. Zunächst gehörte die Burg den Sponheimern, nach mehreren Besitzerwechseln kaufte *Fritz von Schmidtburg* 1514 die Anlage. Mehr als 300 Jahre lang blieb sie im Besitz der *Schmidtburger*. Die Burg wurde im Pfälzischen Erbfolgekrieg durch Sprengungen und Brände zerstört. Es dauerte mehr als ein Vierteljahrhundert, bis man das Gebäude 1716–28 im frühbarocken Stil wieder aufbaute. 1815 heiratete *Freifrau von Warsberg,* geborene *von Schmidtburg,* den Kaiserhauptmann *Johann Anton v. Salis* aus Soglio in Graubünden in der Schweiz. Noch heute leben die *Freiherren von Salis-Soglio* auf Schloss Gemünden. Eine Besichtigung ist daher nicht möglich. Doch zu bestimmten Anlässen öffnen die Freiherren die Schlosstore (Termine unter www.schloss-gemuenden.de).

### Evangelische Kirche

Die evangelische Kirche in der Ortsmitte stammt zwar aus dem Jahr 1905/06, doch der Chor ist spätgotisch. Sie diente im 16. und 17. Jh. als Grablege der *Schenken von Schmittburg.* An der nördlichen Chorwand erinnert ein Doppelgrabmal an den 1575 gestorbenen *Nikolaus von Schmittburg* und seine Gattin *Elisabeth von Schwartzenberg.* Geschaffen wurde es von dem Trierer Bildhauer *Hans Ruprecht Hoffmann.* Die anderen Epitaphien sind Grabmäler für *Friedrich Schenk von Schmittburg* (gest. 1567) und *Magdalena von Dienheim, Hans Henrich Schenk von Schmittburg* (gest. 1613) und seine Gemahlinnen. Sie stammen aus der Werkstatt des Bildhauers *Johann von Trarbach.*

### Kaisergrube

Nach wenigen Minuten auf der B421 Richtung Gehlweiler beeindruckt links die gewaltige, bleifarben schimmernde **Schieferhalde** der Kaisergrube. Die Schiefergrube wurde 1873 erschlossen und war eine der größten von ursprünglich 18 Schiefergruben rund um Gemünden. Die bis 1961 betriebene Kaisergrube war ein wichtiger Arbeitgeber. In den 1980er Jahren erlangte sie weltweite Bekanntheit durch den Fund eines besonderen **Fossils** im Schiefer. Der erste **Panzerfisch** löste unter Paläontologen Begeisterung aus. Nach seinem Fundort erhielt das in allen Feinheiten erhaltene Fossil den wissenschaftlichen Namen *Drepanaspis gemuendensis.*

Der rund 5 km lange **geologische Lehrpfad Gemünden** führt an der Grube vorbei (siehe am Anfang des Kapitels: „Ausflüge in den Soonwald"). Vor allem bei Sonnenschein eröffnet sich ein fantastischer Anblick: Die weite, in der Sonne glänzende, blaugraue Fläche der Schieferabraumhalde erinnert an das urzeitliche Meer, aus dessen Ablagerungen die mächtigen Schieferschichten im Erdzeitalter des Devon entstanden sind. Die Grube ist nur von außen zu besichtigen.

## Praktische Tipps

### Unterkunft, Essen und Trinken

- **Hotel-Restaurant Gemündener Hof**③, Hauptstr. 56, 55490 Gemünden, Tel. (06765) 9190, www.gemuendener-hof.de, tägl. 12–14 und 18–22 Uhr, Mi Ruhetag, EZ ab 43 €. Rustikales Restaurant②, gutbürgerliche Küche, außerdem Wildgerichte und umfangreiche Fischkarte, Do Schnitzeltag. Witzig: Den Biergarten verschönern Kulissenteile aus dem Kinofilm „Die andere Heimat", abgebaut im Drehort Gehlweiler.
- **Ferienwohnung/Appartement „Natur pur"**, Im Bangert 8, 55490 Gemünden, Tel. (06765) 613,

046hu kn

www.landlust-hunsrueck.de. Komfortabel eingerichtete Vier-Sterne-Ferienwohnung für zwei Personen.

## Aktivitäten

- **Freibad Gemünden:** Ortsausgang Richtung Mengerschied, Tel. (06765) 444, Erw. 2,80 €, Kinder und Jugendl. (4–17 J.) 1,60 €. Vom 1. Juni bis zum 3. Sept. ist das beheizte Freibad mit seinen 1000 $m^2$ Wasserfläche durchgehend geöffnet. Die Öffnungszeiten richten sich nach der Außentemperatur: 17–19 °C 11–14 Uhr, 20–25 °C 11–19 Uhr, über 25 °C 11–20 Uhr, bei Temperaturen unter 17 °C bleibt das Freibad geschlossen.
- **Segway-Touren:** Seg-Mobil, Schatzgrube 24, 55490 Mengerschied, Tel. (06765) 216402, www.seg-mobil.de. Angeboten werden verschiedene geführte Touren, zum Beispiel die einstündige „Hunsrück-Höhentour", eine Rundtour von Mengerschied nach Gemünden und zurück, oder von Gemünden nach Gehlweiler (siehe Exkurs „Auf Heimat-Suche im Hunsrück – Schauplätze der Filmreihe von Edgar Reitz"), Dauer ca. 60–90 Minuten, 2–6 Teilnehmer, größere Gruppen nach Absprache möglich, Preis ab 39 €/Person.

## Feste und Veranstaltungen

- **Weihnachtszauber:** Am 3. Advent findet der Gemündener Weihnachtsmarkt in der Kulturscheune und entlang der Kirchberger Straße statt.

## Öffentliche Verkehrsmittel

- **Bus:** L643 Simmern – Gemünden (nur Mo–Fr, www.vrminfo.de).

□ Schloss Gemünden

048hu kn

# Gehlweiler

Bisher war das Dorf Woppenroth unumstritten das „Heimatdorf". Doch seit Regisseur *Edgar Reitz* 2011 Gehlweiler zum **Hauptdrehort für „Die andere Heimat"** machte und mit dem preisgekrönten, vierstündigen Film Kinogeschichte schrieb, hat der kleine Ort am Simmerbach zwischen Soonwald und Lützelsoon den Titel „Heimatdorf" inne. Gehlweiler war bereits Drehort des ersten Teils der „Heimat"-Reihe, als *Reitz* einige Szenen im Inneren der Anfang des 20. Jh. errichteten **Schmiede** drehte. Doch für „Die andere Heimat" musste das 250-Einwohner-Dorf einiges mehr in Kauf nehmen. Auf einer Einwohnerversammlung hatten die Gehlweilerer zuvor mit überwältigender Mehrheit dem Plan zugestimmt, den Ortskern auf den Kopf zu stellen und in eine **Filmkulisse** zu verwandeln: Häuser wurden komplett eingeschalt und ins 19. Jh. zurückversetzt, auf die Straßen kippte man tonnenweise Lehm. Die abenteuerliche Verwandlung lockte an den drehfreien Tagen Tausende Schaulustige in das kleine Dorf, ein regelrechter Set-Tourismus setzte ein. Heute veranschaulichen **Schautafeln,** wie welches Gebäude auf alt getrimmt aussah.

⌃ › Gehlweiler als Filmkulisse und Attraktion für Set-Touristen von „Die andere Heimat"

047hu kn

Sehenswert ist der **Backes** aus dem 18. Jh. In dem alten Backhaus buken Frauen aus Gehlweiler noch bis 1955 ihre Brote.

## Einkaufen

**MEIN TIPP:** **Keramikwerkstatt Hilde Schaal,** In der Struth 18, 55483 Schlierschied, Tel. (06765) 648, www.keramik-schaal.de, Do und Fr 9–17 Uhr und nach Vereinbarung. Kurz vor Gehlweiler führt, von Gemünden kommend, eine Abzweigung der B421 Richtung Schlierschied. *Hilde Schaal* fertigt in ihrem Atelier individuelle, farbenfrohe Keramik für Haus und Garten an.

# Woppenroth

Als **fiktives Dorf Schabbach** erlangte Woppenroth in der **Filmtrilogie „Heimat“** von Regisseur *Edgar Reitz* Berühmtheit (siehe Exkurs). Im Gasthaus Molz sammelten *Reitz* und Drehbuchautor *Peter Steinbach* Dorfgeschichten und besprachen die Dreharbeiten für den ersten Teil des Werkes.

Rund 500 m südlich von Woppenroth liegt am Waldrand im Lützelsoon eine **Wacholderheide.** Ursprünglich reichte sie bis an das Dorf heran. Die wenigen Reste, die noch erhalten sind, werden seit Jahren sorgfältig renaturiert. Durch regelmäßige Schafbeweidung wird

# Auf „Heimat"-Suche im Hunsrück – Schauplätze der Filmreihe von Edgar Reitz

*Edgar Reitz*, 1932 in Morbach im Hunsrück geboren, gilt als einer der wichtigsten Regisseure des deutschen Films. Seine **Familiensaga „Heimat"** machte den Hunsrück weltberühmt. Und seit der Film „Die andere Heimat" 2013 über die Kinoleinwände flimmerte, ist die Fangemeinde noch einmal angewachsen.

Vater *Robert Reitz* war Uhrmacher, sein Sohn *Edgar* sollte ursprünglich das Geschäft übernehmen. Doch es kam anders. Zwar lernte *Edgar Reitz* das Uhrmacherhandwerk, doch dann zog es ihn nach München, wo er in den 1950er Jahren Theaterwissenschaft studierte. Er war Mitglied der „Oberhausener Gruppe", die 1962 „Papas Kino" für tot erklärte und den „Jungen Deutschen Film" begründete. Sein erster Spielfilm „Mahlzeiten" war 1967 ein Erfolg, *Reitz* gewann etliche Filmpreise. Elf Jahre später drehte er den Film „Der Schneider von Ulm". Der aufwendige Film floppte jedoch.

1981 begann *Reitz* mit dem Film-Zyklus, der zu seinem Lebenswerk werden sollte. **„Heimat – Eine deutsche Chronik"** ist der Titel der ersten elf abendfüllenden Fernsehfilme rund um das **fiktive Hunsrückdorf Schabbach.** *Reitz* setzte den erfolgreichen Mehrteiler mit **„Die zweite Heimat – Chronik einer Jugend"** fort. Insgesamt 26 Stunden lang ist das Werk, künstlerisch wertvoll und mit Preisen überhäuft. Doch im Gegensatz zur Filmkritik nahm das Publikum die dreizehnteilige Serie nicht ganz so begeistert auf. Dennoch wurde eine weitere Fortset-

☑ Die Ausstellung im Café Heimat in Morbach

097hu kn

zung gedreht: **„Heimat 3 – Chronik einer Zeitenwende".** Und wieder waren die Quoten enttäuschend und die Meinungen geteilt.

Das dreiteilige Monumentalwerk „Heimat" erzählt die **Geschichte der Familie Simon** – vom Ende des Ersten Weltkriegs bis zur Jahrtausendwende – und kommt auf eine Gesamtlänge von mehr als 50 Stunden. Mit „Heimat" erfindet *Reitz* eine neue Gattung des filmischen Erzählens: die **fiktive Chronik.** Doch er erzählt nicht nur sehr realistisch deutsche Geschichte. Die Trilogie hat viele autobiografische Züge, *Reitz* erkundet darin auch die eigene Geschichte. Er engagierte junge, noch unbekannte Schauspieler und Laiendarsteller, sicher einer der Gründe, weshalb das Werk so authentisch wirkt.

2013 widmet er sich mit **„Die andere Heimat"** erneut dem Thema, geht aber bis ins 19. Jh. zurück, rund 100 Jahre vor den ersten Teil der Trilogie. Es ist die Zeit der großen Auswanderungswellen, als im Hunsrück Hunger und Armut herrschten und große Teile der Bevölkerung nach Südamerika gingen, um dort ein neues Leben zu beginnen. Der knapp vierstündige Schwarz-Weiß-Film räumte zahlreiche Preise ab. Den Deutschen Filmpreis 2014 gewann er in den Kategorien „Bester Spielfilm", „Bestes Drehbuch" und „Beste Regie".

## „Heimat"-Filme

- **„Geschichten aus den Hunsrückdörfern"** (1981, Prolog)
- **„Heimat – Eine deutsche Chronik"** (1984, „Heimat 1")
- **„Die zweite Heimat – Chronik einer Jugend"** (1992, „Heimat 2")
- **„Heimat 3 – Chronik einer Zeitenwende"** (2004, „Heimat 3")
- **„Heimat-Fragmente – Die Frauen"** (2006, Epilog)
- **„Die andere Heimat"** (2013)

## „Heimat"-Spuren im Hunsrück

- **Hunsrück-Museum,** Simmern. Im Hunsrück-Museum zeigt eine gesonderte Abteilung Requisiten und Setfotos aus den Heimat-Filmen und gibt Einblick in die Regiearbeit von *Edgar Reitz.*
- **Café Heimat,** Morbach. Das Café bietet nicht nur Kuchen und Kaffeespezialitäten, sondern auch eine kleine Dauerausstellung zu den Filmen von *Edgar Reitz.* Das Haus ist das Geburtshaus des Regisseurs, in dem sein Vater ein Uhrmachergeschäft betrieb. In den beiden Ausstellungsräumen im ersten Stock sind Requisiten, Kostüme und Fotos vom Filmset ausgestellt. Auch besondere Erinnerungsstücke, wie die alte Schreibmaschine, auf der *Reitz* seine Manuskripte für „Heimat" tippte, sind hier zu besichtigen.
- **Günderodehaus,** Rheingoldstraße (am Siebenjungfrauenblick). Auch im Günderodehaus oberhalb von Oberwesel befindet sich ein kleines Filmmuseum. Ursprünglich stand das schmucke Fachwerkhaus im Soonwald. Es wurde dort abgebaut und als Filmkulisse und Hauptschauplatz für „Heimat 3" wieder aufgebaut. Der Name stammt aus dem Film, die Dichterin *Karoline von Günderode* war nie in dem Haus. Im Erdgeschoss ist eine Gaststube untergebracht, in der regionale Gerichte und selbstgebackener Kuchen serviert werden.
- **Biergarten Gemündener Hof,** Gemünden. Den Biergarten verschönern Kulissenteile aus „Die andere Heimat", abgebaut im Drehort Gehlweiler.
- **Woppenroth:** 1981/82 wurde in Woppenroth die erste Staffel gedreht. Viele Einwohner von Woppenroth spielten als Komparsen mit. In „Heimat 3" wurde der Ort erneut zum fiktiven Hunsrückdorf Schabbach.
- **Gehlweiler** war Drehort von Teilen der Heimattrilogie und von „Die andere Heimat". Gefilmt wurde auch in der alten Schmiede. Sie ist rund 150 Jahre alt, noch original ausgestattet und musste für die Dreharbeiten kaum verändert werden, anders als die Dorfmitte, die für „Die andere Heimat" in die Mitte des 19. Jh. „zurückversetzt" wurde. Vor den

Gebäuden, die als Kulisse dienten, sind Bildtafeln angebracht, die die verkleideten und auf Alt getrimmten Häuser zeigen, außerdem Filmszenen und erläuternde Texte.

- **Sargenroth:** Auf dem kleinen Friedhof vor der Nunkirche wurden Begräbnisszenen gedreht. Die „Gräber" der Familie Simon sind noch erhalten.
- Weitere bedeutende **Drehorte** sind die Burgruine Baldenau bei Hundheim, das Besucherbergwerk Herrenberg in Bundenbach, die Lucie-Villa (Bahnhofstraße 11) in Büchenbeuren, der Hunsrückdom in Ravengiersburg, das alte Rathaus in Rhaunen und die Innenstadt von Simmern. Hier und an vielen weiteren Drehorten stehen **Informationstafeln** mit Setfotos, Beschreibungen der Szenen, Zitaten und Hintergrundinformationen.

## Erkundung der Drehorte

**MEIN TIPP:** In den Tourist-Informationen gibt es die kostenlosen **Broschüren** „Wege in die Heimat" und „Wege durch die Heimat", in denen die wichtigsten Drehorte vorgestellt werden.

- **Segway-Tour** zum Drehort von „Die andere Heimat": Die geführte Tour startet in Gemünden am Bürgerhaus. Es geht über einen befestigten Feldwirtschaftsweg nach Gehlweiler, vorbei an den Schauplätzen der Dreharbeiten, zum Haus Dämgen und zurück nach Gemünden. 4–6 Teilnehmer, größere Gruppen nach Absprache möglich, Preis: 54 €/Person inkl. Kosten für die Besichtigung. Buchung: Seg-Mobil, Schatzgrube 24, 55490 Mengerschied, Tel. (06765) 216402, www.seg-mobil.de.

die Heide frei gehalten. Alle zwei Jahre findet hier das Woppenrother Wacholderheidefest statt (s.u.).

## Einkaufen

- **Landmetzgerei Wolf,** Hauptstr. 26, 55490 Woppenroth, Tel. (06544) 990173, www.landmetzgerei-wolf.de, Mo, Mi, Do 7.30–12.30 Uhr. Hausgemachte Fleisch- und Wurstspezialitäten. Besonders lecker und ein tolles Mitbringsel: die Kartoffelwurst in der Dose.

## Feste und Veranstaltungen

- **Woppenrother Wacholderheidefest:** Rund um die Schutzhütte veranstaltet die Ortsgemeinde Woppenroth alle zwei Jahre das Wacholderheidefest. Geboten werden regionale Verkaufsstände, Leckeres vom Grill, nachmittags Kaffee und Kuchen und kostenlose Exkursionen durch die Heidelandschaft. Gefeiert wird in geraden Jahren am ersten Wochenende im September. Infos unter www.soonwald-nahe.de.
- **Hoffest der Landmetzgerei Wolf** (s.o.): im Juni mit Bauern- und Selbsterzeugermarkt.

# Das Kellenbachtal

In Gemünden mündet der **Lametbach** in den **Simmerbach** und fließt nun als Kellenbach weiter zur Nahe. Das kurvenreiche Kellenbachtal mit den weiten Auen ist bei Motorradfahrern beliebt.

Die Töpferei Seifert in **Königsau** ist für Keramikliebhaber ein beliebtes Ausflugsziel. In der Werkstatt werden Objekte wie Vasen, Geschirr, Blumenstecker oder Figuren aus Ton und Keramik für Haus und Garten hergestellt. Auf Wunsch ist eine Besichtigung der Töpferei möglich.

■ **Töpferei Seifert,** Hauptstr. 12, 55606 Königsau, Tel. (06765) 450, www.keramik-seifert.de, März bis Dez. Mo–Fr 10–17 Uhr, Sa 10–16 Uhr, So und Fei 11–17 Uhr, Jan./Feb. jeweils 13–17 Uhr. Besichtigungen der Werkstatt Mo–Fr.

## Schloss Dhaun

Hoch über dem Kellenbachtal liegt das Schloss Dhaun. Die erstmals 1215 urkundlich erwähnte Burg *Castrum de Dune* war im Mittelalter die Hauptburg der Wild- und Rheingrafen. 1337 kam es zum Ausbruch der **Dhauner Fehde.** Nach Familienstreitigkeiten bot *Heinrich von Schmidtburg* seine Burg dem Trierer Erzbischof *Balduin von Luxemburg* als Lehen an. Nach dem Tod des erbenlosen *Heinrich* machten die Wildgrafen auf Kyrburg und auf Dhaun ihre Ansprüche auf die Stammburg geltend. Die Kämpfe um die Schmidtburg dauerten bis 1342 an. Doch der streitbare Erzbischof setzte sich gegen die Wildgrafen durch.

Mehrere Vorgängerbauten gingen dem heutigen Schloss voraus, vor allem im 16. Jh. veränderten zahlreiche Um- und Erweiterungsbauten die Wehranlage sehr. Das obere Tor aus dem Jahr 1526 zeigt das schön gestaltete Wappen der Erbauer. Zu seiner jetzigen Form als **Barockschloss** mit hoch aufragendem Wohngebäude, Innenhof, unterirdischen Kasematten und weitläufigem Schlosspark wurde es 1729 von Wild- und Rheingraf *Carl* umgebaut. 1886 bis 1954 war das Schloss in Besitz der Kirner Fabrikantenfamilie *Simon.* Sie ließ noch im Jahr des Ankaufs das Rittersaalgebäude errichten.

Seit 1957 dient das alte Gemäuer als **Bildungsstätte.** Sehenswert sind vor allem die **Parkanlage** mit den alten Kastanienbäumen und die **Kasematten** unter der Schlossterrasse. Letztere sind nur von Frühjahr bis Herbst zu besichtigen, im Winter werden die Katakomben geschlossen. Die Außenanlage ist ganzjährig frei zugänglich.

■ **Anfahrt:** Von Kirn kommend, Richtung Bad Sobernheim auf der L183 bis Hochstetten-Dhaun fahren. In der Ortsmitte links abbiegen auf die Dhauner Straße, nach 500 m nochmals links auf die K9. Nach rund drei Kilometern ist das Schloss Dhaun erreicht.

## Ehemalige Stiftskirche St. Johannisberg

In St. Johannisberg, einem Ortsteil von **Hochstetten-Dhaun,** steht die ehemalige Stifts- und Grabkirche der Dhauner Wild- und Rheingrafen. Zum ersten Mal wird sie 1283 urkundlich erwähnt und 1318 zur Stiftskirche erhoben. Bis Mitte des 18. Jh. diente sie den Dhauner Grafen als Grablege. Die **prunkvollen Grabmäler** aus vier Jahrhunderten im Inneren der Kirche sind kunsthistorisch wertvoll. Die **Orgel** wurde 1782 von *Friedrich Carl Stumm* erbaut.

■ **Ehemalige Stiftskirche St. Johannisberg,** 55606 Hochstetten-Dhaun, April bis Okt. Di–So 9–18 Uhr.

## Skywalk

Eine luftige Attraktion ist der Skywalk in St. Johannisberg. Auf der Aussichtsplattform steht man rund **100 m über der Nahe.** Metallgitter im Boden geben den Blick auf den alten Steinbruch frei.

■ **Anfahrt:** Von Kirn kommend, Richtung Bad Sobernheim auf der L183 bis Hochstetten-Dhaun fahren. In der Ortsmitte links abbiegen auf die Dhauner Straße, nach 500 m nochmals links auf die K9. Nach 850 m wiederum links auf die K10 abbiegen und bis nach St. Johannisberg weiterfahren. Parkplätze sind ausgewiesen.

## Ruine Brunkenstein

Die Ruine der Burg Brunkenstein liegt im Kellenbachtal. Die Anlage war eine Vorburg der Dhauner Burg. *Johann von Dhaun* ließ sie um 1336 zum Schutz gegen die aggressive Territorialpolitik des Erzbischofs von Trier, *Balduin von Luxemburg*, erbauen. Die Dhauner Fehde dauert von 1337 bis 1342. In dieser Zeit errichtete der Trierer Erzbischof die Gegenburgen Johannisberg, Geierslei und Martinstein. Die Wildgrafen mussten sich der Übermacht beugen. In der folgenden Zeit wechselte die Wehranlage mehrmals die Besitzer, bis Wild- und Rheingraf *Friedrich I.* 1411 die Burg eroberte und sie schleifen ließ. Heute ist nur noch ein Mauerrest vorhanden. Die zweite Vorburg, die Rotenburg, ist völlig verschwunden. Ihr Standort wird auf einem Felssporn rund 400 m unterhalb der Ruine Brunkenstein vermutet.

Vom Wanderparkplatz am Sägewerk in Simmertal kommt man auf dem Weg zum Schloss Dhaun an der Ruine der Burg Brunkenstein vorbei. Sie ist ganzjährig frei zugänglich.

## Essen und Trinken

■ **Landhaus St. Johannisberg**③, St. Johannisberg 12, 55606 Hochstetten-Dhaun, Tel. (06752) 6080, www.landhaus-st-johannisberg.de, Mo, Di, Do–Sa ab 17 Uhr, So und Fei ab 11 Uhr, Mi Ruhetag. Im Restaurant werden saisonale Gerichte serviert. Vom Biergarten aus hat man einen wunderbaren Blick ins Tal.

■ **Schlosscafé Turmstube,** Schloss Dhaun, 55606 Hochstetten-Dhaun, Tel. (06752) 6080, Fr 19–22 Uhr, Sa und So 15–18 Uhr. Hausgemachte Kuchen und Torten. Von der Terrasse und der Turmstubenbalustrade hat man einen schönen Blick in das Kellenbachtal und zur Ruine Brunkenstein.

## Aktivitäten

■ **Geologischer Lehrpfad:** 11 Stationen auf 3,5 km Strecke informieren über die erdgeschichtliche Entwicklung des Kirner Landes und die Bedeutung der Gesteine für die regionale Wirtschaft.

■ **Segway-Tour:** Seg-Mobil, Schatzgrube 24, 55490 Mengerschied, Tel. (06765) 216402, www.seg-mobil.de. Die Tour „Schloss Dhaun" startet am Parkplatz des Schlosses hoch über dem Kellenbachtal und führt über Oberhausen nach Hennweiler

049hu kn

und zurück. Dauer ca. 120 Minuten, 4–6 Teilnehmer, größere Gruppen nach Absprache möglich, Preis ab 54 €/Person.

## Öffentliche Verkehrsmittel

- **Bahn:** Nahetalstrecke R80 der Vlexx Richtung Mainz: Idar-Oberstein – Kirn – Hochstetten-Dhaun (www.rmv.de).
- **Bus:** L281 Kirn – Hochstätten – Simmertal – Gemünden (nur Mo–Fr, www.vrminfo.de).

## Wandern

### Vitaltour „Wildgrafenweg"

Start der gut 13 km langen, mittelschweren Strecke ist der Parkplatz „Geologischer Lehrpfad" in Hochstetten-Dhaun. Höhepunkte sind das Schloss Dhaun, die Ruine Brunkenstein und die Stiftskirche St. Johannisberg.

Der Skywalk macht seinem Namen alle Ehre

## Simmertal

Schmuckstück von Simmertal, an der Mündung des Kellenbachs in die Nahe gelegen, ist das **historische Rathaus** aus dem Jahr 1499. Es ist das älteste Rathaus im Naheraum. Die kleine **naturkundliche Sammlung** im ehemaligen Rathaus zeigt paläontologische Fundstücke aus dem Hunsrück und dem Naheland.

- **Naturkundliches Museum Simmertal,** Kreuzstraße, Altes Rathaus, 55618 Simmertal, Tel. (06754) 1416, 1. März bis 31. Okt. jeweils am 1. und 3. So 10–12 Uhr und nach Vereinbarung, Eintritt frei.

### Essen und Trinken, Camping

- **Stella**①, Rathausstr. 1, 55618 Simmertal, Tel. (06754) 9466766, www.biergartenstella.de. Das Gasthaus in der alten Scheune hat eine kleine, aber kreative Speisekarte. Im Sommer sitzt man im Wein- und Biergarten unter der ausladenden Kastanie besonders schön.
- **Campingplatz Haumühle,** Haumühle 1, an der B421, 55618 Simmertal, Tel. (06754) 946565, www.camping-haumuehle.de. Großartige Lage im Kellenbachtal, von Wald umgeben und überragt von imposanten Felsen. Zum Campingplatz gehört das **Restaurant Räuberschenke**②, im Sommer tägl. 11–23 Uhr, sonst Mo–Do 16–23 Uhr, Fr–So 11–23 Uhr. Regionale und mediterrane Küche.

### Wandern

#### Vitaltour „Felsengarten"

Der Name des sehr schönen Wanderweges bezieht sich auf die zerklüfteten Gesteinsformationen des unteren Kellenbachtals, den sogenannten Felsengarten. Start der knapp 14 km langen Wanderung ist am historischen Rathaus von **Simmertal.**

### Öffentliche Verkehrsmittel

- **Bus:** L281 Kirn – Hochstätten – Simmertal – Gemünden (nur Mo–Fr, www.vrminfo.de).

# Lützelsoon

Lützelsoon bedeutet „kleiner Soon". Der **bewaldete Gebirgszug** liegt zwischen Soonwald und Idarwald. Begrenzt wird der Lützelsoon durch das **Hahnenbachtal** im Westen und das **Kellenbachtal** im Osten. Die zwei Täler mit ihren **bizarren Felsformationen** und idyllischen Auen gehören zu den schönsten im Hunsrück. Beliebt ist die Gegend besonders bei Wanderern wegen des großen Wanderwegenetzes.

### Teufelsfels

Typisch für den Lützelsoon sind die zerklüfteten Quarzitkämme, der imposante Teufelsfels sticht besonders hervor. Der Fels mit **Aussichtsturm** ist ein häufig besuchtes Ausflugsziel. Vom Parkplatz an der Straße Hennweiler – Bruschied gelangt man nach rund 1,5 km zu dem eindrucksvollen, fast senkrecht aufragenden Teufelsfels. Daneben bietet der „Lange Heinrich" einen wundervollen Ausblick bis nach Kirchberg und in das Naheland.

### Historische Waldnutzung

Ebenfalls typisch für den Lützelsoon sind die **Eichen-Hainbuchen-Niederwälder.** Als historische Waldnutzungsform lieferte der Niederwald früher **Brennholz.** Etwa alle 20 Jahre, bevor der Wald sich zum Hochwald entwickeln konnte, wurden die Bäume gefällt. Sie wurden „auf den Stock gesetzt", das heißt, der Stamm kurz oberhalb der Wurzel abgeschlagen. Regenerationsfreudige Bäume wie Eichen, Hainbuchen oder Birken können aus den Wurzelstöcken immer wieder neu austreiben. Die aus Stockausschlag entstandenen Wälder sind lichte Stangenwälder, die Bäume sind niedrig und mehrstämmig.

**Eichen** allerdings wachsen weniger schnell, doch die **Rinde** war rund um Kirn sehr begehrt. Die Eichen-Niederwälder waren für die Lohwirtschaft wichtig. Sie lieferten die für das **Gerben** notwendige **Lohe,** die gerbstoffreiche Eichenrinde, mit der Tierhäute zu Leder verarbeitet werden konnten. Etwa 20 Jahre braucht eine Eiche, bis sie den nötigen Umfang für das Lohmachen hat. Abnehmer waren die Gerbereien in Kirn.

Das ist längst Vergangenheit, heute wird im Ausland billiger gegerbt. Um an das fast vergessene Handwerk der Lederherstellung zu erinnern, findet einmal im Jahr das Lohmacherfest auf **Schloss Wartenstein** statt (siehe unter Kirn im Kapitel „Naheland und Deutsche Edelsteinstraße").

# Bundenbach und das Hahnenbachtal

„Tal der Jahrtausende" wird das Hahnenbachtal genannt, weil sich hier eine überraschende Fülle historischer Sehenswürdigkeiten versammelt. Über der mittelalterlichen Schmidtburgruine steht die rekonstruierte Keltensiedlung Altburg auf einem Felsplateau, dazwischen lockt das Schieferbergwerk Herrenberg Touristen untertage. Im oberen Abschnitt nahe dem Ort Bundenbach ist das tief eingeschnittene Tal nur zu Fuß erreichbar. Durch das idyllische Tal verläuft die 2012 zum schönsten Wanderweg Deutschlands gekürte Traumschleife „Hahnenbachtaltour" (s.u.).

Der Erholungsort Bundenbach steht ganz im Zeichen des Schiefers. Bereits seit dem frühen Mittelalter wurde hier **Schieferbergbau** betrieben. 32 Gruben gab es zu den besten Zeiten. Erst in den 1960er Jahren kam der Schieferbergbau zum Erliegen. Günstiger Schiefer aus dem Ausland und die als Dacheindeckung und Fassadenverkleidung in Mode gekommenen Kunstschieferplatten verdrängten den Hunsrückschiefer.

Abbau und Verarbeitung des „grauen Goldes" brachten noch einen weiteren Schatz ans Licht. Seit Jahrmillionen im Schiefer verborgene, ungewöhnlich gut erhaltene **Fossilien** machten Bundenbach in Fachkreisen weltbekannt.

In der Umgebung schimmern an vielen Stellen Schieferhalden in der Sonne. Die Landschaft rund um den Ort ist besonders reizvoll und wird deshalb auch „Bundenbacher Schweiz“ genannt.

## Schieferbergwerk Herrenberg

In der Schiefergrube Herrenberg im Hahnenbachtal unterhalb von Bundenbach wurde ab dem Mittelalter in mühsamer Handarbeit Dachschiefer gewonnen. Noch bis vor 50 Jahren gingen Schieferbrecher in der Grube ihrer beschwerlichen Arbeit nach, deren Anfänge bis in die Römerzeit zurückgehen.

Gleich zu Anfang einer Führung durch das Gewirr der unterirdischen, **tief in den Fels getriebenen Stollen** erfährt man, wie der Schiefer früher gebrochen, gespalten und verarbeitet wurde. Das Besucherbergwerk zeigt eindrucksvoll, wie kräftezehrend es für die Bergmänner im Mittelalter war, die tiefen Stollen zentimeterweise in den Schiefer zu treiben. Der ganze Berg ist quasi ausgehöhlt. Kaum vorstellbar, dass auch die imposanten Weitungen mühsam mit der Hand gepickelt wurden.

Interessant ist das **Werkzeug** der Layenbrecher, das sogenannte Gezähe. Die einfachen Bohrer und Hämmer lassen erahnen, wie beschwerlich und oft auch bitter die Arbeit gewesen sein muss. Das zeigt der fast 30 Meter lange **Lachter Versuchsgang,** der am Ende nicht etwa auf abbaufähigen Dachschiefer, sondern auf wertlosen Quarz stößt. Zwei Jahre umsonst geschuftet – eine herbe Enttäuschung.

80 % des mühsam herausgeschlagenen Schiefers war Abfall. Nur zwei von zehn Platten waren für Dachschiefer geeignet. Wo die Arbeiter auf Quarzadern stießen, hörten sie auf zu suchen, denn diese machten den Schiefer wertlos, er war zu brüchig.

Auch **Platten mit Fossilien** waren unbrauchbar. Lange Zeit rätselten die Bergarbeiter, was die merkwürdigen Formen zwischen den Schieferplatten wohl bedeuten könnten, hielten sie für Zeichen des Teufels und zerschlugen die Steine. Erst als im 19. Jh. die ersten Forscher kamen, um die 380 bis 400 Millionen Jahre alten Fossilien wissenschaftlich zu untersuchen, wurde den Layenbrechern klar, dass es sich um versteinerte Seesterne, Seelilien und Dreilappkrebse aus grauer Vorzeit handelte.

050hu kn

[<] Im Inneren des Schieferbergwerks Herrenberg

[>] Schlangenstern „Euzonosoma tischbeinianum“ im Fossilienmuseum Bundenbach

## Die „Hunsrück Schiefer- und Burgenstraße“

Die „Hunsrück Schiefer- und Burgenstraße“ verbindet kulturelle und erdgeschichtliche Sehenswürdigkeiten im südlichen Hunsrück **zwischen Soonwald, Idarwald und der Nahe.** Burgen, Schlösser, Kirchen, geologische Lehrpfade oder die im Gebiet so häufigen, seltsam geformten Quarzitfelsen stehen im Fokus.

Die Ferienstraße ist in sieben verschiedene Touren unterteilt. Die Route zum Thema Erdgeschichte führt nach **Bundenbach.** Das Besucherbergwerk Herrenberg mit dem Fossilienmuseum, die Schmidtburg und die rekonstruierte Keltensiedlung sind die Höhepunkte. Rund um **Gemünden** liegt der Fokus auf dem Thema Schiefer. Route drei führt nach **Kirn** und Umgebung, Route vier nach **Hochstetten-Dhaun.** Die fünfte Tour passiert **Hahnenbach, Oberhausen** und den **Lützelsoon,** die sechste folgt dem kurvenreichen **Kellenbachtal.** Auf der letzten Route geht es um Handwerk und Kunst. In Orten wie **Schauren, Rhaunen, Stipshausen** oder **Hottenbach** sind Edelsteinschleifereien, Werke des Hunsrücker Bauernbarocks oder die wertvollen Stumm-Orgeln zu besichtigen.

■ **Förderverein Hunsrück Schiefer- und Burgenstraße e.V.,** Bahnhofstraße 31, 55606 Kirn, Tel. (06752) 93840, http://hunsrueck-naheland.vg-rhaunen.de.

051hu kn

Bei einer Führung durch das Bergwerk erlebt man eine märchenhafte Welt: goldschimmernde Pyrite und helle Quarzadern im graublauen Schiefer, uralte Fossilien und **Tropfsteine.** Überall tropft Wasser herab, der Boden ist stellenweise glitschig. Am Ende eines niedrigen Stollens hat das Wasser einen kleinen **See** gebildet. Wer mag, kann Geldmünzen über die Schulter hineinwerfen und sich etwas wünschen. Angesichts des vielen Kleingelds in dem klaren Wasser haben wohl schon viele ihre Hoffnung auf das Ritual gesetzt.

Wenn alle Teilnehmer einverstanden sind, werden die Lichter für einen Augenblick gelöscht. Die undurchdringliche Finsternis ist bedrückend. Wenn das Licht wieder angeht, erkennt man auf den feucht schimmernden Schieferwänden die kuriosen Formen von Fossilien.

Ans Tageslicht zurückgekehrt, kann man den Ausflug in die Welt des Schiefers in dem kleinen **Fossilienmuseum** nebenan fortsetzen. Es versammelt aus dem Erdzeitalter Devon stammende Fundstücke. Vor allem die fossilen Sterntiere sind typisch für die Gegend um Bundenbach.

Ein Teil der Grube wird als **Therapiestollen** zur Linderung von Atemwegserkrankungen genutzt. Bei 90 % Luftfeuchtigkeit und konstanten 8 °C Temperatur atmen Asthmatiker und Allergiker staub- und allergiefreie Luft. Die **Bergmannsschänke** (siehe unten) bietet einen schönen Ausblick ins Hahnenbachtal.

■ **Besuchergrube Schieferbergwerk Herrenberg,** 1. April bis 31. Okt. tägl. 10–13 und 14–17 Uhr, Tel. (06544) 9272, Erw. (ab 17 J.) 3,50 €, Kinder 2,50 €, www.bundenbach.de. Informationen zum Therapiestollen bei Heil- und Chiropraktiker *Edmund Esch*, Tel. (06752) 6797.

■ **Fossilienmuseum,** 1. April bis 31. Okt. tägl. 10–13 und 14–17 Uhr, Führungen ab 6 Erw., Kinder und Jugendl. (bis 16 J.) 1,50 €, Erw. 3 €, Tel. (06544) 9272, www.bundenbach.de.

■ **Anfahrt:** Von Rhaunen kommend, in Bundenbach von der Hauptstraße rechts in die Ringstraße abbiegen und bis zum Friedhofsweg fahren. Dort links abbiegen und dem Weg rund 850 m bis zum Wanderparkplatz folgen. Zu Fuß sind es nur noch wenige Minuten bis zur Schiefergrube Herrenberg. Vom Besucherbergwerk führt ein leicht ansteigender Waldweg zur Altburg.

## Ruine Hellkirch

Einen tollen Ausblick in das Hahnenbachtal bietet die geheimnisumwitterte Ruine Hellkirch zwischen Bundenbach und Woppenroth. Die Hellkirch stand strategisch günstig auf einem nach allen Seiten steil abfallenden, 60 m hohen Felsen und war nur über einen sehr schmalen Grat zu erreichen. Ob der fast quadratische Bau mit seinen dicken Mauern tatsächlich mal Teil einer Kirche eines untergegangenen Ortes war oder ob das Gebäude eher ein Vorposten der Schmidtburg war, muss noch erforscht werden. Die Traumschleife „Hahnenbachtaltour“ (s.u.) führt an der Ruine entlang.

Die Ruine liegt ein wenig versteckt südwestlich von Woppenroth. Der Weg ist ab der Ortsmitte ausgeschildert. Etwas kürzer ist der Weg, wenn man am Wanderparkplatz an der Wacholderheide startet (von Woppenroth auf der L162 Richtung Rhaunen, nach rund 500 m links abbiegen und auf dem Feldweg bis zum Wanderparkplatz fahren). Von hier

052hu kn

sind es noch etwa zwei Kilometer auf einem Waldweg, dabei der Beschilderung der Traumschleife „Hahnenbachtaltour" folgen.

## Altburg

Die Altburg ist ein nach archäologischen Befunden **teilrekonstruiertes Keltendorf** aus dem 4. bis 1. Jh. v. Chr. Das kleine **Freilichtmuseum** zeigt, wie karg die Kelten ihre Häuser einrichteten. Zehn strohgedeckte Wohnhäuser und Vorratsspeicher auf Stelzen geben einen Eindruck vom Leben im 1. Jh. v. Chr. Insgesamt 2500 Bodenvertiefungen entdeckten Forscher auf dem Höhenplateau. Eine stattliche Leistung der Kelten der La-Tène-Zeit, denn der harte Schieferfels des Plateaus ist nur mit einer dünnen Erdschicht bedeckt. In mühsam in den Felsen geschlagene Löcher waren die Holzpfosten gesetzt, die die Pfahlbauten trugen. In einem der Häuser befindet sich ein tief in den Schiefer eingelassener Felsenkeller, der zur Wasserbevorratung diente. Das Wasser musste aus dem Tal auf das Plateau heraufgetragen werden.

Der rekonstruierte Teil der Siedlung ist die Oberburg, die mit einem zusätzlichen Palisadenzaun abgegrenzt war. Anfangs wurde das Dorf mit Palisaden gesichert, später schütze ein 80 m langer und 7 m hoher Wall die Siedlung vor

Festival auf der Altburg

Feinden. Etwa 50 v. Chr. wurde die Anlage aufgegeben.

In Vitrinen sind archäologische Funde ausgestellt. Die Altburg kann mit oder ohne Führung besichtigt werden, Eintrittskarten gibt es im 400 m entfernten Besucherbergwerk Herrenberg (s.o.).

■ **Altburg,** 1. April bis 31. Okt. tägl. 10–13 und 14–17 Uhr, Führungen ab 6 Erw., Tel. (06544) 9272, www.bundenbach.de, Erw. (ab 17 J.) 7 €, Kinder 4,50 €.

## Ruine Schmidtburg

Unterhalb des Keltendorfs Altburg liegt die imposante Ruine der Schmidtburg. Die keltischen Treverer, die das Dorf bewohnten, hatten sich vermutlich wegen der Erzvorkommen in der Gegend niedergelassen. Später lockten die begehrten Bodenschätze Römer ins Hahnenbachtal. Wahrscheinlich legten sie den Grundstein für die im Frühmittelalter von fränkischen Adligen errichtete Schmidtburg. Sie liegt nur eine Viertelstunde von der Altburg entfernt und ist am besten zu Fuß von Bundenbach oder Schneppenbach aus zu erreichen.

Der Bergsporn, auf dem die überraschend weitläufige Burgruine steht, fällt nach allen Seiten steil ab. Die Schmidtburg gehört zu den **ältesten mittelalterlichen Befestigungen im Hunsrück.** Ihre Grundfläche misst etwa 200 x 80 m. *Schmidtburg* bedeutet „Burg der Schmiede". Vermutlich diente die Burg dem Schutz der Erzlagerstätten im Hahnenbachtal und der Metalle, die hier weiterverarbeitet wurden.

Bis der erbenlose Graf *Heinrich* die Burg 1324 verkaufte, war sie eine der

Stammburgen der Wildgrafen. Graf *Heinrich,* genervt von andauernden Familienstreitigkeiten, trug die Burg kurzerhand Erzbischof *Balduin von Trier* zu Lehen auf. Als wehrhafter Vorposten passte diese ganz hervorragend in *Balduins* Expansionspläne. In dieser Zeit wurde die Burg ständig erweitert, bis sie den gesamten Bergsporn einnahm. Im Pfälzischen Erbfolgekrieg zerstörten französische Truppen 1688 die Schmidt-

053hu kn

burg völlig. Doch die Oberburg blieb bis Ende des 18. Jh. Verwaltungssitz für die kurtrierischen Besitzungen, dann verfiel auch sie. 1800 dienten die Ruinen dem berüchtigten Räuber *Schinderhannes* als Unterschlupf.

Die Schmidtburg ist nur zu Fuß zu erreichen, vom Besucherbergwerk Herrenberg führt ein Weg zur Ruine. Oder man geht von Schneppenbach aus, die Schmidtburg ist bereits im Ort ausgeschildert. Vom Wanderparkplatz hinter dem Bürgerhaus sind es noch rund 20 Minuten Fußweg (Anfahrt: von Kirn in Richtung Rhaunen durch Rudolfshaus fahren und weiter auf der L184 durch Bruschied bis nach Schneppenbach).

⌃ Die Schmidtburg im Hahnenbachtal

### Hahnenbach

Weiter unten im Hahnenbachtal, vier Kilometer vor Kirn, liegt der Ort Hahnenbach. Das alte **Rathaus** aus dem Jahr 1939 liegt idyllisch am Hahnenbach. Eine steinerne **Bogenbrücke** führt zu dem schmucken Gebäude.

## Praktische Tipps

### Informationen

- **Tourist-Information Rhaunen,** Zum Idar 23, 55624 Rhaunen, Tel. (06544) 18130, www.vg-rhaunen.de.
- **www.bundenbach.de**

### Unterkunft, Essen und Trinken

- **Bergmannsschänke**①, Besuchergrube Schieferbergwerk Herrenberg, 1. April bis 31. Okt. tägl. 10–13 und 14–17 Uhr, Tel. (06544) 9272. Bei Kaffee und Kuchen oder Eis hat man durch die Panoramafenster einen schönen Blick in das Hahnenbachtal.
- **Restaurant Zum Bremme Dick**①, Hauptstraße 41, 55626 Bundenbach, Tel. (06544) 650, www.bremme-dick.de, Di–So 10–14.30 Uhr und ab 16.30 Uhr, Mo Ruhetag. Hunsrücker Fleischspezialitäten werden auf offener Flamme im Kamin der Gaststube gegrillt, einen kleinen Biergarten gibt es auch. Mittwochs stehen Hunsrücker Spezialitäten wie gefüllte Klöße auf der Speisekarte, freitags italienische Küche.

#### In Rudolfshaus

- **Gasthaus Birkenmühle**①, 55606 Rudolfshaus, Tel. (06544) 612 oder 8111, www.festhalle-birkenmuehle.de. Ferienwohnungen, Zeltplätze und Stellplätze für Wohnmobile mit Wasch- und Duschräumen, rustikale Gaststätte mit gutbürgerlicher Küche.

MEIN TIPP: **Hotel Forellenhof / Reinhardtsmühle**③, 55606 Rudolfshaus, Tel. (06544) 373, www.hotel-forellenhof.de. Restaurant: Di–So 11.30–14 und 17.30–21 Uhr warme Küche, dazwischen Vesperkarte und hausgebackener Kuchen, Mo geschl. Forellen aus eigener Zucht und Wildgerichte werden im urgemütlichen Restaurant, im Wintergarten, im Kaminzimmer oder in der Whiskyecke serviert, im Sommer auch auf der idyllischen Terrasse mit Blick auf die Forellenteiche. Zum Angebot gehören Jagdprogramme, Whisky-Tastings und ein Wellnessbereich im Hotel.

#### In Hahnenbach

- **Ferienhaus „Urlaub im Denkmal",** Hennweilerstr. 5 und 7, 55606 Hahnenbach, Tel. (06752) 720232, www.ferienhaus-urlaub-im-denkmal.de. Liebevoll restauriertes Fachwerkhaus mit antiken Möbeln, moderner Ausstattung und einem idyllischen Innenhof. Kurios: In der Scheune befindet sich ein kleines Museum für ukrainische Volkskunst, der Eintritt ist frei. Auf Wunsch werden Gäste mit Gepäck im ukrainischen Oldtimer zu ihren Wanderetappen gefahren.

#### Camping

- **Campingplatz Romantica,** Hahnenbachstraße 15, 55606 Hahnenbach, Tel. (06752) 8527, 1. April bis 1. Nov., mit Angelmöglichkeit. Seit 1954 gibt es den Campingplatz im Ort.

### Einkaufen

MEIN TIPP: **Antiquariat Peter Gerlach,** Hauptstraße 12, 55758 Sonnschied, Tel. (06785) 7055 oder 0175 4621358, kein Ruhetag. Das kleine, aber feine Antiquariat in Sonnschied bei Kirn ist auf Hunsrück- und Nahelandliteratur spezialisiert. Vor einem Besuch ist es ratsam, kurz anzurufen. Nicht nur für Bücherfreunde sind die hübsch eingerichteten **Romantikzimmer**③.

## Aktivitäten

■ **Wassererlebnispfad:** Im Hahnenbachtal zwischen Schmidtburg und Besuchergrube Herrenberg liegt der 1,5 km lange Wassererlebnispfad. Ausgangspunkt ist die Schmidtburg. Interaktive Lehrtafeln informieren rund um das Thema Wasser. Früher stand am Hahnenbach die Schleifmühle Götzenau, in der bis ins 19. Jh. „Klickerschleifer" mit Wasserkraft Murmeln aus Achaten formten.

**Naturcamp auf der Schmidtburg:** Zum Programm gehören der Bau von Hütten, Feuer machen und das Finden von Essbarem in der Natur (www.naturcamps-hunsrueck.de).

## Feste und Veranstaltungen

■ **Altburg-Festival:** Im August findet das Irish Folk Festival mit Feuerschau (Fr und Sa), Mittelaltermarkt, keltischem Handwerk und Lagergruppen statt. Am Familiensonntag haben Kinder bis 12 Jahre freien Eintritt. Termin und Programmablauf unter www.altburgfestival.de.

■ **Hunsrücker Archäologietage:** Am Wochenende vor Pfingsten finden auf der Schmidtburg alljährlich die Hunsrücker Archäologietage statt, organisiert von Arrata („Archäologie mit Rat und Tat", www.arrata.de), einer Initiative von Archäologen, Heimatforschern und Menschen mit Archäologiefaible. Vor allem für Kinder ist Geschichte zum Anfassen während der Archäologietage ein Erlebnis.

## Öffentliche Verkehrsmittel

■ **Bus:** L352 Kirn – Rhaunen – Flughafen Hahn (nur Mo–Fr, www.rnn.info).

## Wandern

### Traumschleife „Hahnenbachtaltour"

**MEIN TIPP:** Der knapp zehn Kilometer lange Rundweg führt an die schönsten Stellen des „Tals der Jahrtausende". Er wurde 2012 als Deutschlands schönster Wanderweg ausgezeichnet. Schmidtburg, Altburg und die Ruine Hellkirch, Schieferabraumhalden und alte Stolleneingänge liegen am Weg. Start der Tour ist am **Schieferbergwerk Herrenberg.**

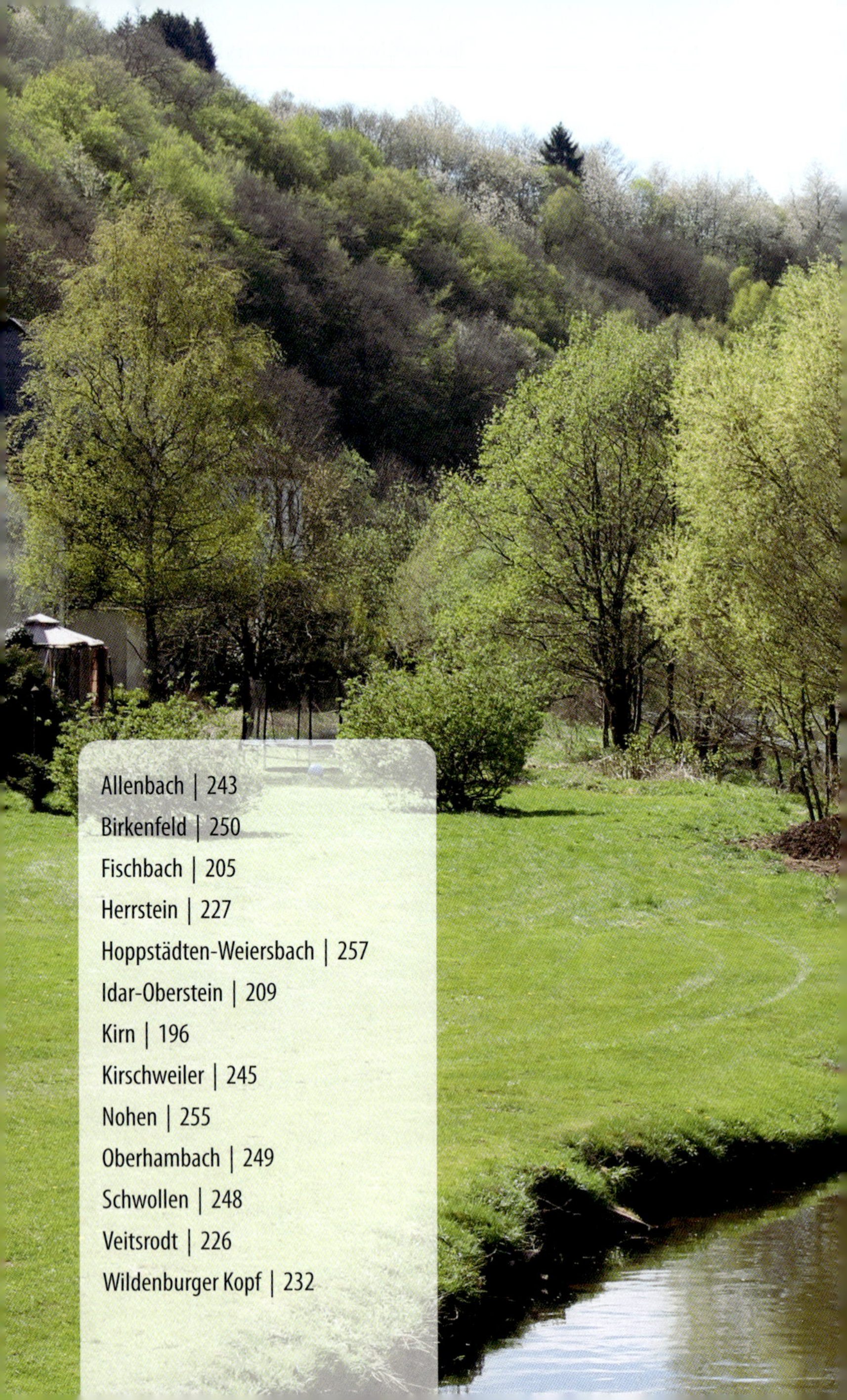

# 5 Naheland und Edelsteinstraße

Der Vulkanismus schuf vor 270 Millionen Jahren im Naheland Lagerstätten von Edelsteinen und Erzen. So ist die Gegend um die Edelsteinmetropole Idar-Oberstein für Schmuck-Liebhaber wie auch für Mineralien- und Fossiliensammler eine wahre Fundgrube. Weinliebhaber kommen ebenfalls auf ihre Kosten. Das trocken-warme Klima am Unterlauf der Nahe sorgt für hervorragende Weine.

[<] Am Wanderweg „Nohener Nahe-Schleife“

# NAHELAND UND EDELSTEINSTRASSE

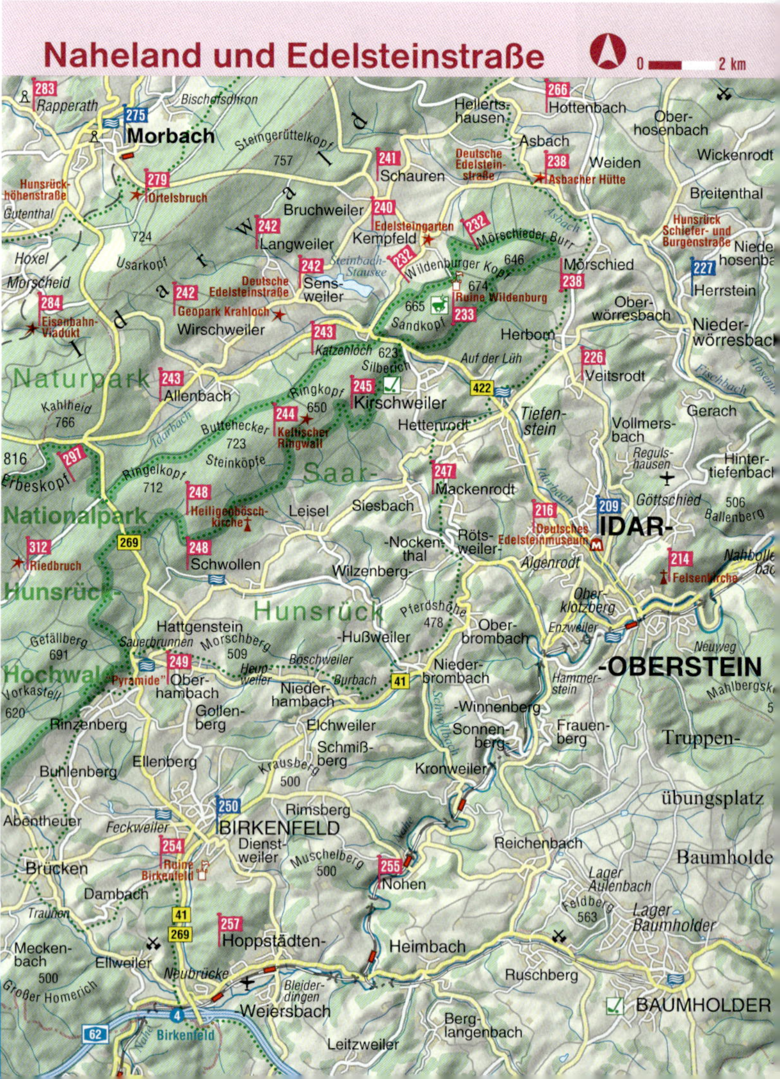

Das Naheland wird im Norden von den Hunsrücker Hochflächen und im Süden vom Nordpfälzer Bergland umrahmt. Die Nahe entspringt bei Selbach im Saarland und mündet in Bingen in den Rhein. Auf dem mittleren Abschnitt rund um Kirn und Idar-Oberstein bildet das Flusstal die Begrenzung des Hunsrücks. Die Landschaft ist abwechslungsreich, bizarre Felsen, Wälder und Weinberge prägen das Bild. In dem relativ kleinen Anbaugebiet kann man die Weine genießen, wo sie wachsen: bei speziellen Wanderungen und Weinfesten oder in den Gutsschenken und Straußwirtschaften der Winzer.

Eine faszinierende Welt voller Kostbarkeiten erwartet Besucher von Idar-Oberstein und Umgebung – sei es in den Besucherstollen, Museen, Schleifereien oder Schmuckwerkstätten. Aber auch Orte wie Kirn, Herrstein und Birkenfeld haben einige Kulturschätze zu bieten.

**NICHT VERPASSEN!**

- Ausflug in die unterirdischen Stollen des **Kupferbergwerks Fischbach** | 206
- Hoch über den Dächern der Altstadt: **Felsenkirche Idar-Oberstein** | 214
- Fachwerkidylle in **Herrstein** | 227
- Wölfe und Wildkatzen aus der Nähe erleben im **Freigehege an der Wildenburg** | 234
- Kultur und Alltagsleben der Kelten im **Landesmuseum Birkenfeld** | 250

**Diese Tipps erkennt man an der gelben Hinterlegung.**

## Die Deutsche Edelsteinstraße

Die Deutsche Edelsteinstraße ist eine für Touristen konzipierte Route, die über 48 Kilometer Orte verbindet, die vom Abbau und von der Verarbeitung von Edelsteinen geprägt sind. Zwar hat die Schmuckindustrie in Idar-Oberstein und Umgebung heute nicht mehr die wirtschaftliche Bedeutung von einst, trotzdem gibt es entlang der Edelsteinstraße noch zahlreiche **Manufakturen** zu entdecken.

In den Dörfern zwischen Idar-Oberstein und dem Hochwald bzw. Idarwald gab es früher zahlreiche **Edelsteinschleifereien.** Für die Schleiferdörfer war die florierende Schmuckindustrie in der Edelsteinmetropole ein bedeutender Wirtschaftsfaktor. In mehr als 60 Schleifereien kann man den Handwerkern auch heute noch bei der Arbeit über die Schulter schauen. Auch historische Wasserschleifen können besichtigt werden, sie vermitteln einen guten Eindruck von der harten Arbeit der Schleifer in vergangenen Zeiten. Außerdem gibt es entlang der Edelsteinstraße viele Möglichkeiten, selbst nach Mineralien zu schürfen oder in Hobbykursen das **Edelsteinschleifen oder Goldschmieden zu lernen.**

■ **Tourist-Information Deutsche Edelsteinstraße,** Brühlstr. 16, 55756 Herrstein, Tel. (06785) 79101 oder -104, www.edelsteinstrasse.info, Mo–Fr 9–12 und 13.30–17 Uhr, Sa, So und Fei (5. April bis 9. Nov.) 10–15 Uhr. Hier auch Infos, Termine und Preise der Kursangebote.

# Kirn

In Kirn mündet der **Hahnenbach** in die **Nahe.** Ab dem 18. Jh. war Kirn eines der größten **Zentren der Lederindustrie** in Europa. Der Wasserreichtum und die Niederwälder rund um den Ort waren ideal für die Handwerksbetriebe, die schon seit dem Mittelalter Leder herstellten und weiterverarbeiteten. Im 19. Jh. gab es rund 100 Gerbereien an der Nahe. Parallel entwickelte sich eine Feinlederindustrie, die viele Arbeitsplätze und auch Heimarbeitsplätze brachte. Auf die lange Geschichte als Lederstadt weist heute nur noch wenig hin. Ein letztes Gerberhaus und ein paar Walkfässer erinnern noch an diese Zeit. Denn Kirn konnte gegen den internationalen Wettbewerb nicht bestehen. In den 1980er Jahren kam die Produktion fast zum Erliegen.

Heute gibt es nur noch wenige Leder verarbeitenden Betriebe. Um weiterhin am Markt bestehen zu können, setzen sie auf hochwertige Produkte. Shoppingfans kommen trotzdem auf ihre Kosten: Das Traditionshaus Braun & Büffel bietet seine luxuriösen Ledertaschen in einem **Fabrikverkauf** an. Auch das Outlet Emporium/The Loft lockt Schnäppchenjäger nach Kirn. Cedric's wirkt wie ein Gegenentwurf dazu: In dem winzigen Laden mit angeschlossener Werkstatt gibt es Handgearbeitetes, inklusive freundlicher Beratung durch den Feintäschnermeister persönlich.

Aber Kirn ist nicht nur die Stadt des Leders sondern auch die **Stadt des Bieres.** Seit 500 Jahren wird die Kunst des Bierbrauens gepflegt. Übrig geblieben ist

067hu kn

die **Privatbrauerei Ph. & C. Andres,** die bereits seit 1798 besteht. Im Jahr 1862 erwarb die Familie *Andres* die **Fürstliche Kellerei** (s.u.). Das Wappen der Fürstenfamilie Salm-Kyrburg an der Gebäudefront dient der Brauerei noch heute als Logo. Ein Klassiker und das meistgetrunkene Bier aus Kirn ist das Pils. Neuerdings gewinnt aber auch das naturtrübe Kirner Landbier immer mehr Liebhaber. Das helle Bier wird aus heimischer Gerste gebraut, es gibt auch eine dunkle Variante. Weitere Sorten sind Schinderhannes Bock, Weizen und Biermischgetränke.

⌃ Alte Walkfässer in der Lederstadt Kirn

## Sehenswertes

Kirns Architektur prägten die Fürsten von Salm-Kyrburg. Sie ließen im 18. Jh. mehrere feudale Gebäude errichten. Für eine Erkundungstour durch Kirn parkt man am besten in Zentrumsnähe auf dem öffentlichen **Parkplatz am Teichweg** (eine halbe Stunde kostet gerade mal 5 Cent).

### Schloss Amalienlust

Nach ein paar Schritten Richtung Innenstadt stößt man auf das barocke Schloss Amalienlust, ein repräsentatives, wenn auch kleines Gebäude (Teichweg 11). Die Sommerresidenz des Fürsten *Friedrich III. von Salm-Kyrburg* wurde 1780 bis 1790 erbaut. Der Entwurf stammt von dem Pariser Architekten *Jacques De-*

068hu kn

*nis Antoine.* Als komfortables Stadthaus hatte es früher sogar ein Theater. Der winzige Park vor der kleinen Residenz ist im Sommer ein lauschiges Plätzchen, allein die riesige Platane ist einen Blick wert. Das Schloss selbst ist nicht zu besichtigen.

Benannt ist die Schlossanlage nach der Schwester des Fürsten, *Amalie Zephyrine von Hohenzollern-Sigmaringen,* geborene *Salm-Kyrburg.* Sie ging als „Retterin Hohenzollerns" in die Geschichte ein, weil sie ihre Freundschaft zu *Napoleon Bonapartes* Ehefrau *Joséphine* nutzte und sich für die Souveränität von Hohenzollern-Sigmaringen und Hohenzollern-Hechingen einsetzte. Und tatsächlich bestätigte der Wiener Kongress auf ihr Bemühen hin die Selbstständigkeit der beiden Kleinstaaten.

## Gerberhaus

Der Teichweg geht in die Gerbergasse über. An das **ehemalige Gerberviertel** erinnert ein letztes Gerberhaus aus dem 19. Jh. mit den typischen Lüftungsläden. Die Holzläden wurden so eingestellt, dass das frisch gegerbte und in den beiden Trockenböden aufgehängte Leder im Luftzug trocknen konnte. Am Westring sind weitere Relikte der Lederherstellung zu finden: große **Walkfässer** zum Einweichen, Aufwelken und Ger-

Der Marktplatz von Kirn

ben der Felle. Bevor es rotierende Walkfässer gab, wurde das Leder in Lohgruben gegerbt.

## Evangelische Kirche

Die Evangelische Kirche wurde vermutlich im Jahr 966 erbaut, um 1200 wird sie erstmals erwähnt. Von dem romanischen Bau ist noch der runde Turm erhalten. 1467 wurde die Pfarrkirche zu einer Stiftskirche erhoben, 1484 kamen der spätgotische Chor und die Sakristei hinzu. Zwischen 1684 und 1891 wurde die Kirche als Simultankirche genutzt. Eine Mauer trennte mehr als 200 Jahre lang die Konfessionen, die Katholiken feierten ihre Messen im Chorraum, die Protestanten in der Halle. Im Kircheninneren befinden sich einige Grabmäler der Wild- und Rheingrafen.

Der Hahnenbach, der so idyllisch durch Kirn und an der evangelischen Kirche vorbeifließt, kann im Winter und im Frühjahr ziemlich ungemütlich werden. Ein verheerendes Hochwasser im Jahr 1875 führte dazu, dass die Kirche in Teilen erneuert werden musste.

■ **Evangelische Kirche,** Kirchstr. 4, geöffnet tägl. 10–17 Uhr.

## Rathaus

Das heutige Rathaus von Kirn in der Kirchstr. 3 ist ein **ehemaliges Piaristenkolleg.** Fürst *Dominik von Salm-Kyrburg* ließ das Gebäude ab 1753 mehrere Jahre lang von dem Baumeister *Johann Thomas Petri* aus- und umbauen. Der achteckige Pavillon auf dem Marktplatz, in dem Kaffee und Kuchen angeboten werden, stand ursprünglich im Garten des Piaristenkollegs.

## Am Marktplatz

In dem ehemaligen Wirtshaus **Haus Kölsch** am Marktplatz soll 1799 der berüchtigte Räuber *Schinderhannes* anlässlich des Andreasmarktes gefeiert und das Kirner Bier genossen haben. So lautet die Behauptung auf einem Schild an dem imposanten Fachwerkhaus, das zu den ältesten Gasthäusern in Kirn gehörte. Belegt ist diese Aussage allerdings nicht.

Ein besonders reich geschmücktes Fachwerkhaus ist das **Lagrange** (Steinweg 8). Unter den Schnitzereien stechen die sogenannten Neidköpfe hervor. Sie sollten das 1593 erbaute Haus und seine Bewohner vor Unheil schützen.

## Gesellschaftshaus

Das klassizistische, 1879 errichtete Gesellschaftshaus in der Neuen Straße 13 gehörte zur ehemaligen Lederfabrik Carl Simon & Söhne. Heute finden dort Konzerte, Ausstellungen und Theatervorführungen statt (Termine: www.kirn.de.).

## Fürstliche Kellerei

Fürst *Johann Dominik von Salm-Kyrburg* ließ die Fürstliche Kellerei im Jahr 1770 errichten (Kallenfelser Str. 1). An der Front über dem Torbogen blieb ein prachtvolles, großes Wappen von der Zerstörung durch die Franzosen verschont, die im Zuge der Französischen Revolution möglichst alle adligen Machtinsignien in ihrem Besatzungsgebiet zerstörten. Im 19. Jh. kaufte die **Brauerei Andres** das Gebäude. Heute ist darin das Hotel-Restaurant **Alte Kellerei** ansässig.

## Ruine Kyrburg

Hoch über Kirn thront die Ruine der Kyrburg. Sie ist über einen steilen Asphaltweg in wenigen Minuten zu Fuß zu erreichen. Oben angekommen, bietet sich ein sagenhafter Blick auf die Hügel, die Kirn umgeben, und die idyllischen Täler der Nahe und des Hahnenbachs.

Vermutlich wurde die Kyrburg im 10. Jh. errichtet. Mehrmals wurde sie eingenommen, so zum Beispiel 1620 während des Dreißigjährigen Krieges. 1734 wurde sie von den Franzosen zerstört. In den Ruinen ließ Fürst *Johann Dominik von Salm-Kyrburg* 30 Jahre später ein zweistöckiges Garnisonshaus erbauen. In dem barocken **Wachthaus** ist heute eine Gaststätte untergebracht. Im Sommer dient die Kyrburg regelmäßig als Kulisse für Musik- und Theateraufführungen, die auf der Freilichtbühne stattfinden.

### Whisky-Museum

Whisky-Liebhaber finden auf der Kyrburg etwas ganz Besonderes: ein Museum mit mehr als 4000 verschiedenen Whiskyflaschen aus der ganzen Welt. Es befindet sich in einem **Gewölbekeller,** der 15 Meter unter dem Wachthaus liegt und zur Burg gehört. Aber auch alles andere, was zu den bernsteinfarbigen Preziosen passt, ist hier versammelt: Geräte aus Destillen, Werbeplakate und alte Trinkgefäße. Der **Biergarten** ist mindestens genauso sehenswert, selten hat man einen so schönen Ausblick.

■ **Kyrburg,** ganzjährig frei zugänglich. Das Whiskymuseum kann nach telef. Absprache besichtigt werden, Tel. (06752) 91190.

## Ruine Steinkallenfels

Nordwestlich, im Stadtteil Kallenfels, liegen im steilen Westhang der Kirner Dolomiten die Ruinen der Burg Steinkallenfels. Eigentlich sind es drei verschiedene Anlagen, die Burgen Stein, Kallenfels und Stock im Hane, die sich pittoresk an drei wuchtige Felsen schmiegen. Die Ruinen sind wegen Einsturzgefahr nicht zugänglich.

## Schloss Wartenstein

Auf einer Anhöhe weiter nordwestlich im **Hahnenbachtal** liegt gut sichtbar das Schloss Wartenstein. Das herrschaftliche Anwesen wurde neben den Resten einer älteren Burg errichtet. Von dieser 1357 von Ritter *Tilmann von Kallenfels* erbauten Wehranlage sind nur noch wenige Mauerreste hinter dem Schloss erhalten. Ende des 16. Jh. ging die Burg in den Besitz der aus Lothringen stammenden Familie *von Warsberg* über. Nach der Zerstörung der Burg durch die Franzosen Ende des 17. Jh. ließ Freiherr *Lothar Friedrich von Warsberg* 1704 das Schloss

> Die Ruine Kyrburg und das Wachthaus

als Verwaltungssitz der Reichsherrschaft Wartenstein erbauen.

Beim **Lohmacherfest** im Mai wird das alte, für die Lederstadt Kirn früher so wichtige Handwerk vorgeführt. Das **Schlossfest** lockt seit mehr als 20 Jahren, immer am zweiten Septemberwochenende, Ausflügler in das alte Gemäuer (s.u.).

**Mein Tipp:** Heute ist in dem alten Gemäuer die **Erlebniswelt „Wald und Natur"** untergebracht. Die Ausstellung im ehemaligen Stallgebäude zeigt alles über die harte Arbeit des Lohmachens. Außerdem werden der Niederwald, der Naturraum Lützelsoon und das Leben des Försters *Karl von Pidoll* anschaulich dargestellt. Für Kinder spannend ist die Geologieausstellung im Kellergewölbe des Kavaliershauses. Eine **Informationsstelle des Naturparks Soonwald-Nahe** befindet sich ebenfalls im Gebäude.

Schloss Wartenstein ist nur in Ausnahmefällen mit dem Auto anzufahren. Auf gut ausgeschilderten Wanderwegen ist es von Hahnenbach, Hennweiler, Kirn-Kallenfels und Oberhausen in 15 bis 30 Minuten zu Fuß zu erreichen. Vom Hof aus lässt sich der herrliche Blick auf die Ruine der Burg Steinkallenfels hoch über dem Kirner Stadtteil Kallenfels und ins idyllische Hahnenbachtal genießen.

- **Erlebniswelt „Wald und Natur",** www.schlosswartenstein.de, Mi–So 11–17 Uhr, Eintritt frei. Die Erlebniswelt ist zurzeit geschlossen und wird voraussichtlich 2016 wieder geöffnet. Auf Anfrage werden Führungen angeboten (Tel. (06752) 13831).

## Praktische Tipps

### Informationen

- **Touristinformation,** Kirner Reise- und Verkehrsbüro, Pavillon am Bahnhof, Bahnhofstr. 12, 55606 Kirn, Tel. (06752) 93400, www.kirei.de, www.kirn.de.
- **Naheland-Touristik,** Bahnhofstr. 37, 55606 Kirn, Tel. (06752) 137610, www.naheland.net.
- **Tourist-Information Kirn-Land,** Bahnhofstraße 31, Tel. (06752) 1380, www.kirn-land.de.

070hu kn

**Übernachtung**

2 Hotel Alte Kellerei
3 Parkhotel Kirn
15 Wohnmobilstellplätze
16 Campingplatz Papiermühle

**Essen und Trinken**

1 Kyrburg
2 Restaurant Alte Kellerei
3 Parkhotel Kirn
11 Gelateria Venezia
12 Henry's Restaurant
13 Ratskeller
14 Pizzeria Amalienlust da Tommaso

**Einkaufen/Sonstiges**

4 Tourist-Information Kirn-Land
5 Naheland-Touristik
6 Braun & Büffel
7 Kirner Reise- und Verkehrsbüro
8 Konditorei Schläger
9 Factory Outlet Emporium/The Loft
10 Cedric's

## Unterkunft, Essen und Trinken

■ **Hotel-Restaurant Alte Kellerei**③, Kallenfelser Str. 1, 55606 Kirn, Tel. (06752) 137753, www.alte-kellerei.de, tägl. 11.30–14 und 17–23 Uhr, Mi ab 17 Uhr. Das Hotel-Restaurant ist im schmucken Gebäude der Fürstlichen Kellerei aus dem 18. Jh. untergebracht. Deutsch-italienische Küche, schöner Biergarten.

■ **Parkhotel Kirn**③, Kallenfelser Str. 40, 55606 Kirn, Tel. (06752) 1376927, www.parkhotelkirn.de, 11.30–22 Uhr. Das Drei-Sterne-Hotel liegt in einem kleinen Park. Das **Restaurant**② serviert saisonale, gutbürgerliche Küche, täglich wechselnder Mittagstisch.

■ **Pizzeria Amalienlust da Tommaso**②, Teichweg 11, im Schloss Amalienlust, Mo, Mi–Fr und So 11–14 und 17.30–23 Uhr, Sa 17.30–23 Uhr, Di Ruhetag. Gute Pizzeria in der schönsten Ecke von Kirn.

■ **Ratskeller**①, Kirchstr. 4, Tel. (06752) 3970, 11.30–14 und 18–22 Uhr, Di Ruhetag. Internationale Küche und kroatische Grillspezialitäten, außerdem Tagesessen und saisonale Angebote.

■ **Henry's Restaurant**①, Marktplatz 1, Tel. (06752) 7206840. American Diner mit Bar, Lounge und einer schönen Terrasse auf dem Marktplatz. Neben Hamburgern und Pommes auch deutsche Küche, jeden 1. und 3. So im Monat ab 10 Uhr Brunch.

■ **Kyrburg**④, www.kyrburg.de, Mi–Fr ab 11 Uhr, Sa und So ab 10 Uhr, Mo und Di Ruhetag. Restaurant, Pub, Biergarten und Whisky-Museum. Auf der abwechslungsreichen Karte des Restaurants stehen saisonale Gerichte. Von der Terrasse hat man einen herrlichen Ausblick auf Kirn und das Nahetal.

■ **Gelateria Venezia,** Marktplatz 13–15. Ab Februar bis Mitte Oktober gibt es auf dem Marktplatz leckere, italienische Eissorten zum günstigen Preis.

### Camping

■ **Campingplatz Papiermühle,** Krebsweilerer Str. 8, 55606 Kirn, Tel. (06752) 2267 oder 6432, www.papiermuehle-campingplatz.de, 15. März bis 15. Nov.

■ Drei **Wohnmobilstellplätze** stellt die Stadt auf dem Parkplatz Kiesel, Fontaine-les-Dijon-Straße/Teichweg, zur Verfügung. Zwischen 19 und 7 Uhr kostenlos, ansonsten Parkgebühr.

## Einkaufen

■ **Konditorei Schläger,** Bahnhofstr. 5. Seit 60 Jahren gibt es die Feinbäckerei mit Tradition. Die hausgemachten Pralinen sind als erlesenes Mitbringsel beliebt.

**MEIN TIPP:** **Factory Outlet Emporium/The Loft,** Übergasse 8, 55606 Kirn, www.emporium-the-loft.com, Mo–Sa 10–18 Uhr. Werksverkauf des Kirner Lederspezialisten Müller & Meirer, der für Marken wie Jette, Porsche Design, Gerry Weber oder Strellson produziert. Auf zwei Etagen mit 1400 $m^2$ Verkaufsfläche werden in schlichter Fabrikatmosphäre Handtaschen, Textilien, Schuhe und Accessoires verkauft.

■ **Cedric's,** Kirchstr. 2, 55606 Kirn, Tel. (06752) 9644047, www.cedrics-kirn.de, Mo, Mi und Sa 9–13 Uhr, Di, Do und Fr 9–18 Uhr. Hier steht der Feintäschnermeister *Andreas Anton* persönlich hinter dem Tresen und berät zu Reparaturen und Sonderanfertigungen. Beliebt sind seine handgefertigten, rein pflanzlich gegerbten Kinderhausschuhe, die er wie das meiste seines Sortiments in der kleinen Werkstatt hinter dem Laden herstellt.

■ **Braun & Büffel,** Braun GmbH & Co. KG, Industriestr. 10, 55606 Kirn, Tel. (06752) 93330, www.braun-bueffel.com. Seit 1887 stellt das Traditionsunternehmen hochwertige Taschen, Geldbörsen und andere exklusive Lederwaren her. Fabrikverkauf Mo, Mi und Fr 10–17 Uhr.

## Aktivitäten

■ **Minigolf:** Parkanlage Ohlmannstraße, Tel. (0174) 6018179, Mo–Fr 14–20 Uhr, Sa, So, Fei 13–20 Uhr, Kinder 1 €, Erw. 2 €. In der Saison zwischen April und Oktober wird auf 18 Bahnen gespielt. Mit Biergarten, Boulebahn, Tischtennisplatte und Freiluftschach.

■ **Jahnbad:** Turnstr. 4, 55606 Kirn, Tel. (06752) 8377, in der Badesaison Mo 13–19 Uhr, Di–Fr 9–19 Uhr, Sa/So 9–18.30 Uhr, Erw. 3,50 €, Kinder 7–18 J. 2,50 €, bis 6 J. frei. Das Kirner Freibad bietet auf rund 1000 $m^2$ Badefläche und 4000 $m^2$ Liegefläche inklusive Kinderspielplatz und Beachvolleyballfeld viel Platz. Für Spaß im kühlen Nass sorgen 50-Meter-Bahnen, Strömungskanal und Rutschen.

■ **Angeln:** Für 8 € und gegen Vorlage des Angelscheins sind im Kirner Reise- und Verkehrsbüro (s.o.) Tagesausweise erhältlich. Damit darf man in einem 2 km langen Abschnitt der Nahe nach Forellen, Barschen, Karpfen, Rotaugen oder Aalen angeln.

MEIN TIPP: **Klettern in den „Kirner Dolomiten":** Die pittoresken Quarzitfelsen beim Dorf Oberhausen sind für Anfänger, geübte Kletterer und sogar Extremkletterer gleichermaßen geeignet. Von der Burgruine Steinkallenfels erreicht man die Felsengruppe in einer Viertelstunde. Oben angekommen, bietet sich ein sagenhafter Rundumblick.

## Feste und Veranstaltungen

MEIN TIPP: **Lohmacherfest auf Schloss Wartenstein:** Im Mai, wenn die Eichen im Saft stehen, lebt das alte Handwerk des Lohmachens, das charakteristisch für die Waldnutzung im mittleren Nahetal ist, wieder auf. Lohe, die stark gerbsäurehaltige Rinde, wurde an Gerbereien geliefert, die damit die Tierhäute gerbten. Während des Festes zeigen Lohmacher auf dem Naturerlebnispfad Schloss Wartenstein die einzelnen Schritte des Lohmachens im Eichenschälwald. Man hört ein Wochenende lang die Klöppel auf die Eichenrinde schlagen und das Knarzen und Knacken, wenn die scharfen Lohlöffel die Rinde vom Stamm schälen. Möglichst in einem Stück wird sie gelöst, was viel Geschick und Kraft erfordert. Zum Trocknen werden die Rindenstreifen auf Lohbänken gestapelt, die kleineren Rindenstücke von Ästen zu sogenannten Kälbern zusammengebunden und an gekappten Bäumen, den Lohstumpen, aufgehängt.

■ **Schlossfest:** Ab 10 Uhr gibt es auf Schloss Wartenstein Musik, Leckereien aus dem Schlossbackes, Führungen durch die Erlebniswelt „Wald und Natur", nachmittags Kaffee und Kuchen. Termin unter www.schlosswartenstein.de.

■ **Freilichtbühne Kyrburg:** Im Sommer wird die Kyrburg zur Kulisse für Musical-, Konzert- und Theaterveranstaltungen, Termine unter www.kirn.de.

■ **Krammarkt:** Jeden 1. Mo im Monat 7–14 Uhr auf dem Marktplatz und in der Innenstadt von Kirn. Feilgeboten werden Kleidung, Stoffe, Haushalts- und Lederwaren und allerhand Kleinkram.

■ **Kirner Kerb:** Vier Tage (Fr–Mo) im August zieht die Kirner Kerb auf dem Platz an der Kyrau mit Verkaufsständen und Fahrgeschäften die Besucher an. Am Familiensonntag sind viele Preise reduziert. Termin und Programm: www.kirn.de.

■ **Kunsthandwerker- und Bauernmarkt:** Im Oktober in der Innenstadt ab 11 Uhr. Mit verkaufsoffenem Sonntag (13–18 Uhr) und Gewerbeschau auf dem Parkplatz Amthofstraße, www.kirn.de.

■ **Andreasmarkt:** Der größte Krammarkt in Kirn mit rund 100 Anbietern. Kombiniert mit dem Weihnachtsmarkt findet man hier alles für die Adventszeit (Ende Nov./Anf. Dez., Termin: www.kirn.de).

■ **Wochenmarkt:** Mi und Sa 7 bis 13 Uhr auf dem malerischen Marktplatz.

## Öffentliche Verkehrsmittel

■ **Bahn:** Vlexx-Regionalbahn (Nahetalstrecke in Richtung Saarbücken): Mainz – Kirn – Idar-Oberstein (www.rmv.de).

## Wandern

■ In der Tourist-Information gibt es ein **Faltblatt** mit den schönsten Rundwanderwegen um Kirn

084hu kn

(zwischen 4 und 8 km), inklusive QR-Code, um die Streckenbeschreibungen aufs Handy zu laden.

■ **Soonwaldsteig:** Für Mehrtageswanderer, die den Soonwaldsteig erwandern wollen, hat die Stadt zwei Langzeitparkplätze am Parkplatz Kiesel eingerichtet (1,25 €/Tag). Weitere Infos zum Soonwaldsteig siehe S. 146.

■ **24-Stunden-Wanderung:** Die jährliche Großveranstaltung rund um Hennweiler lockt Hunderte Wanderer ins Kirner Land. Die Benefizwanderung unterstützt Projekte für Kinder in Not. Sowohl geübte Wanderer als auch Laien können auf der 72-km-Tour ihre Grenzen austesten. Termin, Programm und Anmeldung: www.24stunden-rlp.de.

**Wandern im Trübenbachtal:** Das schluchtartige Trübenbachtal liegt unterhalb der Kyrburg und steht unter Naturschutz. Mehrere Wasserfälle gibt es, an dem größten soll der Sage nach der Diener Trübet die Schmucktruhe seiner Herrin versteckt haben. Angeblich soll er noch heute treu ergeben in einer Höhle über den Schatz der Kyrburg-Gräfin wachen. Wanderwege unterschiedlicher Länge sind ausgeschildert (z.B. K1 6,8 km, K2 7,9 km).

⌃ Beim Lohmachen wird die Eichenrinde geschält

# Fischbach

Kaum zu glauben, aber einst war das beschauliche Fischbach an der Nahe ein geschäftiger Ort und jahrhundertelang wirtschaftlich sehr wichtig für die Region. Auf der Suche nach Kupfererz trieb man im Hosenbachtal dutzende Stollen in die Felsen. Das Kupferbergwerk Fischbach war lange eines der größten und wichtigsten in Deutschland, es gab vielen Menschen Arbeit. Bis Ende des 18. Jh. wurde abgebaut und verhüttet. Im Mittelalter gehörte das in der Kupfergrube gewonnene Erz zu den reinsten Europas.

## Kupferbergwerk

Die Gewinnung, Verhüttung und Verarbeitung des Kupfererzes wird im **Besucherbergwerk** und der Verhüttungsanlage gezeigt (siehe Exkurs).

Am Kupferbergwerk startet ein 3,5 km langer **Bergbau-Rundweg.** An der Route liegen Relikte aus verschiedenen Bergbauepochen, wie Stollen, Tagebaue und Reste alter Bergwerke. An 17 Stationen informieren Schautafeln über Geologie und Bergbaugeschichte.

## Camping

■ **Wohnmobilpark,** Marktstraße, 55743 Fischbach, Tel. (0173) 3101988, www.wohnmobilpark fischbach-nahe.de, geöffnet März bis Nov., Dez. bis Febr. nach Vereinbarung. 40 Stellplätze (Grasfläche) mit Stromanschluss (2 €), Frischwasser und Entsorgung, Brötchenservice, Tagesangelscheine und Bouleplatz. Ab 6,50 € inkl. Ver- und Entsorgung.

# Ausflug tief ins Innere des Hosenbergs

Eine Führung durch das **Kupferbergwerk Fischbach** mit seinen engen Stollen und überraschend großen Weitungen gibt einen spannenden Einblick in die harte Arbeit der Bergmänner im Mittelalter.

Mit dem alten Bergmannsgruß „Glück auf!" beginnt die Führung. Bereits im engen Eingangsstollen wird klar, warum die Besucher das Bergwerk nur mit Schutzhelm betreten dürfen. In dem dunklen Gewirr der **schmalen und manchmal auch niedrigen Stollen** kann man sich leicht den Kopf stoßen. Es ist frisch untertage: Rund 98 % Luftfeuchtigkeit und eine Temperatur von konstant 11 °C lassen einen im Sommer schnell frösteln.

Nach wenigen Metern taucht die erste Weitung auf. Kaum vorzustellen, dass der imposante Abbauhohlraum Zentimeter für Zentimeter nur mit Hammer und Schlegel in den harten Fels gehauen wurde. An vielen Stellen sind die Behauspuren deutlich zu erkennen. Im Schnitt betrug die Tagesleistung eines Bergarbeiters bescheidene sieben Zentimeter. Spätestens ab dem 18. Jh. wurde es mit dem Einsatz von Sprengpulver etwas leichter.

Mit rund 100 Metern Breite und 30 Metern Höhe ist die Weitung im Bergwerk beeindruckend. Doch noch faszinierender ist die märchenhafte **Farbenpracht der Mineralien,** die auf den feucht glänzenden Wänden funkeln und von Scheinwerfern kunstvoll in Szene gesetzt werden. Smaragdgrün bis türkisblau leuchtet der Malachit auf dem dunklen Felsgestein. Kalksinter bildet schimmernde Spuren, Kalkwasser sickert durch die Decken und erschafft weiß glitzernde Kristalle und sogar kleine Stalaktiten.

Wie man sich die harte Arbeit der Bergmänner im Mittelalter vorstellen muss, zeigen **Puppen.** Man sieht einen Wünschelrutengänger auf der Suche nach Kupferadern oder einen Huntestößer, der seinen mit Kupfererz gefüllten Holzwagen, den sogenannten Hunt, nach draußen schiebt. Die Bergleute waren überraschend klein. Im Schnitt wurden sie nur 1,50 Meter groß, die Folge von Mangelernährung und fehlendem Sonnenlicht durch die lange Arbeit untertage. Eine Rolle spielte außerdem, dass bei der Weiterverarbeitung des Erzes bereits Kinder mitarbeiten mussten. Sie atmeten dabei freigesetztes Arsen ein und wuchsen deshalb nicht weiter.

Auffällig ist die mittelalterliche **Bergmannstracht:** Die Männer trugen spitze Lederstiefel und Hauben, die wie Zipfelmützen aussahen. Sofort fühlt man sich an Schneewittchen und die sieben Zwerge erinnert. Und das kommt nicht von ungefähr: Tatsächlich beeinflusste das Bild der mittelalterlichen Bergleute die Art, wie Zwerge bis heute dargestellt werden.

Die Lebenserwartung der Bergleute war niedrig, kaum einer wurde älter als 45 Jahre. Nach 30 Jahren untertage war außerdem ein Drittel der Bergleute **erblindet.** In den dunklen Stollen gab es nur wenig Licht. Für die Beleuchtung sorgte der am Kopf befestigte, sogenannte **Frosch.** Diese kleine Öllampe erzeugte einen erschreckend kleinen Lichtkegel, der die Felswand vor den Arbeitern nur sehr dürftig erhellte. Der Frosch hatte noch eine weitere Funktion: Die Füllmenge bestimmte die Länge der Schicht. Sie endete, wenn die Lampe erlosch. Doch Feierabend war dann noch lange nicht. Das am harten Gestein abgenutzte Gezähe musste noch für

071hu tv

den nächsten Tag geschärft werden. Trotz all der gravierenden Nachteile war die Arbeit im Bergwerk begehrt, denn sie brachte einige Privilegien. Bergmänner verdienten überdurchschnittlich gut, durften Waffen tragen und es gab sogar eine soziale Absicherung, den sogenannten Büchsenpfennig.

Zu der Führung im Bergwerk gehört auch die Besichtigung der rekonstruierten **Kupferhütte** am Fuße des Hosenbergs. Ursprünglich stand das Pochwerk unten am Hosenbach, der das große Mühlrad mit Wasserkraft antrieb. In den **Schmelzöfen** wurde das Erz mehrfach geschmolzen, bis ein Kupfergehalt von 98 % erreicht war. Für dieses besonders reine Kupfer war das Bergwerk bei Fischbach bis Frankreich, Belgien und Holland berühmt. Nach der französischen Besetzung 1792 wurde es geschlossen. Das ohrenbetäubende Hämmern der Pochwerke verstummte und es wurde ruhig im Hosenbachtal.

■ **Fischbacher Kupferbergwerk,** 55743 Fischbach, Tel. (06784) 2304, www.besucherbergwerk-fischbach.de, Erw. 6,50 €, Kinder (5–16 J.) 4 €, Familienkarte (2 Erw. und 2 Kinder) 18 €, 15. März bis 14. Nov. tägl. 10–17 Uhr (letzte Führung ca. 16.15 Uhr). Im Winter vom 15. Nov. bis 15. Febr. tägl. 11–14.30 Uhr, Führungen um 11.30 und 13.30 Uhr. Für die rund einstündige Führung sollte man Pullover oder Jacke mitnehmen. Barrierefreie Führungen sind im ebenerdigen Erbstollen möglich.

■ **Anfahrt:** Aus Kirn kommend, auf der B41 im Kreisverkehr die erste Ausfahrt Richtung Fischbach nehmen. Auf der L160 weiter bis Fischbach, dort auf die K30 abbiegen und der Beschilderung „Kupferbergwerk" folgen. Adresse fürs Navi: Hosenbachstraße 17, 55743 Fischbach.

## Einkaufen

■ **Edelsteinschleiferei Erwin Moser,** Hauptstr. 164–166, 55743 Fischbach, Tel. (06784) 2512, www.edelstein-moser.de. *Erwin Moser* ist der einzige Schleifermeister in Deutschland, der sich auf das Bearbeiten von Bergkristall spezialisiert hat. Vor allem für Kronleuchter schleift und poliert er pro Monat über 20 Zentner Kristall. Seine Unikate schmücken den Pariser Louvre und das Potsdamer Schloss Sanssouci. Zu seinen Kunden zählen viele königliche Familien und der Vatikan. Die Schleiferei verkauft Schmuck, Handschmeichler, Brieföffner und mehr.

■ **Schmucksteinschleiferei Karl & Otto Dreher,** Hauptstr. 121, 55743 Fischbach, http://karl-otto-dreher.de, Mo–Fr 7.30–12.30 und 13.30–17 Uhr, Sa 8–12 Uhr. Besucher können auch eigene Fundstücke schneiden, schleifen und polieren lassen und dabei zusehen. Außerdem werden verschiedene Artikel aus Edelsteinen verkauft.

MEIN TIPP: **Original Kirner Edelstahl-Grills,** Niederreidenbacher Hof, 55743 Idar-Oberstein, Tel. (06784) 983960, www.kreuznacherdiakonie.de, Mo–Do 8–15.50 Uhr, Fr 8–14.30 Uhr. In der Diakonie-Werkstatt im Niederreidenbacher Hof nahe Fischbach (Richtung Kirn) werden robuste Grills aus hochwertigem Edelstahl geschmiedet, klassische Dreibein-Schwenker, Galgengrills und Zubehör wie Feuerwannen und Grillbesteck.

## Aktivitäten

MEIN TIPP: **Schatzsuche:** Im **Steinbruch Juchem** im Fischbachtal bei Niederwörresbach werden Splitt und Schotter aus vulkanischem Gestein produziert. Nach dem Arbeitsbetrieb gehen Schatzjäger auf die Suche und schürfen im frisch gebrochenen Gestein nach Achat, Amethyst oder Rauchquarz. Eine Stunde vor Einlass wird die Gaststätte Gerarcher Wasserschleife geöffnet, hier erhält man die Eintrittskarten und einen Helm gegen 5 € Leihgebühr. Festes Schuhwerk ist Pflicht. Bei schlechtem Wetter und im Winter geschlossen. Unter www.steinbruch-juchem.de können Plätze reserviert werden. Die Teilnehmerzahl ist auf 50 Personen beschränkt. Mindestalter 14 Jahre, Erw. 6 €, Jugendl. 14–16 J. 3 €.

**Anfahrt:** Aus Kirn kommend, auf der B41 im Kreisverkehr die erste Ausfahrt Richtung Niederwörresbach nehmen und auf der L160 weiterfahren. Der Steinbruch liegt zwischen den Orten Fischbach und Niederwörresbach (rund 5 km hinter Fischbach) auf der rechten Seite der L160.

## Öffentliche Verkehrsmittel

■ **Bahn:** Vlexx-Regionalbahn (Nahetalstrecke in Richtung Saarbücken): Mainz – Fischbach – Weierbach – Idar-Oberstein (www.rmv.de).

■ **Bus:** ORN-Linie 362 Idar-Oberstein – Fischbach – Weierbach – Kirn (www.orn-online.de).

## Wandern

### Traumschleife „Kupfer-Jaspis-Pfad"

Für die knapp 20 km lange Strecke braucht man etwas Ausdauer und Trittsicherheit. Dafür zählt sie nicht nur zu den schönsten Rundwegen des Saar-Hunsrück-Steigs, sondern wurde 2013 sogar zu Deutschlands schönstem Wanderweg gekürt. Immerhin 84 „Erlebnispunkte" erhielt der Weg vom Deutschen Wanderinstitut. Bei Schnee und Eis ist die Strecke nicht begehbar. Einer der möglichen Startpunkte ist am Parkplatz des Kupferbergwerks.

[>] Zwei Museen in der Edelsteinmetropole Idar-Oberstein widmen sich der Mineraliengewinnung und Schmuckherstellung

# Idar-Oberstein

Idar-Oberstein liegt am südlichen Rand des Hunsrücks an der oberen Nahe und besteht aufgrund von Eingemeindungen umliegender Orte aus 13 Stadtteilen, die zum Teil weit auseinanderliegen. Das Herz der Stadt bilden Idar und Oberstein. Einige andere wie Tiefenstein, Göttschied und Weierbach haben trotz der Fusion ihren dörflichen Charakter behalten. Rund 30.000 Menschen leben in Idar-Oberstein. Von Westen nach Osten dehnt sich die **Doppelstadt** fast 20 Kilometer aus. Dadurch, dass 1933 die eigenständigen Städte Idar und Oberstein vereinigt wurden, hat der Ort auch **zwei Innenstädte** – das heißt auch zwei Fußgängerzonen, zwei Wochenmärkte und zwei Weihnachtsmärkte.

Idar-Oberstein ist ein Mekka für Liebhaber **edler Steine und Mineralien.** Nirgendwo sonst gibt es so viel zu dem Thema zu entdecken. Im Stadtteil Idar reiht sich ein Edelsteingeschäft ans nächste.

Doch Idar-Oberstein hat auch noch andere Seiten: Das bekannteste Unternehmen der Stadt ist die **Firma Fissler,** die für hochwertige Töpfe und Pfannen steht. Weniger bekannt ist, dass Fissler bereits 1892 eine fahrbare Feldküche entwickelte, die auch heute noch als „Gulaschkanone" bekannt ist.

Bemerkenswert ist auch das **Kulturangebot** der Stadt. Neben den Aufführungen im Stadttheater finden unter dem Motto „Idar-Oberstein leuchtet" die Jazztage, das Straßentheaterfestival, der Theatersommer oder das Open-Air-Kino-Picknick statt.

In und rund um Idar-Oberstein gibt es viele Freizeitmöglichkeiten. Vor allem

065hu kn

das Thema **Wandern** rückt immer mehr in der Vordergrund. Das Wegenetz in der Umgebung ist groß.

So ist der **Tourismus** für Idar-Oberstein ein wichtiger Faktor. Durch die verstreut liegenden Stadtteile fällt Ortsunkundigen die Orientierung allerdings nicht leicht. Deshalb hat die Stadt große, kaum zu übersehende Wegweiser zu den wichtigsten Sehenswürdigkeiten aufgestellt. Damit Unterkünfte besser zu finden sind, wurde eine Hotelroute mit entsprechenden Hinweisschildern entwickelt.

## Stadtgeschichte

Die Geschichte der Stadt ist eng mit der Geschichte der Schmuck- und Edelsteinindustrie verbunden. Im Jahr 1075 wird der erste Ritter *von (Ober-)Stein* erwähnt. Die Burg Bosselstein als Sitz der Herren vom Stein wird 1197 zum ersten Mal genannt.

Der **Abbau von Achaten** und anderen Edelsteinen ist ab dem Jahr 1375 belegt. Die Lagerstätten waren sehr ergiebig und versorgten die Achatschleifer an der oberen Nahe und bis weit in den Hunsrück hinein mit Rohsteinen. Bis 1875 konnten Mineralien abgebaut werden, dann waren die Minen erschöpft. Seitdem importiert man die Rohsteine unter anderem aus Brasilien, wo es riesige Edelsteinvorkommen gab und immer noch gibt. Im 19. Jh. flüchteten viele Idar-Obersteiner vor Hunger und Not und wanderten nach Brasilien aus. Zufällig entdeckte einer dieser Auswanderer auf einem Feld Geoden von außergewöhnlicher Qualität. 1834 kam die erste

Idar-Oberstein

©Reise Know-How 2016

Sendung überseeischer Achate nach Idar.

1986 geriet Idar-Oberstein in die Schlagzeilen. Der Plan, **die Nahe mit einer vierspurigen Straße zu überbauen,** stieß bei vielen auf wenig Gegenliebe. Eine Bürgerinitiative wurde gegründet, man sammelte Unterschriften und Hunderte Einsprüche gingen beim Bundesverwaltungsgericht ein. Doch trotz des heftigen Widerstandes der Kritiker gegen den massiven Eingriff in das historische Stadtbild rollten am 24. September 1986 die ersten Autos auf dem gewaltigen, zwei Kilometer langen Betondeckel über die nun unterirdisch fließende Nahe hinweg. An diesen Irrsinn der Stadtplaner haben sich die Menschen inzwischen gewöhnt.

Idar-Obersteins berühmtester Sohn ist der US-Schauspieler *Bruce Willis.* Mit seinen Eltern, einer deutschen Mutter und einem amerikanischen Soldaten, verbrachte er seine ersten Lebensjahre in der Stadt an der Nahe.

Beim Abkühlen von Lava, einem Vorgang, der sich über Jahrtausende hinzieht, bilden sich kleine, blasenförmige Hohlräume, gefüllt mit Gas. Die erstarrten Gasblasen nennt man **Geoden.** Mineralhaltiges Wasser sickert hinein, es bilden sich **Kristalle.** Völlig mit Kristallen ausgefüllt, nennt man die Geoden **Mandeln.** Ist noch ein Hohlraum vorhanden, sind es **Drusen.**

**Achat** ist ein gestreifter, feinkristalliner Quarz. Er kommt in vielen Farben vor, kann aber auch eingefärbt werden und ist deshalb als Schmuckstein gut geeignet.

## Edelsteinverarbeitung in Idar-Oberstein

Die Wiege der Edelsteinverarbeitung in der Schmuckstadt Idar-Oberstein liegt am Galgenberg oberhalb des Ortsteils Idar. Aktive **Vulkane** verursachten hier vor 270 Millionen Jahren gewaltige Laväströme, in denen sich beim Abkühlen Kristalle bildeten (siehe Kasten). Rund um Idar-Oberstein fand man farbenprächtige Mineralien wie Jaspis, Amethyst, Bergkristall und Rauchquarz.

### Achat- und Edelsteinschleifen

In vorelektrischer Zeit wurden die Achat- und Edelsteinschleifen **mit Wasser betrieben.** Allein am Idarbach in Idar-Oberstein gab es auf einer Länge von nur neun Kilometern 29 Wasserschleifen. Insgesamt arbeiteten 56 Schleifen am Idarbach, angetrieben über Wellen und hölzerne Zahnräder. Die **tonnenschweren Schleifräder** aus pfälzischem Rotsandstein kamen aus Kaiserslautern. Solche Schleifen kann man überall in und um Idar-Oberstein besichtigen, so zum Beispiel die historische Schleiferei von *Ernstotto Biehl* in Asbacherhütte (siehe dort). Auch die Weiherschleife in Idar-Oberstein (s.u.) gibt Einblick in die Geschichte der Edelsteinschleiferei.

Etwa ab 1900 wurden die wasserbetriebenen Schleifen durch elektrische verdrängt. Doch noch immer war die Arbeit der Edelsteinschleifer äußerst hart. Auf dem Bauch liegend, drückten die Handwerker die vorgeschnittenen Rohsteine gegen die rotierenden Sand-

072hu kn

steinräder und schliffen so die Achate glatt. Der Feinschliff erfolgte über kleinere Scheiben.

## Edelsteingestaltung

Auch wenn die Edelsteinindustrie heute an Bedeutung eingebüßt hat, arbeiten noch immer namhafte Edelsteingestalter in Idar-Oberstein und dem Umland. **Bernd Munsteiner** beispielsweise gilt als Edelsteinpapst. Er bearbeitet Kristalle nicht nur für Schmuckstücke, sondern fertigt auch Skulpturen, Gefäße und Wandobjekte. Viele seiner Objekte sind in Museen zu bestaunen, etwa sein Meisterwerk „Dom Pedro". Der Obelisk gilt als weltgrößter geschliffener Aquamarin. Zu bewundern ist er im Smithsonian Museum in Washington D.C. Bereits in den 1970er Jahren wandte sich *Munsteiner* vom Brillantschliff ab und suchte neue Schliffformen. Mittlerweile hat er sein **Atelier in Stipshausen** an seinen Sohn *Tom* und dessen Frau *Jutta* übergeben. Die beiden führen die kreative Arbeit nicht nur weiter, sondern haben eine ganz eigene Formensprache entwickelt. Einschlüsse wie Rutilnadeln oder Pyrit werden nicht als Makel entfernt, sondern hervorgehoben.

⌃ Ernstotto Biehl demonstriert auf dem Kippstuhl in seiner historischen Wasserschleife in Asbacherhütte das Schleifen von Achat

# Sehenswertes

## Felsenkirche

Die berühmte Felsenkirche, das **Wahrzeichen** der Stadt, liegt in einer natürlichen Felsnische hoch über den Dächern der Altstadt von Oberstein. Man erreicht sie durch einen tief in den Fels geschlagenen Gang.

Der Sage nach wurde sie 1482 von Graf *Wyrich IV. von Daun-Oberstein* als Sühne für den Mord an seinem Bruder *Emich* erbaut. Aus Eifersucht stieß er ihn aus einem Fenster der Burg Bosselstein, die auf der Felsenkrone thront. An der Stelle, an der *Emich* aufschlug, errichtete *Wyrich* eigenhändig die kleine Kirche. Soweit die Legende. Doch tatsächlich hat *Wyrich IV.* ein älteres Gebäude zu einer Kirche umbauen lassen. Vermutlich stand ursprünglich eine Burg in der riesigen Höhlung. Die massive Schildmauer mit Schießscharten lässt vermuten, dass die sogenannte „Burg im Loch" eine Befestigungsanlage war und um 1000 n. Chr. bereits dort stand.

073hu kn

Steinschläge fügten der Felsenkirche immer wieder schwere Schäden zu, besonders gravierend in den Jahren 1742 und 1858.

Im Inneren ist unter den Tafelgemälden das um 1400 entstandene, dreiteilige **Altarbild** sehenswert. Die Flügel des Triptychons zeigen Szenen aus der Passion Christi auf Goldgrund, in der Mitte ist die Kreuzigung dargestellt. Das Gemälde wird dem „Meister der Mainzer Verspottung" zugeschrieben.

Das „Sebastiansbild" zeigt den Grafen *Sebastian von Daun-Oberstein-Falkenstein* mit seiner Gemahlin *Elisabeth* und ihren Kindern etwa um 1570. Die kleine Figur links, der sogenannte „Büßer", ist der Brudermörder *Wyrich*. Das Epitaph ist älter als die Kirche und stellt Ritter *Philipp II. von Daun-Oberstein* dar, den Vater des Erbauers. Ebenfalls älter ist die kleinere Grabplatte von *Philipps* Ehefrau *Mena*, geborene *Raugräfin von Neuenbamberg*.

Die Emporenbrüstung ist mit bäuerlichen Apostelbildern geschmückt, die zwischen dem 17. und 18. Jh. entstanden sind. Im Hintergrund des Bildes, das Petrus zeigt, ist die Felsenkirche zu erkennen. Von der 1756 erbauten Stumm-Orgel ist nur noch der Prospekt erhalten, in den eine neue Orgel eingebaut wurde.

Ungewöhnlich ist die eingefasste **Quelle** in der Rückwand der Kirche. Daneben befindet sich eine Tür, durch die

< Die Felsenkirche in Oberstein

man in die Felsnische hinter der Kirche gelangt. Eine Treppe führt zu einer **Aussichtsplattform,** von der man einen schönen Ausblick auf Oberstein und die sich durch das Tal windende Straße hat.

■ **Felsenkirche,** Kirchweg 3, www.felsenkirche-oberstein.de, 15. März bis 31. Okt. tägl. 10–18 Uhr, 1.–15. Nov. tägl. 11–16 Uhr, Erw. 2 €, Kinder 0,50 €.

## Schloss Oberstein

Von der Felsenkirche aus führt ein Spazierweg in den **Schlosspark.** Ursprünglich im 19. Jh. als Landschaftsgarten im englischen Stil angelegt, ist der Park heute verwildert und hat eine ganz eigene, romatische Wirkung. Am Ende des Weges erreicht man das zwischen 1320 und 1330 erbaute Schloss Oberstein. Graf *Wyrich IV.* ließ die Burg im 15. Jh. zu einer schlossähnlichen Anlage erweitern. Das Allianzwappen der Herren *von Daun-Oberstein* über dem Eingang zeigt die Wappenschilde seiner Urgroßeltern. 1624 wurde das Schloss als Residenz aufgegeben und Sitz eines Amtmannes. Nach dem Pfälzischen Erbfolgekrieg bauten die französischen Truppen 1680 das Schloss zu einer Festung um, sprengten aber bereits 17 Jahre später die Türme und Magazine. 1855 zerstörte ein Brand das Schloss stark. Heute befindet sich das zum Teil wieder aufgebaute Schloss im Besitz der Stadt. Vom Hof aus hat man einen wundervollen Blick über Idar-Oberstein.

■ **Schloss Oberstein,** Innenbesichtigung 1. April bis 31. Okt., Di–So 11-17 Uhr, Führungen auf Anfrage über den Burgenverein (Burgenverein Schloß Oberstein e.V., www.schloss-oberstein.de).

## Burg Bosselstein

Ebenfalls vom Schlosspark aus sind die Reste der Burg Bosselstein auf der Felsenkrone über der Felsenkirche zu erreichen. Die Burg wurde im 12. Jh. von den Herren *von Stein* erbaut. Bis 1600 war sie bewohnt, danach dem Verfall preisgegeben. Heute sind nur noch ein Turmstupf und Mauerreste erhalten.

## Deutsches Mineralienmuseum

Am Marktplatz von Oberstein unterhalb der Felsenkirche liegt das Stadtmuseum von Idar-Oberstein. Das Thema Stadtgeschichte nimmt allerdings nur einen kleinen Teil der Ausstellung ein. Der Schwerpunkt liegt stattdessen – wie sollte es anders sein – in rohen und geschliffene Edelsteinen und kunstvoll in Form gebrachten Skulpturen und Gravuren. Die bedeutende **Mineraliensammlung** zeigt nicht nur Fundstücke aus der Region, sondern aus der ganzen Welt, darunter außergewöhnlich große Kristalle. Eine Sammlung von Nachbildungen berühmter historischer Diamanten, einheimische Handwerkskunst wie Gemmen oder Gravuren und Schmuck aus dem 19. und 20. Jh. sowie Fossilien aus Hunsrücker Schiefer runden die Sammlung ab. Schon von außen am Wasserrad zu erkennen, ist die funktionsfähige, alte **Achatschleife** im Erdgeschoss. Klein, aber umso faszinierender ist das Fluoreszenskabinett, in dem UV-Licht die besonderen Mineralien zum Leuchten bringt.

■ **Deutsches Mineralienmuseum Idar-Oberstein,** Hauptstr. 436, Ortsteil Oberstein, www.

074hu kn

deutsches-mineralienmuseum.de, März bis Okt. tägl. 9–17.30 Uhr, Nov. bis März. tägl. 11–17.30 Uhr, in den rheinland-pfälzischen Oster-, Sommer- und Herbstferien 9–19 Uhr, Erw. 6 €, Jugendl. ab 15 J. 4 €, Kinder 6–14 J. 3 €, Familien 12 €.

## Deutsches Edelsteinmuseum

Die Gründerzeitvilla **Purpers Schlösschen** im Stadtteil Idar bildet den stilvollen Rahmen für das Deutsche Edelsteinmuseum. Rund 10.000 Exponate führen den Besucher in die Welt der Mineralien ein. Der Rundgang zeigt die über 500 Jahre alte Tradition der Steinbearbeitung in der Region rund um Idar-Oberstein. In den weiteren Räumen sind fast alle Edelsteine, die jemals geschliffen wurden, versammelt, außerdem Schmuck und kunstvolle Gravuren. Besonders der Turmalin – in dünne Scheiben geschnitten – sticht durch seine Farbenpracht hervor. Im zweiten Obergeschoss sind plastische Figuren, Gefäße und Gemmen ausgestellt.

■ **Deutsches Edelsteinmuseum Idar-Oberstein,** Hauptstr. 118, Ortsteil Idar, Tel. (06781) 900980, www.edelsteinmuseum.de, 1. Febr. bis 30. April tägl. 10–17 Uhr, 1. Mai bis 31. Okt. tägl. 9.30–17.30 Uhr, 1. Nov. bis Mitte. Jan. tägl. 10–17 Uhr, Erw. 6 €, Schüler/Studenten (ab 15 Jahre) 4 €, Kinder bis 14 Jahre 3 €, Familienkarte 12 €.

⌃ Exponat im Deutschen Edelsteinmuseum – aus den wertvollen Mineralien lässt sich nicht nur Schmuck herstellen

## Industriedenkmal Jakob Bengel

**MEIN TIPP:** Untrennbar mit der Edelsteinindustrie ist die **Schmuckproduktion** verbunden. Die Firma Bengel gegenüber der Felsenkirche im Ortsteil Oberstein ist ein faszinierendes Industriedenkmal der Gründerzeit. Hier produzierte die **Ketten- und Bijouteriewarenfabrik** Jakob Bengel rund 100 Jahre lang erfolgreich Modeschmuck. Die Preziosen erfreuten nicht nur Frauenherzen. Begonnen hat die 1873 gegründete Firma ursprünglich nämlich mit der Herstellung von Uhrenketten für Herren. Doch schon bald wurde das Sortiment um Modeschmuck für Damen erweitert. Besonders erfolgreich waren die ausgefallenen **Art-déco- und Bauhaus-Schmuckstücke,** angefertigt für große Läden wie Chanel in Paris.

In der Maschinenhalle mit 40 Kettenmaschinen wurde zwischen 1870 und 1990 Schmuck hergestellt, vom Art déco bis zu modernen Stilrichtungen. Eine ständige Ausstellung zeigt die Produktionsabläufe, Schmuckstücke, Werkzeuge und Maschinen und führt in die Geschichte der Bijouteriebranche ein. Mit den alten Maschinen wird Art-déco-Schmuck nach Entwürfen aus den 1920ern und 1930ern in limitierten Auflagen angefertigt und verkauft.

In der **Villa Bengel** nebenan finden regelmäßig Ausstellungen zeitgenössischer Schmuckkünstler aus aller Welt statt.

■ **Industriedenkmal Jakob Bengel,** Wilhelmstr. 42a, Ortsteil Oberstein, Tel. (06781) 27030, www.jakob-bengel.de, Mai bis Sept. Di–So 10–16 Uhr, Okt. bis April Di–Fr 10–16 Uhr, Mo geschl., Erw. 3 €, Kinder ab 6 J. 1,50 €.

☐ In der alten Maschinenhalle der Firma Bengel

075hu kn

076hu kn

## Gottlieb Factory-Outlet und Edelsteinerlebniswelt

Das Gottlieb Factory-Outlet in der Nähe des Bahnhofs ist eine große **Verkaufsausstellung,** in der 40 Schmuckhersteller der Region ihre Produkte anbieten.

Zu der Schmuckfabrik gehört die Edelsteinerlebniswelt, die besonders für Kinder faszinierend ist. In der künstlichen **Fantasielandschaft aus Höhlen und Grotten** werden Edelsteine, Fossilien und Mineralien mit Lichteffekten und Wasserspielen in Szene gesetzt. Erlebnis also für alle Sinne, vor allem weil man die Edelsteine nicht nur anschauen, sondern ausdrücklich auch anfassen darf. Im Hof gibt es eine Schürfstelle in einer künstlichen Grotte, in der kleine Schatzsucher nach Edelsteinen zwischen den Kieseln graben können. Die gefundenen Steine darf der Nachwuchs behalten. (½ Std. schürfen 4 €).

■ **Louis Gottlieb & Söhne GmbH,** Nahestr. 42, Ortsteil Oberstein, Tel. (06781) 2050, www.goldgottlieb.de, Mo–Fr 9–18 Uhr, Sa 10–18 Uhr, So und Fei (Karfreitag bis 1. Nov.) 10–18 Uhr (außer Factory-Outlet), Erw. 4,80 €, Kinder bis 15 J. 3 €, Kinder unter 6 J. frei.

⌃ Im Besucherstollen des Steinkaulenbergs

## Edelsteinminen Steinkaulenberg

**MEIN TIPP:** Die Edelsteinminen des Steinkaulenberges sind die einzigen in Europa, die man besichtigen kann. Vom 14. Jh. bis 1875 wurden hier Achate untertage abgebaut. Auf nur 750 m Länge trieben Bergarbeiter im Laufe der Zeit 37 Stollen in den Boden, um die wertvollen Drusen mit Hammer und Schlägel freizulegen. Im Muttergestein, ursprünglich ein Lavastrom, sind noch die Drusen und Mandeln zu sehen. Sie sind vor allem mit Achat, Bergkristall, aber auch Jaspis, Karneol, Rauchquarz oder Amethyst gefüllt. Ein Gang durch die historischen Besucherstollen ist wie ein Gang durch eine Schatzkammer.

Mit dem Auto gelangt man von Idar über Algenroth zum Bergwerk, das gut ausgeschildert ist. Ein **geologischer Lehrpfad** mit Gesteinsbrocken aus der näheren Umgebung führt durch ein Naturschutzgebiet zum Steinkaulenberg. Nach etwa zehn Minuten hat man den Besucherstollen erreicht.

Wer selbst auf Schatzsuche gehen will: Im Außengelände des Schaubergwerks gibt es zwei **Schürffelder,** die täglich neu mit Mineralien aus aller Welt bestückt werden. Im Edelsteincamp braucht man hingegen Glück und Geduld, denn hier wird noch wie in alten Zeiten mit Hacke, Hammer und Meißel nach Edelsteinen gesucht. Für die zwei Schürffelder und das **Edelsteincamp** ist eine Anmeldung erforderlich.

■ **Edelsteinminen Steinkaulenberg,** Im Stäbel, 55743 Idar-Oberstein, Tel. (06781) 47400, www.edelsteinminen-idar-oberstein.de, 15. März bis 15. Nov. tägl. 9–17 Uhr, Erw. 6 €, Kinder ab 6 J. 4,50 €, Kinder unter 6 J. frei.

## Oberstein

0 100 m ©Reise Know-How 2016

**Übernachtung**
5 Hotel Schlossschenke zu Oberstein

**Essen und Trinken**
1 Badischer Hof
3 Restaurant Alt Oberstein
4 Spießbratenhaus Alte-Kanzlei
5 Restaurant Schlossschenke zu Oberstein
6 Café Restaurant Zum Alten Goten
7 Pizzeria Costa Smeralda

**Einkaufen**
2 Gaumengenuss

**Edelsteincamp und Schürffelder** tägl. 9–11, 12–14 und/oder 15–17 Uhr, Erw. ab 16 J. 10 €, Kinder 7 €. Geschürft werden kann jeweils zwei Stunden lang. Festes Schuhwerk wird empfohlen, für das Edelsteincamp außerdem Schutzhandschuhe, Schutzbrille, Hammer, Meißel und ein Eimer für die Funde.

## Historische Weiherschleife

Die Weiherschleife am **Idarbach** nördlich des Ortsteils Idar gibt Einblick in die Geschichte der Edelsteinschleiferei. Neben der Besichtigung der Wasserschleife von 1634, in der alle Arbeitsschritte der **Rohsteinbearbeitung** gezeigt werden, gibt es eine Ausstellung mit Multimediashow. Edelsteine können im **Mineralienshop** erworben werden.

Auf dem überdachten **Schürfplatz** sucht der Nachwuchs mit Schaufel und Sieb nach Mineralien aus aller Welt (Erwachsene sind aber auch zugelassen). Zum Abschluss gibt es für jeden kleinen Schatzjäger eine Edelsteingeode, die vor Ort geöffnet wird. Geode und gefundene Steine dürfen mit nach Hause genommen werden.

Auf dem benachbarten **Kallwiesweiher** kann man Tretboot fahren.

■ **Historische Weiherschleife,** Tiefensteiner Straße 87, 55743 Idar-Oberstein, 15. März bis 15. Nov. tägl. 10–18 Uhr, Erw. 5 €, Kinder 6–16 J. 3 €, Kinder unter 6 J. frei. **Mineralien-Schürfplatz** tägl. 9–11 Uhr, 12–14 Uhr oder 15–17 Uhr. Eintrittspreis für 2 Stunden 7 €. **Tretboot fahren:** halbe Stunde für maximal 4 Personen 3 €.

# Praktische Tipps

## Informationen

■ **Tourist-Information Idar-Oberstein,** Hauptstraße 419, 55743 Idar-Oberstein, Ortsteil Oberstein, Tel. (06781) 64871, www.idar-oberstein.de, 15. März bis 31. Okt. Mo–Fr 9–18 Uhr, Sa, So und Fei 10–15 Uhr, 1. Nov. bis 14. März Mo–Fr 9–17 Uhr, Adventssamstage 10–15 Uhr.

## Unterkunft

### In Oberstein

■ **Hotel-Restaurant Schlossschenke zu Oberstein**③, Hauptstr. 442, 55743 Idar-Oberstein, Tel. (06781) 22853, www.schlossschenke-oberstein.de. Das Hotel im historischen Fachwerkgebäude liegt günstig unterhalb der Felsenkirche. Im **Restaurant**① wird der original Idar-Obersteiner Spießbraten serviert.

■ **Nahe-Hunsrück-Jugendherberge,** Familien- und Jugendgästehaus, Alte Treibe 23, 55743 Idar-Oberstein, Tel. (06781) 24366, www.diejugendherbergen.de, nur mir DJH-Mitgliedskarte. Alle Zimmer mit Dusche und WC. Ein eigenes Edelstein-Schürffeld sorgt für zusätzliche Unterhaltung beim Nachwuchs.

### In Idar

■ **Park-Hotel Idar-Oberstein**④, Hauptstr. 185, 55743 Idar-Oberstein, www.parkhotel-idaroberstein.de. Auch in diesem 4-Sterne-Hotel gibt es Spießbraten vom offenen Buchenholzgrill. Außerdem ein **Bistro**① mit kleiner Karte und Mittagstisch.

■ **Achathotel Zum Schwan**③, Hauptstr. 25, 55743 Idar-Oberstein, Tel. (06781) 94430, www.hotel-zum-schwan.de. Familiäres Hotel-Restaurant im Stadtteil Idar. Beliebt wegen des tadellos zubereiteten Spießbratens.

### In Tiefenstein

■ **Diamant Hotel Handelshof**③, Tiefensteiner Str. 235, 55743 Idar-Oberstein, Tel. (06781) 93370, www.diamanthotel-handelshof.de. Gemütliches Dreisterne-Hotel im Ortsteil Tiefenstein an der Edelsteinstraße. Das **Restaurant** mit Biergarten bietet internationale Küche, aber auch regionale Spezialitäten wie den Spießbraten vom Buchenfeuer, So und Fei 11.30–14 Uhr, Di–So ab 17 Uhr.

## Essen und Trinken

### In Oberstein

■ **Restaurant Alt Oberstein**②, Marktplatz Oberstein, www.altoberstein.de, tägl. 11–21.30 Uhr. In dem urigen Restaurant unterhalb der Felsenkirche wird der Spießbraten auf offenem Buchenfeuer zubereitet.

■ **Spießbratenhaus Alte-Kanzlei**②, Hauptstraße 432, www.das-spiessbratenhaus.de. Neben Spießbratenvariationen, die auf dem offenen Feuer gegrillt werden, gibt es auch eine große Pizzakarte.

■ **Café Restaurant Zum Alten Goten**②, Hauptstraße 468/470, Tel. (06781) 208820, www.zum-alten-goten.de, tägl. 11–21.30, Do Ruhetag. Das urige Fachwerkhaus wurde 1392 erbaut und ist das älteste der Stadt. Auch hier hat man sich auf den allgegenwärtigen Spießbraten spezialisiert.

■ **Badischer Hof**②, Hauptstr. 377, Tel. (06781) 24071, http://badischer-hof-breckner.de, Mo–Sa 10–22 Uhr, So 10–17 Uhr. Der Badische Hof in der Obersteiner Fußgängerzone gehört seit 40 Jahren zu den ersten Adressen, um den für die Region typischen Spießbraten zu probieren. Die verschiedenen Variationen werden auch hier über Buchenholz im offenen Kamin zubereitet.

■ **Pizzeria Costa Smeralda**①, Hauptstr. 484, Tel. (06781) 1737, www.pizzeria-idar-oberstein.de, Di–So 11–14 und 18–23 Uhr, Mo geschl. Klassischer „Italiener" im Zentrum von Oberstein. Typische Gerichte aus Sardinien, der Heimat des Küchenchefs.

### In Idar

■ **Brittas Pfannkuchenhäuschen**①, Hauptstraße 48, www.brittas-pfannkuchenhäuschen.de, Di–Fr 10–21 Uhr, Sa, So und Fei 11–21 Uhr. Süße und herzhafte Pfannkuchen in vielen Variationen, außerdem Salate, Suppen, Nudel- und Kartoffelgerichte, Torten und Kuchen.

■ **Idarer Brauhaus**②, Hauptstr. 84, Tel. (06781) 5685505. Ausgesuchte Biere, außerdem das Lahnsteiner Hauspils, das eigens für das Brauhaus gebraut wird. Gemütliches Ambiete, kleine Speisekarte und Mittagstisch.

■ **Café Villa**①, Mainzer Str. 69, Tel. (06781) 5623372, www.café-villa.de, Mi–Fr und So 11.30–14 und 18–24 Uhr, Sa 18–24 Uhr, Mo und Di Ruhetag. In der frisch renovierten Stadtvilla werden Kaffee und Kuchen serviert, regionale Küche und täglich wechselnder Mittagstisch.

■ **Teehaus Müller,** Hauptstr. 74. In dem kleinen Teehaus in Idar kann man sich zurücklehnen und feinen Tee genießen. Für Nicht-Teetrinker gibt es Kaffee, Espresso und heiße Schokolade, im Sommer auch im idyllischen Hinterhof. Dazu kleiner **Teeladen** mit großer Auswahl.

## Nachtleben

■ **Palacio Granada,** Schönlautenbach 71–73, Tel. (06781) 4576707, www.palacio-granada.de, Fr, Sa und So ab 22 Uhr, ab 6 €. In der 2013 eröffneten Diskothek im Ortsteil Oberstein gibt es auf drei Ebenen unterschiedliche Musikstilrichtungen. Mit Lounge und Cocktailbar.

■ **Café Eckstein,** Am Markt 5, Tel. (06781) 46634, www.cafe-eckstein.info. In der gemütlichen Kneipe in Idar gibt es neben einer kleinen Speisekarte auch Cocktails und Live-Musik.

■ **Brasserie am Schleiferplatz,** Hauptstraße 89–91, Tel. (06781) 901165, www.brasserie-idar.de, Mo–Do 8.30–1 Uhr, Fr 8.30–2 Uhr, Sa 9.30–2 Uhr, So und Fei ab 9.30 Uhr. In der Brasserie in Idar gibt es Events wie Live-Musik, Karaoke oder Karibische Nächte, täglich Mittagstisch, sonntags Frühstücksbüfett.

■ **Park-Hotel Idar-Oberstein,** Hauptstr. 185, www.parkhotel-idaroberstein.de. Freitags und samstags werden in der **Cohibar** des Vier-Sterne-Hotels ab 20 Uhr Cocktails gemixt, ab 22 Uhr ist die Tanzbar **Club PH1** geöffnet.

## Einkaufen

Mein Tipp: Edelsteinliebhaber werden bei einer Einkaufstour sicher fündig, denn wie eine Perlenkette reihen sich die vielen **Edelstein- und Schmuckgeschäfte** im Ortsteil Oberstein aneinander. Dank einer Sonderregelung sind diese Läden von März bis Oktober auch an Sonn- und Feiertagen geöffnet, in der Regel zwischen 10 und 18 Uhr.

■ **Edelsteinschleiferei Peter Lind,** Mainzer Straße 24, im Ortsteil Idar, Tel. (06781) 5622471, www.edelstein-schleiferei.de, Mo–Fr 9.30–18 Uhr, Sa 9.30–16 Uhr. Neben Schmuck und Mineralien, die zum Kauf angeboten werden, gibt es Kurse und Seminare, z.B. zu den Themen Steinheilkunde, Kettenknüpfen oder Edelsteinmassagen.

■ **Fissler Werksverkauf Idar,** Harald-Fissler-Straße 1, 55743 Idar-Oberstein, Tel. (06781) 403120, www.fissler.de, Mo–Fr 9–18 Uhr, Sa 9–14 Uhr. Töpfe, Pfannen, Schnellkochtöpfe und weitere Produkte – nicht nur von Fissler – können beim Werksverkauf des bekannten Herstellers in der Fußgängerzone von Oberstein erstanden werden. Direkt mit dem Auto vorfahren kann man im Fissler-Shop im Ortsteil Idar. Neben den klassischen Fisslerprodukten gibt es Zweite-Wahl-Artikel und spezielle Angebote.

■ **Weinstein,** Mainzer Str. 143, in Oberstein, Tel. (06781) 980034, Mi 18–20 Uhr, Fr 14–19 Uhr, Sa 10–13 Uhr. Angeboten wird vorzugsweise Wein und Sekt aus kleinen Weingütern an Nahe und Mosel, aus Rheinhessen, Baden und Pfalz. Außerdem Direktimporte aus Frankreich, Spanien, Portugal, Österreich und Italien.

■ **Gaumengenuss,** Hauptstraße 381, in Oberstein, www.gaumen-genuss.de. Feinkost ausgewählter Manufakturen aus aller Welt verkauft der hübsche Laden in der Obersteiner Innenstadt.

## Kultur

■ **Stadttheater Idar-Oberstein,** Wilhelmstr. 22, in Oberstein. Das Theater hat zwar kein eigenes Ensemble, mit Gastensembles bietet es trotzdem neben Theaterstücken auch Tanz, Oper und Operette. Programm unter www.idar-oberstein.de.

■ **Film im Theater,** Stadttheater Idar-Oberstein, Wilhelmstr. 22, Tel. (06781) 64885, Erw. 4 €, inkl. Essen 12 €, Familienfilm 2 €. Die Initiative „StattKino" zeigt Filme im Stadttheater, kombiniert mit einem zur Filmhandlung passenden Speiseangebot (ausgenommen Familienfilme). Für das Essen ist eine Anmeldung erforderlich, Programm unter www.idar-oberstein.de.

## Aktivitäten

**Naturbad Staden:** Im Staden, 55743 Idar-Oberstein, im Ortsteil Tiefenstein, Tel. (06781) 263640, Erw. 2,50 €, Kinder und Jugendl. (6–17 J.) 1,50 €, Familienkarte 1 Erw. mit mind. 2 Kindern 4 €, 2 Erw. mit mind. 1 Kind 5 €. In der Freibadsaison täglich 10.30–19 Uhr geöffnet. Das Naturbad Staden ist ein künstlich angelegtes, naturnahes Freibad. Das heißt: keine roten Augen, denn das Wasser wird biologisch-mechanisch ohne Einsatz von Chemikalien wie Chlor aufbereitet.

■ **Kinder-Hallenspielplatz Sternenland:** Industriestr. 7, 55743 Idar Oberstein, im Ortsteil Weierbach an der Nahe, Tel. (06784) 900555, http://sternenland-idar-oberstein.de, Mo, Mi–Fr 14–19 Uhr, Sa und So, Fei und Ferien 10–19 Uhr, Di Ruhetag (außer Ferien und Feiertage), Kinder bis 1 Jahr Eintritt frei, 1–2 J. 4 €, 2–18 J. 7 €, Erw. 4 €. Auf 2500 $qm^2$ gibt es Elektro-Karts, Rutschen, Tram-

077hu kn

poline, Hüpfburgen, Spielfelder für Fuß- und Basketball, Tischtennis, Kicker, einen Dunkelparcours und weitere Spielgeräte zum Austoben. Im Bistro Snacks zu moderaten Preisen.

## Feste und Veranstaltungen

■ **Internationales Drachenfest** auf dem Flugplatz Göttschied: Im Mai findet das Familiendrachenfest auf der Hochebene des Stadtteils Göttschied statt. Nicht nur Profis lassen filigrane Flugobjekte wie lindwurmartige Chinadrachen oder grazile Snowflakes aufsteigen. Jeder Besucher darf seinen eigenen Drachen mitbringen, umso größer wird das farbenfrohe Spektakel. Der Eintritt ist frei (www.edrg.de).

MEIN TIPP: **Deutscher Edelsteinschleifer- und Goldschmiedemarkt:** Im Ortsteil Oberstein unterhalb der Felsenkirche präsentieren Diamant- und Edelsteinschleifer, Graveure, Goldschmiede und Designer am ersten Augustwochenende ihre Arbeiten (Sa 10–20 Uhr, So 10–18 Uhr, http://edelstein schleifer-und-goldschmiedemarkt.de). Besucher können den Kunsthandwerkern über die Schulter schauen und die verschiedenen Arbeitstechniken kennenlernen. Parallel findet das **Straßentheater-Festival** statt. Auf verschiedenen Bühnen oder

⌃ Blick von Schloss Oberstein auf das Tal und die überbaute Nahe

**Übernachtung**
2 Achathotel Zum Schwan

**Essen und Trinken**
2 Achathotel Zum Schwan
3 Brittas Pfannkuchenhäuschen
5 Teehaus Müller
8 Idarer Brauhaus
9 Café Villa

**Nachtleben**
4 Café Eckstein
7 Brasserie am Schleiferplatz

**Einkaufen**
1 Fissler Werksverkauf
5 Teehaus Müller
6 Edelsteinschleiferei Peter Lind

als Walk Acts in der Fußgängerzone verzaubern Künstler mit fantasievollen, komischen, poetischen und skurrilen Darbietungen das Publikum.

■ **Idarer Edelsteinmarkt:** Im Juni, Juli, August und September werden auf dem Schleiferplatz und in der Fußgängerzone von Idar jeweils am zweiten Samstag des Monats Edelsteine, Schmuck und Kulinarisches verkauft.

■ **Theatersommer:** Jährlich im August und September finden an ausgefallenen Orten Theater-, Tanz- und Musikaufführungen statt.

■ **Jazztage Idar-Oberstein:** In der Fußgängerzone des Stadtteils Idar, auf dem Schleifer-Platz und dem Maler-Wild-Platz finden seit 1996 die Jazztage Idar-Oberstein statt. Drei Tage lang erklingen im Frühjahr Jazz-, Blues-, Latin-, Swing-, oder Funk-Rhythmen. Gleichzeitig ist verkaufsoffener Sonntag. Termine unter www.idar-oberstein.de.

■ **Mineralienwelt Idar-Oberstein:** Messe für Mineralien, Fossilien, Edelsteine und Schmuck. Im Gegensatz zur Intergem, die nur für Fachpublikum geöffnet ist, können diese Messe alle Edelsteinliebhaber besuchen. Messe Idar-Oberstein, John-F.-Kennedy-Str. 9, Ende Mai, 10–18 Uhr, Tageskarte 5 €, Kinder unter 14 J. frei. Termin und Programm unter www.mineralienwelt-mio.de.

■ **Spießbratenfest Idar-Oberstein:** Großes Volksfest mit vielen Fahrgeschäften, Essensständen und Live-Musik. Beim Spießbraten Grand Prix brutzeln Teams um die Wette, eine Fachjury entscheidet, wer die leckerste Spießbratenspezialität über dem Buchenholzfeuer grillt (www.spiessbratenfest.de).

■ **Open-Air-Kino-Picknick:** sommerliches Filmvergnügen unter freiem Himmel an der historischen Weiherschleife (Tiefensteiner Str. 87). Drei Vorführungen (Fr–So) gegen 22 Uhr nach Einbruch der Dunkelheit. Picknickkörbe können mitgebracht werden, Erw. 6 €, Kinder 3 €. Termin und Programm unter www.idar-oberstein.de.

■ **Romantischer Weihnachtsmarkt auf Schloss Oberstein:** Am ersten Adventswochenende ist das Schloss Oberstein der perfekte Rahmen für den Weihnachtsmarkt des Burgenvereins.

■ **Weihnachtsmarkt in Idar:** Budenzauber auf dem Schleiferplatz im Stadtteil Idar gibt es am 2. Adventswochenende (Fr–So).

■ **Wochenmarkt:** In Idar auf dem Schleiferplatz Mo und Do 7–13 Uhr. In Oberstein auf dem Platz Auf der Idar Di und Fr 7–13 Uhr.

## Öffentliche Verkehrsmittel

■ **Bahn:** Vlexx-Regionalbahn (Nahetalstrecke in Richtung Saarbücken): Mainz – Idar-Oberstein (www.rmv.de).

■ **Bus:** In Idar-Oberstein gibt es sieben Buslinien, die die Stadtteile miteinander verbinden, Fahrpläne unter www.rnn.info.

## Wandern

### Traumschleife „Nahe-Felsen-Weg"

**Mein Tipp:** Eine schöne Tour ist die Traumschleife „Nahe-Felsen-Weg". Sie führt über grüne Weiden, durch schattige Wälder und entlang schroffer Felsen. Die rund 8 km lange Route startet am Wanderparkplatz „Am Schlossweiher". Schon nach wenigen Minuten führt sie zu einer der schönsten Naheschleifen. Eindrucksvoll sind auch die Aussichten auf Oberstein. Festes Schuhwerk und Wanderstöcke sind auf der Traumschleife mit ihren unebenen Felspfaden und den mit Seilen gesicherten Passagen ratsam. Man sollte nur bei trockenem Wetter unterwegs sein.

Neben der Traumschleife führen weitere **Rundwanderwege** mit verschiedenen Streckenlängen am Fuße der hoch aufragenden Felswände entlang und durch die idyllischen Naheauen.

# Veitsrodt

Das drei Kilometer von Idar entfernte Veitsrodt ist durch seine Märkte bekannt. Der **Prämienmarkt** ist eines der größten Volksfeste der Region und auch der **Herbstmarkt** lockt alljährlich Tausende Besucher in den Ort.

## Steinernes Gästebuch

Das „Steinerne Gästebuch" zwischen Herborn und Veitsrodt ist ein knapp zwei Kilometer langer **Rundweg** mit Unterhaltungswert. Von Zeit zu Zeit wird **prominenten Besuchern der Edelsteinregion** am Wegesrand ein Stein gewidmet. Da dies seit 1976 geschieht, ist bereits eine beachtliche Sammlung an Steinen entstanden, die die Unterschriften von Gästen aus Politik, Wirtschaft und Kultur tragen. Darunter sind Namen zu finden wie *Hans Clarin, Karlheinz Böhm* oder *Hans-Dietrich Genscher* und natürlich sämtliche Edelsteinköniginnen. Alle haben sich für ihren Stein einen passenden Namen ausgedacht. Der Weg ist ganzjährig geöffnet.

## Unterkunft, Essen und Trinken

■ **Hotel-Restaurant Sonnenhof**③, Hauptstraße 16a, 55758 Veitsrodt, Tel. (06781) 93390, www.sonnenhof-veitsrodt.de. Das Hotel liegt nur wenige Autominuten von Idar-Oberstein entfernt und verfügt über Hallenbad, Sauna und Solarium. Im **Restaurant**② gibt es internationale Küche mit regionalen Akzenten.

5

## Feste und Veranstaltungen

■ **Veitsrodter Prämienmarkt:** jährlich am zweiten Wochenende im Juli. Der „Roarer Maad" findet bereits seit mehr als 500 Jahren statt, die Tierprämierungen gibt es seit 1831. Schätzungsweise 150.000 Besucher kommen jedes Jahr zu dem großen Volksfest. Neben der Viehschau und dem Krammarkt mit mehr als 300 Verkaufsständen gibt es viele Fahrgeschäfte, Essensstände, Musik, Feuerwerk und Sonntagnachmittag sogar ein Pferderennen. Die Veranstalter legen besonderen Wert auf das Angebot regionaler Erzeugnisse, vor allem im kulinarischen Bereich (www.veitsrodt.de).

■ **Veitsrodter Herbstmarkt:** am vierten Wochenende im September mit Krammarkt, Kleintierschau, am Sonntag Kutschentreffen und Pferdemarkt.

078hu kn

# Herrstein

Das mittelalterliche Herrstein mit seinen **malerischen Fachwerkfassaden** und verwinkelten Gassen ist ein schönes, beschauliches Städtchen. Die Gründung des Ortes liegt im Dunkeln, doch 1279 wird Herrstein das erste Mal urkundlich erwähnt. Um 1300 erhielt der Ort eine mächtige Stadtmauer mit Wehrtürmen. Einen deutlichen Aufschwung erlebte das Dorf 1428 mit der Verleihung der Stadtrechte durch die Grafen von Sponheim.

1674 entging Herrstein der Legende nach nur ganz knapp seiner Zerstörung durch französische Truppen. Marschall *Turenne* galt als kampferprobter Feldherr und ausgezeichneter Taktiker. Als sein Heer anrückte, rissen die Herrsteiner aus Angst ihre Stadtmauer eigenhändig nieder. Dieses beherzte Vorgehen soll die drohende Vernichtung verhindert haben. Von der **Stadtmauer,** die früher den gesamten Ort umgab, sind noch Reste erhalten.

◁ Der Schinderhannesturm in Herrstein

## Sehenswertes

Den historischen Ortskern betritt man durch das wuchtige Stadttor, den **Uhrturm** mit hoch aufragendem Schieferdach. Das mittelalterliche Bauwerk ist das Wahrzeichen von Herrstein. Seinen Namen erhielt der Turm allerdings deutlich später, nachdem die Uhr über dem Tor im 19. Jh. eingebaut wurde. Tagtäglich steigt der Gemeindediener die Holzleiter hinauf, um das Uhrwerk aufziehen.

Die aufwendig restaurierten Fachwerkhäuser im Ortskern entstanden zwischen dem 15. und 18. Jh. Pittoresk liegt der **Hankelbrunnen** neben der alten Pfarrscheune. *Hankel* ist eine verkürzte Form von *Hans-Karl,* ein früher häufiger Vorname in Herrstein. Die Einwohner der Nachbargemeinden verpassten den Herrsteinern diesen Spottnamen. Damit gemeint sind dünkelhafte, leicht aufbrausende Spießbürger. Die Brunnenszene zeigt einen Jungen, der einen reizbaren *Hankel* nass spritzt.

Am Schlossweg liegt die **Zehntscheune.** Die geräumige Fachwerkscheune diente ab 1525 zur Aufbewahrung des Zehnt-Teiles, also der Naturalsteuer, die die Bauern den im Schloss residierenden Zehnt-Herren entrichten mussten. In dem Gasthaus, das heute darin untergebracht ist, gibt es typische Hunsrücker Gerichte wie Saumagen, Kartoffelwurst oder gefüllte Klöße (s.u.).

Das um 1710 erbaute **Haus Lind** im Schlossweg 4 ist ein ganz besonderes Schmuckstück. Ursprünglich wurde das herrliche Fachwerkensemble landwirtschaftlich genutzt. In der barocken Hofanlage mit Innenhof und umlaufender Galerie sind heute das Zentrum für Restaurierung und Denkmalpflege der HwK

Koblenz und die Touristinformation untergebracht.

Ein Pranger auf dem **Marktplatz** erinnert daran, dass hier früher die Richtstätte war.

## Schloss und Kirche

Über den Bürgerhäusern thronen Schloss und Kirche auf einem markanten Felsvorsprung, dem **Heresteyn.** Er gab dem Ort seinen Namen. Dem eher schlichten Barockschloss ging ein vermutlich gotischer Schlossbau voraus. Hier residierte im 14. Jh. die berühmte **Loretta von Sponheim** mit ihrem Ehegatten *Heinrich II. Loretta* gilt wegen ihres beherzten Widerstands gegen Erzbischof *Balduin von Trier* heute als eine der **mutigsten Frauen des Mittelalters.** Als 1324 Graf *Johann von Sponheim* starb, witterte der Trierer Erzbischof *Balduin von Luxemburg* eine gute Gelegenheit, sein Territorium weiter auszudehnen. Doch er hatte die Rechnung ohne *Loretta* gemacht, der inzwischen verwitweten Schwiegertochter des Grafen. Um sich und ihre unmündigen Kinder gegen den machthungrigen Erzbischof zu schützen, ließ sie ihn 1328 kurzerhand gefangen nehmen, als er per Schiff auf der Mosel Richtung Koblenz unterwegs war. *Loretta* ließ ihn auf die Starkenburg an der Mosel bringen. Sie presste ihm einige Zugeständnisse ab, vor allem sollte er sich für die Aufhebung des über sie und ihre Gefolgsleute verhängten Kirchenbanns einsetzen. Und sie forderte, dass *Balduin* keine Burgen mehr auf sponheimischem Gebiet errichte. Der Kurfürst kam allen Verpflichtungen nach.

Die kleine **Schlosskirche** erhielt 1772 eine erstaunlich große **Stumm-Orgel.** Die Emporenbrüstung ist mit Tafelbildern eines unbekannten Künstlers geschmückt. Die Evangelistendarstellungen stammen wahrscheinlich aus der Zeit der Reformation.

Hinter der Schlosskirche steht der **Glockenturm.** Er wirkt extrem gedrungen, weil von dem ursprünglichen, hohen Bergfried nur noch das Verlies mit seinen mehr als drei Meter dicken Mauern erhalten ist.

### Schinderhannesturm

Durch einen Wehrgang ist der Glockenturm mit dem Schinderhannesturm verbunden, der den Rathausplatz überragt. In der Nacht vom 10. auf den 11. Juli 1798 war der berühmt-berüchtigte Räuber darin eingesperrt. Einen Blick in das Verlies mit Angstloch, in dem Folterinstrumente an den grausamen Umgang mit den Inhaftierten erinnern, kann man nur im Rahmen einer Stadtführung werfen.

### Heimatmuseum

Das Herrsteiner Heimatmuseum befindet sich im 1848/49 errichteten **Schulhaus.** Neben Schätzen der Alltagskultur und Informationen zur Ortsgeschichte gibt es auch eine Abteilung zu Ur- und Frühgeschichte sowie zur Geologie der Region. Besonderes Glanzstück ist ein voll funktionstüchtiges **Backhaus.** Zum alljährlichen Martinimarkt wird der „Backes“ in Betrieb genommen und auf traditionelle Weise Hunsrücker Bauernbrot gebacken.

■ **Heimatmuseum,** Hauptstr. 46, So 14–17 Uhr im Rahmen einer Stadtführung.

## Praktische Tipps

### Informationen

■ **Touristinformation,** im Haus Lind, Schlossweg 4, 55756 Herrstein, Mai bis Okt. Sa, So und Fei 10–15 Uhr.

■ **Touristinformation Deutsche Edelsteinstraße,** Brühlstr. 16, 55756 Herrstein, Tel. (06785) 79103, -104, www.edelsteinstrasse.info, Mo–Fr 9–12 und 13.30–17 Uhr.

■ **Geführte Stadttouren:** Zwischen dem 1. Mai und dem 31. Oktober finden Führungen durch den historischen Ortskern von Herrstein statt. Jeweils Do 16.30 Uhr und Sa 14.30 Uhr, Treffpunkt ist am Uhrturm. Eine Anmeldung für die rund eineinhalbstündige Tour ist nicht nötig. Erw. 3 €, Kinder (6–16 J.) 1,50 €. Gruppenführungen sind nach Vereinbarung jederzeit möglich. Die Führung bietet die Gelegenheit, einen Blick in sonst verschlossene Gebäude wie die Schlosskirche oder den Schinderhannesturm zu werfen. Außerdem bietet die Touristinformation Fackel- oder Schinderhannes-Stadtführungen an.

### Unterkunft, Essen und Trinken

MEIN TIPP: **Café/Restaurant Zehntscheune**①, Schlossweg 13, 55756 Herrstein, www.zehntscheune.de, Tel. (06785) 1658, tägl. 10–21 Uhr, durchgehend warme Küche, im Winter Mo–Do 12–16.30

Uhr, Fr ab 12 Uhr, auf Anfrage auch Sa und So ab 10 Uhr. In der ehemaligen Zehntscheune ist eine gemütliche Gaststätte untergebracht. Auf zwei Etagen und im Sommer auch in der pittoresken Gasse vor der Scheune werden regionale Gerichte wie Hunsrücker Saumagen oder Kartoffelwurst und Kuchen nach altem Hausrezept serviert. Der Schmandkuchen ist besonders lecker.

Die **Pension Zehntscheune**① liegt gegenüber dem Café. Stilvoll restauriertes Fachwerkhaus im historischen Ortskern mit Gästezimmern und Ferienwohnung, Zimmer im Landhausstil.

- **Ferienwohnungen Hufnagel-Flammang,** Schlossweg 22, 55756 Herrstein, Tel. (06785) 9979. Die Appartements in dem 1920er-Jahre-Haus sind liebevoll im Art-déco-Stil eingerichtet.

### Camping

- Vier **Wohnmobilstellplätze** in der Nähe des Ortskerns, Brühlstraße, www.herrstein.de, Frischwasser, Abwasserentsorgung, Strom (kostenpflichtig), ganzjährig. Kostenfrei, aber beschränkt auf zwei Nächte.

## Einkaufen

- **Die Scheune,** Pfarrgasse 5–7, 55756 Herrstein, Tel. (06785) 1593, www.scheune-im-hunsrueck.de, Mai bis Okt. tägl. 11–12.30 und 14–18.30 Uhr, Di geschl., Nov. bis April und am Wochenende 14–18 Uhr sowie nach Vereinbarung. Die ehemalige Pfarrscheune wurde 1656 unterhalb des Pfarrhauses errichtet. Der kleine Laden darin verkauft Kunsthandwerk, Schmuck, regionale Lebensmittel und Literatur über den Hunsrück.
- **Antik-Lädchen,** Schlossweg 18, 55756 Herrstein, Tel. (06785) 7534, tägl. 11–18 Uhr oder nach Vereinbarung. Im „Antik-Lädchen am Schloss" findet man neben Antiquitäten auch edlen Schmuck.
- **Mineralien Becker,** Uhrturmgasse 14, 55756 Herrstein, Tel. (06785) 943721, tägl. 10–18 Uhr, im Winter gesonderte Öffnungszeiten. Zum Angebot gehören Mineralien, Halbedelsteine, Schmuck, Drusen und Fossilien.
- **Deko-Art,** Uhrturmgasse 11, 55756 Herrstein, Tel. (06785) 997977. Das Sortiment ist umfangreich: Kunst, Schmuck, Geschenkartikel, Dekoration und Heilsteine.
- **Schloss-Schmiede,** Schlossweg 9, 55756 Herrstein, Tel. (06785) 9975294, http://jean-collin.com. *Jean Collin* verkauft im Schmiedeladen Schmuck und Hausrat, Messer, Waffen und Werkzeuge, die er nach alten Vorlagen fertigt. Schmiedevorführungen und Kurse sind nach Vereinbarung möglich.
- **WeinStein,** Niederhosenbacher Weg 4, 55756 Herrstein, Tel. (06785) 2495059, www.weinstein-in-herrstein.de, tägl. 10–18 Uhr, Erw. 3 €, Kinder 1,50 € (inkl. Führung). In der ehemaligen Gastwirtschaft Zur Pfeife sind eine Wein- und Schmuckhandlung untergebracht. Dazu ein kleines geologisches Museum, in dem Mineralien und Fossilien ausgestellt sind, die die Sammler *Dagmar* und *Volker Goldbach* in 30 Jahren zusammengetragen haben. Die Weine stammen aus den Anbaugebieten Nahe und Rheinhessen, der Schmuck von Designern der Region.

## Feste und Veranstaltungen

- **Historisches Schinderhannes-Räuberfest:** Am zweiten Wochenende im September herrscht farbenfrohes Treiben in den verwinkelten Gassen. Seit mehr als einem Vierteljahrhundert ist der historische Ortskern die perfekte Kulisse und das Fest ein Besuchermagnet. „Schinderhannes und seine Bande" tragen Räuberlieder und Moritaten vor, Tänzer und Gaukler wirbeln durch die engen Gassen. Ein Handwerker- und Bauernmarkt rundet das bunte Spektakel ab.
- **Martinimarkt:** Bereits 1428 wird dieser Markt in Herrstein abgehalten, auf dem sich ursprünglich die Bevölkerung des Umlandes für den kommenden Winter versorgte. Mit mehr als 80 Ständen lädt der traditionelle Krammarkt am ersten Novemberwo-

chenende zum gemütlichen Bummeln bei Glühwein und Martinsbrezeln ein. Im alten „Backes", dem Backofen im Heimatmuseum, wird Herrsteiner Bauernbrot gebacken. Der Martinimarkt endet am Sonntag mit einem großen Martinsumzug.

## Öffentliche Verkehrsmittel

- **Bus:** Rhein-Nahe-Bus Linie 351: Idar-Oberstein – Herrstein – Flughafen Hahn (www.rnn.info).

## Wandern

### Traumschleife „Mittelalterpfad"

Die Traumschleife „Mittelalterpfad" wurde 2010 vom Deutschen Wanderinstitut zu **Deutschlands schönstem Wanderweg** gekürt. Die 8,6 km lange Route startet am Holzportal am Parkplatz „Bachweg" in Herrstein.

Der Uhrturm

079hu kn

# Rund um den Wildenburger Kopf

Der Wildenburger Kopf ist ein 674 Meter hoher Berg im südlichen Idarwald. Der Höhenzug ist Teil des **Nationalparks Hunsrück-Hochwald,** der sich von hier als schmaler Streifen nach Südwesten erstreckt. Mit der Ruine Wildenburg, der Mörschieder Burr und dem Wildfreigehege mit Wildkatzenzentrum ist der Wildenburger Kopf ein schönes Ausflugsziel, am besten erreichbar von Kempfeld aus.

## Mörschieder Burr

Eine landschaftliche Attraktion der Gegend sind die **Rosselhalden,** auch *Rosseln* genannt. Durch eiszeitliche Verwitterung sind hier, wie auch auf Höhen im Hoch- und Soonwald, zerklüftete Quarzitblockhalden entstanden. Diese **Blockschutthalden** wirken in der Sonne wie silbergraue, aufgewühlte **Felsenmeere.** Nur wenige Pflanzen setzen sich durch, vereinzelt ragen Bäume auf, doch meist sind es Flechten und Moose, die den bizarren Felsformationen etwas Farbe verleihen. Auf dem Wildenburger Rücken zwischen Kempfeld und Mörschied

Typische Blockschutthalde: Mörschieder Burr

gibt es zwei Rosselhalden, die Mörschieder Burr und den Silberich.

**Mein Tipp:** Die schönste Rosselhalde ist die Mörschieder Burr. Da sie fast baumlos ist, gewährt sie eine ungestörte Weitsicht auf die herbschönen Hochflächen. Bereits 1940 wurde die Mörschieder Burr unter Schutz gestellt. Man erreicht sie sowohl über Mörschied als auch über Kempfeld und die Wildenburg, Letzteres ist am einfachsten. Von der Burgruine (s.u.) folgt man der Beschilderung des Saar-Hunsrück-Steigs. Der schmale Pfad verläuft auf dem Bergkamm und durch urigen Buchenwald. Nach etwa zwei Kilometern ist man am Ziel. Von der Mörschieder Burr hat man nicht nur eine weite Aussicht, die imposante Rosselhalde selbst bannt den Blick des Betrachters.

080hu kn

Die Kelten nutzten die Rosselhalden für die Errichtung von **Ringwällen,** das Gestein eignete sich gut als Baumaterial. Deshalb findet man in der Nähe der Halden oft Überreste solcher Höhenbefestigungen. Auch auf dem Wildenburger Kopf befand sich in der La-Tène-Zeit (etwa 4. bis 1. Jh. v. Chr.) eine **keltische Fliehburg.** An den Resten der doppelten Ringwallanlage kommt man auf dem Weg zur Mörschieder Burr vorbei. Errichtet wurden die sechs bis acht Meter hohen und bis zu 20 Meter breiten Wälle von dem keltischen Stamm der **Treverer.** Der Ringwall umfasste eine fünf Hektar große Fläche. Zwei Mauerstücke wurden rekonstruiert. Zwischen den Felsformationen entdeckten Forscher auch die Reste eines römischen Bergheiligtums (1.–3. Jh. n. Chr.) sowie Spuren einer etwa 350 n. Chr. errichteten Befestigung.

## Ruine Wildenburg

Den Römern folgten im Mittelalter die Wildgrafen. *Friedrich von Kyrburg* ließ 1328 eine Burg errichten, für deren Bau man die Steine des verfallenen keltischen Ringwalls nutzte. Die Wildenburg ist die **höchstgelegene Burg** in Rheinland-Pfalz.

**Mein Tipp:** Unübersehbar ragt ein **Aussichtsturm** zwischen den mittelalterlichen Ruinen in die Höhe. Erklimmt man die 80 Stufen, befindet man sich in 675 Metern Höhe und hat einen weiten Ausblick über den Idar- und den Hochwald und ins Nahetal.

■ **Anfahrt:** Die Wildenburg ist am besten von Kempfeld aus zu erreichen. Vom Parkplatz am Wildfreigehege bis zur Burgruine sind es nur ein paar Minuten Fußweg.

## Wildfreigehege mit Wildkatzenzentrum

Auf dem Wildenburger Kopf nahe der Wildenburg besteht seit 1966 ein Wildfreigehege für **heimische Tierarten.** Zu entdecken gibt es Rot-, Dam-, Sika-, Muffel- und Schwarzwild, Ziegen, Kamerunschafe, Waschbären, Marder, Kaninchen und Meerschweinchen. Die Pfauen, Gänse und Hühner laufen frei herum und kommen nur nachts in den Stall – als Schutz vor dem Fuchs.

Die Besucher haben die Wahl, ob sie das rund 42 Hektar große Gelände über einen 3 km oder einen 1,5 km langen Rundweg erkunden möchten. Vor allem zur Brunftzeit im September/Oktober ist der Besuch ein Erlebnis.

Seit 2015 gibt es ein rund 1,2 Hektar großes **Wolfsgehege.** Früher war der europäische Grauwolf im Hunsrück heimisch. Die sogenannte Wolfs-Eiche zwischen Kreershäuschen und Tiefenbach erinnert daran, dass Oberförster *Grossholz* am 3. März 1851 den letzten Wolf im Soonwald erlegte. Den letzten Wolf im Hunsrück erschoss Förster *Teusch* aus Deuselbach am 12. Januar 1879. Ob der Wolf noch einmal in den Hunsrück zurückkehren wird, ist noch ungewiss. Doch Experten gehen vor allem wegen der Errichtung des Nationalparks Hunsrück-Hochwald davon aus. Solange es noch keine Wölfe in freier Wildbahn gibt, sollen sich die Menschen im Wildfreigehege wieder langsam an Meister Isegrim gewöhnen, auch damit der Mythos vom „bösen Wolf" und die damit zusammenhängenden Vorurteile ein Ende haben.

2010 bekam das Wildfreigehege eine neue Attraktion hinzu: ein **Wildkatzeninformationszentrum** mit Auffang- und Auswilderungsstation, betrieben von dem Projekt „Die Wildkatze in Rheinland-Pfalz" (siehe Exkurs). Nicht nur wild und unbezähmbar ist die Wildkatze, sondern auch bedroht. Schätzungsweise 1000 frei lebende Tiere gibt es zurzeit im Hunsrück – nur selten bekommt man eines davon zu Gesicht. Im Informationszentrum und am Rundweg kann man Wissenswertes über die scheuen Waldbewohner nachlesen.

Die meisten Wildkatzen kommen durch **falsch verstandene Tierliebe** in das Auffanggehege. Denn nicht selten kommt es vor, dass vermeintlich elternlose Jungtiere mitgenommen und in der Station abgegeben werden. Dabei befindet sich das Muttertier meist noch in der Nähe und wartet nur darauf, dass die Menschen verschwinden, um das Junge wieder in ihre Obhut nehmen zu können. Sollte man ein Jungtier entdecken, ruft man am besten einen Förster oder direkt beim Wildkatzenzentrum an (Tel. (06786) 7212). Die Fachleute beobachten die Jungtiere erst, um sicherzustellen, dass das Muttertier tatsächlich nicht mehr auftaucht.

Oft halten Passanten die kleinen Tiger auch für ausgesetzte Hauskatzen. Doch die Jungtiere der Wildkatzen sind relativ leicht an ihrem unauffälligen, graubraun getigerten Fell zu erkennen. Die **Barthaare sind hell** und die **Nase ist immer fleischfarben.** Der Schwanz ist dicker und kürzer als bei Hauskatzen und hat drei bis fünf schwarze Ringe. Bevor man also eine vermeintlich ausgesetzte Hauskatze aufnimmt, sollte man sich das Tier aus der Entfernung ansehen und auf keinen Fall anfassen. Außerdem ist es nicht möglich, die niedlichen Jungtiere aufzu-

081hu kn

ziehen und als Haustiere zu halten, sie sind **unzähmbar.** Meist landen die kratzenden und fauchenden Kätzchen nach solchen gescheiterten Versuchen in der Auffangstation.

Bei den abgegebenen Tieren muss zunächst eine DNA-Analyse klären, ob es sich tatsächlich um echte Wildkatzen handelt. Untersuchungen haben ergeben, dass es mitunter zu **Kreuzungen** zwischen Haus- und Wildkatzen kommt, vor allem in den Randgebieten der Wildkatzenbestände. **Blendlinge** nennt man die Mischlinge, die sich ebenfalls kaum zähmen lassen. Nach der genetischen Untersuchung werden die Pfleglinge in einer Art Auffanghütte **aufgepäppelt** und anschließend im Auswilderungsgehege untergebracht. Langfristig sollen sie **ausgewildert** werden und sich ein eigenes Revier suchen.

Speziell für Kinder gibt es die **Junior-Wildkatzen-Tour.** Die von einem Ranger des Nationalparks Hunsrück-Hochwald geführte Wanderung dauert 1–1½ Stunden, ist leicht zu gehen und kinderwagentauglich. Der Nachwuchs erfährt alles über die Ziele des Nationalparks und die Wildkatze. Da der getigerte Jäger sehr scheu ist, wird er sich ganz sicher nicht zeigen. Aber im Anschluss an die Tour gibt es die Möglichkeit, das Wildfreigehege und Wildkatzenzentrum zu besuchen. Bei der Fütterung um 15 Uhr erlebt man die Tiere dann hautnah. Die Rangertour für Kids ist kosten-

⌃ Die Wildenburg mit Burggaststätte

# Die Wildkatze – der kleine Hunsrücktiger kehrt zurück

Eine Wildkatze in freier Wildbahn zu Gesicht zu bekommen, ist ein absoluter Glücksfall – zu **scheu und selten** sind die kleinen Einzelgänger. In ganz Deutschland gibt es je nach Schätzung zwischen 1500 und 5000 Exemplare. Die Europäische Wildkatze (lat. felis silvestris silvestris) gilt als **stark gefährdet** und steht auf der Roten Liste. Europaweit ist sie streng geschützt.

Bei der Wildkatze handelt es sich nicht etwa um eine verwilderte Form unserer Hauskatze. Seit mindestens 300.000 Jahren lebt sie in unseren Breiten, die Hauskatze hingegen brachten erst die Römer mit. Äußerlich unterscheidet sich die Wildkatze von der Hauskatze durch ihr **dichteres Fell,** den **wuchtigeren Kopf** und den **stumpfen Schwanz.** Doch vor allem unterscheidet sie sich genetisch.

Im Mittelalter war die Wildkatze noch weit verbreitet, doch das änderte sich bald. *Alfred Brehm* beschreibt 1884 in „Brehms Thierleben" anschaulich die radikale Einstellung der Jäger zur vermeintlichen Jagdkonkurrenz: „Im Verhältnisse zu ihrer Größe ist die Wildkatze überhaupt ein gefährliches Raubthier, zumal sie den Blutdurst der meisten ihrer Gattungsverwandten theilen und mehr Thiere, als sie verzehren kann,

082hu kn

tödten soll. Aus diesem Grunde wird sie von den Jägern grimmig gehaßt und unerbittlich verfolgt; denn kein Weidmann rechnet den Nutzen, welchen sie durch Vertilgung von Mäusen bringt, ihr zu Gute".

Der getigerte Pirschgänger jagt vorwiegend Kleinnager wie Wühlmäuse. Ab und an erwischt er auch schon mal größere Tiere wie Kaninchen, Hasen oder Enten, allerdings nur, wenn diese geschwächt sind. Auch Aas steht auf dem Speiseplan. Rehe kann die Wildkatze nicht reißen, dennoch wurde ihr Abschuss früher mit Prämien belohnt. Man stellte ihr mit Hunden und Fallen nach und jagte sie mit Schrotgewehren. Um 1900 war die Wildkatze fast ausgerottet. Und obwohl sie bereits 1934 unter Schutz gestellt wurde, gibt es bis heute nur wenige Artenschutzprojekte.

Mehr als die Hälfte des aktuellen Wildkatzenbestandes ist in Rheinland-Pfalz verbreitet, denn das äußerst scheue Tier zieht **große, zusammenhängende Waldgebiete** vor. Aber auch hier liegen die Lebensräume verstreut, es fehlt an ungestörten Rückzugsräumen. Erwachsene Wildkatzen haben nur den Wolf und den Luchs als natürlichen Feind. Die Jungtiere allerdings müssen auch Fuchs, Marder und Greifvögel wie Uhu oder Habicht fürchten. Doch der größte Feind der kleinen Katze ist das Auto, immer mehr wird ihr Lebensraum von Verkehrswegen zerschnitten.

So ist die Wildkatze nach wie vor stark gefährdet. Immer mehr Wald muss dem Menschen weichen, die Landschaft wird weiter zersiedelt. Um dem entgegenzuwirken und der Wildkatze wieder mehr Lebensraum zu verschaffen, haben der BUND (Bund für Umwelt- und Naturschutz Deutschland) und die Initiative „Die Wildkatze in Rheinland-Pfalz" begonnen, **Wanderkorridore** anzulegen. Das heißt, einzelne, durch Äcker getrennte Waldstücke werden durch Streifen aus Bäumen und Sträuchern verbunden. Diese grünen Korridore bieten den scheuen Tieren beim Wandern von Wald zu Wald Schutz und beugen einer genetischen Verarmung vor.

Inzwischen breitet sich der kleine Jäger in den **Hunsrücker Wäldern** nach und nach wieder aus. Denn seit 20 bis 30 Jahren nimmt der Anteil naturnaher Wälder zu, dementsprechend wächst auch der Wildkatzenbestand wieder. Totholz, Baum- und Felsenhöhlen oder verlassene Fuchs- oder Dachsbaue sind wichtig für die Wildkatze, vor allem für die Aufzucht der Jungen zwischen März und September. Speziell im Hunsrück bieten sich die naturbelassenen Wälder, die Blockschutthalden und bizarren Felsformationen der Quarzitkämme von Soon-, Hoch- und Idarwald für Wildkatzen geradezu an.

Im **Wildfreigehege Wildenburg** bei Kempfeld kann man die Wildkatze ganz aus der Nähe beobachten. Hier ist eine Auffangstation zum Schutz der Wildkatzen eingerichtet worden.

◁ Ein Exemplar im Wildfreigehege an der Wildenburg – beim genauen Hinsehen lassen sich die wilden Tiere klar von ihren domestizierten Verwandten unterscheiden. Ans Haus gewöhnen kann man Wildkatzen nicht

los, lediglich der Eintritt für das Wildfreigehege fällt an.

■ **Wildfreigehege Wildenburg,** An der Wildenburg, 55758 Kempfeld, Tel. (06786) 7212, www.wildfreigehege-wildenburg.de, 1.4. bis 31.10. 10–19 Uhr, 1.11. bis 31.3. 10–16 Uhr, Erw. 5,50 €, Mi (Familientag) 4,50 €, Kinder (4–16 Jahre) 4 €, Mi 3 €, Audioguides können ausgeliehen werden. Fütterung der Luchse und Wildkatzen täglich um 15 Uhr. Junior-Wildkatzen-Tour jeden Sonntag zwischen Mai und Oktober, Treffpunkt Parkplatz am Wildfreigehege und Wildkatzenzentrum.

■ **Anfahrt:** Von Idar-Oberstein aus auf der B422 bis Katzenloch, dort rechts in die Hauptstraße L178 abbiegen. Auf dieser bis nach Kempfeld fahren, in der Ortsmitte rechts auf die Wildenburgerstraße abbiegen und der Beschilderung folgen.

### Essen und Trinken

■ **Burggaststätte Wildenburg**②, Wildenburger Str. 19, an der Wildenburg, 55758 Kempfeld, Tel. (06786) 2929550, www.eventburg-wildenburg.de, Mi–So 11–18 Uhr, Mo und Di Ruhetag, in den rheinland-pfälzischen Sommerferien täglich 11–18 Uhr. Kleine Karte mit Spießbraten, Salaten, Fisch, Kaffee und Kuchen. Von der Terrasse blickt man in das Wildfreigehege.

## Mörschied

Rauchende Colts in Mörschied: Die **Karl-May-Festspiele** sind alljährlicher Höhepunkt des kleinen Ortes an der Ostseite des Wildenburger Kopfes. Bei gutem Wetter genießen bis zu 10.000 Zuschauer zwischen Juni und August die spannenden Wild-West-Geschichten rund um Winnetou und seinen Blutsbruder Old Shatterhand. Actiongeladene Verfolgungsjagden mit wilden Schießereien, spannenden Kämpfen und überraschenden pyrotechnischen Spezialeffekten machen die Inszenierung zu einem Erlebnis (Termine und Karten: www.freilichtbuehne-moerschied-ev.de).

### Nordic-Walking-Park Mörschieder Burr

Rund um Mörschied gibt es nicht nur viele Wanderwege, sondern auch einen Nordic-Walking-Park. Eigens für die Walker wurden rund um die Mörschieder Burr **zehn Routen** mit unterschiedlichen Schwierigkeitsgraden angelegt. Die Strecken führen an Sehenswürdigkeiten wie der Wildenburg mit Aussichtsturm, dem Wildfreigehege, der historischen Wasserschleife Biehl und verschiedenen Waldseen und Lehrpfaden vorbei. Einstiegs- und Parkmöglichkeiten gibt es an der Wildenburg, am Sportplatz von Mörschied und am Campingplatz Harfenmühle (s.u.).

### Asbacher Hütte

In der Asbacher Hütte am Fischbach zwischen Mörschied und Kempfeld liegt die **Wiege der frühindustriellen Eisenverarbeitung** der Region. 1743 erwarben die Söhne des Sulzbacher Schmieds *Johann Nikolaus Stumm* die Asbacher Hütte und bauten sie zu einem **Hammer-**

> Karl-May-Festspiele in Mörschied

**werk** aus. Der letzte Besitzer der Hütte, *Rudolf Heinrich Böcking* (1810–71), war ein Verwandter der „Eisenbarone" *Stumm*. Er erbte die Anlage 1835. Die **Teiche und Wasserläufe** in dem malerischen Park des Anwesens gehörten einst zur Verhüttungsanlage.

Das ehemalige Herrenhaus der Familie *Stumm/Böcking* beherbergt heute eine heilpädagogische Einrichtung. In den **Diakonie-Werkstätten** der Kreuznacher Diakonie werden unter anderem Repliken archäologischer Fundstücke hergestellt. Die Nachbildungen des berühmten Freisener Pferdchens oder des Treverermännchens, Repliken keltischer und gallorömischer Fibeln, Armreifen und Ringe werden in der Goldschmiede von Menschen mit körperlichen und geistigen Behinderungen oder psychischen Erkrankungen gefertigt. Der kleine **Hüttenhof** hat Bioland-Geflügelprodukte wie Puten, Gänse, Masthähnchen, Eier und Nudeln im Angebot.

■ **Hüttenhof der Asbacher Hütte,** An der Landesstraße 160, 55758 Asbacher Hütte, Tel. (06786) 951602, www.diakonie-werkstaetten.de, Mo–Do 8–11.15 und 12.45–16 Uhr, Fr 8.30–11.30 und 12.15–15 Uhr.

## Historische Weiherschleife Biehl

**Mein Tipp:** In der wasserbetriebenen Schleiferei von *Ernstotto Biehl* scheint die Zeit stehen geblieben zu sein. Bei einer Führung kann man die **alte Technik des Edelsteinschleifens** hautnah erleben. Schleifer *Biehl* zeigt alle Arbeitsgänge, vom Sägen bis zum Formen, Schleifen und Polieren. Dazu gibt es eine kleine Edelsteinkunde und Anekdoten aus dem Arbeitsalltag. Wenn der Schmuck-

083hu kn

steinschleifer auf seinem Kippstuhl Touristen das Glätten von Achaten demonstriert, bekommt man eine Ahnung, was für ein hartes Handwerk die Edelsteinschleiferei früher war. Im Ausstellungsraum können die Mineralien und Schmuckstücke nicht nur besichtigt, sondern auch gekauft werden.

■ **Historische Weiherschleife Biehl,** Asbacherhütte 2 (neben dem Campingplatz Harfenmühle), 55758 Asbacherhütte, www.alte-edelsteinschleiferei.de, tägl. 9–17.30 Uhr, Mi Ruhetag (außer an Feiertagen), Erw. 2,30 €, Kinder 1,70 €.

### Unterkunft, Essen und Trinken

■ **Campingplatz Harfenmühle,** Harfenmühle 2, 55758 Mörschied/Asbacherhütte, Tel. (06786) 7076, www.harfenmuehle.de. Der Viersterne-Campingplatz Harfenmühle liegt idyllisch im Wald zwischen Mörschied und Asbacherhütte und gehört zu den schönsten der Region. Die Sanitäranlagen sind modern und sauber. Das **Restaurant**③ bietet französische Küche, die auch Gäste der Umgebung anzieht. Absolutes Highlight bei Kindern ist der ehemalige Mühlenteich, der jetzt ein Schwimmteich ist. Noch beliebter ist nur noch die morgendliche Edelsteinsuche im Bach. Damit auch jeder kleine Gast fündig wird, werden vorher Edelsteine ins Bachbett gestreut.

■ **Gästehaus Faust,** Zum Dreschplatz 4, 55758 Weiden, Tel. (06785) 7517, www.ferienhof-faust.de, im Nachbardorf Weiden. Es stehen Ferienappartements, Ferienhäuser, Gästezimmer und eine Heuherberge zur Auswahl. Preise auf Anfrage.

### Öffentliche Verkehrsmittel

■ **Bus:** Rhein-Nahe-Bus Linie 351: Idar-Oberstein – Mörschied – Flughafen Hahn (www.rnn.info).

### Wandern

**Traumschleife „Stumm-Eisenhütten-Weg"**
Die 15,5 km lange Route startet am Campingplatz Harfenmühle nahe der **Asbacher Hütte** und führt durch Wälder und über Wiesen und Felder. Dabei folgt sie den Spuren der Familie *Stumm,* die in der Gegend Eisenhütten und Hammerwerke betrieb. Die frühe Eisenhütten-Dynastie legte den Grundstock der saarländischen Metallindustrie. Tafeln informieren über die geschichtlichen Hintergründe.

## Kempfeld

### Edelsteingarten

Im Edelsteingarten in Kempfeld am Wildenburger Kopf sind **Rohsteine** ausgestellt. Informationstafeln zu Entstehung, Fundort und Wirkungsweise nach *Hildegard von Bingen* runden die Präsentation ab.

■ **Edelsteingarten,** Wildenburger Str. 17, 55758 Kempfeld, ganzjährig geöffnet, freier Eintritt.

### Unterkunft, Essen und Trinken

MEIN TIPP: **Gartenhotel Hunsrücker Faß**④, Hauptstr. 70, 55758 Kempfeld, Tel. (06786) 9700, www.garten hotel-hunsruecker-fass.de, EZ ab 65 €. Zum Hotel gehört ein herrlicher Garten mit Koi-Teich. Kräuterküche ist ein Schwerpunkt des Restaurants, aber die regionale Spezialität Spießbraten vom offenen Holzfeuer gibt es natürlich auch.

☒ Die Stumm-Orgel in der Kirche von Schauren

085hu kn

### Öffentliche Verkehrsmittel

■ **Bus:** Rhein-Nahe-Bus Linie 343: Idar-Oberstein – Kempfeld – Morbach. Linie 345: Idar-Oberstein – Kempfeld – Rhaunen (www.rnn.info).

## Schauren

Das nahe gelegene Schauren ist ein Dorf mit vielen schiefergedeckten Fachwerkhäusern. Die 1767 erbaute **Kirche** in der Dorfmitte war 2012 Filmkulisse für den **Kinofilm „Die andere Heimat"** von *Edgar Reitz.* Bemerkenswert an der ansonsten schlichten Barockkirche ist die mit Ornamenten farbenfroh ausgemalte Holzdecke. Die Empore und die Kanzel sind mit biblischen Szenen und Aposteldarstellungen geschmückt. Auch das Rokoko-Gehäuse der Stumm-Orgel von 1870 ist üppig verziert. Die Kirche ist tagsüber meist geöffnet.

In Schauren gibt es eine Reihe **Edelsteinbetriebe.** In vielen Atelier- und Ausstellungsräumen sind Besucher willkommen.

### Unterkunft, Essen und Trinken

■ **Gasthof Pension Zuck**②, Talstr. 2, 55758 Schauren, Tel. (06786) 1844, www.gasthof-zuck.de, Montag Ruhetag. Acht Doppelzimmer und ein Einzelzimmer; gutes Essen, Saisonkarte und freitags ein unschlagbar günstiges Drei-Gänge-Schlemmermenü.

#### Camping

■ **Campingplatz Edelsteincamp,** Hammerweg 1, 55758 Schauren Tel. (06786) 1620, www.edelsteincamp.de. Vor allem bei Niederländern sehr beliebter Campingplatz mit großen Stellflächen.

### Öffentliche Verkehrsmittel

■ **Bus:** Rhein-Nahe-Bus Linie 345: Idar-Oberstein – Schauren – Rhaunen (www.rnn.info).

## Sensweiler und Langweiler

Die **Dorfkirche** von Sensweiler ist vor allem wegen ihres massiven Turms sehenswert. Eine Besonderheit sind die **keltischen Steinmasken,** die in dem romanischen Turm vermauert wurden. Zwei sind neben der Turmpforte und drei weitere im Mauerwerk eingelassen.

Der einen Kilometer lange Rundweg **Geopark Krahloch** zwischen Sensweiler und Wirschweiler führt an 14 Stationen vorbei, die mit Schautafeln und den passenden Steinen über Geologie und Bergbau der Region informieren. Der Weg ist ganzjährig frei zugänglich.

Der Nachbarort Langweiler war früher ein Köhlerdorf. Aus Buchenstämmen wurde in Meilern Holzkohle hergestellt, die die Eisenhütten der Umgebung in großen Mengen zum Schmelzen der Erze brauchten.

### Steinbach-Stausee

Zwischen Langweiler, Sensweiler und Katzenloch liegt der Steinbach-Stausee. Er wurde 1966 für die Trinkwasserversorgung der Stadt Idar-Oberstein angelegt und ist deshalb weitgehend abgeschirmt. Tolle Ausblicke auf die idyllisch gelegene Talsperre hat man von dem Wanderweg „Traumschleife Köhlerpfad am Steinbach", der um die Steinbachtalsperre führt.

### Unterkunft, Essen und Trinken

**Mein Tipp:** **Klosterhotel Marienhöh⑤**, Marienhöh 2–10, Langweiler, Tel. (06786) 292990, www.klosterhotel-marienhoeh.de. Außen historisches Gemäuer, innen Viersternekomfort: Wellness statt Askese. Das Hotel in einem ehemaligen Kloster ist eines der schönsten im Hunsrück. Im Wellness-Bereich „Kleine Klostertherme" entspannt man am Pool oder in der Sauna, im „Heiliggeist-Spa" genießt man Anwendungen wie Stempel- und Schokoladenmassagen, Traubenkern-Peelings oder Kosmetikbehandlungen. Das hoteleigene **Restaurant Refektorium** gehört zum Besten, was die Region gastronomisch zu bieten hat, tägl. 12–13.30 und 18–21.15 Uhr. Jeden ersten Sonntag Brunch (11–14 Uhr, 22 €), die restlichen Sonntage Drei-Gänge-Mittagsmenü (12–13 Uhr, 22 €).

■ **Kiosk Köhlerstube,** Kirchstr. 30, 55758 Langweiler, Tel. (06786) 9889917, Di–So 11–18 Uhr. Vor allem für Wanderer auf der Traumschleife „Köhlerpfad am Steinbach" gedachtes, kleines Café, in dem es sehr leckeren, selbstgebackenen Kuchen gibt.

#### Camping

■ **Campingplatz Sensweiler Mühle,** An der B422, 55758 Sensweiler, Tel. (06781) 3253 oder (06786) 2395, www.sensweiler-muehle.de, zwischen Katzenloch und Allenbach. Die überraschend großen Stellplätze für Urlauber liegen direkt am Idarbach, idyllisch umgeben von Wäldern und Feldern. Geöffnet März bis Oktober.

■ **Campingplatz Oberes Idartal,** Sensweiler Mühle 1, 55758 Sensweiler, Tel. (06786) 2114, www.oberes-idartal.de. Der ein bisschen in die Jahre gekommene, aber günstige und saubere Platz am Ufer des Idarbachs liegt mitten im Grünen.

### Einkaufen

**Hofladen Lothar Haag,** Haupstr. 15, 55758 Sensweiler, Tel. (06786) 2365, Do 15–18 Uhr, Sa 9–13 Uhr. Mehr als 30 verschiedene Gemüsesorten, Getreide, Rind- und Schweinefleisch sowie Produkte anderer Biobauern wie Brot, Eier, Käse oder Wein, alles aus kontrolliert biologischem Anbau.

### Öffentliche Verkehrsmittel

■ **Bus:** Rhein-Nahe-Bus Linie 343: Idar-Oberstein – Langweiler – Sensweiler – Morbach (www.rnn.info).

### Wandern

**Traumschleife „Köhlerpfad am Steinbach"**
Der etwa 13 km lange Rundweg führt auf naturnahen Pfaden rund um die Steinbachtalsperre und entlang des Steinbachs. Start ist am Wanderparkplatz beim Klosterhotel Marienhöh in **Langweiler.**

## Katzenloch

Der winzige Ort am Südrand des Wildenburger Rückens mit dem merkwürdigen Namen Katzenloch hat nur rund 75 Einwohner und liegt im Tal des Idarbachs. 1758 gründeten die Gebrüder *Stumm* ein Hammerwerk, das 1870 stillgelegt wurde. Ab 1936 wurden Gelände und Gebäude als **Sägewerk** genutzt. Heute verwöhnt eine Gartenwirtschaft Gäste mit Kulinarischem und netter Atmosphäre.

### Unterkunft, Essen und Trinken

■ **Gartenwirtschaft am Wasserfall**②, Altes Sägewerk, 55758 Katzenloch. Es gibt Flammkuchen, Kaffee und Kuchen und freitags Forellen vom Grill. Besonders beliebt ist der Idar-Obersteiner Spießbraten vom Schwenkgrill. Nur in den Sommermonaten geöffnet.

### Einkaufen

■ **Galerie am Sägewerk,** Hauptstr. 8a, 55758 Katzenloch, Tel. (06786) 292816, www.galerie-saegewerk.de, Mo–Fr 9–18 Uhr, April bis Okt. zusätzlich Sa 10–18 Uhr, So 11–18 Uhr. Neben der Ausstellung und dem Verkauf von Schmuck und Edelsteinen gibt es Schleifvorführungen, einen Mineralienmarkt auf dem Vorplatz und Edelsteinsuche für Kinder.

### Öffentliche Verkehrsmittel

■ **Bus:** Rhein-Nahe-Bus Linie 343: Idar-Oberstein – Kempfeld / Katzenloch Sägewerk – Morbach. Linie 345: Idar-Oberstein – Kempfeld / Katzenloch Sägewerk – Rhaunen (www.rnn.info).

# Allenbach

Allenbach liegt im Tal des Idarbachs am Fuß des Erbeskopfes und gehörte im Mittelalter zur „hinteren Grafschaft Sponheim". Zur Sicherung gegen die benachbarten Rhein- und Wildgrafen wurde eine 1265 erstmals schriftlich erwähnte Burg errichtet. Das heutige **Schloss Allenbach** steht auf den Fundamenten dieser sponheimischen Befestigung. Bis 1900 wurde die Burg mehrmals umgebaut. Nur das Hauptgebäude ist noch erhalten und befindet sich in Privatbesitz. In der evangelischen Schlosskirche erklingt seit 1832 eine prachtvolle Stumm-Orgel.

Vom Mittelalter bis ins 19. Jh. war Allenbach wegen seiner beiden Kupferschmelzen ein bedeutender Industriestandort. Um 1400 wurde die erste Kupferschmelze errichtet, der Grundstein für eine über Jahrhunderte florierende Kupferverhüttung. Rund 50 Jahre später wurde eine weitere Kupferschmelze gebaut. 1625 allerdings wütete die Pest so schlimm, dass sie eingestellt werden musste. Erst ein Vierteljahrhundert später konnte die Kupferproduktion wieder aufgenommen werden. Das Kupfererz stammte aus dem Hosenbachtal. Wie Fischbach war auch Allenbach für sein hochwertiges Kupfer berühmt.

Der kleine Ort Hüttgeswasen gehört zu Allenbach und war früher eine Holzhauer- und Kohlenbrennerkolonie. Etwa elf Jahre lang lebte hier *Johann Peter Petri* (1752–1834). Er arbeitete als Köhler und trug den Spitznamen **Schwarzer Peter.** 1797 wurde er Komplize des wesentlich jüngeren Räubers *Schinderhannes.* Im Zuchthaus erfand er angeblich das Kartenspiel „Schwarzer Peter".

## Historische Mühle Allenbach

Die Historische Mühle Allenbach stand bereits im Jahr 1450 hier und wurde schlicht „Obere Mühle" genannt. Sie gehörte zur Kupferschmelze, gemahlen wurden Öl und Getreide. Im Untergeschoss können Besucher drei **Getreidemahlwerke** mit verschiedenen Antrieben besichtigen: einen sogenannten Ägyptischen Antrieb, einen Römischen Antrieb und einen Kegelantrieb. Die Trichter und Mahlkästen stehen im oberen Mühlengeschoss. Die **Ölmühle** mit dem wesentlich schwereren Mahlwerk ist in einem Nebenraum untergebracht. Nomen est omen: Seit 200 Jahren befindet sich die Mühle im Besitz der Familie *Müller.*

■ **Historische Mühle Allenbach,** In der Schied 11, 55758 Allenbach, Tel. (06786) 2162, tägl. 10–17 Uhr, Erw. 2 €, Kinder bis 15 J. 1 €. Falls die Mühle während der Öffnungszeiten verschlossen ist, klingelt man am Haus rechts nebenan bei *Hans Müller.*

## Ringkopf

Für Wanderer ist der **keltische Ringwall** auf dem Ringkopf östlich von Allenbach einen Ausflug wert. Die Ruinen des Befestigungsrings auf der 650 m hohen Kuppe trugen dem felsigen Hochplateau den Namen Ringkopf ein. Die etwa einen Hektar große, dreieckige Fläche ist umschlossen von steinernen Wehrmauerresten aus der Zeit um 500 v. Chr. Der Ringkopf ist damit die älteste aus Stein errichtete Anlage in der Region. Es gab nur ein einziges Tor, zu erreichen über eine 34 m lange, gut zu verteidigende Torgasse. Anders als der Ringwall von Otzenhausen diente die Befestigung vermutlich nur als Fluchtburg. Eine dauerhafte Besiedlung innerhalb des Ringes auf dem unwirtlichen, steinigen Quarzitkamm ist ziemlich unwahrscheinlich. Neben den ausladenden Blockschutthalden und den bizarren Felsköpfen beeindrucken auch die großen Ilexhecken am Ringwall. Die immergrünen Stechpalmen waren für die Kelten heilige Pflanzen.

Zu erreichen ist der Ringwall vom Allenbacher Sportplatz aus, ein Waldweg führt über rund zwei Kilometer auf die Spitze der Erhebung. An einem Informationsschild führt ein Pfad links des befestigten Waldweges zum Ringwall. Belohnt wird der Aufstieg mit einem wundervollen Blick auf das Hochtal um Allenbach.

## Praktische Tipps

### Unterkunft, Essen und Trinken

- **Hotel Restaurant Café Steuer**②, Hauptstraße 10, 55758 Allenbach, Tel. (06786) 2089, www.hotel-steuer.de. Schick eingerichtete Zimmer mit viel Komfort. Da das Hotel aus einer ehemaligen Edelstein-Schleiferei hervorgegangen ist, gibt es eine funktionierende Schleife mit Wasserrad und für Hausgäste auf Wunsch Schleifkurse. Regionale Spezialitäten wie Spießbraten und selbstgemachter Kuchen.

### Einkaufen

- **Edelsteintruhe Steuer,** Hauptstr. 10, tägl. 10–18 Uhr, Tel. (06786) 2089, www.edelsteintruhe.com. In der Verkaufsausstellung werden moderner und klassischer Edelsteinschmuck, Mineralien und Alltagsgegenstände aus Achat angeboten. Die Edelsteinausstellung wird durch ein kleines Schleifereimuseum ergänzt, das aus der ehemaligen Wasserschleife entstanden ist.
- **Goldschmiede und Schmuckhandel Conrad,** Hauptstr. 30, Tel. (06786) 2496. Goldschmiedemeister *Karlheinz Conrad* fertigt eigene Entwürfe, kombiniert mit Edelsteinen.

### Öffentliche Verkehrsmittel

- **Bus:** Rhein-Nahe-Bus Linie 343: Idar-Oberstein – Allenbach – Morbach (www.rnn.info).

### Wandern

#### Traumschleife „Zwischen den Wäldern"

Die Route verläuft zwischen Allenbach und Wirschweiler durch Wälder, am Idarbach entlang und durch eine Schlucht. Die Strecke ist 11 km lang und sehr abwechslungsreich. Startpunkt ist der Parkplatz am **Allenbacher Weiher.** Einer der Höhepunkte ist die Kunstinstallation „Sonnenzeit zwischen den Wäldern" des Künstlers *Gerd Edinger.*

# Kirschweiler

Kirschweiler im Tal des Idarbachs nennt sich auch das **„Dorf der Edelsteinschleifer".** Auch wenn die goldenen Zeiten der Schmuckindustrie vorbei sind, steht der Ort noch immer ganz im Zeichen der Mineralien. Zahlreiche Edelsteinschleifer- und Goldschmiedebetriebe sind in dem Ort an der Deutschen Edelsteinstraße ansässig, viele von ihnen können auch besichtigt werden.

Die **Kirschweiler Festung** ist, anders als der Name vermuten lässt, keine alte Befestigungsanlage, sondern ein bizarres Felslabyrinth. Um zu der 623 m hohen Kirschweiler Festung zu gelangen, folgt man vom Ort aus in nordwestlicher Richtung der Beschilderung des Saar-Hunsrück-Steigs.

**Kipp** heißt der **römische Grabhügel** zwischen Kirschweiler und Siesbach. Er wurde 174 n. Chr. errichtet. Die ihn umgebende Ringmauer hat einen Durchmesser von 21 m und ist zusätzlich von einer quadratischen Mauer eingefasst.

Bekrönt wird das Monument von einer Säule. Auf dem Pinienzapfen, der die Spitze bildet, sitzt ein Adler mit Schlange. Der Grabhügel liegt etwas versteckt tief im Wald. Am besten findet man ihn vom Sportplatz des Nachbardorfes Leisel aus, der Weg ist ausgeschildert.

# Praktische Tipps

## Essen und Trinken

MEIN TIPP: **Restaurant Kirschweiler Brücke④**, Kirschweiler Brücke 2, 55743 Kirschweiler, Tel. (06781) 33383, www.kirschweilerbruecke.de, tägl. 11.45–14 und 17–21.30 Uhr, Sa 11.45–14 und 18–22 Uhr, Mi Ruhetag. Deftige, gutbürgerliche Küche. Zu den Spezialitäten gehören Spießbraten vom offenen Buchenfeuer und frische Forellen aus eigener Zucht. Gourmetwanderungen, individuell ge-

Die Streuobstwiesen in Mackenrodt

füllte Picknickkörbe und Kochkurse gehören ebenfalls zum Angebot.

## Einkaufen

■ **Edelsteinhaus Erwin Hess,** Schulstr. 4, 55743 Kirschweiler, Tel. (06781) 3449, www.edelstein haus-e-hess.de, Mo–Fr 9–18 Uhr, Sa, So und Fei 9–16 Uhr. Bei einer Besichtigung der Edelsteinschleiferei und der Schmuck- und Mineralienräume erfährt man anschaulich, wie aus einem Rohling ein Edelstein wird. Im Sommer mit Gastronomie auf der Gartenterrasse, ganzjährig ist ein kleines Café geöffnet.

■ **Schmuck- und Mineralienhaus Alte Bachschleife,** Wasserschiederstr. 6, 55743, Kirschweiler, www.schmuck-und-mineralien-haus.de, Edelsteinschleiferei, Goldschmiedewerkstatt, Edelsteinmuseum, Schmuckausstellung, Café und Gaststätte unter einem Dach. Die Schleifvorführungen in der alten Bachschleife und das kleine Museum geben einen guten Einblick in die Geschichte der Edelsteinindustrie.

086hu kn

## Aktivitäten

■ **Golfplatz Kirschweiler:** Am Golfplatz, 55743 Kirschweiler, Tel. (06781) 36615, www-gc-edel stein.de, Di–So 10–15 Uhr. Die 9-Loch-Golfanlage liegt an einem Waldrand auf leicht hügeligem Gelände.

**Mackenrodter Streuobst-Erlebnispfad:** Das Motto des Erlebnispfades im Nachbardorf Mackenrodt lautet: „Die Natur mit allen Sinnen erfahren". Der Begriff „Streuobstwiese" kommt von der unregelmäßigen Anordnung der Bäume. Das und noch viel mehr zum Thema Lebensraum Streuobstwiese ist auf den Informationstafeln entlang des Weges nachzulesen. Im Frühjahr ist der Lehrpfad schon wegen der vielen blühenden Obstbäume sehenswert. Noch besser, man läuft den 1,5 km langen Weg zur Erntezeit, denn alle Früchte dürfen ausdrücklich probiert werden. Infos: www.erlebnis streuobst.de.

## Feste und Veranstaltungen

■ **Hexenrock:** Seit mehr als 20 Jahren lockt das Musikfestival in der Nacht zum 1. Mai mit bekannten Bands in das kleine Hunsrückdorf Hettenrodt, Nachbarort von Kirschweiler. Die Rock- und Popmusik ist so ausgewählt, dass sie gleich mehrere Generationen anspricht. Der Hexenrock steigt im beheizten Zelt auf dem Hettenrodter Sportplatz. Infos: www.hexenrock.de.

### Öffentliche Verkehrsmittel

- **Bus:** Rhein-Nahe-Bus Linie 345: Idar-Oberstein – Kirschweiler – Rhaunen (www.rnn.info).

## Schwollen

Das „Sprudeldorf“ am Schwollbach im Birkenfelder Land ist durch seine Mineralquellen bekannt. Zwei Mineralwasserfabriken füllen das natriumarme **Quellwasser** direkt vor Ort ab. Der Sauerbrunnen in Schwollen ist ein öffentlicher Brunnen, das sehr eisenhaltige Wasser kann man sich kostenlos abfüllen.

### Heiligenböschkirche

Die evangelische Pfarrkirche Heiligenbösch westlich von **Leisel** steht idyllisch auf einer Anhöhe. Die ursprünglich romanische Kirche wurde auf einer römischen Villa Rustica errichtet. Der Badetrakt des Landhauses aus dem 2./3. Jh. n. Chr. bildet das Fundament der heute barocken Kirche. Die Reste wurden 1963 ausgegraben und können besichtigt werden. Der Turm ist ein Überbleibsel der romanischen Saalkirche aus dem 13. Jh., die 1730 einem neuen Bau wich. Innen ist die Kirche mit barocken Wandgemälden ausgeschmückt.

Man kann die kleine Kirche auch gut zu Fuß über eine malerische, rund 800 m lange Kirschbaumallee erreichen. Sie ist Teil eines 2,5 km langen Wanderweges zwischen Leisel und Schwollen. An der sogenannten **Bunten Götterallee** stehen lebensgroße Skulpturen römischer Götter. Die farbenfrohen Figuren sind ein ungewohnter Anblick, doch nachweislich malten die Römer ihre Skulpturen farbig an. Neben den römischen Göttern wie Jupiter, Juno oder Minerva gibt es auch Gottheiten der keltischen Treverer wie eine Quellnymphe oder die Pferde- und Fruchtbarkeitsgöttin Epona.

### Essen und Trinken

MEIN TIPP: **Landgasthaus Böß**②, Hauptstr. 14, 55767 Schwollen, Tel. (06787) 8177, www.landgasthaus-boess.de, Do, Fr, Sa ab 17 Uhr, So 11–15 Uhr. Jeden 1. und 3. So im Monat „Schwollener Brunch“ (nur nach Voranmeldung). Für die Gerichte werden vor allem regionale Produkte verwendet, es gibt Mediterranes, Gutbürgerliches oder Vegetarisches. Auf der Terrasse werden im Sommer Flammkuchen und Pizza im Holzbackofen zubereitet.

### Einkaufen

MEIN TIPP: **Bornwiesenhof,** Hußweilerstr. 38, 55767 Wilzenberg-Hußweiler, Tel. (06787) 711, www.bornwiesenhof-hunsrueck.de. In dem Demeterhof im Schwollbachtal zeigt sich Milchhandwerk von seiner schönsten Seite: ein großes Käsesortiment und natürlich Milch, Joghurt und Quark. Richtig gut ist der Flammkäse, ein eingelegter Bratkäse für Pfanne oder Grill. Der Hofladen ist freitags 16–18 Uhr geöffnet. Ansonsten gilt in der **Bornwieser Käsehütte,** einer kleinen Holzhütte vor dem Hof, zwischen 7 und 21 Uhr Selbstbedienung.

## Aktivitäten

■ **Freibad Schwollen:** Am Schwimmbad 12, 55767 Schwollen, Tel. (06787) 988263, www.schwollen.de, 14–19.30 Uhr, in den Sommerferien 13–19.30 Uhr, Kinder und Jugendl. 1 €, Erw. 2 €. Kleines, vor allem für Familien mit Kleinkindern geeignetes Schwimmbad mit max. 1,35 m Tiefe.

## Öffentliche Verkehrsmittel

■ **Bus:** Rhein-Nahe-Bus Linie 332: Idar-Oberstein – Schwollen – Birkenfeld (www.rnn.info).

# Oberhambach

Am Ortsausgang von Oberhambach, fünf Kilometer nördlich von Birkenfeld, liegt der **Hambacher Sauerbrunnen.** Das Wasser enthält viel Eisen und Kohlensäure. Bereits seit dem 16. Jh. ist die Mineralquelle bekannt. In der Blütezeit des Brunnens exportierte man das Heilwasser bis nach St. Petersburg. An der gefassten Quelle kann man das gesunde Wasser nicht nur probieren, sondern sich auch Flaschen abfüllen.

087hu kn

An der Götterallee bei Schwollen

## Unterkunft

■ **Hunsrück Ferienpark Hambachtal,** Hauptstraße 60, 55765 Oberhambach, www.roompot.de. Ferienbungalows in verschiedenen Größen und Ausstattungen. Der Eintritt in das Freizeitbad Pyramide ist für Übernachtungsgäste kostenlos. Auf der Website des Ferienparks gibt es günstige Angebote für Kurzentschlossene.

## Aktivitäten

■ **Naturerlebnispfad „Zauberwald“:** Zu dem 3,5 km langen Weg rund um den imposanten Hambacher Felsen gehören Erlebnisstationen für Kinder zum Thema Wald. Anfahrt über die Abzweigung an der B269 zwischen Morbach und Birkenfeld Richtung Ferienpark Hambachtal. Nach rund 200 m erreicht man den Parkplatz „Zauberwald“.

■ **Freizeitbad Pyramide:** Hunsrück Ferienpark Hambachtal, 55765 Oberhambach, tägl. 10–20 Uhr, Tageskarte Erw. 13 €, Kinder 8 €. Das Freizeitbad gehört zum Hunsrück Ferienpark Hambachtal (s.o.). Etwas in die Jahre gekommen, doch die Riesenrutsche ist nicht nur für Kinder toll. Mit subtropischer Pflanzenwelt, Saunalandschaft und UV-durchlässigem Dach.

## Öffentliche Verkehrsmittel

■ **Bus:** Rhein-Nahe-Bus Linie 332: Idar-Oberstein – Oberhambach – Birkenfeld (www.rnn.info).

# Birkenfeld

Auf den ersten Blick ist Birkenfeld, zwischen dem Hochwald und der Nahe gelegen, ein völlig unscheinbares, blasses Städtchen. Doch der Eindruck täuscht. Verlässt man die Hauptstraßen, trifft man auf ein paar architektonische Schmuckstücke aus der 120 Jahre währenden oldenburgischen Zeit.

## Geschichte des Birkenfelder Landes

Funde aus der Steinzeit (1800 v. Chr.) zeigen, dass der Landstrich um Birkenfeld schon früh besiedelt war. Auffällig viele Stücke stammen aber aus der Zeit zwischen 800 und 100 v. Chr., als die Gegend von dem keltischen Stamm der **Treverer** besiedelt war. Eine spannende Erlebnisausstellung zur Geschichte der Kelten mit Originalfunden und Nachbauten ist im Landesmuseum Birkenfeld eingerichtet.

400 Jahre lang, von 100 v. Chr. bis 300 n. Chr. gehörte das Birkenfelder Land zum Römischen Reich, dann besiedelten die Franken die Gegend. Die Landesherren wechselten häufig: Die Grafen von Sponheim, die Wittelsbacher und die Markgrafen von Baden waren darunter. Dann kam die Franzosenzeit von 1797 bis 1814. Auf dem Wiener Kongress 1815 wurde das Fürstentum Birkenfeld dem **Großherzogtum Oldenburg** zugeteilt. Das hieß einerseits, dass der neue Landesherr 500 Kilometer entfernt war, andererseits erhielt das kleine Fürstentum eine eigene, von Oldenburg ziemlich unabhängige Regierung.

## Sehenswertes

### Landesmuseum Birkenfeld

Unter dem Motto „Kelten, Kunst und Kult erleben“ geht es im Landesmuseum Birkenfeld, das im Stil eines römischen Landhauses errichtet wurde, um die Spuren, die die **Kelten** in der Region hinterlassen haben. Die Erlebnisausstellung mit Multimedia- und Mitmach-Stationen ist nicht nur für Kinder interessant. Skurril ist die Geschichte des Fürstentums Birkenfeld als Teil von Oldenburg. Ein altes **Klassenzimmer** wurde ebenfalls in die Dauerausstellung aufgenommen, außerdem finden jährlich Sonderausstellungen statt.

■ **Landesmuseum Birkenfeld,** Friedrich-August-Str. 17, 55765 Birkenfeld, Tel. (06782) 9834574, www.landesmuseum-birkenfeld.de, Mo–Do 10–12.30 und 13.30–17 Uhr, Fr 10–12.30 und 13.30–15 Uhr, April bis Nov. auch So 14–17 Uhr, Jan. bis März Mo–Do 10–12.30 und 13.30–16 Uhr, Erw. 3 €, Kinder, Studenten und Behinderte 1 €, Kinder bis 6 J. frei, Familien 6 €.

### Neues Schloss

Oberhalb des Landesmuseums liegt der **Schlosspark.** Erst seit dem Jahr 2000 ist der romantische Park mit dem rekonstruierten Pavillon für jedermann zugänglich. Ein Spazierweg führt zum Neuen Schloss, einer dreiflügeligen, **klassizistischen Anlage,** errichtet zwischen 1819 und 1821. In erster Linie wa-

089hu kn

ren die Räume in dem kleinen Schloss wie auch heute noch für die Verwaltung bestimmt. Nur einige Zimmer waren als Wohnräume für den oldenburgischen Großherzog vorbehalten. Dieser war verpflichtet, mindestens alle fünf Jahre Birkenfeld zu besuchen.

**Neues Schloss,** Schneewiesenstr. 25, 55765 Birkenfeld, www.schloss-birkenfeld.de. Eine Besichtigung ist nur von außen möglich, es sei denn, man besucht eines der Klassikkonzerte, die im Festsaal des Schlosses stattfinden. Termine unter www.stadt-birkenfeld.de.

## In der Altstadt

Vor dem Schloss liegt das Verwaltungsviertel, ebenfalls im klassizistischen Stil. Die **katholische Kirche St. Jakobus** ist ein Ende des 19. Jh. errichtetes, neugotisches Sandsteingebäude. Historisch interessanter ist die **evangelische Kirche** in der Achtstraße, die zwischen 1751 und 1756 erbaut wurde. Grabungen ergaben, dass bereits um 700 hier eine Kirche und somit ein Ort existierten. 300 Jahre lang wurde die Kirche von katholischen und evangelischen Gläubigen simultan genutzt, bis die Katholiken eine eigene erhielten. Die Bronzefigur vor dem Gotteshaus stellt einen kleinen Teufel dar, der versucht, die Schafe, die Richtung Kirchenportal streben, anzulocken. Doch „Gottes Schäfchen" laufen unbeirrt weiter.

In der Straße „Auf dem Römer" stehen einige historische Gebäude, darunter das älteste der Stadt. Das **Haus Kussler** wurde 1590 als Bäckerei erbaut. Ebenfalls sehenswert ist das **Stadthaus** (Hauptstr. 9) mit seiner Jugendstilfassade. Auf der anderen Straßenseite steht der **Schellenmann.** Man kann in die Skulptur aus dem Jahr 2002 hineintreten und in die Rolle des Amtsdieners schlüpfen.

Das Landesmuseum Birkenfeld ist als Mitmachmuseum konzipiert

Birkenfeld
0 100 m
ELLENBERG
Oberhambach
Achtstr.
Königsberger Str.
Mörsbach
B269
Hochwaldstr.
Hinter Büchlem
Am Gaurech
Am Pulverturm
Am Prämienmarkt
Siedlerstr.
Auf Ellenborn
K7
Gollenberger Weg
Königsgasse
Mozartstr.
Badische Str.
Parkstr.
Bußbach
Freizeit- & Spaßbad
K3
Friedrich-August-Str.
Zimmerbach
Maiwiese
L167
Schneewiesenstr.
Brückener Str.
FECKWEILER
Trierer Str.
Saarstr.
Bahnhofstr.
L170
Am Hömig
Stillbach
Brechk
Bergs
B41
Am Bahnhof
G.-Wilhelm-Steig
Pfalzgrafen
Sponheimer Weg
Wittelsbacher W
NATURSCHUTZGEBIET
An den Tongruben
Bruchbach
Gräfin-Loretta-W
Rennerweg
Burgstr.
Burg Birkenfeld
BURG BIRKENFELD
Brandwaldweg
Sielbach
Dambacher Weg
K4
Bahnhof Neubrücke, Hoppstädten-Weiersbach

©Reise Know-How 2016

## Ausschnitt

0 50 m ©Reise Know-How 2016

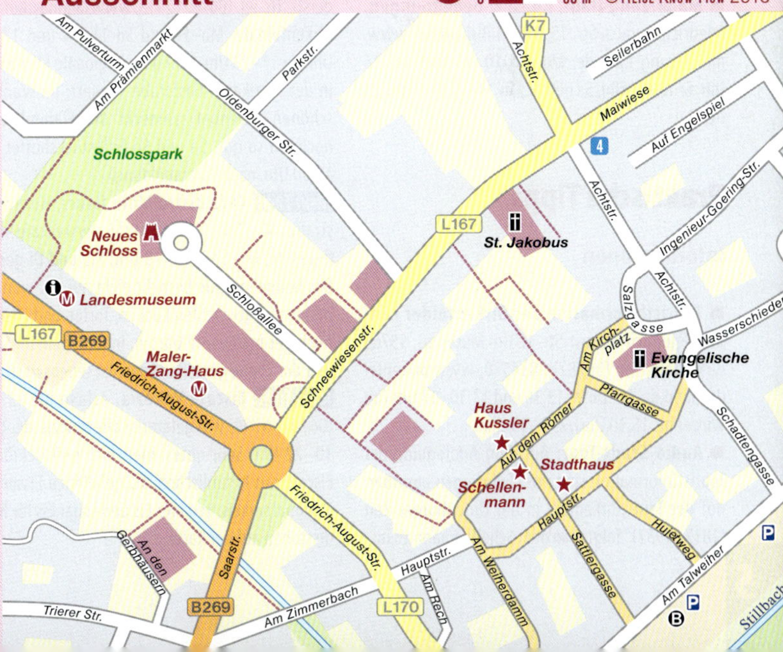

### Burg Birkenfeld

Die Burg Birkenfeld, erstmals 1293 erwähnt, wurde von *Karl I.* und seinem Sohn *Georg Wilhelm von Pfalz-Zweibrücken-Birkenfeld* im 17. Jh. schlossartig ausgebaut. 1807 gelangte das Gebäude nach einer Versteigerung in Privatbesitz und wurde fast vollständig abgerissen. Von Burg und Schloss sind nur noch wenige Reste erhalten.

### Maler-Zang-Haus

Im ehemaligen Wohnhaus des Malers *Hugo Zang* (1858–1946) werden **Wechselausstellungen** regionaler, aber auch internationaler Künstler gezeigt. Da es keine Dauerausstellung gibt, gelten die Öffnungszeiten nicht während der Umbauzeiten.

■ **Maler-Zang-Haus, Kunst & Begegnungen,** Friedrich-August-Str. 15, 55765 Birkenfeld, www.maler-zang-haus.de, Mo–Do 10–13 und 14–16 Uhr, Fr 10–12 Uhr, Sa geschl., So 14–17 Uhr, Eintritt frei.

## Praktische Tipps

### Informationen

■ **Touristinformation des Birkenfelder Landes,** Friedrich-August-Str. 17 (im Museum), 55765 Birkenfeld, Tel. (06782) 9834570, www.birkenfelder-land.de, Di–Do 9–12.30 und 13.30–17 Uhr (im Winter bis 15.30 Uhr), Fr 9–15 Uhr.

■ **Audio-Stadt-Tour:** Auf dem Audioguide der Touristinformation sind zwei Führungen abrufbar: Auf der Tour „Birkenfeld in der Oldenburger Zeit (1817–1937)" folgt man dem Schellenmann zu insgesamt 22 Hörstationen und erfährt mehr über die Stadt als Exklave Oldenburgs. Mit der Kammerfrau Elisabeth spürt man der mittelalterlichen Vergangenheit nach. Die Leihgeräte gibt es in der Touristinformation. Ein iPod inklusive Kopfhörer kostet für drei Stunden 7,50 €, über Nacht 10 €. Jeder weitere Kopfhörer kostet 3 €, bis zu fünf Stück können eingesteckt werden. Das Display zeigt das jeweils zur Station passende Foto.

### Camping

■ **Campingpark Waldwiesen,** 55765 Birkenfeld, Tel. (06782) 5215, www.camping-waldwiesen.eu. Der Natur-Campingplatz ist von den Osterferien bis zum 15. Oktober geöffnet. Viersterneplatz mit Schwimmteich und WLAN auf dem ganzen Platz.

### Essen und Trinken

■ **Landgasthof Alt-Birkenfeld**②, Wasserschiederstr. 16, Tel. (06782) 2413, www.landgasthof-alt-birkenfeld.de, Mo–Fr und So 11–14 und 17–23 Uhr, Sa 17–23 Uhr. Sehr gute, regionale Küche wird in der rustikalen Gaststube serviert. Im wunderschönen Innenhof schmeckt der Flammkuchen nochmal so gut. Sa und So Frühstücksbuffet (8–10.30 Uhr, nach Voranmeldung).

MEIN TIPP: **Café Bistro Mille fleurs,** Hochwaldstraße 42, Tel. (06782) 4355, www.cafe-millefleurs.de, Mi–So 9.30–18 Uhr, Mo und Di geschl. Das heimelige Café besticht nicht nur mit wunderbaren hausgemachten Kuchen, Torten und Likören. Auch der malerische Garten, in dem man im Sommer die Sonne genießen kann, ist sehenswert.

MEIN TIPP: **Eiscafé Venezia,** Achtstraße 13, Tel. (06782) 5794, ww.gelateriacaffevenezia.de, tägl. 10–22 Uhr. Sehr gutes, mehrfach preisgekröntes Eiscafé mit himmlischen, ausgefallenen Eissorten. Nationalparkeis, veganes Eis und sogar Eis für Hunde stehen auf der Karte.

## Aktivitäten

■ **Freizeit- & Spaßbad Birkenfeld:** Am Schwimmbad, 55765 Birkenfeld, Tel. (06782) 5236, Mai bis Sept. Mo 11–20 Uhr, Di–Fr 9–20 Uhr, Sa und So 9–19 Uhr, Erw. 3,50 €, Kinder (6–18 J.) 2 €. Das beheizte Freibad bietet ein 50 m langes Schwimmerbecken, ein Nichtschwimmerbecken und ein Kinderbecken mit Sonnenschutz. Außerdem einen 3- und einen 5-Meter-Turm, Liegewiese, Beachvolleyballfeld und Boulebahn.

■ **GPS-Schatzsuche:** Ein digitaler Rätselspaß auf den Spuren der Kelten und Römer ist die GPS-Tour der Touristinformation Birkenfeld. Dort erhält man den Flyer mit den Rätselfragen, für 5 € können GPS-Geräte auch geliehen werden. Auf die Suche begibt man sich am besten mit dem Auto, denn die Tour ist insgesamt rund 55 km lang und führt vom Landesmuseum ins Birkenfelder Land.

## Feste und Veranstaltungen

■ **Maimarkt:** Immer am zweiten Dienstag im Mai auf dem Kirchplatz. Parkmöglichkeiten auf dem Talweiherplatz.

## Öffentliche Verkehrsmittel

■ **Bahn:** Mit Rhein-Nahe-Bus Linie 322 gelangt man zum sechs Kilometer entfernten Bahnhof Neubrücke. Hier fährt die Vlexx-Regionalbahn (Nahetalstrecke Richtung Saarbücken oder Frankfurt/Main, www.rmv.de).

■ **Bus:** Rhein-Nahe-Bus Linie 332: Idar-Oberstein – Schwollen – Birkenfeld (www.rnn.info).

# Nohen

Wenige Kilometer östlich von Birkenfeld liegt Nohen. Durch den idyllischen Ort fließt nicht nur die **Nahe,** sondern verläuft auch einer der **schönsten Wanderwege Deutschlands** – die Nohener-Nahe-Schleife. Vermutlich haben bereits die Römer hier eine Brücke über die Nahe gebaut. Die Dorfkirche, eine ehemalige Wallfahrtskirche, wurde 1450 errichtet, der romanische Vorgängerbau aber wahrscheinlich bereits im 13. Jh.

## Essen und Trinken, Einkaufen

■ **Speisekammer**①, Hauptstr. 16, 55767 Nohen, Tel. (06789) 970782, Di–Fr ab 17 Uhr, Sa, So und Fei ab 10 Uhr. Im Restaurant gibt es vor allem für Fleischliebhaber eine tolle Auswahl. Tipp: Die Wildwurst aus eigener Herstellung kann man auch kaufen.

■ **Café Bistro Allerhand,** Hauptstr. 26, 55767 Nohen, Tel. (06789) 2200066, www.cafe-allerhand.de, Do–Mo und Fei 10–18 Uhr. Im Laden werden Deko- und Geschenkideen wie Handgemachtes aus Keramik, Filz oder Wolle angeboten. Im Café gibt es leckere Kuchen, Torten und kleine Bistrogerichte und im Keramikatelier können Töpferkurse gebucht werden. Seit Neuestem werden Wanderungen mit Alpakas angeboten.

## Aktivitäten

■ **Alpaka-Wanderungen:** durch den Noherner Wald, organisiert vom Café Bistro Allerhand (s.o.), 1 Stunde 40 €, 2 Stunden 60 € (Termine unter www.cafe-allerhand.de, maximal 8 Teilnehmer). Außerdem die Touren „Kleine Runde" (Dauer 1–1½

088hu kn

Std., Erw. 9,50 €, Kinder (5–11 J.) 6 €, Kinder unter 5 J. frei) und „Waldgeistersteig" (2–2½ Std., Erw. 12 €, Kinder (5–11 J.) 7,50 €). Termine nach Absprache, jeweils maximal 10 Teilnehmer.

## Öffentliche Verkehrsmittel

- **Bahn:** In Nohen hält alle ein bis zwei Stunden ein Zug der Nahe-Bahnlinie (Bingen – Saarbrücken).
- **Bus:** Rhein-Nahe-Bus Linie 322: Birkenfeld – Nohen – Nohfelden (www.rnn.info).

## Wandern

### Traumschleife „Nohener Nahe-Schleife"

MEIN TIPP: Die Traumschleife gehört zu den schönsten Routen der Gegend. Der erste Aussichtspunkt ist der **Burefelsen** gleich am Anfang der Stecke, der einen schönen Blick auf Nohen und die Naheauen bietet. Noch schöner ist der Aussichtspunkt **Felsenklipp.** Hier gibt es einen kleinen **Weinschrank** mit Gläsern und 0,2-Liter-Fläschchen Nahewein. 2,50 € sollte man dafür an Kleingeld dabei haben. Kostenlos hingegen ist der tolle Blick, den man von diesem Rastplatz aus hat: Aus rund 150 Metern Höhe sieht man auf eine enge Naheschleife, die Schleifmühle und ein altes Bahnviadukt. Unterwegs gibt es Informationstafeln zur Geschichte der Region. Wem das nicht genug ist, der kann mit dem Smartphone QR-Codes scannen und zusätzliche Texte abrufen. Zur Strecke gehört auch der **Waldgeistersteig,** der von Kindern gestaltet wurde. Ein Holzxylophon, ein Baumstamm zum Balancieren und ein kleiner Barfußpfad laden zum Spielen und Austoben ein.

Die Strecke ist 12,5 km lang, kann aber nach fünf, neun oder elf Kilometern abgekürzt werden. Die Traumschleife ist die einzige mit direkter Anbindung an die Bahn. Startpunkt ist an der Hauptstraße in **Nohen.**

Unterwegs auf der „Nohener Nahe-Schleife" kann man sich ein Gläschen Nahewein genehmigen

# Hoppstädten-Weiersbach

Im Hoppstädten-Weiersbacher Ortsteil **Neubrücke** liegt der Umwelt-Campus Birkenfeld, ein Außenstandort der **Hochschule Trier.** Rund 2700 Studenten studieren auf dem Gelände eines ehemaligen US-Militär-Lazaretts in den Fachbereichen Umweltwirtschaft und Umweltrecht oder Umweltplanung und Umwelttechnik. Der **Umwelt-Campus** wird komplett mit erneuerbarer Energie versorgt. Mindestens zehn keltische Grabhügel befanden sich auf dem heutigen FH-Gelände. Die Ausgrabungsfunde sind im Landesmuseum Birkenfeld ausgestellt. Einer dieser Hügel wurde als **Schaugrabhügel** maßstabsgetreu auf dem Campus rekonstruiert.

## Unterkunft

■ **Hotel Vicinity**②, Gebäude 9928, Neubrücker Str., 55768 Hoppstädten-Weiersbach, Tel. (06782) 172806, www.hotel-vicinity.de. Alle Zimmer des Drei-Sterne-Hotels auf dem Umwelt-Campus haben Balkon oder Terrasse und Internetzugang. Kinder unter 10 Jahren sind kostenfrei.

## Einkaufen

■ **Werksverkauf Fissler Factory-Outlet,** Harald-Fissler-Str. 10, 55768 Hoppstädten-Weiersbach, im Ortsteil Neubrücke, www.fissler.de, Mo–Fr 8–18 Uhr, Sa 9–14 Uhr. Töpfe, Pfannen, Woks, Messer oder Besteck direkt vom Fissler-Werk. Reduziertes Kochgeschirr, 2. Wahl oder Auslaufmodelle werden günstig angeboten. Direkt an der A62 (Ausfahrt Birkenfeld).

## Aktivitäten

■ **Kino:** Movietown, Harald-Fissler-Str. 2, 55768 Hoppstädten-Weiersbach, Tel. (06782) 887788, www.movietown.eu. Erw. 8,50 €, Kinder 5,50 €, Di ist Kinotag mit ermäßigtem Eintrittspreis (Erw. 6 €, Kinder 4,50 €), Sa Family-Special (vor 18.30 Uhr zahlen Eltern den Kinderpreis).

■ **Outdoor-Hörsaal:** Gebäude 9928, Neubrücker Straße, 55768 Hoppstädten-Weiersbach, Tel. (06782) 172807, www.outdoor-hoersaal.de. Verschiedene Angebote für Gruppen ab vier Personen: Hochseilgarten, Niedrigseilgarten, Bogenschießen oder Geocaching.

## Öffentliche Verkehrsmittel

■ **Bahn:** Vlexx-Regionalbahn, Bahnhof Neubrücke in Hoppstädten-Weiersbach (Nahetalstrecke in Richtung Saarbücken oder Frankfurt/Main, www.rmv.de).

■ **Bus:** Rhein-Nahe-Bus Linie 330: Idar-Oberstein – Niederbrombach – Birkenfeld – Neubrücke (www.rnn.info).

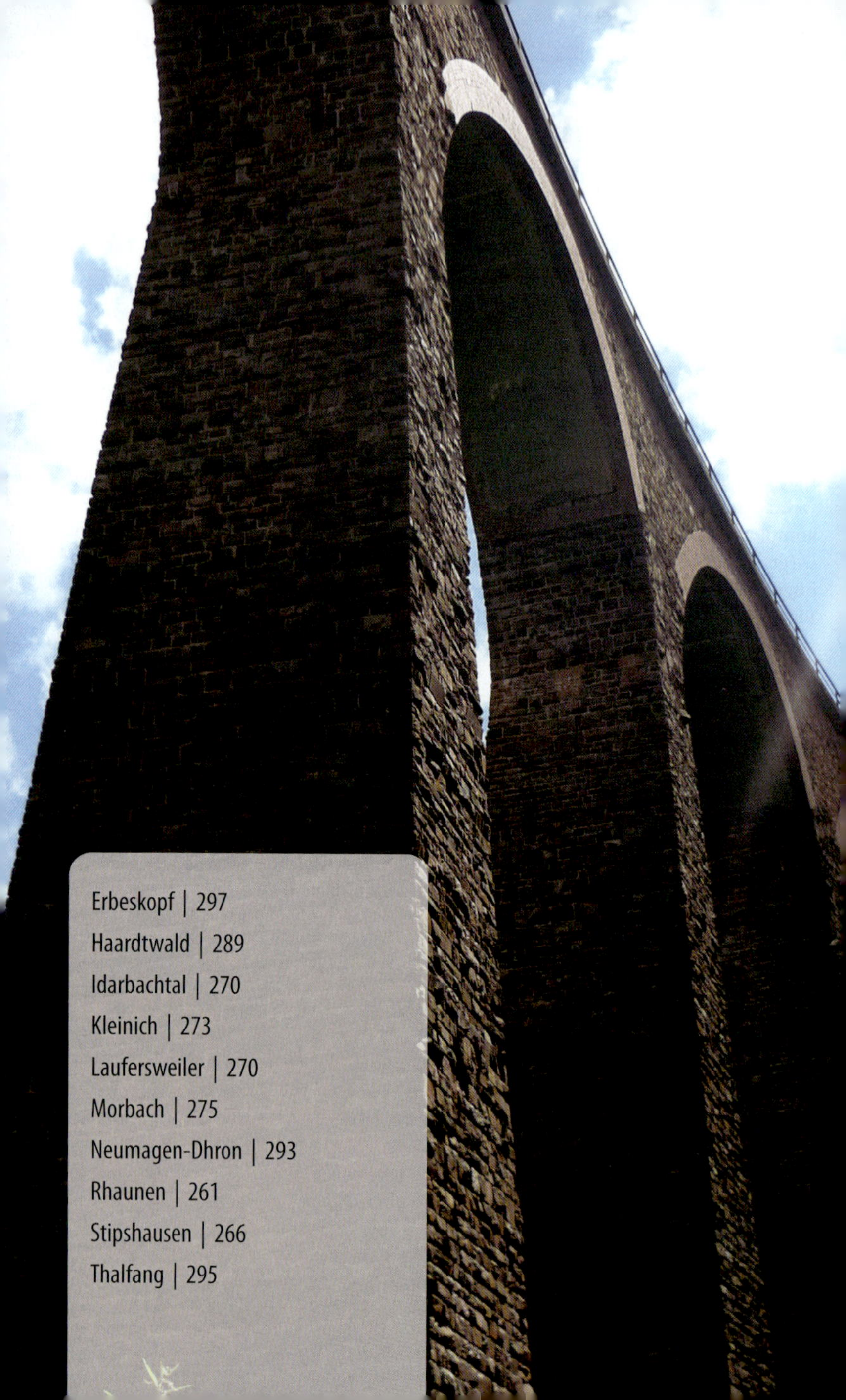

090hu kn

# 6 Idarwald und Dhrontal

Dichte Wälder, herrliche Aussichten, Abgeschiedenheit und Ruhe machen den Reiz des Idarkopfes aus. Kelten und Römer verehrten hier die Quellgöttin Sirona. Auch der Erbeskopf im Südwesten des Idarwaldes hat Besonderheiten: Naturschätze wie Quellmoore und seltene Pflanzen. Auf seinem Gipfel liegt ein Wintersportzentrum.

◁ Das Hunsrückbahn-Viadukt im Idarwald bei Morbach ist eines der schönsten Viadukte Deutschlands

# IDARWALD UND DHRONTAL

Der sanft gerundete Idarkopf ist ein markanter Punkt am Horizont. Noch höher ist der Erbeskopf, mit 816 m der höchste Berg in Rheinland-Pfalz. Im Idarwald entspringt die Dhron. Sie fließt Richtung Hundheim und speist dort den Wassergraben der Burg Baldenau, der einzigen Wasserburg im Hunsrück. Bevor die Dhron in die Mosel mündet, passiert sie die Orte Bischofsdhron, Morbach, Rapperath und Gräfendhron. Größter Ort der waldreichen Landschaft im Herzen des Hunsrücks ist Morbach.

# Rhaunen

Ringsum von bewaldeten Hängen geschützt, liegt Rhaunen in einer tiefen Mulde zwischen dem Lützelsoon und dem Idarkopf, der mit 746 m höchsten Erhebung des nördlichen Idarwaldes. Das **„Siebentälerdorf"** gehört zu den ältesten Orten im Hunsrück. Bereits 841 taucht der Name *Hruna* in einer Urkunde auf. Am Ortsausgang Richtung Stipshausen steht der **Rhauner Königsstein,** ein prähistorischer Menhir, der zeigt, dass hier bereits in der Steinzeit Menschen gelebt haben.

Das **Alte Rathaus,** erbaut 1723, besticht durch seine für die Gegend ungewöhnliche Form. Das verschieferte

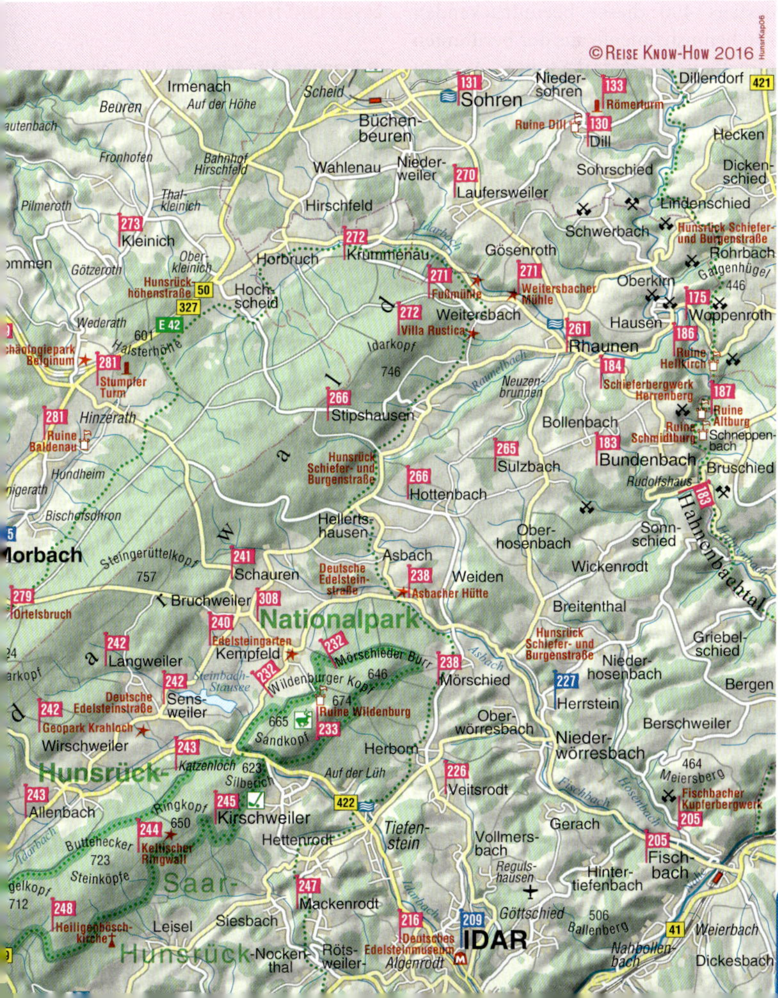

Obergeschoss steht nur zur Hälfte auf Mauerwerk, der vordere Teil wird von massiven Eichensäulen getragen, sodass eine offene Vorhalle entstand. Unter der Überdachung wurde früher Gericht gehalten.

Die **evangelische Kirche** wurde auf den Fundamenten eines römischen Landhauses errichtet. In ihrem Inneren steht die erste **Orgel,** die *Johann Michael Stumm* baute. Sie ist die älteste von mindestens 400 dieser beeindruckenden Kircheninstrumente aus der berühmten **Orgelbauerwerkstatt Stumm.** Auch in der 1897/98 errichteten katholischen Kirche St. Martin steht eine Stumm-Orgel, erbaut von *Gustav Stumm,* der zur Kirner Linie der Orgelbauerfamilie gehörte (siehe Exkurs).

Die **Dauerausstellung „Schätze am Sirona-Weg"** in der Verbandsgemeindeverwaltung Rhaunen (s.u.) zeigt Fundstücke aus römischer Zeit und informiert außerdem über die Sehenswürdigkeiten der Umgebung.

**NICHT VERPASSEN!**


- Römisch-keltische Ausgrabungen mit Museum: **Archäologiepark Belginum** | 279
- **Hunsrücker Holzmuseum** in Weiperath | 283
- Wandern in der **Hunolsteiner Klamm** | 289
- Malerisches Moselstädtchen: **Neumagen-Dhron** | 293
- Wintersport und Klangskulptur auf dem höchsten Berg von Rheinland-Pfalz, dem **Erbeskopf** | 297


**Diese Tipps erkennt man an der gelben Hinterlegung.**

# Praktische Tipps

## Informationen

- **Verbandsgemeindeverwaltung Rhaunen, Fremdenverkehrsbüro,** Zum Idar 23, 55624 Rhaunen, Tel. (06544) 1810, www.vg-rhaunen.de, Mo–Mi 8–12.30 und 13.30–16 Uhr, Do 8–12.30 und 13.30 bis 18 Uhr, Fr 8–12.30 Uhr.

## Essen und Trinken

- **Brauhaus Alte Schmiede,** Otto-Conrad-Str. 1, 55624 Rhaunen, Tel. (06544) 8965, www.brauhaus-rhaunen.de, Mo und Do–Sa 17–23 Uhr, So 10–23 Uhr. Im Fachwerkhaus „Bachschetersch", einem Barockbau aus dem 18. Jh., werden die selbstgebraute Biersorten gezapft. Flaschenbier und eine kleine Speisekarte gibt es ebenfalls, im Sommer auch draußen im Biergarten.

## Aktivitäten

- **Freibad Idarwald:** Das beheizte Freibad liegt idyllisch im Rhaunelbachtal zwischen Rhaunen und Stipshausen mit schönem Blick ins Tal und über den Idarwald, Tel. (06544) 9053 oder 18150, www.vg-rhaunen.de, Mo 10–20 Uhr, Di–So 9.30–20 Uhr, bei schlechtem Wetter können andere Öffnungszeiten gelten, Erw. 3 €, Kinder und Jugendl. 1,50 €, ab 17 Uhr Erw. 2 €, Kinder und Jugendl. 0,50 €. An der Außenwand fällt das 120 $m^2$ große Bild ins Auge. Die Arbeit stammt von dem Idar-Obersteiner Künstler *Victor Roubanov.*

## Feste und Veranstaltungen

- **Pädchen laafe:** Am zweiten Sonntag im September herrscht von 11 bis 18 Uhr geschäftiges Treiben in Rhaunen. An dem verkaufsoffenen Sonntag

091hu kn

haben die Läden ab 13 Uhr auf, an vielen Stellen gibt es Stände mit Essen und Trinken.

- **Weihnachtsmarkt:** Am 3. Adventssamstag findet in Rhaunen rund um das Rathaus der Weihnachtsmarkt statt.

## Öffentliche Verkehrsmittel

- **Bus:** Rhein-Nahe-Bus L351: Idar-Oberstein – Rhaunen – Flughafen Hahn (www.rnn.info).

Das alte Rathaus in Rhaunen

## Wandern

### Traumschleife „STUMM-Orgel-Weg"

MEIN TIPP: Der Geschichte der Orgelbauerfamilie Stumm und ihrer beeindruckenden Instrumente kann man auf dem „STUMM-Orgel-Weg" nachspüren. An einigen Kirchen, in denen Stumm-Orgeln stehen, führt der 14 km lange Weg vorbei. Ein möglicher Startpunkt ist der Wanderparkplatz am Freibad Idarwald in **Rhaunen,** von wo es über Sulzbach und vorbei an Stipshausen immer wieder durch schöne Täler und Waldpassagen geht.

Der Clou: Wanderer können die **Orgeltöne auf dem Smartphone** erklingen

# Klangvolle Geschichte – die Stumm-Orgeln

Nicht stumm, sondern sehr wohlklingend sind die Instrumente der Hunsrücker **Orgelbauerfamilie Stumm.** Am 10. April 1683 kam *Johann Michael Stumm* in Sulzbach zur Welt. Der Sohn eines Dorfschmieds war Begründer der Stumm-Dynastie, einer Orgelbauerfamilie, die rund zwei

092hu kn

Jahrhunderte lang erfolgreich die beachtlichen Musikinstrumente baute und weit über den Hunsrück hinaus bekannt wurde.

*Stumm* lernte zunächst bei seinem Vater das Schmiedehandwerk. Danach ging er auf die Walz und lernte in der Schweiz und im Elsass Goldschmied. In Kirn erlernte er anschließend das Handwerk des Orgelbauers. 1717 baute er in seiner Werkstatt in Sulzbach die erste Orgel. Als er am 22. April 1747 starb, hatten mehr als 30 Instrumente die Werkstatt des geschickten Orgelbaumeisters verlassen.

Sein Talent vererbte er weiter. Sechs Generationen der Familie *Stumm* bauten Kirchenorgeln, die nicht nur im Hunsrück, sondern auch in Mainz, Trier und bis in den Odenwald zu finden sind. In der Blütezeit waren 20 Menschen in der Werkstatt beschäftigt. Ein großer Teil der rund 400 Orgeln erklingt auch heute noch. Die berühmteste Orgel des „Pfeifenmichels“, wie *Johann Michael Stumm* in seiner Heimat genannt wurde, ist die sogenannte Mozartorgel in der Pauluskirche in Kirchheim-Bolanden.

Auf den **Konzerten** und Matineen des Stumm-Orgelvereins kann man die Instrumente live erleben. Das Jahresprogramm gibt es in der Verbandsgemeindeverwaltung Rhaunen und im Internet unter www.stumm-orgelverein.de.

◁ Die Stumm-Orgel der Stephanskirche in Simmern

lassen. Auf 16 Informationstafeln sind neben Hintergrundwissen zu den Orgeln QR-Codes zu finden. Nach dem Einscannen lassen sich die passenden Musikstücke abspielen, eingespielt auf den Orgeln in Rhaunen, Sulzbach, Hottenbach, Stipshausen und Schauren. Da man in der ländlichen Gegend je nach Mobilfunkanbieter allerdings häufig mit Funklöchern zu kämpfen hat, gibt es auch die Möglichkeit, vor der Wanderung die MP3-Dateien auf der Homepage der Verbandsgemeinde Rhaunen (www.vg-rhaunen.de) auf das Smartphone oder den MP3-Player zu laden.

## Sulzbach

Das nahe Sulzbach ist Ausgangspunkt zweier nicht nur für den Hunsrück bedeutender Entwicklungen. Zwei Brüder, Söhne des Dorfschmieds *Christian Stumm*, legten im 17. Jh. die Grundsteine für bedeutende Familienunternehmen. Der 1669 geborene **Johann Nikolaus Stumm** errichtete bei Schauren eine **Eisenhütte.** Seine Söhne bauten 1743 ein Hammerwerk bei Asbach. Die Frühindustriellen hatten einen so durchschlagenden Erfolg, dass sie weitere Hütten ankaufen konnten. Da die Eisenproduktion im Saarland deutlich billiger war, gründeten die Erben im 19. Jh. auch Eisenhütten an der Saar. *Johann Nikolaus Stumm* gilt deshalb heute als **Ahnherr der saarländischen Metallindustrie.** Seine Nachfahren waren die berühmten Neunkirchener Hütten-Unternehmer *Stumm-Halberg.* Die Halbergerhütte stellte im 20. Jh. Gusseisen für den Rohrleitungsbau und die Automobilindustrie her und war an den Standorten Saarbrücken und Ludwigshafen vertreten. Die Eisenhütten im Hunsrück aber wurden unrentabel und nach und nach aufgegeben.

Der jüngste Sohn des Schmieds, **Johann Michael Stumm** (1683–1747), begründete die **Orgelbauer-Dynastie** Stumm (siehe Exkurs). Insgesamt rund 400 Orgeln haben er und seine Nachfahren für den Hunsrück und weit darüber hinaus erschaffen. In Sulzbach steht die letzte von ihm selbstgebaute Orgel, ein Geschenk an seine Heimatgemeinde.

## Hottenbach

Im beschaulichen Hottenbach wird Kultur groß geschrieben: Der kleine Ort südwestlich von Rhaunen leistet sich ein eigenes Kulturprogramm. Unter dem Motto **„Kultur auf Feld und Flur" (KaFF)** wird in lockerer Folge scharfzüngiges Kabarett, Puppentheater oder Comedy im alten Dorfsaal geboten.

Die **Dorfkirche** steht auf den Fundamenten eines römischen Gebäudes. Auch im Kircheninneren gibt es ein Relikt aus vorchristlicher Zeit, den sogenannten **Viergötterstein.** Die Reliefs zeigen die antiken Gottheiten Juno, Minerva, Herkules und Merkur. Der Stein diente ursprünglich als Sockel einer Jupitergigantensäule. Bemerkenswert sind die spätromanischen Deckenmalereien aus dem 14. Jh. am Gewölbe des wuchtigen Chorturms. Das Langhaus wurde zwar erst 1903 errichtet, dennoch erklingt darin eine **Orgel** von *Johann Michael Stumm* aus dem Jahr 1737.

### Feste und Veranstaltungen

- **Hottenbacher Maad:** Am 3. Samstag im Oktober findet der Krammarkt statt, bei dem neben den Einkaufsständen auch Kulturveranstaltungen wie Orgelmusik, Square Dance, Jazz oder Theater geboten werden.

## Stipshausen

Stipshausen liegt **am Fuße des Idarkopfes** inmitten weitgehend unberührter Natur. Der von seinen Bewohnern liebevoll *Stiepse* genannte Ort ist für Schmuckliebhaber reizvoll, denn hier haben sich seit einigen Jahren kreative **Schmuckdesigner und Goldschmiede** niedergelassen.

### Sehenswertes

#### Evangelische Kirche

MEIN TIPP: Ebenfalls ein Schmuckstück und außerdem ein hervorragendes Beispiel für den **Hunsrücker Bauernbarock** ist die zwischen 1772 und 1779 erbaute evangelische Kirche. Das kleine Gotteshaus zählt wegen seiner farbenfrohen Ausmalung zu den **schönsten im Hunsrück.** Die tonnengewölbte Holzdecke ist mit einer vielleicht etwas derben, aber sehr eindrucksvollen dekorativen und figurativen **Ausmalung** auf blauem Grund geschmückt. Tafelbilder an der

▷ Auch in der evangelischen Kirche von Stipshausen befindet sich eine Stumm-Orgel

Emporenbrüstung zeigen Christus und die zwölf Apostel. Im Chorraum ist die Lebens- und Leidensgeschichte von Christus dargestellt. An den Seitenwänden sticht ein lebensgroßes Bild von *Martin Luther* hervor. Der unbekannte Künstler schuf es nach einem Holzschnitt von *Lucas Cranach dem Jüngeren.* Auch in dieser Kirche findet sich eine **Orgel** der Gebr. *Stumm,* erbaut 1861.

093hu kn

095hu kn

Ein Hingucker sind die 2014 eingebauten **Achatfenster.** *Bernd* und *Tom Munsteiner* schufen die 3,50 x 1,10 m großen Fenster aus 8000 filigranen Plättchen. Die beiden Edelsteinschleifer kombinierten die 30 x 30 mm großen und nur 1,5 mm dicken Achatplättchen zu lebendigen Mustern. Ganze zwei Jahre brauchten sie für die kleinteilige Arbeit. Bei Sonnenschein leuchten die weltweit einzigartigen Fenster besonders eindrucksvoll. Die Kirche ist tagsüber meist geöffnet.

## Skulpturenpark

Der Jüdische Friedhof oberhalb des Dorfes ist nicht mehr öffentlich zugänglich, aber von außen hat man einen ganz guten Einblick.
**MEIN TIPP:** In der Nähe des Friedhofs entsteht am Waldrand ein Skulpturenpark. Treibende Kraft ist der „Geißenverein" und sein Vorsitzender, der Edelsteingestalter *Bernd Munsteiner.* Von ihm stammt die Skulptur „Drei Phasen". Der ebenfalls im Ort lebende Designer *Jörg Stoffel* hat die Skulptur „Die eiserne Kreatur" beigesteuert. Auch **Objekte internationaler Künstler sind ausgestellt.** Von der New Yorkerin *Deborah Aguado* stammen die skulpturalen Sitzbänke, der Spanier *Enric Majoral* schuf das Objekt „Vogeltränke", der Keramiker und Bildhauer *Heiner Balzer* das Werk „Sie und Er". Acht Skulpturen sind es bisher, weitere sollen folgen.

## Mühlen

Im Ortsteil Hottenbacher Mühlen südlich von Stipshausen lohnt ein Spaziergang entlang des Kappelbachs, an dem äußerst idyllisch die **Stipshausener Mühle,** die **Lerchenmühle** und die aus dem 16. Jh. stammende **Gerwertsmühle** liegen.

## Sirona-Pavillon

Nahe Stipshausen im Idarwald legten Archäologen die Ruinen eines **gallo-römischen Quellheiligtums** mit mehreren Gebäudekomplexen frei. Die als Herbergen und Heilbäder genutzten Gebäude

⌃ Achatfenster von Bernd und Tom Munsteiner

〉 Preisgekröntes Objekt der Schmuckdesigner Adam und Stoffel

lassen vermuten, dass es hier einen regelrechten Kurbetrieb gab. Das Heiligtum war Apollo Grannus und seiner Gefährtin Sirona geweiht und diente als Pilgerstätte. Aus der zweiten Hälfte des 1. Jh. n. Chr. stammt ein beinahe quadratischer Umgangstempel mit gefasster Quelle. Er gehört zu den frühesten Heiligtümern im Treverergebiet.

Das Pilgerheiligtum ist für die Öffentlichkeit nicht zugänglich. Stattdessen kann man oberhalb von Stipshausen einen **tempelähnlichen Nachbau** besuchen, den Sirona-Pavillon. Hier stehen Nachbildungen zweier im Quellheiligtum entdeckter Skulpturen. Von dem römischen Jupiter-Gigantenreiter sind nur noch Bruchstücke erhalten. Ursprünglich stand er auf einer hohen Säule. Lebensgroß hingegen ist die **Sirona-Skulptur.** Um den rechten Arm der gallo-römischen Göttin ringelt sich eine Schlange – ein typisches Zeichen für die Heilgöttin.

094hu rp

# Praktische Tipps

## Essen und Trinken

■ **Wirtshaus Zum Dicken Hännes**①, Heidestraße 2, 55758 Stipshausen, Tel. (06544) 513, www.zumdickenhaennes.de, Mo–Fr ab 17.30 Uhr, Sa ab 15 Uhr, So ab 11 Uhr, Biergarten und Bikertreff Sa ab 15 Uhr, So ab 10.30 Uhr, Di Ruhetag. In dieser traditionellen Gaststätte wird der typische Hunsrücker Spießbraten serviert. Die zum Einlegen verwendeten Gewürze sind ein gut gehütetes Geheimnis des Küchenchefs, die Fleischstücke werden klassisch auf Buchenholz gebraten.

■ **Gaststätte Kuhstall**①, Hauptstr. 36, 55758 Stipshausen, Tel. (06544) 8589, Mo–Fr 12–14 Uhr und ab 18 Uhr, Sa und So ab 11 Uhr, Di Ruhetag. Vor allem für hervorragende Rumpsteaks und Wildspezialitäten bekannt, wechselnder Mittagstisch.

## Einkaufen

**Mein Tipp:** Stipshausen liegt im Schatten der Edelsteinmetropole Idar-Oberstein, daher haben sich mehrere Schmuck- und Edelsteindesigner in dem beschaulichen Ort angesiedelt.

■ **Delicatesse,** Hauptstr. 49, www.delicatesse.de, Tel. (06544) 990121. Ein Zusammenschluss moderner Schmuckdesigner, die gemeinsam ihre Entwürfe präsentieren und verkaufen.

■ **adam & stoffel,** Hauptstr. 49, Tel. (06544) 991555, www.adam-stoffel.de. *Claudia Adam* und *Jörg Stoffel* sind preisgekrönte Schmuckgestalter. Allein für „Voilà", eine außergewöhnliche Ringserie aus alten Weinflaschen, erhielten sie zweimal den Designpreis Rheinland-Pfalz.

■ **Atelier Tom Munsteiner,** Wiesenstr. 10, Tel. (06544) 600, www.munsteiner-cut.de. Design am Stein – so lautet das Motto von *Jutta* und *Tom Munsteiner,* die durch kunstvolle Edelsteinschliffe Mineralien in wertvolle Objekte verwandeln. Auch in der Goldschmiede werden moderne Unikate gefertigt.

Alle zwei Jahre laden die Edelsteingestalter Künstler aus aller Welt zu einer gemeinsamen Ausstellung ein.

- **Atelier am Bach,** Jennifer Sauer, Am Bach 13, 55758 Stipshausen, Tel. (06544) 8728, www.jennifer-sauer.de. Die Goldschmiedin, Diplom-Schmuckdesignerin und Malerin verkauft in ihrem Atelier nicht nur ihren individuellen Schmuck, sondern auch Kleider, Gemälde und Zeichnungen.

### Aktivitäten

- **Skilanglauf:** Auf den gespurten Loipen, die das große Waldgebiet zwischen Idarkopf und Erbeskopf erschließen, lässt sich die Stille der verschneiten Winterlandschaft wunderbar genießen. Das Wintersportzentrum am Idarkopf oberhalb von Stipshausen hat zwar den Liftbetrieb eingestellt, aber auf der Kuppe bietet der 27 m hohe Aussichtsturm Idarkopf auf mehr als 744 m Höhe einen sagenhaften Ausblick.

### Öffentliche Verkehrsmittel

- **Bus:** Rhein-Nahe-Bus L351: Idar-Oberstein – Stipshausen – Flughafen Hahn (www.rnn.info).

# Laufersweiler und das Idarbachtal

Laufersweiler liegt nördlich des Idarkopfes. Zwischen dem Berg und der Ortschaft schlängelt sich der Idarbach entlang, der hinter Rhaunen in den Hahnenbach mündet (Verwechslungsgefahr: Ein anderer „Idarbach" mündet in Idar-Oberstein in die Nahe). Einige Sehenswürdigkeiten der Gegend, wie die Synagoge oder die **Wacholderheide,** die von einer seltenen Schafrasse, nämlich den ostpreußischen Skudden, beweidet wird, lassen sich wunderbar auf dem Wanderweg „Kappleifelsen-Tour" erkunden (siehe unten).

096hu kn

[>] Die Synagoge in Laufersweiler

## Synagoge Laufersweiler

Die Synagoge des Ortes wurde 1910/11 errichtet. Das jüdische Bethaus steht ganz nah an der katholischen Kirche, was zeigt, dass das Zusammenleben von Juden und Christen zu dieser Zeit noch einigermaßen funktioniert haben muss. Spätestens ab 1933, mit der Machtergreifung der Nazis, war das vorbei. In der Reichspogromnacht 1938 planten SA-Leute, die Synagoge niederzubrennen. Benzin als Brandbeschleuniger hatten sie bereits dabei. Doch weil die Gefahr bestand, dass das Feuer auch auf die umliegenden Häuser übergreifen könnte, ließen sie von dem Vorhaben ab. Stattdessen wurde die Einrichtung zertrümmert. Die vier wertvollen Thorarollen der jüdischen Gemeinde verschwanden in dieser Nacht. Die Nationalsozialisten deportierten die jüdischen Mitbürger aus Laufersweiler, 25 von ihnen kamen in Konzentrationslagern um. Ein **Gedenk- und Ausstellungsraum** im Erdgeschoss der Synagoge beleuchtet die Geschichte, schildert Einzelschicksale und gibt Berichte von Zeitzeugen wieder.

■ **Synagoge Laufersweiler,** Forst-Mayer Studien- und Begegnungszentrum für das Landjudentum, Kirchgasse 6, 55487 Laufersweiler, Tel. (06763) 910144, http://synagoge-laufersweiler.de. Führungen durch die Ausstellung in der Synagoge oder über den „Weg der Erinnerung" können in der Tourist-Information Kirchberg, Marktplatz 6, Tel. (06763) 910144, vereinbart werden.

## „Weg der Erinnerung"

Ein rund einstündiger Spaziergang auf dem „Weg der Erinnerung" gibt ebenfalls Einblicke in das Leben der jüdischen Gemeinde Laufersweiler. Tafeln informieren über wichtige Ereignisse und einzelne Familien. Am Ende des Weges erreicht man den **jüdischen Friedhof.** In den Weg integriert ist der „Pfad der jüdischen Lyrik": Bilder von Kindern und Jugendlichen illustrieren Gedichte jüdischer Schriftsteller.

## Fußmühle

Südwestlich von **Gösenroth,** einem Nachbardorf von Laufersweiler, liegt in einem Waldstück die Fußmühle. Die kleine Getreidemühle war nur eine von etlichen Mühlen am **Idarbach.** Sie wurde restauriert und ist wieder voll funktionsfähig. Am ersten Wochenende im September feiern die Gösenrother Mühlenfreunde ein Fest, bei dem die alte Mühle wieder klappert und besichtigt werden kann. Ansonsten sind Führungen nach Absprache möglich (*Albert Echternacht,* Tel. (06544) 1305).

## Weitersbacher Mühle

Seit 1871 wird in der Weitersbacher Mühle Mehl gemahlen – auch heute noch. Die Mühle liegt idyllisch im Tal des Idarbachs, dahinter ragen hohe Felsen empor. Der gut sortierte Hofladen der Getreidemühle Lorenz ist darin untergebracht. Für Gruppen sind nach Absprache kostenlose Führungen möglich.

■ **Getreidemühle Lorenz,** Weitersbacher Hütte 1, 55624 Weitersbach (an der L190 zwischen Weitersbach und Krummenau), Tel. (06544) 306, www.muehle-lorenz.mengerschied.de. Mo, Di, Do und Fr 8.30–12 und 14–17 Uhr, Sa 8.30–12 Uhr, Mi geschl. Im Mühlenladen gibt es nicht nur verschiedene Mehlsorten, sondern auch Nudeln, Müslis, Naturkost und Produkte der Region. Salami, Schinken und Dosenwurst stammen aus eigener Viehhaltung. Am 2. Wochenende im November sind Probiertage.

## Villa Rustica

Aus dem 1. Jh. n. Chr. stammt eines der größten römischen Landgüter des Hunsrücks. Allein das ummauerte Hofareal der Villa Rustica bei **Weitersbach** war einen Hektar groß. Das luxuriöse Herrenhaus mit 26 Zimmern war ein regelrechter Prunkbau. Es verfügte über eine Hypokaust-Fußbodenheizung und beheizbare Bäder. Die Wirtschafts- und Nebengebäude sowie die Trockenöfen für Getreide und Räucherwaren lassen vermuten, dass es sich um einen sehr großen landwirtschaftlichen Betrieb handelte. Solche Gehöfte waren für die Römer ein grundlegendes Mittel zur Besiedlung der Region. Ein **Modell der Römervilla** im Maßstab 1:10 steht an einem Waldweg bei Weitersbach (Beschilderung an der K68 von dort nach Stipshausen). Es handelt sich um eine Portikusvilla mit Eckrisaliten und turmähnlichen Gebäuden an beiden Seiten der Front.

## Krummenau

Fünf Brücken verbinden die Ufer des Idarbachs, der sich durch den kleinen Ort Krummenau schlängelt. Die auffälligste ist eine **Schieferbrücke,** an der ein altes Zifferblatt angebracht ist. 11.55 Uhr zeigt das Wahrzeichen des Dorfes seit Jahrzehnten an und auch die Einheimischen nennen sie mit einem Augenzwinkern „5 vor 12-Brücke“.

Bemerkenswert ist die Innengestaltung der kleinen **Dorfkirche.** Die Ölgemälde an der Emporenbrüstung des 1747 errichteten Saalbaus gehören zum typischen Hunsrücker Bauernbarock. Vermutlich schuf sie ein Nachfolger von *Johann Georg Engisch.* Da einige der Werke Christus mit einem ausgesprochen heiteren Lächeln zeigen, wird der unbekannte Künstler „Meister des lächelnden Jesus“ genannt.

Überregional bekannt ist die **Zinngießerei** im Ort. Bei den auf dem Flugplatz Hahn stationierten US-Soldaten waren traditionelle Zinngefäße wie Becher, Krüge und Teller gern gesehene Mitbringsel. Mit dem Abzug der Air Force in den 1990er Jahren musste sich die Firma Zinnhannes neu orientieren. Als Produzent knallbunter **Karnevalsorden** gehört sie heute zu den erfolgreichsten in Deutschland. Die handgemachten Stücke werden nicht nur in die deutschen Karnevalshochburgen, sondern in alle Welt verschickt. Zu den prominenten Ordensträgern gehört das Kölner Dreigestirn. Sogar der Papst besitzt ein Exemplar aus Krummenau.

■ **Zinnhannes,** Hauptstr. 1, 55483 Krummenau, Tel. (06543) 98770, www.zinnhannes.de, Mo–Do 8–17 Uhr, Fr 8–16 Uhr, Sa nach Vereinbarung. Karnevalsorden, Pokale, Präsidentenketten, Pins oder Ehrennadeln – die Ausstellung dürfte nicht nur eingefleischte Karnevalisten beeindrucken.

## Unterkunft, Essen und Trinken

■ **Hotel & Restaurant Schatulle**②, Provinzialstr. 6, 55487 Laufersweiler, Tel. (06543) 980319, www.hotel-schatulle.de, Mo, Mi–Sa ab 17 Uhr, So und Fei ab 11 Uhr, Di Ruhetag. Nettes Hotel, nur zehn Autominuten vom Flughafen Hahn entfernt. Gute Küche zu erschwinglichen Preisen.

■ **Bauer Beelitz,** Hauptstr. 8, 55624 Gösenroth, Tel. (06544) 8601, http://bauer-beelitz.de. Seit zwei Jahrzehnten ist Bauer Beelitz eine Institution, wenn es um Schwenkbraten, Grillwürstchen und andere Köstlichkeiten vom Rost geht. Samstags ist ab 18 Uhr Grillabend auf dem Bauernhof. Im **Hofladen** gibt es zahlreiche Wurstspezialitäten, von Leberwurst über Mettwurst bis Eisbein.

■ **Liller's Historische Schlossmühle**③, An der Landstr. 190, 55483 Horbruch, Tel. (06543) 4041, www.historische-schlossmuehle.de, Do–Di 12–23 Uhr, Mi Ruhetag. Zimmer und **Restaurant**④ der idyllisch im Grünen gelegenen Schlossmühle sind liebevoll und sehr romantisch dekoriert. Für verregnete Tage gibt es eine Bibliothek mit Kamin.

■ **Scherers Landgasthof**②, Oberdorf 2, 55483 Horbruch, Tel. (06543) 5005480, www.scherers-landgasthof.de, Mi–Sa 17–23 Uhr, So und Fei 10–23 Uhr, Mo und Di geschl. Im gemütlichen Landgasthof legt man Wert auf Saisonküche, Großmutters Rezepte werden neu interpretiert. Der Biergarten liegt im Grünen, im Sommer gibt es jeden 1. und 3. Freitag im Monat ein Grillbuffet.

## Wandern

### Traumschleife „Kappleifelsen-Tour"

Die 9 km lange Traumschleife startet am alten Rathaus in **Laufersweiler,** führt an der Synagoge und dem jüdischen Friedhof vorbei zur Wacholderheide, zum markanten Kappleifelsen am Idarbach und zurück. Kein sehr schwieriger Wanderweg, doch bei Regen ist Vorsicht geboten, die schmalen Pfade und der Aufstieg zum Kappleifelsen werden dann zu schwierigen Passagen.

# Kleinich

Zum Kirchspiel Kleinich gehören hübsche Fachwerkdörfer mit ebenso hübschen Namen: Fronhofen, Pilmeroth, Thalkleinich, Götzeroth, Ilsbach, Hochscheid, Oberkleinich und natürlich Kleinich selbst. „Kirchspiel" bedeutet Pfarrei. Die acht Orte teilen sich eine gemeinsame Kirche, die in Kleinich steht. Sie liegen am nordwestlichen Rand des Idarwaldes unweit der Hunsrückhöhenstraße. Bernkastel-Kues und das Tal der Mosel sind nicht weit entfernt.

1557 wurde in der Pfarrei Kleinich die Reformation eingeführt und bis heute sind die meisten Bewohner evangelisch. Die gemeinsame **Kirche** steht in Kleinich. Es ist ein stattlicher frühklassizistischer Zentralbau, errichtet in den Jahren 1789–90. Geplant wurde die Kirche von dem Architekten *Friedrich Gerhard Wahl,* Baudirektor des Herzogtums Zweibrücken. Der Glockenturm stammt aus dem Jahr 1539, im Inneren steht eine Stumm-Orgel.

## Heimatmuseum Oberkleinich

Das Heimatmuseum Oberkleinich ist in einer alten **Mühle** untergebracht, es zeigt, wie die Menschen im Kirchspiel früher lebten. Ein kleines Juwel in der Kinderspielzeugausstellung ist das **Kasperle-Theater** mit ausdrucksstarken Holzköpfen aus der Zeit um 1900. Die Mühleneinrichtung ist vollständig erhalten.

■ **Mühle Oberkleinich,** Hauptstr. 1, 54483 Kleinich, Tel. (06536) 401 oder 281, www.hvv-kirch

spiel-kleinich.de. Führungen durch die heimatkundliche Sammlung werden nach Vereinbarung an den Wochenenden durchgeführt.

# Praktische Tipps

## Essen und Trinken

- **Landhaus Arnoth**③, Alter Gasthof Faust, 54483 Kleinich, Tel. (06536) 286, Mi–Sa ab 17.30 Uhr, So und Fei 12–14 und ab 17.30 Uhr, Mo und Di geschl., www.landhaus-arnoth.de. Die Gründerzeitvilla ist nicht nur unglaublich stilvoll und mit Liebe zum Detail ausgestattet, inklusive einer gemütlichen Bibliothek, auch die Küche ist auf hohem Niveau. Eine Speisekarte, sprich „à la carte", gibt es nicht, denn der Küchenchef *Udo Gündel* bevorzugt „table d'hôte" (Tisch des Gastgebers), also ein bereits festgelegtes Menü. In seinen Kochkursen weiht er in die Geheimnisse der feinen Küche ein. Da das Restaurant sehr beliebt ist, sollte man reservieren.

## Einkaufen

- **Die Schmuckwerkstatt,** Ortsstr. 8, 54483 Kleinich, Tel. (06536) 1258, www.estherfuchs.de. Die Schmuckdesignerin Esther Fuchs öffnet nach Terminabsprache ihre Werkstatt auch für Besucher. Sie fertigt Unikate und Kleinserien, zum Beispiel individuelle Eheringe, auf denen die Lebenslinie des Partners eingearbeitet ist.

MEIN TIPP: **Naturkräutergarten,** Fronhofen 2, 54483 Fronhofen-Kleinich, Tel. (06536) 933620, http://naturkraeutergarten.com. Verkauf von April bis Okt., Mi–Sa 16–19 Uhr, So 11–18 Uhr. Die Gärtnerei ist Öko- und Naturland-zertifiziert und zieht Kräuterraritäten wie Pfefferkraut oder Wasabi in sehr guter Qualität. *Maiga Werner,* die den Kräutergarten betreibt, hat ein spezielles Kochbuch geschrieben: „Die Verführküche der Kräuter: Kulinarisch, heilkräftig und gärtnerisch durch das Jahr". Darin werden 100 Rezepte vorgestellt, jahreszeitlich sortiert. Außerdem bietet sie regelmäßig Kräuterkochkurse und Workshops an.

## Feste und Veranstaltungen

- **Advent in der Scheune:** Freitag und Samstag vor dem ersten Advent findet in der Kulturscheune Oberkleinich ein kleiner, aber feiner Weihnachtsmarkt statt.

## Öffentliche Verkehrsmittel

- **Bus:** Rhein-Mosel-Bus L311: Bernkastel-Kues – Kleinich – Morbach. Rhein-Mosel-Bus L669: Kleinich – Sohren (www.rnn.info).

## Wandern

### Hochgerichtsweg

Man mag es kaum glauben angesichts der schönen Landschaft, der weiten Aussichten und der herrlichen Ruhe, dass das Kirchspiel Kleinich im Mittelalter Schauplatz grausamer Hinrichtungen war. Der Hochgerichtsweg führt bis zum Gräberfeld des Archäologieparks Belginum. Von hier lohnt sich ein kleiner Abstecher zum 500 m entfernt liegenden Museum. Start des 12,8 km langen Rundwanderweges ist im **Ortskern Kleinich.**

### Seitensprung Kirchspiel's Tälertour

Der rund 13 km lange Nebenweg des Moselsteigs verläuft auf der Hunsrückhöhe rund um den Ort Kleinich, mal durch hügelige, offene Landschaften, mal durch bewaldete Bachtäler. Start ist an der Kirche in **Kleinich.**

# Morbach

Der **Luftkurort** Morbach ist ein Zusammenschluss aus 19 einst selbstständigen Gemeinden mit insgesamt 11.500 Einwohnern. „Sonnenstube des Hunsrück" nennt sich Morbach, denn die relativ nebelfreie Gegend beschert überdurchschnittlich viele Sonnenstunden. In einer Höhenlage zwischen 430 und 770 m wird es allerdings auch sehr schnell frisch.

Morbach liegt am Westrand des Idarwaldes in einem **waldreichen Gebiet,** das nicht nur für gute Luft sorgt, sondern auch ein ökonomischer Faktor ist. Für den Hunsrück ist Holz eine Lebensgrundlage und die Holzindustrie einer der wichtigsten Wirtschaftsfaktoren. Wie wichtig, zeigt ein Museum in Morbach-Weiperath. Die Dauerausstellung ist dem Thema Holz aus historischer und wirtschaftlicher Sicht gewidmet. Ein anderes Museum in Morbach hat es sogar ins Guinness-Buch der Rekorde geschafft: Das Telefonmuseum ist das größte seiner Art in Deutschland und beleuchtet die Entwicklung des Fernsprechwesens (s.u.).

Besonders stolz ist die Gemeinde Morbach auf ihre mittlerweile **international bekannte Energielandschaft.** Aus aller Welt reisen Interessierte an, um die Innovationen rund um die umweltfreundliche Energiegewinnung aus Wind, Sonne, Holz und Biomasse kennenzulernen. Für den zukunftsweisenden Energiepark gewann Morbach bereits mehrere Preise. Die Ausstellung ist in zwei Bunkern des ehemals größten

Landschaft bei Morbach

098hu kn

099hu kn

amerikanischen Munitionslagers in Europa untergebracht (s.u.).

Berühmtester Sohn Morbachs ist der **Regisseur Edgar Reitz.** Bekannt wurde er durch die Filmreihe „Heimat“ (siehe Exkurs im Kapitel „Rund um den Soonwald“). In seinem Elternhaus, einem ehemaligen Uhrmachergeschäft in der Biergasse, ist das Café Heimat untergebracht. Es lockt Cineasten nicht nur mit Kaffee und Kuchen, sondern auch einem kleinen Filmmuseum (s.u.: „Essen und Trinken“).

## Jakob Maria Mierscheid

Ein anderer berühmter Sohn Morbachs ist *Jakob Maria Mierscheid,* auch wenn ihn eigentlich noch nie jemand zu Gesicht bekommen hat. Der SPD-Politiker ist ein Phantom – ein **fiktiver Bundestagsabgeordneter,** der angeblich seit 1979 Mitglied des Deutschen Bundestages ist. Im Internet ist sogar seine komplette Biografie zu finden. Demnach ist *Mierscheid,* geboren 1933, Witwer und Vater von vier Kindern, von Beruf Schneidermeister und Mitglied in der Gewerkschaft, im Sängerbund und in anderen Vereinen. Seine Leidenschaft gilt der geringelten Haubentaube. Sogar auf der Internetseite des Bundestages ist er mit einer eigenen Seite und E-Mail-Adresse vertreten. *Mierscheid,* inzwischen über 80 Jahre alt, geht mit der Zeit. Seine Anhänger hält er über Twitter auf dem Laufenden. Die mit spitzer Feder geschriebenen Tweets kann man regelmäßig in seinem Twitteraccount nachlesen: @jakobmierscheid. Erfunden wurde Hinterbänkler *Mierscheid* von einigen SPD-Fraktionskollegen, die für etwas Heiterkeit im Bundestag sorgen wollten. Und so ein fingierter Abgeordneter hat auch seine Vorteile: Er kann Dinge sagen, die sich andere Parlamentarier wohlweislich verkneifen würden.

In Morbach-Heinzerath kann man den witzigen Kommentaren des Phantom-Politikers ebenfalls folgen. 12,4 km lang ist der **Jakob-Maria-Mierscheid-Weg,** Tafeln informieren über die Lebensstationen des „publikumsscheuen“ Abgeordneten. Start ist an der St. Peter und Paul-Kirche in Heinzerath.

⌃ Das Elternhaus von Regisseur Edgar Reitz

› Die historische Ölmühle

# Sehenswertes in und um Morbach

## Deutsches Telefonmuseum

Um die Geschichte des Fernsprechwesens geht es im Deutschen Telefonmuseum. Mehr als 2000 Exponate besitzt das Museum in der ehemaligen Schule, jährlich kommen neue hinzu. 750 Telefone sind ausgestellt, 200 Jahre Fernsprechwesen in Deutschland gibt es zu entdecken. Das Museum lädt ein zum Anfassen und Ausprobieren. Ein Großteil der Apparate ist miteinander verbunden, nicht nur für Kinder ist das ein Riesenspaß. Oft stehen die jungen Besucher im Zeitalter der Smartphones ziemlich ratlos vor Apparaten mit Wählscheibe. Auch Erwachsene sind fasziniert, wenn die Geräte rattern, klingeln und blinken oder man das Telefon seiner Kindheit entdeckt.

■ **Deutsches Telefonmuseum,** Jugendherbergstr. 25, 54497 Morbach, Tel. (06533) 958626, www.deutsches-telefon-museum.eu, März bis Okt. Di–Sa 14–17 Uhr, So und Fei 10.30–17 Uhr und nach telefonischer Vereinbarung, Erw. 3 €, Kinder 6–15 J. 1,50 €, Familien 6 €, Führungen (bis 20 Personen) 20 €.

## Energielandschaft Morbach

Eine Ausstellung in dem ehemals größten **Munitionsdepot der US-Airforce** in Europa zeigt, wie aus Sonne, Wind, Holz und Biomasse regenerative Energie gewonnen wird. In zwei Bunkern etwas nördlich des Ortes sind Ausstellungen zu den Themen **Klimawandel** und **Kalter Krieg** untergebracht.

■ **Energielandschaft Morbach,** 54497 Morbach, Tel. (06533) 71317, www.energielandschaft.de, offene Führungen Mai bis Oktober am ersten Sonntag im Monat. Treffpunkt ist um 14 Uhr am Infozentrum, eine Voranmeldung ist nicht erforderlich, Erw. 5 €, Kinder (8–18 J.) 2,50 €, unter 8 J. frei, Gruppenführungen (pauschal 50 €) sind jederzeit möglich.

## Historische Ölmühle

Die rund 250 Jahre alte Ölmühle wird mit dem Wasser des Morbachs betrieben. Für 4 € gibt es eine Geschenkflasche mit einem halben Liter des hochwertigen, kaltgepressten **Rapsöls** als Souvenir. An Pfingstmontag, dem deutschen

100hu kn

# Die Hangbrücher bei Morbach

Im Namen *Morbach* verbirgt sich das Wort **Moor.** Der Ort ist nach dem „Bach aus dem Moor" benannt. Eine Besonderheit der in dieser Gegend häufigen Moore ist ihre **Hanglage.** Durch die schräge Oberfläche bildet sich eine spezielle Form von Moor: Hangmoore oder Hangbrücher, wie man sie hier nennt.

Wasserundurchlässiger Untergrund und auch die Torfschicht des Moores selbst stauen Regenwasser und zufließendes Wasser auf. Die Torfschicht kann bis zu 90 % Wasser enthalten. Obwohl sich Moore im Laufe von Jahrtausenden bilden, ist die Torfauflage bei Hangmooren verhältnismäßig dünn, sie misst oft weniger als einen Meter, bedingt durch die Schräglage. Hangmoore sind Biotope für verschiedenste Moose, Gräser und Insekten. Im 19. Jh. wurden die Brücher auch rund um Moorbach systematisch trockengelegt, um Flächen für die Wald- und Landwirtschaft zu gewinnen. Doch das war ein Fehler. Die Moore nehmen Wasser nämlich wie ein Schwamm auf und verhindern so Überschwemmungen. Und nicht nur das: Moore sind auch ein wichtiger Kohlendioxid-Speicher, denn die Torfmoose filtern Kohlendioxid aus der Luft.

Mittlerweile werden Entwässerungsgräben in Hangbrüchern nach und nach rückgebaut und stattdessen kleine Dämme angelegt, die das Wasser aufstauen. Man besinnt sich wieder auf ihren ökologischen Wert. In den dauerfeuchten Brüchern wachsen seltene Moorpflanzen. Hier findet man **Wollgras, Moose** bilden wei-

che Polster in den verschiedensten Farben, die rote **Moosbeere** rankt flach über dem Torfmoos. Selbst fleischfressende Pflanzen wie der **Sonnentau,** der mit seinen klebrigen Tentakeln Insekten fängt, sind in den Hangbrüchern rund um Morbach und den Erbeskopf zu finden. Umgeben sind sie von feuchten, eher lichten Bruchwäldern, in denen Moorbirken, Ebereschen und Mehlbeeren wachsen.

Einen wunderbaren Einblick in die Welt der Moore bietet das **Ortelsbruch bei Morbach.** Auf Holzstegen durchwandert man trockenen Fußes das Moor. Schautafeln erklären die stark spezialisierte Flora der Brücher. Start ist am Naherholungsgebiet Ortelsbruch südlich von Morbach an der Hochwaldstraße L160.

101hu kn

Mühlentag, findet das **Mühlenfest** statt. Es werden Führungen angeboten, Kaffee, Kuchen und natürlich Rapsöl verkauft.

■ **Historische Ölmühle,** Mühlenweg 2, Schmausemühle, 54497 Morbach, Tel. (06533) 4446, www.oelmuehle-morbach.de, Mai bis Oktober Sa 10–12 Uhr, nach Vereinbarung auch zu anderen Terminen, Gruppenführungen (max. 10 Personen) 10 €.

## Naherholungsgebiet Ortelsbruch

Das Ortelsbruch ist ein für die Gegend typisches **Hangmoor.** Holzstege führen durch das Gelände, um die empfindlichen Moorpflanzen zu schonen (siehe Exkurs). Hier sind ein **Natur- und Waldlehrpfad,** ein ornithologischer und ein Trimm-dich-Pfad, der Nixenweiher mit **Wassertretbecken** und ein Generationenspielplatz zu finden. Auf Letzterem stehen nicht nur Spielgeräte für Kinder, sondern auch Trainingsgeräte für ältere Menschen.

## Vicus Belginum

Der **Archäologiepark** Belginum bei Morbach-Wederath ist eine der **sehenswertesten antiken Stätten** im Hunsrück. Die Siedlung Vicus Belginum bestand mehr als 800 Jahre, vom 4. Jh. v. Chr. bis zum 4. Jh. n. Chr. Als regionales Zentrum *(Vicus)* hatte Belginum ein Kulttheater, mehrere Tempelbezirke und im 1. Jh. n. Chr. ein frührömisches Militär-

< Wege durch das Ortelsbruch

lager. *Vici* waren Siedlungen, in denen Händler, Handwerker und die Familien der Soldaten lebten. Belginum war aber nicht nur Handels- und Verwaltungsort, sondern auch Raststation. Die Gemeinde lag verkehrsgünstig an der **römischen Fernstraße** Trier – Mainz, genau an der Grenze der römischen Provinzen Germania Superior und Gallia Belgica. Sie war eine richtige Kleinstadt mit 200 bis 300 Einwohnern und nochmal so vielen Durchgangsreisenden, die hier frische Pferde bekommen konnten, Verpflegung oder auch ein Bett für die Nacht.

Der weitläufige **Außenbereich** des Archäologieparks gewährt Einblicke in die antike Stadt, deren Geschichte bereits seit mehr als 50 Jahren erforscht wird. Das moderne **Museum** präsentiert die Ergebnisse der bedeutenden und unter Fachleuten berühmten Ausgrabungsstätte. Im Mittelpunkt der Ausstellung steht das Leben an einer Fernstraße in keltischer und römischer Zeit. Der Besucher erfährt anhand von Originalfunden, wie der Alltag in der römischen Straßensiedlung aussah. Importierte, damals sehr wertvolle Glasgefäße zeigen, dass die Bewohner über einen gewissen Luxus verfügten. Sonderausstellungen beleuchten einzelne Aspekte näher.

Östlich des Museums liegt ein **römisch-keltisches Gräberfeld,** das über den etwa 500 Meter langen Belginumweg zu Fuß zu erreichen ist. Mehrere Gräber wurden rekonstruiert, Schautafeln erklären die Grabungsergebnisse im Gräberfeld. Acht Jahrhunderte lang – ohne Unterbrechung – wurde der Friedhof genutzt.

102hu kn

■ **Archäologiepark Belginum,** Keltenstr. 2, 54497 Morbach-Wederath, Tel. (06533) 957630, www.belginum.de, April bis Okt. Di–So 10–17 Uhr, Mo geschl. (außer Fei), Preise für Dauer- oder Sonderausstellung: Erw. 3 €, Kinder (6–15 J.) 1,50 €, Familien 6 €, Kombiticket Dauer- und Sonderausstellung: Erw. 4 €, Kinder (6–15 J.) 2 €, Familien 7 €, Audioguide 1 €, Führungen nach vorheriger Anmeldung unter info@belginum.de. Auch im Winterhalbjahr, wenn das Museum geschlossen ist, sind Führungen möglich. Belginum veranstaltet regelmäßig **Vorträge** zu seinen Sonderausstellungen.

■ **Tag des offenen Denkmals:** Immer am ersten Wochenende im September bietet das Museum am Tag des offenen Denkmals bei freiem Eintritt ein besonderes Programm und Führungen an. Gleichzeitig lädt der Förderverein Wederath zum *Krombierebrotschesdaach* ein: Mittags gibt es deftige Kartoffelgerichte nach alten Hunsrücker Hausrezepten und nachmittags Kaffee und Kuchen.

Auch für Kinder interessant:
[<] Archäologiepark Belginum und [>] Holzmuseum

## Ruine Baldenau

Wie ein mächtiges Dampfschiff, das im trüben Wasser dümpelt, wirkt die Ruine der Burg Baldenau. Der Trierer Erzbischof *Balduin von Luxemburg* (1307–54) führte ein halbes Jahrhundert lang Krieg gegen die Rittergeschlechter des Hunsrücks. Die um 1320 errichtete Burg gehört zu einer ganzen Reihe von Wehranlagen, die der ehrgeizige Erzbischof und Kurfürst errichten ließ, um die Machtposition seines Kurstaates auszubauen. Der Name der Burg ist zusammengesetzt aus dem Namen ihres Erbauers und ihrer Lage in der wasserreichen Au. Sie ist die **einzige Wasserburg im Hunsrück.** Der ursprünglich 12 m breite Wassergraben wird aus der Dhron gespeist. Im Dreißigjährigen Krieg wurde die Burg zum ersten Mal zerstört und zwischen 1649 und 1654 wieder errichtet. 1689 zerstörten die Franzosen die Burg endgültig. Im Mai blühen auf den umliegenden Wiesen **wilde Orchideen.**

■ **Anfahrt:** Von der Hunsrückhöhenstraße (B327) auf die K122 Richtung Hundheim abbiegen. Vor dem Ort der Beschilderung zur Burg folgen.

## Stumpfer Turm

Der Stumpfe Turm ist das Wahrzeichen der Gemeinde Hinzerath, die ihn auch in ihrem Wappen führt. Er steht direkt an der Hunsrückhöhenstraße zwischen Hinzerath und Wederath. Jahrhundertelang diente er der weiter südwestlich tief im Tal gelegenen Burgruine Baldenau als Wach- und Meldeturm. Von hier aus konnten die Wachen weit in die Umgebung blicken und bei Gefahr frühzeitig Meldung machen.

103hu kn

## Kirche St. Paulin

Die spätbarocke Kirche St. Paulin in **Bischofsdhron** wurde zwischen 1766 und 1770 erbaut. Die Pläne stammen von dem Baumeister *Johann Seitz*, einem Schüler von *Balthasar Neumann*. Die **barocke Innenausstattung** mit dem prunkvollen Hochaltar und zwei Seitenaltären ist vollständig erhalten. Die mächtige Eiche vor der Pfarrkirche wurde anlässlich der Fertigstellung der Kirche gepflanzt. Die **Stumm-Orgel** ist etwas jünger, sie wurde 1828 erbaut, und ist – was nicht sehr häufig ist – noch komplett im Originalzustand.

104hu kn

## Kapellen in Rapperath

Am Ortsrand von Rapperath stehen zwei kleine Kapellen. In der linken Kapelle aus dem Jahr 1735 hängt ein mittelalterliches **Wallfahrtskreuz.** „Großer Herrgott von Rapperath" wird das ziemlich derb wirkende, hochgotische Kruzifix genannt. Es ist ein schönes Beispiel frommer Bauernkunst. Körper und Kreuz sind aus einem Holzstück geschnitzt, nur die Arme wurden angefügt. Die Kapellen befinden sich, von Morbach kommend, am Ortsausgang Richtung Merscheid.

## Hunsrücker Holzmuseum

Eine Ausstellung rund um das Thema Holz ist in dem 1844/45 erbauten **Schulgebäude in Weiperath** und dem benachbarten **Bauernhaus Elsen** aus dem 17. Jh. untergebracht. Der moderne Verbindungsbau zwischen den beiden Gebäuden ist Sonderausstellungen vorbehalten.

In den urigen Räumen des Hauses Elsen wird **altes Holzhandwerk** vorgestellt: Wagner, Besenbinder, Schachtelmacher oder Holzbildhauer – Holz war auch immer ein beliebtes Material für Künstler. Der **Hotte** ist ein eigener Raum gewidmet. Dieser für den Hunsrück typische Rückentragekorb wurde bis in die 1960er Jahre benutzt. Er war besonders praktisch für den Transport durch unwegsames Gelände. Alles Mögliche kam hinein: Holz, Reisig oder das Mittagessen für die Männer auf dem Feld. Auch Kleinkinder trug man in der praktischen Tragekiepe.

Das Museum ist auch für junge Besucher konzipiert, kindliche Neugierde und Experimentierfreude sollen angeregt werden. Das Motto heißt fühlen, riechen, hören – Holz mit allen Sinnen erleben. Besonders beliebt ist die Holzmurmelbahn mit tennisballgroßen Kugeln.

■ **Hunsrücker Holzmuseum,** Weiperath 79 (an der Hauptstraße), 54497 Morbach-Weiperath, Tel. (06533) 959750, www.hunsruecker-holzmuseum.de. April bis Okt. Di–Sa 14–17 Uhr, So und Fei 10.30–17 Uhr, Mo geschl., Nov. bis März Sa 14–17 Uhr, So und Fei 10.30–17 Uhr, Jan. und Febr. geschl., Erw. 2 €, Kinder (6–15 J.) 1 €, Familien 4 €. MEIN TIPP: **Gaststube im Holzmuseum**①, Sa 14–17 Uhr, So und Fei 10.30–17 Uhr sowie auf Anfrage, Mo Ruhetag, Jan. und Febr. geschl. Hinter den klassizistischen Rundbogenfenstern der ehemaligen Weiperather Elementarschule verbirgt sich neben dem Eingangsbereich das Museumscafé, gemütlich ausgestattet mit Möbeln aus Omas Zeiten. Auf der Karte stehen Hunsrücker Spezialitäten aus der Region wie Weiperather Viez und kleine Gerichte wie Suppen und belegte Brote.

## Dorfbrunnen Weiperath

Am Dorfbrunnen von Morbach-Weiperath steht die Nachbildung eines **Eisenhammers,** wie er vor mehr als 200 Jahren an der Dhron stand. Der wasserbetriebene Eisenhammer ist voll funktionsfähig.

◁ Burgruine Baldenau mit Wassergraben

## Walholzkirche

Einsam im Tal **zwischen Weiperath und Hunolstein** steht die Walholzkirche. Um den Namen des kleinen Gotteshauses rankt sich eine Sage: Die Dörfer Weiperath und Hunolstein wollten gemeinsam eine Kirche errichten, die Pläne waren fertig und das Bauholz lag in Hunolstein bereit. Doch über den Standort entbrannte ein heftiger Streit. Dreimal hintereinander verschwand das Bauholz wie von Geisterhand und tauchte unten im Tal zwischen den beiden zerstrittenen Dörfern wieder auf. Das fasste man als „Gottesurteil" auf, baute die Kirche im Tal und nannte sie Wa(h)lholzkirche.

Die Kirche ist leider verschlossen, doch im Sommer finden hier **Konzerte** statt und am Tag des offenen Denkmals gibt es ein Rahmenprogramm (Termine unter www.weiperath.de).

## Burgruine Hunolstein

Die Grafen von Blieskastel errichteten Ende des 12. Jh. die Burg Hunolstein. Auf dem Quarzitfelsen stand ursprünglich der Bergfried, von dem nur noch ein Mauerrest erhalten ist. Von der Felskuppe, zu der man über eine Treppe aufsteigen kann, hat man einen wunderbaren Blick ins **Dhrontal.** Nach 15 Minuten Fußweg erreicht man das Bauernhofcafé Hunolsteiner Hof (s.u.).

■ **Anfahrt:** Über die B327 (Hunsrückhöhenstraße), Abfahrt Hunolstein, auf die K99 wechseln und dieser bis zum ausgeschilderten Parkplatz der Burgruine Hunolstein folgen.

## Eisenbahn-Viadukt Hoxel

Rund fünf Kilometer südlich von Morbach liegt der Ortsteil Hoxel. Rund um den Erholungsort am Rande des Idarwaldes finden vor allem Wanderer und Skilangläufer viele idyllische Strecken. Der **Saar-Hunsrück-Steig** führt direkt an Hoxel vorbei. Auch Fahrradfahrer können Hoch- und Idarwald ohne größere Steigungen auf zahlreichen Wegen von Hoxel aus erkunden.

Am Ortsrand nahe dem Sportplatz liegt etwas versteckt ein äußerst beliebtes **Fotomotiv:** das Hoxeler Eisenbahn-Viadukt. Es ist ein beeindruckendes Relikt der um 1900 erbauten Bahnstrecke zwischen Simmern und Hermeskeil. Das Hunsrückbahnviadukt aus rotem Bruchstein zählt mit seinen 42 m zu den höchsten und schönsten Eisenbahnbrücken Deutschlands. Acht mächtige Bögen überspannen das Herrschenbachtal, insgesamt ist das Viadukt 160 m lang.

Im Tal gibt es etliche idyllische **Biotope.** Doch ihre Entstehung ist weniger beschaulich, denn die kreisrunden kleinen Teiche sind aus Bombentrichtern entstanden. Im Zweiten Weltkrieg zerstörten die Alliierten durch Fliegerangriffe das Viadukt und damit die Bahnverbindung. 1950 wurde die Brücke wieder errichtet. Zunächst sorgte der Bahnanschluss für einen gewissen wirtschaftlichen Aufschwung in Hoxel, der aber bereits 1976 mit der Stilllegung der Bahnstrecke endete.

▷ Der Fernwanderweg Saar-Hunsrück-Steig führt am Hoxeler Viadukt vorbei

105hu kn

# Praktische Tipps

## Informationen

■ **Touristinformation Morbach,** Bahnhofstraße 19, 54497 Morbach, Tel. (06533) 71117, www.morbach.de, Mo–Fr 8–12.30 und 14–16 Uhr, Mai bis Okt. zusätzlih Sa 10–12 Uhr.

■ **Spartipp:** Mit der **Morbacher MuseumsCard** wird der Eintritt in drei Morbacher Museen günstiger. Sie kostet 6,50 € für Erwachsene, 3 € für Jugendliche und 13 € für Familien und ist gültig für den Archäologiepark Belginum in Morbach-Wederath, das Hunsrücker Holzmuseum in Morbach-Weiperath und das Deutsche Telefonmuseum in Morbach. Die Morbacher MuseumsCard gibt es in den jeweiligen Museen und der Touristinformation zu kaufen.

## Unterkunft, Essen und Trinken

### In Morbach

■ **Landhaus am Kirschbaum**④, Am Kirschbaum 55a, 54497 Morbach, Tel. (06533) 93950, www.landhausamkirschbaum.de. **Restaurant**③ tägl. ab 18 Uhr. Von Thalasso bis Shiatsu, von Fasten bis zu kosmetischen Anwendungen, auf Wellness wird großen Wert gelegt.

■ **Hotel-Restaurant St. Michael**③, Bernkasteler Str. 3–5, 54497 Morbach, Tel. (06533) 95960, www.hotel-st-michael.de. Restaurant 11.30–14.30 und 18–22 Uhr. In dem Vier-Sterne-Haus in der Ortsmitte gibt es 120 Zimmer, es ist das größte Hotel im Umkreis.

■ **Hotel Hochwald-Café**③, Unterer Markt 4, 54497 Morbach, Tel. (06533) 3378, www.hochwald-cafe.de. Café 6.30–18.30 Uhr, Sa 6.30–14

# Morbach

0 100 m

©Reise Know-How 2016

**Übernachtung**
2 Hotel St. Michael
4 Hotel Hochwald-Café
5 Bistro 4-Witz
7 Landhaus am Kirschbaum

**Essen und Trinken**
2 Restaurant St. Michael
3 Café Heimat
5 Bistro 4-Witz
6 Eiscafé Rizzardini
7 Landhaus am Kirschbaum

**Einkaufen**
1 Die Perle

Uhr, So 8–18.30 Uhr. Zu dem Café gehört eine Konditorei, die für eine große und sehr leckere Kuchen- und Tortenauswahl sorgt.

■ **Bistro 4-Witz**①, Unterer Markt 2, 54497 Morbach, Tel. (06533) 957062, http://4-witz.de/, Di–Sa 10–1 Uhr, So und Fei 13–23 Uhr, Mo Ruhetag. Serviert werden Salate, verschiedene Hamburger, Schnitzel, Pizzen und Fingerfood. Nachmittags Torten und Kuchen aus der sehr guten Konditorei Hochwald-Café. Mit Sommerterrasse und günstigem Mittagstisch. Die **Zimmer**② sind wie das Bistro modern eingerichtet.

**MEIN TIPP:** **Café Heimat,** Biergasse 5 (Marktplatz), 54497 Morbach, Sa und So 10–18 Uhr, 1. Mai bis 30. Sept. Mo–Fr 9–19 Uhr, 1. Okt. bis 30. April Mo–Fr 9–18 Uhr. Das Café befindet sich im Elternhaus des Regisseurs *Edgar Reitz*. Filmrequisiten, Kostüme und Setbilder der Trilogie „Heimat" und des Kinofilms „Die andere Heimat" machen das moderne Café zu einem kleinen Filmmuseum.

■ **Eiscafé Rizzardini,** Birkenfelder Str. 20, 54497 Morbach, Tel. (06533) 5283, in der Saison 10–22 Uhr. 100 Jahre Familientradition stecken hinter dem Namen *Rizzardini*. Seit 1973 gibt es die Eisdiele in Morbach.

### In anderen Ortsteilen

■ **Café Pause im Kreativhaus,** Striegelsbungert 6, 54497 Morbach-Hinzerath, Tel. (06533) 3475, www.kreativhaus-hinzerath.de, Fr–So ab 14 Uhr. Im dem kleinen Stubencafé oder im Garten von *Bruni Kluß* (Keramikkünstlerin) und *Rüdiger Luckow* (Holzbildhauer) kann man nicht nur vollwertige Kuchen, Cappuccino oder Schinkenbrote genießen, sondern sich auch an den Werken der Künstler erfreuen. Im Kreativhaus finden regelmäßig kulturelle Veranstaltungen und Kurse statt.

■ **Gasthaus-Restaurant Zur Post**②, Hauptstraße 32, 54497 Morbach-Gonzerath, Tel. (06533) 5355, http://www.zur-post-morbach.de. Im hellen und freundlichen Speiselokal werden regionale Gerichte serviert.

■ **Gasthaus-Pension Zur Brieschmühle**①, Brieschmühle 1, 54497 Morbach-Heinzerath, Tel. (06533) 4546, www.brieschmuehle.de. Herrliche Lage am Heinzer Bach. In der Mühle, die bei Wanderern sehr beliebt ist, wird deutsche Küche serviert. Ab vier Personen und Voranmeldung auch Hunsrücker Küche, z.B. gefüllte Klöße, Schales oder Wild. Für die Wanderer unter den Übernachtungsgästen gibt es auf Wunsch Lunchpakete, Personentransfer oder Grillabende.

■ **Privatpension Wagner**②, Paulinusstr. 30, 54497 Morbach-Bischofsdhron, Tel. (06533) 957009, www.privatpensionwagner.de. Die Zimmer der Vier-Sterne-Pension sind ausgesprochen hübsch und modern.

■ **Rohr's Restaurant**②, Wendalinusgasse 10, 54497 Morbach-Rapperath, Tel. (06533) 3837, www.rohrs-restaurant.de, Di 17–22 Uhr, Mi–So 11.30–13.30 und 17–22 Uhr, Mo Ruhetag. Regionale Küche und Wildgerichte.

**MEIN TIPP:** **Bauernhofcafé Hunolsteiner Hof**①, Hunolsteiner Hof 1, 54497 Morbach-Hunolstein, Tel. (06533) 3380, www.hunolsteiner-hof.de, Mi–So 11–19 Uhr, Mo und Di Ruhetag, Mitte Januar bis Ostern nur Sa und So. In dem gemütlichen Bauernhofcafé mit wunderschönem Garten werden hausgemachter Kuchen, Hunsrücker Hausmannkost, Salate sowie Flamm- und Pfannkuchen serviert. Marmelade, Dosenwurst und Liköre auch zum Mitnehmen.

### Camping

■ **Reisemobilhafen Morbach,** Zum Camping 15, 54497 Morbach-Hoxel, Tel. (0172) 8843434, www.reisemobilhafen-morbach.de. Stellflächen für 40 Wohnmobile. Schöne Lage am Waldrand bei Hoxel in der Nähe des Saar-Hunsrück-Steigs und vieler weiterer Wanderwege. 1. November bis 31. März geschlossen.

## Einkaufen

In Morbach wird tatsächlich noch die gute, alte D-Mark akzeptiert. Für diejenigen, die unter ihrer Matratze noch einen alten Sparstrumpf gefunden haben: In fast allen Geschäften und vielen Restaurants und Hotels kann man zum regulären Umrechnungskurs von 1 € = 1,95583 DM bezahlen.

- **Die Perle,** Bernkasteler Str. 31, 54497 Morbach, Tel. (06533) 959018, Mi, Do, Fr 15–18 Uhr, Sa 9–13 Uhr oder nach Vereinbarung. Das originelle Geschäft in einer alten Tankstelle versammelt Unikatschmuck und Schönes zum Verschenken.
- **Tanja's Frischemarkt & Stehcafe,** Auf'm Siebent 6, 54497 Morbach-Hoxel, Tel. (06533) 307803, Mo–Fr 8–12.30 und 14–18 Uhr, Sa 7–13 Uhr, So und Fei 8–11 Uhr. So klein der Laden auch ist, er bietet so ziemlich alles für den täglichen Bedarf.

## Aktivitäten

- **Radfahren:** Die 33 km lange Radtour „Auf den Spuren der Geschichte" führt zur Burgruine Baldenau, zum Archäologiepark Belginum, zum Hunsrücker Holzmuseum und zum Erholungswald Ortelsbruch.
- **Freibad Morbach:** Am Sportzentrum, 54497 Morbach, Tel. (06533) 3888, Mo 11–20 Uhr, Di und Do 7–20 Uhr, Mi, Fr, Sa und So 9–20 Uhr, Erw. 3 €, Kinder ab 4 J. 1,70 €, Frühschwimmer (Di und Do 7–9 Uhr) und Spätschwimmer (Mo–Fr ab 17 Uhr) 2 €. Das beheizte Freibad Morbach hat ein Schwimmer- und ein Nichtschwimmerbecken sowie ein Babybecken mit Sonnensegel und einen Sprungturm.

MEIN TIPP: **Geocaching:** Auf der 1 km langen Arnikaschleife nahe der Burgruine Baldenau können sich Geocacher auf Schatzsuche machen. Um das Rätsel, das zum Cache führt, zu lösen, müssen einige Fragen beantwortet werden. Dabei helfen die Texte auf den Schautafeln der Traumschleife „Land-ZeitTour". Den Flyer gibt es bei der Touristinfo Morbach oder als Download unter www.morbach.de.

## Feste und Veranstaltungen

- **Kurfürst Balduins Bogenspektakulum zur Baldenau:** Hauptattraktionen des Mittelalterfestes rund um die Baldenau sind ein Bogenschützenturnier, Schaukämpfe und viele Marktstände. Eintritt und Erlöse vom Verkauf der Speisen und Getränke kommen dem Erhalt der Burg zugute. Termin unter www.baldenauer-burgevents.de.
- **Bauern- und Kreativmarkt „Morbacher Herbst":** Im Ortskern auf dem Platz Pont-sur-Yonne bieten Stände kunsthandwerkliche, landwirtschaftliche oder kulinarische Produkte in herbstlichem Flair feil. Gleichzeitig findet ein verkaufsoffener Sonntag statt.
- **Merscheider Markt:** Der traditionelle Bauernmarkt am 2. Septemberwochenende ist mit mehr als 100 Ständen einer der größten in der Region um Morbach. Kleintiermarkt, Oldtimer-Traktorentreffen und Reiterspiele runden das Programm ab (www.merscheider-markt.de).
- **Wochenmarkt:** Mittwoch 8–14 Uhr auf dem Unteren Markt.

## Öffentliche Verkehrsmittel

- **Bus:** Rhein-Mosel-Bus L311: Bernkastel-Kues – Morbach, L210: Hermeskeil – Morbach (nur Mo–Fr), L304: Wittlich – Neumagen-Dhron – Morbach (nur Mo–Sa), www.rhein-mosel-bus.de.

## Wandern

### Traumschleife „Ölmühlentour"

Start der 6,5 km langen Traumschleife „Ölmühlentour" ist an der **Historischen Ölmühle.** Durch das Tal des Morbachs geht es hinauf in den Idarwald und weiter zum Ortelsbruch.

### Traumschleife „LandZeitTour"

Der 8 km lange Erlebnis-Rundweg führt über die Burgruine Baldenau in die Nähe des Stumpfen Turms und zurück nach **Hinzerath.** Schautafeln vermitteln Wissenswertes zur Landschaftsgeschichte des oberen Dhrontals. Gezeigt wird die Entwicklung von der Römerzeit über das Mittelalter zur Zeit des Kurfürsten *Balduin* bis in die heutige Zeit.

Ein besonderer Blick gilt den **Biotopen.** Der Weg führt streckenweise über **Holzstege,** um die empfindlichen Arnikawiesen und Borstgrasrasen zu schonen. Toll sind die großen, hölzernen Ruheinseln an den Stegen. Sie laden zu ausgedehnten Pausen ein, um die Landschaft zu genießen. Wem das zu langweilig wird, der stöbert in großen Metall-Ringbüchern mit bezaubernden Naturaufnahmen und Texten über die Pflanzen- und Tierwelt.

Ebenfalls an der Route zu finden sind große **Holzskulpturen,** gefertigt von den Hinzerather Künstlern *Bruni Kluß* und *Rüdiger Luckow.* Parkplätze gibt es am Feuerwehrhaus und am Bürgerhaus in Hinzerath.

### Hunolsteiner Klamm

Die 11 km lange Hunolsteiner Klammtour ist ein Rundwanderweg durch das wildromantische **Dhrontal.** Die Strecke führt zur Burgruine Hunolstein, an der Walholzkirche vorbei und durch die Hölzbachklamm. Start ist am **Bauernhofcafé Hunolsteiner Hof.**

# Am Haardtwald

## Gräfendhron

Im idyllischen **Tal der Dhron,** die zwischen den bewaldeten Höhenzügen Idarwald und Haardtwald in Richtung Mosel fließt, liegt Gräfendhron. Gerade mal 120 Einwohner hat das kleine Dorf und ist dennoch Fremdenverkehrsgemeinde. Es gibt mehrere Pensionen und Gasthöfe. Wanderer kommen in der ruhigen Umgebung auf ihre Kosten. Erstmals erwähnt wurde der Ort 1255, als *Nikolaus,* Vogt zu Hunolstein, seiner Gemahlin *Beatrix* ein Hofgut im Dhrontal als Witwensitz vermachte.

### Unterkunft, Essen und Trinken

**Landhaus Gräfendhron**①-②, Kapellenstraße 15–17, 54426 Gräfendhron, Tel. (06504) 954990, www.landhaus-graefendhron.de. Das Landhaus gehört zu einem Biolandhof und vermietet Gästezimmer und Appartements. In der Hofschänke wird regionale Küche serviert. Zu den Spezialitäten gehören Bio-Fleisch von Galloway-Rindern und der hausgebackene Käsekuchen.

■ **Familien-Hotel Hochwald**③, St.-Georg-Str. 1, 54497 Horath, Tel. (06504) 9190, www.familienhotel.de. Das Viersterne-Hotel im Haardtwald bei Horath ist Sonderpreisträger für barrierefreies Reisen und legt großen Wert auf Familienfreundlichkeit. Es gibt viele Attraktionen für Kinder und ein großes Schwimmbad, Wellnessangebote, Sauna und ein Fitnessstudio.

# Berglicht

Berglicht, nördlich von Thalfang gelegen, blickt auf mehr als 500 Jahre Tradition als **Wallfahrtsort** zurück. Die Gläubigen pilgerten zu „Unserer Lieben Frau vom Berge“. Im Zentrum der Berglichter Marienwallfahrt steht eine Marienstatue aus dem Jahr 1756. Der romanische Turm der Wallfahrtskirche ist aus dem 12. Jh. Die älteste der drei Glocken wurde 1391 gegossen.

## Wandern

### Traumschleife „Dhrontal-Wackentour“

Der 16 km lange Wanderweg ist streckenweise recht anspruchsvoll. Start ist am Dorfplatz **Gräfendhron.**

### Hunsrücker Windweg

„Windkraft erwandern“ lautet das Motto des Erlebnispfades, den der Windkraftanlagenbetreiber ABO Wind zwischen Berglicht und Heidenburg eingerichtet hat. Elf Stationen zum Ausprobieren, Experimentieren und Beobachten wurden auf der 5 km langen Route eingerichtet. Start ist am **Wanderparkplatz „Hunsrücker Windweg“** an der Kreuzung K77/K76. Auf der Internetseite www.abo-wind.com kann man einen Streckenplan und ein Quiz für Kinder herunterladen.

### Traumschleife „Wind, Wasser und Wacken“

Die 10,5 km lange Traumschleife verbindet die beiden Themenpfade „Hunsrücker Windweg“ und „Mineralwasser Lehr- und Erlebnispfad“ (siehe Thalfang). Start ist ebenfalls am Wanderparkplatz „Hunsrücker Windweg“ zwischen Heidenburg und Berglicht.

### Traumschleife „Wasser-Dichter-Spuren“

Der 14 km lange Wanderweg „Wasser-Dichter-Spuren“ folgt nicht nur dem Flüsschen **Kleine Dhron** bis zur Dhrontalsperre, sondern auch den Spuren der Dichter und Denker der Region. Tafeln informieren über den römischen Dichter *Ausonius,* den Abt und Humanisten *Johannes Trithemius* und den Schriftsteller *Stefan Andres,* der 1906 im Trittenheimer Ortsteil Dhrönchen geboren wurde. In den 1950er Jahren gehörte er zu den meistgelesenen deutschen Autoren. Das Besondere an der Route sind aber die tollen Fernsichten über Hunsrück, Mosel und Eifel. Start ist am **Sportplatz Heidenburg.**

# Heidenburg

Heidenburg am westlichen Rand des Haardtwalds ist landschaftlich sehr reizvoll gelegen, auf den Wiesen findet man noch wilde Orchideen. Der Ort liegt nahe der **Kleinen Dhron,** einem Nebenfluss der Dhron.

## Camping

■ **Campingplatz Moselhöhe,** Bucherweg 1, 54426 Heidenburg, Tel. (06509) 99016, www.campingplatz-moselhoehe.de. Kleiner, sehr ruhiger Campingplatz mit sauberen Sanitäranlagen, Gaststätte und einem tollen Ausblick über das Moseltal und bis in die Eifel. Nicht nur die freundlichen Päch-

› Die Wallfahrtskirche in Berglicht

ter, auch die meisten der Gäste sind Niederländer. Kinder lieben die frei herumlaufenden Hühner und den kleinen Pool.

## Aktivitäten

■ **Reiten:** Reiterhof Ruth Gloker, Grenzstr. 23, 54426 Heidenburg, Tel. (06509) 910502, www.ruth-gloker.de. Der kleine Reiterhof liegt am Ortsrand von Heidenburg. Zum Angebot gehören Reitkurse, Wanderritte, Waldtage mit Pferden und Ferienfreizeiten für Kinder.

# Bescheid

Der kleine Ort Bescheid liegt inmitten ursprünglicher Natur nahe der **Kleinen Dhron** zwischen den Höhenzügen Os-

106hu kn

burger Hochwald und Haardtwald. In der Dorfmitte fällt der ungewöhnliche, runde Glockenturm der Pfarrkirche sofort ins Auge. Unter den Wanderwegen rund um das Dorf sticht der Rockenburger Urwaldpfad hervor.

### Unterkunft, Essen und Trinken

- **Zur alten Schule,** Trierer Str. 7, 54413 Bescheid, Tel. (06509) 8405, www.marx-bescheid.de. Geräumige Ferienwohnung in historischem Gebäude mit drei Schlafzimmern, gediegener Einrichtung und großem Kachelofen.
- **Zur Malerklause**④, Im Hofecken 2, 54413 Bescheid, Tel. (06509) 558, www.malerklause.de, Mi–Sa und Fei 18.30–24 Uhr, So 12–14 und 18.30–24 Uhr, Mo und Di Ruhetag. Hochwertige, kreative Küche und eine gut sortierte Getränkekarte mit Spitzenweinen von der Mosel. Innen gediegene Stilmöbel, außen lauschiger Biergarten und überdachte Terrasse.

### Einkaufen

- **Highland Cattle Hochwald,** Dhrontalstr. 25, 54413 Bescheid, Tel. (0162) 2702852, www.highlandcattlehochwald.de. Highland-Rindfleisch und Wurstwaren aus artgerechter Freilandhaltung direkt vom Erzeuger.

### Wandern

#### Traumschleife „Rockenburger Urwaldpfad"

Der 11 km lange Rundweg führt durch ein Urwaldgebiet und das idyllische Tal der Kleinen Dhron, vorbei an imposanten Quarzitfelsen und plätschernden Bachläufen. Start ist an der Freizeitanlage Fischerhütte in **Beuren.** Festes Schuhwerk und Trittsicherheit sind erforderlich.

## Naurath (Wald)

Obwohl Naurath (Wald) der kleinste Ort der Verbandsgemeinde Hermeskeil ist, gibt es dort gleich zwei Gastronomiebetriebe. Rüssels Landhaus gehört zu den fünf besten Gourmetrestaurants in Rheinland-Pfalz. Sehenswert ist die Walburgakapelle auf einem Schieferfelsen in Unternaurath aus dem 17. Jh.

### Unterkunft, Essen und Trinken

- **Rüssels Landhaus**⑤, Büdlicherbrück 1, 54426 Naurath (Wald), Tel. (06509) 91400, www.landhaus-st-urban.de, Do–Mo 12–14 und 18.30–21.30 Uhr, Di und Mi geschl. Das Landhaus zählt nicht nur in Rheinland-Pfalz, sondern bundesweit zu den besten Restaurants. *Harald Rüssel,* bekannt durch seine Kochsendungen beim SWR und Autor mehrerer Kochbücher, zaubert kreative Gerichte aus regionalen Produkten. Seine Kochkunst wurde unter anderem von Guide Michelin und Gault Millau ausgezeichnet. Wildgerichte liegen dem Sternekoch besonders am Herzen. Die **Hotelzimmer**④ in dem wunderschön restaurierten, ehemaligen Mühlenanwesen sind sehr geschmackvoll eingerichtet.
- **Pension Wilddieb**②, Hauptstr. 28, 54426 Naurath (Wald), Tel. (06509) 8646, http://pension-wilddieb.de, Do–Sa ab 17 Uhr, So und Fei 11.30–14 und ab 17 Uhr. Gutbürgerliche Küche und Pizza zu moderaten Preisen.

> Mit der „Stella Noviomagi" kann man Rundfahrten auf der Mosel unternehmen

107hu kn

# Ausflug an die Mosel: Neumagen-Dhron

Neumagen-Dhron an der Mittelmosel nennt sich **ältester Weinort Deutschlands,** denn schon die Römer bauten hier vor 2000 Jahren Wein an. Eine antike Fernstraße führte mitten durch die römische Siedlung. Als Schutz vor den Überfällen der Germanen ließ Kaiser *Konstantin* im 4. Jh. ein **Kastell** errichten. Beim Bau der Festungsanlage verwendeten die Römer für die Fundamente auch Grabmäler aus dem 2. und 3. Jh. Archäologische Ausgabungen im 19. Jh. brachten diese Grabsteine, Reliefs und Skulpturen zutage und dem Ortsteil Neumagen den Ruf als „moselländisches Pergamon“ ein. Eines der schönsten gefundenen Stücke ist das monumentale Grabmal eines reichen Weinhändlers in Form eines Schiffes. Ein Abguss des Weinschiffes befindet sich an der Peterskapelle im Ortskern von Neumagen, das Original ist im Rheinischen Landesmuseum in Trier zu besichtigen. Ein hölzerner, 18 Meter langer Nachbau liegt im Hafen von Neumagen-Dhron: Das **Weinschiff „Stella Noviomagi“** („Stern von Neumagen“) ist eine besondere Touristenattraktion und kann von 20 Leuten gerudert werden.

Im Jahr 371 schwärmte der römische Dichter *Ausonius* in seinem Gedicht „Mosella“ beim Anblick des Ortes: „[Ich] erblicke im vordersten Grenzgebiet der Belger Noiomagus (Neumagen), die berühmte Festung des verewigten Constantinus. Reiner ist hier auf den Feldern die Luft und Phoebus entriegelt schon mit hellem Licht heiter den purpurschimmernden Olymp.“

Zwar hat Neumagen-Dhron seine Bedeutung als wichtiger Handels- und Umschlagplatz schon lange eingebüßt, doch der romantische Weinort ist auch heute noch absolut sehenswert. Bei einem Spaziergang durch den historischen Ortskern des Ortsteils Neumagen hält man sich am besten an den **archäologischen Rundweg.** Er führt entlang der noch erhaltenen Grundmauern des Römerkastells und zum Caracalla-Leugenstein. 15 Leugen, rund 30 Kilometer, lagen zwischen Neumagen-Dhron und der römischen Kaiserstadt Augusta Treverorum, dem heutigen Trier. Ein Infoblatt zum Rundweg gibt es in der Touristinformation. Kleine Messingplaketten im Kopfsteinpflaster markieren den Weg und Schilder informieren eingehend über die römischen Relikte.

Hinter der katholischen **Peterskapelle** aus dem 14. Jh. liegt der **Ausoniusgarten.** Hier sind weitere Kopien der antiken Funde und Informationstafeln aufgestellt.

## Informationen

■ **Touristinformation Neumagen-Dhron,** Römerstr. 137, 54347 Neumagen-Dhron, Tel. (06507) 6555, www.neumagen-dhron.de, 1. April bis 31. Okt. Mo, Di, Do und Fr 9–13 und 14–17 Uhr, Mi 9–13 Uhr, Sa 9–12 Uhr, 1. Nov. bis 31. März Mo, Di, Do und Fr 9–12 Uhr.

■ **Infopavillon** auf dem Weinschiff Stella Noviomagi, Moselstr./Ecke Pelzergasse, Tel. (06507) 702061, 1. April bis 31. Okt. Fr 14–17 Uhr, Sa 10–12 und 14–17 Uhr, So 10–12 und 13–16 Uhr.

■ **Führungen** durch den Ort „auf den Spuren der Römer in Neumagen-Dhron" finden zwischen Mai und Oktober statt (Fr ab 17.15 Uhr und Sa ab 10.15 Uhr), Start ist an der Touristinformation.

## Unterkunft, Essen und Trinken

■ **Hotel zum Anker**③, Moselstr. 14, 54347 Neumagen-Dhron, Tel. (06507) 6397, www.hotelzumanker.de. Familiengeführtes Hotel, im Restaurant wird saisonale Küche serviert. Auf der hübschen Holzterrasse kann man beim Essen den Blick auf die Mosel genießen.

## Weingüter

■ **Weingut Schneider-Kranz,** Konstantinstr. 3, 54347 Neumagen-Dhron, Tel. (06507) 992100, www.schneider-kranz.de. Der Familienbetrieb baut bereits seit mehr als 250 Jahren Wein an, größtenteils Riesling in Steillagen. Zum Angebot gehören eine Vinothek, Weinproben, Probierpakete, Weinversand und Weinstockleasing. Bei Letzterem kann man Weinstockbesitzer auf Zeit werden. Nach einem Jahr erhält man den Ertrag der gemieteten Weinstöcke.

■ **Weingut Schneider-Kettern,** Folzerweg 7, 54347 Neumagen-Dhron, Tel. (06507) 6331, www.schneider-kettern.de. Die Weiß- und Rotweine reifen in traditionellen Holzfässern. Sehr lecker ist auch der im Weingut hergestellte Traubensaft von der Bacchusrebe.

## Aktivitäten

■ **Rundfahrt mit dem Weinschiff:** Gruppen mit bis zu 40 Personen können das Schiff für eine zweistündige Charterfahrt buchen (420 €). Ein Kapitän und ein Matrose werden gestellt. Für Einzelpersonen gibt es zwischen April und Oktober samstags und sonntags die Rundfahrt „Antike Schifffahrt erleben", organisiert vom Kulturverein Ausonius e.V., Erw. 18 €, Kinder 6–14 J. 9 €, Buchungen unter www.neumagen-dhron.de.

# Thalfang

Der Ort Thalfang am **Fuße des Erbeskopfes** entstand im Mittelalter aus einem Hofgut der Abtei St. Maximin in Trier. Heute ist Thalfang **Luftkurort** und stolz darauf, dass die Luftqualität zu den besten in Deutschland gehört. In der Ortsmitte gibt es einen Kurpark mit großem Teich und ein modernes Schwimmbad mit Saunalandschaft. Sehenswert ist die **Pfarrkirche St. Matthäus.** Das Kirchenschiff wurde um 1300, der Chor um 1450 erbaut.

## Burg Dhronecken

Der Legende nach war Burg Dhronecken bei Thalfang die Stammburg des **Nibelungenhelden Hagen von Tronje.** Der **Haardtwald** gilt als „Hagens Wald". Während der Jagd am „Seiwertsbure" ist es angeblich passiert: Hagen ersticht hinterrücks den Drachentöter Siegfried. Seine Frau Kriemhild war über den Tod ihres Mannes so untröstlich, dass sie mit ihren Tränen den Thranenweiher bei Börfink gefüllt haben soll.

So weit die recht umstrittene Legende. Tatsächlich wird eine Burg in Dhronecken erstmals 1309 als Lehen der Wildgrafen erwähnt. Spätestens 1638 war die Wehranlage bereits verfallen, ein Feuer zerstörte sie 1714 endgültig. Die Grafen errichteten stattdessen ein barockes Herrenhaus. In dem sogenannten „Schloss" befindet sich seit 1817 das **Forstamt.**

# Praktische Tipps

## Informationen

- **Touristinformation Urlaubsregion Thalfang am Erbeskopf,** Saarstr. 3, 54424 Thalfang, Tel. (06504) 9140141, www.luftkurort-thalfang.de und www.erbeskopf.de, Mo–Fr 9–12.30 und 14–17 Uhr, Sa 9–12 Uhr.

## Unterkunft, Essen und Trinken

- **Ferienpark Himmelberg,** Birkenweg 73, 54424 Thalfang, Tel. (06504) 9120, www.himmelberg.de. Ein Hotel, verschiedene Ferienhäuser und -wohnungen, auf Wunsch auch mit Hotelservice, stehen zur Auswahl. Für den Nachwuchs gibt es einen Spiel- und Bolzplatz, Minigolf und bei schlechtem Wetter ein Holzhaus mit Spielen. Ferienhäuser mit Standardkomfort für 4 Personen ab 92 € pro Nacht, mit First-Class-Komfort ab 124 €.
- **Ferienhaus Hoffmann,** Koblenzerstr. 14a, 54424 Thalfang, Tel. (06504) 956866, www.haus-hoffmann.net. In dem 4-Sterne-Ferienhaus sorgt an frischeren Tagen ein Kaminofen im Wohnzimmer für wohlige Wärme.
- **Restaurant am Weiher**③, Talstr. 1, 54424 Thalfang, Tel. (06504) 955566, www.restaurantamweiher.de, tägl. 12–14 und 17–22 Uhr, Di Ruhetag. Gäste werden mit Gaumengenüssen wie Wildschweinragout mit Schokolade und Pflaumen oder gebratenem Ziegenkäse mit Pflaumen-Preiselbeerkompott verwöhnt. Alles wird frisch zubereitet, die Preise sind angemessen.

### In Dhronecken

- **FeWo am Wasserturm,** Hirtenweg 27, 54426 Dhronecken, http://www.dhronecken.de. Die zwei Ferienwohnungen im modernen Holzanbau mit jeweils 80 $m^2$ sind für 2–6 Personen geeignet.
- **Pia's Bahnhof,** Zum alten Bahnhof 12, 54426 Dhronecken, www.pias-bahnhof.de. Die Zimmer im

109hu kn

Lampenhäuschen sind gehoben ausgestattet und sehr geschmackvoll eingerichtet, ab 425 € pro Woche für vier Personen.

### Camping

■ **Reisemobil-Stellplätze:** Am Erholungs- und Gesundheitszentrum in Thalfang stehen 50 Stellplätze mit Strom- und Wasseranschlüssen und einer Ver- und Entsorgungsstation zur Verfügung.

## Aktivitäten

■ **Erholungs- und Gesundheitszentrum Thalfang:** Talstr. 3, Tel. (06504) 9140310, 54424 Thalfang, Di und Fr 6.30–8 und 15–22 Uhr, Mi und Do 15–22 Uhr, Sa 14–20 Uhr, So und Fei 9–17 Uhr, Mo geschl., Erw. 5 €, Kinder (5–15 J.) 3 €, Familien 10 €, Frühschwimmer (6.30–8 Uhr): Erw. 3,50 €, Kinder 1,50 €, Familien 7 €. Schwimmer- und Kinderbecken und ein Bewegungsbecken mit verschiedenen Massagedüsen und Sprudelbänken zum Entspannen, außerdem Sauna, Dämpfbäder und Solarium, im Sommer Spiel- und Liegewiesen im Freien.

■ **Barfußpfad Thalfang:** Der Weg führt vom Kurpark zum Ferienpark Himmelberg, hin und zurück ist er 1,6 km lang. Gras, Schlamm, Rindenmulch und Kies sorgen für Abwechslung unter den Fußsohlen. Es gibt mehrere Balancierstationen und ein Wassertretbecken. Ein Stück watet man durch den Morschteler Bach. Die Benutzung ist kostenlos.

■ **Mountainbike Erlebnisrouten:** Rund um Thalfang warten drei naturnahe, sehr gut ausgeschilderte Radrouten (20, 21 und 30 km) auf etwas sportlichere Radfahrer, die auch gern Waldwege unter die Räder nehmen. Streckenbeschreibungen gibt es in der Touristinformation Thalfang und zum Download unter www.erbeskopf.de.

⌃ Hunsrückhaus am Erbeskopf – hier beginnt der neue Nationalpark Hunsrück-Hochwald

## Feste und Veranstaltungen

**Mein Tipp: Kunsthandwerkermarkt Thalfang:** Im Juli findet der Markt rund um den Villneuver Platz statt. Mehr als 100 Aussteller präsentieren ihre handgearbeiteten Stücke. Dass es ausschließlich traditionelles Kunstgewerbe und keine Massenware gibt, macht den Reiz des Marktes aus und lockt jedes Jahr tausende Besucher nach Thalfang. Zeitgleich ist verkaufsoffener Sonntag und die Gastronomie bietet regionaltypische Speisen an.

- **Erbeskopfmarathon:** Im Juli messen sich Mountainbiker auf vier Rundkursen, um den Erbeskopf zu bezwingen. Neben dem 37 km langen Einsteigerkurs und dem 63 km langen Halbmarathon gibt es auch eine 30 km lange Jugendstrecke. Königsdistanz ist der 110-km-Marathon. Der Thalfanger Erbeskopfmarathon bietet einen großen Anteil an Single-Trails. Es ist ein „Jedermann-Rennen" und für alle offen, die sich der Herausforderung gewachsen fühlen. Infos und Anmeldungen unter www.erbeskopfmarathon.de.

## Öffentliche Verkehrsmittel

- **Bus:** Rhein-Mosel-Bus L210: Hermeskeil – Thalfang – Morbach (nur Mo–Fr), L304: Wittlich – Thalfang – Morbach (nur Mo–Sa), www.rhein-moselbus.de.

## Wandern

### Mineralwasser Lehr- und Erlebnispfad

Der Themenweg bei Thalfang bietet zwei Strecken: Die 4,5 km lange Route führt zum **Haardtwaldbrunnen** und zurück, der 7,5 km lange Weg weiter bis zum **Berger Wacken.** Der Berger Wacken ist ein imposanter, bis zu 15 m hoher Fels aus Quarzit. In der Schinderhanneshöhle, einer Felsnische, soll der berüchtigte Räuber übernachtet haben. Start ist am Haardtwaldparkplatz am nördlichen Ortsausgang von **Thalfang.** Unterwegs informieren Stationen über das Mineralwasser. Am Haardtwaldbrunnen kann man sich kohlensäurehaltiges Wasser abfüllen.

# Am Erbeskopf

Der Erbeskopf im südlichen Idarwald ist mit 816 Metern die **höchste Erhebung in Rheinland-Pfalz.** Dank seiner Höhenlage ist sogar **Wintersport** möglich. Das westlichste Skigebiet Deutschlands bietet zahlreiche Erholungs- und Freizeitangebote und ein großes Wanderwegenetz.

Wegen seiner exponierten Lage wurde der Erbeskopf ab 1945 von US-Truppen militärisch genutzt. Heute überwacht eine **Radarstation** der Bundeswehr vom Gipfel aus den Luftraum in einem Umkreis von 400 Kilometern.

Zur Spitze des Erbeskopfes führt die K121, ein kleiner Besucherparkplatz ist vorhanden. Man kann das Gipfelplateau auch über den **„Gipfelsteig"** erwandern. Start ist am Hunsrückhaus, dort gibt es einen großen Besucherparkplatz. Die kurze Route des „Gipfelsteigs" ist 4 km lang, die lange 8,5 km.

## Windklang-Skulptur

Nahe dem elf Meter hohen Aussichtsturm Erbeskopf steht eine imposante Skulptur des Lünebacher Künstlers *Christoph Mancke.* „Windklang" heißt

108hu kn

das begehbare **Monument mit Aussichtsplattform,** das als Klangskulptur konzipiert wurde und je nach Wind unterschiedliche Klänge hervorbringt. Es ragt mehr als 16 m hoch über die Skipisten in den Himmel und eröffnet einen sagenhaften Ausblick über die Weiten der Hunsrücklandschaft. Der Besucher betritt die tonnenschwere, mit Lärchenholz verkleidete Stahlskulptur über einen Steg. Das Monument ist Teil des 2011 eingerichteten **Skulpturenweges,** eines kleinen Rundweges, den Werke von sechs Künstlern säumen.

### Hunsrückhaus

Das Hunsrückhaus ist eine **Umweltbildungsstätte,** die über die Themen Natur, Umwelt und Freizeit im Hunsrück informiert. In dem Gebäude, einem modernen Niedrigenergiehaus, sind eine interaktive und **multimediale Ausstellung** und ein Bistro untergebracht. Es gibt eine Ausstellungsrallye für Kinder und Kurse oder Workshops zu ökologischen und kulturellen Themen. An den Wochenenden finden Seminare für Erwachsene statt, in den Schulferien Angebote speziell für Kinder. Auch geführte Erlebniswanderungen sind über das Hunsrückhaus buchbar. Außerhalb befindet sich ein **Erlebnisgelände** mit Abenteuerspielplatz, Sinnespfad und Kletterpark.

■ **Hunsrückhaus,** Am Erbeskopf, 54411 Deuselbach, Tel. (06504) 778, www.hunsrueckhaus.de, ganzjährig Di–So 10–17 Uhr, in den Ferien auch montags, Eintritt frei.

☐ Die Windklang-Skulptur auf dem Erbeskopf

## Praktische Tipps

### Camping

■ Zum Hunsrückhaus gehört ein **Wohnmobilstellplatz** mit 50 Stellplätzen. Informationen unter Tel. (06504) 778.

### Einkaufen

**Sinnessachen,** kleiner Regionalladen im Hunsrückhaus (s.o.) mit Kunsthandwerk, Näh- und Stricksachen, Bio-Wein, Viez, Apfel-Secco, Likör, Pralinen und anderen Spezialitäten der Region, die sich prima als Mitbringsel eignen.

### Aktivitäten

■ **Wintersportzentrum Erbeskopf:** drei Abfahrtpisten, zwei Großschlepplifte, ein Halbstreckenschlepplift, ein Übungshang, Flutlichtanlage, Pistenhütten, Gaststätte, Skischule sowie Ski- und Snowboardverleih, www.erbeskopf.de, bei ausreichend Schnee Mo–Do 11–21 Uhr, Fr 11–24 Uhr (Late Night Skiing), Sa und So 10–21 Uhr. Wie in anderen deutschen Mittelgebirgen auch ist es im Hunsrück nicht schneesicher. Die Skianlage verfügt aber über eine Beschneiungsanlage, die bei Dauerfrost ab -4 °C und fehlendem Niederschlag den Hang mit Kunstschnee versorgt. Den aktuellen Wintersportbericht gibt es unter Tel. (06504) 716 und 316.

■ **Rodler** können neben den Skipisten auf einer 600 m und einer 800 m langen, präparierten Bahn den Berg hinabsausen.

■ **Langläufern** bietet die Hochwaldloipe Erbeskopf gespurte Loipen von 6,4 bis 22 km Länge. Der Langlauf-Skiwanderweg „Hängende Birke" führt bis zum Idarkopf.

111hu kn

■ **Sommerrodelbahn Erbeskopf:** Auch bei sommerlichen Temperaturen kann man am Erbeskopf rodeln. Bis zu 42 km/h erreicht man auf der insgesamt 1356 m langen Sommerrodelbahn. Gelbe Bobschlitten gleiten auf einer Aluschiene die kurvige Abfahrtstrecke hinunter. April, Mai und Okt. So und Fei 11–18 Uhr, Mo–Sa 13–17 Uhr, Juni und Sept. So und Fei 11–17 Uhr, Do–Sa 14–17 Uhr, Mo–Mi geschl., Juli und Aug. So und Fei 11–18 Uhr, Mo–Sa 13–18 Uhr. Je nach Wetter können sich die Öffnungszeiten kurzfristig ändern, die aktuellen gibt es unter Tel. (06504) 955682 und www.sommerrodelbahn-erbeskopf.de. Bei Regen bleibt die Anlage geschlossen. Erw. 3,90 €, Kinder 3,20 €.

■ **Hochseilgarten HighLive:** gegenüber vom Hunsrückhaus, www.highlive.org. Unterschiedlichste Schwierigkeitsgrade auf 5 Parcours sowie ein großer Teamparcours fordern Geschicklichkeit und Selbstvertrauen und lassen eigene Grenzen erfahren. Sa und So 12–18 Uhr, in den rheinland-pfälzischen Osterferien tägl. 12–18 Uhr, in den Sommer- und Herbstferien tägl. 12–18 Uhr außer Mo, Erw.19 €, Schüler, Studenten und Azubis 16 €, Kinder (7–9 J.) 10 €.

■ **Bogenparcours Erbeskopf:** Der 2 km lange Bogenparcours startet in der Nähe des Hunsrückhauses und führt durch Waldgebiet. Geschossen wird auf Holzwolleballen mit Zielscheiben. Zum

Einschießen gibt es einen Bogenschießstand, die Ausrüstung für das Bogenschießen muss man selbst mitbringen. Di–So 9 Uhr bis eine Stunde vor Sonnenuntergang. Anmeldung und Parcourskarten im Hunsrückhaus, April bis Okt. Di–So 10–16.30 Uhr, Nov. bis März 11–16.30 Uhr, Erw. 5 €, Kinder und Jugendliche bis 16 J. 3 €.

## Feste und Veranstaltungen

- **Künstler- und Ostermarkt:** Vier Wochen vor Ostern wird sonntags im und am Hunsrückhaus der Frühling eingeläutet. Im Angebot sind Kunsthandwerk, Floristik, Geschenkartikel und Workshops für Osterdekorationen, 11–17 Uhr.
- **Schlemmermarkt „Hunsrück schmeckt!“:** Im Hunsrück hergestellte oder verarbeitete Produkte werden am ersten Oktobersonntag am und im Hunsrückhaus präsentiert, außerdem Spezialitäten anderer Regionen wie zum Beispiel Tirol oder Luxemburg.
- **Weihnachtsmarkt:** Am dritten Adventswochenende veranstaltet das Hunsrückhaus seinen Weihnachtsmarkt, Sa 13–20 Uhr, So ab 11 Uhr. Regionale Aussteller bieten Dekoratives, Feinkost, Kunsthandwerk und Weihnachtsbäume an.

Attraktionen nicht nur für Kinder:
[<] HighLive und [v] Sommerrodelbahn

110hu kn

112hu kn

# 7 Hochwald und Saar-Ruwer-Hunsrück

Auf Naturpfaden die urwüchsige Landschaft mit Buchenwäldern, bizarren Felslandschaften und Mooren zu durchstreifen, gehört zu den schönsten Erlebnissen im Nationalpark Hunsrück-Hochwald. Doch es gibt auch reichlich Kultur zu entdecken. In Otzenhausen wird die Geschichte der Treverer erlebbar und Hermeskeil lockt mit mehreren Museen.

< Im Ochsenbruch, einem Moorgebiet im Nationalpark

# Hochwald und Saar-Ruwer-Hunsrück

0 2 km
© Reise Know-How 2016
HunsrKap07
Haardtwald
Horath
Haag
Dhron
Weiperath
Rapperath
Morbach
Bischofsdhron
Steingerüttelkopf
757
Merschbach
Ruine Hunolstein
Hunolstein
Holzmuseum
Walholz-kirche
Hunsrück-höhenstraße
Gutenthal
Ortelsbruch
Heidenburg
Berglicht
Gräfendhron
Odert
724
Usarkopf
Büdlich
Berger Wacken
Haardtwald-brunnen
Gielert
Etgert
Wolzburg
Hoxel
Langweiler
Deutsche Edelsteinstraße
Geopark Krahloch
Wirschweiler
Rorodt
Riedenburg
Morscheid
Immert
Eisenbahn-Viadukt
Idarwald
Talling
Schönberg
Neunkirchen
Thalfang
Deuselbach
Naturpark
Allenbach
Lückenburg
Brühlberg
474
Bäsch
Bromerkopf
662
Hunsrückhaus
Kahlheid
766
Idarbach
Buttehecker
723
Steinköpfe
Prosterath
Hilscheid
Röderberg
641
816
Windklang-Skulptur
Erbeskopf
Ringelkopf
712
Burtscheid
Burg Dhronecken
Dhron-ecken
Beuren (Hochwald)
Röderbach
Malborn
Nationalpark
Heiligenbösch-kirche
Leisel
Geisfeld
Rascheid
Thranenweier
Riedbruch
Saar-
Schwollen
Ruppelstein
755
Hunsrück
Flug-ausstellung
Abtei
Hunsrück-höhenstraße
Thiergarten
Hattgenstein
Börfink
Gefällberg
691
Sauerbrunnen
Morschberg
509
Heup-weiler
Reinsfeld
Hunsrück-
Sandkopf
756
Vorkastell
620
"Pyramide"
Ober-hambach
Damflos
Muhl
Gollen-berg
Rinzenberg
Ellenberg
Hermeskeil
Im Adrian
Buhlenberg
Hochwald
Dollberge
Zinsers-hütten
Abentheuer
Birken-feld
Hermeskeil
Züsch
Neuhütten
Feckweiler
Dienst-weiler
Zuscher Hammer
Schmelz
Brücken
Ruine Birkenfeld
Primstal-sperre
Hochwald
Achtelsbach
Dambach
Ringwall Otzenhausen
Trauhen
Nonnweiler
Zoll-siedlung
Mecken-bach
500
Hoppstädten-
Neubrücke
Nonnweiler-Bierfeld
Bierfeld
Otzenhausen
Großer Homerich
Ellweiler
Hochwaldbahn
Eisen
Weiersbach
Nonnweiler-Otzenhausen
Schwarzen-bach
Ober-sötern
Birkenfeld
Dreieck Nonnweiler
Sötern
Nohfelden-Türkismühle
Mariahütte
Gimbweiler
Braunshausen
Eckelhausen
Museumsbahn
Nohfelden
Nonnweiler-Braunshausen
Söterbach
Türkis-mühle
Bosen-
Kosten-bach
Freizeitzentrum Peterberg
584
Peterberg
Heidenkopf
508
Kastel
Bostalsee
Wolfersweiler
Buweiler
Gonnes-weiler
Walhausen
Eitzweiler
Eiweiler
Richweiler
Prims

# HOCHWALD UND SAAR-RUWER-HUNSRÜCK

Der Schwarzwälder und der Osburger Hochwald, die man vereinfacht oft als Hochwald bezeichnet, bilden zusammen mit der Saar-Ruwer-Region den südwestlichen Teil des Hunsrücks. Der Schwarzwälder Hochwald erstreckt sich im Westen bis zur Saar, im Nordosten geht er im Gebiet des Erbeskopfes in den Idarwald über. Große Teile des Schwarzwälder Hochwalds deckt der 2015 eröffnete Nationalpark Hunsrück-Hochwald ab. Der Osburger Hochwald ist der westlichste Höhenzug des Hunsrücks, er reicht bis zum Tal der Ruwer, die bei Trier in die Mosel mündet. Die gesamte Region ist Teil des Naturparks Saar-Hunsrück.

**NICHT VERPASSEN!**

- Monumentaler Steinwall der Kelten: **Ringwall von Otzenhausen** | 309
- Mit dem Ranger unterwegs: **Touren im Nationalpark** | 313
- Brandbekämpfung früher und heute im Hermeskeiler **Feuerwehrmuseum** | 319
- Kaffeepause in einer echten Concorde in der **Flugausstellung Hermeskeil** | 320
- Mittelalterliche Burg: **Ruine Grimburg** | 325

**Diese Tipps erkennt man an der gelben Hinterlegung.**

## Der Schwarzwälder Hochwald früher und heute

Der Schwarzwälder Hochwald ist eine geschichtsträchtige Gegend. Kelten und Römer haben ihre Spuren hinterlassen. Archäologen der Universität Mainz konnten 2012 ein **römisches Militärlager** nahe Hermeskeil nachweisen. Es wurde zwischen 53 und 51 v. Chr. am Ende des Gallischen Krieges von den Truppen *Julius Cäsars* errichtet. Schätzungsweise 5000 bis 10.000 Legionäre waren in dem knapp 26 Hektar großen Lager stationiert. Die Soldaten waren in Zelten untergebracht, ein Befestigungswall bot Schutz. Es ist das bislang älteste Zeugnis einer römischen Garnison in Deutschland. Errichtet wurde das Lager im Kampf gegen den aufständischen Stamm der **Treverer.** Eine wichtige Siedlung dieses zu den Kelten zählenden Stammes, der sich immer wieder gegen die Römer auflehnte, schützte der nur fünf Kilometer von Hermeskeil entfernte **Ringwall von Otzenhausen.**

Angesichts des dünn besiedelten Hochwalds kann man kaum glauben, dass es im 18. Jh. hier so etwas wie ein Wirtschaftswunder gab. In der Gegend war reichlich Eisenstein vorhanden. Funde zeigen, dass schon die Kelten in vorrömischer Zeit **Erz** abbauten und Eisen herstellten. Im Laufe der Jahrhunderte nahm die **Eisenverhüttung** im Hochwald zu, doch im Dreißigjährigen

Krieg wurden viele Schmelzen und Hammerwerke zerstört oder verödeten. Anfangs wurde das Erz im Tagebau abgebaut. Da die Nachfrage nach Roheisen aber anstieg, trieb man Schächte und Stollen in das Gestein, um das Erz auch untertage abzubauen. Im 18. Jh. gab es allein in der Gegend um **Hermeskeil** acht Hüttenwerke. Die Verhüttung fand an Ort und Stelle statt, denn der Hochwald mit seinen großen Waldgebieten lieferte günstiges Holz. Das brauchte man für die Holzkohle, die von **Köhlern** ebenfalls direkt vor Ort hergestellt wurde. Mit der Holzkohle wurden die großen Schmelzöfen betrieben.

Meist standen in der Nähe der Eisenschmelzen auch wasserbetriebene **Hammerwerke,** in denen die restliche Schlacke aus dem Roheisen ausgeschmiedet wurde. Ein solches Hammerwerk kann man heute in **Züsch** besichtigen. Hergestellt wurden Geräte für die Landwirtschaft wie Sensen, Hacken und Pflugscharen oder Gusswaren wie Öfen und Takenplatten. Viele Bauern stellten in Heimarbeit Nägel her und verdienten sich nebenbei Geld. Doch die Eisenindustrie im Saarland, die ihre Werke mit billigerer Steinkohle und Koks betrieb, verdrängte nach und nach die Eisenverhüttung im Hochwald. Ab 1835 wurden die unrentablen Werke nach und nach geschlossen.

Die Köhlerei führte zu einem radikalen **Kahlschlag.** Die Wälder wurden übernutzt, fast abgeholzt und Holzkohle wurde rar. Das ist auch der Grund, warum es heute so viele **Fichten** im Hochwald gibt. Denn im 19. Jh. gingen die Preußen dazu über, die kahlgeschlagenen Wälder mit den schnell wachsenden Nadelbäumen aufzuforsten. *Preußenbaum* heißt die Fichte hier deshalb auch.

Heute weichen die Fichtenwälder nach und nach wieder den **Mischwäldern.** Der Wald darf sich aus eigener Kraft und nach den Regeln der Natur erholen. Im Nationalpark Hunsrück-Hochwald wird aus dem Wirtschaftswald sogar wieder Urwald.

☑ Der Züscher Hammer

114hu kn

Auf den Ebenen des Hochwaldes wachsen Getreide, Mais, Raps und Kartoffeln. Für den **Kartoffelanbau** ist die Region seit Langem bekannt. Die „Grumbeern“ gedeihen auf dem Hochwälder Boden sehr gut und entsprechend vielfältig sind die Kartoffelgerichte auf den Speisekarten der Gaststätten. Besonders während der **Kartoffeltage Saar-Hunsrück** im Oktober kann man die herrliche Vielfalt deftiger und süßer Gerichte aus der wandlungsfähigen Knolle kennen- und genießen lernen.

### Löwenzahnwochen im Naturpark Saar-Hunsrück

Während der **Bettsäächertage,** den moselfränkischen Löwenzahnwochen, verwöhnen Gastwirte in und um den Naturpark Saar-Hunsrück ihre Gäste mit Köstlichkeiten aus der Heil- und Küchenpflanze. Die jungen Blätter sind als **Salat** wahre Delikatessen und die gelben **Blüten** bleiben nicht nur Dekoration. Selbst die **Wurzeln** lassen sich kulinarisch verwerten. Ob als Tarte, Pesto, Suppe oder als Gemüsebeilage zu Fisch und Fleisch, als süßer Nachtisch oder Marmelade – die Vielfalt überrascht.

Darüber hinaus werden während der Bettsäächertage in der Saar-Hunsrück-Region **kulinarische Spaziergänge,** geführte Wildkräuterwanderungen und Löwenzahnworkshops angeboten. Auf **Kräuter- und Bauernmärkten** werden Spezialitäten wie Bettsäächerlikör, Bettsäächerbrot und andere Löwenzahn-Köstlichkeiten verkauft. *Bettsäächer* bedeutet übrigens „Bettnässer“ und wird zurückgeführt auf die harntreibende Eigenschaft des Löwenzahns.

## Nationalpark Hunsrück-Hochwald

Der Nationalpark Hunsrück-Hochwald wurde 2015 eröffnet. Eingebettet in den **Naturpark Saar-Hunsrück,** umfasst er im Wesentlichen den östlichen Teil des Schwarzwälder Hochwalds und einen Teil des Idarwalds. Der Wanderweg **Saar-Hunsrück-Steig** verläuft hindurch.

Landschaftlich einzigartig und typisch für den knapp 10.000 Hektar großen Nationalpark sind neben den ausgedehnten alten **Buchenwäldern** die Rosselhalden und Hangmoore (siehe dazu „Rund um den Wildenburger Kopf“ im Kapitel „Naheland und Deutsche Edelsteinstraße“).

Schützenswert sind auch die seltenen Tier- und Pflanzenarten. Der Nationalpark bietet Lebensraum für **Fischadler, Schwarzstörche, wilde Orchideen und Narzissen.** Noch ist das Schutzgebiet kein natürlicher Urwald, denn der Mensch hat durch die jahrhundertelange Bewirtschaftung eine Kulturlandschaft geschaffen. Die Natur lässt sich nicht drängen: Etwa 30 Jahre wird es dauern, bis die Wildnis wirklich zurückgekehrt ist. Zumindest in den Kernzonen, wo man die Natur völlig sich selbst überlässt, wird **Urwald** entstehen.

> Mehr als 2000 Jahre alt: der mächtige Ringwall

115hu kn

## Ringwall von Otzenhausen

**Hunnenring** wird der Ringwall von Otzenhausen im Volksmund genannt. Doch mit den Hunnen hat die imposante keltische Befestigungsanlage nichts zu tun. Vielleicht schützten die mächtigen, ursprünglich 20 Meter hohen Mauern den Sitz eines reichen Trevererfürsten. Mehrere keltische Fürstengräber in der Umgebung lassen dies vermuten.

Besiedelt war die Befestigungsanlage auf dem Dollberg vom 5./4. bis zum 1. Jh. v. Chr. Eine Blütezeit erlebte der Ringwall im 1. Jh. v. Chr., als er zu seiner monumentalen Größe ausgebaut und damit zur **größten keltischen Befestigungsanlage in Europa** wurde. Das von einem Ring aus aufgeschichteten Steinen umschlossene Plateau ist fast 19 Hektar groß, der Ring selbst 1360 Meter lang. Im Norden ist der Wall heute noch über 10 Meter hoch und an der Sohle bis zu 40 Meter breit. Ursprünglich reckten sich die Wehrmauern senkrecht in die Höhe. Aber auch nach dem Verfall der Mauern ist die schiere Masse an Steinblöcken überwältigend.

Die Lage war äußerst günstig, denn von hier aus hat man einen **sehr weiten Blick ins Umland.** Die seit der Eiszeit vorhandene Blockschutthalde auf den Hängen des Dollberges, entstanden durch Erosion und Verwitterung, lieferte idealerweise die Quarzitblöcke in ausreichender Menge. Die Kelten mussten sie nur einsammeln und verbauen.

Über eine aus rechteckigen Steinbrocken errichtete Treppe lässt sich der Wall leicht bezwingen. Erst von oben lassen

116hu kn

Am Skulpturenweg

sich die gigantischen Ausmaße des Bauwerkes wirklich erfassen. Der Blick wandert über den breiten Rücken des Hunnenrings hinab ins Tal.

2013 entdeckten Archäologen Reste eines **römischen Militärlagers** in rund fünf Kilometer Entfernung zum Ringwall. Es ist ziemlich wahrscheinlich, dass die dort stationierten 5000 bis 10.000 Soldaten den aufständischen keltischen Stamm der Treverer in Otzenhausen unterwerfen sollten. Etwa um diese Zeit wurde die Festungsanlage von den Kelten aufgegeben, ob kampflos oder nicht, ist bisher nicht geklärt.

### Keltenpark

Am Fuß des Dollberges unterhalb des Ringwalls stehen die **Nachbauten keltischer Gehöfte.** Die Wohn-, Handwerks- und Speichergebäude zeigen, wie die keltische Siedlung innerhalb des Ringwalls vor mehr als 2000 Jahren ausgesehen haben könnte. Sie sind Teil des Keltenparks Otzenhausen, der im Laufe des Jahres 2016 eröffnet wird.

Die Gemeinde Nonnweiler organisiert im Keltenpark das Internationale **Keltenfest CELTOI.** Zu dem zweitägigen Programm gehören Handwerker, Marktstände, Musik, Schaukämpfe und experimentelle Archäologie (Termin unter www.nonnweiler.de).

### Archäologischer Wanderweg

Ein 4,2 km langer Wanderweg führt vom Keltendorf zum Ringwall. Informationstafeln vermitteln, was die Archäologie bisher über den beeindruckenden Wall und die Lebensbedingungen der Treverer herausgefunden hat. Parallel dazu verläuft ein **Kinder-Erlebnispfad.**

Von Mai bis Oktober finden jeweils am ersten Samstag ab 14 Uhr geführte Wanderungen auf dem archäologischen Wanderweg statt. Außerdem werden verschiedene Erlebnisführungen, Führungen für Kinder, keltische Verköstigungen oder archäologische Vorträge angeboten.

■ **Keltischer Ringwall Otzenhausen,** www.keltenring-otzenhausen.de, Anmeldung und Informationen bei der Touristinformation Nonnweiler, Trierer Str. 5, 66620 Nonnweiler, Tel. (06873) 66019, www.nonnweiler.de.

■ Weitere Termine und Aktionen gibt es außerdem beim **Freundeskreis Keltischer Ringwall Otzenhausen,** www.hochwaldkelten.de.

■ **Anfahrt:** über die A1, Abfahrt Autobahndreieck Nonnweiler und weiter auf der L147 nach Nonnweiler-Otzenhausen. Den Ort ganz durchfahren und am Ortsende den Beschilderungen zum Waldparkplatz am Keltenpark folgen.

### Skulpturenweg Cerda & Celtoi

*Cerda & Celtoi* bedeutet „Kunst und Kelten". Diesem Motto haben sich **16 europäische Künstler** gewidmet und für den Skulpturenweg 18 Plastiken aus Holz, Sandstein und Metall geschaffen. Die Bildhauer kommen alle aus dem einstigen Siedlungsgebiet der Kelten, von der Türkei bis Irland. Entlang des Wanderweges stehen die verschiedensten Werke, manche beschäftigen sich mit der Götterwelt oder Lebensweise der Kelten, andere bilden fast originalgetreu keltische Funde nach.

Wanderer auf dem Skulpturenweg können zwischen zwei Startpunkten wählen: Von der Europäischen Akademie Otzenhausen aus ist die Strecke 6,5 km lang, vom Waldparkplatz Otzenhausen nur 4 km.

## Züscher Hammer

Am Fuß der Dollberge unmittelbar am Rand des Nationalparks liegt der Züscher Hammer im Tal des Königsbachs. Bereits die Kelten erzeugten hier Eisen, doch erst seit dem 17. Jh. wurde Eisenerz im größeren Stil abgebaut und weiterverarbeitet. Der belgische Unternehmer *Remacle de Hauzeur* errichtete Ende des 17. Jh., also noch in vorindustrieller Zeit, in der Nähe von Züsch eine Anlage, die bald zum größten Eisenwerk im Hunsrück wurde. Dazu gehörten ein Pochwerk, eine Schmelze, ein Eisenhammer und eine Holzkohlenscheuer. Neue Arbeitsplätze entstanden: Holzfäller, Kohlenbrenner, Erzgräber, Schmelzer und Hammerschmiede siedelten sich an und es entstanden Waldhüttendörfer wie Damflos und Neuhütten. Viele Arbeiter kamen wie *Hauzeur* aus Belgien und noch heute gibt es auffallend viele französische Familiennamen in der Gegend.

Als **Industriedenkmal** rekonstruiert, zeigt der Züscher Hammer den Besuchern, wie man Wasserkraft nutzte, um die meterlangen Hämmer mit den schweren eisernen Hammerköpfen in Bewegung zu setzen. Angetrieben wird das große Schaufelrad vom **Wasser des Altbachs.** Das Holz für die Schmelze kam aus den sponheimischen Wäldern, dem heutigen Forstrevier Züsch. Ein rekonstruierter **Kohlemeiler** zeigt, wie die Köhler die Holzkohle für die Eisenproduktion herstellten.

■ **Züscher Hammer,** Besichtigungen Mai bis Okt. erster Sa und So im Monat 14–17 Uhr, sonntags mit Vorführung, für Gruppen nach Absprache auch an anderen Terminen. Auskunft: *Hermann Meter,* Förderverein Züscher Hammer, Muhler Str. 23, 54422

Züsch, Tel. (06503) 7721. Buchungen: Tourist-Information Hermeskeil, Langer Markt 30, 54411 Hermeskeil, Tel. (06503) 95350, Onlinebuchung: www.hermeskeil.de.

**Anfahrt:** Von Hermeskeil auf der L165 Richtung Birkenfeld fahren, dann rechts auf die K101 Richtung Züsch abbiegen und weiter bis zum Ortseingang Neuhütten. Hinter dem Hotel-Restaurant „Temple de Gourmet" rechts in die Straße Am Königsbach einbiegen und ihr bis zum Züscher Hammer folgen.

## Börfink

Börfink liegt mitten im Nationalpark, wobei die Ortschaft selbst nicht zum eigentlichen Schutzgebiet gehört.

Nahe dem Ort lohnen die Wiesen des **Naturschutzgebietes Riedbruch** einen Besuch. Besonders schützenswert sind die inzwischen selten gewordenen **Arnikawiesen.** Ein 1,6 km langer Rundweg durch das Riedbruch informiert nicht nur über die Heilpflanze, sondern auch über weitere seltene Pflanzen- und Tierarten der gefährdeten Kulturlandschaft. Mit etwas Glück entdeckt man auf einer der bunten Wiesenblüten den **Lilagold-Feuerfalter,** einen sehr seltenen Schmetterling.

Der Legende nach entstand der idyllische **Thranenweier** bei Börfink, als der Nibelungenheld Hagen von Tronje den Drachentöter Siegfried hinterrücks erstach und seine Frau Kriemhild darüber so untröstlich war, dass sie mit ihren Tränen den Thranenweiher füllte.

### Unterkunft, Essen und Trinken

**Mein Tipp:** **Forellenhof Trauntal**②, In den Quellwiesen, 54422 Börfink, Tel. (06782) 109888, www.forellenhof-trauntal.de, Do, Fr und Sa 11.30–22 Uhr, So 11–21.30 Uhr. Frische Forellen in allen er-

113hu kn

denklichen Variationen, ob geräuchert, gebeizt, pochiert, gebraten, filetiert, blau oder nach „Müllerin-Art", sind die Spezialität des Hotel-Restaurants.

■ **Gasthof und Pension Zur alten Mühle**②, Dorfstr. 33, 54422 Börfink, Tel. (06782) 2000, www.altemuehle-boerfink.de, März bis Oktober Fr 14–20 Uhr, Sa 12–20 Uhr, So 11–20 Uhr. Im Restaurant in der ehemaligen Getreidemühle wird Hunsrücker Hausmannskost serviert, allerdings nicht à la carte. Der Gast wird jeden Tag neu überrascht. Wem das nicht geheuer ist, der kann vorab telefonisch Gerichte nach Wunsch bestellen.

### Aktivitäten

■ **Angeln:** Forellenhof Trauntal (s.o.), im Sommer 6–17.30 Uhr, Winter 7–16.30 Uhr, Tageskarte ab 15 €, nähere Informationen: Tel. (06782) 989100 (Mo–Do 20.30–22 Uhr). In der Angelanlage des Forellenhofs können Bachforellen, Saiblinge und Regenbogenforellen geangelt werden. Im Laufe des Jahres gibt es vor allem an Feiertagen besondere Angelangebote.

### Öffentliche Verkehrsmittel

■ **Bus:** Rhein-Mosel-Bus L209: Hermeskeil – Muhl – Börfink (nur Mo–Fr), www.rhein-mosel-bus.de.

☐ Wollgras im Ochsenbruch bei Börfink

## Aktivitäten im Nationalpark

### Rangertouren

Die Ranger des Nationalparks sind täglich in dem Gebiet zwischen Nonnweiler und der Wildenburg bei Kempfeld auf ihren Kontroll- und Beobachtungstouren unterwegs. Zwischen Mai und Oktober haben Naturliebhaber die Möglichkeit, den Rangern bei ihrer Arbeit über die Schulter zu schauen. Die Touren dauern eine bis drei Stunden, sind kostenlos und für Einzelgäste und Familien gedacht. Eine Anmeldung ist nicht erforderlich. Für Gruppen empfiehlt das Nationalparkamt die Angebote der zertifizierten Nationalparkführerinnen und -führer.

Zum Angebot der Ranger gehören die **Inseltour** (dienstags, Rangertreff Thranenweier bei Börfink), die **Grenztour** (mittwochs, Rangertreff Sauerbrunnen bei Oberhambach), die **Waldtour** (donnerstags, Rangertreff Muhl), die **Gipfeltour** (freitags, Rangertreff Erbeskopf), die **Keltentour** (samstags, Rangertreff Keltenpark bei Otzenhausen) und die **Felsentour** (sonntags, Rangertreff Wildenburg). Außerdem gibt es **Veranstaltungen** an weiteren Orten zu verschiedenen Themen („Morgens im Nationalpark", „Nachts im Nationalpark", „Winter im Nationalpark").

**Achtung:** Da sich die Angebote im Nationalpark zurzeit noch im Aufbau befinden, sind diese Angaben vorläufig und geben den Stand bei Drucklegung wieder. Die aktuellen Wochentage und Startzeiten der Touren erfährt man telefonisch oder auf der Website.

■ **Nationalparkamt Hunsrück-Hochwald,** Brückener Straße 24, 55765 Birkenfeld, Tel. (06131) 8841520, www.nationalpark-hunsrueck-hochwald.de. Weitere Nationalpark-Informationsstellen sind im Hunsrückhaus am Erbeskopf, bei der Wildenburg bei Kempfeld und im Keltenpark Otzenhausen zu finden. Die Termine und Startzeiten der Touren und Veranstaltungen sind auf der Website aufgelistet.

## Nationalpark-Radroute

Der rund 80 km lange Fahrradweg rund um den Nationalpark zwischen Nonnweiler, Brücken, Birkenfeld, Mörschied und Herrstein verläuft vorwiegend auf Forstwegen. Die genaue Route ist unter www.radwanderland.de zu finden.

## Wandern

Der Fernwanderweg **Saar-Hunsrück-Steig** verläuft auf 30 km durch den Nationalpark (siehe Kapitel „Praktische Reisetipps A–Z: Wandern“).

### Traumschleife „Börfinker Ochsentour“

Die 10 km lange Traumschleife „Börfinker Ochsentour“ führt am **Ochsenbruch,** einem Moorgebiet mit Wollgras und Arnikawiesen, und am ehemaligen NATO-Bunker Erwin vorbei. Start ist am Wanderparkplatz an der K49 zwischen **Börfink** und Thranenweier.

### Traumschleife „Trauntal-Höhenweg“

Der „Trauntal-Höhenweg“ führt 12,4 km vom kleinen Ort **Abentheuer** nach Buhlenberg und Rinzenberg. Er folgt dem idyllischen Tal des Flüsschens Traun und führt zum Vorkastell, den Resten einer keltischen Fliehburg.

## Wintersport

■ **Wintersportanlage „Dollberg“ bei Neuhütten:** Start am Parkplatz „Köhlerhütte“, www.skiclub-dollberg.de. Liftpreise pro 20er-Karte: Erw. 5 €, Kinder bis 16 J. 4 €, Kinder bis 6 J. kostenlos. Mo–Fr ab 15 Uhr, Sa ab 13 Uhr und So ab 11 Uhr. Obwohl die Wintersportanlage „Dollberg“ recht klein ist, gibt es einen Schlepplift, mit dem man be-

quem auf den höchsten Punkt gelangt. Vor allem für Skianfänger und Kinder ist die 250 m lange Abfahrt ideal. Flutlichtanlage, Pistenhütte, Rodel- und Tubingbahn runden das Schneevergnügen ab. Bei ausreichend Schnee werden zwei Langlauf-Loipen mit 5 und 8 km Länge gespurt.

■ **Schneeschuhwandern:** Die Tourist-Information Hermeskeil bietet geführte Schneeschuhwanderungen durch den verschneiten Hochwald an. Die Wanderungen dauern 2–3 Stunden und sind auch für Anfänger geeignet. So, 10 € (4 Stunden) inklusive Schneeschuhe und Stöcke. Anmeldung: Tourist-Information Hermeskeil, Tel. (06503) 95350, www.hermeskeil.de. Schneeauskunft: Skiclub Dollberg, Tel. (06503) 3445, www.skiclub-dollberg.de.

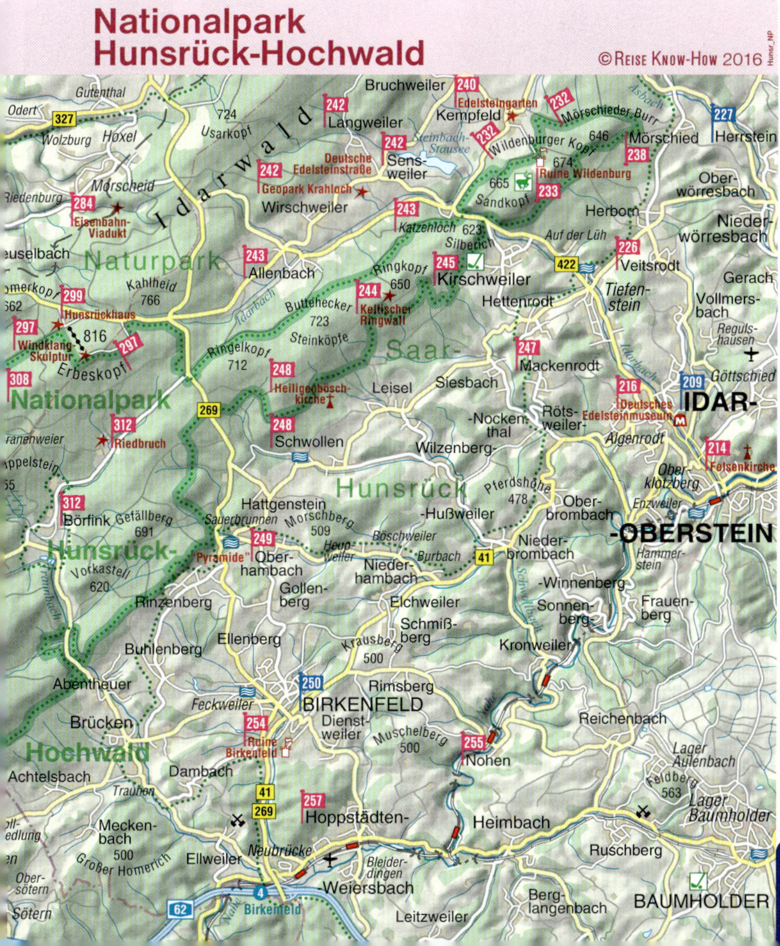

118hu kn

# Aktivitäten rund um Nonnweiler

## Schwimmbäder

- **Naturfreibad Primstal:** Am Schwimmbad, 66620 Nonnweiler-Primstal, Tel. (06875) 311, www.nonnweiler.de, Mo–Fr 14–20 Uhr, Sa, So und Fei 10–20 Uhr, in den Sommerferien tägl. 10–20 Uhr (bei entsprechender Witterung), Kinder bis 5 J. kostenlos, 7–17 J. 1,50 €, Erw. 2,50 €. Das Wasser ist auf rund 24 °C beheizt.
- **Hochwaldbad Nonnweiler:** Trierer Straße 2a, 66620 Nonnweiler, Tel. (06873) 539, Di 7–10 und 15–21 Uhr, Mi (Warmbadetag) 7–10 Uhr, 15–16 Uhr (Frauenschwimmen) und 16–22 Uhr, Do 7–11 und 15–19 Uhr, Fr 15–21 Uhr, Sa 14–20 Uhr, So 8–13 Uhr, Mo geschl. Schwimmbad: Kinder (6–17 J.) 1,70 €, Erw. 2,80 €, Sauna: Kinder (6–17 J.) 5 €, Erw. 7 €. Neben den Schwimmbecken gibt es eine Saunalandschaft mit Finnischer Sauna, Dampfsauna, Trockensauna, Kalttauchbecken und Whirlpool.

## Primstalsperre

Mit 20 Mio. m³ Wasser ist die Primstalsperre der größte Wasserspeicher in Rheinland-Pfalz und im Saarland. Die Landesgrenze verläuft mitten durch den Stausee. Baden und Wassersport sind leider nicht erlaubt, doch um den See herum gibt es ein gut ausgebautes Wanderwegenetz. Ein 12 km langer **Rundweg** führt um die Primstalsperre. Interessant für Wissenshungrige ist der **Planetenlehrpfad.** Er beginnt an der Staumauer bei Nonnweiler. Im Maßstab 1:1 Milliarde stellen große Metallscheiben die neun Planeten dar, die die Sonne umkreisen. Gleichzeitig dienen die Scheiben als Schautafeln, die entlang des 6 km langen Weges über Merkur, Venus, Erde, Mars, Jupiter, Saturn, Uranus, Neptun und Pluto informieren.

⌃ Rangertour im Nationalpark

## Freizeitzentrum Peterberg

Nur 15 Minuten entfernt mit dem Auto ist das Freizeitzentrum Peterberg in **Nonnweiler-Braunshausen.** Es gibt verschiedene Kinderrutschen, ein Bistro (an der Talstation) und ein Bungee-Trampolin, doch der eigentliche Höhepunkt ist die **Sommerrodelbahn.** Nach 584 Metern Bergauffahrt folgt die 1000 Meter lange Abfahrt.

■ **Freizeitzentrum Peterberg,** Zum Wäldchen 3, 66620 Braunshausen, Tel. (06873) 91134, www.sommerrodelbahn-peterberg.de, April bis Juni Mi, Do, Fr, Sa 13–18 Uhr, So und Fei 10–18 Uhr, Juli und Aug. tägl. 10–18 Uhr, Okt. je nach Wetterlage. Gestaffelte Preise: 1 Fahrt 3 €, 3 Fahrten 8,50 €, 4 Fahrten 11 € usw., Kinder (3–6 J.) kostenlos, Rutschen 30 Cent.

## Bostalsee

**Mein Tipp:** **Baden, Segeln, Surfen** oder **Tretboot fahren** – für Wassersportfreunde lohnt sich ein Ausflug zum Bostalsee im St. Wendeler Land. Eine besondere Attraktion der Talsperre in der Nähe von St. Wendel ist der **Solarkatamaran,** auf dem man im Sommer Rundfahrten machen kann. Außerdem gibt es einen **Golfplatz,** Minigolf, einen Kinder-Kletterparcours am Center Parc Bostalsee und weitere Freizeitangebote.

■ **Strandbad Bosen,** Am Seehafen, 66625 Nohfelden-Bosen, Tel. (06852) 90100, Mitte Mai bis Mitte Sept. tägl. 8–20 Uhr. Golfplatz: http://golfpark-bostalsee.de.

## Informationen

■ **Tourist-Info Nonnweiler,** Trierer Str. 9, 66620 Nonnweiler, Tel. (06873) 66076, www.nonnweiler.de, Mo–Mi 8.30–12 und 13.30–15.30 Uhr, Do 8.30–12 und 14–18 Uhr, Fr 8.30–12 Uhr.

☑ Die Primstalsperre

117hu kn

# Hermeskeil

Hermeskeil liegt in einer **Mulde im Schwarzwälder Hochwald.** Im Frühjahr kann es noch überraschend frisch sein, immerhin liegt der erst 1970 zur Stadt erhobene Ort in 540 m Höhe. Ein gut ausgebautes **Rad- und Wanderwegenetz** lockt in erster Linie Naturliebhaber an. Aber auch Kultur kommt nicht zu kurz, im Gegenteil: Hermeskeil mausert sich nach und nach zu einer **Stadt der Museen.** Direkt in der Innenstadt finden sich das Hochwaldmuseum, gleich daneben das Erlebnismuseum „Mensch und Landschaft" und das moderne Feuerwehrmuseum. Im Industriegebiet des Stadtteils Abtei gibt es seit Anfang der 1970er Jahre eine große Flugzeugausstellung, die nicht nur Technikbegeisterte fasziniert.

Ab 1889 verband die Hochwaldbahn Trier mit Hermeskeil und führte weiter bis nach Türkismühle an der Nahe. Wichtig war die Bahn für den Transport von Holz, Vieh, Erz und Lohe. Genau 100 Jahre später wurde die Bahnverbindung eingestellt und 2009 der **Ruwer-Hochwald-Radweg** eröffnet, der zum großen Teil auf der ehemaligen Bahntrasse verläuft.

▷ Die historische Löschkutsche im Feuerwehr-Erlebnis-Museum

## Sehenswertes

### Skulpturenwege

Um die Innenstadt besser kennenzulernen, bietet sich einer der drei Skulpturenwege an. Im Blickpunkt der Wege stehen **Skulpturen und Brunnen.** Ein Heft mit Beschreibungen der Kunstwerke und Informationen über die Künstler erhält man zusammen mit einem Stadtplan kostenlos bei der Tourist-Information am Neuen Markt. Hier ist auch der Startpunkt. Der kurze, rund anderthalb Kilometer lange Rundweg bleibt im Zentrum und umrundet den Stadtpark. Die mittlere, drei Kilometer lange Route führt rund um Hermeskeils Süden. Der mehr als sechs Kilometer lange, große Rundweg erschließt den Norden der Stadt.

### „Hermeskeiler"

In der Tourist-Information kann man den sogenannten Hermeskeiler bewundern, den für den Hochwald typischen **Spazierstock,** der früher in Heimarbeit hergestellt wurde. Doch er diente nicht nur zum Spazierengehen. Ausgestattet mit diesem klobigen Stock, war der Besitzer ziemlich wehrhaft. In früheren Zeiten war so eine „Waffe" in den verlassenen Wäldern, in denen sich oft auch lichtscheues Gesindel herumtrieb, ganz praktisch. Den Namen „Hermeskeiler" erhielt der Stock von den Saarländern, denn nach dem Niedergang der Hochwälder Eisenwerke fanden Tausende Arbeit in den saarländischen Stahlwerken und Kohlegruben. An ihren auffälligen

119hu kn

Stöcken waren die Hochwälder für die Saarländer leicht zu erkennen.

## Hochwaldmuseum

Leben, Arbeiten und Wohnen in früheren Zeiten und die Geschichte des Hochwaldes lassen sich in diesem kurzweiligen Museum gut nachvollziehen.

■ **Hochwaldmuseum,** Trierer Str. 49, 54411 Hermeskeil, Tel. (06503) 95350, www.hochwaldmuseum.de, Mo–Fr 10–12 und 14–17 Uhr, 1. Mai bis 31. Okt. auch Sa 10–12 Uhr, Erw. 3 €, Kinder 1,50 €, Familien 7 €.

## Erlebnismuseum „Mensch und Landschaft"

Gleich neben dem Hochwaldmuseum bietet das Erlebnismuseum „Mensch und Landschaft" Exponate zu Natur und mehr. Ebenfalls im Gebäude untergebracht ist eine Informationsstelle des Naturparks Saar-Hunsrück.

■ **Erlebnismuseum „Mensch und Landschaft",** Trierer Str. 51, 54411 Hermeskeil, Tel. (06503) 92140, www.naturpark.org, Erlebnismuseum 1. April bis 31. Okt. Di–Fr 14–17 Uhr, **Naturparkinformationszentrum** Mo–Fr 9–12 Uhr, Do 14–16 Uhr, 1. April–31. Okt. zusätzl. Di–Fr 14–17 Uhr.

## Feuerwehr-Erlebnis-Museum

In der 2014 eröffneten interaktiven Mitmachausstellung auf mehr als 1000 Quadratmetern geht es um die **Brandbekämpfung im Wandel der Zeit,** von der Feuerbekämpfung im alten Rom bis zu den Aufgaben der heutigen Feuerwehr. Dabei wird die Entwicklung der Löschgeräte und Ausrüstungen anhand vieler originaler Ausstellungsstücke nachgezeichnet, vom einfachen Löscheimer aus dem Jahr 1800 über Wasserpumpen aus den verschiedensten Epochen bis hin zu modernen Asbesthandschuhen und Glasfaserhelmen.

Besonderes Prachtstück ist die **Feuerlöschkutsche aus Hermeskeil,** gebaut im Jahr 1889. Eine historische Handdruckspritze und andere Geräte kann man selbst ausprobieren und nachspüren, wie es in der Leitstelle einer modernen Feuerwache zugeht. In Filmen erzählen Opfer und Feuerwehrmänner von ihren Erlebnissen.

■ **Rheinland-Pfälzisches Feuerwehrmuseum,** Neuer Markt 2, 54411 Hermeskeil, Di–Fr 10–12 und 14–16 Uhr, Sa und So 10–17 Uhr, Erw. 5 €, Kinder 4 €, Familien 15 €, www.feuerwehr-erlebnis-museum.de.

### Flugausstellung

Ein Publikumsmagnet ist die Flugausstellung im vier Kilometer nördlich gelegenen Stadtteil Abtei, direkt an der Hunsrückhöhenstraße. Mehr als 200.000 Besucher im Jahr lockt die größte Ausstellung dieser Art in Europa auf das 75.000 m² große Gelände. Etwas Zeit sollte man einplanen, immerhin **150 Flugzeuge** werden präsentiert. Krönung des Rundgangs durch die vier Hallen und die riesige Außenanlage ist eine gemütliche Pause in der **Concorde,** die zu einem Café umgestaltet wurde.

■ **Flugausstellung Hermeskeil,** Habersberg 1, Hunsrückhöhenstraße (B327), 54411 Hermeskeil, Tel. (06503) 7693, www.flugausstellung. de, 1. April bis 1. Nov. tägl. 10–18 Uhr, Erw. 9 €, Kinder (4–14 J.) 5 €.

### Naturerkundungspfad

Für eine **Wanderung mit Kindern** ist der rund zwei Kilometer lange Hermeskeiler Naturerkundungspfad gut geeignet. Der Rundweg hat kaum Steigungen und kann bequem mit Kinderwagen gelaufen werden. Naturerkundungsstationen zum Mitmachen und Ausprobieren, viele Informationen rund um den Wald und ein toller **Waldspielplatz** locken auch kleine Wandermuffel. Entlang des Weges stehen heimische Gewächse wie Rosskastanien, Sommer- und Winterlinden und verschiedene Ahorne, aber auch Riesenlebensbäume und Mammutbäume, die allerdings noch weit von ihrer eigentlichen Größe entfernt sind.

Start ist im Erholungsgebiet „Im Pflanzgarten", etwas außerhalb von Hermeskeil Richtung Züsch.

## Praktische Tipps

### Informationen

■ **Tourist-Information Hermeskeil,** Langer Markt 30, 54411 Hermeskeil, Tel. (06503) 95350, www.hermeskeil.de, Mo–Fr 10–12 und 14–17 Uhr, Sa 10–12 Uhr, 1. Okt. bis 31. März Sa geschl.

### Unterkunft, Essen und Trinken

■ **Hunsrück-Jugendherberge/Familien- und Jugendgästehaus,** Adolf-Kolping-Str. 4, 54411 Hermeskeil, Tel. (06503) 3097, Kinder bis 3 J. kostenlos, Kinder 4–14 J. erhalten 50 % auf den Gesamtpreis, nur mit DJH-Mitgliedskarte.

■ **Hermeskeiler Hof**②, Restaurant und Brasserie, Neuer Markt 1, Tel. (06503) 9818820, Di–Fr

11–15 und 17.30–0 Uhr, Sa 11.30–0 Uhr, So 11–15 und 17.30–23 Uhr, Mo Ruhetag. Regionale und internationale Gerichte aus saisonalen Produkten, außerdem Mittagstisch. Im Sommer mit großer Terrasse vor dem Feuerwehrmuseum.

■ **Café, Bistro, Bäckerei Louis**④, Langer Markt 3, Tel. (06503) 9535339, www.cafe-louis.de, Mo–Fr 6–18.30 Uhr, Sa 6–13 Uhr, So 7–18 Uhr. Das Bäckerhandwerk hat in der Familie *Louis* bereits eine fast 100-jährige Tradition.

■ **Restaurant Zur Kaul**⑤, Donatusstr. 6, www.restaurant-zur-kaul.de, Di–Fr und So 11.30–14.30 und 18–22 Uhr, Sa 17–22 Uhr, Mo Ruhetag. Zentral gelegen in der Innenstadt von Hermeskeil. Deutsche und Hunsrücker Küche sowie günstiger Mittagstisch.

## Einkaufen

**EigenArt – Natur & Ton,** Lascheiderhof, Triererstr. 210, 54411 Hermeskeil, Tel. (06503) 3700, Di und Fr 10–13 und 15–18 Uhr, Mi, Do und Sa 10–13 Uhr. Die Keramikkünstlerin *Martina Tilch* veranstal-

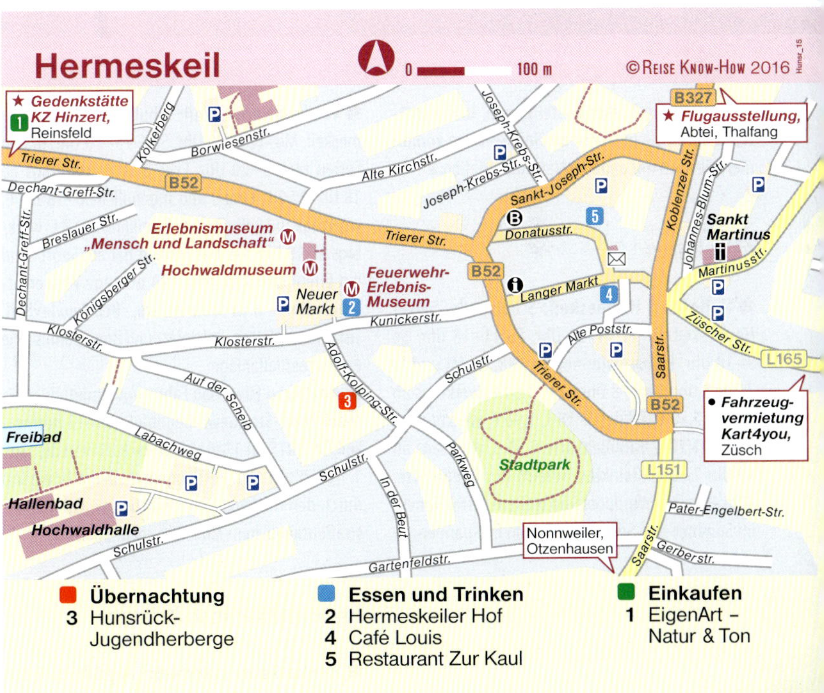

120hu kn

tet regelmäßig Atelierausstellungen. Ihre Kunstwerke formt sie nicht nur aus Ton, sondern kombiniert sie auch mit anderen Naturmaterialien.

## Aktivitäten

- **Hallenbad Hermeskeil:** Schulstraße, 54411 Hermeskeil, Di–Fr 14–21 Uhr, Sa 11–18 Uhr, So 9–18 Uhr, Frühschwimmen Di 7–8.30, Mi und Fr 7.30–8 Uhr, Do 7–8 Uhr. Erw. 3,60 €, werktags ab 19 Uhr 2,50 €, Kinder 6–18 J. 1,90 €, werktags ab 19 Uhr 1,20 €, Familienkarte 9,50 €, werktags ab 19 Uhr 7,30 €. Kleinkind-Bereich mit Quellgrotte, 40m-Rutsche, Whirlpool und weitere Attraktionen, im Sommer eine Sonnenwiese zum Entspannen.

Flugausstellung Hermeskeil

- **Freibad Hermeskeil:** Schulstraße, 54411 Hermeskeil, Mo–Fr 8–20 Uhr, Sa/So 9–20 Uhr, in den Ferien tägl. 9–20 Uhr, Erw. 3,50 €, werktags ab 18 Uhr 2,50 €, Kinder und Jugendliche 6–18 J. 2 €, werktags ab 18 Uhr 1,30 €, Familienkarte 7 €, werktags ab 18 Uhr 5 €. Das Freibad hat ein Sport- und ein Erlebnisbecken, eine 114 m lange Wasserrutsche, einen 5-m-Sprungturm, Beachvolleyball, Tischtennisplatten, Spielplatz und Boulebahn sowie eine Streetballanlage.
- **Kart4you** (Uwe Gau Fahrzeugvermietung): Michael-Felke-Str. (Gewerbegebiet), 54411 Hermeskeil, Tel. (01520) 1746164, www.kart4you.de, tägl. 1. April bis 31. Okt. Bei Sonnenschein macht ein Trip durch den Hochwald im Streetbuggy, Cabrio oder straßentauglichem Kart noch mehr Spaß.

## Feste und Veranstaltungen

- **Hermeskeiler Stadtfest:** Das größte Volksfest im Hochwald findet im Juli statt. Geboten werden ein großes Unterhaltungsprogramm mit Krammarkt und verkaufsoffenem Sonntag. Besonders beliebt auf dem Fest, das die Stadtwerdung Hermeskeils am 4. Juli 1970 feiert, ist der traditionelle Erbseneintopf.

- **Hermeskeiler Kulturherbst:** Seit mehr als 20 Jahren gibt es ein facettenreiches Programm mit Konzerten, Theater, Kabarett und Ausstellungen, Ende September bis Anfang Oktober.
- **Bauern- und Handwerkermarkt:** Die Angebotspalette des Marktes reicht von Lebensmitteln wie Honig, Brot, Wildspezialitäten und Käse bis zu Kunsthandwerk wie Keramik, Schmuck und Holzwaren. Im Oktober.
- **Martinusmarkt:** Am ersten Novembersonntag findet ein Markt mit „fliegenden Händlern" in der Fußgängerzone statt, gleichzeitig ist verkaufsoffener Sonntag.
- **Lichterglanz im Park:** Der Hermeskeiler Weihnachtsmarkt zaubert am dritten Adventswochenende mit einem Hüttendorf festlichen Lichterglanz in den Stadtpark.
- **Wochenmarkt:** Di und Do in der Fußgängerzone.

### Öffentliche Verkehrsmittel

- **Bus:** Rhein-Mosel-Bus L202: Trier – Thomm – Reinsfeld – Hermeskeil, L210: Morbach – Hermeskeil, R200 und R290: Trier – Hermeskeil – Türkismühle. RegioRadler Ruwer-Hochwald RR290: Trier – Hermeskeil – Türkismühle (Mai bis November Sa und So, in den rheinland-pfälzischen Sommerferien auch Mo, Mi und Fr), www.rhein-mosel-bus.de.

# Reinsfeld

Reinsfeld liegt am Fuße des **Rösterkopfes,** mit 708 m der höchste Berg im Osburger Hochwald und der zweithöchste im Hunsrück. Nur der 20 km entfernte Erbeskopf ist noch höher. Das nach Süden verlaufende **Wadrilltal** ist ein Naturschutzgebiet mit vielen Wanderwegen.

### Gedenkstätte „SS-Sonderlager/ KZ Hinzert"

Das „SS-Sonderlager Hinzert" wurde Anfang Oktober 1939 als Polizeihaftlager für straffällig gewordene Westwallarbeiter eingerichtet. Ab 1. Juli 1940 diente es als Durchgangslager für luxemburgische, belgische, französische und niederländische Häftlinge bis zum Weitertransport in die Konzentrationslager in Buchenwald, Natzweiler-Struthof oder Dachau. Im März 1945 wurde das Lager aufgegeben. In den sechs Jahren waren mehr als 13.000 Männer inhaftiert und litten unter dem SS-Terror. 321 Menschen wurden in Hinzert ermordet oder starben an Hunger und Entkräftung.

Das **Dokumentations- und Begegnungshaus** der Gedenkstätte wirkt wie eine riesige, rostige Skulptur, nicht harmonisch in die Landschaft eingebettet, sondern bewusst irritierend. Im Inneren beleuchtet eine Dauerausstellung die Geschichte des Konzentrationslagers Hinzert und den Lageralltag, zeigt Einzelschicksale und die Gräueltaten der Täter.

- **Gedenkstätte der Landeszentrale für politische Bildung,** An der Gedenkstätte, 54421 Hinzert-Pölert, wenige Kilometer von Reinsfeld nahe der A1, www.gedenkstaette-hinzert-rlp.de, Di, Mi, Do, Fr 9–13 und 14–17 Uhr, Sa, So und Fei 14–17 Uhr, Mo geschl. Öffentliche, kostenfreie Führungen jeden 1. und 3. So von April bis Oktober ab 14.30 Uhr.

## Unterkunft, Essen und Trinken

- **Hotel-Restaurant Jägerhof**②, Hunsrückstraße 6, 54421 Reinsfeld, Tel. (06503) 496, www.jaegerhof-reinsfeld.de. Das Hotel-Restaurant liegt direkt am Ruwer-Hochwald-Radweg und in der Nähe des Saar-Hunsrück-Steigs und wird bereits in vierter Generation betrieben. Es gibt eine hauseigene Kegelbahn. Das Restaurant bietet gutbürgerliche Küche und Hochwälder Wildspezialitäten.
- **Gasthaus Reinsfelder Hof**①, Herrensteg 15, 54421 Reinsfeld, Tel. (06503) 981755, www.reinsfelder-hof.de, Di–Fr ab 16 Uhr, Sa ab 11 Uhr, So ab 10 Uhr. Sonntags gibt es als Spezialangebot ein Drei-Gänge-Menü für unschlagbar günstige 10 €.

### Camping

- **Azur-Campingpark,** Parkstr. 1, 54421 Reinsfeld, Tel. (06503) 95123, www.azur-camping.de/reinsfeld, ganzjährig geöffnet. Mit Pool, einem Geschäft, einem Bistro und in der Hauptsaison Kinderbetreuung und Animationsprogramm.

## Öffentliche Verkehrsmittel

- **Bus:** Rhein-Mosel-Bus L202: Trier – Thomm – Reinsfeld, L210: Morbach – Reinsfeld, R200 und R290: Trier – Reinsfeld – Türkismühle. RegioRadler Ruwer-Hochwald RR290: Trier – Reinsfeld – Türkismühle (Mai bis Nov. Sa und So, in den rheinland-pfälzischen Sommerferien auch Mo, Mi und Fr), www.rhein-mosel-bus.de.

## Wandern

### Traumschleife „Frau Holle"

Die knapp 8 km lange Traumschleife „Frau Holle" führt durch den Schwarzwälder Hochwald, das Lauschbach- und das Wadrilltal. Frau Holle ist eine markante Felsformation, die dem Wanderweg den Namen gab. In den Spalten und Löchern des Felshangs sollen ab und an die Augen von Frau Holle zu sehen sein. Einer der Höhepunkte der Strecke ist ein verlassener, aber dennoch beeindruckender Biberdamm am Keller Steg. Start ist am Wanderparkplatz an der B407 zwischen Reinsfeld und Kell am See.

Die Grimburg

121hu kn

# Grimburg

Etwa zwei Kilometer außerhalb von Grimburg, einem kleinen Ort im Hochwald südwestlich von Hermeskeil, liegt die mittelalterliche **Burg Grimburg.** Sie wurde um 1150 erbaut und nach ihrer Zerstörung 1190 als Landesburg der Trierer Erzbischöfe wiedererrichtet. Im 14. Jh. erhielt sie die Stadtrechte, zu dieser Zeit gehörten mehr als 40 Dörfer zum Amt Grimburg. Vermutlich ging es 1512 auf der Burg äußerst glanzvoll zu, als Kaiser *Maximilian I.* persönlich mit seinem Gefolge auf der Burg verweilte. 1522 nahm *Franz von Sickingen* die Burg ein – und zwar kampflos. Während der französischen Réunionskriege wurde das Amt nach Lascheid bei Hermeskeil verlegt, die beschädigte Burg aufgegeben und später als Steinbruch genutzt.

Ab 1978 begann ihre Freilegung. Der Bergfried, die Burgmauer, der Hexenturm und weitere Türme und Bauteile wurden wieder aufgebaut. Ein geheimnisvoller Fund trat bei Grabungen im Untergeschoss des Bergfrieds zutage: mehrere gefälschte Münzen aus dem 14. Jh., außen verzinnt oder versilbert, innen aber aus einer Kupferlegierung. Für wen der Falschmünzer die kurtrierischen Halbschillinge und die luxemburgischen Plaques herstellte, wird wohl ein Geheimnis bleiben.

Ein dunkles Kapitel in der Geschichte der Burg begann um 1600 mit den **Hexenprozessen** auf der Grimburg. Die Häufung von Unwettern, schlechte Ernten oder gar Missernten führten zu Verfolgung und Folterung vermeintlicher Hexen. Denn eine andere Erklärung, als dass böse Hexen am Werk sein mussten, hatte man nicht. Heute weiß man, dass die sogenannte Kleine Eiszeit ab Ende des 14. Jh. einer der Gründe für die Klimaverschlechterung war. Die Angeklagten wurden im **Hexenturm** der Grimburg eingesperrt und gefoltert. Die Hexenprozesse fanden zwar auf der Grimburg statt, also vor dem Hochgericht, die Hinrichtungen aber in den Heimatdörfern der Verurteilten. Das ganze Dorf musste erscheinen und der Verbrennung beiwohnen. Im Hexenturm fand man eine schwere Kette, mit der die Angeklagten an der Turmmauer festgekettet waren.

## Burg- und Hexenmuseum

**Mein Tipp:** Einen Überblick über die Burggeschichte gibt das Burg- und Hexenmuseum von Grimburg. Auch dem Thema Hexenverfolgung widmet sich das kleine Museum im Ortskern gegenüber der Kirche St. Medardus sehr aufschlussreich. In einem typischen Bauernhaus aus dem 18. Jh. werden neben den Ausgrabungsfunden auch die Gräueltaten der Hexenverfolgung in der Hochwaldregion thematisiert.

- **Burg- und Hexenmuseum,** Hauptstr. 16, 54413 Grimburg, Sa und So 14–17 Uhr, April bis Okt. nur So 14–17 Uhr, Erw. 1,50 €, Kinder 6–15 J. 1 €, Familien 4 €.

## Unterkunft, Essen und Trinken

- **Gasthaus und Pension Grimburger Hof**②, Grimburger Hof 1, 54413 Grimburg, Tel. (06589) 357, www.grimburger-hof.de, Mi–Sa ab 15 Uhr, So ab 10 Uhr, Mo und Di geschl. Idyllisch am Fuße der Burg gelegen, unmittelbar am Saar-Hunsrück-Steig. Im Sommer können Wanderer im Biergarten eine verdiente Erholungspause einlegen. Das Restaurant serviert gutbürgerliche Küche.

- **Hochwaldalm Wadrill,** Tel. (0177) 4208443, www.hochwald-alm.de, Sa, So und Fei ab 11 Uhr, Mo–Fr ab 14 Uhr, 15. Nov. bis 15. März Fr ab 14 Uhr, Sa und So ab 11 Uhr, Mo–Do geschl. Die Hütte auf der einzigen Jungvieh-Alm der Region ist ein beliebtes Ausflugsziel. Sie liegt in 564 Metern Höhe zwischen Grimburg und Wadrill. Vor allem Wanderer auf dem Saar-Hunsrück-Steig machen in der Hütte mit gemütlichem Biergarten Pause.

### Öffentliche Verkehrsmittel

- **Bus:** L216: Hermeskeil – Grimburg – Wadern (www.vrt-info.de).

# Kell am See

Zwischen dem Osburger und dem Schwarzwälder Hochwald liegt Kell am See in der Keller Mulde. Der zwischen 1969 und 1972 angelegte **Stausee** gut einen Kilometer außerhalb des Ortes ist rund 14 Hektar groß und wird gespeist von Kreidbach, Fronbach und Lehbach. Um ihn herum führt ein zwei Kilometer langer Uferweg. Baden ist im Keller Stausee nicht erlaubt, aber gleich nebenan gibt es das Freibad Hochwald.

Wandern und Radfahren stehen in der Gegend rund um den Keller See im Vordergrund. Ein dichtes Wanderwegenetz lockt in die Natur. Auf den Höhenzügen mit ihren ausgedehnten Wäldern

123hu kn

gibt es keine Siedlungen und in den lichten Birkenhainen begegnet man oft stundenlang keiner Menschenseele – Ruhe und Erholung sind also garantiert.

# Praktische Tipps

## Informationen

■ **Hochwald-Ferienland e.V.,** Bahnhofstr. 25, 54427 Kell am See, Tel. (06589) 1044, www.hochwald-ferienland.de, Mo–Fr 9–13 und 14–17 Uhr, Juli bis Okt. zusätzl. Sa 10–12 Uhr.

## Unterkunft, Essen und Trinken

### Im Ort

**MEIN TIPP:** **Hotel Zur Post**③, Hochwaldstr. 2, 54427 Kell am See, Tel. (06589) 91710, www.postkueche.de. Mo, Mi, Do 12–14 und 18–21 Uhr, Fr 12–14 und 18–22 Uhr, Sa 18–22 Uhr, So 12–14 Uhr, Ostern bis Oktober Sa 12–22 Uhr, So und Fei 12–20 Uhr. Der Küchenchef legt Wert auf regionale, frische Zutaten. Davon kann sich der Gast im **Restaurant**② auch selbst überzeugen, denn für die Aktionsbuffets wird direkt vor seinen Augen gekocht. Einfallsreiche Kartoffelgerichte wie die köstlichen Hochwälder Röstinchen sind besonders zu empfehlen. Im Hotel finden Fahrradfahrer besonders viel Service, denn der Hotelbesitzer ist selbst leidenschaftlicher MTB-Fahrer und bietet geführte Touren und Pauschalen an. Außerdem können Fahrräder und E-Bikes ausgeliehen werden.

☐ Der beschauliche Stausee bei Kell

■ **Landhotel Haus Doris**②, Nagelstr. 8 / Ruwerstr. 9, 54427 Kell am See, Tel. (06589) 7110, www.landhotel-haus-doris.de, Do–Di 12–14 und 18–22 Uhr, Mi Ruhetag. In dem urigen Restaurant wird Hochwälder Küche serviert, je nach Saison gibt es Löwenzahn-, Spargel-, Kartoffel- oder Pfifferlingtage.

■ **Hotel Brasserie „Typisch"**③, Hochwaldstr. 1, 54427 Kell am See, Tel. (06589) 346, www.hoteltypisch.com. Modern eingerichtete Zimmer, EZ ab 49 €. In der gemütlichen Brasserie serviert man internationale Gerichte. Da die Hotelbesitzer aus den Niederlanden kommen, gibt es auch leckere, holländische Pfannkuchen.

### Am Keller See

■ **Hotel-Restaurant Fronhof**③, Am Stausee, 54227 Kell am See, Tel. (06589) 1641, www.hotel-fronhof.de. Das Hotel gehört zu einem Gestüt, das direkt am See liegt. Im Restaurant und auf der Terrasse mit Seeblick werden saisonale Küche und täglich frischer Kuchen serviert. Das Gestüt bietet neben Reitunterricht und Ponyreiten auch komplette Reiterferien.

■ **Restaurant & Café Haus am See,** Seeuferweg, 54427 Kell am See, Tel. (06589) 9189100 oder (06589) 1641, www.haus-am-see-kell.de, Mi–Mo 11–22 Uhr, Di geschl. Im wunderschön am Stausee gelegenen Restaurant werden Gerichte aus regionalen Produkten und Kaffee und Kuchen serviert. Von der Terrasse direkt am Wasser lässt sich der Ausblick auf den See genießen.

■ **Seehotel**④, Seeuferweg, 54427 Kell am See, Tel. (06589) 180, www.seehotel-kell.de. Mit Wellnessangeboten wie Spa, Yoga, Massagen, Sauna, Fitnessraum, Kosmetik und Fußpflege. EZ ab 49 €.

■ **Landal Hochwald,** 54427 Kell am See, Tel. (0589) 91470, www.landal.de/hochwald. Idyllisch zwischen Waldrand und Stausee gelegenes Feriendorf, 204 Ferienhäuser und zehn Mobilheime, Hallenschwimmbad und Planschbecken, Sauna, Indoor-Spielplatz, Bowling u.v.m.

### Camping

■ **Campingplatz Kell am See,** An der L143, 54427 Kell am See, Tel. (06589) 1695, www.kell-am-see.de. Idyllisch in einem Waldstück zwischen Kell am See und Schillingen gelegen, zehn Fußminuten vom Stausee entfernt. Auf dem Gelände liegt auch das Freibad Hochwald, für Camper ist die Benutzung frei.

## Aktivitäten

■ **Freibad Hochwald:** Am Campingplatz, Tel. (06589) 1695. Ende Mai bis Ende August tägl. 9–19 Uhr, Kinder (ab 6 J.) und Jugendl. 2,70 €, Erw. 3,80 €, Feierabendpreise Erw. 2,20 €, Kinder und Jugendl. 1,60 €. Das mitten in einem Waldstück zwischen Kell am See und Schillingen gelegene, beheizte Freibad wurde vor Kurzem renoviert. Es bietet ein Nichtschwimmerbecken mit Breitrutsche, Schwimmer- und Sprungbecken mit Drei-Meter-Sprungturm, ein Planschbecken mit Sonnensegel und Beach-Volleyball.

■ **Kletterwald Kell am See:** am Feriendorf Landal Hochwald, 54427 Kell am See, Tel. (0173) 5982960, www.kletterwald-kell.de, März, April, Mai, Sept., Okt. Di–Fr 13–17 Uhr, Sa, So, Ferien, Feier- und Brückentage 11–18 Uhr, Mo nach Vereinbarung, Juni, Juli, Aug. Mo–Fr 10–19 Uhr, Sommerferien 10–19 Uhr. Erw. 17 €, Jugendl. bis 18 J. 14 €, Kinder bis 12 J. 10 €. Zu den Höhepunkten der fünf verschiedenen Parcours zählen der Mega-Tarzansprung und die Riesenseilbahn. Bei den Kinderparcours können die Eltern nebenherlaufen.

■ **Mini-Soccer:** Arenswiese gegenüber dem Feriendorf Landal Hochwald, Tel. (06589) 9187630, www.boys-mini-soccer.de, Mi, Do, Sa 14–19 Uhr, Fr 14–21, So 11–19 Uhr, Erw. 3,50 €, Kinder bis 12 J. 3 €. Die einzigartige, 2011 eröffnete Mini-Soccer-Anlage ist eine Art Minigolf für kleine Fußballer.

■ **Segelflugplatz Kell am See:** Gästerundflüge können über die Tourist-Information Kell am See (s.o.) gebucht werden. Schnupperkurse sind ebenfalls möglich, Informationen erteilt der Segelflugverein Kell am See, Flugplatzgaststätte, Tel. (06589) 7777.

■ **Angeln:** Für 7 € pro Tag sind Tagesscheine für Angelscheinbesitzer an der Rezeption des Feriendorfs Landal Hochwald und im Hotel-Restaurant Fronhof erhältlich.

■ **Tretboote oder Ruderboote** kann man für 5 € pro halbe Stunde im Haus am See mieten (Tel. (06589) 1641, www.haus-am-see-kell.de).

■ **Natureisbahn:** Bei entsprechender Witterung sorgt die Natureisbahn am Stausee zwischen Ende November und Februar mit Musik, Flutlicht und Eishockeytoren für Spaß. Am Wochenende können sich Schlittschuhläufer mit Glühwein und heißer Schokolade aufwärmen.

## Feste und Veranstaltungen

MEIN TIPP: **Seefest mit Bauern- und Handwerkermarkt:** An verschiedenen Punkten des zwei Kilometer langen Seeuferweges bieten am letzten Sonntag im Juli rund 100 Stände Kunsthandwerkliches wie Schmuck, Gartendekoration oder Handarbeitssachen und Kulinarisches. Ansässige Gastronomen sorgen mit ihren Ständen für das leibliche Wohl.

■ **Keller Kirmes:** Die St. Bartholomäuskirmes ist ein für die Region recht großes Volksfest mit Krammarkt am letzten Wochenende im August. Auf der Tierschau wird die schönste Kuh zur „Miss Hochwald" gewählt.

## Öffentliche Verkehrsmittel

■ **Bus:** Rhein-Mosel-Bus R290: Trier – Hermeskeil – Türkismühle. RegioRadler Ruwer-Hochwald RR290: Trier – Hermeskeil – Türkismühle (Mai bis Nov. Sa und So, in den rheinland-pfälzischen Sommerferien auch Mo, Mi und Fr), www.rhein-mosel-bus.de.

# Schillingen

Eine Besonderheit der Gegend um Schillingen, Nachbarort von Kell am See, sind die Wiesen mit **wilden Narzissen.** Früher gab es die auffälligen Frühblüher überall in Europa, heute findet man sie nur noch im Hunsrück und in der Eifel. Die Narzissen sind zwar durch die intensive Landwirtschaft auch im Hochwald selten geworden, doch es gibt noch einzelne Narzissenwiesen im Ruwertal und bei Schillingen, zum Beispiel in der Nähe des **Fleschfelsens.** Jedes Jahr werden die gelben Frühjahrsboten mit einem Narzissenfest inklusive Narzissenkönigin begrüßt.

Am Ortsrand fungiert der kleine **Schillinger See** als Freizeitanlage mit Barfußpfad und Angelmöglichkeit.

## Essen und Trinken

**Mein Tipp:** **Gasthaus Pension Maßem**②, Trierer Str. 1, 54429 Schillingen, Tel. (06589) 1682, www.gasthaus-massem.de, Mo 16–22 Uhr, Mi–Sa 9–22 Uhr, So 10–22 Uhr. Das **Gasthaus**① ist seit mehr als 140 Jahren in Familienbesitz und serviert gutbürgerliche Küche und Wild, dazu Weine von Mosel, Saar und Ruwer. Dazu gehört eine Metzgerei, die auch Wurstwaren von Rotwild und Wildschwein verkauft.

■ **Spießbratenhalle**①, etwas außerhalb am kleinen Schillinger See, Tel. (06589) 618, www.spiessbratenhalle.com, Di–Sa ab 11 Uhr, So ab 10 Uhr. Abgesehen von Spießbraten sind „Mippel-

Narzissenwiese bei Schillingen

124hu kn

cher an Speckrahmsauce" (kleine Häppchen aus Kloßteig) die Spezialität des Hauses. Außerdem zahlreiche Schnitzel- und Steakvarianten und täglich wechselnder Mittagstisch.

## Aktivitäten

- **Angeln** am Schillinger See: Für 8 € sind Tagesangelscheine in der Spießbratenhalle am See erhältlich.

## Öffentliche Verkehrsmittel

- **Bus:** L33: Trier – Schillingen – Hermeskeil (www.vrt-info.de).

## Wandern

### Schillinger Panoramaweg

Der 15 km lange Weg führt rund um Schillingen und startet an der Freizeitanlage des Ortes am Schillinger See. Er bietet eine ganze Reihe toller Ausblicke in den Schwarzwälder Hochwald. Die Strecke kann auf 11 bzw. 13 km abgekürzt werden.

### Zum Fleschfelsen

Ebenfalls an der Freizeitanlage Schillingen startet der Wanderweg „Das Wandern ist der Wassertiere Lust". Markiert ist die 8 km lange Route mit „RuT1". Sie führt am Schillinger See vorbei durch die Aue des Flonterbachs, wo im Frühjahr wilde Narzissen blühen, bis ins **Ruwertal.** Hauptattraktion ist der mächtige Fleschfelsen. Eine genaue Wegbeschreibung ist in der Touristinformation Kell am See erhältlich.

# Im Ruwertal

Am 708 m hohen **Rösterkopf,** dem höchsten Berg im Osburger Hochwald, entspringt die Ruwer. Der kleine Mittelgebirgsfluss mündet nahe Trier in die Mosel und ist für die guten Weinlagen in diesem Abschnitt bekannt. In ihren Quellmulden liegen Moore und Bruchwälder. Besonders sehenswert ist der **Weyrichsbruch im Ruwer-Quellgebiet** zwischen Reinsfeld und Kell am See. Um das sensible Pfeifengras und die Torfmoorpolster des rund sieben Hektar großen Quellmoores zu schonen, führt ein 300 Meter langer Holzsteg durch das Moor. Dieser Knüppeldamm ist auch Teil des 10 km langen Rösterkopf-Rundwanderweges.

In ihrem weiteren Verlauf durchfließt die Ruwer **Kell am See** und die Keller Mulde. Bei **Zerf** ändert sie ihre Richtung und fließt in einer großen Biegung um den südlichen Osburger Hochwald und weiter nach Norden. In diesem Gebiet gibt es imposante **Naturdenkmäler** zu entdecken wie den Fleschfelsen zwischen Mandern und **Schillingen,** den Heckelbuschfelsen im Schillinger Forst, den Hohen Fels bei **Schömerich** oder den mächtigen Seiferingstein bei **Schöndorf.**

**Mein Tipp:** Das kleine Dorf **Sommerau** liegt direkt an der Ruwer. Erstaunlich ist, dass der kleine Fluss bereits im 13. Jh. begradigt wurde, indem man an der schmalsten Stelle der Ruwerschleife eine Verbindung grub. Seit dieser historischen Flussbegradigung rauscht das Wasser schäumend über die Felsen und bildet einen idyllischen **Wasserfall.**

122hu kn

Überragt wird Sommerau von einer **Burgruine** aus dem 13. Jh. Im Dreißigjährigen Krieg erlitt sie große Schäden, die Nutzung als Steinbruch im 19. Jh. tat das Übrige. Die Burgruine ist frei zugänglich und idealer Ort für ein romantisches Picknick.

Zwischen Sommerau und Osburg liegt die **Riveristalsperre,** die den Ruwer-Nebenfluss Riveris aufstaut. Sie wurde von 1954 bis 1958 als Trinkwasserreservoir für die Stadt Trier erbaut. Um den Stausee, der ein Fassungsvermögen von fünf Millionen Kubikmetern hat, führt ein schöner, knapp acht Kilometer langer Rundweg.

**Mein Tipp:** Charakteristisch für das Ruwertal sind die Mühlen. In der **Karlsmühle in Mertesdorf,** kurz vor der Mündung in die Mosel, lassen Gebäudereste darauf schließen, dass die Mühle ursprünglich eine Gesteinsmühle war, in der schon die Römer mit Wasserkraft Marmorblöcke sägten. Ein Grabrelief, das ganz in der Nähe der Karlsmühle gefunden wurde, zeigt hinter einem römischen Paar einen Mühlstein. Damit gilt die Karlsmühle als älteste Gesteinsmühle nördlich der Alpen. Heute ist die Karlsmühle ein Weingut mit Hotel und Restaurant, das wegen des tollen Ambientes, der Live-Musik und der hervorragenden Weine als Ausflugsziel geschätzt wird (s.u.).

Relikt der Hochwaldbahn am Ruwer-Hochwald-Radweg

## Ruwer-Hochwald-Radweg

**Mein Tipp:** Der rund 50 Kilometer lange Ruwer-Hochwald-Radweg folgt dem Lauf des kleinen Flüsschens Ruwer. Die sehr beliebte Route führt von Hermeskeil bis zum Ort Ruwer bei Trier an der Mosel und verläuft auf der **alten Trasse der Hochwaldbahn.** Insgesamt 20 Brücken werden bei der Tour überquert. Die Strecke passiert große Waldgebiete, idyllische Auen und pittoreske Weindörfer. Da es auf den 50 Kilometern stetig sanft bergab geht, ist der Radweg auch für weniger Sportliche geeignet.

Der letzte Streckenabschnitt durchquert ein **Weinbaugebiet.** Landgasthöfe und Weingüter mit Gastronomie laden zu Pausen bei einem Riesling von der Ruwer ein.

Der Ruwer-Hochwald-Radweg ist an den **Radlerbus** angeschlossen, der Ausflügler am Wochenende, in den rheinland-pfälzischen Sommerferien auch täglich, wieder zurück zum Ausgangspunkt bringt (www.regioradler.de). Detaillierte Informationen über den Ruwer-Hochwald-Radweg gibt es unter www.ruwer-hochwald-radweg.de.

## Essen und Trinken

- **Gut Sommerau**①, Bachweg 3, 54317 Sommerau, Tel. (06588) 9878858, www.gut-sommerau.de, Di–Fr 16–22.30 Uhr, Sa und So 11–22.30 Uhr, Mo Ruhetag. Sehr schönes Ambiente und eine tolle Terrasse direkt am Ruwer-Hochwald-Radweg. Neben italienischen Weinen auch Riesling vom Sommerauer Schlossberg.
- **Hotel-Restaurant Karlsmühle**③, Im Mühlengrund 2, 54318 Mertesdorf, Tel. (0651) 5123, www.karlsmuehle.de. Gemütliches Hotel in schöner Lage mit 42 Zimmern. Im Restaurant (Mo–Fr 17.30–22 Uhr, Sa, So und Fei 12–22 Uhr) und im Biergarten werden Wildspezialitäten, Flammkuchen, Forellen aus eigener Zucht und Weine aus eigenem Anbau serviert. Jeden Mittwoch gibt es Live-Musik mit Blues, Jazz, Rock und Pop (Programm siehe Website). Archäologische Funde wie Mauerwerk und Reste von Marmorsteinen lassen darauf schließen, dass es die Karlsmühle bereits in der Römerzeit gab. In der Gesteinsmühle wurden Marmorblöcke für Fußböden und Wände zurechtgesägt.

## Feste und Veranstaltungen

- **Karl-May-Festspiele Pluwig:** Auf der Freilichtbühne in Pluwig finden alle zwei Jahre in den Sommermonaten die Karl-May-Festspiele statt. Etwa 13.000 Zuschauer frönen dann den Aufführungen mit Winnetou und Old Shatterhand, tapferen Indianern und tollkühnen Revolverhelden, garniert mit Explosionen und viel Action (Pluwiger Hammer, Abfahrt an der K63 im Gusterather Tal, 54316 Pluwig, www.karl-may-freunde.de).

# Fell und Thomm

Fell, zwischen Osburger Hochwald und Mosel gelegen, ist nicht nur ein Weinanbauort, es war auch lange eine **Bergbau siedlung.** Im Noßerntal zwischen Fell und Thomm wurde von 1500 bis 1964 in mehr als 100 Gruben Dachschiefer abgebaut. Aus den Stollen „Barbara" und „Hoffnung" entstand das Besucherbergwerk Fell. Auch Thomm ist ein ehemaliges Bergwerkdorf und hat viele Zeugnisse aus der Zeit des Schieferabbaus bewahrt.

**MEIN TIPP:** Berühmt ist der **Thommer Viez.** Die Apfelweinkelterei Gorges (Kirchstr. 10) stellt ihn her, ausgeschenkt wird er unter anderem im Bistro WeinStein im Besucherbergwerk in Fell.

## Besucherbergwerk Fell

70 m unter Tage demonstrieren lebensgroße Figuren mit historischen Werkzeugen die gefahrvolle Arbeit der sogenannten Layenbrecher in den Stollen, die auch imposante Weitungen haben. Das Museum ist ansprechend und modern eingerichtet und informiert nicht nur über die Geschichte des Schieferbergbaus in Fell, sondern auch über die Themen Wein, Geologie und Naturschutz.

Der **Grubenwanderweg** unterhalb des Besucherbergwerks ist ein Lehrpfad, der an den zahlreichen Bergbauspuren wie Halden, alten Stollen oder Förderwagen aus der Zeit der Dachschiefergewinnung vorbeiführt. Festes Schuhwerk ist erforderlich.

- **Besucherbergwerk Fell,** Auf den Schiefergruben, 54341 Fell, Tel. (06502) 994019, www.bergwerk-fell.de, 1. April bis 31. Okt. Di–So und Fei 10–18 Uhr (letzte Führung 17 Uhr), Nov. bis März Winterpause, Kinder 6–17 J. 4 €, Erw. 6,50 €, Familien 18 €.

## Essen und Trinken

- **Bistro WeinStein,** im Besucherbergwerk Fell, Tel. (06502) 988588. Ausgeschenkt werden Weine von Feller Winzern, außerdem gibt es Pommes, Currywurst, Eis, Kaffee und Kuchen. Unbedingt probieren sollte man den Thommer Viez.

## Feste und Veranstaltungen

- **Feller Markt:** Am dritten Septemberwochenende findet das Weinfest in Fell statt. Die Feller Winzer präsentieren ihre Weine bei einer großen, öffentlichen Weinprobe (Infos unter www.fellermarkt-mosel.de).

## Öffentliche Verkehrsmittel

- **Bus:** Rhein-Mosel-Bus R200 : Trier – Thomm – Hermeskeil – Türkismühle.

## Wandern

### Traumschleife „Schiefer-Wackenweg"

Die 12 km lange, mittelschwere Route führt durch das idyllische Noßerntal vorbei an Relikten des Dachschieferbergbaus bis zum Besucherbergwerk Fell und wieder zurück nach Thomm. Start ist an der Kirche in **Thomm.**

www.fotolia.de © Conny S

# 8 Trier

Deutschlands älteste Stadt ist ein ideales Ziel für Tagesausflüge. Aus allen Regionen des Hunsrücks ist die Moselstadt schnell zu erreichen. Der Besuch lohnt sich: In der Innenstadt reiht sich eine historische Sehenswürdigkeit an die nächste und die Fußgängerzone ist ein wahres Einkaufsparadies.

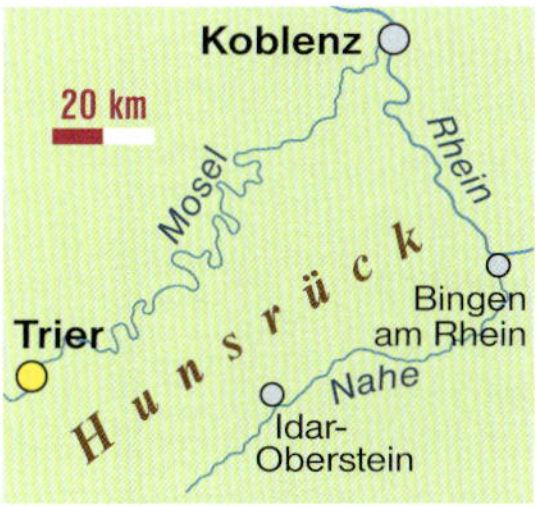


‹ Die römische Porta Nigra, das Wahrzeichen von Trier

# TRIER

## Weltkulturerbe und Pilgerstadt

Die viertgrößte Stadt von Rheinland-Pfalz erstreckt sich in einem weiten Tal der Mosel ganz im Westen des Landes, eingebettet zwischen den Hochflächen des Hunsrücks und der Eifel und nicht weit von der Grenze zu Luxemburg. Mit ihrer über 2000-jährigen Geschichte bietet die großartige Römerstadt eine Fülle antiker Denkmäler, von der Porta Nigra über die Konstantinbasilika bis zu den Kaiserthermen oder dem Amphitheater. Doch auch alle anderen Kunstepochen haben in der Moselmetropole ihre Spuren hinterlassen. Heute leben mehr als 100.000 Menschen in Trier, davon rund 15.000 Studenten.

Allein der **Dom** ist eine Mischung aus europäischen Baustilen: Im Kern römisch, vereint er darüber hinaus Romanik, Gotik, Barock und sogar die Moderne. Ganz anders die **Liebfrauenkirche** gleich neben dem Dom. Sie ist, architektonisch gesehen, aus einem Guss und gilt als frühestes Beispiel einer gotischen Kirche in Deutschland. Beide haben gemeinsam, dass sie **UNESCO-Weltkulturerbestätten** sind, so wie fünf weitere Trierer Baudenkmäler: Das Amphitheater, die Barbarathermen, die Kaiserthermen, die Thermen am Viehmarkt und die Porta Nigra dürfen sich ebenfalls mit diesem Titel schmücken. Als Stadt hat Trier damit die größte Zahl an Weltkulturerbestätten deutschlandweit.

Trier ist außerdem Pilgerstadt, mit einer **Wallfahrt zum Heiligen Rock** im Dom und zum **Grab des Apostels Matthias** in der Benediktinerabtei St. Matthias. Außerdem ist die Stadt der Geburtsort von **Karl Marx.** Am 5. Mai 1818 erblickte er in der Brückenstraße 10 das Licht der Welt. Tausende Touristen aus China pilgern jährlich zu seinem Geburtshaus.

**NICHT VERPASSEN!**

- Das römische Stadttor **Porta Nigra** | 340
- Der Domfreihof mit dem **Dom St. Peter** und der **Liebfrauenkirche** | 345
- Das **Rheinische Landesmuseum** und sein Trierer Goldschatz | 350
- Das **Amphitheater** – mit Wasser gefüllt, wurden darin Schiffsschlachten nachgestellt | 350
- Spätbarocke Kirchenbaukunst in **St. Paulin** | 354

**Diese Tipps erkennt man an der gelben Hinterlegung.**

[>] Blick vom Kreuzgang auf Liebfrauenkirche und Dom

146hu kn

# Stadtgeschichte

Um 250 v. Chr. besiedelte der keltische Stamm der **Treverer** das Gebiet der heutigen Stadt. Die Römer errichteten im Jahr 30 v. Chr. ein Militärlager auf dem Petrisberg und 18/17 v. Chr. die erste **Brücke über die Mosel.** Die Römerbrücke wird auch heute noch genutzt und ist die älteste Brücke Deutschlands. Ebenfalls 17. v. Chr. gründete Kaiser *Augustus* die Stadt **Augusta Treverorum** (lat. „Stadt des Augustus im Land der Treverer"). Ende des 2. Jh. errichteten die Römer das Amphitheater mit Platz für bis zu 20.000 Zuschauern. Um 180 n. Chr. wurde im Zuge des Baus einer Stadtmauer auch die Porta Nigra als eines von damals vier Stadttoren errichtet.

*Eucharius* wurde um 270 n. Chr. erster **Bischof** von Trier. Alemannen und Franken zerstörten im 3. Jh. die Stadt. Nach dem Wiederaufbau entwickelte sich Augusta Treverorum zur größten römischen Stadt nördlich der Alpen. Sie wurde **Kaiserresidenz,** *Konstantin der Große* verwaltete von hier aus das Weströmische Reich. Im Jahr 316 verlegte er seine Residenz von Trier nach Byzanz (später *Konstantinopel* genannt). 324 wurde *Konstantin* Alleinherrscher über das römische Imperium und Kaiser des gesamten Reiches. Über einem Teil des Palastes von Kaiserin *Helena,* der Mutter *Konstantins,* errichtete man im 4. Jh. eine Doppelkirchenanlage.

Im 5. Jh. übernahmen die **Franken** die Macht im Trierer Land. 882 eroberten die **Wikinger** Trier und zerstörten

# Trier

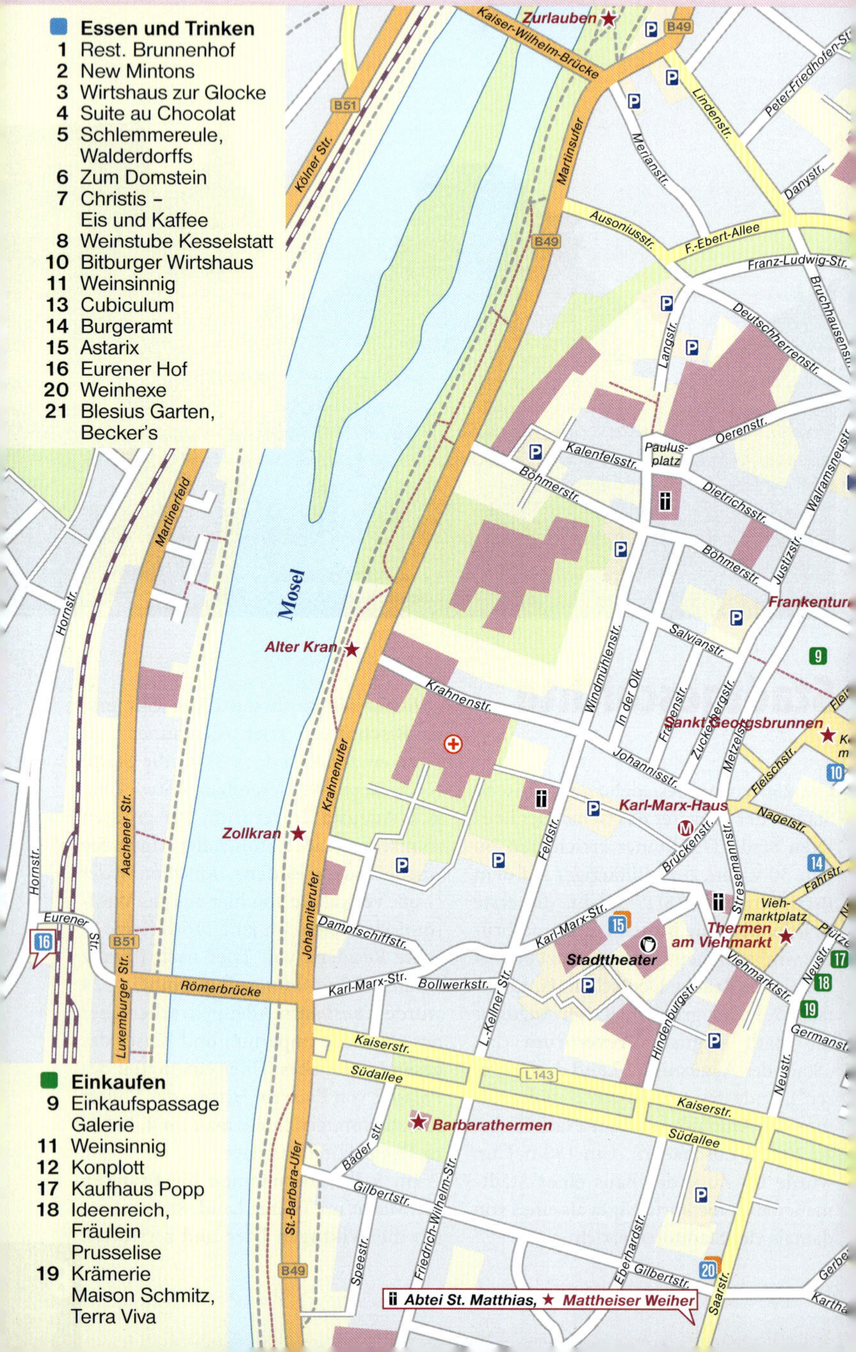


**Essen und Trinken**

1 Rest. Brunnenhof
2 New Mintons
3 Wirtshaus zur Glocke
4 Suite au Chocolat
5 Schlemmereule, Walderdorffs
6 Zum Domstein
7 Christis – Eis und Kaffee
8 Weinstube Kesselstatt
10 Bitburger Wirtshaus
11 Weinsinnig
13 Cubiculum
14 Burgeramt
15 Astarix
16 Eurener Hof
20 Weinhexe
21 Blesius Garten, Becker's

**Einkaufen**

9 Einkaufspassage Galerie
11 Weinsinnig
12 Konplott
17 Kaufhaus Popp
18 Ideenreich, Fräulein Prusselise
19 Krämerie Maison Schmitz, Terra Viva

©Reise Know-How 2016

die Stadt. 958 wurde das Marktkreuz als Symbol für das von König *Otto I.* erhaltene Marktrecht aufgestellt. Der griechische Mönch *Simeon* ließ sich im Jahr 1030 in den Ostturm der Porta Nigra einmauern. Nach seinem Tod 1035 wurde der Einsiedler heiliggesprochen. Gleichzeitig ließ Erzbischof *Poppo von Babenberg* die Porta Nigra zu einer Doppelkirche umbauen und das **Simeonstift** wurde gegründet.

1522 griff Ritter *Franz von Sickingen* Trier an, doch die Belagerung scheiterte, er zog erfolglos wieder ab. 1674/1675 besetzten **französische Truppen** die Stadt und zerstörten sämtliche Klöster. Französische Revolutionstruppen zogen 1794 in Trier ein, 1804 ordnete *Napoleon* den Abriss der Simeonskirche an, die Teil der Porta Nigra war. Auch alle anderen religiösen Bauten wurden säkularisiert.

Zehn Jahre später wiederum zogen preußische Truppen in die Stadt ein. Bis 1945 gehörte Trier zur **preußischen Rheinprovinz.** 1912 baute man eine zweite Brücke über die Mosel, sie erhielt den Namen Kaiser-Wilhelm-Brücke. 1944 wurde Trier bei Bombenangriffen stark zerstört. Als dritte Moselbrücke wurde die Konrad-Adenauer-Brücke 1973 errichtet. Im Jahr 1986 feierte man das 2000-jährige Bestehen der Stadt und 2010 das 500-jährige Jubiläum der ersten Heilig-Rock-Ausstellung.

[>] Die imposante Porta Nigra zählt zum UNESCO-Welterbe

# Sehenswertes

## Im Zentrum

Als Ausgangspunkt für einen Spaziergang durch die Stadt bietet sich die Porta Nigra an. Die Tourist-Information liegt gleich nebenan.

### Porta Nigra

Die Porta Nigra ist Triers **Wahrzeichen** und das am besten erhaltene **römische Stadttor** nördlich der Alpen.

Das „Schwarze Tor" wurde ungefähr 180 n. Chr. erbaut und war eines von insgesamt vier Toren, die zur Stadtmauer gehörten. Im Jahr 1030 ließ sich der griechische Mönch *Simeon* in den Ostturm der Porta Nigra einmauern. Nach seinem Tod 1035 wurden die Gebeine des Einsiedlers in der Porta Nigra begraben, der Eremit wurde heiliggesprochen. Erzbischof *Poppo von Babenberg* ließ zu Ehren *Simeons* zwei übereinanderliegende Kirchen in das Stadttor einbauen. Die Umwandlung zu einer **Doppelkirche** (1036–1802) ist auch der Grund, warum die Porta Nigra trotz ihrer wechselhaften Geschichte in einem so guten Zustand erhalten blieb. 1802 ließ *Napoleon* Kirche und Stift aufheben und bald darauf alle kirchlichen Anbauten entfernen.

Der Name „Schwarzes Tor" wurde der Porta Nigra erst im Mittelalter verpasst. Eigentlich sind die bis zu sechs Tonnen schweren Quader, aus der sie erbaut wurde, aus hellem Sandstein. Doch Brände und Umwelteinflüsse haben das Gestein dunkel werden lassen. Die Trierer nennen das Stadttor schlicht „die Porta".

Ebenso spannend wie lehrreich sind die **Erlebnisführungen** in der Porta Nigra, zum Beispiel mit einem römischen Zenturio oder einem Römer, der das typische Gewand, die Toga, trägt. Karten sind nebenan in der Tourist-Information erhältlich.

■ **Porta Nigra,** Simeonstr., April bis September 9–18 Uhr, Nov. bis Feb. 9–16 Uhr, Okt. und März 9–17 Uhr, Erw. 3 €, ermäßigt 2,50 €, Kinder und Jugendliche (6–17 J.) 2 €, Kinder unter 6 Jahren frei, Familien (1 Erw. und bis 4 Kinder) 3 €, Familien (2 Erw. und bis 4 Kinder) 6 €, Multimediaguide Erw. 2 €, Kinder 1 €.

## Stadtmuseum Simeonstift

Als die antike Porta Nigra zur Doppelkirche St. Simeon ausgebaut wurde, errichtete man nebenan ein Stiftsgebäude für Kanoniker. Das Besondere und in Deutschland einzigartig ist der **zweistöckige Kreuzgang.** Bis 1802 blieb das Stift bestehen, dann wurde auf Befehl von *Napoleon* das Kloster aufgehoben und das Gebäude privatisiert.

Seit 1904 ist das Stadtmuseum im Simeonstift untergebracht. Sein Schwerpunkt ist die **Kunst-, Kultur- und Stadtgeschichte** Triers. Im Trebeta-Saal sind die mittelalterlichen Figuren des Trierer Hauptmarkts ausgestellt, denn dort ste-

147hu kn

148hu kn

hen heute nur noch Kopien. Dazu gehören das Marktkreuz aus dem 10. Jh., die Steipenfiguren aus dem 15. Jh. und die Figuren des Petrusbrunnens aus dem 16. Jh. Im Roten Saal fasziniert ein großes **Stadtmodell,** das Trier in der Zeit um 1800 zeigt. Ein besonderer Schatz ist die **Netsuke-Sammlung** des Industriemanagers und Kunstsammlers *Dr. Martin Schunck* (1900–87). Rund 900 Netsuke (kleine, geschnitzte Figuren aus Japan) sind zu bewundern. Die winzigen Kunstwerke aus Elfenbein, Knochen oder Holz dienten im 18. und 19. Jh. in Japan als Gürtelschmuck und Glücksbringer.

■ **Städtisches Museum Simeonstift,** Simeonstr. 60, Tel. (0651) 7181459, www.museumtrier.de, tägl. 10–17 Uhr, Mo geschl., Erw. 5,50 €, Kinder bis 10 Jahre frei, kostenlose Audioguides.

## Dreikönigenhaus

Ein paar Meter weiter in der Simeonstraße steht das Dreikönigenhaus. Das **frühgotische Patrizierhaus** mit prächtiger Fassade wurde um 1230 als Wohnturm erbaut. Zum Schutz vor Überfällen wurde der Eingang einige Meter über der Straße angelegt. Er war nur über eine Holztreppe oder -leiter zu erreichen, die bei einem Angriff schnell hochgezogen werden konnte. Die Farbfassung im maurischen Stil hat man nach Originalfunden rekonstruiert. Der Name Dreikönigenhaus stammt der Überlieferung nach von einem Gemälde, das früher in dem Haus hing. Das Gebäude ist nur von außen zu besichtigen.

## Judengasse

Geht man vom Dreikönigenhaus weiter Richtung Hauptmarkt, fallen einem auf der rechten Seite der Simeonstraße drei sehr schöne **Fachwerkhäuser** ins Auge. Zwischen den ersten beiden führt ein steinernes Portal (1219) in eine schmale Gasse. Hier begann früher das mittelalterliche Judenviertel. Nachts wurde nach dem Läuten der „Lumpenglocke" von St. Gangolf die Pforte mit einem schweren Tor verschlossen.

◁ Der Hauptmarkt

## Hauptmarkt

Das Ensemble historischer Gebäude macht den Hauptmarkt zu einem der schönsten Plätze Deutschlands. Im Zentrum stehen das Marktkreuz und der **Petrusbrunnen.** König *Otto I.* verlieh im Jahr 958 Trier die Stadtrechte. Das **Marktkreuz,** das aus einer römischen

### AntikenCard

**Mein Tipp:** Die **AntikenCard Basic** beinhaltet für 10 € den Eintritt in zwei Römerbauten und ins Landesmuseum. Mit der **AntikenCard Premium** für 15 € kann man vier Römerbauten besuchen, das Landesmuseum, die römische Villa Otrang und die Klause Kastel außerhalb von Trier. Außerdem erhält man mit der AntikenCard ermäßigten Eintritt in das mediale Raumtheater „Im Reich der Schatten" im Landesmuseum, ins Museum am Dom und ins Museum Simeonstift. Auf römische Toga- und Erlebnisführungen gibt es mit der Karte 10 % Rabatt. Ab dem Kauf ist die Karte ein Jahr gültig, der Eintritt für bis zu vier Kinder oder Jugendliche bis 18 Jahre ist inbegriffen. Die AntikenCard gibt es bei allen Römerbauten, im Landesmuseum und bei der Tourist-Information Trier.

Säule gefertigt wurde, erinnert daran. Eine Skulptur des Trierer Stadtpatrons Petrus bekrönt den Marktbrunnen, den der Bildhauer *Hans Ruprecht Hoffmann* 1595 schuf. Darunter sind vier Kardinaltugenden dargestellt: Justitia (Gerechtigkeit) mit Waage und Schwert, Prudentia (Klugheit) mit Spiegel und Schlange, Fortitudo (Mut, Tapferkeit) mit einer zerbrochenen Säule und Temperantia (Mäßigung), die Wein mit Wasser verdünnt. Bemerkenswert sind die kleinen Äffchen, die hinter den Tugenden Schabernack treiben. Sie stehen für das Böse und Lasterhafte.

Die **Löwen-Apotheke** ist die älteste Apotheke in Deutschland. Die 1483 erbaute **Steipe** ist das ehemalige Fest- und Empfangsgebäude der Stadt. Der Name kommt von den Stützen der Spitzbogenarkaden, die die Trierer in ihrer Mundart *Steipen* nennen. Die Fassade der Steipe ist mit Figuren der Heiligen Jakobus, Helena, Petrus und Paulus sowie zwei Rolandstatuen geschmückt. Die geharnischten Rolande sind Sinnbilder der Eigenständigkeit einer Stadt. Die sogenannten Riesen wurden auch zum Trotz gegen die Machthaber, die Trierer Bischöfe und Kurfürsten, angebracht. Während die linke Figur mit Blick auf die Bürgerkirche St. Gangolf das Visier offen trägt, lässt der Ritter ganz rechts mit Blick auf den Dom das Visier angriffslustig herunter. In der Steipe befindet sich heute ein **Spielzeugmuseum** (s.u.: „Aktivitäten für Kinder").

Neben der Steipe (Richtung Dietrichstraße) steht das **Rote Haus** aus dem Jahr 1684. Besonders schön an dem Spätrenaissancebau sind die rote Sandsteinfassade und die geschwungenen Giebelvoluten. Beide Häuser wurden bei einem Bombenangriff 1944 völlig zerstört und erst zwischen 1968 und 1970 wieder aufgebaut.

## St. Gangolf

Die **Bürgerkirche** St. Gangolf ist völlig mit Häusern umbaut. Zugang erhält man von der Marktseite durch das barocke Eingangsportal. An der Ostseite von St. Gangolf findet man die im Volksmund **Gadämcher** genannten, offenen Holzbuden, die es bereits seit dem Mittelalter gibt und die heute als Souvenirläden genutzt werden. 1507 wurde der Turm von St. Gangolf um zwei Stockwerke erhöht. Mit seinen 62 Metern war er damit höher als der Dom. Das passte dem Erzbischof ganz und gar nicht, er ließ 1515 den Südwestturm des Doms erhöhen, so dass dieser wiederum den von St. Gangolf überragte.

## Frankenturm

Geht man vom Hauptmarkt aus an der Steipe und dem Roten Haus vorbei in die Dietrichstraße, gelangt man nach etwa 50 Metern zum Frankenturm. Wie das Dreikönigenhaus gehört er zu den **mittelalterlichen Wohntürmen** und hatte seinen Eingang als Schutz vor Angriffen ebenfalls im ersten Stock. Den Namen hat der Turm nicht etwa von den Franken, sondern von *Franco von Senheim,* der im 14. Jh. dort wohnte. Das romani-

> Steipe und Rotes Haus

sche Gebäude aus dem 11. Jh. wurde umfassend restauriert, die einziehbare Holztreppe durch eine Metalltreppe ersetzt. Der Frankenturm kann nur im Rahmen einer Gruppen- oder Erlebnisführung besichtigt werden (www.trier-info.de).

## Dom St. Peter

Vom Hauptmarkt aus gelangt man über die Sternstraße zum Trierer Dom. Mit seiner 1700-jährigen Baugeschichte ist er die **älteste Bischofskirche Deutschlands** und UNESCO-Weltkulturerbe.

149hu kn

150hu kn

Der römische Kern geht auf das 4. Jh. zurück. Nachdem *Konstantin der Große* im Jahr 313 die Religionsfreiheit gewährte, begann man zwei Jahre später mit dem Bau einer gewaltigen Kirchenanlage, die die Grundflächen des Doms, der Liebfrauenkirche und des Domfreihofs einnahm und fast bis zum Hauptmarkt reichte. *Helena,* die Mutter Kaiser *Konstantins,* soll ihren Palast dem Trierer Bischof *Agritius* für den Kirchenbau geschenkt haben. *Agritius* errichtete im Jahr 315 eine dreischiffige Basilika. Bischof *Maximinius* baute um 330 n. Chr. parallel dazu die Südostbasilika, es entstand eine große Doppelkirche. Dann folgte der Bau zweier weiterer Kirchen, der Nordost- und Nordwestbasilika. Um 340 n. Chr. kam noch ein 40x40 Meter großer Quadratbau mit mächtigen Säulen aus Odenwälder Granit hinzu. Er bildet bis heute den antiken Kern des Doms.

Vor dem Domportal liegt eine dieser **Granitsäulen,** die man 1614 bei Grabungsarbeiten unter dem Dom fand. Kinder rutschen auf der inzwischen glatt polierten Säule gern herum. Trierer Schulkinder lernen seit eh und je das passende **Mundartgedicht „Den Domstaan“.** Die erste Strophe lautet: „Om Duhmstaan sei mer romgerötscht, et waor net emmer ginstig, de Box zeröss, de Kaap verlohr, de Kopp zerschonn, blutrinstig.“ (Auf dem Domstein sind wir herumgerutscht, das war nicht immer günstig, die Hose zerrissen, die Mütze verloren, den Kopf blutig gestoßen.)

Im Laufe der Zeit war der Dom immer wieder Angriffen ausgesetzt, vor allem die Wikinger zerstörten ihn im Jahr 882 stark.

Der Legende nach brachte die Mutter Kaiser *Konstantins* im Jahr 324 von einer Wallfahrt nach Palästina das Gewand Christi, den **Heiligen Rock,** mit nach Trier. Die Aufbewahrung der Christusreliquie wird erstmals 1196 urkundlich erwähnt. Im Mittelalter begannen die **Wallfahrten** zum Heiligen Rock. Sie finden heute in unregelmäßigen Abständen statt, die letzte war 2012. Alljährlich kommen Gläubige an den Heilig-Rock-Tagen nach Trier, doch der Rock selbst bleibt im Schrein verborgen. Nur zu besonderen Anlässen wird er gezeigt.

Momentaufnahmen am Dom: ⌃ der Kreuzgang
> und die zum Rutschen einladende Granitsäule aus dem 4. Jahrhundert

■ **Dom St. Peter,** Domfreihof, 1. Nov. bis 31. März 6.30–17.30 Uhr, 1. April bis 31. Okt. 6.30–18 Uhr. Gruppenführungen nach Voranmeldung bei der **Dom-Information** (Liebfrauenstr. 12/Ecke Domfreihof, 54290 Trier, Tel. (0651) 979079-0, www.dominformation.de).

## Liebfrauenkirche

Die Liebfrauenkirche, wie der Dom **UNESCO-Weltkulturerbe,** imponiert durch ihre stimmige Architektur und den prächtig gestalteten Innenraum. Sie ist der **früheste gotische Zentralbau in Deutschland.** Die Baumeister, die die Kirche für Erzbischof *Theoderich II.* errichteten, kamen aus der Île de France und der Champagne. Sie kannten die neuen Bauwerke der Hochgotik, wie die Kathedrale Notre Dame in Reims, ein Meisterwerk der gotischen Kunst, und brachten die moderne, filigrane Formensprache mit nach Trier. 33 Jahre (1227–60) vergingen, bis die Kirche mit dem Grundriss einer zwölfblättrigen Rose, einer Rosa Mystica, fertiggestellt war.

■ **Liebfrauenkirche,** Liebfrauenstr., April bis Okt. 10–18 Uhr, Nov. bis März 10–17 Uhr, Führungen sind nach Voranmeldung bei der Dom-Information möglich.

## Museum am Dom

Das Museum zeigt vor allem kirchliche Kunstgegenstände. Schwerpunkt sind die archäologischen Funde aus den spätantiken Vorgängerbauten des Doms. Einer der Höhepunkte ist das **Konstantinische Deckengemälde,** das in drei Metern Tiefe unter dem Dom geborgen wurde: Zehn Jahre waren nötig, um das spätantike Werk aus den mehr als 30.000 Fragmenten zu rekonstruieren.

■ **Museum am Dom,** Bischof-Stein-Platz 1/Windstr. 6, Tel. (0651) 7105255, www.bistum-trier.de/museum, Di–Sa 9–17 Uhr, So 13–17 Uhr, Erw. 3,50 €, Schüler und Studenten 2 €, Familien 6 €.

151hu kn

## Konstantinbasilika

Folgt man vom Domplatz aus der Liebfrauenstraße, gelangt man zur Konstantinbasilika. Die imposante Aula palatina (Palastaula), erbaut 310 n. Chr., diente als Repräsentations- und Empfangshalle der römischen Kaiser. Sie gilt als der größte erhaltene säulenlose Raum der Antike und Kaiser *Konstantin* als ihr Erbauer. Schon zur Römerzeit wurde die Palastaula mit einer raffinierten, Hypocaustum genannten Warmluftheizung geheizt. Die Konstantinbasilika ist **UNESCO-Weltkulturerbe** und wird seit 1856 als evangelische Kirche genutzt.

■ **Konstantinbasilika,** Konstantinplatz, April bis Okt. Mo–Sa 10–18 Uhr, So 13–18 Uhr, Nov. bis März Mo–Sa 10–12 und 14–16 Uhr, So 13–18 Uhr.

## Kurfürstliches Palais und Palastgarten

Das Kurfürstliche Palais, das sich an die Konstantinbasilika anschließt, ist heute Verwaltungssitz und kann leider nur von außen besichtigt werden. 1615 ließ Kurfürst *Lothar von Metternich* den Nord- und Ostflügel des Palais im Renaissancestil errichten. Um 1756 gab Kurfürst *Johann Philipp von Walderdorff* den Um- und Ausbau des Südflügels, also auch der gartenseitigen **Rokokofassade,** in Auftrag. Hofarchitekt *Johannes Seiz,* ein Schüler *Balthasar Neumanns,* übernahm die Aufgabe zusammen mit dem Bildhauer *Ferdinand Tietz,* der den **Figurenschmuck** auf der Attika des Palais und im Park schuf.

Der wunderschön gestaltete, **barocke Palastgarten** ist im Sommer Treffpunkt für viele Menschen, die hier spazierengehen, sonnenbaden, picknicken, grillen oder Partys feiern. Die weiträumige Gartenanlage und das prachtvolle Palais bilden eine so harmonische Einheit, dass man sich heute kaum vorstellen kann, dass der Park von der Französischen Revolution bis ins 20. Jh. ein Exerzierplatz war. Erst ab 1936 wurde der Park nach alten Plänen wieder angelegt. Vor dem Palais steht ein von *Ferdinand Tietz* entworfener **Brunnen.** Arkadenförmig zugeschnittene Hainbuchenwände mit Bogenöffnungen umfassen und gliedern den barocken Teil des Parks. Das Betreten der Rasenflächen ist hier verboten.

Hinter dieser streng geometrischen Gartenanlage öffnet sich Richtung Kaiserthermen der landschaftlich gestaltete Park mit einer **Liegewiese.** Rechts am Palais vorbei führt ein Weg zu einem schönen Spielplatz für kleinere Kinder, gleich daneben wurde ein Bolzplatz angelegt.

## Kaiserthermen

**Mein Tipp:** Am südlichen Rand des Palastgartens liegen die Kaiserthermen, auch sie sind **Weltkulturerbe.** Die Thermen wurden Ende des 3. Jh. erbaut und sind damit die jüngste der drei römischen Badeanlagen in Trier. Nachdem die Stadt zur Kaiserresidenz erhoben wurde, begann man, einen Palastbezirk zu errichten. Die Kaiserthermen waren ein Teil davon und darüber hinaus eine der größten Badeanlagen des Römischen Reiches. Allerdings wurde der Thermenkomplex nie fertiggestellt.

Das Besondere ist das unterirdische, **labyrinthartige Kellergangsystem.** Von

152hu kn

diesen Bediengängen aus wurden die sechs Kesselräume angefeuert, die das ankommende kalte Wasser auf 40 Grad erhitzten. Es wurde in Badebecken geleitet, eine Fußbodenheizung sorgte dafür, dass es nicht abkühlte und der Raum angenehm temperiert war.

Eine **Ausstellung** im Eingangsbereich der Kaiserthermen informiert über die Geschichte der Thermen.

■ **Kaiserthermen,** Weimarer Allee 2, Jan. bis Feb. und Nov. bis Dez. 9–16 Uhr, März und Okt. 9–17 Uhr, April bis Sept. 9–18 Uhr, Erw. 3 €, Kinder und Jugendl. (6–18 J.) 2 €, Kinder unter 6 J. frei, Familien (1 Erw. und bis 4 Kinder) 3 €, Familien (2 Erw. und bis 4 Kinder) 6 €, Multimediaguide Erw. 2 €, Kinder 1 €.

⌃ Das Kurfürstliche Palais, im Hintergrund die Konstantinbasilika

## Rheinisches Landesmuseum

Einen umfassenden Überblick über die römische Vergangenheit Triers gibt das Rheinische Landesmuseum. In den weitläufigen Räumen mit den wertvollen, **antiken Ausstellungsstücken** könnte man ganze Tage verbringen. Auf ein Exponat ist man besonders stolz: Der **Trierer Goldschatz** ist einer der größten Goldschätze aus römischer Zeit, die jemals gefunden wurden. Die mehr als 2600 römischen Münzen, insgesamt 18,5 Kilogramm Gold, wurden 1993 bei Bauarbeiten entdeckt.

Zwar dokumentiert das Museum die Geschichte der Region von der Urzeit bis zum Ende des 18. Jh., doch der Schwerpunkt der 4500 ausgestellten Objekte liegt auf der römischen Zeit. Dazu gehören auch die berühmten Grabdenkmäler aus Neumagen wie das „Weinschiff“ oder das „Schulrelief“ und prachtvolle Mosaiken.

Ein **Stadtmodell** zeigt Trier in römischer Zeit. Man sieht alle vier Stadttore, den Basilikenkomplex unter dem Trierer Dom, einen gallo-römischen Tempelbezirk und einen Circus Maximus, in dem Wagenrennen veranstaltet wurden. Vor allem kann man sehr gut erkennen, dass das Straßennetz von Augusta Treverorum schachbrettartig angelegt war.

**Mein Tipp:** Einen ganz neuen Weg geht das Museum mit der **Rauminszenierung „Im Reich der Schatten“.** Mit dem Trierer Kaufmann Gaius Albinius Asper und dem Götterboten Merkur taucht der Besucher in die Unterwelt ein. Originalexponate werden mit Licht- und Filmeffekten und atmosphärischer Musik in Szene gesetzt und machen das mediale Raumtheater zu einem besonderen Erlebnis.

■ **Rheinisches Landesmuseum Trier,** Weimarer Allee 1, Tel. (0651) 97740, Di–So 10–17 Uhr, Erw. 6 €, Kinder und Jugendl. (6–18 J.) 3 €, Familien (1 Erw. und bis 4 Kinder) 6 €, Familien (2 Erw. und bis 4 Kinder) 12 €, Kinder bis 6 J. frei. Termine der öffentlichen Führungen und der regelmäßig stattfindenden, immer sehr sehenswerten Sonderausstellungen unter www.landesmuseum-trier.de.

Rauminszenierung „Im Reich der Schatten“: täglich außer Mo 11.30 und 14.30 Uhr, Dauer 45 Minuten, www.im-reich-der-schatten.de.

## Amphitheater

Rund zehn Fußminuten vom Landesmuseum entfernt liegt unterhalb des Petrisberges das Amphitheater. Es wurde Ende des 2. Jh. erbaut und war in die römische Stadtmauer integriert. 20.000 Menschen hatten auf den Zuschauerrängen rund um die ovale Arena Platz. Das Volk wurde mit blutrünstigen Kämpfen unterhalten. Dazu gehörten Gladiatorenkämpfe, Menschen traten gegeneinander an, ausgehungerte Tiere wurden aufeinander losgelassen. Gefangene, darunter auch Stammesfürsten, wurden wilden Tieren zum Fraß vorgeworfen. Eine Besonderheit des Trierer Amphitheaters war, dass die Arena mit Wasser gefüllt werden konnte, um Schiffsschlachten nachzustellen. In dem Raum unter dem Amphitheater bereiteten sich die Gladiatoren auf ihre Kämpfe vor, Gefangene harrten ihres Schicksals. Es gab

[>] Das Geburtshaus von Karl Marx in der Brückenstraße

153hu kn

Umkleidekabinen und 15 Käfige für die Tiere. In der Mitte stand eine hölzerne Hebebühne, die spektakuläre Inszenierungen ermöglichte.

■ **Amphitheater,** Bergstr. 45, April bis September 9–18 Uhr, Jan., Feb., Nov. und Dez. 9–16 Uhr, März und Okt. 9–17 Uhr, Erw. 3 €, Kinder und Jugendl. (6–18 J.) 2 €, Kinder unter 6 J. frei, Familien (1 Erw. und bis 4 Kinder) 3 €, Familien (2 Erw. und bis 4 Kinder) 6 €.

## Karl-Marx-Haus

Im Geburtshaus von *Karl Marx* ist ein **Museum** untergebracht. Zwar gibt es nur wenige originale Ausstellungsstücke zu sehen, dafür aber eine fundierte Dokumentation über Leben und Werk des Philosophen, Ökonomen und Revolutionärs. Zu dem Haus gehört auch ein schöner Garten.

*Marx* wurde am 5. Mai 1818 geboren, sein Vater *Heinrich* war Advokat am Landgericht Trier, musste dafür aber vom jüdischen Glauben zum Protestantismus übertreten, da es Juden zu dieser Zeit nicht erlaubt war, Juristen zu werden. Das Haus in der Brückenstraße ist das Geburtshaus von Karl Marx, doch er lebte nur kurze Zeit dort. Die Familie zog schon sehr bald in die Simeonstraße um, nur 100 Meter von der Porta Nigra entfernt. *Karl Marx* lebte hier bis zu seinem Abitur im Jahr 1835. Eine Plakette an der Fassade erinnert an den berühmten Bewohner. Das Museum in der Brückenstraße besuchen jährlich mehr als 30.000 Menschen, ein Drittel davon kommt aus China. Im Museumsshop gibt es alles von Marx-Wein über Marx-Schokolade bis hin zu Marx-Büsten.

■ **Karl-Marx-Haus,** Brückenstr. 10, Tel. (0651) 970680, www.fes.de/Karl-Marx-Haus, April bis Okt. tägl. 10–18 Uhr, Nov. bis März Di–So 11–17 Uhr, Mo 14–17 Uhr, Erw. 4 €, Schüler/Studenten 2,50 €, Familien 7 €.

## Thermen am Viehmarkt

Die erst 1986 entdeckten Fundamente einer römischen Badeanlage sind die kleinsten Thermen in Trier. Die Funktion des ursprünglichen Gebäudes aus dem 2. Jh. ist noch ungeklärt, im 4. Jh. wurde es zu einem öffentlichen Bad umgebaut.

Die Ruine ist durch eine imposante **Glas-Stahl-Konstruktion** des Star-Architekten *Oswald Mathias Ungers* (1926–2007) geschützt. Die Trierer gaben ihr den Spitznamen „Ungers-Vitrine", allerdings bezeichnete auch der Architekt selbst den Bau als Vitrine. Die Viehmarkt-Thermen werden auch für Ausstellungen, Konzerte und andere Veranstaltungen genutzt.

■ **Thermen am Viehmarkt,** Viehmarktplatz 1, tägl. 9–17 Uhr, Erw. 3 €, Kinder u. Jugendl. (6–18 J.) 2 €, Kinder unter 6 J. frei, Familien (1 Erw. und bis 4 Kinder) 3 €, Familien (2 Erw. und bis 4 Kinder) 6 €.

## Jesuitenkirche

In der Jesuitenkirche zwischen Brot- und Neustraße ist der Theologe und Dichter *Friedrich Spee von Langenfeld* begraben. Der Jesuit verfasste 1631 eine kämpferische Schrift gegen die Hexenprozesse. Die „Cautio criminalis" erregte seinerzeit viel Aufsehen. Sie zu schrei-

154hu kn

ben, war für *Spee* ein großes Risiko, weshalb er sie anonym veröffentlichte.

■ **Jesuitenkirche,** Jesuitenstr., tägl. 8.30–17 Uhr.

## Sankt Georgsbrunnen

Auf dem Kornmarkt steht ein sehr schöner Rokoko-Brunnen. Der Sankt Georgsbrunnen wurde zu Ehren des Kurfürsten *Franz Georg von Schönborn* errichtet. Er ist mit dem Drachentöter St. Georg bekrönt, die Figuren darunter stellen die vier Jahreszeiten dar. Gebaut wurde der Brunnen 1750/51 nach Plänen des Hofbaumeisters *Johannes Seiz,* der auch das Kurfürstliche Palais entworfen hat.

# Trier Süd

## Barbarathermen

Die von der UNESCO zum **Weltkulturerbe** erklärten Barbarathermen aus dem 2. Jh. n. Chr. waren zur Zeit ihrer Erbauung die zweitgrößte Badeanlage des Römischen Reiches. Der palastartige Thermenkomplex war prunkvoll eingerichtet und mit 42.000 Quadratmetern deutlich größer als die Kaiserthermen. Für das Wohlbefinden wurden nicht nur marmorverkleidete Räume mit beheizten Bade- und Schwimmbecken geboten, sondern auch Sport- und Erholungsanlagen, Speiseräume, Läden und Schönheitssalons. Die Anlage diente fast drei Jahrhunderte lang als Badetempel und luxuriöser Wellness-Betrieb. Heute erinnert nur noch wenig an den einstigen Thermenpalast. Die weitgehend abgebrochenen Ruinen der Barbarathermen wirken recht unspektakulär. Ein Steg führt durch die Anlage, auf einer Aussichtsplattform befinden sich weitere Informationen.

■ **Barbarathermen,** Friedrich-Wilhelm-Str., April bis Sept. 9–18 Uhr, Jan./Feb. und Nov./Dez. 9–16 Uhr, März und Okt. 9–17 Uhr.

## Benediktinerabtei St. Matthias

Die Abtei St. Matthias gehört zu den sehenswertesten Bauwerken in Trier. Die **spätgotische Basilika** mit dem breiten Westbau und dem hoch aufragenden Turm ist beeindruckend. Die Front stammt aus dem Jahr 1160, 1650 kamen die barocken Voluten und Anfang des 18. Jh. die Portale hinzu.

Die St. Matthiaskirche liegt mitten in einem **antiken Gräberfeld.** Schon in dem ältesten Vorgängerbau verehrten Christen die ersten beiden Trierer Bischöfe *Eucharius* und *Valerius*. Beim Neubau der Kirche im 12. Jh. fand man die Reliquien des Apostels *Matthias*, die man zuvor zum Schutz vor Plünderungen versteckt hatte. Seitdem pilgern Gläubige bis heute zu dem berühmten **Apostelgrab** in der Krypta von St. Matthias. Im 13. Jh. baute man die Klostergebäude an die Kirche an. Im Zuge der Säkularisierung wurde das Kloster 1802 aufgegeben, aber seit 1922 leben wieder Mönche in der Abtei.

## Mattheiser Weiher

Hinter dem Kloster St. Matthias, zwischen den Stadtteilen Weismark und Heiligkreuz, liegt der Mattheiser Weiher. Eigentlich sind es mehrere Weiher inmitten einer idyllischen **Parklandschaft,** die zu Spaziergängen einlädt. Einst nutzten die Mönche der Abtei die Weiher zur Fischzucht. Unter dem alten Baumbestand finden sich auch Speierlinge. Die Bäume wurden vor rund 150 Jahren angepflanzt. Mit Hilfe ihrer gerbstoffhaltigen Früchte machte man den Viez, den für die Region typischen Fruchtwein aus Holzäpfeln, haltbarer. Der **Herrenweiher** ist mit einer Fläche von 2,3 Hektar der größte Weiher im Park.

■ **St. Matthias,** Matthiasstr. 85, tägl. 8–19 Uhr, www.abteistmatthias.de.

◁ Der Sankt Georgsbrunnen auf dem Kornmarkt

# Am Moselufer

## Moselkranen

Am Krahnenufer stehen zwei besondere Denkmäler, die sogenannten Moselkranen. Die Dächer dieser alten **Hebekräne** sind drehbar, bewegt wurden sie durch große Laufräder und Seilzüge im Inneren der runden Unterbauten. Mit ihnen be- und entlud man die Handelsschiffe auf der Mosel. Der nördlichere, **Alte Kran** wurde bereits im Jahr 1413 errichtet, der **Zollkran** im Jahr 1774.

## Zurlauben

Das ehemalige **Fischerviertel** Zurlauben liegt direkt an der Kaiser-Wilhelm-Brücke. In den kleinen Fischerhäusern haben sich einige **Restaurants und Kneipen** niedergelassen. Im Sommer sind die Weinterrassen und Biergärten davor ein schöner Platz mit Blick auf die Mosel. Am Zurlaubener Ufer befindet sich auch eine Schiffsanlegestelle für **Ausflugsboote,** die Rundfahrten auf der Mosel anbieten. Höhepunkt des Jahres ist das Moselfest „en Zalawen", wie die Trierer sagen. Es findet am zweiten Juliwochenende statt (s.u.: „Feste und Veranstaltungen").

> St. Paulin

# Trier Nord

## St. Paulin

Die einschiffige Kirche, entworfen von *Balthasar Neumann* (Innenausstattung) und *Christian Kretschmar* (Architektur), wurde zwischen 1734 und 1757 errichtet und ist ein **Meisterwerk spätbarocker Kirchenbaukunst.** Außen wirkt der schlichte Saalbau schlank, fast schon zierlich. Der helle Innenraum hingegen beeindruckt durch eine prachtvolle, geradezu überbordende Ausschmückung mit weißen Stuckelementen und farbenfrohen Deckengemälden. *Christoph Thomas Scheffler* schuf die **Deckenfresken** 1743. Sie zeigen neben der Geschichte des heiligen Paulinus auch das Martyrium der Thebäischen Legion. Der Legende nach weigerten sich die Legionäre, ihrem christlichen Glauben abzuschwören. Sie wurden hingerichtet und das dabei vergossene Blut färbte das Wasser der Mosel angeblich auf fast 30 km rot.

In der Krypta steht der **Sarkophag des Bischofs Paulinus,** der von 346 bis 353 Bischof von Trier war. Er wurde nach Phygrien (Kleinasien) verbannt, wo er 358 starb. Seine Gebeine überführte man um 400 nach Trier. In der Krypta sind auch Reste des römischen Vorgängerbaus aus dem 4. Jh. zu sehen. Der antiken Kirche folgte nach einem Brand eine romanische, die wiederum 1674 von französischen Truppen gesprengt wurde. Kurfürst und Erzbischof *Franz Georg von Schönborn* ließ die Kirche in ihrer heute noch erhaltenen Form errichten.

■ **St. Paulin,** Thebäerstr., 54292 Trier, Mo, Mi, Fr und Sa 8–17 Uhr, Di 11–18.30 Uhr, Do 8–18.30 Uhr, So 10–19.30 Uhr.

## St. Maximin

Die Fundamente von St. Maximin datieren ins späte 4. Jh., ein Teil der Nordostseite stammt aus dem Jahr 942. Alle anderen Bauteile der **ehemaligen Reichsabtei** wurden 1684 errichtet. Nach der französischen Revolution wurde die Abtei St. Maximin aufgegeben. Heute ist das Gebäude eine Mehrzweckhalle. Bei

155hu kn

einer Führung kann das **spätantike, christliche Gräberfeld** unter der Kirche besichtigt werden. Fast 300, teils übereinander gestapelte Sarkophage und die Begräbnisstätten dreier Trierer Bischöfe wurden dort bei archäologischen Grabungen freigelegt.

■ **St. Maximin,** Maximinstraße, Führungen Karfreitag bis Dezember jeden 1. Fr im Monat, ab 17 Uhr, Dauer 1 Stunde, max. 16 Teilnehmer, 4,50 €, ermäßigt 3,50 €, Buchung zzgl. Gebühren unter www.ticket-regional.de. Gruppenführungen bis max. 16 Teilnehmer 45 €, Buchung bei der Dom-Information, Tel. (0651) 9790790, www.trierer-dom.de.

### Nells Park

Der von den Trierern liebevoll **Nells Ländchen** genannte Park wurde von *Nikolaus Nell,* Kanonikus am damaligen Stift St. Paulin, vor mehr 200 Jahren angelegt. *Nell* kaufte ein nördlich von Trier gelegenes Sumpfgebiet und ließ es entwässern. Ihm schwebte ein romantischer Landschaftspark im englischen Stil vor, so wie es zu dieser Zeit in Mode kam. Zwischen 1793 und 1801 verwandelte er das Gelände in eine **idyllische Gartenanlage** mit Teichen, Rasenflächen und einem Gutshaus. Heute ist Nells Park die größte öffentliche Grünanlage in der Innenstadt von Trier und für jeden zugänglich.

Der **Rosengarten** im Park mit mehr als 6000 Rosenbüschen erinnert an den Trierer Rosenzüchter *Peter Lambert* (1859–1939). Mit fast 200 Rosenzüchtungen hält er bis heute den Weltrekord.

## In der Umgebung

### Petrisberg

Über dem Amphitheater erhebt sich der Petrisberg. Auf dem Gelände der ehemaligen Landesgartenschau östlich der Innenstadt erstreckt sich der **Petrispark** mit mehreren schönen Spielplätzen für Kinder, Sportplätzen und einem ganz besonderen Aussichtsturm. Der 20 Meter hohe **Turm Luxemburg** oder auch „Turm der Träume und Sehnsüchte“ war ein Geschenk der Stadt Luxemburg an Trier. Anlass war die Landesgartenschau 2004. Die begehbare Skulptur aus Stahl wurde von dem luxemburgischen Architekten *François Valentiny* entworfen. Sie steht in der Nähe der Universität Trier und bietet Aussichtsplattformen in verschiedene Richtungen.

Die Sportanlagen unterhalb des Turms, darunter ein **Beachvolleyballplatz** und ein **Skatepark,** sind frei zugänglich (tägl. 8.30–22 Uhr). Für Kinder gibt es einen Wald- und einen **Wasserspielplatz** (www.petrisberg.de).

### Weißhauswald und Wildgehege

Der Weißhauswald auf der linken Moselseite oberhalb von Pallien ist ein Naherholungsgebiet mit vielen Spazierwegen. Sehr hübsch ist das 1829 erbaute **Drachenhaus.** Namensgeber sind die Drachen aus Kupfer auf dem Dachgesims, die allerdings erst mehr als vierzig Jahre nach der Errichtung des klassizistischen Gebäudes hinzugefügt wurden.

Im **Wildgehege** tummeln sich Rot-, Schwarz-, Dam- und Muffelwild, Wildschweine, verschiedene Fasan- und

Hühnerrassen und Ziegen. Auf dem Waldspielplatz können sich Kinder austoben, im **Haus des Waldes,** einem Blockhaus mit kleinem Waldmuseum, erfährt man Wissenswertes über Pflanzen und Tiere. Hier startet auch ein 3,5 km langer **Waldlehrpfad.** Im Herbst sammeln die Trierer Maronen unter den alten Esskastanienbäumen, die einst die Römer in die Region brachten.

**Anfahrt:** Zum Weißhauswald gelangt man über die Kaiser-Wilhelm-Brücke und die Bitburger Straße (B51). Ab der Abfahrt „Weißhaus /Fachhochschule" folgt man der Beschilderung „Wildgehege". Parkmöglichkeiten gibt es am Weißhausbrunnen und am Wildgehege.

## Mariensäule

Die weithin sichtbare Mariensäule auf der linken Moselseite ist das höchstgelegene Denkmal von Trier (300 m ü. NN) und bietet einen wunderschönen **Panoramablick** auf die Stadt und die Mosel. Die 40 m hohe Säule auf dem Markusberg oberhalb von West-Pallien wurde 1866 errichtet und sollte daran erinnern, dass Papst *Pius IX.* 1854 die unbefleckte Empfängnis Mariens zum Dogma erhoben hatte. Zu dieser Zeit wurden viele Mariensäulen errichtet, doch in Trier war es gleichzeitig ein Protest der vorwiegend katholischen Stadtbevölkerung gegen die preußisch-protestantische Regierung.

## Schloss Monaise

Schloss Monaise liegt auf der linken Moselseite Richtung Zewen. Entworfen wurde die **frühklassizistische Sommerresidenz** (1779–83) von dem französischen Architekten *François Ignace Mangin.* Bauherr des kleinen Lustschlosses war der Trierer Domdechant *Philipp Franz Graf von Walderdorff.* Der Name Monaise bedeutet „meine Muße" oder „meine Leichtigkeit". Eine Inschrift über der Mittelachse der Hauptfassade lautet „OTIUM CUM DIGNITATE" („Muße mit Würde").

Das Schloss kann nicht besichtigt werden, allerdings befindet sich ein gutes **Restaurant** mit gehobener Küche darin. Die Beletage ist für Hochzeiten und

156hu kn

Skulptur mit Aussicht:
Turm Luxemburg auf dem Petrisberg

festliche Anlässe buchbar, der **Park** öffentlich zugänglich.

■ **Schloss Monaise,** 54294 Trier-Zewen, Tel. (0651) 828670, www.schloss-monaise.de.

## Roscheider Hof

MEIN TIPP: Das **Volkskunde- und Freilichtmuseum in Konz** (rund 8 km südwestlich von Trier) gibt Einblicke in das Alltagsleben früherer Zeiten. Auf dem mehr als 20 Hektar großen Außengelände sind Häuser aus dem Hunsrück und der Region Mosel-Saar aufgebaut. Das Herz des Freilichtmuseums sind die Gebäude des Roscheider Hofes, eines bereits 1330 erwähnten Hofguts. In den ehemaligen Ställen und Scheunen sind Dauerausstellungen zu den Themen Waschen, Backen, Wohnen, Volksglaube und Weinbau zu sehen, es gibt Ofen- und Takenplatten und Kinderspielzeug. Einer der Höhepunkte ist ein komplett eingerichteter Tante-Emma-Laden.

■ **Volkskunde- und Freilichtmuseum Roscheider Hof,** Roscheiderhof 1, 54329 Konz, Tel. (06501) 92710, www.roscheiderhof.de, Di–Fr 9–18 Uhr (Nov. bis März 9–17 Uhr), Sa, So und Fei 10–18 Uhr (Nov. bis März 10–17 Uhr), Mo (außer Fei) geschl. Letzter Einlass eine Stunde vor Schließung. Erw. 5 €, Kinder bis 6 J. frei, Kinder 6–13 Jahre 2 €, Schüler ab 14 Jahre 4 €, Familien 12 €.

Im **Museumrestaurant Hofschänke** und im Biergarten werden regionale Gerichte, Reibekuchen, Eis, Kaffee und Kuchen serviert (1.4.–31.10. Di–So 11–23 Uhr, 1.11.–31.3. Di–Sa 18–22 Uhr, So 12–22 Uhr, Mo Ruhetag (außer an Feiertagen).

# Praktische Tipps

## Informationen

■ **Tourist-Information Trier,** An der Porta Nigra, 54290 Trier, Tel. (0651) 978080, www.trier-info.de, 2. Jan. bis 28. Feb. Mo–Sa 10–17 Uhr, So 10–13 Uhr, 1. März bis 30. April und 1. Nov. bis 30. Dez. Mo–Sa 9–18 Uhr, So 10–15 Uhr, 1. Mai bis 31. Okt. Mo–Sa 9–18 Uhr, So 10–17 Uhr.

■ **Dom-Information Trier,** Liebfrauenstr. 12/ Ecke Domfreihof, Tel. (0651) 9790790, www.dom information.de, Mo–Sa 9.30–17.30 Uhr, So und Fei 12–17.30 Uhr.

## Essen und Trinken

Gastronomisch hat Trier das ganze Spektrum zwischen rustikalem Essen in Wirtsstuben bis hin zur feinen Küche der Gourmetrestaurants zu bieten. Nicht nur in der Innenstadt gibt es viele Einkehrmöglichkeiten, auch der von Weinbau geprägte Stadtteil Olewig lohnt einen Blick.

■ **Restaurant Brunnenhof**①-②, Simeonstiftsplatz 6, Tel. (0651) 945750, www.brunnenhof-trier.com. Das Restaurant mit Bar und Café liegt direkt am Museum Simeonstift neben der Porta Nigra. Serviert werden Burger, Salate, Pasta, Fleisch und Fisch. In der Bar herrschen regionale Weine vor, aber es gibt auch Cocktails und den für Trier typischen Viez.

■ **Zum Domstein**①-②, Hauptmarkt 5, Tel. (0651) 74490, www.domstein.de, tägl. 8.30–24 Uhr. Regionale und internationale Küche; im Weinkeller wird abends römisches Essen nach *Markus Gavius Apicius* (30 n. Chr.) serviert, dazu gibt es *Mulsum,* den Aperitif der Römer. Die Weinkarte ist ausgesprochen umfangreich.

■ **Schlemmereule**③-④, Domfreihof 1b, Tel. (0651) 73616, www.schlemmereule.de. Gourmetküche für Feinschmecker im historischen Palais Walderdorff gegenüber dem Dom. Da die Schlemmereule zu den besten Restaurants in Trier gehört und schnell ausgebucht ist, sollte man reservieren.

■ **Walderdorffs**②-③, Domfreihof 1a, Tel. (0651) 9944412, www.walderdorffs.de, So–Do 12–15 und 18–22 Uhr, Fr 12–15 und 18–23 Uhr, Sa 12–23 Uhr. Im Sommer ist die Terrasse auf dem Domfreihof mit Blick auf den Dom und die Liebfrauenkirche ein toller Ort, um die leckereren Tapas zu genießen. Berühmt ist das Walderdorffs auch für seine Steaks vom Grill und das Cordon Bleu.

■ **Weinstube Kesselstatt**①-②, Liebfrauenstr. 10, Tel. (0651) 41178, www.weinstubekesselstatt.de, tägl. 10–24 Uhr. Die Terrasse der Weinstube Kesselstatt gegenüber von Dom und Liebfrauenkirche ist im Sommer ein sehr beliebter Ort. Zum Angebot des Restaurants gehören auch kleine Speisen wie gratinierte Baguettes oder Käseplatten (darunter auch der sehr gute, handgefertigte Bauernkäse aus Mannebach).

MEIN TIPP: **Suite au Chocolat,** Glockenstr. 9, Tel. (0651) 9129681, www.suite-au-chocolat.de, Mo–Fr 9–19 Uhr, Sa 9–20 Uhr, So 10–19 Uhr. Das hübsche Spezialitäten-Café in der Altstadt bietet Kaffee und Trinkschokoladen, Kuchen, Frühstück und eine kleine Mittagskarte. Verkauft werden handgefertigte Pralinen, Schokoladen aus ausgesuchten Manufakturen, Kaffee (auch aus eigener Röstung) und Tee. Wer in die Welt der Chocolatiers und Baristas eintauchen möchte, kann Kurse zur Zubereitung von Pralinen, Törtchen und Eis buchen oder an Verkostungen teilnehmen.

■ **Burgeramt,** Nagelstr. 18, Mo–Do 12–22 Uhr, Fr und Sa 12–24 Uhr. Freunde der amerikanischen Küche können sich auf richtig gute Burger aus frischen Zutaten zu einem fairen Preis freuen. Es gibt klassische Burger oder welche mit Erdnusssoße und Ananas oder mit Gorgonzola, Walnüssen, Preiselbeermarmelade und Rucola. Ab mittags wird ein britisches Frühstück angeboten, stilecht mit weißen Bohnen, Bacon, Ei und gebratenen Tomaten. Ebenfalls sehr lecker sind die Süßkartoffel-Pommes.

MEIN TIPP: **Wirtshaus zur Glocke**①-②, Glockenstr. 12, Tel. (0651) 73109, www.glocketrier.de, täglich 11.30–24 Uhr. Seit 1803 ist das Traditionswirtshaus „Zur Glocke" ein Gastronomiebetrieb. Wer die regionale Küche kennenlernen will, ist hier genau richtig: *Teerdisch* (Sauerkraut mit Kartoffelstampf), *Mehlkniedel mit Griewen* (Mehlknödel mit Speck und Apfelmus) oder *Flieten* (Hähnchenflügel) stehen auf der Speisekarte. Die Glocke ist außerdem Stammsitz der Trierer Viezbruderschaft, Grund genug, wirklich guten Viez auszuschenken.

■ **Bitburger Wirtshaus**①, Am Kornmarkt 3, Tel. (0651) 4361880, www.bitburger-wirtshaus.de. Preisgünstiges Wirtshaus im Casino am Kornmarkt. Zum Angebot gehören Salate, Suppen, Flammkuchen und Trierer *Flieten* (Hähnchenflügel), als Variante auch internationale Chicken Wings (amerikanisch, spanisch, asiatisch, mexikanisch usw.).

■ **Christis – Eis und Kaffee,** Sternstr. 5. In dem kleinen Café in einer Stichstraße, die den Hauptmarkt mit dem Domvorplatz verbindet, gibt es hausgemachtes Eis in ungewöhnlichen Sorten wie Salty Peanut oder Holunderblüte. Im Winter sind der Glühwein und der Kakao sehr beliebt.

■ **Blesius Garten**①-②, Olewigerstr. 135, Tel. (0651) 36060, www.blesius-garten.de, tägl. 11–24 Uhr. Auch wenn der Trierer Ortsteil Olewig eigentlich ein Weinort ist – das Restaurant verfügt über eine hauseigene Brauerei, in der ein sehr leckeres, naturtrübes Bier gebraut wird. Das Kraft Bräu gibt es als Helles, Dunkles, Weizen und als Saisonbier. Im Restaurant wird moderne, sehr gute Landhausküche serviert.

■ **Becker's**④-⑤, Olewiger Str. 206, Tel. (0651) 938080, Di–Sa ab 19 Uhr, www.beckers-trier.de. Gault Millau bescheinigt dem Restaurant in Olewig „höchste Kreativität und Qualität" und von Michelin gab es zwei Sterne. Man sollte unbedingt reservieren, da das Restaurant oft ausgebucht ist. Neben einer hervorragenden Küche gibt es auch Angebote wie Weinpicknicks oder Kochkurse.

■ **Eurener Hof**③, Eurener Str. 184, im Ortsteil Euren auf der linken Moselseite, Tel. (0651) 82400, www.eurener-hof.de. Das Traditionshaus mit angeschlossenem Hotel bietet gleich in mehreren Restaurants (Laurentius Stube, Wilder Kaiser und Gutsstube) gehobene Küche.

## Nachtleben

■ **Astarix,** Karl-Marx-Str. 11, Tel. (0651) 72239, www.astarixtrier.de, tägl. 12–23, Fr, Sa bis 23.30 Uhr. Kneipe und sehr günstiges, bei Studenten beliebtes Restaurant. Neben der Speisekarte, die auch viel Auswahl für Vegetarier und Veganer bietet, kann man den Belag seiner Pizza ganz nach Geschmack selbst zusammenstellen. Das gilt auch für die Nudelaufläufe oder das Wunsch-Eis zum Nachtisch.

■ **New Mintons,** Jakobstraße 13, Tel. (0651) 9790265, Mo–Sa ab 10 Uhr (open end), So ab 10 Uhr (open end), www.newmintons.de. Das New Mintons am Stockplatz ist Restaurant, Bistro und Bar in einem und sehr beliebt bei Jüngeren. Es gibt Pizza-, Cocktail-, Schnitzel- und Burgerabende, sonntags Frühstücksbuffet (10–14 Uhr).

■ **Weinhexe,** Saarstr. 18, Tel. (0651) 74137, Mo–Sa ab 17 Uhr, www.weinhexe-trier.de. In dem Weinlokal gibt es neben einer sehr großen Auswahl an edlen Tropfen auch Leckeres aus der „Hexenküche", Kunstausstellungen und Weinproben.

■ **Cubiculum,** Hosenstraße 2, Tel. (0651) 45127, www.pizzasalat.de, tägl. 18–1 Uhr, Sa und So bis 2 Uhr. Gemütliche Kellerkneipe mit fantasievoller Speisekarte, berühmt für das Zwiebelbrot und den Pizzasalat (verschiedene Salate, serviert auf einer Pizza Margarita). Die Pizzen kann man sich nach Geschmack selbst zusammenstellen. Für hungrige Nachtschwärmer gibt es eine Nachtkarte.

Die Kaiserthermen

157hu kn

## Einkaufen

Die **Neustraße** im Süden Triers gehört zu den kreativsten Einkaufsstraßen. Ein ausgefallener Laden reiht sich an den anderen, ob Design, Antiquitäten, Feinkost, Klamotten oder Geschenkideen.

Zum Shoppen und Schlemmen fast ebenso schön ist die **Nagelstraße,** in die die Neustraße mündet. Auch hier gibt es originelle Läden und Restaurants. Doch eigentlich ist die gesamte Trierer Fußgängerzone ideal für Konsumfreudige, vor allem die **Simeonstraße,** die die Porta Nigra mit dem Hauptmarkt verbindet, die **Fleisch-** und die **Brotstraße** und etwas versteckt auch die **Palaststraße.** Von kleinen Boutiquen bis zu großen Einkaufspassagen ist alles vorhanden.

■ **Trier-Shop,** An der Porta Nigra, Tel. (0651) 978080, www.trier-info.de. Im Laden der Tourist-Information findet man außer den üblichen Stadtplänen, Büchern, Rad- und Wanderkarten auch ausgefallene Dinge wie Nudeln in Form der Porta Nigra, Karl-Marx-Devotionalien oder den Trierer Viez Porz mit lustigen Sprüchen.

**MEIN TIPP:** **Krämerie Maison Schmitz,** Neustraße 29, www.kraemerie.de. Nostalgischer, aber erst 2015 eröffneter Feinkostladen mit regionalen und internationalen Leckereien. Die Bistroküche bietet zwischen 11.30 und 13.30 Uhr verschiedene Gemüse- und Salatgerichte, Panini, Quiches, Tartes und Tartelettes, auch für Vegetarier und Veganer.

■ **Kaufhaus Popp,** Neustr. 22, Mo–Sa 11–19 Uhr, www.kaufhaus-popp.de. Schrill, bunt und etwas verrückt präsentiert sich das Kaufhaus Popp. Erstehen kann man trendige Deko, Kleidung, Accessoires, Postkarten, Porzellan und vieles mehr.

**MEIN TIPP:** **Fräulein Prusselise,** Neustr. 23, Tel. (0651) 2078794, Di–Fr 11–18 Uhr, Sa 11–16 Uhr, Mo geschlossen. Fröhliche, individuelle Mode, entworfen und handgefertigt von zwei jungen Modedesignerinnen.

■ **Ideenreich,** Neustr. 24, Tel. (0651) 48494, www.ideenreich-trier.de, Mo 14–18.30 Uhr, Di–Fr 10–18.30 Uhr, Sa 11–17 Uhr. Zusammenschluss mehrerer Künstlerinnen und Handwerkerinnen, die in der Ladengalerie Keramik, Schmuck, Handarbeiten, Fotografien und Bilder verkaufen.

■ **Terra Viva,** Neustr. 28, Tel. (0651) 42277, www.terravivatrier.de, Mo–Sa 10–18.30 Uhr. Besonders schöner, kleiner Laden mit Design- und Geschenkartikeln.

■ **Konplott,** Konstantinstr. 12, Tel. (0651) 1704 617, www.konplott.com. Konplott-Läden mit den limitierten Kollektionen des glitzernden Modeschmucks gibt es inzwischen nicht nur in Düsseldorf, Hamburg, Konstanz oder auf dem Berliner Ku'damm, sondern auf der ganzen Welt. Stars wie *Madonna, Shakira* und *Kim Wilde* lieben die extrovertierten Stücke. Doch was wenigen bekannt ist: *Miranda Konstantinidou* begann ihre steile Karriere als Schmuckdesignerin in Trier, wo sie an der Fachhochschule Modedesign studierte. Am Anfang arbeitete sie in einer kleinen Werkstatt und belieferte Händler, inzwischen gibt es weltweit 900 Filialen. Eine weitere in Trier befindet sich in der **Einkaufspassage Galerie** in der Fleischstraße 62.

■ **Weinsinnig,** Palaststr. 12, Tel. (0651) 9790156, Di–Sa. ab 11 Uhr, www.weinsinnig.com. Der Laden ist Vinothek und Weinbar. Angeboten werden edle Tropfen der Top-Winzer von Mosel und Saar zum Kauf oder zum Trinken in der gemütlichen Bar. Der Clou ist die begehbare Weinkarte, bei der der Gast mitbestimmt, welcher Wein ausgeschenkt wird. Dazu gibt es kleine Speisen wie Flammkuchen, Käse oder Antipasti.

■ **Wochenmarkt:** auf dem Hauptmarkt Mo–Fr 7–18.30 Uhr, Sa 7–13 Uhr; auf dem Viehmarktplatz Di und Fr, 1. April bis 30. Sept. 7–14 Uhr, 1. Jan. bis 31. März und 1. Okt. bis 31. Dez. 8–14 Uhr.

## Kultur

■ **Stadttheater,** Am Augustinerhof, Theaterkasse: Tel. (0651) 718181, www.theatertrier.de. Vertreten sind die Sparten Musiktheater, Schauspiel und Ballett mit Vorstellungen im Großen Haus. Das

Junge Theater findet auf der Studio-Bühne und im Foyer statt, aber auch „außer Haus" in Fabrikhallen und an anderen ungewöhnlichen Orten. Außerdem gibt das Philharmonische Orchester der Stadt Trier Sinfoniekonzerte.

- **Tuchfabrik (TuFa),** Wechselstr. 4, Tel. (0651) 7182410, www.tufatrier.de. Die Tuchfabrik, kurz TuFa genannt, ist Kulturzentrum, Kleinkunstbühne und Ausstellungsraum. Geboten werden Kabarett- und Liederabende, Konzerte, Theateraufführungen und Lesungen. Nach einer Vorstellung kann man den Abend im Textorium, einer netten Kneipe im Erdgeschoss der TuFa, ausklingen lassen.
- **Broadway,** Paulinstr. 18, Tel. (0651) 141122, www.broadway-trier.de. Das Programmkino nennt sich auch KinoKulturZentrum und zeigt neben Hollywood-Streifen Filmkunst in OmU-Fassung oder Dokumentationen. Beliebt ist das Schlemmerkino mit Begrüßungssekt und auf den jeweiligen Film abgestimmten Leckereien. Koch ist *Peter Schmalen* von der Schlemmereule (s.o.).

## Feste und Veranstaltungen

- **Rosenmontagszug:** Beim Straßenkarneval im Februar herrscht Ausnahmezustand im Trierer Stadtzentrum. Alljährlich feiern mehrere Zehntausend Besucher entlang der fünf Kilometer langen Umzugsstrecke. Währenddessen ist die Innenstadt weiträumig gesperrt.
- **Altstadtfest:** Am letzten Juniwochenende finden auf zahlreichen Bühnen Live-Konzerte statt, von Rock, Jazz und Elektro bis Independent. Zwischen Porta Nigra und Kornmarkt, auf dem Domfreihof und auf anderen Plätzen gibt es neben der kostenlosen Musik auch zahlreiche Essens- und Getränkestände. Auch „der Meister" *Guildo Horn* ist meist auf einer der Bühnen zu finden. Programm unter www.altstadtfesttrier.de.
- **Internationaler Trierer Stadtlauf:** Seit der 2000-Jahr-Feier der Stadt 1984 wird die Volkslaufveranstaltung alljährlich in der Innenstadt durchgeführt. Die Siegerehrungen finden vor der Porta Nigra statt (www.triererstadtlauf.de).
- **Trierer Handwerkermarkt:** großer Kunsthandwerkermarkt am ersten Juliwochenende. Mehr als 100 Handwerker zeigen samstags und sonntags ihre Unikate. Ein Rundweg führt vorbei am Museum Simeonstift, durch den Brunnenhof, zum Simeonstiftplatz und rund um die Porta Nigra.
- **Mosel Musikfestival:** Von Juli bis Dezember bietet das Klassikmusikfestival viele Konzerte in Trier und entlang der Mosel bis Koblenz. Programm unter www.moselmusikfestival.de.
- **Illuminale Trier:** Lichterfest im August mit leuchtenden Installationen, Objekten und Musik an immer neuen, ausgewählten Spielorten.
- **Zurlaubener Moselfest:** Am Zurlaubener Ufer bzw. „en Zalawen" werden bereits seit 60 Jahren am zweiten Juliwochenende Live-Musik und zahlreiche Stände und Buden geboten. Freitags ist Fassanstich, samstags großes Feuerwerk, sonntags Frühschoppen und Familientag, montags klingt das Fest langsam aus (www.zurlaubener-heimatfest.de).
- **Olewiger Weinfest:** schönes Stadtteilfest mit großem Feuerwerk im August.
- **Allerheiligenmesse:** dreitägige Kirmes auf dem Viehmarkt. Das traditionsreiche Fest wird seit mehr als 100 Jahren auf diesem Platz gefeiert.
- **Weihnachtsmarkt:** wegen der hübschen historischen Kulisse des Hauptmarkts und des Domfreihofs einer der schönsten Weihnachtsmärkte in Deutschland (www.triererweihnachtsmarkt.de).

## Aktivitäten

MEIN TIPP: **Erlebnisführungen:** Die Tourist-Information Trier bietet verschiedene Erlebnisführungen an, zum Beispiel mit einem Zenturio in Paraderüstung, der durch die Porta Nigra führt und mit viel Humor Geschichten und Merkwürdigkeiten rund um das Tor erzählt. Ins mystische Mittelalter geht es mit „Der Teufel in Trier": Gladiator Valerius führt durch den Keller und die Arena des Amphitheaters.

Preise und Termine unter www.erlebnisfuehrungen.de. Wegen der begrenzten Teilnehmerzahl ist eine Voranmeldung ratsam.

■ **Segway Trier Tour:** Zweieinhalbstündige Stadterkundung auf einem Segway, Start ist an der Porta Nigra. Von März bis November, Montag bis Samstag jeweils täglich um 15 Uhr, Sonntag und Feiertage um 11 Uhr, ab 15 Jahre. Die Teilnehmer müssen mindestens einen Mofa-Führerschein haben und die Straßenverkehrsordnung kennen. Standardtour 59 €, verkürzte Tour 39 €. Buchungen unter www.segworks.de.

■ **Weinkulturpfad am Petrisberg:** Der 1,6 km lange Themenweg „Weinkulturpfad" startet an der Sickingenstraße im Osten von Trier und verläuft durch Weinberge bis zum Stadtteil Olewig. Dabei führt er zu einem der schönsten Aussichtspunkte der Stadt, dem Turm Luxemburg, der einen sagenhaften Blick vom Petrisberg über die Altstadt bietet.

### Für Kinder

■ **Spielzeugmuseum,** Dietrichstr 51, Tel. (0651) 75850, www.spielzeugmuseum-trier.de, April bis Dez. Di–So 11–18 Uhr, Jan. bis März Di–So 11–17 Uhr, Mo Ruhetag, Erw. 4,50 €, Jugendl. (11–18 J.) 2,50 €, Kinder (4–10 J.) 2 €, Kinder unter 4 J. frei. Ein kinderwagen- und rollstuhlgeeigneter Eingang befindet sich in der Jakobstr. 4.

Eigentlich ist das Museum nicht nur etwas für Kinder, denn die alten Schätzchen wecken bei Erwachsenen die Erinnerung an die eigene Kindheit und längst vergessenes Spielzeug. Auf zwei Stockwerken sind rund 5000 Stücke ausgestellt, darunter Zinnfiguren, Blechspielzeug, Eisenbahnen, Plüschtiere und Dampfmaschinen. Die ältesten Exponate sind ein phönizischer Würfel aus Bronze und römische Spielsteine aus Ton.

■ **Stadtführung für Kinder:** „2000 Jahre – 4000 Schrittchen" heißt der kindgerechte, rund zweistündige Stadtrundgang für 5–14-Jährige. Die Tour findet in Begleitung der Eltern statt. Erzählt werden spannende Geschichten, zum Abschluss geht es in das labyrinthartige Gangsystem der Kaiserthermen. Von Mai bis Oktober Sa 15 Uhr, im Juli, August und Oktober auch Fr 15 Uhr, 5,50 € pro Person. Informationen und Tickets bei der Tourist-Information Trier, online buchbar unter www.trier-info.de.

■ **Domführung für Kinder:** Auch im Dom gibt es offene kindgerechte Führungen zu verschiedenen Themen. Termine unter www.dominformation.de, Karten und Informationen bei der Dom-Information (Liebfrauenstr. 12 / Ecke Domfreihof, Tel. (0651) 979079-2).

■ **Museumrallyes:** Die Trierer Museen (Rheinisches Landesmuseum, Stadtmuseum Simeonstift, Spielzeugmuseum, Museum am Dom und Karl-Marx-Haus) bieten Führungen und Rallyes für Kinder an. Weitere Informationen gibt es bei den jeweiligen Museen.

## Öffentliche Verkehrsmittel

■ **Bahn:** Direkte Verbindungen nach Koblenz und Boppard über Cochem.

■ **Bus:** Flibco-Shuttle: Trier – Morbach – Flughafen Hahn (www.flibco.com).

Rhein-Mosel-Bus L202: Trier – Thomm – Reinsfeld – Hermeskeil; R200 und R290: Trier – Hermeskeil – Türkismühle (www.rhein-mosel-bus.de).

Verkehrsverbund Region Trier L33: Trier – Schillingen – Hermeskeil (www.vrt-info.de).

■ **Fahrradbus:** RegioRadler Ruwer-Hochwald RR290: Trier – Hermeskeil – Türkismühle (Mai bis November Sa und So, in den rheinland-pfälzischen Sommerferien auch Mo, Mi und Fr), www.rhein-mosel-bus.de.

www.fotolia.de © buFka

# 9 Koblenz

Die Stadt am Zusammenfluss von Rhein und Mosel bildet das nördliche Eingangstor zum UNESCO-Welterbe Oberes Mittelrheintal. Koblenz besitzt eine hübsche Altstadt mit kopfsteingepflasterten, verwinkelten Gassen, zahlreichen Kulturdenkmälern und Museen. Charmante, kleine Läden laden zum Einkaufsbummel ein, Straßencafés und Biergärten zu einer gemütlichen Pause.

< Das Deutsche Eck, die markante Landzunge an der Mündung der Mosel in den Rhein. Im Hintergrund erheben sich die Ausläufer des Hunsrücks

# KOBLENZ

Koblenz ist mit 110.000 Einwohnern eine eher kleine Großstadt, immerhin aber die drittgrößte Stadt von Rheinland-Pfalz. Hoch oberhalb thront die imposante Ehrenbreitstein, eine der größten Festungen Europas. Doch bereits vor deren Erbauung war Koblenz Garnisonsstadt. Schon die Römer errichteten an der Stelle, an der die Mosel in den Rhein mündet, einen befestigten Stützpunkt, das Castellum apud Confluentes („Kastell bei den Zusammenfließenden"). Über die Jahrhunderte wurde aus „Confluentes" der Name Koblenz.

www.fotolia.de © Martin Schlecht

**NICHT VERPASSEN!**

- **Forum Confluentes** mit Romanticum und Mittelrhein-Museum | 373
- Zwischen Vater Rhein und Mutter Mosel: das **Deutsche Eck** | 376
- Moderne und zeitgenössische Kunst im **Ludwig Museum** | 377
- Mit der Seilbahn über den Rhein zur **Festung Ehrenbreitstein** | 381
- Prunkschloss mit Teichen, Grotten und Wasserfällen: **Burg Stolzenfels** | 383

**Diese Tipps erkennt man an der gelben Hinterlegung.**

## Stadtgeschichte

Archäologische Funde zeigen, dass das heutige Stadtgebiet schon vor 10.000 Jahren besiedelt war. Zur Zeit von Kaiser *Augustus* (27 v. bis 14 n. Chr.) entstand ein erstes **frührömisches Kastell.** Das römische Confluentes wurde um das Jahr 9 v. Chr. gegründet.

Nach den Römern kamen ab Mitte des 5. Jh. die **Franken,** erste christliche Gotteshäuser wurden errichtet. 1018 schenkte Kaiser *Heinrich II.* dem Trierer Erzbischof *Poppo von Babenberg* den fränkischen Königshof. Um 1520 begann man mit dem Ausbau der **Burg Ehrenbreitstein** zur Festung. Im Pfälzischen Erbfolgekrieg wurde Koblenz 1688 von Französischen Truppen stark zerstört. Die Stadt wurde wieder aufge-

baut, zwei Jahre später stieg Koblenz zur **Kurfürstlichen Residenz** auf. 1786 zog Kurfürst *Clemens Wenzeslaus* in das Residenzschloss ein.

Insgesamt dauerte die Herrschaft der Kurfürsten bis 1798, fast 800 Jahre. Dann wurde Koblenz im Zuge der Französischen Revolution von den **Franzosen** eingenommen und zur Hauptstadt des französischen Departements Rhein und Mosel. Die französische Besatzung dauerte bis 1814, es folgte die **preußische Zeit** (1815–1945). Im **Zweiten Weltkrieg** wurden 87 % der Stadt zerstört. Von 1947 bis 1951 war Koblenz die Landeshauptstadt von Rheinland-Pfalz.

2002 wurde das Obere Mittelrheintal zwischen Koblenz und Bingen zum UNESCO-Weltkulturerbe erklärt. Die **Bundesgartenschau 2011** brachte viele positive Veränderungen im Stadtbild, darunter die **Seilbahn,** die die beiden Wahrzeichen der Stadt, das Deutsche Eck und die Festung Ehrenbreitstein, miteinander verbindet. Die Bundesgartenschau war für Koblenz eine regelrechte Schönheitskur. Die **Rhein- und Moselpromenaden** wurden modernisiert und bepflanzt. Die damals geschaffenen Blumenbeete rund um das Deutsche Eck, vor dem Kurfürstlichen Schloss und auf der Festung Ehrenbreitstein blieben teilweise erhalten und blühen auch heute noch üppig.

2013 errichteten die Stadtplaner so etwas wie eine neue Mitte für Koblenz: das **Forum Confluentes** mit dem Romanticum (einer Dauerausstellung zum Thema Rheinromantik), dem Mittelrhein-Museum, der Stadtbibliothek und der Tourist-Information.

⌃ Festung Ehrenbreitstein über dem Rhein

# Koblenz

0 200 m

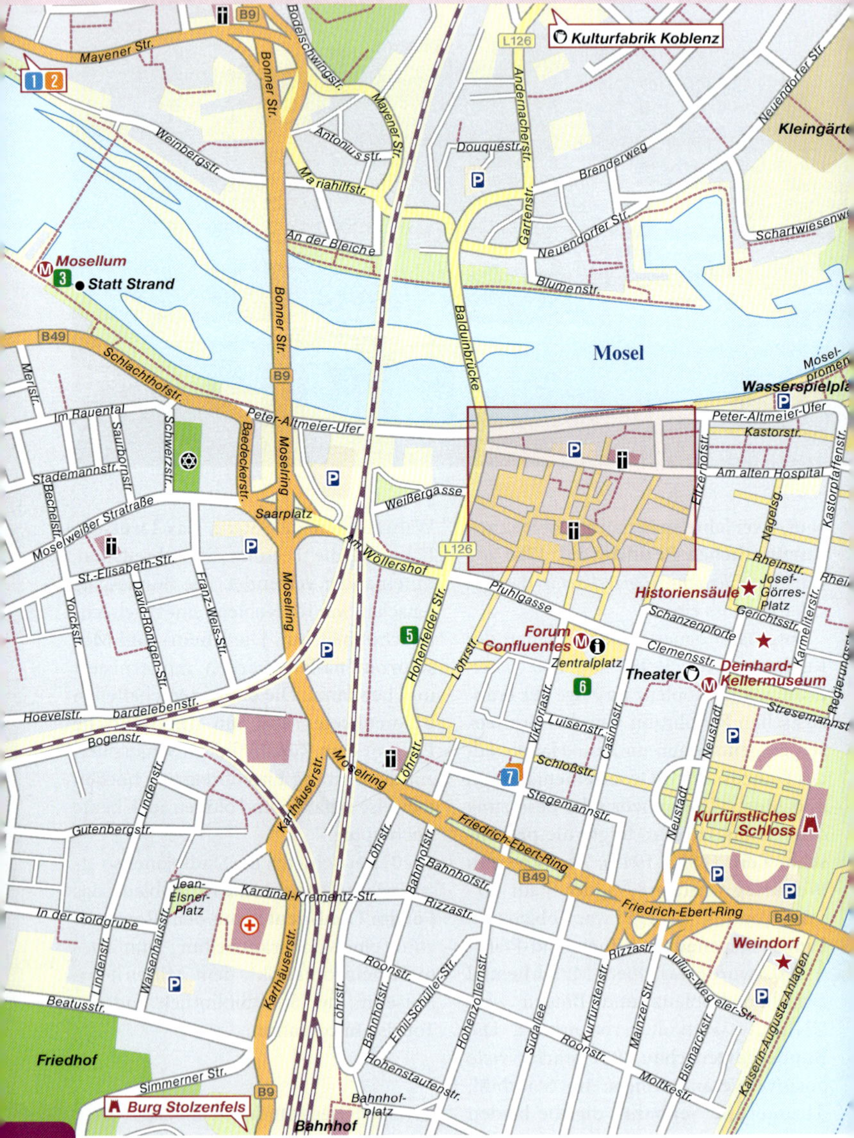

©Reise Know-How 2016
Essen und Trinken
1 Schiller's Restaurant
4 Gerhards Genussgesellschaft
7 Circus Maximus
8 Augusta Restaurant
9 Pegelhaus
13 Café Miljöö
14 Pfefferminzje
15 Mein Koblenz
Nachtleben
2 Café Hahn
7 Circus Maximus
10 Irish Pub
Einkaufen/Sonstiges
3 Supnation – Stand Up Paddling
5 Löhr-Center
6 Forum Mittelrhein
11 Kunstgässchen
12 Pfeffersack und Söhne
Kleingärten
B42
Festung Ehrenbreitstein
Schlossplatz
Landesmuseum Koblenz
Deutsches Eck
Seilbahn
Ludwig Museum
Basilika St. Kastor
Hofstr.
Felsenweg
L127
Rhein-Museum
Rhein
Charlottenstr.
Obertal
Am Pfaffendorfer Tor
Brelanostr.
Mutter-Beethoven-Haus
Pegelhaus
Pfaffendorfer Brücke
Ausschnitt
0 40 m
Balduinbrücke
Mosel
Peter-Altmeier-Ufer
Altes Kaufhaus
Alte Burg
Bürresheimer Hof
Schöffenhaus
Kornpfortstr.
Hohenfelder Str.
Burgstr.
Florinsmarkt
Florinskirche
Auf der Danne
Am alten Hospital
Haus Metternich
Paradies
Münzplatz
Münzstr.
Genussegasse
Mehlgasse
Eltzegäßchen
Florinspfaffengasse
Kornpfortstr.
Görresstr.
Altenhof
An der Liebfrauenkirche
Liebfrauenkirche
Firmungsstr.
Jesuitengasse
Jesuitenplatz
Altengraben
Braugasse
Entenpfuhl
Am Plan
Rathaus
Löhrstr.
Schängelbrunnen
Citykirche

# Sehenswertes

## In der Altstadt

Den Stadtkern kann man gut zu Fuß erkunden, die Sehenswürdigkeiten liegen nah beieinander. Jesuitenplatz, Plan, Florinsmarkt und Münzplatz gehören zu den schönsten Plätzen der Innenstadt.

### Florinsmarkt

Ein architektonisch interessanter Platz ist der Florinsmarkt. Vier historische Gebäude bilden hier ein pittoreskes Ensemble. Die romanische **Florinskirche** wurde um 1100 errichtet und gehörte zum Chorherren-Stift St. Florin. Im Inneren sind wertvolle Fresken aus dem 14. und 15. Jh. zu bewundern.

Im 1530 im spätgotischen Stil erbauten **Schöffenhaus** tagten einst die Schöffen des Stadtgerichtes. Der **Bürresheimer Hof,** ein 1659/60 errichteter ehemaliger Adelshof, trägt den Namen seiner früheren Besitzer, der Familie *von Breitbach-Bürresheim.*

Das **Alte Kaufhaus,** auch „Kauf und Danzhaus" genannt, wurde 1419 im gotischen Stil erbaut und im 17./18. Jh. um barocke Elemente erweitert. Händler, deren Schiffe am Moselufer festmachten, nutzten den Gewölbekeller als Stapel- und Lagerhaus und boten ihre Waren an. Die oberen Geschosse nutzte man für Versammlungen und Feste. 1724 wurde im Turm des Gebäudes eine Turmuhr eingebaut. Das Besondere an ihr ist der **„Augenroller",** der im Takt des Pendels die Augen hin und her bewegt. Zur halben Stunde streckt er seine Zunge nur einmal heraus, zur vollen Stunde so oft, wie die Stunde schlägt. Der Legende nach stellt das Gesicht den Raubritter *Johann Lutter von Kobern* dar, der in der Nähe auf dem Plan 1536 hingerichtet wurde und vor der Hinrichtung genau das tat: mit den Augen rollen und die Zunge herausstrecken.

### KoblenzCard

**Mein Tipp:** Mit der KoblenzCard erhält man 50 % Ermäßigung auf die Eintrittspreise der Koblenzer Museen, 20 % Ermäßigung auf die Eintrittskarten für die Festung Ehrenbreitstein und die Seilbahn sowie das Theater Koblenz, dazu kostenlose Teilnahme an einer Führung, freie Fahrt mit dem ÖPNV und einiges mehr. Preis ab 9,80 € (Einzelkarte). Infos unter www.koblenz-touristik.de.

### Alte Burg

Sehenswert ist die Alte Burg (Burgstr. 1), ein im Mittelalter auf römischen Fundamenten als Wohnturm errichteter, imposanter Bau. Er wurde 1277 wehrhaft umgestaltet und diente Trierer Erzbischöfen und Kurfürsten als Residenz.

### Münzplatz

Der Münzplatz trägt diesen Namen, weil hier ab dem 11. Jh. ein großer Teil des Geldes der Trierer Kurfürsten geprägt wurde. Die Gebäude der Münzfabrik wurden im 19. Jh. abgerissen, sodass der

159hu kn

Münzplatz entstand. Im **Haus Metternich** (Münzplatz 8), einem 1674 errichteten Adelshof, wurde 1773 *Klemens Wenzel Lothar von Metternich,* der spätere Außenminister und Staatskanzler des österreichischen Kaiserreichs, geboren.

Am Münzplatz liegt, wenn auch etwas versteckt, das **Kunstgässchen.** Mehrere kleine Läden bieten ihre Waren an, auch bei schlechtem Wetter lässt es sich hier herrlich bummeln.

## Liebfrauenkirche

Im Zentrum der Altstadt steht die katholische Liebfrauenkirche. Sie wurde im Mittelalter auf den Fundamenten eines Gotteshauses aus dem 5. Jh. errichtet. Bis zur Französischen Revolution war sie die Hauptpfarrkirche von Koblenz. Jeden Abend um 22 Uhr läutet die Lumpenglocke, die an die einstige Schließung der Stadttore um diese Zeit erinnert. Die barocken Hauben der Kirchtürme prägen mit der Florinskirche und der Kastorkirche das Stadtbild von Koblenz.

■ **Liebfrauenkirche,** An der Liebfrauenkirche 16, 8.30–18 Uhr, www.liebfrauen-koblenz.de.

## Am Plan

Der Platz „Am Plan“ war ursprünglich barock bebaut, doch Kurfürst *Clemens Wenzeslaus* ließ ihn im klassizistischen

⏶ Häuser am Florinsmarkt:
Bürresheimer Hof und Altes Kaufhaus

Stil modernisieren und eben (also plan) pflastern. Sehenswert sind die Eckhäuser des Altengraben und der **Einkaufsmeile Löhrstraße.** Mit ihren reich verzierten Erkern bilden sie das pittoreske „Vier-Türme-Ensemble“.

## Jesuitenplatz

Von dem mit alten Bürgerhäusern umstandenen Plan gelangt man über den Entenpfuhl zum Jesuitenplatz. Namensgeber ist die ehemalige Jesuitenkirche

160hu kn

St. Johannes der Täufer, die zwischen 1613 und 1617 erbaut wurde und heute als **Citykirche** bezeichnet wird. Das Jesuitengymnasium wurde erst später, zwischen 1694 und 1701, errichtet und dient seit 1895 als **Rathaus.** In der Mitte des Platzes steht das Müller-Denkmal. *Johannes Müller* (1801–58), ein Koblenzer Forscher und Anatom, wurde unweit des Jesuitenplatzes geboren. Er gilt als einer der großen Naturphilosophen des 19. Jh., sein Handbuch der Physiologie des Menschen wurde ein Welterfolg.

## Schängelbrunnen

Durch einen Rundtorbogen am Jesuitenplatz gelangt man in den Innenhof des Rathauses. Hier steht der Schängelbrunnen, ein **Wahrzeichen** von Koblenz. Unachtsame Spaziergänger müssen damit rechnen, dass der bronzene Lausbub auf dem Brunnensockel sie erwischt und mit einer **Wasserfontäne,** die weit über den Beckenrand hinausreicht, „anspuckt“. Das passiert alle paar Minuten – für Eingeweihte ist es ein großer Spaß, wenn der Schängel nichtsahnenden Passanten eine nasse Überraschung bereitet.

## Josef-Görres-Platz

Geht man vom Schängelbrunnen zurück zum Jesuitenplatz, gelangt man über die Firmungstraße, in der es viele Restaurants und Geschäfte gibt, zum Josef-Görres-Platz (oder kurz: Görresplatz). In der Mitte steht die **Historiensäule,** die die wichtigsten Ereignisse der 2000-jährigen Koblenzer Geschichte darstellt. Sie wurde von dem Bildhauer *Jürgen Weber* gefertigt und im Jahr 2000 aufgestellt.

☒ Der Brunnen mit dem spuckenden Schängel

### Schängel-Stadt

Die Koblenzer tragen den **Spitznamen** Schängel. Das Wort bedeutet so viel wie Lausbub. Der Begriff geht auf die Zeit um 1800 zurück, als Koblenz zur Französischen Republik gehörte. Gemeint waren die Kinder deutscher Mütter und französischer Väter. Da zu dieser Zeit der Name *Johann* oder *Hans* sehr häufig war, nannte man sie nach dem entsprechenden französischen Vornamen **Jean.** In der Koblenzer Mundart wurde daraus **Schang** und in der Verniedlichungsform **Schängel,** also *Hänschen.* Ursprünglich war es ein Schimpfwort, doch mittlerweile bezeichnen sich die Koblenzer selbst gern als Schängel. So ist der Schängelbrunnen im Hof des Rathauses ein Wahrzeichen von Koblenz.

## Forum Confluentes

Der Neubau des Forum Confluentes am Zentralplatz ist sozusagen die neue Mitte von Koblenz. Der spektakuläre Entwurf des Gebäudes stammt von dem deutsch-niederländischen Star-Architekten *Benthem-Crouwel.* In ihm sind ein Präsentations- und Informationszentrum zum UNESCO-Welterbe Mittelrheintal, das Mittelrhein-Museum mit seiner wertvollen kunsthistorischen Sammlung, die Stadtbibliothek und die Tourist-Information untergebracht.

161hu kn

**Mein Tipp:** Ein echtes Erlebnis ist ein Besuch der **Aussichtsplattform** auf dem Dach des Forums. Mit einem modernen Aufzug gelangt man bis zur Dachterrasse, die einen tollen Ausblick über Koblenz bietet.

■ **Forum Confluentes,** Zentralplatz 1, 56068 Koblenz, www.forum-confluentes.de.

## Romanticum

Eine interaktive Erlebnisausstellung im Forum Confluentes informiert über die Geschichte des Mittelrheintals und die **Rheinromantik.** Im Romanticum erfährt man auf einer virtuellen Rheinreise alles über den Fluss und die Rheinromantik des 19. Jh. Die Besucher werden zu Passagieren eines Dampfschiffes und lernen die fantastischen Sagen und Märchen der Region kennen.

■ **Romanticum,** im Forum Confluentes, täglich 10–18 Uhr, Erw. 6 €, Kinder bis 12 J. 1 €, Familienkarte 10 €.

## Mittelrhein-Museum

Das Mittelrhein-Museum bewahrt nicht nur Erinnerungen an die Zeit der Rheinromantik, sondern zeigt auch Exponate der städtischen Kunstsammlung aus über 2000 Jahren Kunst- und Kulturgeschichte. **Gemälde, Skulpturen und Kunsthandwerk** vom Mittelalter bis zum 21. Jh. werden im ersten Stock präsentiert, im Erdgeschoss finden Wechselausstellungen statt.

■ **Mittelrhein-Museum,** im Forum Confluentes, Tel. (0261) 1292520, www.mittelrhein-museum.de, Di–So tägl. 10–18 Uhr, Dauerausstellung: Erw. 6 €, Jugendl. ab 13 J. 4 €, Kinder bis 12 J. frei, Familien 10 €, Sonderausstellung: Erw. 6 €, Jugendl. ab

13 J. 4 €, Kinder bis 12 J. frei, Familien 10 €, Dauer- und Sonderausstellung: Erw. 10 €, Jugendl. ab 13 J. 7 €, Kinder bis 12 J. frei, Familien 16 €.

## Am Moselufer

Die breite **Moselpromenade** teilen sich Spaziergänger, Jogger und Fahrradfahrer. Seit der Bundesgartenschau sind die Flaniergärten entlang dem Ufer noch attraktiver geworden. Für Kinder ist der **Wasserspielplatz** am Deutschen Eck im Sommer ein Riesenspaß.

### Mosellum

Das Mosellum an der Moselstaustufe gibt Einblick in die Welt der **Wanderfische.** Besucher können durch drei große Unterwasserfenster die Fische beobachten. Die Erlebnisausstellung am Fischpass Koblenz zeigt darüber hinaus Wissenswertes über die **Mosel** zwischen Ökonomie und Ökologie, über die Schifffahrt und die Stromerzeugung, das Moseltal und seine Ufer als Lebensraum.

■ **Mosellum,** Moselstaustufe/Pastor-Klein-Str., 56068 Koblenz, Tel. (0261) 95234030, Di–So 10–17 Uhr, Erw. 3 €, Kinder über 7 J. 1,50 €, Familien (2 Erw. u. 2 Kinder ab 7 J.) 8 €, www.mosellum.de.

### Balduinbrücke

Kurfürst *Balduin von Luxemburg* veranlasste 1342 den Bau der ersten Steinbrücke über die Mosel. Seit mehr als 700 Jahren überspannt sie den Fluss und verbindet die Altstadt mit dem Stadtteil Lützel. Doch schon zu Römerzeiten gab es an dieser Stelle eine römische Brücke.

[<] Görresplatz mit Historiensäule

[v] Im Forum Confluentes sind das Romanticum, das Mittelrhein-Museum, die Stadtbibliothek und die Tourist-Information untergebracht

162hu kn

158hu kn

## Deutsches Eck

Wo „Vater Rhein“ und „Mutter Mosel“ aufeinandertreffen, ist das Deutsche Eck. Der Name geht auf den Deutschen Orden zurück. Erzbischof *Diether von Trier* berief die Ritter des Deutschen Ordens nach Koblenz, die sich dann im Jahr 1216 hier niederließen. Zunächst hieß die Stelle *Deutscher Ordt,* später entwickelte sich daraus die Bezeichnung Deutsches Eck. Im Volksmund nannte man die Landzunge früher auch *Honsschwanz* (Hundeschwanz), da sie, geografisch gesehen, der letzte Ausläufer des Hunsrücks ist.

### Kaiser-Wilhelm-Denkmal

Die Idee, ein **Reiterstandbild** *Kaiser Wilhelms I.* am Deutschen Eck aufzustellen, entstand schon kurz nach dessen Tod im Jahr 1888. Sein Enkel, Kaiser *Wilhelm II.,* wählte drei Jahre später den Standort aus. Eine künstliche Landzunge wurde aufgeschüttet, der monumentale Sockel und das kupfergetriebene Reiterdenkmal wurden 1897 errichtet. Natürlich ist es kein Zufall, dass der Blick des Kaisers Richtung Reichshauptstadt Berlin geht und das Hinterteil des Pferdes Richtung Frankreich weist. Im März 1945 wurde das Denkmal durch Artille-

riebeschuss zerstört. Bis zur Wiedervereinigung diente der leere Sockel als Mahnmal für die deutsche Einheit. 1993 wurde eine Rekonstruktion aufgestellt.

## Am Rheinufer

Der Abschnitt der linken Rheinanlagen, die vom Deutschen Eck nach Süden bis zum Kurfürstlichen Schloss reichen, wurden 1901 gestaltet und heißen heute Konrad-Adenauer-Ufer. Südlich davon schließen sich die Kaiserin-Augusta-Anlagen an, die zwischen 1856 und 1861 gestaltet wurden. Zusammen bilden sie eine wunderschöne **Uferpromenade,** die zu ausgiebigen Spaziergängen entlang zahlreicher Sehenswürdigkeiten einlädt.

⌃ Seilbahn über den Rhein vom Deutschen Eck zur Festung Ehrenbreitstein

### Ludwig Museum

Nur wenige Schritte vom Deutschen Eck entfernt liegt das Ludwig Museum im historischen Deutschherrenhaus. Die Sammlung zeigt auf vier Etagen **moderne Kunst,** vor allem französische Kunst des 20. Jh. Dazu gehören Gruppen wie die *Nouveaux Réalistes* oder *Fluxus.* Sehenswert sind auch die Wechselausstellungen, bei denen zeitgenössische Kunst im Vordergrund steht.

■ **Ludwig Museum,** Danziger Freiheit 1, www.ludwigmuseum.org, Di–Sa 10.30–17 Uhr, So und Fei 11–18 Uhr, Erw. 5 €, ermäßigt 3 €, Kinder bis 12 Jahre frei. In Zeiträumen, in denen keine Sonderausstellung präsentiert wird (Umbau), wird der Eintritt um die Hälfte reduziert.

### Basilika St. Kastor

Die bereits 836 geweihte, karolingische Kastorkirche ist ein **Hauptwerk romanischer Baukunst am Mittelrhein.** Sie ist die älteste erhaltene Kirche in Koblenz.

Im Jahre 842 ging sie in die Geschichte ein, als sich die fränkischen Herrscher *Ludwig der Deutsche, Karl der Kahle* und *Lothar II.* in der Kastorkirche trafen, um ihre Herrschaftsansprüche zu regeln. Sie führten erste Verhandlungen über eine

Teilung des Reiches *Karls des Großen.* Die Bestimmungen über die fränkische Reichsteilung wurden im Jahr darauf im Vertrag von Verdun unterzeichnet. Das Ergebnis war, dass das Fränkische Reich in drei Teile geteilt wurde (Westfrankenreich, Ostfrankenreich und Lotharingien).

In ihrer heutigen Form stammt die Kastorkirche vorwiegend aus der Mitte

163hu kn

des 12. Jh. 2008 entdeckte man bei Bauarbeiten ein **römisches Kastell** aus der Zeit des Kaisers *Augustus* (27 v. Chr. bis 14 n. Chr.). Das frührömische Kastell war 100x100 m groß. Im späten 1. bis zum 4. Jh. stand an der Stelle ein gallorömischer Tempel.

Auf dem Platz vor der Kirche steht der recht klobig wirkende **Kastorbrunnen.** Er wurde zum Gedenken an den Russlandfeldzug *Napoleons* errichtet. Der damalige französische Präfekt *Doazan* ließ 1812 folgende Worte hineinmeißeln: „A Napoleon le Grand, an MDCCCXII Memorable par la Campagne contre les Russes sous la Prefecture de Jules Doazan" („An Napoleon den Großen, 1812 zum Gedenken an den Russlandfeldzug unter der Präfektur von Jules Doazan"). Doch das war sehr voreilig, denn tatsächlich endete der Russlandfeldzug nicht etwa mit dem Sieg *Napoleons,* sondern mit einer verheerenden Niederlage. Nachdem sich die französischen Truppen zurückgezogen hatten, bewies der neue russische Stadtkommandant Humor und ließ folgende Worte – ebenfalls in Französisch – in den Kastorbrunnen einmeißeln: „Vue et approuvé par nous, le Commandant Russe de la Ville de Coblence" („Gesehen und genehmigt von uns, dem russischen Kommandanten der Stadt Koblenz").

## Seilbahn

**Mein Tipp:** Eine besondere Attraktion ist die Seilbahnfahrt vom **Deutschen Eck** über den Rhein hinweg zur **Festung Ehrenbreitstein.** Vor allem der Blick über die Stadt und die beiden Flüsse machen die Fahrt zu einem tollen Erlebnis. Wem das noch nicht genug Nervenkitzel ist, der nimmt die Gondel 17, sie hat einen Glasboden. Die Talstation der modernen Seilbahn, die im Zuge der Bundesgartenschau 2011 gebaut wurde, liegt am Konrad-Adenauer-Ufer in der Nähe der Basilika St. Kastor.

■ **Seilbahn Koblenz,** www.seilbahn-koblenz.de, Ende März bis 31. Okt. 9.30–18.30 Uhr, 1. Nov. bis März Sa, So und Fei 9.30–17.30 Uhr, Erw. 6,50 € (einfache Fahrt), 9 € (Hin- und Rückfahrt), Kinder (7–17 J.) 3,50 € (einfache Fahrt), 4 € (Hin- und Rückfahrt), Schüler, Studenten, Auszubildende 4 € (einfache Fahrt), 5 € (Hin- und Rückfahrt), Familien (2 Erw. und bis zu 4 Kinder) 21,80 € (Hin- und Rückfahrt), außerdem gibt es Kombitickets (Festung Ehrenbreitstein und Seilbahn Hin- und Rückfahrt).

## Pegelhaus

Südlich der Kastorkirche am Rheinufer steht das achteckige Pegelhaus (Anfang des 17. Jh.), das ursprünglich ein Rheinkranhaus mit drehbarem Dach war. Heute ist ein Restaurant darin untergebracht. Durch das neue Glasdach hat man einen tollen Blick auf den Rhein und die Festung Ehrenbreitstein. An der Wand des Pegelhauses steht eine leuchtend blaue **Pegeluhr,** die mittels eines Schwimmers im Rhein den Wasserstand anzeigt. Sie wurde 1887 aufgestellt, davor diente eine einfache Metallpegellatte zum Anzeigen des Wasserstandes.

Hinter dem Pegelhaus erhebt sich das imposante ehemalige Preußische Regierungsgebäude.

☐ St. Kastor, die älteste Kirche von Koblenz

## Kurfürstliches Schloss

Wenige Fußminuten weiter südlich gelangt man zum Kurfürstlichen Schloss. Errichtet wurde es zwischen 1777 und 1786 von Kurfürst *Clemens* im Stil des französischen Frühklassizismus. Der spätere Kaiser *Wilhelm I.* residierte als preußischer Militärgouverneur für einige Jahre in dem Schloss. 1944 wurde es bei einem Bombenangriff völlig zerstört und 1950 wiedererrichtet. Heute ist das Kurfürstliche Schloss Behördensitz.

## Kaiserin-Augusta-Anlagen

Hinter der Pfaffendorfer Brücke beginnen die 3,5 km langen Kaiserin-Augusta-Anlagen. *Augusta von Sachsen-Weimar-Eisenach,* Gattin Kaiser *Wilhelms I.,* ließ die Uferanlagen am Rhein zwischen 1856 und 1861 neu gestalten. Der königlich-preußische Gartendirektor *Peter-Joseph Lenné* schuf sie nach den Plänen von Hermann Fürst von Pückler-Muskau. Noch heute ist die idyllische **Rheinpromenade** ein beliebter Ort zum Flanieren. Einmal im Jahr, am ersten Sonntag im Juni, wird in den Rheinuferanlagen und auf dem Gelände des Kurfürstlichen Schlosses die Zeit Kaiserin *Augustas* wieder lebendig. Das **Kaiserin Augusta Fest** bietet Konzerte, Vorträge und Führungen und lockt jedes Jahr viele Besucher an.

## Weindorf

In den Kaiserin-Augusta-Anlagen nahe der Pfaffendorfer Brücke liegt das Weindorf. Ursprünglich wurde es 1925 für die „Reichsausstellung Deutscher Wein" errichtet. Die Nachbauten von **vier Winzerhäusern** aus deutschen Weinanbaugebieten blieben über die Ausstellungszeit hinaus erhalten und sind heute eine beliebte Touristenattraktion (www.weindorfkoblenz.de). Hinter dem Weindorf befindet sich das „Schnorbach Brückstück", die einzige **Innenstadtweinlage** von Koblenz und außerdem die kleinste registrierte Einzellage in Deutschland.

164hu kn

> Das Kurfürstliche Schloss

# Ehrenbreitstein

## Festung Ehrenbreitstein

118 Meter über der Stadt kann man eine fantastische Aussicht über Koblenz genießen: Hoch über dem Deutschen Eck am rechten Rheinufer thront die mächtige Festung Ehrenbreitstein. Sie ist die **zweitgrößte erhaltene Festung in Europa,** nur der Festungsbau von Gibraltar ist noch größer.

In ihrer heutigen Form entstand die Anlage im 19. Jh., doch ihr Ursprung geht auf den Konradiner *Ehrenbert* zurück, der um das Jahr 1000 die Burg Ehrenbertstein errichten ließ. In den folgenden Jahrhunderten wurde die Anlage weiter ausgebaut und im Laufe der Zeit änderte sich der Name von Ehrenbertstein zu Ehrenbreitstein.

Vor allem die Trierer Erzbischöfe machten sie zu einer fast uneinnehmbaren Festung. Den französischen Revolutionstruppen gelang die Eroberung des kurtrierischen Bollwerks nur durch Aushungern. 1801 sprengten die Franzosen die Anlage. Auf Befehl von König *Wilhelm III.* wurde die Festung dann zwischen 1817 und 1828 zu dem mächtigen Bollwerk ausgebaut, das heute über der

165hu kn

Stadt thront – sehr wehrhaft, aber auch sehr repräsentativ.

■ **Festung Ehrenbreitstein,** www.diefestungehrenbreitstein.de, Ende März bis 31. Okt. 10–18 Uhr, 18–24 Uhr freier Zutritt zu Gelände und Gastronomie, 1. Nov. bis Ende März täglich 10–17 Uhr, 17–24 Uhr freier Zutritt zu Gelände und Gastronomie, Erw. 6 €, Schüler und Studenten 4 €, Kinder bis 6 J. frei, Familien (ein Erw. und bis zu 4 Kinder) 6 €, Familien (zwei Erw. und bis zu 4 Kinder) 12 €, außerdem Kombitickets (Festung Ehrenbreitstein und Seilbahn, www.seilbahn-koblenz.de).

## Landesmuseum Koblenz

Der Schwerpunkt des Museums auf der Festung Ehrenbreitstein liegt auf Technik- und Wirtschaftsgeschichte. Im **Haus der Fotografie** (Turm Ungenannt) ist die Landessammlung zur Geschichte der Fotografie in Rheinland-Pfalz ausgestellt. Im **Haus der Archäologie** werden die Spuren menschlichen Lebens an Mittelrhein und Mosel und bedeutende Funde der Region präsentiert. Im **Haus des Genusses** (Lange Linie) informiert die Dauerausstellung „WeinReich“ über das Thema Weinbau und regionale Rebsorten. An bestimmten Terminen werden in der Vinothek auch Weinverkostungen angeboten.

■ **Landesmuseum Koblenz,** Festung Ehrenbreitstein, Tel. (0261) 66750, www.landesmuseum-koblenz.de, Ausstellungshäuser Ende März bis 31. Okt. 10–18 Uhr, 1. Nov. bis Ende März Sa, So und Fei 10–17 Uhr, Eintrittspreise siehe Festung. **Vinothek:** April bis Okt. Sa, So und Fei 12–17 Uhr, Nov. bis März So 12–16.30 Uhr. Außerdem gibt es jedes Jahr mehrere Wechselausstellungen und für Kinder thematisch passende Museums-Rallyes (s.u.: „Aktivitäten für Kinder“).

## Mutter-Beethoven-Haus

Im **Ortsteil Ehrenbreitstein** unterhalb der Festung steht das **Geburtshaus** von *Maria Magdalena Keverich,* der Mutter von *Ludwig van Beethoven.* Auch *Clemens Wenzeslaus Brentano de La Roche* erblickte in Ehrenbreitstein das Licht der Welt. **Brentano** (1778–1842) gilt als einer der bedeutendsten Schriftsteller der deutschen Romantik.

*Maria Magdalena Keverich* wurde 1746 geboren. Das kleine Museum zeigt Zeugnisse aus dem Leben des Komponisten und der Familie seiner Mutter. Weitere Exponate und historische Dokumente stammen von den Schriftstellern *Sophie von La Roche, Clemens Brentano* und *Bettina von Arnim.*

■ **Mutter-Beethoven-Haus,** Wambachstr. 204, Ehrenbreitstein, April bis Okt. Sa., in der Regel So und Fei 14–18 Uhr. Die Öffnungszeiten sind eher unregelmäßig und werden jedes Jahr neu festgelegt. Genaue Termine unter www.mutter-beethoven-haus.de.

## Rhein-Museum

Das Museum im Stadtteil Ehrenbreitstein präsentiert die **Kulturgeschichte des Flusses.** Leben am Rhein, Fischfang und die Entwicklung der Rheinschifffahrt sind Themen der Ausstellung.

■ **Rhein-Museum,** Charlottenstr. 53a, Ehrenbreitstein, www.rhein-museum.de, Di–So 10–17 Uhr, Erw. 5 €, Schüler ab 16 J. 3 €, Kinder (6–15 J.) 2 €, Kinder bis 5 J. frei, Familien 11 €.

◁ Das Weindorf in den Kaiserin-Augusta-Anlagen

## Burg Stolzenfels

Nur wenige Kilometer südlich von Koblenz auf der linken Rheinseite liegt die Burg Stolzenfels. Der **Prunkbau** aus dem 19. Jh. bezaubert mit zinnenbekrönten Türmen und Mauern.

1823 schenkte die Stadt Koblenz die Ruine der Burg Stolzenfels, einer einstigen kurtrierischen Zollburg aus dem 13. Jh., dem Kronprinzen *Friedrich Wilhelm.* Dieser beauftragte 1842 den Architekten **Karl Friedrich Schinkel,** die Ruine zu einem Sommersitz umzubauen. Das Schloss wurde als „altdeutsche Burg" gestaltet. Teile der historischen Ausstattung sind zu besichtigen, zum Beispiel die Kapelle, der Palas mit Rittersaal, der Wohnturm und der Pergolagarten.

Ebenfalls sehenswert sind die **Gartenanlagen** der Burg – nicht nur die fünf Gärten, sondern auch die weitläufigen Parkanlagen mit Grotten, Wasserfällen und Teichen rund um Burg Stolzenfels. Sie alle wurden von dem berühmten Landschaftsarchitekten **Peter-Joseph Lenné** entworfen. Der königlich-preußische Gartendirektor hatte unter anderem den Zoologischen Garten und die Pfaueninsel in Berlin sowie die Gartenanlagen von Schloss Sanssouci geplant. In Koblenz entwarf er 1842 im Auftrag König *Friedrich Wilhelms IV.* den Schlossgarten und war um 1854 an der Gestaltung der Rheinanlagen beteiligt.

■ **Burg Stolzenfels,** 56075 Koblenz, www.schloss-stolzenfels.de, Erw. 4 €, Kinder und Jugendl. 2,50 €, Familien mit Kindern unter 6 J. 8 €, Jan./Feb. und Okt./Nov. Sa und So 10–17 Uhr, März tägl. 9–17 Uhr, April bis Sept. tägl. 9–18 Uhr, Dez. geschlossen. Das Stationentheater „Die Muse von Stolzenfels", eine szenische Führung durch das Schloss und seine Geschichte, findet mehrmals im Jahr zwischen Mai und Oktober statt. Kartenreservierung unter Tel. (0261) 51656.

■ **Anfahrt:** Der Stadtteil Stolzenfels liegt etwa 5 km südlich der Innenstadt an der B9. Die Anlage ist von dort über einen Serpentinenweg zu Fuß in rund 20 Minuten erreichbar. Das Parken im Parkhaus am Fuß des Berges ist für Burgbesucher kostenfrei.

# Praktische Tipps

## Informationen

■ **Tourist-Information,** im Forum Confluentes, Zentralplatz 1, 56068 Koblenz, Tel. (0261) 19433, www.koblenz-touristik.de, tägl. 10–18 Uhr.

■ **Tourist-Information,** Konrad-Adenauer-Ufer, April bis Okt. Fr 13–16 Uhr, Sa, So und Fei 10–16 Uhr, Tel. (0261) 91469990.

## Essen und Trinken

In der Altstadt gibt es eine Fülle an Restaurants und Biergärten. **Sterneküche** suchte man bisher vergebens, doch 2015 wurde eine Koblenzer Gaststätte zum ersten Mal vom Guide Michelin mit einem Stern ausgezeichnet: Schiller's Restaurant. Außerdem ist Koblenz eine alte Weinstadt. Gleich zwei berühmte **Weingebiete** treffen in der Stadt zusammen, die Terrassenmosel und das Mittelrheintal. Deshalb ist die Weinauswahl in vielen Restaurants erfreulich gut.

■ **Pegelhaus**②, Konrad-Adenauer-Ufer 1, 56068 Koblenz, Tel. (0261) 91489644, Mi–Mo 11.30–22.30 Uhr, www.pegelhaus-koblenz.de. Das Restaurant bietet deutsche und internationale Küche und die Panoramaglaskuppel einen tollen Blick über den Rhein bis zur Festung Ehrenbreitstein.

■ **Gerhards Genussgesellschaft**③, Danziger Freiheit 3 (im Blumenhof), 56068 Koblenz, Tel. (0261) 91499133, www.gerhards-genussgesellschaft.de. Das Restaurant gehört zu den ersten Adressen in Koblenz. Koch *Georg Gerhards* zaubert Kulinarisches aus frischen Produkten. Das Restaurant mit seiner sehr schönen Terrasse fügt sich wunderbar in das alte Gemäuer des ehemaligen Klosters ein.

■ **Mein Koblenz**②, Firmungstr. 31, 56068 Koblenz, Tel. (0261) 98303697, Mi–Mo 12–23 Uhr, www.mein-koblenz.com. Traditionelle Koblenzer Küche, modern umgesetzt. Durchgehend warme Küche, auf Wunsch auch im Dunkelrestaurant.

■ **Café Miljöö,** Gemüsegasse 8, Tel. (0261) 14237, tägl. 9–1 Uhr, www.cafe-miljoeoe.de. Schönes Szenecafé in der Altstadt mit Blick auf die Liebfrauenkirche. Kaffeetrinker dürfen zwischen 40 Kaffeespezialitäten wählen und es gibt eine umfangreiche Frühstückskarte, die sogar bis 17 Uhr gilt. Auf der Speisekarte werden auch Vegetarier und Veganer fündig.

■ **Pfefferminzje**①-②, Mehlgasse 12, Mi und Do 9.30–18 Uhr, Fr–So 9.30–22 Uhr, Mo und Di Ruhetag, Tel. (0261) 2017777, www.pfefferminzje.de. Kleines Café-Bistro mit idyllischer Terrasse im Hinterhof und sehr abwechslungsreichem Angebot für Vegetarier und Veganer. Kult sind die Tatortabende am Sonntag, die Fans der ARD-Krimis gemeinsam mit Gleichgesinnten im Pfefferminzje verbringen.

■ **Augusta Restaurant**②-③, Rheinstr. 2a, Tel. (0261) 91446822, www.augusta-restaurant.de. Schöne Lage am Rheinufer (Konrad-Adenauer-Ufer in der Nähe des Deutschen Ecks). Verarbeitet werden vor allem regionale Produkte. Gehobene Küche mit entsprechenden Preisen, doch das Mittagsmenü (9,90 €/Vor- und Hauptspeise, mit Nachtisch 12,90 €) ist überraschend günstig.

■ **Schiller's Restaurant**⑤, Mayener Str. 126, 56070 Koblenz, Tel. (0261) 963530, www.hotel-stein.de, Di–Sa ab 18 Uhr, So/Mo Ruhetag. Im Restaurant wird mediterrane Küche serviert, darunter Exklusives wie Austern oder Gänseleber.

## Nachtleben

■ **Café Hahn,** Neustr. 15, 56072 Koblenz, www.cafehahn.de. Über die Grenzen von Koblenz hinaus bekannter Musik- und Kleinkunstclub im Stadtteil Güls mit einem breit gefächerten Progamm, das von Kabarett über Lesungen bis zu Jazz, Blues und Rock reicht.

■ **Circus Maximus,** Stegemannstr. 30, Tel. (0261) 3002358, www.circus-maximus.org, Mo–Do 12–1 Uhr, Fr 12–3 Uhr, Sa 18–3 Uhr, So Ruhetag. Im Restaurant gibt es tolle Burger, auch für Veganer, abends Motto-Partys, Live-Musik oder Poetry Slams.

■ **Irish Pub,** Burgstr. 7, Mo–Do 16–1 Uhr, Fr 16–2 Uhr, Sa 15–2 Uhr, So 18–1 Uhr, http://irishpubkoblenz.com. Bereits seit den 1980er Jahren führt der Ire *Shay Dwyer* den authentischen Pub in Koblenz. 2015 wählte die „Irish Times" ihn als drittbesten Pub außerhalb von Irland und damit zu einem der schönsten Pubs weltweit.

## Einkaufen

Sehr viele Läden in der Altstadt von der Löhrstraße über Entenpfuhl bis zum Görresplatz sind inhabergeführt (www.altstadt-carree.de). Die größte Einkaufsstraße ist die **Löhrstraße.**

MEIN TIPP: Die kleinste Einkaufsstraße ist das **Kunstgässchen** (Münzstr. 8), das hübsch versteckt am Münzplatz liegt. In dem kleinen, überdachten Basar findet man Mode aus Kaschmir, Klangschalen, handgeschöpftes Papier, Schmuck und Deko.

MEIN TIPP: **Pfeffersack und Söhne,** An der Liebfrauenkirche 1, www.pfeffersackundsoehne.de. Hipper Laden mit Gewürzen, Gewürzmischungen, Currys, Masalas, Salzen und Ölen. Witzig: Es gibt sogar eine Gewürzmischung für das regionale Gericht *Debbekooche.* Besonders hübsch sind die schwarzen Keramikdosen, die exklusiv im Westerwald für Pfeffersack und Söhne hergestellt werden.

■ Eine Vielzahl an Geschäften bieten die Shopping-Center **Forum Mittelrhein** und **Löhr-Center** in der Innenstadt.

■ **Wochenmarkt,** in der Schloßstraße: Di 8–14 Uhr, Do 8–14 Uhr; am Münzplatz: Sa 8–14 Uhr.

## Kultur

■ **Theater Koblenz,** Clemensstraße 1, Kartenvorverkauf an der Theaterkasse im Forum Confluentes, Zentralplatz 1, Tel. (0261) 1292-840/-841, tägl. 10–18 Uhr, www.theater-koblenz.de. In dem klassizistischen Theaterbau unweit des Kurfürstlichen Schlosses aus dem Jahr 1787 wird Schauspiel, Musiktheater und Ballett aufgeführt.

MEIN TIPP: Seit der Spielzeit 2014/15 gibt es als vierte Sparte ein **Puppentheater.** Zwei fest engagierte Puppenspieler bringen eigenständige Produktionen auf die Bühne, nicht nur für junges Publikum, sondern auch Stücke für Erwachsene.

Führungen durch das Theater jeden zweiten Samstag im Monat um 15 Uhr (Anmeldung unter Tel. (0261) 129-2870).

■ **Kulturfabrik Koblenz,** Mayer-Alberti-Str. 11, 56070 Koblenz-Lützel, Tel. (0261) 85280, www.kufa-koblenz.de. Kleinkunsttheater mit Kabarett und Musik.

## Feste und Veranstaltungen

■ **Kaiserin Augusta Fest:** Am ersten Sonntag im Juni (UNESCO-Welterbetag) wird auf dem Gelände des Kurfürstlichen Schlosses in den Rheinuferanlagen die Zeit der Gemahlin von *Wilhelm I.* wieder lebendig. Zum Angebot gehören Themenführungen, Kutschfahrten, Musik, regionale Speisen und ein Kinderprogramm (www.augusta-fest.de).

■ **Altstadtfest:** Am ersten Juli-Wochenende feiern die Koblenzer ihr großes Volksfest auf den Plätzen der Altstadt.

■ **Horizonte Festival:** Mitte Juli findet das dreitägige Weltmusik-Festival mit internationalen Künstlern auf der Festung Ehrenbreitstein statt (www.horizonte-festival.de).

■ **Mosel Musikfestival:** Von Juli bis Dezember bietet das Klassikmusikfestival viele Konzerte in Koblenz und entlang der Mosel bis Trier. Programm unter www.moselmusikfestival.de.

■ **Internationales Gaukler- und Kleinkunstfestival:** Ende Juli treten ein Wochenende lang Akrobaten, Puppenspieler, Gaukler und Clowns entweder auf der Festung Ehrenbreitstein oder in der Koblenzer Innenstadt auf (www.gauklerfest-koblenz.de).

■ **Rhein in Flammen:** Anfang August findet an den Ufern von Rhein und Mosel das große Illuminationsspektakel statt. Hinzu kommt auf dem Rhein eine Armada von Ausflugsschiffen: ein riesiger, sehr beeindruckender Schiffskorso. Gleichzeitig ist das Koblenzer Sommerfest (www.rhein-in-flammen.com).

■ **Lange Nacht der Museen:** Anfang September öffnen mehr als 20 Häuser ihre Pforten und bieten Kunstinteressierten mehr als 80 verschiedene Abendveranstaltungen (www.museumsnacht-koblenz.de).

■ **Koblenzer Schängelmarkt:** An drei Tagen im September findet das größte Koblenzer Volksfest statt. Geboten werden ein Markt, Live-Musik und verkaufsoffener Sonntag ab 13 Uhr (www.koblenz-stadtmarketing.de).

■ **Koblenzer Debbekoochefest:** Alle zwei Jahre im Oktober findet auf dem Münzplatz das Debbekoochefest mit Musik und Unterhaltung statt. Im Mittelpunkt steht natürlich der leckere *Kowelenzer Debbekooche* (Topfkuchen aus geriebenen Kartoffeln). Termin und Programm unter www.dkfest.de.

■ **Weihnachtsmarkt:** Mitte November bis Weihnachten tauchen sechs beschauliche Altstadtplätze und das Winterforum auf dem Zentralplatz die Stadt in eine festliche Adventsstimmung (www.weihnachtsmarkt-koblenz.de).

## Aktivitäten

■ **Statt Strand am Stadtrand,** Universitätsstr., 56072 Koblenz, Mai bis Okt. täglich 10–1 Uhr, www.statt-strand-koblenz.de. Sand, Palmen, Liegestühle, Strohschirme und Cocktails – der künstliche Strand an der Moselstaustufe ist im Sommer ein beliebter Treffpunkt.

■ **Deinhard-Kellermuseum,** Deinhardplatz 3, 56068 Koblenz, www.deinhard.de. Am 1. Mai 1794 eröffnete *Johann Friedrich Deinhard* in der Koblenzer Altstadt sein Weinhandelsgeschäft. Ab 1843 begann das Unternehmen mit der Herstellung von Sekt. Bei einer Führung durch das Kellermuseum des Deinhard-Stammhauses erfährt man, wie dieser früher hergestellt wurde. Führungstermine können telefonisch oder per E-Mail vereinbart werden (Deinhard-Öffentlichkeitsarbeit, Tel. (0261) 91151-520 oder info@deinhard.de).

■ **Supnation,** Emser Str. 20, 56076 Koblenz, Tel. (0261) 8087937, www.supnation.de. Supnation gibt in der Sommersaison beim Statt Strand auf der Mosel Kurse im **Stand Up Paddling,** also dem Stehpaddeln mit einem Stechpaddel auf einer Art Surfbrett (Einzel- oder Gruppentraining). Auf Anfrage gibt es Kurse und Workshops aber auch im Winter (Neoprenanzüge können gestellt werden). Zum Angebot gehören außerdem Touren, SUP-Yoga, Verleih und Verkauf der Boards und mehr.

### Für Kinder

■ **Gewässer-Lehrpfad Rhein-Mosel:** Für Koblenz hat Wasser eine besondere Bedeutung. Der Lehrpfad ist knapp 12 km lang, 10 Tafeln informieren über das nasse Element. Der Weg kann auch gut mit dem Fahrrad zurückgelegt werden. Eine der Stationen ist das Mosellum (s.o.), eine Erlebnisausstellung an der Moselstaustufe, in der man durch Fenster Wanderfische beobachten kann.

166hu kn

■ **Landesmuseum auf der Festung Ehrenbreitstein:** Im Landesmuseum gibt es für Kinder museumspädagogische Angebote. Meist sind es auf die Wechselausstellungen abgestimmte Begleitprogramme. In den Ferienzeiten wird für Kinder zwischen 8 und 12 Jahren außerdem ein Ferienprogramm angeboten. Infos: Tel. (0261) 66751510.

■ **Spielplätze:** Seit der Bundesgartenschau 2011 gibt es in Koblenz vier neue, besonders schöne Spielplätze. Dem **Wasserspielplatz** am Deutschen Eck können Kinder im Sommer kaum widerstehen. Gleich nebenan ist der Königsberger Biergarten (Danziger Freiheit 2), in dem die Eltern entspannen können, während die Kinder sich austoben. Auf der Festung Ehrenbreitstein bietet der **Kletterspielplatz Werk Bleidenberg** viel Platz zum Austoben. Am **Kurfürstlichen Schloss** wartet der barrierefreie Spielplatz „Schmuckkästchen der Kaiserin Augusta" auf Kinder ab 4 Jahren. Manche der Spielgeräte erinnern in ihrer Form an den Spiegel, die Perle oder die Haarnadel der Kaiserin. Für ältere Kinder befindet sich ganz in der Nähe, ebenfalls vor dem Kurfürstlichen Schloss, ein **Skaterplatz** für Skateboards und BMX-Bikes.

## Öffentliche Verkehrsmittel

■ **Bahn:** Die Mittelrheinbahn verbindet Mainz, Koblenz, Bonn und Köln. Direkte Verbindungen auch nach Boppard und weiter entlang dem Rhein sowie nach Trier über Cochem. Infos unter www.vrminfo.de.

■ **Bus:** Rheinhunsrückbus L620: Koblenz – Emmelshausen – Simmern, L621: Koblenz – Kastellaun, L650: Koblenz – Stolzenfels – Rhens – Spay – Boppard, AirportShuttle L610: Koblenz – Emmelshausen – Kastellaun – Flughafen Hahn. Infos unter www.vrminfo.de.

⌃ Wasserspielplatz und Biergarten am Deutschen Eck

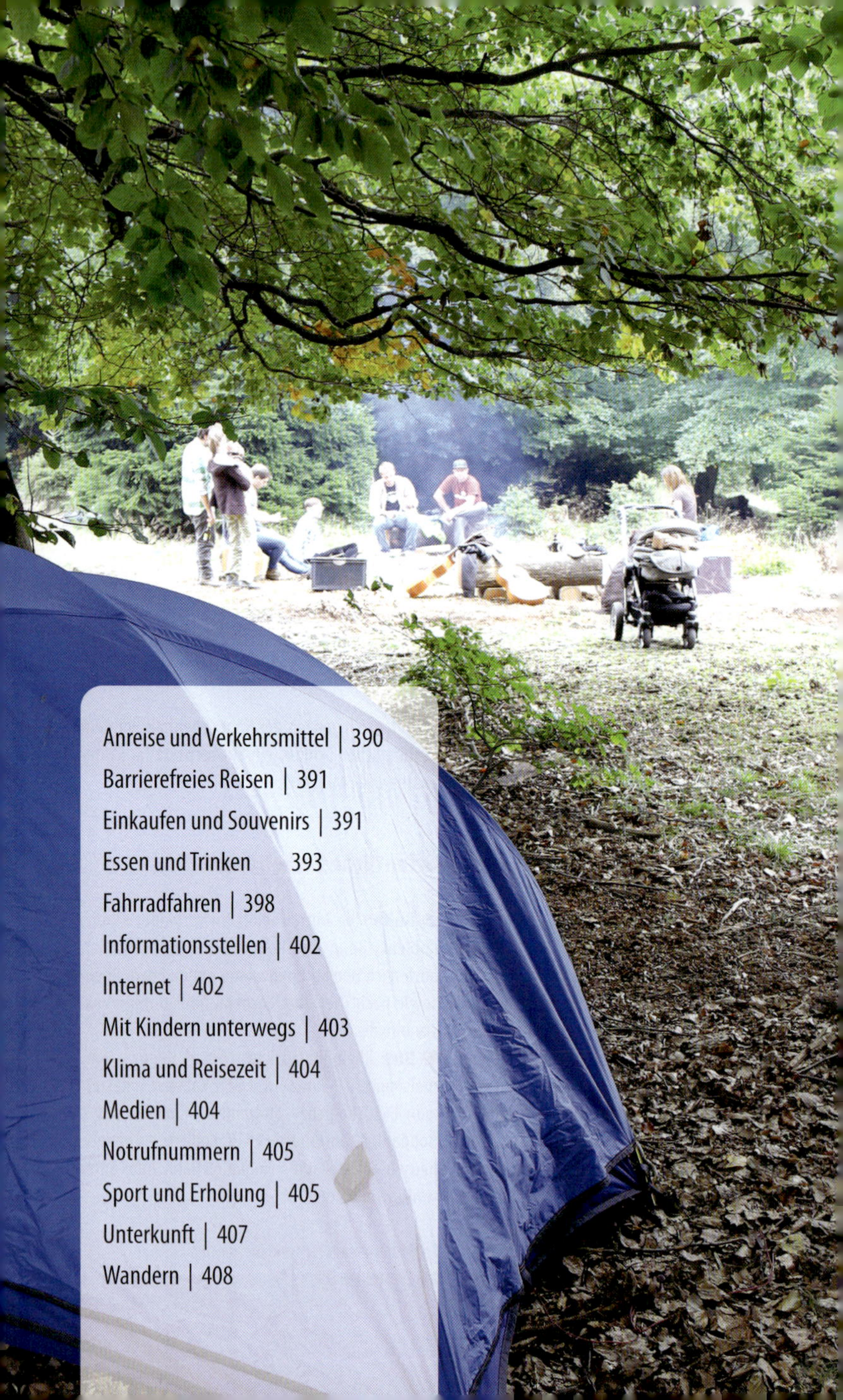

125hu ns

# 10 Praktische Reisetipps A–Z

< Trekkingcamp Ellerspring im Naturpark Soonwald-Nahe

# Anreise und Verkehrsmittel

## Auto

Über die Nord-Süd-Achsen A61 und A1 ist der Hunsrück ans deutsche Autobahnnetz angeschlossen. Die **Hunsrückhöhenstraße** (B327 und B407) zieht sich über 157 km von Südwest nach Nordost durch den Hunsrück, sie verbindet Saarburg mit Koblenz. Als gut ausgebaute Fernstraße ist sie eine der wichtigsten Verkehrsadern der Region.

- **Pannenhilfe des ADAC:** über Festnetz (0180) 222 22 22, mobil 22 22 22.

## Bus und Bahn

Der Hunsrück ist über die Rheinstrecke zwar gut ans deutsche Verkehrsnetz angebunden, innerhalb der Region sind die Bahn- und Busverbindungen zum Teil allerdings nicht besonders gut. In manchen Gegenden sind die Busse ausschließlich auf den Schülertransport ausgelegt und man ist schlicht auf das Auto angewiesen.

Die Züge der **Deutschen Bahn** (www.bahn.de) halten auf der Strecke Mainz – Saarbrücken in Kirn und Idar-Oberstein. Seit 2015 befahren die Nahverkehrszüge des Privatbahnbetreibers **Vlexx** die Nahestrecke. Der Regional-Express hält im Stundentakt in Idar-Oberstein, die Regional-Bahn verbindet Baumholder, Idar-Oberstein und Kirn ebenfalls im Stundentakt.

Die **Mittelrheinbahn** verbindet Mainz, Koblenz, Bonn und Köln und hält auch in Boppard. Hier kann man in die **Hunsrückbahn** (Rhenus Veniro) umsteigen. Auf der steilsten Bahnstrecke Deutschlands ist sogar eine Fahrradmitnahme möglich. Allerdings fährt die Hunsrückbahn nur bis Emmelshausen.

Mehrere Verkehrsverbünde teilen sich den Regionalbusverkehr im Hunsrück. Die **Rhein-Nahe-Busse der ORN** bedienen die Region rund um Stromberg, Simmern, Kirn und Idar-Oberstein. Der **Verkehrsverbund Rhein-Mosel** bedient den Rhein-Hunsrück-Kreis, der **RMV Rhein-Mosel** die Region um Simmern, Kastellaun, Emmelshausen, Morbach, Thalfang und Hermeskeil. Der **VRT** ist für die Region um Trier, im Hunsrück vor allem für den Hochwald bis nach Reinsfeld und Hermeskeil zuständig.

- **www.orn-online.de**
- **www.vrminfo.de**
- **www.rhein-mosel-bus.de**
- **www.vrt-info.de**

## Drehscheibe Flughafen

Der Flughafen **Frankfurt-Hahn** liegt zwar zentral **mitten im Hunsrück,** aber die hier ansässigen Billig-Airlines fliegen zurzeit keine Ziele im deutschsprachigen Raum an. Es gibt am Flughafen einen **Busbahnhof,** von dem aus Verbindungen in folgende Orte bestehen: Koblenz, Frankfurt, Mainz, Trier, Saarlouis, Saarbrücken, Düsseldorf, Köln, Mannheim, Heidelberg und Karlsruhe. Außerdem werden Kirn und Idar-Oberstein an der Nahe angefahren (www.hahn-airport.de).

Am Flughafen Hahn sind die meisten namhaften **Mietwagenanbieter** zu finden. Es bietet sich also eventuell eine Anreise per Bus zum Flughafen an, von wo man dann mit einem Mietfahrzeug weiterfährt. Die Adressen weiterer lokaler Autovermietungen erfährt man bei den Touristinformationen der Verbandsgemeinden.

# Barrierefreies Reisen

Menschen mit Behinderung finden unter www.barrierefrei.gastlandschaften.de eine Datenbank, in der barrierefreie Hotels, Gaststätten und Sehenswürdigkeiten in Rheinland-Pfalz gelistet sind.

126hu kn

# Einkaufen und Souvenirs

Ein schönes Mitbringsel ist handgefertigte **Keramik aus dem Soonwald.** Töpfereien gibt es in Münchwald, in Königsau im Kellenbachtal und in Schlierschied bei Gehlweiler (Adressen siehe Ortsbeschreibungen).

Rund um Idar-Oberstein bieten sich **Schmuck und Mineralien** an. In der Edelsteinmetropole dürfen Edelsteingeschäfte dank einer Sonderregelung von März bis Oktober auch an Sonn- und Feiertagen öffnen, in der Regel zwischen 10 und 18 Uhr. In Idar-Oberstein und Umgebung erhält man auch den sogenannten „Edelschliff", einen jährlich wechselnden **Wein** von der Nahe. Die **Schmuckflasche** ist mit einem passenden Edelstein versehen und auf 1000 Exemplare limitiert. Etwa 20 Kilometer von Idar-Oberstein entfernt haben sich in dem kleinen Ort Stipshausen ein paar sehr talentierte **Schmuckdesigner** mit ihren Ateliers niedergelassen.

In Hermeskeil kann man den **„Hermeskeiler"** kaufen. Der knorrige Wanderstock ist so etwas wie ein Wahrzeichen des Hochwaldes.

< Einkaufsmeile Löhrstraße in Koblenz

## Kulinarische Einkaufstipps

Da der Hunsrück waldreich ist, sind Produkte aus **Wild** wie Salami oder Dosenwurst vielerorts zu bekommen. Auch die **Kartoffelwurst,** eine für den Hunsrück typische Spezialität, erhält man als **Dosenwurst** in Supermärkten, in vielen Metzgereien und Hofläden. Im Herbst kommen Wildspezialitäten wie Reh, Wildschwein und Hirsch auf die Speisekarten vieler Restaurants. Das Forstamt Entenpfuhl im Soonwald und das Forstamt Walderlebniszentrum Neupfalz bei Stromberg bieten in ihren Wildläden Wurst und Fleisch in vielen Variationen an.

**Regionale Produkte** wie Marmeladen, Gelees, Honig, Senfspezialitäten, Secco aus Früchten, Schnäpse, Käse, Essig und kaltgepresste Öle sind beliebte Souvenirs. Man kann diese Delikatessen direkt beim Erzeuger in einem der zahlreichen **Bauernhofläden** oder auf dem **Wochenmarkt** kaufen (Hinweise finden sich in den Ortsbeschreibungen). Auch viele Supermärkte haben Warenregale für regionale Produkte reserviert.

Außerdem stellen verschiedene Initiativen und Regionalmarken **Probierpakete** zusammen. Die „ProBIRkiste" versammelt Leckereien aus dem Birkenfelder Land und ist zusätzlich ein soziales Projekt zur Einbindung von Menschen mit Handicap. In jeder Kiste ist ein Achat enthalten, der für die Edelsteinregion steht. Zur Grillsaison wird außerdem die Spießbratenkiste verkauft. Sie enthält einen Rollbraten, Dosenwurst, zwei Flaschen Kirner Landbier und einen Edelstein und wird von ausgewählten Metzgern im Kreis Birkenfeld angeboten (www.probirkiste.de).

Die „SooNahe Beziehungskiste" enthält Spezialitäten einheimischer Erzeuger- und Verarbeitungsbetriebe aus den Regionen Soonwald und Nahe (www.soonahe.de). Inzwischen wurde die Erzeugergemeinschaft um den Hunsrück erweitert.

127hu kn

Die Initiative „Ebbes von Hei“ („Etwas von hier“) ist ebenfalls eine kulinarische Visitenkarte der Region. Landwirte, Handwerker und Gastronomen aus dem Saar-Hunsrück bieten unter dieser Marke Erzeugnisse vor allem aus dem Schwarzwälder und Osburger Hochwald sowie dem Idarwald an. In Lebensmittelmärkten stehen spezielle Regale mit „Ebbes von Hei“-Produkten (www.ebbes-von-hei.de).

# Essen und Trinken

Kulinarisch hat die deftige Hunsrücker Küche einige Besonderheiten zu bieten. Die Menschen im Hunsrück lieben **herzhafte, bodenständige Gerichte.** Das liegt vielleicht auch daran, dass die bäuerlich geprägte Region lange Zeit zu Deutschlands ärmsten Landstrichen gehörte. Missernten und Hungersnöte waren keine Seltenheit. Nicht einmal in den Adelshäusern wurde ausschließlich geschlemmt, oft regierte selbst hier der Schmalhans in den Vorratskammern.

Schnörkellose Gerichte, die früher klassische Arme-Leute-Essen waren, erleben gerade eine Renaissance. Traditionelle Hunsrücker Rezepte aus frischen, regionalen Produkten werden inzwischen häufiger in Gaststätten und Restaurants serviert und tauchen zunehmend auch auf den Speisekarten der gehobenen Gastronomie auf.

◁ Eine Spezialität aus dem Hunsrück: gefillte Klees

## Traditionelle Speisen

Je nach Region variieren die Namen: *Deppekoche, Düppekooche, Düppelappes* oder *Dibbelabbes,* auf Hochdeutsch: **Topfkuchen.** Ein Teig aus geriebenen Kartoffeln, Speck und Zwiebeln wird in einer Gusseisenform gebacken, oft verfeinert mit Lauch und Mettwürstchen. Beim **Schales** wird der Teig wie für Dibbelappes zubereitet, doch nicht im Ofen, sondern in der Pfanne gegart.

**Gefillte Klees** sind große Kartoffelklöße mit einer Füllung aus Hackfleisch und Leberwurst. Sie werden mit **Specksoße** serviert und sind äußerst sättigend. Ganz ähnlich sind die **Hoorische,** längliche Klöße aus dem gleichen Teig wie die Gefillte, allerdings ohne Füllung. Sie werden im Hochwald und im Saarland serviert. Dazu isst man ebenfalls Specksoße und Sauerkraut.

**Gekochtes Rindfleisch** mit Sauerkraut, weißen Bohnen und Meerrettich ist ein Hunsrücker Festessen und so etwas wie das Nationalgericht des Vorderhunsrücks.

Das Rezept der **Krumbierewurscht** (Kartoffelwurst) entstand ursprünglich, weil man in schlechten Jahren die Wurstmasse mit Kartoffeln streckte. Mittlerweile ist diese Sparmaßnahme zur äußerst beliebten Spezialität geworden. Die Krumbierewurscht ist Grundlage für eine weitere regionale Delikatesse: gebratene Kartoffelwurst auf frischem Bauernbrot, **Finsel** genannt.

**Eierschmeer** ist ein Brotbelag aus Eiern, Mehl, Milch und Speck und ebenfalls typisch für den Hunsrück.

■ **Buchtipp:** *Rüssel, Harald:* „Wild. 130 Rezepte für jeden Tag“, Umschau Buchverlag 2012. Bei der Zusammenstellung der Rezepte legte *Harald Rüssel* Wert darauf, dass sie leicht verständlich und vor allem alltagstauglich sind. Der Sternekoch führt ein Gourmetrestaurant in Naurath/Wald. Auf der EAT! Berlin wurde das Buch als Bestes Kochbuch 2013 ausgezeichnet.

## Schwenk- und Spießbraten

Hunsrücktypisch ist der Schwenk- bzw. Spießbraten. Kaum werden die Tage sonniger, ist die Grillsaison eröffnet. Der Duft von gebratenem Fleisch, das auf **offenem Buchenholzfeuer** brutzelt, liegt am Wochenende überall in der Luft. Das Besondere ist der dreibeinige Grill: An einer höhenverstellbaren Kette hängt in seiner Mitte ein runder Edelstahlrost frei über der Glut. Der Rost muss regelmäßig angeschubst und in ständiger Bewegung gehalten werden, damit die dicken Fleischstücke gleichmäßig garen, denn die **marinierten Schweinenackenstücke** können bis zu 500 Gramm schwer sein.

In der Gegend von **Idar-Oberstein** heißt der Schwenkbraten Spießbraten, obwohl er im Gegensatz zum Rollbraten nicht am Spieß, sondern ebenfalls auf dem Rost gegrillt wird. In der Edelsteinmetropole liegt auch die Wiege des Schwenk- bzw. Spießbratens. Im 19. Jh. zwangen Hungersnöte Tausende Hunsrücker zur Auswanderung. Die meisten flohen in der Hoffnung auf ein besseres Leben nach Brasilien. Darunter waren auch viele Edelsteinschleifer und Achatbohrer aus der Gegend um Idar-Oberstein. Neben den kostbaren Steinen brachten Rückkehrer auch das Schwenkbratenrezept in die alte Heimat mit. Die Tradition, Fleisch auf offenem Feuer zuzubereiten, hatten die Auswanderer den **brasilianischen Gauchos abgeschaut.** Von Idar-Oberstein aus verbreitete sich diese Art der Fleischzubereitung über den ganzen Hunsrück und bis ins Saarland.

**MEIN TIPP:** Wer Feuer gefangen hat und den deftigen Spießbraten zuhause grillen möchte, dem seien die besonders soliden Ausführungen der **Kirner Diakonie Werkstatt** empfohlen. Dort wird eine große Auswahl an robusten **Grillgeräten** aus hochwertigem Edelstahl geschmiedet: Dreibein-Schwenker und Galgengrills in verschiedenen Größen, Zubehör wie Fleischspieße für Rollbraten, Feuerwannen und Grillbesteck bis hin zu Sonderanfertigungen. Im Laden der Lebenshilfe Rhein-Hunsrück e.V. in Kastellaun werden sie ebenfalls verkauft.

- **Original Kirner Edelstahl-Grills,** Niederreidenbacher Hof, 55743 Idar-Oberstein, Tel. (06784) 983960, www.kreuznacherdiakonie.de, Mo–Do 8–15.50 Uhr, Fr 8–14.30 Uhr.
- **Lebenshilfe Rhein-Hunsrück e.V.,** Perlengasse 1, 56288 Kastellaun, Tel. (06762) 409588, Mo–Fr 9.30–12 und 15–18 Uhr, Sa 9.30–12 Uhr, www.mittendrinshop.de.

## Spezialitätenwochen

Im Herbst hat die Kartoffel Hochsaison. Die **Kartoffeltage Saar-Hunsrück** finden jedes Jahr im Oktober statt. Während des 14-tägigen Schlemmer-Events bieten die teilnehmenden Restaurants mehr als 100 verschiedene Kartoffelgerichte an. Dazu finden etliche kulturelle Veranstaltungen rund um die leckere Knolle statt. Das komplette Programm gibt es in den Touristinformationen von Hermeskeil, Kell am See, Losheim am See, Nonnweiler, Wadern und Weiskirchen.

Im Saar-Hunsrück werden im Frühjahr die **Bettsäächertage** veranstaltet. Während der moselfränkischen Löwenzahnwochen verwöhnen Gastwirte ihre Gäste mit Kulinarischem aus Löwenzahn. Ob Salat, Pesto, Suppe oder gar als süßes Dessert, der Fantasie sind keine Grenzen gesetzt. Die teilnehmenden Gaststätten sind unter www.naturpark.org gelistet.

## Getränke

Das **Kirner Landbier** aus heimischer Gerste wird in der Kirner Privatbrauerei Ch. und Ph. Andres gebraut. Das milde, naturtrübe Bier ist eine beliebte Spezialität, ebenso wie das **Schinderhannes-Bock,** das gut drei Monate im Keller der Kirner Brauerei lagert.

Seit einiger Zeit werden im Hunsrück Streuobstwiesen rekultiviert. **Fruchtsäfte** von der *Bitz,* also der Streuobstwiese, werden in verschiedenen Keltereien gepresst. Eine der größten ist die Fruchtkellerei Merg in Gebroth im Soonwald. Hier werden mehr als 20 verschiedene Fruchtsäfte wie Birnen-, Holunder- oder Quittensaft hergestellt. Die ausgefallenen Säfte und Fruchtweine gibt es nicht nur im Laden (Lindenstr. 23, 55595 Gebroth), sondern auch in gut sortierten Getränke- oder Supermärkten.

Schwenkbraten

128hu kn

## Wein

Das **Nahetal** ist ein bekanntes Weinanbaugebiet. Über 125 Kilometer windet sich der Fluss von Nohfelden bis zum Rhein. Auf rund 4000 Hektar Rebfläche wird Riesling, Müller-Thurgau und Silvaner angebaut. Vor allem an der unteren Nahe zwischen Martinstein und Bingen werden Weiß-, aber auch Rotweine

# Viez – ein Getränk, das es in sich hat

*Äbbelwoi* oder *Stöffsche* heißt er in Hessen. An der Saar, der Mosel, im Hunsrück und in der Eifel nennt man ihn *Viez:* aus Äpfeln gekelterter und vergorener Fruchtwein mit dem typisch herben Geschmack. Der *Cidre* in Frankreich und der *Cider* in England sind eher perlige Apfelschaumweine und unterscheiden sich auch geschmacklich deutlich vom **herben Apfelwein.**

Für den Viez werden meist sehr säurehaltige **Äpfel von Streuobstwiesen** verwendet. Die eher kleinen, säuerlichen Mostäpfel mit harter Schale sind frisch kaum zu genießen, können aber gut gekeltert werden. Je nach verwendeter Sorte variiert der Geschmack, auch Birnen werden manchmal dazugegeben. Da die Äpfel von Streuobstwiesen stammen, ist der Viez nicht aus einer einzigen, sondern aus vielen Apfelsorten gekeltert – also eine Art Cuvée. Je nach Region und Produzent unterscheiden sie sich deutlich im Geschmack.

Getrunken wird der Viez aus der **Viezporz,** darin bleibt er länger kühl und frisch. Der Name leitet sich von „Porzellan" ab, denn die Krüge sind typischerweise aus weißem Porzellan und fassen 0,4 Liter.

Woher die Bezeichnung kommt, ist umstritten. Manche sagen, *Viez* leite sich von dem lateinischen Wort *vice* für „an Stelle von" ab, also Ersatz für den teureren Wein. Böse Zungen behaupten, der Ausdruck komme vielmehr von dem französischen Wort *vite* für „schnell", was auf die abführende Wirkung des Getränkes anspielt, die bei übermäßigem Genuss eintreten kann. Vor allem der frische, süße Viez ist für seine „durchschlagende" Wirkung berüchtigt. **Süßer Viez** ist der unvergorene oder nur leicht vergorene Apfelmost. Er hat nur kurz Saison, es gibt ihn nach der Apfelernte im Herbst.

Viez hat zwar weniger **Alkohol** als Wein, doch es sind immerhin noch 7 bis 8 %. Deshalb und wegen des herben Geschmacks sind **Viez-Schorle, Viez-Cola** und **Viez-Limo** beliebte Mischgetränke. Bei Puristen ist das verpönt, doch für manche wird der Viez erst durch den süßen Mix oder das Verdünnen mit Mineralwasser trinkbar.

Seit regionale Produkte immer beliebter werden, steigt auch der Viez in der Gunst der Konsumenten. Menschen, die nicht aus der Region stammen, müssen sich allerdings erst an den ungewöhnlichen Geschmack gewöhnen. Eine Liebe auf ersten Blick – oder besser: ersten Schluck – ist eher selten.

129 hu kn

gekeltert. Neben den Naheweinen trinkt man im Hunsrück natürlich auch Wein von der **Mosel** und dem **Mittelrhein.** Auch in diesen Anbaugebieten herrscht der **Riesling** vor, weshalb man die Weinrebe auch gern als „Königin der weißen Reben“ bezeichnet. Nach wie vor findet man billige Massenware, die dem Ruf der deutschen Weißweine sehr geschadet hat. Doch immer mehr Winzer an Mosel und Rhein setzten auf Qualität, bauen ihre Weine sogar wieder in sonnenverwöhnten, aber schwer zu bearbeitenden Steillagen an.

Wein lässt sich nicht nur aus Trauben, sondern auch aus Äpfeln keltern. Im Hochwald und im Trierer Land nennt man den herben Apfelwein **Viez** (siehe Exkurs).

## Gastronomie

**Landgasthöfe** mit bodenständiger Küche findet man fast überall im Hunsrück. Seit einiger Zeit bieten viele von ihnen nicht mehr nur gutbürgerliche Küche an, sondern besinnen sich erfreulicherweise auf regionaltypische Gerichte aus frischen Zutaten. Die Preise sind oftmals überraschend günstig. Mit höheren Preisen muss man in den eher touristisch geprägten Orten an der Nahe, der Mosel oder am Mittelrhein rechnen.

⌃ Weinanbau am Rhein bei Oberwesel

### Preiskategorien Restaurants

Die Restaurants sind in diesem Buch in folgende Preiskategorien unterteilt, wobei der Preis für ein **Hauptgericht/Menü** gilt. Bei Hotelrestaurants wird die Kategorie des Restaurants nur angegeben, wenn sie von der des Hotels abweicht.

① bis 10 € / bis 15 €
② 10–15 € / bis 20 €
③ 15–20 € / bis 25 €
④ 20–30 € / bis 30 €
⑤ Luxusklasse

Da der Wandertourismus im Hunsrück deutlich an Bedeutung gewonnen hat, bieten Restaurants zusätzlich kleine Karten mit einer **herzhaften Vesper** an. Sehr beliebt sind Restaurants, die fangfrische **Forellen** aus eigenen Teichen zubereiten oder **Wild** aus den umliegenden Wäldern servieren. Den steigenden Bedürfnissen nach **vegetarischen Gerichten** kommen die Gastronomen ebenfalls durch entsprechende Angebote auf ihren Speisekarten nach. Sogar sternedekorierte Gourmetrestaurants, die sich der **Haute Cuisine** verschrieben haben, haben sich inzwischen im Hunsrück niedergelassen.

# Fahrradfahren

Auch wenn es in der hügeligen Landschaft schon mal anstrengend werden kann – der Hunsrück mausert sich zum **Fahrradparadies** mit Routen für jeden Anspruch. Zahlreiche **gut ausgeschilderte Radwege** ziehen sich durch die Region, immerhin einige Hundert Kilometer.

Viele Tourist-Informationen, Hotels und Fahrradgeschäfte **verleihen** mittlerweile nicht nur Fahrräder, sondern auch **E-Bikes.** Die Zahl der Ladestationen nimmt stetig zu.

Angesichts des immer dichteren Wegenetzes lässt sich auch eine stetig wachsende Zahl der Gastgeber vom ADFC (Allgemeinen Deutschen Fahrradclub) zertifizieren. Die besonders **radlerfreundlichen Unterkünfte** und Gastronomiebetriebe mit sicheren Abstellplätzen, Fahrradwerkzeug und reichhaltigem Frühstück sind im Katalog **Bett & Bike** gelistet. Er kann über die Website www.bettundbike.de oder per Telefon (0180) 500 34 79 gegen eine Gebühr von 9,45 € bestellt werden. Die Internetseite hat außerdem eine Suchfunktion für zertifizierte Betriebe, sortiert nach Postleitzahlen oder entlang bestimmter Fahrradfernwege.

**Mein Tipp:** Tourenvorschläge und -beschreibungen gibt es auf **www.radwanderland.de.**

› Der Schinderhannes-Radweg

# Ausgewählte Radwege

## Schinderhannes-Radweg

Nur ganz sanfte Steigungen weist der 38 km lange Schinderhannes-Radweg auf. Er verläuft auf der **Trasse der ehemaligen Hunsrückbahn** zwischen Emmelshausen, Kastellaun und Simmern. Die durchgehend asphaltierte Strecke ist nicht nur bei Senioren und Familien mit Kindern, sondern auch bei Inline-Skatern sehr beliebt. Der Schinderhannes-Radweg wird vom RegioRadler Hunsrück (s.u.) angefahren.

## Ruwer-Hochwald-Radweg

Ebenfalls auf einer stillgelegten Eisenbahnstrecke verläuft der Ruwer-Hochwald-Radweg. Start der 48 km langen Route ist in **Hermeskeil.** Von den Hochwaldhöhen geht es stetig sanft bergab,

130hu kn

über Kell am See, entlang des idyllischen Ruwertals und zwischen Weinhängen bis nach **Trier-Ruwer.** Zurück gelangt man bequem mit dem Fahrradbus (s.u.).

## Hunsrück-Radweg

Der Hunsrück-Radweg gilt als anspruchsvoll, manche Teilstrecken sind aber auch für geübte Gelegenheitsfahrer geeignet. Über rund 155 km zieht er sich in vier Etappen von West nach Ost quer durch den Hunsrück. Davon verlaufen 115 km über autofreie Wirtschafts- oder Radwege. Start ist in **Saarburg,** Ziel ist der romantische Weinort **Bacharach** am Rhein. Unterwegs führt die Strecke über Kell am See und Hermeskeil zum **Erbeskopf** und weiter nach Morbach und Simmern. Kondition braucht man vor allem für das Teilstück ab Hermeskeil. Der lange Anstieg zum 816 m hohen Erbeskopf verlangt den Bikern ebenfalls einiges ab.

■ Unter **www.hunsrueck-radweg.de** gibt es den genauen Streckenverlauf, unterteilt in vier Etappen und mit Höhenprofilen zum Download.

## Radroute Nahe-Hunsrück-Mosel

Die Radroute Nahe-Hunsrück-Mosel verläuft von Süd nach Nord, von **Fischbach** an der Nahe über Morbach nach **Neumagen-Dhron** bei Trier. Die 87 km lange Strecke verlangt einiges an Kondition, belohnt die Mühe aber mit vielen Sehenswürdigkeiten wie dem Kupferbergwerk Fischbach, dem mittelalterlichen Herrstein oder den Burgruinen Schmidtburg, Baldenau und Hunolstein.

## Hunsrück-Mosel-Radweg

Etwas weniger Kondition erfordert der 58 km lange Hunsrück-Mosel-Radweg. Er führt von **Büchenbeuren** über Kastellaun durch das Lützbachtal bis nach **Treis-Karden** an der Mosel. In der Gegenrichtung kann der steile Anstieg zwischen Mosel und Hunsrückhöhen mit dem RegioRadler-Bus Untermosel zurückgelegt werden (s.u.).

## Lützelsoon-Radroute

Die Lützelsoon-Radroute führt von **Kirchberg** nach **Kirn** und ist knapp 28 km lang. Lediglich der 4 km lange Abschnitt von Kirn nach Karlshof auf dem Rückweg erfordert einiges an Muskelkraft. Alternativ kann man an Werktagen ab 9 Uhr mit dem Rhein-Nahe-Bus von Kirn nach Schneppenbach fahren. Fahrräder werden kostenlos mitgenommen, vorausgesetzt, es ist genug Platz vorhanden. Allerdings haben Schüler bis 14 Uhr Vorrang. Von Schneppenbach bis Kirchberg sind es dann nur noch knapp 13 leicht zu bewältigende Kilometer.

Eine weitere Möglichkeit, den beschwerlicheren Rückweg zu meistern, ist das Mieten eines E-Bikes, zum Beispiel im Landhotel Karrenberg in Kirchberg.

■ **Rhein-Nahe-Bus,** Tel. (06781) 208122, www.rnn-info.de.

■ **Landhotel Karrenberg,** Straßheck 3, 55481 Kirchberg, Tel. (06763) 93080, www.landhotel-karrenberg.de.

### Naheradweg

Von der Nahequelle in Selbach bei Nohfelden am **Bostalsee** bis zur Nahemündung in den Rhein bei **Bingen** verläuft der Naheradweg. Zwischenstationen der 128 km langen Fahrradroute sind Birkenfeld, Idar-Oberstein, Kirn, Bad Sobernheim und Bad Kreuznach. Der größte Teil der Strecke ist familienfreundlich, nur der erste Abschnitt erfordert eine sehr sportliche Kondition.

- **www.naheradweg.de**

### Nationalpark-Radroute

Ganz neu ist die vorwiegend auf Forstwegen verlaufende, 80 km lange Nationalpark-Radroute, die rund um den 2015 eröffneten Nationalpark Hunsrück-Hochwald führt.

- **www.nationalpark-hunsrueck-hochwald.de**

### Flowtrail Stromberg

Sportliche Biker suchen die Herausforderung auf speziellen **MTB-Strecken** wie dem Flowtrail in Stromberg, der rasante Abfahrten in verschiedenen Schwierigkeitsgraden bietet.

- **www.flowtrail-stromberg.de**

## Fahrradbusse

Mit dem **RegioRadler** stehen Radlern verschiedene Fahrradbuslinien in Rheinland-Pfalz zur Verfügung, die die Rückfahrt einer Radtour per Bus ermöglichen. Der Ruwer-Hochwald-Radweg und der Schinderhannes-Radweg werden beispielsweise vom RegioRadler angefahren. Die Busse halten an ausgewählten Haltestellen und fahren hauptsächlich am Wochenende. Den Hunsrück bedienen die Linien Untermosel (Linie 630), Hunsrück (Linie 250), Moseltal (Linie 333) und Ruwer-Hochwald (Linie 290). Tourenvorschläge und Fahrpläne gibt es auf der Website zum Download. Ein Erwachsenenfahrrad kostet 3 €, ein Kinderrad 2 €, dazu kommen die Einzelfahrscheine. Platzreservierungen werden empfohlen und sind bis vier Stunden vor Abfahrt möglich.

- **www.regio-radler.de**

## Mountainbike-Rennen

Rund um Emmelshausen findet im Mai das **Schinder(hannes)-MTB-Superbike** statt. Vier verschiedene Mountainbike-Strecken (Fun- und Kurzstrecke, Halbmarathon- und Marathondistanz) und eine Kinderstrecke führen durch Wälder und Felder.

Beim **Erbeskopfmarathon** im Juli gibt es ebenfalls vier Rundkurse. Es ist ein „Jedermann-Rennen“ und für alle offen, die sich der Herausforderung gewachsen fühlen.

- **http://schinderhannes-mtb.org**
- **www.erbeskopfmarathon.de**

## Raderlebnistage

Freie Bahn für Radler heißt es einmal im Jahr, wenn an Mosel, Rhein und Nahe die Uferstraßen **für den Autoverkehr gesperrt** werden.

An der Mosel heißt dieser Raderlebnistag mit buntem Rahmenprogramm **Happy Mosel** (www.happy-mosel.com). Er findet immer am ersten Sonntag nach Pfingsten statt. Bei **Tal Total** sind am letzten Sonntag im Juni beide Rheinuferseiten autofrei. Die volksfestartige Veranstaltung lockt jährlich Zehntausende ins Mittelrheintal. **Nahe Hit – rad'l mit** heißt der Raderlebnistag auf dem Naheradweg, der jedes Jahr am dritten Sonntag im Juni stattfindet. Die 120 km lange Strecke folgt der Nahe von der Quelle bis zur Mündung in den Rhein. Unterwegs gibt es viele Verpflegungsstände mit regionalen Speisen.

# Informationsstellen

- **Hunsrück-Touristik GmbH,** Gebäude 663, 55483 Hahn-Flughafen, Tel. (06543) 507700, www.hunsruecktouristik.de.
- **Naheland-Touristik GmbH,** Bahnhofstr. 37, 55606 Kirn, Tel. (06752) 137610, www.naheland.net.
- **Tourist-Information Hochwald-Ferienland,** Bahnhofstr. 25, 54427 Kell am See, Tel. (06589) 1044, www.hochwald-ferienland.de.
- **Tourist-Information des Birkenfelder Landes,** Friedrich-August-Str. 17 (im Museum), 55765 Birkenfeld, Tel. (06782) 9834570, www.birkenfelder-land.de.

# Internet

Es gibt zahlreiche Internetadressen, die allgemeine oder spezielle Informationen über den Hunsrück, einzelne Regionen oder bestimmte Reisethemen bieten. Hier eine Auswahl:

- **www.hunsruecktouristik.de:** Die wichtigste Informationsquelle für den Hunsrück allgemein mit Hinweisen zu Sehenswürdigkeiten, Unterkünften, Veranstaltungen und Reiseangeboten.
- **www.naheland.net:** Offizielle Touristik-Seite der Landkreise Bad Kreuznach und Birkenfeld mit Informationen zur Ferienregion Naheland mit Übernachtungsmöglichkeiten und Veranstaltungen, dazu Bestellung bzw. Download von Informationsbroschüren.
- **www.saar-hunsrueck-steig.de:** Die Internetseite des 405 km langen Fernwanderweges Saar-Hunsrück-Steig mit Informationen zum Weg selbst und zu den zertifizierten Rundwegen (Traumschleifen) entlang des Steigs, dazu Gastgeberverzeichnis und Pauschalangebote.
- **www.soonwald-nahe.de:** Offizielle Seite des Naturparks Soonwald-Nahe. Im Vordergrund stehen die Themen „Wald – Wein – Wohlfühlen". Aufgezeigt werden Freizeit- und Erholungsmöglichkeiten und Wissenswertes über den Naturraum Wald.
- **www.soonwaldsteig.de:** Auf der sehr ansprechend gestalteten Website finden sich die Beschreibungen der sechs Etappen, die auch als Download zur Verfügung stehen. Darüber hinaus Pauschalangebote, ein Gastgeberverzeichnis, viele Tipps, Links und aktuelle Streckenänderungen.
- **www.soonwald.de:** Die besonders schön gestaltete Seite der Soonwaldinitiative informiert über touristische Möglichkeiten, Kultur und Ge-

Ein Besuch der Lamas auf dem Autishof nahe Stromberg ist für Kinder ein tolles Erlebnis

schichte des Soonwaldes und bietet zahlreiche Adressen zum Einkehren, Einkaufen und Übernachten. Eine umfangreiche Fotogalerie macht Lust auf mehr.

- **www.rhein-mosel-dreieck.de:** Internetauftritt der Tourist-Information Emmelshausen mit Informationen zur Region zwischen Rhein und Mosel. Ein besonderer Blick gilt dem Baybachtal und der Ehrbachklamm.
- **www.deutsche-edelsteinstrasse.de:** Die Touristikroute „Deutsche Edelsteinstraße" verbindet Orte rund um Idar-Oberstein, die durch die Edelsteinschleiferei und -verarbeitung geprägt sind. Die Website bietet Informationen über die Edelsteinregion, individuelle Angebote und Veranstaltungen.
- **www.hunsrueck-naheland.de:** Die Ferienstraße „Hunsrück Schiefer- und Burgenstraße" führt durch den südlichen Hunsrück und das Kirner Nahetal. Auf der Website gibt es Wissenswertes über Geschichte, Kultur und Sehenswürdigkeiten der Region, Tipps zur Freizeitgestaltung und ein Gastgeberverzeichnis.
- **www.morbach.de:** Die Internetseite der Einheitsgemeinde Morbach bietet Informatives aus den 19 Ortsbezirken sowie Bestellung bzw. Download von Informationsbroschüren, ein Gastgeberverzeichnis und das Morbacher Freizeitjournal.
- **www.erbeskopf.de:** Die Website der Verbandsgemeinde Thalfang informiert über das Erholungszentrum am Erbeskopf und die Urlaubsregion rund um den höchsten Berg in Rheinland-Pfalz.
- **www.birkenfelder-land.de:** Wer seinen Urlaub in Birkenfeld oder Umgebung verbringen will, findet auf dieser Website alles Wichtige übersichtlich zusammengefasst.
- **www.hochwald-ferienland.de:** Internetseite mit Informationen rund um Kell am See und den Hochwald.
- **www.wanderwunder.info:** Website der Rheinland-Pfalz Tourismus GmbH speziell zum Thema Wandern. Tourenvorschläge, Arrangements, Veranstaltungskalender bis hin zu einer praktischen Touren-App geben Wanderern Orientierung.

# Mit Kindern unterwegs

Im Hunsrück gibt es viele familienfreundliche Unterkünfte. **Ferien auf dem Bauernhof** sind vor allem bei Familien mit kleineren Kindern sehr beliebt. Mitanpacken auf dem Hof, Tiere, die man streicheln und füttern darf – das ist Abenteuer für den Nachwuchs. Es gibt viel Platz zum Toben und während die Kinder wunderbar beschäftigt sind, können die Eltern ausspannen. Meist ist auch der Hund willkommen. Auch die oft sehr schön gelegenen **Campingplätze** sind ein Paradies für Kinder.

Die **Freizeitangebote** für Kinder sind vielfältig: Sommerrodelbahnen, Frei- und Hallenbäder, Indoor-Spielplätze, Hochseilgärten, Reiterhöfe, Burgen, Be-

001hu kn

sucherbergwerke, Museen und Wildfreigehege. In Idar-Oberstein gibt es außerdem spezielle Angebote für kleine Edelsteinfans, z.B. Edelsteinschürfstellen und geführte Mineraliensuche.

# Klima und Reisezeit

Das Wetter im Hunsrück wird durch die Mittelgebirgslage bestimmt. Es ist spürbar kühler als in den benachbarten Flusstälern und Beckenlandschaften. Wenn an der Nahe oder im Moseltal ein T-Shirt noch völlig ausreicht, muss in den Hunsrückhöhen oft schon ein Pullover her. Bis Ende Mai besteht Frostgefahr und bereits Mitte August kann es nachts empfindlich kühl werden. Doch gerade dieses **Mittelgebirgsreizklima** und die gute Luft werden von Erholungssuchenden besonders geschätzt. Selbst im Hochsommer ist extreme Hitze selten, **ideales Wanderwetter** also. Wegen des oftmals wechselhaften Wetters sollten aber unbedingt **Regensachen** eingepackt werden.

Der vorherrschende Westwind bringt vor allem im Schwarzwälder und Osburger Hochwald verhältnismäßig hohe **Niederschlagsmengen.** Die Gegend um Hermeskeil liegt mit mehr als 1000 mm Jahresniederschlag im Deutschlandvergleich im oberen Viertel. In Richtung Nordosten nehmen die Niederschlagsmengen ab. An der Nahe ist es milder und regenärmer, was vor allem dem Weinbau zugute kommt.

Der **Winter** als Reisezeit hat den Nachteil, dass viele Museen und Gaststätten geschlossen sind oder nur sonntags bzw. am Wochenende öffnen. Trotzdem hat der Hunsrück auch im Winter seine Reize. Lange Wanderungen im knirschenden Schnee sind vor allem am Erbeskopf, dem höchsten Berg in Rheinland-Pfalz, möglich. Wintersportler können auf eine **Schneehöhe von bis zu einem Meter** hoffen.

# Medien

## Zeitungen

Im Hunsrück werden vor allem zwei Tageszeitungen gelesen: die **„Rhein-Zeitung“** mit ihren Regionalausgaben „Rhein-Hunsrück-Zeitung“ für den Vorderhunsrück, „Öffentlicher Anzeiger“ für die Region um Kirn und „Nahe-Zeitung“ für das Gebiet um Idar-Oberstein. In Morbach und Umgebung sowie im Hochwald ist der **„Trierische Volksfreund“** die führende Tageszeitung.

## Radio

In Rheinland-Pfalz gibt es den öffentlich-rechtlichen **Südwestrundfunk (SWR).** SWR1 spielt Hits aus den letzten 50 Jahren, SWR2 bringt Kultur und SWR3 richtet sich an jüngere Hörer. Daneben gibt es **Privatsender** wie RPR1 und RPR2, Rocklandradio oder bigFM.

# Notrufnummern

- **Allgemeiner Notruf / Feuerwehr:** 112
- **Polizeinotruf:** 110
- **Ärztlicher Bereitschaftsdienst** (nachts, an Wochenenden und Feiertagen): (0251) 116 117
- **ADAC-Pannendienst:** 0180 222222
- **Deutscher Sperrnotruf:** 116 116

# Sport und Erholung

Zum „Wandern" und „Fahrradfahren" siehe jeweils eigene Stichpunkte.

## Angeln

Wer im Besitz eines Angelscheins ist, kann am Stausee von Kell am See, am Schillinger See und an einem zwei Kilometer langen Abschnitt der Nahe bei Kirn angeln. Voraussetzung ist der Erwerb eines **Tagesausweises.** Der Forellenhof Trauntal bei Börfink bietet die Möglichkeit, in den Teichen der Angelanlage Fische wie Bachforellen, Saiblinge und Regenbogenforellen zu angeln. Die Adressen der Verkaufsstellen und die Preise sind in den Ortsbeschreibungen angegeben.

## Ballonfahrten

Von Stromberg aus sind Fahrten über Rheinhessen, das Mittelrheintal, den Hunsrück oder den Taunus möglich, doch letztendlich bestimmt der Wind den Reiseverlauf.

- **Wilbert & Sohn Luftfahrtunternehmen GmbH,** Am Lindchen 16, 55442 Warmsroth, Tel. (06724) 3033, www.wilbert-ballonfahrten.de, ab 160 € p.P.

## Golf

- **Golfclub Jakobsberg e.V.,** 18-Loch, Im Tal der Loreley, 56154 Boppard, www.golfclub-jakobsberg.de, Tel. (06742) 808491.
- **Golf-Club Stromberg-Schindeldorf,** Buchenring 6, 55442 Stromberg, Tel. (06724) 600700, www.golfhotel-stromberg.de, Di–So 9–17 Uhr, ab 1. Mai Di–So 8–18 Uhr und an Feiertagen, die auf Mo fallen.
- **Airport Golf Hahn,** Golfclub Hahn e.V., Golfallee 1, 55483 Hahn-Flughafen, www.gc-hahn.de. Die 9-Lochanlage unmittelbar am Flughafen liegt, abgesehen von den startenden und landenden Flugzeugen, recht idyllisch in einer von alten Bäumen umgebenen Ebene.
- **Golfplatz Kirschweiler,** Am Golfplatz, 55743 Kirschweiler, Tel. (06781) 36615, www-gc-edelstein.de, Di–So 10–15 Uhr. Die 9-Loch-Golfanlage liegt an einem Waldrand auf leicht hügeligem Gelände.

## Segway-Touren

Angeboten werden verschiedene geführte Touren mit dem Segway, z.B. von Simmern nach Holzbach, Tiefenbach und Riesweiler, von Kirchberg nach Dickenschied, von Mengerschied nach Gemünden, rund um das Schloss Dhaun und nach Hennweiler oder zu den Drehorten des Films „Die andere Heimat“ in Gemünden und Gehlweiler. Die einzelnen Tourenverläufe und die Preise sind in den Ortsbeschreibungen angegeben. Voraussetzung ist, dass die Teilnehmer mindestens einen **Mofa-Führerschein** haben (ist im PKW-Führerschein enthalten) und die Straßenverkehrsordnung (StVO) kennen. Das Mindestgewicht eines Fahrers ist 45 kg.

- **Seg-Mobil,** Schatzgrube 24, 55490 Mengerschied, Tel. (06765) 216402, www.seg-mobil.de.

## Laufsport

Der **RWE Hunsrück-Marathon** lockt am letzten Sonntag im August jährlich rund 2000 Läufer und Skater auf den **Schinderhannes-Radweg.** Drei Disziplinen stehen zur Auswahl: Marathon (Emmelshausen – Simmern), Halbmarathon (Kastellaun – Simmern) und die 6,3 km lange Fun-Strecke (Neuerkirch – Simmern). Gestartet wird in den Klassen **Laufsport, Staffellauf** und **Inlineskaten.** Für den Läufernachwuchs gibt es einen Bambini- und einen Youngster-Lauf (www.hunsrueck-marathon.de).

## Reiten

Den Hunsrück zu Pferde entdecken, ist dank eines Netzes von **Reiterhöfen** möglich, das sich über die gesamte Region erstreckt. Informationen über die qualitätsgeprüften Wanderreiterstationen gibt es in der Geschäftsstelle „Hunsrück zu Pferd“.

- **Hunsrück zu Pferd,** *Britta Garbe,* Felsenhof, Felsenstr. 30, 55629 Seesbach, Tel. (06754) 1586, www.hunsrueck-zu-pferd.net.

## Wintersport

Wie in anderen Mittelgebirgen ist es im Hunsrück nicht besonders schneesicher. Der **Erbeskopf** ist mit 816 Metern der höchste Berg in Rheinland-Pfalz, hier gibt es oft ausreichend Schnee, um im Wintersportzentrum **Ski oder Snowboard** zu fahren. Bei Dauerfrost ab -4 °C und fehlendem Niederschlag wird eine Beschneiungsanlage eingesetzt. Zwei **Rodelbahnen** gibt es im Wintersportzentrum Erbeskopf ebenfalls. Ein weiteres Skigebiet ist die **Wintersportanlage Dollberg** bei Neuhütten.

Noch mehr Möglichkeiten gibt es für **Skilangläufer:** Das Waldgebiet zwischen Idarkopf und Erbeskopf bietet einige gespurte Loipen wie die Hochwaldloipe Erbeskopf oder den Langlauf-Skiwanderweg „Hängende Birke“, der bis zum Idarkopf führt. Auch am Dollberg gibt es zwei gespurte Loipen.

Geführte **Schneeschuhwanderungen** bietet die Tourist-Information Hermeskeil an.

- Aktuelle **Wetter- und Pistenberichte** für den Erbeskopf unter Tel. (06504) 716 und -316, für das Skigebiet Dollberg unter Tel. (06503) 3445.

# Unterkunft

## Hotels und Pensionen

Da der Hunsrück touristisch noch etwas im Dornröschenschlaf liegt, gibt es im Vergleich zu den benachbarten Urlaubsregionen Mosel und Mittelrhein weniger Übernachtungsmöglichkeiten. Doch der Hunsrück holt auf, das Angebot an Gästezimmern steigt mit dem neuen Wanderboom stetig. In Hotels und Pensionen sind Zimmer für Kurzurlauber meist etwas teurer, wer unter vier Tage bucht, muss mit einem Aufpreis rechnen. Die Preise sind oft gestaffelt und sinken mit der Anzahl der Nächte. Immer mehr Hotels bieten auch eine sehr gute Gastronomie.

### Preiskategorien Unterkunft

Die Preiskategorien der in diesem Buch beschriebenen Unterkünfte gelten jeweils für das **Doppelzimmer mit Frühstück.**

① bis 50 €
② 50–75 €
③ 75–100 €
④ 100–150 €
⑤ Luxusklasse

## Ferienwohnungen und -häuser

Günstiger sind Privatzimmer, Ferienwohnungen und -häuser, die sehr unterschiedlichen Komfort bieten können. Die Palette reicht vom einfachen Zimmer bis zum üppig ausgestatteten Ferienhaus. Vor allem für Familien wird es günstiger, wenn man die Mahlzeiten selbst zubereiten kann. Eine Übersicht gibt es bei den einzelnen Touristinformationen.

- Unter **www.hunsrueck-touristik.de** kann man nicht nur suchen, sondern auch online buchen.

## Jugendherbergen

Jugendherbergen gibt es in Sargenroth bei Simmern, Hermeskeil, Idar-Oberstein, Bacharach (in der Burg Stahleck) sowie in Trier und Koblenz (auf der Festung Ehrenbreitstein). Die Adressen und Preise der einzelnen Jugendherbergen sind in den Ortsbeschreibungen angegeben.

- **DJH Landesverband Rheinland-Pfalz und Saarland,** In der Meielache 1, 55122 Mainz, Tel. (06131) 374460, www.DieJugendherbergen.de.

## Ferien auf dem Bauernhof

Wer Landlust verspürt oder Ruhe und Natur sucht, ist im Hunsrück richtig. Urlaub auf Winzer- oder Bauernhöfen ist vor allem für Familien interessant. Zahlreiche Höfe bieten **Ferienwohnungen und Zimmer** an. Für Kinder ist vor allem der Umgang mit den Tieren spannend. Auf der Website des Vereins „Nat-Urlaub auf Winzer- und Bauernhöfen in Reinland-Pfalz“ sind auch Online-Buchungen möglich.

- www.landsichten.de/rheinland-pfalz

## Camping

Campingplätze sind überall im Hunsrück zu finden. Freie Kapazitäten sollten vorher telefonisch erfragt werden. Manche Orte wie z.B. Kirn bieten kostenlose Stellplätze für **Wohnmobile.** Nützliche Internetadressen für die Suche eines Campingplatzes:

- **www.camping.info**
- **www.camping-in-deutschland.de**
- Auf **www.hunsruecktouristik.de** sind die wichtigsten Campingplätze und Wohnmobilstellplätze gelistet.

# Wandern

In der vielerorts kaum berührten Naturlandschaft des Hunsrücks steht das Wandern bei den Outdoor-Aktivitäten an erster Stelle. Seit einigen Jahren ist in der Region ein regelrechter **Wanderboom** ausgebrochen.

Wegen des **gemäßigten Klimas** und der Tatsache, dass es auf den Hunsrückhöhen immer etwas frischer ist, als in den Flusstälern, die das Mittelgebirge umgeben, ist Wandern sogar im Hochsommer noch sehr angenehm. Gerade in den kühleren, durch Bäume beschatteten Seitentälern kann man es auch an heißen Tagen gut aushalten. Fast noch schöner ist es im Herbst, wenn das bunte Laub der Mischwälder an einen kanadischen Indian Summer erinnert.

Inzwischen wurden viele alte, schon in die Jahre gekommene Wanderwege

134hu kn

zugunsten neuer **Prädikatswege** aufgegeben, die mehr Qualität bieten sollen. Den Betreibern kommt es nicht nur auf das Naturerlebnis an, sondern auch auf Dinge wie die „Wegemöblierung" (Liegen und Rastplätze), eindeutige Markierungen, schöne Aussichtspunkte oder Informationstafeln, die Einblick in die Geschichte und Kultur der jeweiligen Region geben. Das gilt vor allem für die mit dem Saar-Hunsrück-Steig verknüpften **Traumschleifen** (s.u.), die für Genusswanderer ideal sind. Weil kilometerlange Forstwege oder Asphaltstrecken langweilig sind, wurden – wo immer es ging – anspruchsvollere Passagen in die Wegeführung eingebaut, teils mit regelrechten Kletterpartien.

Ob Traumschleifen, Traumpfade, Seitensprünge, Vitaltouren, Saar-Hunsrück-Steig, Soonwaldsteig oder Rheinburgen-Weg – für die meisten Premiumwanderwege sind **feste Wanderschuhe** ein Muss und auch **Wanderstöcke** oft eine gute Hilfe.

■ **App:** Für die Planung einer Tour auf einem der Premiumwege bietet die Rheinland-Pfalz-Tourismus GmbH eine kostenlose App für Apple- und Android-Smartphones. Infos unter **www.gastlandschaften.de.**

◁ Die Jugendherberge in Hermeskeil

# Fernwanderwege

## Saar-Hunsrück-Steig

Besonders populär ist der Weitwanderweg Saar-Hunsrück-Steig, der sich durch den gesamten Hunsrück zieht. Er wurde im Jahr 2007 eingerichtet und bereits zwei Jahre später von der Fachzeitschrift „Wandermagazin" mit dem Prädikat **„Schönster Wanderweg Deutschlands"** ausgezeichnet.

Die **405 km lange Route** führt von Perl an der Mosel über die Saarschleife in Mettlach, Hermeskeil und Idar-Oberstein, dann weiter über Herrstein und Kastellaun durch die Ehrbachklamm bis nach Boppard im Mittelrheintal. Der Weg verläuft durch den Naturpark Saar-Hunsrück und auf 30 km durch den **Nationalpark Hunsrück-Hochwald.** Ein Abzweig, die Ruwer-Route, führt von Hermeskeil nach Trier.

Der Weitwanderweg ist vor allem für Aktivurlauber toll, die ihn in mehreren **Tagesetappen** laufen möchten. Passende Wanderpauschalen bieten das Projektbüro Saar-Hunsrück-Steig und die Hunsrück Touristik. Die meisten der 27 Etappen gelten als **mittelschwer,** lediglich die 13. Etappe (Idar-Oberstein – Fischbach – Herrstein) wird als schwer eingestuft.

**Markiert** ist der Steig mit einem grün-blauen Viereck mit stilisiertem SH in Weiß und der Aufschrift „Saar-Hunsrück-Steig" (das geschwungene S stellt die berühmte Saarschleife dar). An jeder Weggabelung sind Markierungen angebracht, Wanderwarte kontrollieren mindestens viermal pro Jahr die Beschilderung. Die Zuwegungen, die in den nächsten Ort führen, sind mit orangefarbenen Schildern markiert.

Da Gasthäuser in der Regel an Straßen oder mitten in einem Dorf und nicht an den sich durch Wälder und Felder schlängelnden Naturpfaden des Saar-Hunsrück-Steigs liegen, ist das **Einkehren** zur Mittagszeit oft schwierig. Deshalb sollten Wanderer Tagesproviant mitnehmen. Viele Gasthäuser und Hotels bieten aus dem gleichen Grund für Gäste, die bei ihnen übernachten, einen **Hol- und Bring-Service** an. Wanderer auf dem Saar-Hunsrück-Steig sollten nicht nur an **festes Schuhwerk,** sondern auch an **Regenschutz** denken.

- **www.saar-hunsrueck-steig.de**
- **www.hunsruecktouristik.de**

## Die Traumschleifen

Ergänzend zum Saar-Hunsrück-Steig gibt es in der Umgebung des Fernwanderweges die sogenannten Traumschleifen. Die 111 Routen sind als **Rundwege** konzipiert, zwischen sechs und zwanzig Kilometer lang und für **Tagesausflüge** geeignet. Größtenteils verlaufen sie auf Naturwegen und schmalen Pfaden, asphaltierte Strecken werden vermieden. Umso mehr Wert legen die Traumschleifen-Macher auf möglichst viele Attraktionen an den Routen. Schöne Aussichtspunkte, idyllische Rastplätze und zahlreiche Natur- und Kulturdenkmäler ermöglichen interessante Erkundungen. Alle Traumschleifen sind zertifiziert und bestens gekennzeichnet. Die Streckenverläufe werden auf der Website mit allen nötigen Informationen und ausgezeichnetem Kartenmaterial vorgestellt:

- **www.saar-hunsrueck-steig.de/traumschleifen**

## Soonwaldsteig

Auch der 83 km lange Soonwaldsteig im Naturpark Sonnwald-Nahe ist ein besonderes Wandererlebnis. Er führt von Kirn an der Nahe durch den Soonwald bis nach Bingen am Rhein. Der vom Deutschen Wanderinstitut als **„Premiumweg“** ausgezeichnete Soonwaldsteig berührt kaum Siedlungen und quert nur wenige Straßen. Allerdings ist man daher über weite Strecken auf Selbstverpflegung angewiesen, bekommt im Gegenzug aber ein unvergessliches Naturerlebnis geboten (weitere Infos siehe S. 146).

## Ausoniusweg

Der Ausoniusweg ist ein 118 km langer Wanderweg, der an vielen Stellen auf der alten Römerstraße **Via Ausonia** verläuft. Seit 2013 ist diese Route, die Bingen mit Trier verbindet, auch Jakobsweg. Idealerweise geht man den Wanderweg in sechs Etappen (weitere Infos siehe S. 132).

▷ Der Thranenweiher bei Börfink im Nationalpark Hunsrück-Hochwald

## Klettern und anspruchsvolle Wege

Die Region zwischen Kastellaun und Emmelshausen ist für Wanderer äußerst vielfältig. Wer Herausforderungen sucht, findet im **Baybachtal** und in der **Ehrbachklamm** anspruchsvolle, fast schon alpine Wege mit schmalen Felspfaden und **seilgesicherten Kletterabschnitten** (siehe Kapitel „Moselhunsrück“).

Die knapp 20 Kilometer lange Traumschleife **Kupfer-Jaspis-Pfad** (s. S. 208) bei Fischbach erfordert nicht nur Trittsicherheit, sondern wegen der vielen An- und Abstiege auch Ausdauer. Klettereinlagen bieten auch die Traumschleifen **Layensteig Strimmiger Berg** (s. S. 58) und **Rockenburger Urwaldpfad** bei Bescheid (s. S. 292), sie sind deshalb nur bei trockenem Wetter zu empfehlen. Der 1,3 km lange **Oelsbergsteig** (s. S. 92) in Oberwesel hat einige knifflige Passagen, die mit Trittstiften, Steigbügeln und Leitern gesichert sind und das Erklimmen zum Abenteuer machen. Auch hier ist Schwindelfreiheit Voraussetzung. Die Quarzitfelsen **Kirner Dolomiten** (s. S. 204) bei Oberhausen sind für Anfänger (Schwarze Wand) und geübte Kletterer (Wehlenfels und Oberhäuser Wand) geeignet. Für diese Kletterwände muss man nicht nur schwindelfrei und trittsicher sein, sondern eine Kletterausrüstung haben. Für den **Mittelrhein-Klettersteig** (s. S. 75) in Boppard können Kletterausrüstungen auch ausgeliehen werden.

133hu kn

069hu kn

# 11 Land und Leute

Rathaus und evangelische Kirche in Kirn an der Nahe

# Landschaft und Natur

## Geografie

Die Mittelgebirgsregion Hunsrück liegt im Südwesten Deutschlands, ist rund 120 Kilometer lang und 50 Kilometer breit und hat eine Fläche von 4444 Quadratkilometern. Am Südwestrand des Rheinischen Schiefergebirges gelegen, gehört der größte Teil des Hunsrücks zu **Rheinland-Pfalz,** ein kleiner Teil zum **Saarland.** Mit rund 143.000 Einwohnern ist die Region nur dünn besiedelt. Die größten Städte sind **Idar-Oberstein** mit 31.000 Einwohnern, Kirn mit 8500 und Simmern mit 8000. In Birkenfeld leben rund 6700 Menschen, in Hermeskeil 5800, Emmelshausen hat 4700 Einwohner und Kirchberg etwa 3700. Die Einheitsgemeinde Morbach kommt auf mehr als 10.000 Einwohner, allerdings liegen die einzelnen Dörfer zum Teil sehr weit verstreut.

Begrenzt wird das wellige Plateau des Hunsrücks im Norden von der **Mosel,** im Süden von der **Nahe,** im Westen von der **Saar** und im Osten vom **Rhein.** Der Hunsrück zählt zu den waldreichsten Gebieten Deutschlands. Vor allem die **bewaldeten Höhenzüge** Soonwald, Lützelsoon und Idarwald sowie der Schwarzwälder und der Osburger Hochwald prägen Landschaft und Natur. Höchster Punkt ist der **Erbeskopf** mit 818 m. Unterhalb der Höhenzüge in den weiten Tallagen und auf den Hochflächen finden sich ausgedehnte **Ackerflächen, Weiden und Wiesen.**

## Schiefer – graues Gold des Hunsrücks

Schiefer gehörte im Hunsrück lange Zeit zu den **wichtigsten Baumaterialien.** Aus Schieferbruchsteinen wurden Keller, Fundamente oder ganze Untergeschosse errichtet. Das **Dach** wurde mit gespaltenen Schieferplatten, den sogenannten **Layen,** gedeckt. Auch für die **Fassade** griff man gern zu dem grauen Stein. Ein großer Vorteil von Schiefer ist, dass er robust ist und ein Menschleben lang hält. Auch heute noch sind die kunstvoll behauenen Platten nicht nur ein guter Schutz vor der Witterung, sondern dienen auch als **dekorativer Schmuck.** Ornamente aus verschiedenfarbigen Schiefersteinen auf Giebeln und Fassaden setzen individuelle Akzente. Ob dekorative Schmuckbänder, Rosetten, figürliche Bildmotive, Wappen, Zunftzeichen oder alte Berufsstände – man muss schon etwas von seinem Handwerk verstehen, um aus übereinander gelegten Schieferplatten solche Verzierungen erschaffen zu können.

Natürlich war die Dacheindeckung mit Schiefer auch eine Frage des Geldes. Früher waren Bauernhäuser meist mit Stroh gedeckt. Erst im 19. Jh. führten Brandverordnungen dazu, dass sich Schieferdächer gegen die feuergefährlichen Strohdächer durchsetzten.

☒ Schiefer als dekoratives Baumaterial: das Stadtwappen von Rhaunen

## Schieferabbau im Hunsrück

Bereits **Kelten und Römer** bauten im Hunsrück Schiefer ab, um ihre Gebäude damit zu decken. Doch die Gewinnung des hochwertigen Dachschiefers war sehr mühsam. Zwar wurden die Layen auch im **Tagebau** gebrochen, doch der oberirdisch frei liegende Schiefer war durch die Verwitterung von geringerer Qualität. Deshalb trieb man tiefe **Stollen** in den Fels, um den hochwertigeren Schiefer abzubauen.

Bis in die 1960er Jahre war der Schieferabbau ein wichtiger Wirtschaftsfaktor. Ob bei Bacharach am Rhein, im Baybachtal, in Gemünden, Bundenbach oder Fell, überall in der Region trifft man auf Reste alter Layenbrüche, Stolleneingänge und Schieferhalden.

Im 20. Jh. wurde der Abbau größtenteils eingestellt, Kunstschiefer aus synthetischen Materialien verdrängte den echten Schiefer. Durch die Ölkrise in den 1970er Jahren lebte der Schieferabbau kurz noch einmal auf, doch die deutlich günstigere Konkurrenz aus Spanien machte den Hunsrückschiefer endgültig unrentabel. Fast alle Steinbrüche wurden stillgelegt.

135hu kn

## Fossilien – Zeitreise ins Erdaltertum

Weltberühmt ist der Hunsrückschiefer aus einem speziellen Grund. Seit mehr als 150 Jahren versetzen spektakuläre Fossilienfunde nicht nur die Fachwelt in Aufregung. In allen namhaften naturhistorischen Museen sind **Versteinerungen aus dem Hunsrückschiefer** zu finden. Bundenbach, Gemünden und Herrstein zählen zu den bedeutendsten Fundregionen dieser fossilen Schätze. Die große Anzahl und vor allem die außergewöhnlich gute Erhaltung machen den Weltruhm der Fossillagerstätten aus.

Geborgen wurden die oft völlig unversehrten Versteinerungen durch den Betrieb der Bergwerke. Anfangs warfen die Bergarbeiter die vermeintlich wertlosen Funde achtlos fort. Als Dachlayen taugten die „seltsam verzierten“ Schieferplatten nicht. Es dauerte bis zur zweiten Hälfte des 19. Jh., dass man die Bedeutung der Fossilien erkannte.

Die rund 400 Millionen Jahre alten Versteinerungen sind detailreiche Momentaufnahmen einer vergangenen Zeit. Sie verraten uns viel darüber, wie die Welt im Erdzeitalter des Unteren Devon ausgesehen hat. Die Gesteinsablagerungen bestehen vorwiegend aus Schiefer, Quarz und Sandstein. Die durch Versteinerung erhaltene Fauna ist außergewöhnlich vielfältig. Mehr als 270 Arten

136hu kn

wurden bisher von Wissenschaftlern beschrieben. Zu den häufigsten zählen **Seesterne, Seelilien,** filigrane Schlangensterne, gedrungene Trilobiten, Krebse und Korallen. Auch **Panzerfische** wurden gefunden.

Einen Blick in das Innere der Erde kann man in der **Schiefergrube Herrenberg** werfen. Neben dem Besucherbergwerk gibt es ein kleines Fossilienmuseum (siehe Kapitel „Rund um den Soonwald").

Wilde Maiglöckchen am Soonwaldsteig

## Flora und Fauna

Die abgeschiedenen Wälder und Auen bieten seltenen Tier- und Pflanzenarten ein Refugium. Wildkatzen, Haselhühner, Schwarzstörche oder Dachse leben dort weitgehend ungestört. Wilde Orchideen und Narzissen wachsen auf mageren Wiesen und im Herbst können Pilzsammler reiche Beute machen.

Im Hochwald pflanzten die Preußen im 19. Jh. schnell wachsende Fichten. Abgesehen davon, dass diese Fichtenwälder riesige forstwirtschaftliche Monokulturen bilden, sind sie auch gegenüber Stürmen sehr empfindlich, der Windwurfschaden ist oftmals riesig. Deshalb weichen die Fichtenwälder heute nach und nach den Mischwäldern mit einer deutlich vielfältigeren Tier- und Pflanzenwelt.

Große Teile des Hunsrücks sind land- oder forstwirtschaftlich nicht nutzbar, weshalb sich eine große Artenvielfalt herausbilden konnte. Ganz besonders gilt das für die **Rosselhalden,** die man auf den Höhenzügen des Soonwaldes und des Hochwaldes findet. Die zerklüfteten Quarzitblockhalden entstanden durch eiszeitliche Verwitterung und sind schützenswerte Biotope. Die Hohlräume zwischen den Quarzitblöcken bieten der scheuen **Wildkatze** ideale Bedingungen für die Aufzucht ihrer Jungen.

Deutschlandweit machte eine ganz andere Tierart Schlagzeilen: Die **Mopsfledermaus** verzögerte den Ausbau einer Startbahn am Flughafen Hahn. Naturschützer setzten sich gerichtlich gegen die Rodung des Waldes ein und schafften es zumindest, dass sich der Airport-Betreiber verpflichtete, einige Baumstümpfe für die seltene Fledermausart stehen zu lassen.

In den sonnigen Hängen der Weinberge rund um Boppard gibt es eine botanische Besonderheit zu entdecken. Die seltene **Bopparder Schleifenblume** (Iberis boppardensis) wächst nur dort. Sie hat hellrosa bis weiße Blüten und rote Stiele und gehört zur Familie der Kreuzblütengewächse. Inzwischen steht sie unter Naturschutz. Vermutlich wurde sie im Mittelalter aus dem Süden ins Rheintal eingeschleppt.

# Naturschutz

## Naturpark Saar-Hunsrück

1980 wurde der Naturpark Saar-Hunsrück eröffnet. Er umfasst Naturschutzgebiete und Landschaftsschutzgebiete in Rheinland-Pfalz und im Saarland. Mit einer Fläche von 2055 Quadratkilometern ist er einer der größten Naturparks in Deutschland. Zum Jahresveranstaltungsprogramm des Parks gehören viele Angebote zu den Themen Natur und kulinarische Genüsse. Eines der wichtigsten Projekte ist der 405 km lange Weitwanderweg **Saar-Hunsrück-Steig,** der von Perl an der Mosel einmal quer durch den Hunsrück bis Boppard im Mittelrheintal führt. Das **Erlebnismuseum „Mensch und Landschaft"** im Infozentrum Hermeskeil (siehe dort) ist ebenfalls ein Angebot des Naturparks und vermittelt Wissenswertes über Natur, Landschaft, Sehenswürdigkeiten und Freizeiteinrichtungen.

## Naturpark Soonwald-Nahe

Zu den größten zusammenhängenden **Waldgebieten** gehört der Naturpark Soonwald-Nahe. Er ist 736 Quadratkilomter groß und reicht von der Simmerner Mulde über den Soonwald und den Lützelsoon bis zum nördlichen Naheufer zwischen Kirn und Bad Kreuznach. Es gibt im Naturpark Soonwald-Nahe viele Freizeit- und Erholungsmöglichkeiten, ein Schwerpunkt ist das Thema „Wald – Wein – Wohlfühlen". Quer durch den Naturpark zieht sich der 83 Kilometer lange **Soonwaldsteig.** Er führt von Kirn

# Wilde Schönheit Wacholderheide

Einst war die Wacholderheide für den Hunsrück landschaftstypisch, doch sie ist sehr selten geworden. Die Böden der Wacholderheiden sind trocken und nährstoffarm. Da sie als Ackerland ungeeignet waren, nutzte man die mageren Flächen für die **Schafbeweidung.** Die Schafe, die in die Heide getrieben wurden, fraßen aber nicht alle Pflanzen. Stachelige Gewächse wie den Wacholder (Juniperus communis) oder die Silberdistel verschmähten sie. So entstanden im Laufe der Zeit einmalige Kulturlandschaften mit immergrünen, teils **Jahrhunderte alten Wacholderbüschen.**

Doch die bäuerliche Schafhaltung ging allmählich zurück, ebenso wie die Wanderschäferei. Immer weniger Wacholderheiden wurden beweidet, die Flächen verbuschten und Wald breitete sich aus. Hinzu kam intensive Aufforstung, was die Heidelandschaften und mit ihnen die dunkelgrünen, lichtliebenden Wacholdersträucher verdrängte. Im 20. Jh. führte der Einsatz von Dünger dazu, dass auch magere Heideflächen, die bisher keinen Ertrag lieferten, zu Ackerland gemacht werden konnten. In den 1950er bis 1970er Jahren wurden Wacholderheiden **großflächig vernichtet,** in den restlichen Heiden eroberten Brombeeren und Ginster das Terrain.

Da die Wacholderheiden **artenreiche Biotope** sind, die Lebensraum für seltene Tiere und Pflanzen bieten, werden sie heute als Naturdenkmal oder Naturschutzgebiet unter Schutz gestellt. Im Hunsrück gehören unter anderem die Wacholderheiden in **Laufersweiler, Krummenau, Rohrbach** und **Woppenroth** dazu. Um die Heiden zu erhalten, sind regelmäßige Rekultivierungsmaßnahmen nötig. Bäume und Büsche müssen entfernt werden, denn der säulenförmige Wacholder liebt die Sonne und braucht viel Licht, um sich richtig entfalten zu können.

137hu kn

Um die Heiden vor einer erneuten Verbuschung zu schützen, weiden wieder Schafe auf den Flächen. Auf der Wacholderheide Folken bei Laufersweiler sind es die Schafsrassen Ostpreußische Skudden und Rauhwollige Pommersche Landschafe, in Woppenroth kommen Coburger Füchse zum Einsatz.

In früheren Zeiten dienten die Wacholderheiden nicht nur als Weideland. **Wacholderzweige** wurden gern als Fußabstreifer vor der Haustür benutzt. Mit dem duftenden Holz wurde geräuchert und die **Beeren** des Zypressengewächses finden bis heute Verwendung in der Küche, um Braten oder Sauerkraut zu würzen. Auch **Schnaps** wird aus Wacholderbeeren gebrannt.

Vor allem aber nutzte man die Wacholderheide jahrhundertelang zum Fang der **Wacholderdrossel.** Mit Netzen und Schlingen aus Rosshaar oder Leimruten rückten die Vogelfänger der großen Drosselart zu Leibe. Das war mühsam, doch die Jagd auf andere Tiere war nicht erlaubt. Selbst Wachteln galten als kleines Weidwerk und waren nur dem Adel vorbehalten. Die Wacholderdrosseln oder Krammetsvögel, wie man sie damals nannte, durften gefangen werden und waren oft das einzige Fleisch, das auf den Teller kam. Sie wurden so stark bejagt, dass der Bestand bedroht war. Doch seit die Wacholderdrossel vom Speiseplan verschwunden ist, gilt sie nicht mehr als gefährdet.

Alle zwei Jahre findet in Woppenroth das **Wacholderheidenfest** statt. Gefeiert wird in geraden Jahren am ersten Wochenende im September, auch Führungen über die Heide werden angeboten. Infos unter www.soonwald-nahe.de.

[<] Wacholderheide bei Laufersweiler

an der Nahe über Bundenbach und Rheinböllerhütte bis nach Bingen am Rhein.

## Nationalpark Hunsrück-Hochwald

Noch mehr unberührte Natur abseits der Zivilisation bietet der Nationalpark Hunsrück-Hochwald, der 2015 eröffnet wurde. Mehr als 10.000 Hektar Wald gehören zu der Fläche. Der Nationalpark erstreckt sich von der Mörschieder Burr im südlichen Idarwald bis zum Schwarzwälder Hochwald am Südrand des Hunsrücks – eine Fläche, so groß wie 14.000 Fußballfelder.

Der Nationalpark ist in drei verschiedene Zonen unterteilt. In der **Naturzone 1a** ist die Natur bereits sich selbst überlassen, der Mensch greift hier nicht mehr ein. In der **Naturzone 1b** wird noch forstlich eingegriffen, man fällt Fichten und fördert die Entstehung von Mischwald. Diese Naturzone soll sich Schritt für Schritt zu unberührter Natur, bzw. zu einer Naturzone 1a entwickeln. In spätestens 30 Jahren sollen 75 % des Nationalparks Urwald sein. Die **Zone 2** ist eine Pflegezone. Hier kann Brennholz für die Bevölkerung entnommen werden und sie dient als Pufferzone gegen Borkenkäfer und andere Schädlinge.

## Naturschutzgebiete

Zu den wichtigsten Biotopen zählen die **Hangmoore, Sumpf- und Moorwälder.** Früher wurden Moore oft entwässert oder trocken gelegt. Jetzt werden sie nach und nach wiederbelebt, um bedrohte Pflanzenarten in den Mooren zu

138hu kn

schützen. Dafür werden Entwässerungsgräben entfernt und neue Staumaßnahmen geschaffen, um das Wasser länger in den Mooren zu halten. Unterstützt wird dies durch ein LIFE-Programm, das sich für die Renaturierung der Quell- und Hangmoore, sogenannter **Brücher,** einsetzt. Die EU stellt dafür mehrere Millionen Euro zu Verfügung. Ziel ist, eine facettenreiche Fauna und Flora zu erhalten, denn in den Mooren gibt es seltene Pflanzen wie **Torfmoose, Pfeifengras, Wollgras,** den fleischfressenden **Sonnentau** oder **Moosbeeren** sowie seltene Tiere wie den **Perlmutterfalter** oder die Libellenart **Torfmosaikjungfer.**

Besonders schützenswert sind auch die sogenannten **Borstgrasrasen.** Das Borstgras ist ein Süßgras, das von Weidevieh verschmäht wird und sich deshalb ausbreiten kann. Für die Weidewirtschaft sind diese Flächen heutzutage uninteressant, weshalb sie oft brach liegen und dann verbuschen. Damit werden seltene Pflanzen wie die **Arnika** oder **wilde Orchideen,** die dort wachsen, verdrängt. Borstgrasrasen und Arnikawiesen werden deshalb durch das LIFE-Programm der EU unter Schutz gestellt. Zu den Maßnahmen zum Erhalt der Borstgrasrasen und den für sie typi-

Naturerkundungswege durch die Moore: ⌃ Ortelsbruch bei Morbach und > Ochsenbruch bei Börfink mit Wollgras und Arnikawiesen im neuen Nationalpark Hunsrück-Hochwald

schen Pflanzen- und Tierarten gehören der Kauf oder die Pacht der Flächen, deren Entbuschung, Beweidung oder Mahd.

Nährstoffarme **Arnikawiesen** gibt es an der Wasserburg Baldenau bei Hinzerath (Traumschleife LandZeitTour Baldenau, s. S. 289) und bei Börfink in den **Naturschutzgebieten Riedbruch und Ochsenbruch.** Ein 1,6 km langer Rundweg führt durch das Riedbruch und informiert über die selten gewordene Heilpflanze. Ideal ist eine Wanderung zwischen Mai und Juli, dann blüht die Arnika.

132hu kn

# Wirbel um die Windräder – Energiewende oder Verspargelung?

Rheinland-Pfalz ist zurzeit das Bundesland mit dem größten Zuwachs an Windkraftanlagen. 2011 machte die rot-grüne Landesregierung die Energiewende zu einem Schwerpunkt ihrer Landespolitik. Seither steigt die **Zahl der Windräder** rapide, denn für die Kommunen ist es ein lukratives Geschäft. Die Pachteinnahmen für Windradflächen sind den klammen Gemeindekassen äußerst willkommen: regelmäßige Einnahmen, die auf Jahre gesichert sind und mit denen die Gemeinden besser planen können.

Doch je mehr Windräder aus dem Boden schießen, desto mehr schwindet die **Akzeptanz in der Bevölkerung** und umso heftiger wird das Für und Wider der Windenergie diskutiert. An der Frage, wie viele Windräder die Region verkraften kann, scheiden sich die Geister. Die einen halten Windräder für eine willkommene Zukunftstechnologie, ohne die die Energiewende nicht möglich sei. Die anderen sind entsetzt über die Verschandelung der Landschaft mit den gigantischen, bis zu 200 Meter hohen Türmen. Immerhin sind die „weißen Riesen" wie die vom Typ Enercon E-101 inklusive der 50 Meter langen Flügel höher als der Kölner Dom.

Hauptkritikpunkt der Gegner ist der ungezügelte Windkraftausbau ohne übergeordnete Planung. In Teilen des Hunsrücks, vor allem im Rhein-Hunsrück-Kreis, ist die Landschaft mittlerweile regelrecht „verspargelt". Das können auch die Befürworter der Windkraft nicht mehr bestreiten. Doch sie sind der Meinung, dass, da der Hunsrück für Windkraftanlagen besonders geeignet ist, er auch einen besonders großen Beitrag zur Energiewende leisten kann und muss.

## Windkraft um jeden Preis?

Der Protest in der Bevölkerung wächst stetig, immer mehr Bürgerinitiativen wurden gegründet, Demonstrationen und Informationsveranstaltungen initiiert. Die Gegner wehren sich nicht nur gegen die profitorientierten Ausbaupläne und die stetig wachsende **Verschandelung der Landschaft.** Sie kritisieren auch, dass die Mindestabstände zu Wohnbebauungen häufig zu gering sind. Außerdem setzen Gemeinden die Windräder nicht an den Ortsrand, sondern möglichst weit weg an den äußersten Rand der Gemarkung – weit weg vom eigenen Dorf, aber oft sehr nah an den Nachbargemeinden, was dort natürlich zu Verdruss führt. Während die einen Dörfer das große Geschäft machen, gehen andere leer aus und haben nicht selten „fremde" Windräder direkt vor der Nase.

Auch vor sensiblen Naturschutzflächen wie dem Naturpark Soonwald-Nahe machen die Ausbaupläne nicht Halt. Bei vielen Gemeinden ist eine Art Goldrausch ausgebrochen. Je mehr Windräder, desto größer der Geldsegen.

## Rotmilane und Rotoren vertragen sich nicht

Naturschützern macht außerdem der **Artenschutz** große Sorgen. Sie sehen Rotmilane, Schwarzstörche und Mopsfledermäuse durch die riesigen Rotoren in Gefahr. Doch nicht nur Flora und Fauna sind betroffen. Mediziner weisen auf mögliche **Gesundheitsschäden** bei Menschen hin, die in der Nähe von Windkraftanlagen leben. Das stetige Surren, das tiefe Brum-

139hu kn

men und Rauschen der Anlagen, ein Horizont, der immer in Bewegung ist, und Schlagschatten, die bis ins Wohnzimmer reichen, können für die Anwohner sehr belastend sein. Im Dunklen wird das Ausmaß dieser neuen Form der Industrielandschaft besonders sichtbar. Unzählige rote Lichter blinken am Himmel und erinnern an eine gigantische Rollbahn.

Auch das Thema **Eiswurf** macht den Anwohnern Sorgen. Gelbe Hinweisschilder warnen an jedem Windrad vor der Gefahr. Im Winter bildet sich bei entsprechend niedrigen Temperaturen Eis an stehenden Rotoren. Läuft das Rad wieder an, können die Eisbrocken zu Boden geschleudert und zur tödlichen Gefahr werden. Automatische Eis-Erkennung durch Sensoren oder beheizbare Rotorblätter an den neueren Anlagen sollen das Problem beheben.

Giganten am Horizont oder das kleinste Übel? Alles eine Frage der Perspektive

## Aus der Nähe betrachtet

Einen Einblick in das Thema Windkraft und die Technik, die dahinter steckt, bietet der **Hunsrücker Windweg** zwischen Berglicht und Heidenburg bei Thalfang. Der fünf Kilometer lange Rundweg liegt in einem Windpark. Entlang des Erlebnispfades stehen Infotafeln zum Thema Windkraftnutzung und verschiedene Exponate. Sehr beeindruckend ist ein 38 Meter langes Original-Rotorblatt. Der Lehrpfad ist gut für Familien geeignet, es gibt kaum Steigungen, kindgerechte Texte und viele Stationen zum Ausprobieren (siehe Kapitel „Idarwald und Dhrontal“).

Auch die **Morbacher Energielandschaft** vermittelt Wissenswertes über die Nutzung der Windkraft, aber auch über die Gewinnung von Energie aus Biomasse und Photovoltaik. Rund 32.500 Tonnen $CO_2$ jährlich werden durch die umweltfreundliche Energieerzeugung eingespart. Regelmäßig finden Führungen auf dem Gelände des ehemaligen US-Munitionslagers statt (siehe Kapitel „Idarwald und Dhrontal“).

# Geschichte

## Erste menschliche Spuren

20.000 Jahre alte, paläolithische Felsgravuren in der Nähe von Gondershausen belegen, dass Jäger und Sammler bereits in der **Altsteinzeit** im Hunsrück unterwegs waren. Die in einen Schieferfelsen eingravierten **Tierdarstellungen,** darunter drei Pferde, sind nicht nur die ältesten bekannten Zeichnungen im Hunsrück, sondern in ganz Deutschland einzigartig. Für frühe Kulturen war der Hunsrück wenig reizvoll. Auch in der **Jungsteinzeit** hinterließen die Menschen nur spärliche Spuren.

## Besiedlung durch die Kelten

Die eigentliche Besiedlung des Hunsrücks begann vermutlich erst mit der **Eisenzeit** ab 850 v. Chr. Wahrscheinlich waren es Eisenerzfunde, die die Kelten dazu bewegten, sich im Hunsrück niederzulassen. Das Wagengrab von Bell oder die Pfalzfelder Flammensäule zeugen von ihrer hohen Kunstfertigkeit.

Kelten der sogenannten **Hunsrück-Eifel-Kultur** (600 bis 225 v. Chr.) errichteten Siedlungsplätze und Fürstengräber. In dieser Zeit entstand auch eine Reihe von Befestigungsanlagen. Die keltischen Ringwälle waren die ersten aus Stein errichteten Anlagen. Meist waren sie nicht dauerhaft besiedelt, sondern dienten als Fliehburgen.

▷ Römischer Grabhügel bei Siesbach

## Treverer

Der keltische Stamm der Treverer (225–25 v. Chr.) besiedelte die Hunsrück-Naheregion. Zahlreiche Gräberfelder und Höhensiedlungen zeugen aus der Zeit. Die Treverer erbauten ein ganz besonderes Wahrzeichen: den mächtigen **Ringwall von Otzenhausen.** Er ist der größte Ringwall in Mitteleuropa. Vermutlich wollten sie sich mit der riesigen Anlage gegen die römischen Invasoren schützen.

## Römerzeit

Ganz in der Nähe der Festungsanlage wurde erst kürzlich das bisher älteste **römische Militärlager** in Deutschland entdeckt. Mit den hier stationierten Legionen bekämpfte *Julius Caesar* während des **Gallischen Krieges** zwischen 58 und 50 v. Chr. wahrscheinlich die aufständischen Treverer, die sich im Ringwall von Otzenhausen verschanzt hatten. *Caesar* unterwarf die Treverer, aber es kam immer wieder zu Aufständen. Der gewaltige Ringwall von Otzenhausen, volkstümlich auch Hunnenring genannt, ist ein beeindruckendes Beispiel einer keltischen Höhenbefestigung. Weitere Fliehburgen entstehen auf dem Wildenburger Kopf, bei Allenbach und bei Hilscheid.

Nach der Eroberung Galliens durch *Caesar* wurde der Rhein zur Nordostgrenze des **Römischen Reiches** und die keltische Bevölkerung weitgehend romanisiert. Um Gallien ins römische Weltreich einzugliedern, errichteten die Römer eine militärische Infrastruktur, zahlreiche Militärstationen und Straßen entstanden.

Der **Straßenbau** war für das Imperium Romanum äußerst wichtig, denn ein gut ausgebautes Straßennetz sicherte den Bestand des riesigen Reiches. Nicht alle Straßen wurden von den Römern komplett neu angelegt. Oft griffen sie auf bereits vorhandene, keltische Verkehrswege zurück und befestigten sie. Auch der Hunsrück wurde mit einem Netz von Straßen überzogen, die an einigen Stellen heute noch sichtbar sind. Bei wichtigen Verkehrswegen wie der Hunsrückhöhenstraße erkennt man den römischen Ursprung. Streckenweise verlaufen sie so pfeilgrade wie die antiken Routen, aus denen sie entstanden sind.

Eine wichtige Fernstraße, die **Via Ausonia,** führte von Bingen über Kirchberg bis nach **Augusta Treverorum,** dem heutigen Trier. Im Jahr 371 n. Chr. schrieb der römische Dichter *Decimus Magnus Ausonius* das Gedicht „Mosella", in dem er seine Reise von Bingen nach Trier auf dieser Straße schildert.

Kaiser *Augustus* erhob Augusta Treverorum zur **Kaiserresidenz.** Wirtschaft und Handel erblühten in der römischen Metropole an der Mosel. Ihr Aufschwung und der Expansionsdrang der Römer wirkten sich auch auf den Hunsrück aus, denn eine wichtige Strategie römischer Landnahme war nicht nur der Bau von Straßen, sondern auch von **Landgütern** *(villae rusticae).* Sie versorgten die umliegenden Dörfer und Städte mit Lebensmitteln. Auch für die Versorgung der Truppen war eine gut funktionierende Landwirtschaft wichtig. Die villae rusticae waren deshalb über die gesamte Provinz verteilt, ausgedehnter Ackerbau und Viehwirtschaft wurden dort betrieben. Meist lagen die großen Gutshöfe an Landstraßen, was den Transport der Waren erleichterte. Die Landgüter boten einen gewissen Luxus, die Römer wollten auch in den Provinzen ein angenehmes Leben führen. Ein repräsentatives Herrenhaus mit Fußbo-

140hu kn

denheizung, Bädern und Wandmalereien war zum Beispiel die **Villa Rustica bei Weitersbach.** Ein großes Modell dort zeigt die typische Form eines solchen römischen Herrenhauses (siehe Kapitel „Idarwald und Dhrontal"). Dass die Römer bei der Wahl der Bauplätze für ihre Landgüter auch großen Wert auf eine schöne Aussicht legten, ist ganz offensichtlich. Die Villen boten ihren Bewohnern meist einen weiten Blick in die Landschaft.

Wie sich die Kultur der Kelten letztendlich mit der der Römer im Laufe der Zeit vermischte, wird im **Archäologiepark Vicus Belginum** bei Morbach deutlich. Eine kleine Ausstellung zeichnet das Leben in der keltisch-römischen Straßensiedlung nach.

## Frankenzeit

Mit dem Untergang des weströmischen Reiches Ende des 5. Jh. kamen die Franken in den Hunsrück. In der folgenden Zeit betreiben sie intensive Landwirtschaft mit Viehzucht und Ackerbau. Sie gründeten **Höfe und Klöster** und bauten **Kirchen.**

## Dreißigjähriger Krieg

Der Dreißigjährige Krieg (1618–48), der auch im Hunsrück ganze Landstriche verwüstete und entvölkerte, ist ein dunkles Kapitel der Geschichte. Spanier und Schweden marodierten durch die Region, furchtbare **Pestepidemien** wüteten. Der auf der Stromburg in Stromberg geborene *Hans Michael Elias von Obentraut* alias der „deutsche Michel" ging in die Geschichte ein, als er mit 500 pfälzischen Reitern in den Dreißigjährigen Krieg eingriff und sich als Befehlshaber einen legendären Ruf erwarb. 1625 starb er auf dem Schlachtfeld.

## Pfälzischer Erbfolgekrieg

Auch der Pfälzische Erbfolgekrieg (1688–1697) brachte unvorstellbares Leid und Zerstörung in den Hunsrück, vor allem weil **Ludwig XIV.** die Kriegstaktik der „verbrannten Erde" verfolgte. Der französische Sonnenkönig erhob Erbansprüche auf Teile der Pfalz. Im Namen seiner Schwägerin *Lieselotte von der Pfalz,* doch gegen deren Willen, marschierten seine Truppen in die Pfalz und das linksrheinische Gebiet ein. Der Höhepunkt der **Zerstörungswut** wurde am 17. September 1689 erreicht. Am sogenannten „Hunsrücker Jammertag" versanken zahlreiche Städte und Dörfer in Schutt und Asche. Burgen und Schlösser wurden gesprengt oder niedergebrannt.

## Franzosenzeit

Als **Napoleon** unter der Losung „Freiheit, Gleichheit, Brüderlichkeit" gegen die adligen Landesherren zog, eroberte das französische Militär 1792 erneut den Hunsrück. Die sogenannte „Franzosenzeit" dauerte von 1795 bis 1814.

⊡ Die Stadt Simmern vor ihrer Zerstörung im Pfälzischen Erbfolgekrieg – ein Stich von Matthäus Merian aus dem Jahr 1648

141hu

Der Räuber *Johannes Bückler* alias **Schinderhannes** trieb zwischen 1797 und 1802 sein Unwesen in der Region. Am 21. November 1803 wurden er und seine Bande in Mainz vor Zehntausenden Schaulustigen hingerichtet. Seine Zeit als Räuber dauerte nur sechs Jahre, sein zweifelhafter Ruhm existiert bis heute (siehe Exkurs „Schinderhannes – Räuber oder Volksheld?“ im Kapitel „Simmerner Mulde“).

## Preußen

Nach *Napoleons* Niederlage bei Waterloo ging der Hunsrück nach dem Wiener Kongress 1815 als **Rheinprovinz** an Preußen. Es folgte eine große Aufforstung der durch die **Hüttenindustrie** großflächig abgerodeten Wälder, vor allem mit schnell wachsenden Fichten. Die Nadelbäume prägen noch heute große Teile der Hunsrücker Wälder.

Im frühen 19. Jh. begann die Zeit der **Auswanderungen.** Missernten hatten zu großer wirtschaftlicher Not geführt. 1819 ging als das „Jahr ohne Sommer“ in die Geschichte ein, das Volk hungerte. Die seit Jahrhunderten bestehende Hüttenindustrie im Hochwald verlagerte sich an die Saar. Zehntausende flohen vor Hunger und Not nach Südamerika in eine ungewisse Zukunft. Ziel waren die südlichen Provinzen **Brasiliens.** Vor allem in der Region Grande do Sul ließen sich viele Hunsrücker nieder.

## Kalter Krieg und Friedensbewegung

In der Zeit des Kalten Krieges nach 1945 führte der Rüstungswettlauf dazu, dass quer über den Hunsrück Raketenbasen, Munitionsdepots und Militärflughäfen errichtet wurden. Am 2. Dezember 1982 wurde bekannt, dass 96 Cruise Missiles zwischen Hasselbach und Wüschheim stationiert werden sollten. Eine Friedensbewegung unerwarteten Ausmaßes formierte sich gegen die **Stationierung von Atombomben** und die US-Airbase Hahn (siehe Exkurs „Widerstand gegen den Rüstungswahnsinn: Der Frieden kommt in Bewegung“ im Kapitel „Moselhunsrück“).

Infolge der europaweiten Abrüstung übergaben die US-Streitkräfte die **Airbase Hahn** 1993 einer zivilen Verwaltung. Der Flughafen wurde eines der größten Konversionsprojekte in Rheinland-Pfalz.

## Wirtschaftliche Entwicklung bis heute

Ende des 19. Jh. sollte die Wirtschaft durch den Bau von **Eisenbahnstrecken** im Hunsrück angekurbelt werden. Das funktionierte zunächst auch, doch im Laufe des 20. Jh. wurden die meisten, mittlerweile unrentablen Strecken wieder geschlossen.

Mit dem **Bau der A61** in den 1960er Jahren ließen sich einige größere Unternehmen entlang der Autobahn nieder. Der Ausbau der B50 zu einer vierspurigen Straße hatte in den letzten Jahren einen ähnlichen Effekt. Dennoch ist und bleibt der Hunsrück eher **strukturschwach,** große Industriebetriebe gibt es kaum. Traditionell stehen in der ländlich geprägten Region die **Landwirtschaft** und die **Holzindustrie** im Vordergrund. In Idar-Oberstein spielt die Edelstein- und Schmuckbranche auch heute noch eine große Rolle.

Seit Jahren ist eine **Reaktivierung der Hunsrückbahn** als Verbindung zum Flughafen Frankfurt-Hahn im Gespräch, doch angesichts des defizitären Hunsrück-Flughafens ist die Realisierung nicht sehr wahrscheinlich.

## Tourismus als Zukunftsperspektive

Eine wachsende Bedeutung kommt dem Hunsrück als Ferienregion zu. Im Bereich Tourismus punktet er vor allem als ausgesprochenes **Wanderland.** Sowohl der Naturpark Soonwald-Nahe als auch der 2015 eröffnete **Nationalpark Hunsrück-Hochwald** verfügen über ein großes Wanderwegenetz und bieten Ruhesuchenden viel Naturgenuss. Besonders großer Beliebtheit erfreuen sich die **Traumschleifen,** zertifizierte Rundwege unterschiedlichen Schwierigkeitsgrades entlang des Fernwanderweges **Saar-Hunsrück-Steig,** die immer mehr Ausflügler und Reisende in die Region locken. Auch das **Radwegenetz** wird stetig ausgebaut.

Das Statistische Landesamt in Bad Ems gibt knapp 780.000 **Übernachtungen** und rund 280.000 **Gäste** für das Jahr 2014 an. Die größte ausländische Besuchergruppe kommt aus den Niederlanden, gefolgt von Belgien. Ein Überraschungserfolg im Jahr 2015 war die **Eröffnung der Geierlay-Hängeseilbrücke** bei Mörsdorf. Allein zur Einweihung am 3. Oktober kamen 5000 Gäste. Anfang November, also nur vier Wochen später, waren es bereits 60.000 Menschen, die die längste Hängeseilbrücke Deutschlands überquert hatten.

Neuer Besuchermagnet: die Hängeseilbrücke bei Mörsdorf

# Menschen und Kultur

## Der Name „Hunsrück“

Über die Herkunft des Namens „Hunsrück“ streiten sich Sprachforscher bis heute. Als **Hundesrucha** taucht der Name zum ersten Mal 1074 in einer Urkunde des Klosters Ravengiersburg auf. *Trithemius,* mittelalterlicher Gelehrter und Abt von Sponheim, übersetzte diese mittelhochdeutsche Bezeichnung später in das griechische Wort *cynonatus,* was „Hunderücken“ bedeutet. Landschaftsformen, die an Tiere erinnern und Flurnamen wie Katzenbuckel, Roß- oder Eselsrück tragen, sind nicht ungewöhnlich.

Andere Forscher sehen eine Verbindung mit dem Volk der **Hunnen.** Keltische Wallanlagen wie in Hilscheid oder Otzenhausen wurden im Volksmund oft *Hunnenring* genannt. Wieder andere vermuten den Ursprung in dem Wort *Hundgeding,* also Hundertschaftsgericht. Der wahre Ursprung wird wohl ein Geheimnis bleiben. Hunsrücker nennen ihre Heimat übrigens auch **Hundsbuckel.**

## Hunsrücker Platt

Die Mundart, die im Hunsrück gesprochen wird, heißt Hunsrücker Platt oder **Hunsrückisch.** Der Hunsrücker Dialekt ist nicht einheitlich, sondern unterscheidet sich von Region zu Region, teilweise sogar von Dorf zu Dorf. Es gibt zwei Dialektgruppen, das Rheinfränkische, das an der Nahe und in Teilen des Vorderhunsrücks gesprochen wird, und das Moselfränkische. Die im 19. Jh. zu Tausenden nach Brasilien ausgewanderten Hunsrücker behielten auch in der neuen Heimat ihre Mundart bei. Deshalb sprechen auch heute noch viele Nachfahren dieser Einwanderer in Rio Grande do Sul Riograndenser Hunsrückisch.

## Feste und Bräuche

Die Hunsrücker sind sehr heimatverbundene Menschen. Alte Traditionen werden aufrechterhalten oder sogar wiederbelebt. So setzen immer mehr Ortschaften ihre alten Backhäuser instand und feiern **Backesfeste** mit frischem Brot und Kuchen. In vielen Orten wird auch noch die **Kerb,** die traditionelle Dorfkirmes, abgehalten.

144hu kn

# Friedrich Karl Ströher – Entdeckungsreise in die Welt eines Hunsrücker Malers

Der Maler und Bildhauer *Friedrich Karl Ströher* (1876–1925) ist über den Hunsrück hinaus leider nur wenig bekannt. Er gehörte zu einer verlorenen Künstlergeneration, die nach dem Ersten Weltkrieg kaum Fuß fassen konnte. Inflation, Wirtschaftskrise und politische Umbrüche prägten nicht nur die Entwicklung und die Arbeit der jungen Künstler, sondern bremsten sie praktisch aus. *Ströher* fand trotz seines großen Talents in dieser schwierigen Zeit kaum Käufer für seine Werke oder Förderer. Nach seinem Tod geriet er zu Unrecht in Vergessenheit. Doch seit ein paar Jahren kann man das äußerst vielseitige Werk des Malers wiederentdecken: Es wird in wechselnden Ausstellungen im Neuen Schloss in Simmern präsentiert.

*Friedrich Karl Ströher*, 1876 in dem kleinen Hunsrückdorf Irmenach als Sohn einfacher Bauern geboren, machte wie sein ältester Bruder zunächst eine Lehre als Stubenmaler. Anschließend absolvierte er in Halle und Zürich die Ausbildung zum Dekorationsmaler. Im Winter 1896 hörte er in Zürich Reden von Sozialdemokraten und Anarchisten, die ihn stark beeinflussten. Er las Bücher von *Nietzsche, Schopenhauer* und *Tolstoi* und wurde bekennender Sozialist. Auf der Suche nach Arbeit reiste er quer durch Deutschland und Europa.

Zur Kunst kam *Ströher* erst spät und eher durch Zufall: In der Hoffnung auf Aufträge beim Aufbau der geplanten Weltausstellung reiste er 1899 nach Paris. Doch Malerarbeiten wurden noch nicht vergeben. Für die Zwischenzeit sah sich *Ströher* nach einer Alternative um und stieß auf die Académie Colarossi. Sie galt im Gegensatz zu der konservativen École des Beaux-Arts als sehr progressive Kunstakademie. Wegweisende Künstler wie *Lyonel Feininger, Camille Claudel, Amadeo Modigliani* oder *Paula Modersohn-Becker* studierten hier. An der privaten Kunstakademie belegte *Ströher* Kurse in Akt- und Porträtzeichnen. Er beschäftigte sich mit dem Impressionismus und veränderte seine Malweise: Seine Pinselstriche wurden lockerer, der Farbauftrag pastöser. Er brachte seine Staffelei ins Freie, entdeckte die Pleinair-Malerei für sich und malte auf Flohmärkten und Straßen.

Im Louvre beeindruckten *Ströher* die erst seit Kurzem ausgestellten Werke von *Courbet, Delacroix, Manet* und *Millet*, im Musée du Luxembourg lernte er Werke von *Monet, Pissaro, Renoir* und *Sisley* kennen. Ganz besonders fasziniert war er von den japanischen Holzschnitten, die er auf der Pariser Weltausstellung sah. Sie verkörperten für ihn genau das, was *Lew Tolstoi* in seinem Buch „Was ist Kunst" forderte: eine Kunst, die dem Volk gehört. Die Idee, Kunst in hoher Auflage und zu erschwinglichen Preisen allen Menschen zugänglich zu machen, ließ ihn nicht mehr los.

In Deutschland machte sich der angesehene Maler *Walter Leistikow* für den aufstrebenden Künstler stark. Dank seiner und *Max Liebermanns* Empfehlung stellte *Ströher* in der Berliner Sezession aus. Die Sezession war eine Abspaltung fortschrittlicher Berliner Maler und Bildhauer, die sich aus Protest gegen die konservative Kunstauffassung der Königlichen Akademie

142hu cs

und Kaiser *Wilhelms II.* zusammenschlossen. Da sich die Akademie und der Berliner Künstlerverein hartnäckig weigerten, Maler der Moderne auszustellen, präsentierte die Sezession ihre Werke in eigenen Ausstellungen. 1905 gelang es *Ströher,* als Meisterschüler von *Arthur Kampf* ein Atelier in Berlin zu beziehen. Damit endete seine Pariser Zeit. Mit dem Ölgemälde „Olga auf grüner Wiese" war Ströher 1910 auf der Großen Berliner Kunstausstellung vertreten.

Es folgten Reisen, die sein Werk sehr beeinflussen sollten: 1910 nach Südfrankreich, nach Spanien in den Jahren 1911 und 1912. Die sonnigen Landstriche veränderten seine Malweise: Seine Palette wurde heller, die Pinselstriche lockerer, Details und Konturen traten zugunsten von Licht- und Schattenwirkung zurück. In pointillistischer Malweise zerlegte er die Farben und setzte sie nebeneinander.

Der Erste Weltkrieg bedeutete für *Ströher* wie auch viele andere Künstler seiner Generation eine Zäsur: Sein künstlerischer Werdegang wurde jäh unterbrochen. *Ströher* diente als Rekrut im

„Bauern fahren zur Arbeit" – ein Werk von Ströher im Hunsrück-Museum Simmern

Landsturm, stationiert in Straßburg. Ein berührendes Bild aus dieser Zeit ist das „Selbstportrait mit Stahlhelm", in dem sein skeptischer, sorgenvoller Blick auffällt. Nach Berlin zurückgekehrt, lernte er die 20 Jahre jüngere *Charlotte Geisler* kennen. Es war die große Liebe. Mittlerweile zog es *Ströher* in seine Heimat zurück. In seinem Geburtsort Irmenach baute er sich 1921 ein Haus mit Atelier. *Charlotte,* Tochter einer gutbürgerlichen Familie, kehrte ein Jahr später ihrer Heimatstadt Berlin den Rücken und folgte ihrem Mann in den Hunsrück.

*Ströhers* Bilder verkauften sich allerdings immer schlechter. Im Sinne von *Tolstoi* waren seine kleinformatigen Aquarelle und Holzschnitte als bezahlbare Kunst für die Menschen im Hunsrück gedacht. Die Landschaft seiner Heimat und die bäuerliche Arbeit waren die häufigsten Motive dieser Zeit. Doch die mit wenigen Pinselstrichen expressiv in starken Farben ausgeführten Aquarelle entsprachen so gar nicht den damaligen Sehgewohnheiten seiner Landsleute. Und auch die Inflation, die den ohnehin armen Hunsrück schmerzlich traf, sorgte dafür, dass er kaum etwas verkaufte. Wegen seiner politischen Einstellung und seines vermeintlich unproduktiven Berufes beargwöhnten die Hunsrücker ihn, sahen ihn als Kommunist und Nichtstuer an. Desillusioniert schrieb er in seinen Erinnerungen: „Es war ein weiter Weg zum Meister der Kunst – doch was verstanden die zu Hause davon?"

Lediglich ein kleiner Kundenstamm aus seiner Berliner Zeit blieb ihm weiterhin treu. Das karge Einkommen besserte er als Dekorationsmaler auf. Doch *Ströher* ließ sich nicht entmutigen. Er beschäftigte sich unbeirrt weiter mit der Landschaft des Hunsrücks und den bäuerlichen Motiven, was ihm später allerdings den zweifelhaften Ruf eines Heimatmalers einbringen sollte. Am 14. Dezember 1925 starb *Ströher* mit nur 49 Jahren an einem Herzleiden.

Im Laufe seines Lebens konnte *Ströher* nicht viele Bilder verkaufen. Doch was für ihn einer wirtschaftlichen Katastrophe gleichkam, ist für Kunstliebhaber heute ein wahrer Glücksfall: Fast sein gesamtes Werk ist in einer Sammlung erhalten geblieben. Zu verdanken ist das vor allem seiner Frau *Charlotte.* Bis zu ihrem Tod verwahrte sie sein künstlerisches Vermächtnis, kaufte sogar Werke zurück. Heute befindet sich der größte Teil dieser sehenswerten Arbeiten im Hunsrück-Museum Simmern im Neuen Schloss.

Weitere Informationen zum Lebenswerk: www.friedrich-karl-stroeher.de.

143hu fd

Selbstporträt mit Stahlhelm

Der **Bündelschestag** wird am 27. Dezember im Soonwald, rund um Simmern und im Naheland gefeiert und ist vor allem bei jungen Leuten als „dritter Weihnachtstag" beliebt. Er geht auf den Tag des Dienstbotenwechsels zurück, der seit dem späten Mittelalter nach den Weihnachtsfeiertagen stattfand. An diesem Tag zahlten die Dienstherren den Mägden und Knechten ihren Jahreslohn aus. Wer nicht für ein weiteres Jahr übernommen wurde, packte seine wenigen Habseligkeiten in ein Bündel und zog weiter, um eine neue Anstellung zu suchen. Gerade in kalten Wintern endete die Wanderung jedoch schnell im nächsten Gasthaus. Aber auch viele, die ihre Anstellung behielten, hauten einen Teil des Jahreslohns an diesem Tag auf den Kopf.

Um an diesen alten Brauch zu erinnern, wandern auch heute noch am Tag nach Weihnachten Vereine, Familien und andere gesellige Gruppen gut gelaunt von Wirtshaus zu Wirtshaus und feiern ausgiebig den Bündelschestag. Oft wird die Verpflegung, insbesondere Getränke, in einem Bollerwagen hinterhergezogen oder schon vor der feuchtfröhlichen Wanderung an geheimen Stellen versteckt. Denn im Gegensatz zu früher gibt es leider schon lange nicht mehr in jedem Ort eine Kneipe.

## Religionen

Wer durch den Hunsrück fährt, dem fällt schnell auf, dass auch in kleinen Dörfern oft **evangelische und katholische Kirchen** einträchtig nebeneinander stehen. Andererseits gibt es Dörfer, die fast ausschließlich der evangelischen Konfession angehören und ebenso Gegenden, in denen die Katholiken überwiegen. Die konfessionelle Zugehörigkeit hängt stark damit zusammen, welche Landesherren im 16. und 17. Jh. regierten und zu welcher Konfession diese gehörten („Wessen Land, dessen Religion"). Mit einem Herrscherwechsel konnte es passieren, dass Katholiken über Nacht zu Lutheranern wurden und umgekehrt. In konfessionell gemischten Orten, in denen es aber nur eine Kirche gab, wurde diese meist **simultan genutzt.** Diese Regelung bestand teilweise bis ins 20. Jh. Die Kirchen in Hahn und Herrstein werden auch heute noch von beiden Konfessionen genutzt.

Heutzutage ist die Verteilung der **Religionszugehörigkeit** in den verschiedenen Verwaltungsbezirken sehr unterschiedlich. Während der Anteil der **römisch-katholischen Gläubigen** in Trier-Saarburg und Cochem-Zell bei knapp 80 % liegt (nur 9 % sind in Trier-Saarburg evangelisch, 11 % in Cochem-Zell), so dreht sich das Verhältnis im Regierungsbezirk Birkenfeld. Hier sind knapp 60 % **evangelisch** und nur 23 % römisch-katholisch. Im Rhein-Hunsrück-Kreis wiederum sind knapp 50 % römisch-katholisch und 36 % evangelisch.

Der Anteil der **muslimischen Bevölkerung** ist im Hunsrück ähnlich groß wie in anderen ländlichen Gebieten Deutschlands. Eine Moschee gibt es bisher nur in Simmern (die Emir-Sultan-Moschee).

145hu kn

## Ausdrucksstarke Volkskunst – der Hunsrücker Bauernbarock

In der Gegend zwischen Kirchberg und Birkenfeld gibt es mehrere kleine **Dorfkirchen,** die außen schlicht wirken, innen aber eine kleine Überraschung bereithalten: Sie sind mit äußerst farbenprächtigen, **barocken Tafelbildern und Deckenmalereien** ausgeschmückt. Die naiven, manchmal ungelenk wirkenden Malereien sind vielleicht keine Höhepunkte der Kunstgeschichte, aber dennoch etwas Besonderes. Auf den Betrachter wirken sie anrührend, gerade durch ihre oft etwas **derbe Malweise.** Die Proportionen der Figuren und die Perspektive stimmen oft nicht. Alles andere als formvollendet also, haben sie aber dennoch oder gerade deshalb ihren ganz eigenen Reiz.

Vor allem in der ehemaligen „Hinteren Grafschaft", zu der die Ämter Birkenfeld, Allenbach, Dill, Herrstein, Winterburg, Kastellaun und Trarbach gehörten, sind viele Beispiele des Hunsrücker Bauernbarocks in evangelischen Kirchen zu finden. 1557 wurde das Gebiet reformiert, trat aber später nicht zum Calvinismus über, sondern blieb lutherisch. Das war ein Glück für den Hunsrücker Bauernbarock, denn reich ausgeschmückte Kirchen wie die kleinen Dorfkirchen in **Schauren** oder **Stipshausen** widersprachen dem strengen, puristischen Geist des Calvinismus.

Im Dreißigjährigen Krieg litt der Hunsrück stark, viele Dörfer verödeten. Mit der Friedenszeit setzte im 18. Jh. eine rege Bautätigkeit ein. Viele barocke Kirchen, in der Regel schlichte Saalkirchen, wurden von heimischen Handwerkern gebaut. Die meist tonnengewölbten Holzdecken schmücken ornamentale Malereien. Manchmal sind es aber auch bildliche Darstellungen, so wie im **Chor der Kirche von Dill** bei Kirchberg. Das Gemälde zeigt „Die Verklärung Christi".

Typisch für den Hunsrücker Bauernbarock ist auch, dass die Holztafeln an den **Emporen** und am **Chorgestühl** thematische Einheiten bilden. Sie zeigen Christus und die Apostel oder **Szenen**

⌃ Typische Bemalung in der Kirche von Schauren

**aus der Bibel.** Wie ein Bilderbogen veranschaulichen sie das Evangelium. Die gemalten Bibelmotive waren früher auch deshalb sinnvoll, weil das Volk oft weder lesen noch schreiben konnte. Das gesprochene Wort des Pfarrers wurde durch die Darstellungen illustriert.

Im 19. Jh. übermalte man die farbenfrohen Ausschmückungen, weil der Zeitgeist nüchterne Innenräume forderte. Die bunten Darstellungen galten als bäuerlich und ziemlich geschmacklos.

Nur selten waren im Hunsrück bedeutende Künstler an der Ausgestaltung von Gotteshäusern beteiligt, wie zum Beispiel der spätbarocke Hofmaler *Januarius Zick* in der **Mittelstrimmiger Kirche.** Kleine, weniger wohlhabende Gemeinden griffen meist auf ortsansässige Maler zurück, die für deutlich weniger Geld die Ausschmückung übernahmen. Nur von einem Künstler des Hunsrücker Bauernbarocks ist auch der Name bekannt: **Johann Georg Engisch.** Seine Signatur ist in der evangelischen Kirche in Dill erhalten.

*Engisch* wurde am 26. Mai 1668 in Kirn geboren. Seine Eltern waren um 1660 aus Graubünden in der Schweiz eingewandert. Der Vater war Maurer. Als Vorlage für seine frommen Darstellungen benutzte *Engisch* gern die „Bilder-Bibel" mit Kupferstichen von *Matthäus Merian d.Ä.* (1630) oder auch die Nürnberger „Endter-Bibel". Dabei kopierte er die darin abgebildeten Illustrationen nicht eins zu eins, sondern übernahm oft nur die Hauptmotive.

Auch in der Kirche von **Fischbach** an der Nahe sind wunderbare Bilder von *Engisch* erhalten. Sie entstanden um 1695. In der Kirche von **Lötzbeuren** beeindruckt sein Kanzelbild „Jonas und der Walfisch". Einen weiteren Zyklus biblischer Darstellungen gibt es in **Raversbeuren** zu entdecken. Die außen unscheinbare Kirche verbirgt innen 18 Tafelbilder von *Engisch* mit Darstellungen aus dem Alten und Neuen Testament. Nicht von ihm, sondern vermutlich aus der Schule des *Januarius Zick,* eines Meisters der deutschen Malerei des Spätbarocks, sind die Bilder an der Kanzel.

Auch in dem kleinen Ort **Hirschfeld** ist Hunsrücker Bauernbarock zu finden. Die evangelische Kirche wurde 1748 errichtet, doch der massive Turm ist spätromanisch, die Maßwerkfenster im Chor stammen aus dem 14. Jh. Die Tafelmalereien an der Kanzel und der Empore unterscheiden sich deutlich von den Werken anderer Künstler des Bauernbarocks. Besonders schön sind die Darstellungen der Evangelisten an der Kanzel und die „Hochzeit zu Kana" im Presbytergestühl.

In die große Kunstgeschichte ist weder das Werk von *Engisch* noch das seiner unbekannten Künstlerkollegen eingegangen – schon weil ihr Wirkungskreis auf eine so kleine Region beschränkt war. *Engischs* Ausmalung der Kirche in Dill im Jahr 1714 markierte den Anfang des Hunsrücker Bauernbarocks, der sich bis um etwa 1780 zu den farbenfrohen Bildern in Stipshausen hinzog. Niemand weiß heute, in welcher kleinen Dorfkirche noch weitere Werke des Hunsrücker Bauernbarocks unter dicken Farbschichten schlummern und auf ihre Entdeckung warten.

167hu kn

# 12 Anhang

Im Kletterpark Kastellaun

# Literaturtipps

## Sachbücher und Bildbände

- *Kissel, Renate* und *Triep, Ulrich:* **Zu Gast im Hunsrück,** Verlag Philipp von Zabern, 2013. Der Bildband enthält schöne Fotos, Reisetipps, vor allem aber viele regionale Rezepte. Ein Buch für Genießer.
- *Kühl, Gabriele; Bartels, Christoph; Briggs Derek* und *Rust, Jes:* **Fossilien im Hunsrückschiefer,** edition Goldschneck, 2012. Wunderschöner Bildband, der zahlreiche außergewöhnliche fossile Funde nicht nur abbildet, sondern auch leicht verständlich erklärt.
- *Thon, Alexander; Ulrich, Stefan; Wendt, Achim:* **„... wo trotzig noch ein Thurm herabschaut." Burgen im Hunsrück und an der Nahe,** Verlag Schnell & Steiner, 2013. In ausführlichen Einzelporträts mit zahlreichen Fotos, Grundrissen und alten Ansichten werden 30 ausgewählte Burgen der Hunsrück-Nahe-Region vorgestellt. Ergänzt wird der Burgenführer durch ein Glossar, das die Fachbegriffe verständlich erklärt.

## Wanderführer

- *Braun, Heidrun:* **Abenteuer Soonwaldsteig,** Publicpress, 2013. Der Wanderführer beschreibt den 83 km langen Premium-Wanderweg Soonwaldsteig, der von Kirn nach Bingen führt. Die sechs Etappen und die Rundwanderwege längs des Steigs werden ausführlich dargestellt, dazu Karten, Höhenmeter und Streckenprofile. Auf der Verlagswebsite gibt es die GPS-Daten zum Download.

## Belletristik

- *Fuchs, Gerd:* **Schinderhannes,** Edition Nautilus, 2003. Ein lesenswerter Roman über das kurze Leben des *Johannes Bückler* alias *Schinderhannes.* Der Autor stellt ihm zwei schillernde Figuren an die Seite, deren Schicksale mit dem des berüchtigten Räubers verwoben sind: *Eduard Veit,* Spion und ehemaliger Baron, sowie *André Jeanbon,* französischer Generalkommissar in Mainz und ehemaliger Jakobiner.
- *Heidenreich, Gert:* **Die andere Heimat,** Droemer Knauer Verlag, 2013. Die Erzählung des Schriftstellers und Journalisten *Gert Heidenreich* schildert die Armut der Menschen im Hunsrück des 19. Jh., als Tausende vor den Hungersnöten fliehen mussten und voller Hoffnung in ein neues, besseres Leben aufbrachen. Die Erzählung entstand parallel zum Drehbuch des gleichnamigen Kinofilms, das *Heidenreich* zusammen mit *Edgar Reitz* erarbeitete. Mit einem Nachwort von *Edgar Reitz.*
- *Reinsch, Moni* und *Reinsch, Simon:* **Tief im Hochwald,** emons-Verlag, 2013. Ein spannender Krimi voller überraschender Wendungen. Die Trendsportart Geocaching spielt dabei eine besondere Rolle, denn mittels der digitalen Schatzsuche spielt ein Serienmörder mit der ermittelnden Trierer Kommissarin Vanessa Müller-Laskowski ein grausames Katz-und-Maus-Spiel.

## Wir bitten um Ihre Mithilfe

**Dieser Reiseführer** ist gespickt mit unzähligen Adressen, Preisen, Tipps und Infos. Nur vor Ort kann überprüft werden, was noch stimmt, was sich verändert hat, ob Preise gestiegen oder gefallen sind, ob ein Hotel, ein Restaurant immer noch empfehlenswert ist oder nicht, ob ein Ziel noch erreichbar ist oder nicht, ob es eine lohnende Alternative gibt usw.

Unsere Autoren sind zwar stetig unterwegs und erstellen ca. alle zwei Jahre eine komplette Aktualisierung, aber auf die Mithilfe von Reisenden können sie nicht verzichten.

**Darum: Schreiben Sie uns,** was sich geändert hat, was besser sein könnte, was gestrichen bzw. ergänzt werden soll. Nur so bleibt dieses Buch immer aktuell und zuverlässig. Wenn sich die Infos direkt auf das Buch beziehen, würde die Seitenangabe uns die Arbeit sehr erleichtern. Gut verwertbare Informationen belohnt der Verlag mit einem Sprachführer Ihrer Wahl aus der über 220 Bände umfassenden Reihe „Kauderwelsch". Bitte schreiben Sie an:

**Reise Know-How Verlag**
Peter Rump GmbH | Postfach 140666 | 33626 Bielefeld
oder per E-Mail an: info@reise-know-how.de

**Danke!**

**Das komplette Programm zum Reisen und Entdecken von**

# REISE KNOW-HOW

- **Reiseführer** – alle praktischen Reisetipps von kompetenten Landeskennern
- **CityTrip** – kompakte Informationen für Städtekurztrips
- **CityTrip**[PLUS] – umfangreiche Informationen für ausgedehnte Städtetouren
- **InselTrip** – kompakte Informationen für den Kurztrip auf beliebte Urlaubsinseln
- **Wohnmobil-Tourguides** – alle praktischen Reisetipps für Wohnmobil-Reisende
- **Wanderführer** – exakte Tourenbeschreibungen mit Karten und Anforderungsprofilen
- **KulturSchock** – Orientierungshilfe im Reisealltag
- **Kauderwelsch Sprachführer** – vermitteln schnell und einfach die Landessprache
- **Kauderwelsch plus** – Sprachführer mit umfangreichem Wörterbuch
- **world mapping project**™ – aktuelle Landkarten, wasserfest und unzerreißbar
- **Edition Reise Know-How** – Geschichten, Reportagen und Abenteuerberichte

# Zu Hause und unterwegs – intuitiv und informativ

# ► www.reise-know-how.de

- **Immer und überall** bequem in unserem Shop einkaufen
- Mit **Smartphone, Tablet** und **Computer** die passenden Reisebücher und Landkarten finden
- **Downloads** von Büchern, Landkarten und Audioprodukten
- Alle **Verlagsprodukte** und **Erscheinungstermine** auf einen Klick
- **Online** vorab in den Büchern **blättern**
- Kostenlos **Informationen, Updates** und **Downloads** zu weltweiten Reisezielen abrufen
- **Newsletter** anschauen und abonnieren
- Ausführliche **Länderinformationen** zu fast allen Reisezielen

# Weitere Titel für die Region von REISE KNOW-HOW

**CityTrip Koblenz**
Günter Schenk
978-3-8317-2660-8
**11,95 Euro [D]**

**CityTrip Trier**
Joscha Remus
978-3-8317-2552-6
**11,95 Euro [D]**

Viele reisepraktische Infos
Sorgfältige Beschreibung der interessantesten Sehenswürdigkeiten
Historische Hintergründe der Städte | Geschichte der Region
Detaillierte Stadtpläne | Empfehlenswerte Unterkünfte
Restaurants aller Preisklassen | Erlebnisreiche Stadtrundgänge
Mit City-Faltplan zum Herausnehmen | 144 Seiten

Foto: B. und H. Otzen

**Eifel**

Barbara und Hans Otzen
978-3-8317-2295-2
312 Seiten

23 detaillierte Stadtpläne
und Übersichtskarten

**14,90 Euro [D]**

Reisepraktische Informationen von A bis Z
Sorgfältige Beschreibung aller sehenswerten Orte und Landschaften
Ortspläne und Karten | Tipps für Aktivitäten
Unterkunftsempfehlungen für jeden Geldbeutel
Hinweise zu allen Transportmöglichkeiten | Kulinarische Tipps
Ausführliche Kapitel zu Geschichte, Gesellschaft, Kultur & Natur
Viele ansprechende Fotos

**www.reise-know-how.de**

Foto: B. und H. Otz

**Münsterland**
Barbara und Hans Otzen
978-3-8317-2478-9
432 Seiten
20 detaillierte Stadtpläne und Karten

**16,90 Euro [D]**

Reisepraktische Informationen von A bis Z
Sorgfältige Beschreibung aller sehenswerten Orte und Landschaften
Ortspläne und Karten | Tipps für Aktivitäten
Unterkunftsempfehlungen für jeden Geldbeutel
Hinweise zu allen Transportmöglichkeiten | Kulinarische Tipps
Ausführliche Kapitel zu Geschichte, Gesellschaft, Kultur & Natur
Viele ansprechende Fotos

**www.reise-know-how.de**

# ERBESKOPF

## in Rheinland-Pfalz ganz oben

**Hunsrückhaus**
WINTERSPORT NATUR UND
UMWELTBILDUNGSSTÄTTE
**Erbeskopf**
www.hunsrueckhaus.de

Tel.: 0 65 04 / 778
www.hunsrueckhaus.de

**HighLive**
*Mit Sicherheit am Erbeskopf!*

**Waldseilgarten am Erbeskopf**
Tel.: 0176 / 420 244 78
www.highlive.org

*Urlaubsregion*
**Thalfang**
Hunsrück
816 m
*am Erbeskopf*

Tel.: 0 65 04 / 91 40 141
www.erbeskopf.de

# Register

L



M

## Fotonachweis

Wir bedanken uns für die freundliche Abdruckgenehmigung bei den folgenden Institutionen und Fotografen:

- nature one (no)
- Rhein Tourismus GmbH / Isabel Steinhaeuser (rt)
- Tourist-Information Boppard (tb)
- Naheland-Touristik GmbH / Timo Volz (tv)
- Rheinland-Pfalz Tourismus GmbH / Holger Bernert (rp)
- Naturpark Soonwald-Nahe (ns)
- Hunsrück-Museum Simmern / Christel Schumacher (cs), Felix & Dupuis (fd)
- www.fotolia.de

(Autorennachweis jeweils am Bild)

# Die Autorin

Katja Nolles, 1971 in Trier geboren, unternahm schon als Kind mit ihrer Familie häufig Ausflüge in den Hunsrück. Nach dem Studium der Kunstgeschichte, Germanistik und Ethnologie arbeitet sie heute im Bereich Presse- und Öffentlichkeitsarbeit und als freie Journalistin. Seit 15 Jahren lebt sie mit ihrem Mann und zwei Kindern im Hunsrück und hat die Region in dieser Zeit kennen und schätzen gelernt. In ihrer Freizeit reist sie so oft es geht mit dem Auto oder dem Fahrrad durch das reizvolle Mittelgebirge. Am liebsten aber ist sie zu Fuß auf den vielen Wanderwegen unterwegs und immer wieder erstaunt darüber, wie schön die Landschaft der Region sein kann.

## Danksagung

Neben meiner Familie, die mich auf vielen Touren durch den Hunsrück begleitet und bei der Recherche unterstützt hat, möchte ich auch meinen Freunden danken, die mir häufig den Blick für die Besonderheiten des Hunsrücks öffneten. Ein riesengroßes Dankeschön geht auch an Caroline Tiemann, die sich geduldig, sorgfältig, feinfühlig und mit kritischem Blick dem Lektorat widmete und dem Text den richtigen Schliff gab.

169hu kn